Antikes Judentum und Frühes Christentum

Festschrift für Hartmut Stegemann zum 65. Geburtstag

Herausgegeben von
Bernd Kollmann, Wolfgang Reinbold und Annette Steudel

Walter de Gruyter · Berlin · New York
1999

∞ Gedruckt auf säurefreiem Papier,
das die US-ANSI-Norm über Haltbarkeit erfüllt.

Die Deutsche Bibliothek − CIP-Einheitsaufnahme

**[Zeitschrift für die neutestamentliche Wissenschaft und die
Kunde der älteren Kirche / Beihefte]**
Beihefte zur Zeitschrift für die neutestamentliche Wissenschaft und
die Kunde der älteren Kirche. − Berlin ; New York : de Gruyter
Früher Schriftenreihe
Reihe Beihefte zu: Zeitschrift für die neutestamentliche Wissen-
schaft und die Kunde der älteren Kirche
Bd. 97. Antikes Judentum und frühes Christentum. − 1999
Antikes Judentum und frühes Christentum : Festschrift für Hart-
mut Stegemann zum 65. Geburtstag / hrsg. von Bernd Kollmann
… − Berlin ; New York : de Gruyter, 1999
  (Beihefte zur Zeitschrift für die neutestamentliche Wissenschaft
  und die Kunde der älteren Kirche ; Bd. 97)
  ISBN 3-11-016199-0

ISSN 0171-6441

Printed in Germany
Druck: Werner Hildebrand, Berlin
Buchbinderische Verarbeitung: Lüderitz & Bauer-GmbH, Berlin

Antikes Judentum und
Frühes Christentum

Walter de Gruyter · Berlin · New York

Beihefte zur Zeitschrift für die neutestamentliche Wissenschaft

und die Kunde der älteren Kirche

Herausgegeben von
Erich Gräßer

Band 97

Walter de Gruyter · Berlin · New York

1999

Hartmut Stegemann.

Vorwort

Sehr geehrter, lieber Herr Stegemann!

Am 18. Dezember dieses Jahres feiern Sie Ihren 65. Geburtstag, und es ist uns eine große Freude, Sie zu diesem Ehrentag mit einer Festschrift überraschen zu können! Es scheint uns tatsächlich gelungen zu sein, das Projekt geheimzuhalten, und das, obwohl vermutlich jeder, mit dem Sie in letzter Zeit zu tun hatten, von ihm wußte und manch einer sich im Gespräch mit Ihnen auf die Zunge gebissen haben wird. Einen herzlichen Dank daher an alle, die das Stillschweigen gewahrt haben!

Wie Sie beim Durchsehen des Inhaltsverzeichnisses bemerken werden, haben sich viele Ihrer Weggefährten aus alter und neuerer Zeit auf den folgenden Seiten eingefunden. Ihrem wissenschaftlichen Werk entsprechend, kreisen die Beiträge insbesondere um zwei Schwerpunkte: um das Neue Testament, das Sie als Professor für neutestamentliche Wissenschaften an der Theologischen Fakultät der Georg-August-Universität in Göttingen lehren, und um die Schriftrollen aus Qumran, für deren Erforschung Sie weltweit eine Autorität sind.

Sie können sich vorstellen, daß uns die Auswahl der Beiträge alles andere als leicht gefallen ist. Die Zahl Ihrer Freunde ist groß, ebenso groß war die Zahl derer, die gern etwas geschrieben hätten. Es wurde bald deutlich, daß wir nicht alle zu Wort kommen lassen konnten, denn die Festschrift sollte nicht zu dick werden, und wir wollten auf gar keinen Fall zwei Bände daraus werden lassen. Am Ende haben wir uns entschlossen, vornehmlich befreundete Wissenschaftler aus Ihrer Forschergeneration um einen Beitrag zu bitten. Die vielen jüngeren Kollegen, deren Arbeit Sie insbesondere während Ihrer alljährlichen Jerusalemaufenthalte befruchtet haben, bitten wir von dieser Stelle aus um Nachsicht.

Uns Herausgebern ist es eine freudige Pflicht, Ihnen stellvertretend für Ihre Göttinger Studenten sowie all ihre Schülerinnen und Schüler herzlich Dank zu sagen. Zwei Punkte möchten wir besonders herausgreifen:

Wir haben Ihnen zu danken für Ihre engagierte Lehre und für Ihre vorzügliche Betreuung unserer Qualifikationsarbeiten, seien es Seminar- und Examensarbeiten, Dissertationen oder Habilitationsschriften. Sie haben viele Ihrer Hörer stark geprägt, weit mehr, als es Ihnen selbst vielleicht bewußt ist – nicht nur in Göttingen.

Wir sagen Ihnen weiter Dank für Ihre unvoreingenommene und zutiefst uneitle Art, Wissenschaft zu treiben, die uns vorbildlich zu sein scheint. Ihr Lehrer Philipp Vielhauer bot Ihnen einst an, bei ihm zum Thema ‚Menschensohn' zu promovieren, mit dem Ziel, seine eigene These zu widerlegen (woraus dann nichts wurde). Seither haben Sie es stets für eine herausragende akademische Tugend gehalten, divergierende Meinungen zu tolerieren und junge Forscher auch dann zu fördern, wenn sie mit Ihnen in zentralen Fragen nicht einer Meinung sind (was freilich ein hartes Stück Arbeit ist, denn Sie sind notorisch hartnäckig, wenn es darum geht, Ihre prononcierten Ansichten zu verteidigen). Zugleich war es Ihnen stets wichtiger, bestimmte Thesen in die wissenschaftliche Diskussion einzubringen als Ihren Namen allenthalben zitiert zu finden – eine Einstellung, die heutzutage, so darf man wohl sagen, Seltenheitswert hat.

Ihre Zeit als Ordinarius in Göttingen ist mit Ihrem fünfundsechzigsten Geburtstag noch nicht beendet, und wir sind zuversichtlich, daß Sie uns auch darüber hinaus als akademischer Lehrer erhalten bleiben – es ist gut, daß die Vorschrift von CD X 7ff. hierzulande nicht gilt. In diesem Sinne, lieber Herr Stegemann, עד מאה ועשרים!

Viele Personen haben zum Gelingen dieser Festschrift beigetragen. Ihnen allen sei herzlich gedankt: den Autoren für Ihre Beiträge und die gute Zusammenarbeit in technischer Hinsicht; dem Verlag de Gruyter in Berlin, namentlich Frau Annelies Aurich und Herrn Klaus Otterburig für die zügige und reibungslose Drucklegung; Herrn Prof. Dr. Erich Gräßer für seine Bereitschaft, die Festschrift unter die Beihefte zur ZNW aufzunehmen; der Evangelischen Kirche von Kurhessen-Waldeck und der Evangelisch-Lutherischen Landeskirche in Braunschweig für die Gewährung namhafter Druckkostenzuschüsse.

Ein besonderer Dank gebührt Frau Prof. Dr. Ursula Spuler-Stegemann, ohne deren mannigfache und diskrete Mitarbeit das Projekt nicht zu realisieren gewesen wäre. Frau Dr. Karoline Läger-Reinbold hat uns vor allem zu Beginn der Arbeiten tatkräftig unterstützt. Last not least ein ganz großes Dankeschön an Herrn Dr. Winfried Dallmann, auf dessen Rat und Mithilfe insbesondere in Sachen Computertechnik wir stets zählen konnten.

Göttingen und Siegen, im September 1998

Bernd Kollmann
Wolfgang Reinbold
Annette Steudel

Inhalt

Eschatologische Stammesgeschichte im Pentateuch.
Zum Judaspruch von Gen 49,8-12

von Hans-Christoph Schmitt

1. Messianische Deutung von Pentateuchstellen im Frühjudentum

In der alttestamentlichen Forschung herrscht die Auffassung vor, daß die theologische Grundtendenz des Pentateuch "als ausgesprochen unprophetisch und uneschatologisch, ja als im Ansatz antieschatologisch angesehen werden"[1] müsse[2]. Allerdings hat das Judentum schon relativ früh auch im Pentateuch eschatologische Aussagen gefunden. So werden in den in Qumran überlieferten essenischen Texten in 4Q Test (=4Q175)[3] Dtn 18,18-19; Num 24,15-17; Dtn 33,8-11 eschatologisch gedeutet, wobei hier wohl mit drei eschatologischen "Heilbringern" gerechnet wird: einem "Messias aus Aaron", einem "Messias aus Israel" und einem "Propheten nach Art des Mose", der beiden übergeordnet zu denken ist (vgl. dazu 1QS IX 11)[4].

Bemerkenswert ist, daß auch in der Kriegsregel 1Q Milchama (XI 6-7)[5] Num 24,17-19 eschatologisch interpretiert wird. Hier wird allerdings nicht an eine messianische Einzelgestalt gedacht, sondern Num 24,17-19 auf die Macht-

---

1 F. Crüsemann, Die Tora, München 1992, 402. Vgl. ähnlich O. H. Steck, Der Abschluß der Prophetie im AT, BThSt 17, Neukirchen-Vluyn 1991, 20.

2 Zur Kritik vgl. H.-C. Schmitt, Die Suche nach der Identität des Jahweglaubens im nachexilischen Israel. Bemerkungen zur theologischen Intention der Endredaktion des Pentateuch, in: Pluralismus und Identität. Hrsg. von J. Mehlhausen, Gütersloh 1995, 259-278, 272.

3 DJD V, 57-60, pl. XXI. Zur Übersetzung vgl. J. Maier, Die Qumran-Essener: Die Texte vom Toten Meer, Bd. I-III; München und Basel 1995/96, II, 107-110; E. Lohse, Die Texte aus Qumran. Hebräisch und deutsch, Darmstadt ²1971, 249-253; F. García Martínez, The Dead Sea Scrolls Translated, Leiden u.a. 1994, 137-138.

4 Vgl. H. Stegemann, Die Essener, Qumran, Johannes der Täufer und Jesus, 4. Aufl. Freiburg u.a. 1994, 287 f.

5 Publiziert in E.L. Sukenik, The Dead Sea Scrolls of the Hebrew University Jerusalem 1955, 1-19, pls. 16-34.47. Zur Übersetzung vgl. Maier (oben Anm. 3) I, 125-156; Lohse (oben Anm. 3) 177-225; García Martínez (oben Anm. 3) 95-115.

ausübung des Volkes Israel in der Endzeit bezogen[6]. Aus der Weiterentwicklung dieser Interpretation von Num 24,17 ff. (vgl. auch 24,24) in der Überarbeitung der Kriegsregel 4Q 285 (VI 1-10; VII 1-5) dürfte sich dann - wie Hartmut Stegemann[7] in ansprechender Weise vermutet - die Vorstellung einer königlichen messianischen Einzelgestalt entwickelt haben: "A shoot will emerge from the stump of Jesse ..., the bud of David will go into battle with ... , ... the destruction of the Kittim"[8].

Als weiterer Pentateuchtext wird schließlich auch Gen 49,10 in den Qumrantexten eschatologisch, ja sogar messianisch verstanden: In 4Q 252, einem eschatologischen Midrasch zur Genesis[9], wird der Judaspruch des Jakobsegens folgendermaßen gedeutet: "Nicht soll weichen ein Machthaber aus dem Stamm Juda. Solange Israel die Herrschaft hat, wird nicht ausgerottet sein einer, der darin thront, der zum Hause Davids gehört"[10]. Auf diesem Hintergrund stellt sich die Frage, ob das eschatologische Verständnis von Gen 49,10 eine nachträgliche Uminterpretation darstellt oder ob Gen 49,8-12* nicht ursprünglich schon eschatologische Bedeutung besitzt, wie dies bereits Hermann Gunkel[11] - unter der heute nicht mehr geteilten Voraussetzung einer bereits in der Davidzeit existierenden Eschatologie - angenommen hatte[12]. Dabei sollte auch die Möglichkeit eines kollektiven Messianismus, wie ihn Hartmut Stegemann für

---

6   Vgl. Stegemann (oben Anm. 4) 288; auch J. Maier, Die Texte vom Toten Meer, Bd. 2, München und Basel 1960, 127.

7   Ebd.

8   Übersetzung nach García Martínez (oben Anm. 3) 124.

9   Vgl. hierzu H. Stegemann, Weitere Stücke von 4Q pPsalm 37, von 4Q Patriarchal Blessings und Hinweis auf eine unedierte Handschrift aus Höhle 4Q mit Exzerpten aus dem Deuteronomium, RevQ 6, 1967, 193-227, 211-217. Übersetzung bei Maier (oben Anm. 3) 194-198; García Martínez (oben Anm. 3) 213-215. Das von J. M. Allegro (Further Messianic References in Qumran Literature, JBL 75, 1956, 174-187, 174-176, pl. 1) veröffentlichte Fragment zu Gen 49,10 ist auch unter dem Titel "Patriarchensegen" bekannt (vgl. Lohse [oben Anm. 3] 245-247).

10 Übersetzung nach Lohse (oben Anm. 3) 247.

11 Genesis, HK 1/1, 3. Aufl. 1910, 481: "10b ist, wie heute fast allgemein zugegeben wird, 'messianisch', d. h. auf den Herrscher der Endzeit zu verstehen: nur 'ein idealer Termin' kann hier gestellt sein ... Ohne weiteres ist auch deutlich, daß von diesem Kommenden nur von ferne andeutend gesprochen wird: in diesem orakulösen Stil wird vom Messias immer geredet vgl. Jes 9 Mich 5: die Weissagung vom zukünftigen Könige ist ein großes göttliches Geheimnis, das man am Lichte des Tages nicht aussprechen darf... Daraus folgt aber, daß den Hörern, wenn sie dieses Wort verstehen sollten, die eschatologische Erwartung bekannt gewesen sein muß. Wir besitzen in dieser Stelle ihre älteste *Bezeugung*".

12 Ähnlich auch H.-P. Müller, Zur Frage nach dem Ursprung der biblischen Eschatologie, VT 14, 1964, 276-293, der ebenfalls Gen 49,8-12 zu den ältesten Zeugnissen der biblischen Eschatologie rechnet, die durch die "Heilsereignisse der Davidzeit" ausgelöst wurde (292).

die Kriegsrolle (1Q Milchama XI 6-7) wahrscheinlich gemacht hat, in die Überlegungen einbezogen werden. Wie das Gunkelsche Verständnis von Gen 49,8-12 zeigt, ist für die Beurteilung von Gen 49,8-12 die Bestimmung des Alters dieser Stelle von entscheidender Bedeutung, die in engem Zusammenhang mit der literarhistorischen Einordnung des Jakobsegens von Gen 49 und der Stellung des Judaspruches in ihm gesehen werden muß. Vor allem wird schließlich das Verhältnis von Gen 49,8-12 zu entsprechenden eschatologischen Aussagen der alttestamentlichen Prophetenbücher zu klären sein.

2. Die literarhistorische Einordnung des Jakobsegens Gen 49,2-27

Wie Ludwig Schmidt[13] gezeigt hat, ist der Jakobsegen Gen 49,2-27 nachträglich in die priesterschriftliche Darstellung vom Tode Jakobs, wie sie in 49,1a.28bα (ab "da segnete er sie")-33aα vorliegt, eingefügt worden. Dabei wird 49,2-27 durch 49,1b.28a.bα* gerahmt und auf den priesterschriftlichen Kontext bezogen.

Über diesen eindeutigen Befund meint neuerdings David Carr[14] sich unter Berufung auf Julius Wellhausen[15], Hermann Gunkel[16] und Erhard Blum[17] hinwegsetzen zu können. Dabei zeigt sich jedoch, daß die Zuweisungen von Gen 49,2-27 an eine vorpriesterliche Schicht auf problematischen Annahmen beruhen. So weisen Wellhausen und Gunkel für eine Zuordnung zu J auf die Beziehungen zwischen Gen 49,4-7 und Gen 34; 35,22 hin. Wellhausen räumt jedoch ein, daß der Kontext von Gen 49 eine Zuweisung an J nicht stütze, "denn Kap. 50 schliesst eher an Kap. 47 an"[18].

---

13 Literarische Studien zur Josephsgeschichte, in: A. Aejmelaeus - L. Schmidt, BZAW 167, Berlin und New York 1986, 121-310, 127 f. 207 f. Vgl. ähnlich H.-C. Schmitt, Die nichtpriesterliche Josephsgeschichte, BZAW 154, Berlin und New York 1980, 73 Anm. 305; C. Westermann, Genesis III, BKAT 1/3, Neukirchen-Vluyn 1982, 252; J. Van Seters, Prologue to History, Zürich 1992, 322 f.; C. Levin, Der Jahwist, FRLANT 154, Göttingen 1993, 311 f.

14 Reading the Fractures of Genesis, Louisville/Kentucky 1996, 249 Anm. 46.

15 Die Composition des Hexateuchs, 4. Aufl. Berlin 1963, 60.

16 Genesis (oben Anm. 11) 395.478. Zur Zuordnung von Gen 49,2-28bα zu J vgl. zuletzt H. Seebass, Art. Jahwist, TRE Bd. XVI, Berlin und New York 1987, 441-451, besonders 444 f. (vgl. dazu auch H. Seebass, Die Stämmesprüche Gen 49,3-27, ZAW 96, 1984, 333-350).

17 Die Komposition der Vätergeschichte, Neukirchen-Vluyn 1984, 260-263.

18 Wellhausen (oben Anm. 15) 60. Vgl. auch G. von Rad, Das erste Buch Mose, ATD 2-4, 9. Aufl. Göttingen 1972, 347: "Aber es fehlt überhaupt an deutlichen Anzeichen, die es nahelegen, diese Sammlung [von Gen 49] mit J in Verbindung zu bringen".

Blum[19] und Carr[20] führen daher Gen 49,1b-28 auf eine nur Gen 30,21; 34,1-31*; 35,21-22a; 38; 49,1b-28 umfassende "judäische Textgruppe" (Carr: "Judah Additions") zurück, die sie in die vorexilische Zeit datieren. Allerdings wird dabei der von Westermann[21] aufgewiesene Bezug von Gen 34* auf die exilisch-nachexilische Zeit nicht berücksichtigt. Auch bei Gen 38 sprechen eine Reihe von Beobachtungen für eine nachexilische Datierung der vorliegenden Fassung der Erzählung[22]. Schließlich läßt sich das in Gen 35,21-22a; 49,3-4 vorliegende negative Rubenbild außerhalb der Genesis nur in nachexilischen atl. Texten (vgl. 1Chr 5,1-2; auch Dtn 33,6 und Jdc 5,15b-16) nachweisen[23]. Somit bestätigt sich die aufgrund der Einfügung des Jakobsegens von Gen 49,2-27 in den Zu-sammenhang der Priesterschrift[24] naheliegende Vermutung, daß die jetzige Gestalt von Gen 49,2-27 erst in nachexilischer Zeit entstanden ist.

Dies schließt allerdings nicht aus, daß einzelne Gen 49,2-27 zugrunde lie-gende Stammessprüche aus vorexilischer Zeit stammen können. Im folgenden wird daher zu prüfen sein, inwieweit der Judaspruch Gen 49,8-12 auf den Ver-fasser von Gen 49,1b-28* zurückgeht oder sich älteren Überlieferungen ver-dankt.

3. Zur literarischen Einheit von Gen 49,8-12

8. Juda bist du, dich werden preisen deine Brüder,
deine Hand wird sein am Nacken deiner Feinde,
vor dir werden niederfallen die Söhne deines Vaters.

9. Ein Löwenjunges war Juda,
vom Raub bist du groß geworden, mein Sohn,
gekauert, gelagert hat er sich wie ein Leu,
wie eine Löwin: Wer will ihn aufstören?

10. Nicht weicht das Zepter von Juda ,
noch der Führerstab von seinen Füßen,
bis daß er kommt nach Silo
und ihm der Gehorsam der Völker gehört.

---

19 Komposition (oben Anm. 17) 228f.260-263.
20 Reading (oben Anm. 14) 249-253.
21 Genesis II, BKAT 1/2, Neukirchen-Vluyn 1981, 654: "Der Verfasser der Gesamter-zählung (sc. von Gen 34) setzt Dt 7 voraus und steht der Sprache von P nahe".
22 Vgl. H.-C. Schmitt, Die Josephsgeschichte und das Deuteronomistische Geschichts-werk (Genesis 38 und 48-50), in: FS C.H.W. Brekelmans, Leuven 1997, 391-405, besonders 399-405.
23 Vgl. U. Schorn, Ruben und das System der zwölf Stämme Israels, BZAW 248, Berlin und New York 1997, 263-267.
24 Vgl. oben bei Anm. 13.

11. Der seinen Esel an den Weinstock bindet
und an die Rebe seiner Eselin Füllen,
er wäscht im Wein sein Gewand
und im Blut der Trauben sein Kleid.

12. Dunkel von Wein sind die Augen,
weiß von Milch sind die Zähne.

Meist wird in der neueren alttestamentlichen Forschung die Auffassung vertreten, daß Gen 49,8-12 sich aus drei Judasprüchen zusammensetze[25]: aus den zwei Stammessprüchen v. 8 und v. 9 und der Segensverheißung v. 10-12. V. 8 und v. 9 können allerdings nur dann als zwei unabhängige Sprüche verstanden werden, wenn man das *bny* ("mein Sohn") in v. 9 ändert, wozu es keinen hinreichenden textkritischen Anlaß gibt[26]. Vielmehr werden v. 8 und v. 9 durch die Anrede des Vaters an Juda, die der Rahmensituation von Gen 49,1b-2. 28a.bα* entspricht, zusammengehalten. Entgegen der Auffassung von Horst Seebass[27] kann dieser Bezug auf die Rahmensituation aber auch nicht auf v. 8b-9 beschränkt werden: Die Sprüche an Ruben, Simeon, Levi und Juda sind insgesamt als Anrede Jakobs an seine Söhne gestaltet[28].

Allerdings fehlt dieser Bezug auf die Rahmensituation im zweiten Teil des Judaspruches 49,10-12[29]. Doch hat Seebass[30] zu Recht darauf aufmerksam gemacht, daß v. 8 nach einer Fortsetzung in v. 10 verlangt, die den Grund des Gepriesenwerdens Judas durch seine Brüder angibt. Auch ist der Wechsel zwischen Anrede in 2. pers. und Rede vom Stamm in 3. pers. innerhalb der Sprüche des Jakobsegens nichts Außergewöhnliches (vgl. den Josefspruch in v. 22-26 und dort besonders v. 25.26a mit v. 22-24.26b)[31].

---

25 Vgl. H. J. Kittel, Die Stammessprüche Israels: Genesis 49 und Deuteronomium 33 traditionsgeschichtlich untersucht, Berlin 1959, 17 f.; H.-J. Zobel, Stammesspruch und Geschichte, BZAW 95, Berlin 1965, 72-80; R. Martin-Achard, À propos de la bénédiction de Juda en Genèse 49,8-12 (10), in FS H. Cazelles, Paris 1981, 121-134, 127 f.; Westermann (oben Anm. 13) 257-264; Schorn (oben Anm. 23) 251 f.
26 Vgl. nur Seebass, ZAW 96 (oben Anm. 16) 345.
27 Ebd.
28 Vgl. Schorn (oben Anm. 23) 249-255.
29 Schorn (ebd.) schließt daraus, daß Gen 49,10-12 ein nachträglich in Gen 49,1b-28a eingefügter messianischer Zusatz sei. Doch weist - wie Schorn (a.a.O. 249 f.) selbst einräumt - bereits der Jakobsegen von 49,1b-9.13-28a eschatologische Züge auf (vgl. nur *b'hryt hymym* in v. 1b und die eschatologischen Aussagen von v. 25 f.).
30 ZAW 96 (oben Anm. 16) 345.
31 Zur Einheit des Josefspruches vgl. Seebass, a.a.O. 334-339.

Auch für eine Abtrennung der v. 11-12 von v. 8-10[32] spricht nichts. Zwar dürfte Lothar Ruppert[33] Recht haben, wenn er in v. 11-12 "paradiesische Verhältnisse" beschrieben sieht, "die hier mit einer Überfülle von Wein angedeutet werden"[34]. Doch dürften nicht nur in v. 11-12, sondern auch schon in v. 8-10 eschatologische Vorstellungen vorliegen. So kann sich die Formulierung von v. 10 "nicht weicht das Zepter von Juda ..., bis daß ... kommt" - wie schon Julius Wellhausen[35] zu Recht beobachtet hat - nur auf "einen idealen Termin", auf die Endzeit, beziehen. In diesem Zusammenhang sind dann auch das "Niederfallen der Brüder vor Juda" in v. 8 und der "Gehorsam der Völker" in v. 10 auf endzeitliche Erwartungen zu deuten.

Es spricht somit alles für eine ursprüngliche literarische Einheit des Judaspruches, wobei sich ein durchgehend eschatologisches Verständnis von Gen 49,8-12 nahelegt. Allerdings dürfte der Verfasser von v. 8-12 sich in v. 9[36] an dem Löwenbild von Stammessprüchen wie Dtn 33,22 ("Dan ist ein Löwenjunges, das hervorspringt aus Basan") und Dtn 33,20 ("... Gad liegt da wie eine Löwin und zerreißt Schenkel und Scheitel") orientieren (vgl. auch als Bild für Israel im Bileamspruch von Num 23,24: "Da ist ein Volk wie ein Löwe, der aufsteht, wie ein Leu, der sich erhebt, sich nicht zur Ruhe legt, bis er Raub gefressen und das Blut Erschlagener getrunken hat")[37]. Beachtenswert ist, daß im Bileamspruch von Num 24,9a das Löwenbild in nahezu gleicher Formulierung wie in Gen 49,9b auf Israel bezogen wird: "Gekauert, hingelegt hat es sich wie eine Löwin: wer will es aufstören?" Sollte für Gen 49,9b möglicherweise der gleiche Endredaktor des Pentateuch verantwortlich sein wie für Num 24,9a?[38]

---

32 Als spätere Zusätze verstehen 49,11-12 L. Ruppert, Das Buch Genesis Teil II (Kap. 25,19-50,26), Geistliche Schriftlesung 6/2, Düsseldorf 1984, 408 und J. Scharbert, Genesis 12-50, NEB 16, Würzburg 1986, 293.

33 Ebd.

34 Anders wird das "Binden des Esels an den Weinstock" von v. 11 durch Zobel (oben Anm. 25) 14 gedeutet: "Da aber die Freßlust des Esels im Orient sprichwörtlich ist, kann die bildhafte Szene nur das schonungslose, brutale Auftreten des triumphierenden Fürsten Juda in Silo meinen". Doch spricht der Kontext gegen eine solche judakritische Interpretation von v. 11. Man wird daher an der Deutung von v. 11 f. durch Gunkel (oben Anm. 11) 483 festzuhalten haben: "im Lande des Messias gibt es so viel Wein, daß er die Stöcke (die man sonst vor den Tieren ängstlich hütet) zum Anbinden seines Esels verwenden, und daß er im Wein seine Kleider waschen kann."

35 Composition (oben Anm. 15) 323.

36 Zum Vorliegen älterer Stammessprüchtradition in Gen 49,9 vgl. auch Carr (oben Anm. 14) 251 Anm. 54.

37 Zum Bild des Löwenjungen vgl. auch Ez 19,1-9 (hier bezogen auf Nachkommen der Davididen).

38 Zur literarischen Einordnung von Num 24,9a in die Endredaktionsschicht des Pentateuch vgl. H.-C. Schmitt, Der heidnische Mantiker als eschatologischer Jahweprophet, in: FS O. Kaiser, Göttingen 1994, 180-198, 189 f. Allerdings stellt die end-

4. Zur literarhistorischen Einordnung von Gen 49,8-12

Gen 49,8-12 hat sich somit als von Anfang an zusammengehöriger Spruch erwiesen, der eine Verheißung der eschatologischen Herrscherstellung des Stammes Juda und der dann zu erwartenden paradiesischen Fruchtbarkeit seines Landes enthält. Gleichzeitig hat sich gezeigt, daß der Judaspruch auf die im Rahmen (49,1b.28a.bα) des Jakobsegens vorausgesetzte Situation hin (direkte Anrede Jakobs an seine Söhne) formuliert ist (vgl. v. 8f.). Auch fügt sich der endzeitliche Charakter des Judaspruches gut in die von dieser Rahmenschicht in 49,1b gemachte Aussage ein, daß Jakob seinen Söhnen das, was ihnen am Ende der Tage (*b'hryt hymym*) begegnen wird, mitteilen will. Hartmut Stegemann[39] hat zu Recht darauf hingewiesen, daß die Rede von der *'hryt hymym* einen zentralen Topos alttestamentlicher und späterer jüdischer Eschatologie darstellt[40]. Dabei versteht Stegemann[41] Eschatologie als Erwartung einer "Wende zum Besseren" durch "ein göttliches Eingreifen, ... in dessen Folge sich die 'Frommen' eines unbeeinträchtigten Heilszustandes erfreuen dürfen".

Da der Rahmen von Gen 49 - wie oben[42] gezeigt - erst nachpriesterschriftlich eingefügt wurde, ist auch der Judaspruch von Gen 49,8-12 erst nachpriesterlich zu datieren. Wahrscheinlich kommt in ihm der gleiche eschatologisch orientierte nachpriesterschriftliche Pentateuchredaktor zu Wort, der auch für die Formulierung der Endgestalt der Bileamüberlieferung verantwortlich war[43].

5. Die eschatologischen Aussagen von Gen 49,8-12 und ihre alttestamentlichen Parallelen

Bemerkenswert ist, daß sich die eschatologische Erwartung für Juda sowohl auf eine herausragende politische Stellung (v. 8.10), die in militärischer Stärke (v. 8aβ.9) begründet ist, als auch auf eine paradiesische Fruchtbarkeit (v. 11 f.) bezieht.

---

redaktionelle Fassung des Bileamspruches Num 24,3-9 möglicherweise die Überarbeitung eines früheren "spätjahwistischen" Bileamspruches Num 24,5-6*.9b dar (vgl. Levin, Jahwist [oben Anm. 13] 79; aber auch J. Van Seters, The Life of Moses, Kampen 1994, 425-427), der auf Gen 12,2-3 Bezug nimmt und wohl den Abschluß des spätjahwistischen Geschichtswerks darstellt (vgl. Levin, ebd.).

39 Die Bedeutung der Qumranfunde für die Erforschung der Apokalyptik, in: Apocalypticism in the Mediterranean World and the Near East. Ed. D. Hellholm, Tübingen 1983, 495-530, 500 f.
40 Zum eschatologischen Verständnis des Terminus vgl. H.-C. Schmitt (oben Anm. 38) 191 f.
41 Apocalypticism (oben Anm. 39) 500.
42 Vgl. oben bei Anm. 13.
43 Vgl. zu diesem Pentateuchredaktor H.-C. Schmitt (oben Anm. 38) 180-198.

Entsprechende eschatologische Erwartungen, die gleichzeitig politische und militärische Macht und kreatürliches Heil erhoffen, finden sich auch in der nachexilischen Fassung der alttestamentlichen Prophetenbücher wie beispielsweise in Am 9,12-13: v. 12 Eroberung Edoms und anderer Heidenvölker, v. 13 paradiesische Fruchtbarkeit mit Triefen der Berge von Wein[44]. Entsprechendes gilt für Joel 4,18-21, wo neben dem Ende der Feinde Israels und dem Wiederbewohntwerden Judas und Jerusalems erwartet wird, daß die Berge von süßem Wein triefen und die Hügel von Milch fließen (vgl. das Nebeneinander von Wein und Milch auch in Gen 49,11-12)[45].

Wenn Gen 49,8-12 solche Aussagen der nachexilischen eschatologischen Prophetie aufnimmt, dann dürfte hier neben der Hoffnung auf paradiesische Fruchtbarkeit auch die Erwartung einer politischen eschatologischen Wende zum Ausdruck kommen. Als Ausdruck einer solchen endzeitlichen politischen Wende muß m. E. das "Silo" von v. 10b verstanden werden.

Ein Rückblick auf die Deutungsgeschichte von Gen 49,10b zeigt, daß sich bisher kein Versuch, das *šylh* des MT textkritisch zu ersetzen, hat durchsetzen können. Die häufig vorgeschlagene Lesung *mošᵉlô* "sein Herrscher"[46] hat den Nachteil, daß sie durch keine Textüberlieferung gedeckt ist[47].

Von daher wird man am MT von v. 10b festhalten[48] und v. 10b folgendermaßen übersetzen müssen: "... bis daß er (sc. Juda) nach Silo kommt und ihm der Gehorsam der Völker gehört". Mit Silo kann dabei nur das im Stamme Josef gelegene Heiligtum (vgl. 1Sam 1,3.9.24; 2,14) gemeint sein.

Allerdings ist hier nicht mit Anspielungen auf die Zeit vor der Zerstörung Silos durch die Philister (Mitte des 11. Jh.s v. Chr.)[49] oder auf die Zeit der Herrschaft Davids über Juda in Hebron[50] oder auch auf die Zeit Josias[51] zu rechnen. Aufgrund des redaktionsgeschichtlichen Befundes[52] ist vielmehr von Vorstellungen auszugehen, die in nachexilischer Zeit mit Silo verbunden waren. In diesem Zusammenhang ist vor allem zu berücksichtigen, daß in der wohl nach-

---

44 Zur Zuweisung von Am 9,12 f. an eine nachexilische Dodekaprophetonredaktion vgl. J. Jeremias, Der Prophet Amos, ATD 24/2, Göttingen 1995, 136 f.

45 Zum Verständnis der eschatologischen Vorstellungen von Joel 4,18-21 vgl. zuletzt A. Deissler, Zwölf Propheten: Hosea. Joel. Amos, NEB 4, Würzburg 1981, 86.

46 Vgl. zuletzt von Rad (oben Anm. 18) 349, Westermann (oben Anm. 13) 262; Ruppert (oben Anm. 32) 407.

47 Aufgrund von Sam und LXX wird *šylh* oft *šᵃlô*, "dem er gehört", punktiert (vgl. zuletzt Scharbert [oben Anm. 32] 293).

48 Vgl. zuletzt Zobel (oben Anm. 25) 13 und Blum (oben Anm. 17) 262.

49 Zobel (oben Anm. 25) 75 f.

50 Scharbert (oben Anm. 32) 293.

51 Blum (oben Anm. 17) 261-263.

52 Vgl. oben bei Anm. 13.

exilisch zu datierenden spätpriesterlichen Schicht des Josuabuches[53] (vgl. Jos 18,1.8-10; 19,51; 22,9.12) Silo als das nach der Landnahme von Josua errichtete Zentralheiligtum Israels (vgl. besonders Jos 18,1 P[s]: "Es versammelte sich die ganze Gemeinde der Israeliten in Silo, sie errichteten dort das Begegnungszelt, und das Land war vor ihnen unterworfen") verstanden ist. Nach der P[s] nahestehenden Sicht des nachexilischen Psalms 78[54] zerstörte Jahwe "seine Wohnung Silo" ("das Zelt, in dem er unter den Menschen 'wohnte'") als Strafe für Israels Götzendienst (Ps 78,59 f.) und erwählte stattdessen Jerusalem als sein Heiligtum. Zusammenfassend beschreibt Ps 78,67 f. dies mit den Worten: "Er (=Jahwe) verwarf das Zelt Josefs, erwählte nicht den Stamm Ephraim. Doch erwählte er den Stamm Juda, den Berg Zion, den er liebt"[55].

Von dieser nachexilischen Sicht des Verhältnisses von Juda und Silo her ist die eschatologische Erwartung von Gen 49,10 folgendermaßen zu verstehen: Die Herrschaft Judas über die Stämme Israels wird nicht für immer mit der Verwerfung Josefs und des früheren israelitischen Zentralheiligtums Silo verbunden bleiben. Vielmehr wird Silo wieder Anerkennung finden, so daß Juda nach Silo kommen und sich dann in Silo wie in der Zeit Josuas die Unterwerfung der feindlichen Völker ereignen wird.

Daß der an die Josefsgeschichte angehängte Jakobsegen Gen 49,2-28* auf einen Ausgleich zwischen den Stämmen Juda und Josef bedacht ist, ist communis opinio der alttestamentlichen Forschung. Als ein Beispiel unter vielen soll hier nur die Auffassung Hermann Gunkels[56] zitiert werden: "... die Dichtung steht auf Seite Judas, bemüht sich aber, auch Joseph alle Gerechtigkeit widerfahren zu lassen". Dieser Ausgleich geschieht hier dadurch, daß Juda zwar die Herrschaft über seine Brüder ausübt (49,8), Josef aber unter seinen Brüdern die Sonderstellung eines "Geweihten" (*nzyr*) einnimmt (49,22-26). Wie Horst Seebass[57] gezeigt hat, beruht die Sonderstellung Josefs in Gen 49 darauf, daß Josef den Ruben aberkannten Erstgeburtssegen Jakobs erhält (vgl. 1Chr 5,1 f.). Es geht Gen 49 somit vor allem um eine religiöse Sonderstellung Josefs[58], wie sie besonders durch die Bezugnahme auf die Vätergotttraditionen in 49,24b-25a deutlich wird[59].

53 Vgl. zu dieser in Jos 18,1 vorliegenden spätpriesterlichen Schicht V. Fritz, Das Buch Josua, HAT 1/7, Tübingen 1994, 179 f.
54 Zur nachexilischen Datierung von Ps 78 vgl. H.-J. Kraus, Psalmen, BKAT 15, 5. Aufl. Neukirchen-Vluyn 1978, 703-705; D. Mathias, Die Geschichtstheologie der Geschichtssummarien in den Psalmen, Frankfurt am Main 1993, 69 f.
55 Vgl. hierzu Kraus, a.a.O. 711.
56 Genesis (oben Anm. 11) 485.
57 ZAW 96 (oben Anm. 16) 334-339.
58 Zobel (oben Anm. 25) 24 f.
59 Vgl. Ruppert (oben Anm. 32) 415-417; Scharbert (oben Anm. 32) 296. Bei der Formulierung des Josefspruches hat Gen 49,22-26 offensichtlich auf den im

Somit dürfte innerhalb von Gen 49,2-28* auch der Judaspruch Gen 49,8-12 mit seinem Hinweis auf Silo (v. 10b) einen entsprechenden Ausgleich zwischen der Stellung Judas und Josefs zum Ausdruck bringen wollen. Bemerkenswert ist, daß auch hier mit dem Bezug auf das Heiligtum von Silo wieder die religiöse Tradition Josefs in besonderer Weise herausgestellt wird.

Als ein zentrales Element der eschatologischen Erwartung von Gen 49,8-12 ist daher die Hoffnung auf eine endzeitliche Wiedervereinigung von Juda und Josef anzusehen. Erst nach dieser Wiedervereinigung wird es zu dem eschatologischen Frieden mit den Völkern (v. 10 b) und zu paradiesischem Wohlstand (v. 11-12) kommen.

Der Judaspruch bezeugt nicht - wie Hermann Gunkel und Hans-Peter Müller annahmen[60] - eine der Davidzeit entstammende Eschatologie, vielmehr reiht er sich in die eschatologische Prophetie der exilisch-nachexilischen Teile der alttestamentlichen Prophetenbücher ein, in denen in ähnlicher Weise mit einer Wiedervereinigung von Juda und Josef unter judäischer Herrschaft und Wahrung der nordisraelitischen religiösen Tradition gerechnet wird. Genannt werden sollen hier nur der in Ez 37,15-19.20-24a[61] vorliegende Bericht über die Zeichenhandlung mit den Stäben Judas und Josefs und die in Hos 2,1-3[62] überlieferte Verheißung des großen Jesreeltages mit der Wiedervereinigung der Judäer und Israeliten unter einem gemeinsamen Haupt.

Aber auch die terminologischen Beziehungen, die die Forschung zwischen Gen 49,11 und Sach 9,9 beobachtet hat (in beiden Texten wird der Esel mit `yr

---

Deuteronomistischen Geschichtswerk überlieferten Josefspruch von Dtn 33,13-17 zurückgegriffen (anders zuletzt S. Beyerle, Der Mosesegen im Deuteronomium, BZAW 250, Berlin und New York 1997, 151-189). Die engen Übereinstimmungen zwischen Gen 49,25-26 und Dtn 33,13-16 sind so am einfachsten zu erklären (vgl. schon H. Holzinger, Genesis, KHC 1, Freiburg u.a. 1898, 262 f. und A. Bertholet, Deuteronomium, KHC 5, Freiburg u. a. 1899, 108, die allerdings 49,25 f. als von Dtn 33 abhängigen Einschub in Gen 49 verstehen). Jedenfalls stellt Gen 49,25-26 eine gegenüber Dtn 33,13-16 weiterentwickelte Fassung dar (vgl. schon Zobel [oben Anm. 25] 123). Auch scheint in Gen 49,25-26 eine bewußte Korrektur an Dtn 33,13-16 vorzuliegen (vgl. Westermann [oben Anm. 13] 273f.; M. Rose, 5. Mose, ZBK.AT 5, Zürich 1994, 580; auch Seebass [oben Anm. 16] 336), wenn in Gen 49,26 der Segen des Vaters als überlegen gegenüber den Segnungen der uralten Berge und der ewigen Hügel von Dtn 33,15 dargestellt wird (zum jüngeren Alter des Jakobsegens Gen 49 gegenüber dem Mosesegen Dtn 33 vgl. auch Schorn [oben Anm. 23] 262).

60 Vgl. oben Anm. 11 und 12.
61 Zum literarischen Befund vgl. W. Zimmerli, Ezechiel II, BKAT 13/2, 2. Aufl. Neukirchen-Vluyn 1979, 906-909.
62 Zur nachexilischen Entstehung von Hos 2,1-3 vgl. J. Jeremias, Hosea, ATD 24/1, Göttingen 1983, 34-36.

und mit *bn-'tn* bezeichnet)[63], gehen wohl auf gemeinsame eschatologische Vorstellungen zurück. Sach 9,9 f. und Gen 49,8-12 rechnen beide mit einer aus
Juda-Jerusalem kommenden endzeitlichen Herrschaft. Beide erwarten, wie Gen
49,10 und Sach 9,10 zeigen, in diesem Zusammenhang ein die Völkerwelt um-
spannendes Friedensreich (nicht thematisiert ist in Sach 9,9 f. allerdings der in
Gen 49,11 f. stark betonte paradiesische Wohlstand). Besonders hervorzuheben
ist jedoch, daß hier wie dort als Voraussetzung dieses Friedensreiches die Wiedervereinigung von Juda und dem Nordreich angesehen wird (vgl. Sach 9,10
"Ephraim und Jerusalem" mit Gen 49,10b "Juda kommt nach Silo")[64].

6. Gen 49,8-12 und 49,22-26 als Stammeseschatologie

Ein zentraler Unterschied zwischen Sach 9,9 f. und Gen 49,8-12 besteht allerdings darin, daß Sach 9 mit einer messianischen königlichen Einzelgestalt rechnet, während Gen 49 von einer eschatologischen Herrschaft des Stammes Juda
spricht. Gen 49 enthält daher eine auf eine kollektive Größe bezogene messianische Erwartung, wie sie Hartmut Stegemann für 1Q Milchama XI 6-7 wahrscheinlich gemacht hat[65]. Auch wenn Gen 49 von zukünftiger Stammesgeschichte und nicht von einer messianischen Einzelgestalt spricht, werden hier
über die Stämme Juda und Josef Aussagen gemacht, die der Eschatologie der
alttestamentlichen Prophetenbücher entsprechen. Gen 49 erwartet somit eine
endzeitliche Stammesgeschichte, die nach den Katastrophen der Jahre 722 v.
Chr. und 587 v. Chr. zu einer der Landnahmesituation ("Silo") entsprechenden
eschatologischen Neukonstituierung des Gottesvolkes mit einer Wiedervereinigung von Juda und Josef führen wird.

---

63 Vgl. zu den Beziehungen zwischen Gen 49,11 und Sach 9,9 nur W. Rudolph, Hag-
gai, Sacharja 1-8, Sacharja 9-14, Maleachi, KAT 1/4, Gütersloh 1976, 180.
64 Vgl. Rudolph, a.a.O. 181; A. Deissler, Zwölf Propheten III, Würzburg 1988, 297
65 Möglicherweise liegt auch in Num 24,15-19 noch eine auf Israel als Ganzes bezogene eschatologische Erwartung vor. 1QM XI 4-9 könnte somit Num 24,15-19 durchaus im ursprünglichen Sinne interpretiert haben (zum eschatologischen Verständnis
von v. 15-19 vgl. H.-C. Schmitt [oben Anm. 38] 184-192). Zwar wird der 'Stern aus
Jakob' und das 'Zepter aus Israel' meist auf David bezogen (vgl. nur M. Noth, Das
vierte Buch Mose, ATD 5, Göttingen 1966, 108); doch hat H.-J. Zobel (Bileam-
Lieder und Bileam-Erzählung, in: FS R. Rendtorff, Neukirchen-Vluyn 1990, 141-
163, 146) zu Recht darauf aufmerksam gemacht, daß Num 24,17 f. nur von einem
Triumph Israels über die Moabiter und von einer Eroberung Edoms spricht. Nur in
v. 19 sei von einer königlichen Gestalt die Rede, doch läßt sich das Auftreten einer
solchen Einzelgestalt dem gestörten Text von v. 19 nicht mehr mit Sicherheit entnehmen (vgl. nur die Übersetzung von v. 19 bei Noth, a.a.O. 105).

Bemerkungen zur Abschnittgliederung
der ersten Jesajarolle von Qumran (1QIs[a])
im Vergleich mit
redaktionsgeschichtlichen Beobachtungen im Jesajabuch

von Odil Hannes Steck

Es ist mir eine besondere Freude, mit diesem Beitrag den eher künstlichen Graben zwischen der alttestamentlichen und der Qumranforschung zu über- brücken und einen Meister in der Klärung der Handschriftenfunde vom Toten Meer zu ehren, dem ich seit Heidelberger Studienzeiten bis heute für Rat, Hilfe und Gespräch in großem Dank verbunden bin. Die Brücke, die wir versuchs- weise einmal schlagen wollen, besteht in einem Vergleich zwischen der textgraphischen Abschnittgliederung, wie sie die erste Jesajarolle aus Qumran (1QIs[a]) bietet, und den Sachakzenten am Ende der literarisch-produktiven Gestaltung des Jesajabuches (Jes), wie sie sich aus redaktionsgeschichtlichen Beobachtungen rekonstruieren lassen. Wie fern oder nahe steht sich beides? Unser Interesse ist in diesem Vergleich somit auf die Auffassung des Jesajabuches im ganzen gerichtet, wie sie einerseits in Lesesignalen der Schlußformation des Buches selbst zum Ausdruck kommt und andererseits in den Lesesignalen der Handschrift aus der Art, wie 1QIs[a] den Jesajatext graphisch gliedert. Wir nehmen in dieser Hinsicht beide Größen zunächst in aller Kürze je für sich in den Blick (I).

I.

Wie sollte das Jesajabuch als solches im Sinne derer gelesen werden, die seine Schlußfassung Jes 1-66 erstellt haben? Welche Lesehinweise waren diesem Prophetenbuch mitgegeben in dem Stadium, da der Konsonantentext in dem überlieferten Umfang erreicht und das Wachstum des Buches durch größere Einschreibungen und Redaktionsmaßnahmen beendet war?

Wir haben im Zuge einer historischen Synchronlesung dazu vor kurzem[1] die Anzeichen zusammengestellt, die Jes buchintern in dieser Hinsicht bietet. Diese

---

1   O.H. Steck, Die Prophetenbücher und ihr theologisches Zeugnis, 1996, 22-66, zur Näherbestimmung des Vorgangs »historische Synchronlesung«, dort 22f. Wir

Anzeichen kommen zum Vorschein, wenn man im theologischen Rezeptions-
rahmen des spätantiken (!) Israel beim Leseablauf in Jes vor allem auf Kommu-
nikations- und Zeitstruktur, auf Rahmeninklusionen, Makrobögen, Aussagen-
verlaufskonturen der Textfolge, Querverweise nach vorne und zurück und auf
Aufnahmen von Formulierungen vor allem in Textstücken mit buchweitem
Horizont achtet. Solche Anzeichen weisen die rezipierende Leserschaft sachlich
in eine bestimmte Richtung, lassen als indirekte Hinweise aber auch gewisse
Variationsmöglichkeiten[2] für die Rezipienten bezüglich der Wahrnehmung von
Sinnlinien, von Makroeinschnitten und Bogenbildungen im Buch offen.

Wir haben zudem seit längerem schon in diachronen, an literarischen und
konzeptionellen Indizien orientierten Untersuchungen Vorschläge erarbeitet,
wie man Wachstum, Gliederungen und theologische Aussagebewegungen dieses Buches in den formativen Schlußstufen erkennen kann[3]. Es handelt sich bei
diesem Unterfangen, für das wir uns der Kürze halber mit einem Verweis auf
unsere Arbeiten begnügen müssen, um redaktionsgeschichtliche Rekonstruk-
tionen auf Grund des gegebenen Textbestandes von Jes. Die Diskussion solcher
schlußredaktioneller Fragestellungen an alttestamentliche Schriften ist derzeit
auch bei Jes noch im Fluß. Doch wird man sich im Falle Jes schon jetzt jedenfalls dahingehend verständigen können, daß für die sachlichen Absichten bei
der Schlußpräsentation des Buches das Aussageprofil am Anfang (Jes 1) und
am Ende von Jes (Jes 65-66) sowie die offenkundigen Beziehungen zwischen
beiden Aussagepositionen wesentliche Bedeutung haben; Entsprechendes gilt
für markante Sachaussagen an herausragenden Stellen des Buchleseablaufs wie
in Jes 10-13.33-35.40.56-59. Diese exponierten Aussagen in der Schlußfassung
von Jes sind für unsere Fragestellung besonders zu beachten.

Wie verhält sich dieser redaktionsgeschichtlich im Textbestand von Jes
rekonstruierbare Befund zu 1QIs[a4]? Diese Handschrift stellt angesichts der

zitieren eigene Arbeiten in diesem Beitrag nach der Ersterwähnung nur mit
Titelstichwort oder Fundort in Kursive.

2   S. zu dieser womöglich intendierten Offenheit der Texte für die Rezeption die auch
methodisch wichtigen Beobachtungen von Th. Krüger, Komposition und Diskussion
in Proverbia 10, ZThK 92, 1995, 413-433, und dazu *Prophetenbücher*, 64f.

3   Vgl. O.H. Steck, Bereitete Heimkehr, SBS 121, 1985, 45-80; ders., Studien zu
Tritojesaja, BZAW 203, 1991, 21-44.143-265; ders., Der Abschluß der Prophetie im
Alten Testament, BThSt 17, 1991, 25-30.61-69; ders., Gottesknecht und Zion, FAT
4, 1992, 166-172; ders., Der sich selbst aktualisierende »Jesaja« in Jes 56,9-59,21,
in: Festschrift M. Metzger, OBO 123, 1993, 215-230; *Prophetenbücher*, 67-120;
ders., Autor und/oder Redaktor in Jes 56-66, in: C.A. Broyles/C.A. Evans (Eds.),
Writing and Reading the Scroll of Isaiah, 2 Vols., VT.S 70/1.2, 1997, 219-259; ders.,
Der neue Himmel und die neue Erde. Beobachtungen zur Rezeption von Gen 1-3 in
Jes 65,16b-25, in: Festschrift W.A.M. Beuken, BEThL 132, 1997, 349-365.

4   Faksimile-Ausgaben von 1QIs[a]: M. Burrows, The Isaiah Manuscript and the
Habakkuk Commentary, DSS I, New Haven 1950; Scrolls from Qumrân Cave I. The
Great Isaiâh Scroll. The Order of the Community. The *Pesher* to Habakkuk. From
photographs by J.C. Trever, Jerusalem 1972.

antiken Gebrauchs- und Reparaturspuren, der Leseerleichterungen in der
Schreibweise, der sprachlichen Aktualisierungen sowie der Interpretamente
nicht eine genaue Textkopie, sondern offenbar ein (Muster für ein) mehr oder
minder öffentliches Studien- und Leseexemplar von Jes dar[5] und enthält durch
die graphische Darstellung des Jes-Textes (Textgraphik) und durch Zeichen
meist am Kolumnenrand[6] zahlreiche Hinweise auf wie immer geartete Auftei-
lungen dieses Prophetentextes. Jedenfalls in der Textgraphik bietet 1QIs[a] eine
Gliederung, die durchgängig den gesamten Jes-Text umfaßt. Könnte es nicht
sein, daß redaktionsgeschichtlich Signifikantes, das dem Textbestand von Jes

5 S. dazu im einzelnen die Charakterisierungen der Handschrift in den Einleitungen
der Faksimile-Ausgaben DSS I, IX-XII (M. Burrows). XIII-XVIII (J.C. Trever);
Scrolls, 1-5 (F.M. Cross). 7-10 (J.C. Trever); ferner z.B. H. Bardtke, Die Handschriftenfunde am Toten Meer, 1953, 58-70; M. Martin, The Scribal Character of the
Dead Sea Scrolls, Vols. I, II, BMus 44, 1958; E.Y. Kutscher, The Language and
Lingustic Background of the Isaiah Scroll (1QIs[a]), StTDJ 6, Leiden 1974; P.W.
Skehan, Art. Qumran. IV. Littérature de Qumran. A. Textes bibliques, DBS 9, Paris
1979, 805-822: 810-813; J.M. Oesch, Petucha und Setuma. Untersuchungen zu einer
überlieferten Gliederung im hebräischen Text des Alten Testaments, OBO 27, 1979,
198-248; ders., Textgliederung im Alten Testament und in den Qumranhand-
schriften, Henoch 5, 1983, 289-321; A. van der Kooij, Die alten Textzeugen des
Jesajabuches, OBO 35, 1981, 74-119; J. Hoegenhaven, The First Isaiah Scroll from
Qumran (1QIs[a]) and the Massoretic Text, JSOT 28, 1984, 17-35; F.J. Gonçalves,
Art. Isaiah Scroll (1QIs[a]), The, AncBD III, 1992, 470-472; E. Tov, Textual Criticism
of the Hebrew Bible, 1992, 101-117. Es wird nach wie vor diskutiert, ob 1QIs[a] in Jes
1-33 und Jes 34-66 von zwei verschiedenen oder von einem Originalschreiber
anhand zweier Vorlagen für die beiden Hälften von Jes geschrieben wurde; s. dazu
Oesch, Petucha, 199f; van der Kooij, Textzeugen, 100-111; E. Tov, Scribal
Markings in the Texts from the Judean Desert, in: D.W. Parry, St.D. Ricks (Eds.),
Current Research and Technological Developments on the Dead Sea Scrolls, StTDJ
20, Leiden u.a. 1996, 41-77; zur Frage zweier Vorlagen für 1QIs[a] s. neben der van der
Kooij auch R.L. Giese Jr., Further Evidence for the Bisection of 1QIs[a], Textus 14,
1988, 61-70. Zu unterschiedlichen Zwecken in bezug auf Herstellung und Gebrauch
biblischer Handschriften s. im Anschluß an wichtige Differenzierungen von M.H.
Goshen-Gottstein Oesch, Petucha, 104-109; ders., Henoch 1983, 317f. Auch mit der
Zwecksetzung für einen gelehrten Lese- und Studiergebrauch kann die Handschrift
1QIs[a] durchaus als Musterexemplar für Abschriften fungiert haben, s. dazu H.
Stegemann, Die Essener, Qumran, Johannes der Täufer und Jesus. Ein Sachbuch,
Herder/Spektrum Bd. 4128, [4]1994, 116-123. Einen eingehenden Versuch zu erheben,
wie sich Jes im ganzen liest, wenn man im Ablauf von 1QIs[a] einerseits der
Abschnittgliederung der Textgraphik und andererseits dem Paragraphos-Randzei-
chen folgt, habe ich inzwischen in meiner Studie »Die erste Jesajarolle von Qumran
(1QIs[a]). Schreibweise als Leseanleitung für ein Prophetenbuch«, SBS 173/1 samt
Textheft SBS 173/2, 1998, vorgelegt.
6 S. zu diesen Zeichen die Tafeln in DSS I, XVI; Martin, Character I, Anhang; Tov,
Markings, 71-77, und zur Diskussion vor allem Martin, Character I, 120-134.142-
144.171-189; Oesch, Petucha, 206-231; ders., Henoch 1983, 290f.296-298.311-313;
Tov, besonders jetzt Markings.

im Binnenraum der produktiven Jes/Nebiim-Tradenten mitgegeben wurde, auch noch in der Art fortwirkt, wie der Jes-Text in 1QIs[a] gegliedert ist? 1QIs[a] als interpretativ-sprachajourierte Abschrift oder als Musterexemplar für solche Abschriften von Jes zum studierenden Lesegebrauch[7] und der fast unversehrte Erhaltungszustand des gesamten Jes-Textgutes auf dieser Rolle geben jedenfalls eine einzigartige Grundlage für den Vergleich, den wir angehen wollen[8]. Die Zeitdifferenz zwischen der Schlußformation von Jes und der Handschrift 1QIs[a], die paläographisch um 125-100 v.Chr. geschrieben wurde[9], ist gemäß unseren redaktionsgeschichtlichen Datierungen[10] nicht so groß, daß sich ein solcher Vergleich von vornherein erübrigen müßte.

Angesichts des beschränkten Raumes dieses Beitrags muß sich der Vergleich allerdings auf Beobachtungen zu bestimmten Befunden in 1QIs[a] beschränken. Deshalb lassen wir die Randzeichen der Handschrift hier völlig außer Betracht, konzentrieren uns auf die Art und Weise, wie der Jes-Text selbst in der Handschrift textgraphisch präsentiert wird, und dabei wiederum auf die sogenannten Hauptabschnitte, die nach insoweit einhelligem Urteil der Forschung durch die Signalisation freies Zeilenende (frZE) und nachfolgend Neue Zeile (NZ, ohne Einrückung!) gebildet werden[11]. Da das Signal NZ in der Handschrift 187mal begegnet[12], gliedert 1QIs[a] den Jes-Text somit in 187

---

7 S. dazu die Hinweise am Ende von Anm. 5. Wir sind somit der Auffassung, daß die Handschrift 1QIs[a] nicht als Musterhandschrift für eine bestimmte, MT-nahe, aber doch von MT abweichende Jes-Texttradition fungierte, sondern das Schreibermuster für eine interpretative Fassung des MT-nahen Jes-Textes war; s. dazu besonders die Position von van der Kooij, Textzeugen, und Tov, Criticism. Dafür sprechen nicht zuletzt die sprachlichen, sachlichen, orthographischen Ajourierungen, die eindeutig sekundären sachlichen Änderungen und sekundären Lesarten gegenüber MT, die sich aus dem Nahkontext speisen. Eine solche leicht interpretative Textkopie mit Leseerleichterungen ist am ehesten zum gelehrten Studium bestimmt; womöglich erklären sich auch die zahlreichen Fehler, Korrekturen, Nachlässigkeiten in dieser Handschrift aus dieser nicht auf penible Textüberlieferung ausgerichteten Zweckbestimmung.

8 Vgl. zum Verhältnis von Buchredaktion und Textgraphik schon Oesch, Petucha, 335-340.346.366-368. Bereits Oesch zieht in Betracht, daß die "Logik" graphischer Textgliederung "in der Linie der Aussage und Intention der redaktionellen Konzeption des Textes liegt" (339), ohne freilich daraus zu folgern, "dass diese Konzeption allein schon aus der Gliederung des Textes erhoben werden könnte "(ebd.); vgl. auch ders., Henoch 1983, 319.

9 S. dazu Cross in Scrolls, 3f.

10 S. dazu Abschluß, 80-111.196f.

11 S. dazu Martin, Character I, 120-122; Oesch, Petucha, 200f; J.W. Olley, »Hear the Word of Yhwh«: The Structure of the Book of Isaiah in 1QIs[a], VT 43, 1993, 19-49; 21-24.

12 S. Olley, VT 1993, 23. Daß Oesch und Olley auch noch andere Signale der Handschrift für weitere Kennzeichen von Hauptabschnitten auswerten, erscheint problematisch und wird hier deshalb vernachlässigt.

solcher Hauptabschnitte (HA). Mit diesem Signal wird das gesamte Textgut von
Jes in solche HA unterteilt, also in aufeinanderfolgende Aussagesegmente,
durchlaufend im gesamten Textfluß von Jes. Wir konzentrieren uns damit auf
die häufigste textgraphische Erscheinung in 1QIs^a für die Segmentierung von
Textabschnitten größeren oder kleineren Umfangs. Was zeigt die Signalisierung
HA dabei an? Vorbehaltlich näherer Präzisierung an den Textbefunden selbst
doch wohl dies, daß mit einem solchen HA gegenüber den umgebenden HA
natürlich nichts definitiv getrennt werden soll - das gesamte Textgut ist im
Sinne der Rezeption sachlich im Blick auf Jahwe und Jesaja Einheit und
Zusammenhang -, wohl aber etwas abgehoben, unterschieden werden soll, weil
im Sinne der Textgraphik nun etwas Neues/Erneutes, etwas Anderes, etwas
Besonderes, kurz etwas sachlich gegenüber der Textumgebung zu Unterschei-
dendes einsetzt. Maßstab solcher Differenzierung in Neues, Erneutes, Anderes,
Besonderes ist offenbar ein sachlicher Rahmen für die Zuordnung von Jes-Text-
Aussagen in sich und im Ablauf von Jes, der an der Textgliederung der
Handschrift als Ganzer näher bestimmt werden müßte. Wir haben diese
umfassende Bestimmung an anderer Stelle versucht. Einen wesentlichen Schritt
in diese Richtung hat schon, wie sogleich näher auszuführen und weiterzu-
führen ist, Olley in seiner Untersuchung zu 1QIs^a getan.

Olleys Untersuchung hat sich den Kriterien für die Bildung von HA in
dieser Handschrift näher zugewandt und ist deren schon immer vermutetem
inhaltlich-thematischen Charakter erstmals genauer nachgegangen. Handelt es
sich um Kriterien dieser Art, dann sind sie als solche mit formativen
Sachanliegen der Buchgestalt von Jes vergleichbar. Wir wenden uns zunächst
diesem Befund zu (II).

II.

Die konkret-inhaltlichen Kriterien, die Olley für die Bildung von »major
divisions« in 1QIs^a namhaft macht, beruhen, obwohl von ihm auch die Signale
Alinea und großes Spatium einbezogen werden, im wesentlichen auf HA mit
dem Kriterium frZE/NZ, so daß sie für unsere Vergleichskonstellation
unmittelbar herangezogen werden können. In diesem Rahmen ist nun der von
Olley eingehend präsentierte Befund unabweisbar, daß 1QIs^a sich bei solcher
Textsegmentierung auffallend häufig an die Kommunikationsstruktur hält, die
Jes selbst bietet: Die ein- und/oder ausgeleitete Jahwerede, der Adressatenwechsel und Aufrufe, insbesondere solche zum Hören, bestimmen in dieser
Handschrift auf weite Strecken die Ausgrenzung von HA[13]. Doch ist damit der
graphische Gesamtbefund der 187 HA noch nicht zureichend erklärt. Vielmehr
zeigt der wegweisende Aufweis von Olley mit seinen statistischen Erhebungen
und sachlichen Beobachtungen dreierlei.

---

13 Vgl. die Einzelnachweise bei Olley, VT 1993, 29-31.31-32.35.41.

(1) Fixe Wendungen, Wörter, Formeln - zumal der Kommunikationsstrukturierung von Jes -, zu denen man auch das Auftreten von HA bei ביום ההוא oder אנכי für Jahwe oder bei כי(א)־הנה bzw. הנה rechnen kann[14], werden in der Textgraphik von 1QIs[a] nicht einfach zwangsläufig zur Segmentierung von HA eingesetzt; sie können in 1QIs[a], wie Olley im einzelnen vorführt, nämlich auch andere graphische Erscheinungen als HA oder aber überhaupt keine auslösen[15]. Man hat es in dieser Handschrift also nicht mit einem Gliederungssystem für HA zu tun, das sich gleichsam mechanisch aus der Orientierung an solchen wiederkehrenden Formulierungspartikeln ergäbe. Olleys Beobachtungen[16] deuten darauf hin, daß bei diesem Gliederungssystem vielmehr der eigentümliche Inhalt (und wohl auch der Ablauf) der ausgegrenzten Textsegmente eine wesentliche Rolle spielte und auslöste, wann bestimmte Wendungen, Wörter, Formeln einen HA oder einen Unterabschnitt oder auch gar kein Gliederungssignal erhalten. Das zeigt noch deutlicher ein zweiter Punkt.

(2) Die genannten Formulierungspartikeln, die häufig oder gelegentlich bei der Segmentierung von HA auftreten, sind in 1QIs[a] bei weitem nicht die einzigen Kriterien für die Bildung von HA. Es gibt - teilweise sogar auffallend kurze[17] - HA in 1QIs[a], die durchaus auch ohne jeden Anhalt an solchen sprachstrukturellen Kriterien offenbar allein von der Textthematik ausgelöst werden. Zu beachten sind dabei vor allem die »topical criteria«, die Olley aufgespürt hat[18], nämlich u.a. »the nations«, »cosmic involvement«, »YHWH's action«, »the torah and the sabbath«, »Jerusalem/Zion«, »the praise of YHWH«, »YHWH as 'I'«. Auf die Textbefunde gesehen sind mit Olley neben der mehrfachen Segmentierung bei Jahwes Aufbruch zum Handeln[19] insbesondere sprechend der HA 13,10-16, der erstmals in Jes das kosmische Weltgericht bietet, und der bemerkenswert kurze HA 65,17-18a[20], der dessen Aufhebung

---

14 Vgl. zum komplexen Befund bei Jahwerede, Adressaten, Imperativen die Anm. 13 genannten Hinweise auf Olley; zu ביום ההוא, das in der Textgraphik der Handschrift keineswegs immer und deshalb nicht zwangsläufig mechanisch HA auslöst, s. Olley, VT 1993, 32, zu אנכי für Jahwe ebd., 41f, zu הנה ebd., 35, zu כי(א) הנה am Anfang von HA s. 3,1; 65,17.18 gegenüber 26,21; 60,2; 66,15. Der Befund verändert sich gegenüber den Angaben bei Olley noch, wenn man anders als Olley Belege bei AI und grSpat nicht zu HA, sondern zu HA untergliedernden Unterabschnitten (UA) rechnet.

15 Vgl. im einzelnen die statistischen Nachweise bei Olley, der zeigt, in welchem Ausmaß die jeweiligen Kriterien auf verschiedene (!) textgraphische Erscheinungen bezogen sind bzw. auch nicht bezogen sind!

16 Vgl. Olley, VT 1993, zusammenfassend 44f.

17 Vgl. z.B. 22,12-14; 27,12; 27,13; 37,36-38; 39,3-4.5-8; 40,25-26; 41,27-29; 43,1-2; 43,11-13; 46,12-13; 49,4-6; 51,15-16; 56,10-12; 57,1-2; 58,13-14; 65,17-18a; 66,10-11.

18 VT 1993, 35-44.

19 S. dazu Olley, VT 1993, 37f.

20 Mit Recht hervorgehoben schon bei Olley, VT 1993, 36f.

nennt, ferner im Nahkontext so auffallende HA-Segmentierungen wie z.B. 1,18-
20 nach 1,10-17 oder 5,18-30 nach 5,8-10.11-17, oder die Segmentierungen
2,12-19.20-22; 3,13-15; 4,1-2 (bzw. 4,1-6); 7,10-22; 8,5-10; 8,11-9,12 oder
13,17-14,2 nach 13,10-16 oder 17,9-11 nach 17,4-8 oder 40,25-26 nach 40,17-
24; ferner die HA-Umgrenzungen 43,3-10; 43,14-44,1; 44,23-45,7; 49,4-6;
51,17-52,6 und die HA-Segmentierungen 63,1-64,11; 66,20b-21[21].

Solche offenbar thematisch ausgelösten HA und darunter insbesondere die
signifikant kurzen sind zusammen mit den Inkonsequenzen in der textgraphischen Auswertung bestimmter Worte oder Wendungen, die einer lediglich
sklavisch-formalen Orientierung an Sprachstrukturellem widerstreiten, der
wesentliche erste Anhaltspunkt im graphischen Befund von 1QIs[a] für unsere
Nachfrage. Er sichert nämlich die Grundlage, daß hinter der Textgraphik der
Handschrift sachlich-theologische Aspekte stehen und ein so gesteuerter Hinblick auf das Textgut die Segmentierung bestimmt.

(3) Dieser Befund zeigt, daß die Unterscheidung von sprachstrukturellen,
auf fixe Worte, Wendungen, Sprachformen bezogenen Kriterien einerseits und
thematischen Kriterien andererseits überhaupt nur eine heuristische sein kann,
die den Sinn der Textgraphik in 1QIs[a] noch nicht wirklich trifft. Ist seit Olleys
Nachweis offenkundig, daß es den thematischen als dominanten Faktor bei der
Bildung von HA gibt, dann ist zu beachten, daß auch die sprachstrukturellen
Kriterien bestimmter Formulierungspartikeln einschließlich der Anzeigen der
jeweiligen Kommunikationskonstellation im Grunde thematische Aspekte
dessen darstellen, was das Textgut von Jes in dieser Handschrift bietet. Mit
anderen Worten: Für die Bildung von HA im Sinne von 1QIs[a] ist beides als
Einheit zu nehmen und als Ausdruck einer am *Textinhalt* orientierten Rezeption
von Jes in der Textgraphik aufzufassen! Von der Leserschaft der Handschrift
wird somit erwartet, daß sie die textgraphischen Signale in der Schreibweise mit
den Aussageinhalten, die so geschrieben werden, zusammen bedenkt.

Natürlich kann die Textgraphik als solche auch zusammen mit den so
segmentierten Aussageinhalten immer nur gewisse Hinweise und Anstöße für
die Leserezeption geben. Es handelt es sich eben um indirekte Leseanweisung,
und sich dadurch zu den intendierten sachlichen Einsichten führen zu lassen, ist
Aufgabe der aktiven, denkenden Mitwirkung der Leserschaft. In den HA kann
im Textfluß von Jes aber schon in der Gleichartigkeit solcher Segmentierung
markiert werden, was Jes als Ganzes im Sinne der Schreibertradenten ist:
Aufzeichnung dessen, *daß* Jahwe durch Jesaja immer wieder geredet hat und
das Prophetenbuch also eine Folge von Jesaja übermittelter, teilweise sogar
situationsgerahmter (Jes 6-10; Jes 36-39) Jahwebotschaften darstellt, an denen
Redender, Adressat, Zeitbezug und Inhalt textgraphisch beachtet wurden und
beim Lesen desgleichen beachtet werden sollten. Und in der Unterscheidung
verschiedener HA und deren Schnitt oder Umfang kann ausgedrückt werden,

---

21 Wahrscheinlich umfaßt 66,12-21 in 1QIs[a] zwei HA, nämlich 66,12-20a und 66,20b-
21 (ab כאשר), s. dazu Oesch, Petucha, T 30[*].

was Jahwe bzw. Jesaja in welchem engeren Zusammenhang oder in welcher abgehobenen Besonderung gesagt hat, und nicht minder, *wen* er jeweils anspricht und wen er wozu jeweils auffordert. Im Lichte solch graphisch ausgedrückter, inhaltlicher Rezeptionsperspektive ist z.B. inhaltlich näher zu beachten, welche der ההוא ביום-Aussagen und welche Aussage des Einschreitens Jahwes jeweils neue HA eröffnen und welche eben nicht, und ebenso, daß nach Olleys eindrücklichem Aufweis, wie wir sahen, in der Handschrift auch weitere Themaaspekte zu solch sachlicher Segmentierung führen - so in die Aussagen über einzelne Völker[22], über Tun und Ergehen der Völker insgesamt[23], über Zion/Jerusalem[24] - man beachte die Blöcke 60,1-61,9; 61,10-62,9 und 62,10-12 je als gewichtige HA -, desgleichen in Entsprechung zu Aufforderungen an das Gottesvolk auch die Gebetsanreden an Jahwe in Jes[25] und nicht zuletzt Aussagen über die Heimkehr der Diaspora - es sei nur an 35,3-10 oder 27,12 und 27,13[26] als je eigener HA verwiesen -, die Olley nicht näher behandelt.

Auf der Basis des von Olley gewonnenen Ergebnisses, daß die Segmentierung von HA in 1QIs[a] auf Grund inhaltlich-thematischer Kriterien erfolgt, die Olley im einzelnen stichwortartig benannt und statistisch begründet hat, fragen wir nun weiter, warum es zusammen mit der Hervorhebung der in Jes gebotenen Kommunikationsstruktur gerade diese und keine anderen thematischen Aspekte sind, die im Zusammenspiel der Faktoren für die Bildung weitaus der meisten der 187 HA maßgeblich, ja gegebenenfalls sogar vorrangig maßgeblich sind. Gibt es Koinzidenzen zwischen diesen textgraphischen Hervorhebungen und den konzeptionell herausragenden Akzenten, die die Schlußformation von Jes kennzeichnen? Wir verbinden unsere Frage mit drei Beobachtungen. (1) Die sprachlich-thematischen Konstituenten, die Olley für praktisch sämtliche HA in 1QIs[a] erfaßt, konvergieren mit Gestaltungsaspekten der Schlußredaktion von Jes in Jes 65f, wo übermittelt wird, was Jahwe im Sinne der Tradenten durch Jesaja als Letztes und somit Definitives für die aktuelle Leserschaft gesagt hat. (2) Jene von Olley ermittelten Konstituenten konvergieren auch mit exponierten Themaaspekten in Jes, die sich in historischer Synchronlesung als besondere Akzentuierung aus den letzten Entstehungsphasen des Prophetenbuches zeigen. (3) Unter den thematisch eigens abgehobenen HA finden sich Texte, die man mit Grund als Eigenformulierungen der redaktionellen Schlußphasen von Jes bestimmen kann (13,10-16;

---

22 S. zu den מ×ש-Texten Olley, VT 1993, 33f.
23 S. dazu Olley, ebd., 36.
24 S. dazu Olley, ebd., 39.45.
25 S. dazu Olley, ebd., 40f.
26 Da in der Handschrift das Auftreten der Wendung ההוא ביום nicht genügt, um einen HA auszulösen, müssen in Verbindung mit der Wendung jeweils thematische Aspekte den Ausschlag gegeben haben, hier in zwei kurze HA hintereinander aus der Heimkehrthematik die Aspekte Sammlung (V.12) und Rückkehr (V.13) der Zerstreuten.

27,12; 27,13; 35,3-10; 51,1-3*.4-6*.9-11; 56,1-2; 58,13f; 62,10-12)[27], deren letzte breiter in der Fortschreibung am Schluß des Ganzen, in Jes 65-66, hervor-tritt. Der Befund deutet auf Nähe zwischen Jes-Redaktion und Jes-Handschrift. Der folgende Teil III soll dies etwas näher veranschaulichen.

III.

Daß zwischen den von Olley ermittelten sachlichen Konstituenten für HA in 1QIs[a] und den thematischen Akzentuierungen der redaktionellen Schlußphasen in der Entstehung von Jes eine nachfragenswerte Nähe besteht, läßt sich an folgenden Beispielen illustrieren.

(1) Die exponierte Schlußfortschreibung von Jes in Jes 65f ist in sich so gestaltet, daß in 65,8-66,24 vier abschließende Jahwereden gebildet werden, von denen drei mit כה אמר + göttlichem Subjekt eingeleitet werden. Mit dieser redaktionellen Gestaltung sind fortschreibend Gestaltungszüge des ganzen voranstehenden Jes aufgegriffen, und damit wird für diese redaktionelle Rezep-tion Jes im ganzen als eine fortlaufende Abfolge von Jahwereden durch Jesaja angesehen[28]; in dieser sachlichen Fluchtlinie läuft das gesamte Textgut von Jes schon in sich auf die Schlußreden Jahwes von Jes 65f zu. Dem entspricht nach dem produktiven Werden von Jes noch zur Zeit von 1QIs[a] bzw. zur Zeit der Erstellung dieser Handschrift der Befund, daß ein- bzw. ausgeleitete *Jahwerede*, aber auch Prophetenrede eines der dominanten Kriterien für die Segmentierung von HA sind.

(2) Auf die letzte der Jahwereden in Jes 65f, Jes 66,5-24, läuft im Jesajabuch alles zu. Sie ist nun an die Frommen gerichtet und in 66,5 markant mit dem Aufruf שמעו דבר־יהוה eingeleitet. Im Sinne der Schlußformation ist mit solcher Position die Leserschaft von Jes angeleitet, auf solche Aufrufe Jahwes an das (fromme) Gottesvolk im gesamten Textgut von Jes besonders zu achten; 66,5 hat in dieser Finalposition sogar das ganze Gewicht eines eigenen HA! Auch dies scheint sich in der Textgraphik von 1QIs[a] zu spiegeln. Dieser Zielpunkt gibt bei einem Rückblick nämlich nicht nur ebenso eingeleiteten Passagen an früherer Stelle in Jes Gewicht (1,10; 28,14; 39,5 - in 1QIs[a] immer am Beginn von HA), vor allem der ersten, auf die sich Jes 65f schon in sich eindeutig rückbezieht[29], sondern darüber hinaus allen Aufforderungen im Buch (vgl. 66,10, in 1QIs[a] Beginn eines HA), zumal solchen zum Hören, die Jahwe direkt oder indirekt an Adressaten und insbesondere an das fromme Gottesvolk bezüglich des heilsrelevanten Verhaltens ergehen läßt. Schon in der Schluß-formation von Jes selbst zeigt sich das Redegeschehen Jahwes in Jes angesichts

---

27 Vgl. zu diesen Texten im einzelnen die Analysen und Begründungen in *Heimkehr;*
    Studien zu Tritojesaja (s. Register).
28 S. dazu *Prophetenbücher*, 24-66.166-177.
29 S. dazu *Studien zu Tritojesaja*, besonders 264f.

des Fluchtpunktes 66,5-24 insbesondere auch als eine Abfolge von Aufforderungen, die Einsicht in Schuld, Frömmigkeitsverhalten und Jahwes Vorhaben
zum Inhalt haben und der Leserschaft - das Israel aller Zeiten, aber vornehmlich
der Jetztzeit des Lesens[30] - zu besonderer Orientierung nahegelegt werden. In
1QIs[a] konvergiert damit die gleichfalls dominante Bedeutung, die *Aufrufe zum
Hören* und *Aufrufe bezüglich heilsrelevanten Verhaltens überhaupt,* wie
erwähnt, für die Textsegmentierung in HA haben.

(3) Jes 65f bietet Jahweden an verschiedene Adressaten in der Menschenwelt; zumal das frevlerische und das fromme Gottesvolk sind in dieser Sinn-
perspektive deutlich unterschieden. Die Leserschaft ist damit aufgerufen, auch
zuvor im Textgut des gesamten Buches zu unterscheiden, was zu wem gesagt
ist, was dem Gottesvolk aus früherer Zeit gilt, insofern die Leserschaft Glied
desselben ist, und was vorausdeutend in früherer Zeit oder direkt den Frevlern
und Frommen jetzt gilt[31]. Entsprechend ist es bei den Linien, die sich bezüglich
Jerusalem/Zion und in Verhalten und Ergehen der Völkerwelt auf der präfigura-
tiven Linie Assur - Ägypten - Babel - Edom - Kyros - gerichtsverfallene/
heilsintegrierte Gesamtmenschheit[32] auf Jes 66 hin durch das Buch ziehen. Der
Befund spiegelt sich in 1QIs[a] darin, daß auch der in der Textgraphik keineswegs
mechanisch berücksichtigte, sondern bei der Segmentierung offenbar thematisch gesteuerte *Adressatenwechsel* - dem Untergang geweihte Völker, über-
lebende Völker oder Völkerreste, das frevlerische und das fromme Gottesvolk -
ein wichtiges Kriterium für die Bildung von HA ist.

(4) Besonders bezeichnend sind jedoch die thematischen Fluchtlinien in dem
Jahwe-Rede-Geschehen von Jes, die sich vom Zielpunkt Jes 65f aus im
voranstehenden Buch zeigen und sich durch das Buch als präfigurative oder
direkt auf das sinngeschichtliche Finale bezogene auf diesen Zielpunkt hinbe-
wegen. Diese finalen Fluchtpunkte des gesamten, im Buchablauf enthüllten
Jahwe- und Menschenhandelns[33] betreffen den יום am Ende (in der Schlußredaktion schon an der exponierten Stelle 12,1.4), zu dem Jahwe schließlich
einschreitet (66,6)[34], ferner, wie wir sahen, das Endgericht an Menschen aus
Völkerwelt und Israel in kosmischen Ausmaßen und entsprechend die finale
Heilsverwandlung der Schöpfungswelt, weiter die Heimkehr der Diaspora,

---

30 S. dazu *Prophetenbücher,* besonders 54-66.147-157.
31 S. dazu *Prophetenbücher,* passim.
32 S. dazu *Prophetenbücher,* 36-44.45-63.
33 Für diese Sicht von überlieferter Prophetie als »Zeugnis« in dem gegenüber 1QIs[a]
   wenig älteren Jubiläenbuch s. O.H. Steck, Die getöteten »Zeugen« und die
   verfolgten »Tora-Sucher« in Jub 1,12. Ein Beitrag zur Zeugnis-Terminologie des
   Jubiläenbuches (II), ZAW 108, 1996, 70-86: 71-83.
34 Zur Bedeutung von יום für die Bildung von HA s. Olley, VT 1993, 32f.45. In den
   Rahmen der finalen Handlungsaspekte Jahwes gehören auch die Kriterien *Jahwes
   »Ich«* und *Jahwes Einschreiten* für HA, s. dazu Olley, ebd., 37f.41f.

sodann die Restitution Zions und des Zionvolkes der Frommen[35] einschließlich
solcher jetzt schon oder im Zuge des Weltgerichts Zugewandter aus der
Völkerwelt, die den Sabbat getreulich halten, und schließlich die Anbetung
Jahwes durch alle Gerichtsüberlebenden. Dieses Szenario des langzeitigen
Jahwehandelns scheint wesentliche Züge des sachlichen Rahmens zu bilden,
demgemäß der Textfluß von Jes in 1QIs[a] in HA segmentiert wird (s. oben I).

Es ergibt sich ein bezeichnendes Bild, wenn man die Bildung von HA und deren
Kennzeichen und Aussageinhalte in den Jahweschlußreden des Buches Jes 65f und
zumal in der allerletzten an das fromme Gottesvolk des Heils gerichteten Rede 66,5-24
mit der Segmentierung von HA in 1QIs[a] überhaupt vergleicht. Wir verbinden den im
folgenden vorgeführten Befund da und dort schon mit Hinweisen auf Entsprechungen
zum redaktionellen Profil von Jes.

Mit Olley[36], aber über dessen Beispiele weit hinausgehend, ist zunächst die
Thematik der *Völker* zu beachten, die in der Finalperspektive von Jes 66 unter den
Aspekten Völkerreichtum nach Zion (a), Weltgericht (b), Heimführung der Diaspora
durch (Rest-) Völker (c) sowie deren Bekehrung und Einbezug ins Heil (d) auftritt. In
der Textgraphik der Rolle konvergiert damit, daß solche Themaaspekte ganz auffallend
durch eigene HA abgehoben werden, vgl. z.B. die HA 2,1-4 (d).12-19 (b); 8,5-10 (b);
10,16-19 (b); 13,10-16 (b); 17,12-14 (b); 24,1-15 (b); 24,16-20 (b); 24,21-23 (b); 25,6-8
(d); 26,20-21 (b); 29,1-8 (b); 30,27-33 (b); 31,7-9 (b); 33,10-24 (b); nach 3 Leerzeilen
34,1-15 (b); 40,17-24 (b); 41,1-7 (b, d); 42,1-4 (d); 42,5-9 (c); 42,10-17 (b, vgl. 42,13
AI, c); 43,11-13 (b); 44,23-45,7 (d); 45,8-13 (c); 45,14-17 (a, b); 45,18-46,2 (d); 47,1-15
(b); 49,1-3 (d); 49,4-6 (d); 49,7-13 (d); 49,22-26 (c); 51,4-6[37] (b, d); 51,7-8 (b); 51,17-
52,6 (b, vgl. c); 56,3-9[38] (d); 59,15b-21 (b); 60,1-61,9 (a, c, d); 62,10-12 (b); 63,1-64,11
(b). Gottes Aufbruch zum (Welt-)Gericht (vgl. 66,6.15) ist durch Einsatz mit HA
besonders hervorgehoben: 2,12; 3,13; 10,16; 24,1.21; 30,27; 33,10; 34,1; 42,10-17;
59,15b-21. Abgesehen von dem textlichen Sonderproblem in 1QIs[a] bei 51,4-6 sind in
dieser Textsegmentierung vor Jes 65f gerade auch die redaktionellen Eigenbildungen zur
Thematik in den Schlußphasen der Jesajabuchformierungen durch HA abgehoben, vgl.
besonders Jes 13,10-16, in Jes 24-27, 51,7-8; 56,3-9; 59,15b-21; 62,10-12; 63,1-64,11[39].
Die Textsegmentierung zur Völkerthematik ist hier wie sonst sicher auch von den
Kriterien der Jahwerede oder der Aufforderung bzw. dem Adressatenwechsel beeinflußt

---

35 Zu den (ים)עבד-Texten in Jes, die als solche für die HA-Bildung offenbar kaum eine
    Rolle spielen, s. Olley, VT 1993, 39f.47; zum Verständnis dieser Texte in der
    Schlußformation von Jes unter Hinweis vor allem auf Beuken s. *Gottesknecht*, 170-
    172.

36 VT 1993, 36.

37 1QIs[a] hat in 51,5-6 zahlreiche Abweichungen gegenüber MT, insbesondere statt V.
    6αβγ den Text aus 40,26 ויראו מי ברא את אלה; s. dazu Kutscher, Language, 542.545.
    552.554; J.R. Rosenbloom, The Dead Sea Isaiah Scroll. A Literary Analysis, 1970,
    60; van der Kooij, Textzeugen, 90-93.98; Oesch, Petucha, T 24* Anm. 26 (Lit.).

38 S. dazu Oesch, Petucha, 221f; Olley, VT 1993, 46f.

39 S. dazu im einzelnen mit Datierungsvorschlägen und mit Blick auf die Schlußphasen
    im Werden des Zwölfprophetenbuches *Heimkehr; Studien zu Tritojesaja; Abschluß*,
    26-30.61-72.73-113.

und womöglich zugleich auch von anderen, mit den Völkern verbundenen thematischen Aspekten; doch zeigen Belege zu HA dieser Thematik ohne diese Kriterien, daß die Völkerthematik an diesen Stellen offenbar für die Bildung von HA im Vordergrund stand.

Mit dem Aspekt des Weltgerichts ist in den redaktionellen Schlußphasen von Jes die *kosmische Reichweite dieses Gerichts* verbunden[40]. Dieser Aspekt ist auch in 1QIs³, wie Olley erkannt hat[41], durch auffallende Bildung von HA hervorgehoben, vgl. in dieser Hinsicht die HA-Segmentierung 13,10-16; 24,1-15; 34,1-15 im ganzen und entsprechend die Überbietung in diesem Bereich im Heil in dem eigenen HA 51,15f, vgl. auch die Abhebung 30,26 in dem HA 30,15-26, und insbesondere natürlich den kurzen HA 65,17-18a, der sich überhaupt nur aus dieser thematischen Option erklärt[42].

Mit schlußredaktionellen Akzentsetzungen konvergiert, daß auch 1 QIs³ die tragenden *Heimkehraussagen* von Jes durch eigene HA abhebt, vgl. als Beispiele nur die erste Aussage im Buch in der Kombination von Heimkehr und Völkerbekehrung wie Jes 66, Jes 11,10-16 (frZE, vor 11,11 grSpat); die Kurzaussagen 27,12 und 27,13 je als eigenen, Sammlung und Heimkehr der Zerstreuten je eigens hervorhebenden HA; ferner die HA 35,3-10; 40,1-5; 40,6-11; 42,5-9; 42,10-17; 43,1-2; 43,3-10; 44,21-22; 45,8-13; (46,12-13;) 48,12-22; 49,4-6; 49,7-13; 49,22-26; 51,9-11; 51,17-52,6; 54,1-10; 55,6-13; 60,1-61,9; 62,10-12. Wieder sind auch die redaktionellen Eigenformulierungen der Heimkehrthematik aus den Schlußphasen des Jesajabuchwerdens in der Textgraphik von 1 QIs³ mit HA besonders abgehoben, vgl. in dieser Hinsicht 11,10-16; 27,12; 27,13; 35,3-10; 51,9-11; 62,10-12.

Ein ganz entsprechendes Bild ergibt sich, wenn man beachtet, daß auch auf die weiteren thematischen Finalaspekte von Jes in Jes 65f mit einer Abhebung entsprechender Buchaussagen in der Textgraphik von 1 QIs³ durch HA hingeführt wird. Vgl. für *Zion/Jerusalem*[43] samt dem *frommen Gottesvolk* besonders die HA 1,1-9; 1,21-31; 4,3-6; 10,20-23; 10,24-34; 11,1-9; 24,21-23; 29,1-8; 30,15-26; 30,27-33; 40,1-5; 40,9-11; 41,27-29 (kurzer HA); 45,8-13; 49,14-21; 50,1-3; 51,1-3; 51,17-52,6; 52,7-12; 54,1-10; 54,11-17a; 59,15b-21; 60,1-61,9 im ganzen; 61,10-62,9[44] im ganzen; 62,10-12; auch die einschlägigen redaktionellen Eigenformulierungen aus den Schlußphasen von Jes sind in diesen HA eigens abgehoben, s. in 1,21-31; ferner 4,3-6 (bzw. 4,1-6); 10,20-23; in 10,24-34; ferner 24,21-23; in 51,17-52,6; in 54,1-10; ferner 54,11-17a; 59,15b-21; in 60,1-61,9; ferner 62,10-12.

Und nicht minder hat 1 QIs³ den Aspekt der finalen *Anbetung Jahwes* allein oder zusammen mit anderen Themaaspekten in HA abgehoben, vgl. 12,1-6 (als HA, die Einschreibung der Schlußredaktion, die die Makrostruktur des Buches so maßgeblich

---

40 S. dazu *Heimkehr; Studien zu Tritojesaja*, 20-27.143-265; *Abschluß; Festschrift Beuken.*

41 VT 1993, 36f.

42 Der Einsatz mit הנני (א)יכ hat die Segmentierung nicht zwingend ausgelöst, s. dazu oben Anm. 14; die wichtige Vergleichsaussage 43,19 trägt in 1QIs³ überhaupt keine textgraphische Markierung.

43 S. schon Olley, VT 1993, 39.45.

44 Zur stichischen Schreibweise dieser großen HA in 1QIs³ s. Oesch, Petucha, 202.222.T 28*; ders., Henoch 1983, 310f; Olley, VT 1993, 28.39.40.47.

prägt)[45], durch 30,27-33 (in HA); 33,20-22 (in HA); 63,7-64,11 (in HA), vgl. mit Olley[46] auch 25,1-5 (HA); 33,2-6 (in HA); 51,9-11 (HA); 61,10-62,9 (HA).

Nicht zuletzt führt die in Jes 65f gebotene Finalthematik *des frevlerischen und des frommen Gottesvolkes* in 1 QIs^a zur Abhebung von HA im Textablauf des Buches, oft verbunden mit Anklagen und mahnenden, ermutigenden Aufforderungen, vgl. z.B. 1,21-31 (V. 27-31*)* Zion - Frevler und Bekehrte; ferner 4,3-6 (bzw. 4,1-6); 10,20-23; 22,12-14; 26,1-10; 28,5-8; 29,9-21; 32,1-8; 33,10-24; 35,3-10; 40,27-31; 42,18-25; 44,2-5; 44,21-22; 46,3-11; 46,12f; 48,1-11; 48,12-22; 50,1-3; 51,1-3; 51,4-6; 51,7-8; 55,6-13; 56,1-2; 57,1-2; 57,3-13; 57,14-21; 58,1-12; 58,13-14; 59,1-15a; 62,10-12. Hierher gehören somit aus sachlichen und nicht lediglich formalen Gründen alle Aufrufe, insbesondere zum Hören, an das frevlerische oder fromme Gottesvolk, die Olley für die Bildung von HA hervorgehoben hat[47], und damit zusammenhängend schon auf der textgraphischen Ebene der HA die Besonderung von Aussagen über die heilsrelevante Belehrung Jahwes, die Jes zu entnehmen ist[48]. Auch hier ist bemerkenswert, daß in diesen HA gerade auch die einschlägigen redaktionellen Eigenformulierungen aus den Schlußphasen von Jes abgehoben sind; vgl. besonders in 1,21-31 V. 27-31; 4,3-6 (bzw. 4,1-6); 10,20-23; 26,1-10; 29,9-21; 35,3-10; 51,1-3.4-6.7-8; 56,1-2; die segmentierten HA aus Jes 57-59 sowie 62,10-12; besonders bemerkenswert ist, daß 1 QIs^a Eigenformulierungen der Schlußredaktion wie 56,1-2; 58,13f mit dem Anliegen der Sabbatobservanz[49] eigens als HA segmentiert.

Alle diese hier in (4) angesprochenen, thematisch-sinngeschichtlichen Aspekte des finalen Gotteshandelns führen auch in Fällen, wo es auf Grund der anderen Kriterien nicht zu erwarten wäre, in 1 QIs^a zur Segmentierung von HA, darunter auch diejenigen, im Werden von Jes zuletzt zugefügten Textbestandteile, die diese Sachprofilierung in den Schlußphasen von Jes durch redaktionelle Neueinschreibung allererst errichten! Also: Bis auf ganze wenige, schwer erklärbare HA[50] sind nach Olley praktisch alle HA in der Handschrift gemäß einzelnen oder kombinierten Sachkriterien thematisch so geschnitten, daß sie der Kommunikationsstruktur und dem göttlichen Handlungsszenario folgen, die das Prophetenbuch Jes im ganzen und final exponiert in den Schlußreden Jes 65f darbietet. Es fällt aber auf, daß die HA-Segmentierung nicht nur einfach unterstreicht, was sich an solcher Thematik in Jes eben findet, sondern daß sie

---

45 S. dazu *Studien zu Tritojesaja*, 43.230.279.
46 VT 1993, 40f.
47 VT 1993, 31f; zu »Hört das Wort Jahwes« am Einsatz von HA s. 1,10; 28,14; 66,5 (vgl. 39,5); zu Hör-Aufrufen im Sg. und Pl. am Einsatz von HA s. ferner 48,12 bzw. 32,9; 42,18; 46,3; 46,12-13; 48,1; 49,1; 51,1; 51,7; keine HA lösen die Hör-Aufrufe 1,2; 6,9; 7,13; 48,16; 55,2; 55,3 aus.
48 S. dazu bezüglich der Verweigerung von Belehrung, die zum Exilsgericht geführt hat, den HA 8,11-9,12 und zur dann neu eröffneten Belehrung, deren Annahme ins Heil führt, die in 1QIs^a textgraphisch gebotenen HA-Sequenzen in 28,1-29,24; in Jes 30; in 31,1-35,10; 40,12-42,17 und 42,18-43,13 par. 43,14-46,2; 46,3-47,15; 48,1-49,3; s. dazu im einzelnen die Ausführungen zu den Stellen in *Jesajarolle*, 63-97.106-123.
49 S. dazu schon Olley, VT 1993, 38.
50 S. Olley, VT 1993, 43f.

in diesem Rahmen auch Aspekte in HA eigens abhebt, die speziell zum Profil der Schlußredaktionen von Jes gehören; es sei nur an die Hervorhebung von Aussagen zur Verbindung von Völkergericht und Heimkehr, zur Scheidung zwischen Frommen und Sündern in Israel, zum Sabbat, zur kosmischen Dimension des finalen Menschheitsgerichts oder an so abgehobene Aufforderungen wie die zum Hören auf Jahwe erinnert, die in Jes 66 mit Rückbezug auf Jes 1 hervorragend buchexponiert vorgegeben war. Das bedeutet: Die von Olley empirisch erhobenen, thematisch geprägten Einzelkriterien für HA in 1QIs[a] haben in diesem redaktionellen Schlußprofil von Jes ihren Zusammenhang und ihre Stimmigkeit! Was für dieses Schlußprofil im Aussagegut von Jes wichtig war, bestimmt auch in 1QIs[a] noch die thematischen Kriterien für die Bildung von HA. Oder anders gesagt: Wer immer die in 1QIs[a] abgeschriebene Textgraphik für Jes festgelegt hat - er ist in Übereinstimmung mit wesentlichen Sachakzenten der Schlußformation dieses Prophetenbuches vorgegangen.

Wir haben uns in diesem ersten Versuch auf einen Vergleich von Jes 65f und verwandten Aussagen in Jes mit den einzelnen thematischen Kriterien von 1QIs[a] für die Aufteilung des Jes-Textgutes in einzelne HA konzentriert. Ein Vergleich mit dem Redaktionsprofil von Jes im ganzen ist auf der Ebene der HA-Gliederung nicht möglich. Denn durch diese gleichwertige Aufteilung des gesamten Textguts können das intendierte Redaktionsprofil von Jes selbst oder wesentliche Abweichungen von diesem gar nicht ausgedrückt werden. Dafür müßte auch die Formation in Makroteilen, in großen Aussagebögen, in intendierten Inklusionen, in sinngeschichtlichen Phasen, in Querbezugnahmen und Weiterführungen im Leseablauf graphisch ausdrücklich gemacht und verglichen werden können. Das textgraphische System in 1QIs[a] will und kann das nicht leisten. Doch hat unser Vergleich auf beschränktem Raum ergeben, daß jedenfalls die Segmentierung auf der Ebene einer Folge von HA den redaktionellen Jes-Sinnprägungen letzter Hand in keiner Weise widerspricht oder diese gar stört. Wenn die Leserschaft zusätzlich konzeptionelle Tradition und Anleitung, ein Prophetenbuch tradentengemäß zu lesen, in die Leserezeption dieser Handschrift einbringt und/oder sich das redaktionelle Aussageprofil der Schlußformation in Kenntnis der maßgeblichen Formulierungssignale des Ganzen während des Lesestudiums der Handschrift erarbeitet, unterstützt die Textgraphik von 1QIs[a] auf der Ebene der HA solche redaktionsgemäße Rezeption durchaus, weil sie dieser im Rahmen der Ausdrucksmöglichkeiten einzelner graphischer HA auffallend entspricht und sich zur Zeit ihrer Entstehung noch von der jüngeren, auf die Geschichte der Gemeinschaft konzentrierten Prophetenhermeneutik in den Pescharim unterscheidet[51]. Die tragende Segmentierung von Jes in Jahwebotschaften, Aufforderungen, verschiedene Adressaten sowie Aufbrüche Jahwes entspricht der Rezeptions-

---

51 S. dazu, insbesondere auch zu den Jes-Pescharim, Stegemann, Essener, 172-185; Annette Steudel, Der Midrasch zur Eschatologie aus der Qumrangemeinde (4QMidrEschat[a.b]), StTDJ 13, 1994, 187-189.

perspektive der Schlußformation selbst, wie deren Gestaltung von Jes 65f zeigt. Unsere am Ende von II vorweg herausgestellten Beobachtungen haben sich bestätigt: Da Olleys Konstituenten der 187 HA im wesentlichen mit den thematischen Akzentuierungen der Schlußformation von Jes zusammengehen, machen HA in 1QIs^a im Rahmen von Einzelsegmenten weitestgehend graphisch ausdrücklich, was als formative Intention im ganzen und einzelnen die Schlußfassung von Jes in sich kennzeichnet. HA auf der Übermittlungsstufe textgraphischer Präsentation durch Handschriften heben in dieser Jes-Handschrift immer noch diejenigen Themen und Themenaspekte im Textfluß von Jes hervor, die schon für die Schlußphasen von Jes selbst wesentlich waren und das Buch, wie wir sahen, bis zur Finalperspektive Jes 65f durchziehen. Aus dieser thematisch-segmentierenden Hinsicht auf das Textgut ergeben sich sogar ganz kurze HA für besondere Aussagen, die schon für die redaktionelle Gestaltung von Jes wichtig waren, sich aus einer Lektüre von Jes aber keineswegs von selbst als besondere aufdrängen. Und nicht zuletzt: Sogar Hinweise auf tragende konzeptionelle Aspekte des Redaktionsprofils können von der Leserschaft auf der Gliederungsebene der HA entnommen werden, wenn man statt nur die einzelnen HA auch die Abfolge von HA an buchexponierten Stellen des Textablaufs beachtet. Dazu abschließend wenigstens einige vorläufige Beobachtungen[52]: Die Folge von HA insbesondere an der im Leseablauf durch den Teilabschluß Jes 12 vor Jes 13 exponierten Stelle Jes 10-12 in 10,1-4.5-15.16-19.20-23.24-34; 11,1-9.10-16; 12,1-6 weist hintereinander im Zusammenhang gelesen und bedacht den maßgeblichen sachlichen Rahmen, von dem wir sprachen, also die wesentlichen Aspekte des Handelns Jahwes vor, die in Finalperspektive in der letzten Rede des Buches in 66,6-9.10-11.12-20a als HA wiederkehren; darin gehören Völkerbekehrung, Völkergericht, Heimkehr der Diaspora im HA 11,10-16 wie im HA 66,12-20a zusammen. Entsprechendes geben die HA als thematische Abfolgesegmentierung in Jes 34-35 und in 51,1-16 frei. Wir kommen in aller Vorläufigkeit nun zu abschließenden Überlegungen (IV).

IV.

Bei der Textsegmentierung, die 1QIs^a in HA bietet, wird eine sachliche Akzentuierung sichtbar, die in auffallender Entsprechung und womöglich doch Übermittlungskontinuität zu eben dem Sachprofil steht, das dieses Prophetenbuch gemäß unseren redaktionellen »Leitfossilien«[53] im Sinne der Schlußformation von Jes aufwies. Dieses Ergebnis legte sich aus den voranstehenden Überlegungen nahe.

---

52 Eingehender dazu in *Jesajarolle*, 55-123.
53 S. dazu *Prophetenbücher*, 84, und die Hinweise dort.

Ob man so weit gehen darf, in der Textsegmentierung von 1QIs[a] in HA nachgerade schon die der Schlußformation selbst eigene Textgraphik zu sehen[54], ist allerdings zweifelhaft. Zwar ist nicht zu erwarten, daß die Handschrift andernfalls gerade speziell, ja ausschließlich alle redaktionellen Neubeiträge der Schlußformation graphisch hätte hervorheben müssen; Redaktionen zeigen ja gerade durch Einbezug des Neuen in das Vorgegebene und immer nur zusammen mit diesem ihr Profil. Bedenklich jedoch stimmt, daß 1QIs[a] gegenüber dem ursprünglichen Text der Schlußformation einen der Leserschaft ajourierten Jes-Text bietet, daß andere Jes-Handschriften in Qumran eine abweichende Textgliederung mit anderem graphischen Signalsystem haben[55], oder z.B. daß 1QIs[a] der von der Schlußredaktion intendierten Feingliederung von Jes 65f graphisch nicht Rechnung trägt und entgegen der Redaktion letzter Hand 56,3-9 statt 56,(1.) 3-8[56] als HA zusammennimmt. Nähe und Nachwirkung, aber nicht Identität ist zwischen der Schlußformation von Jes selbst und der HA-Gliederung von 1QIs[a] auffallend.

Im Lichte unseres Ergebnisses kann man sogar fragen, ob die graphische Zweiteilung von 1QIs[a] mit den in der Handschrift singulären Erscheinung dreier Leerzeilen zwischen Jes 33 und Jes 34 wirklich nur äußere Gründe hat und nur mit zwei Abschriftvorlagen oder gar zwei Schreibern zusammenhängt. Mit dieser Zweiteilung[57] ergeben sich für Jes 34-66 jedenfalls auch sachlich makrostrukturelle Aussagebögen, die bei der Bildung von HA in 1QIs[a] von Einfluß gewesen sein könnten. Man denke an den Bogen Jes 34,1-15 / 63,1-6, der sich in 66,12 (.15 Al)-20a (Weltgericht entsprechend Jes 34).22-24 (Effekt des Weltgerichts entsprechend 63,1-6) wiederholt, und an den inneren Bogen Heimkehr nach Zion und Heilsland Jes 35,3-10; 40,1-5.9-11 / 60,1-61,9; 62,10-12, der in den Aspekten von 66,7-9.10-11.12-20a wie bereits in 65,8-25 wiederkehrt. Doch bleiben die Indizien zu indirekt und deshalb zu unsicher, um die plausible, überlegene Erklärung für die drei Leerzeilen in 1QIs[a] bieten zu können; Einzelüberlegungen zu HA sprechen sogar eher gegen die Anzeige eines tiefen sachlichen Einschnitts an dieser Stelle[58].

Unser Beitrag mußte auf der textgraphischen Gliederungsebene der jeweils einzelnen HA in 1QIs[a] verbleiben. Doch auch die Unterteilung der HA in UA und nicht minder die fortlaufende Reihung von HA wären zu beachten und in ihrem Verhältnis zum Redaktionsprofil in den Schlußphasen von Jes zu untersuchen. Vor allem aber gehörte zu dieser Untersuchung die Frage, ob die

---

54 S. zur Fragestellung die Hinweise oben Anm. 7.
55 S. z.B. 1QIs[b] und dazu Oesch, Petucha, 248-255; ebd., 255-261 zu weiteren Jes-Handschriften in Qumran; ferner zum Gliederungssystem von 1QIs[b] Olley, VT 1993, 24f.
56 S. dazu oben Anm. 38.
57 S. dazu schon die Hinweise in Anm. 5; ferner Olley, VT 1993, 29, und zu redaktionsgeschichtlichen Rückschlüssen im Anschluß an W.H. Brownlee C.A. Evans, On the Unity and Parallel Structure of Isaiah, VT 38, 1988, 129-147.
58 S. dazu *Jesajarolle*, 19f.171f.

Handschrift 1QIs[a] in der vorliegenden Gestalt nicht auch Signale bietet, die über der Ebene einer Folge in sich textgraphisch noch einmal untergliederten HA noch höhere Gliederungsebenen anzeigen. Die Ebenen einer Segmentierung des Jes-Textes in Großabschnitte also, zu denen gegebenenfalls eine Mehrzahl von HA fortlaufend zusammengenommen wird, so daß eine Makrogliederung von Jes zum Vorschein kommt, die in der Folge einzelner HA nicht oder durch die Abfolge von HA im Rahmen thematischer Sequenzen nur indirekt ausgedrückt werden kann; ein in Jes so evidenter Makroeinschnitt wie der bei Jes 12 gegebene ist auf der Ebene von HA ja nur einer von vielen. Künftige Weiterarbeit muß hierfür vor allem die Randzeichen untersuchen, vorab Paragraphos und den sechsmal auftretenden Strich mit aufgesetztem Kreis, für den schon Olley[59] und Tov[60] eine Deutung als übergreifend sachfunktionales Signal in Betracht gezogen haben[61]. Demgegenüber wollte der vorliegende Beitrag nicht mehr als Indizien sammeln für den Hinweis, daß die thematischen Aspekte in den HA von 1QIs[a] in auffallender Sachnähe zu den thematischen Aspekten in den nicht viel älteren redaktionsgeschichtlichen Befunden in diesem Prophetenbuch stehen. Zur weiteren Klärung solcher Indizien müssen sich alttestamentliche Wissenschaft und Qumranforschung in dieser Spätzeit des antiken Israel nicht zuletzt auch auf diesem Feld in die Hände arbeiten.

---

59 VT 1993, 22.26.
60 Markings, 48.
61 S. dazu *Jesajarolle*, 124-181.

A Preliminary Edition of 4QJob[a]

by Eugene Ulrich and Sarianna Metso

It is especially appropriate that we present an edition of a wisdom book to Professor Stegemann, whose long experience and sage advice have benefitted many of the editors of the biblical and non-biblical manuscripts as well as many young scholars seeking to develop their work. Indeed, the entire field of Qumran scholars owes a great debt of gratitude to his lifetime of valuable work in the field of Qumran studies.

The leather of the manuscript which we are presenting here was thin, tan, and well-prepared. After the initial photographs were taken, the fragments suffered further damage which is visible particularly on frg. 16, where the leather is now brittle with a white surface, presumably mould. The largest fragment is frg. 16, which is 6.0 cm wide and 5.9 cm high. Stitching is visible on the right edge of frg. 1, with *points jalons* also possibly visible at the top right of the initial letters; it is unlikely that the spots at the left of frg. 9 are *points jalons*.

A right margin of 1.0 cm is preserved on frg. 1. On frg. 2 right and bottom margins are visible, the depth of the bottom margin extending 1.2 cm from the top of the last line to the bottom edge. Frg. 5 preserves some of the right margin. Frg. 7 attests a margin of 0.8 cm between two columns, and the left edge of frg. 9 preserves some of the same margin. Part of the right margin is visible on frg. 15, and the leather below the last line of that fragment presumably belongs to the bottom margin. Frg. 16 preserves a margin of 1.2 cm between two columns, and the reconstructed arrangement of the fragments suggests that this fragment comes from the bottom of its column.

Vertical ruling is visible on frg. 1, whereas it is difficult to discern any horizontal ruling. The distance between lines of script varies from 0.6 to 0.8 cm. The number of letters per line varies, for the text was arranged stichometrically. The relative positions of the lines in contiguous columns in both frg. 7 i–ii and frg. 16 i–ii indicates that the MS held 16 lines per column. The height of the inscribed columns can be estimated at *c.* 10 cm. Intervals occur occasionally in the form of the second half of the line being left blank, e.g. frg. 15 15.

The manuscript preserves text from Job 31:14-19; 32:3-4; 33:10-11, 24-26, 28-30; 35:16; 36:7-11, 13-27, 32-33; 37:1-5, 14-15. Several other manuscripts of Job also were found at Qumran. 2QJob preserves a few words from 33:28-30, but no letters overlap with 4QJob[a]. 4QJob[b] preserves parts of 8:15-17; 9:27; 13:4; 14:4-6; 31:20-21, while 4QpaleoJob[c] preserves Job 13:19-20, 24-27; 14:13-17. The remains of two targum MSS were found in Caves 4 and 11, the former (4Q157) quite fragmentary. The extensive 11QtgJob (11Q10) provides parallels to several sections from chapters 31 to 37, but they will be treated not here but in the definitive edition.

The hand is Hasmonean, dating from the early part, or perhaps the middle, of the first century BCE; *bet* is written with a single stroke and with a baseline right-to-left; *waw* and *yod* are usually distinguished; *samek* and final *mem* are still open at the bottom; occasionally *'ayin* is shallow and *reš* is narrow. Sometimes the scribe seems to have envisioned only a top line with letters of varying depths suspended from it; at other times there is a sense for an imaginary baseline as well, producing letters of uniform depth.

There are six or possibly seven orthographical and two morphological differences. In seven cases the form in 4QJob[a] is longer and twice shorter than 𝔐. 4QJob[a] has *'alep* once, *waw* twice, and *yod* once or possibly twice where 𝔐 does not, and 𝔐 has *waw* once and *yod* once where 4QJob[a] does not. Twice 4QJob[a] uses the longer pronominal suffixes ‑כה and ‑תה.

32:4	(2 2)	𝔐 ואליהו] ואליהוא
33:26	(4 4)	𝔐 לאנוש] ל[ואנ]וש
36:11	(11 16)	𝔐 בנעימים] בנעמים
36:18	(7 ii - 14 9)	𝔐 יסך] יסכה
36:23	(7 ii - 14 15)	𝔐 פעלת] פעלתה
36:26	(17 2)	𝔐 ולא] ולוא
36:26	(18 2)	𝔐 נדע] נידוע
36:33	(16 ii 2)	𝔐 רעו] רעיו (orth. or var.?)
37:14	(19 1)	𝔐 עמד] ועמ[ו]ד

In one instance, the original scribe introduced a supralinear letter above the line (frg. 16 ii 11), which may involve an error (see NOTE). The scribe also erased one letter (frg. 16 i 16), correcting away from 𝔐 and producing a possibly preferable reading shared with 𝔊 (see NOTE).

Mus. Inv. 1116.   PAM 43.096 (41.294, 41.786, 42.638).

Frg. 1   Job 31:14-19

וֹמה אעשה כי יֹקֻו[ה]מֹן אל]וֹכֹי יֹפקד מֹ[ה אשיבנו]¹⁴[1

הלֹא עשֹנֹי בבֹטֹן עשהוֹ וֹיכננוֹ בֹרֹחֹמֹ[ן אחד]¹⁵   2

אם אמנע מחֹפֹץ דֹלֹים ועיני אלמֹ[נה אכלה]¹⁶   3

וֹאכל פתי לבדי ולא אכל יֹתֹוֹמֹ[ן ממנה]¹⁷   4

כי מנעֹוֹרֹי גדלנֹי כֹאֹב וֹמֹבֹטֹ[ן אמי אנחנה]¹⁸   5

אם אראֹ[ה]¹⁹   ]   6

The right margin is extant with evidence of stitching at the edge.

<small>VARIANT</small>

31:15 (2)   𝔐 בבטן עשני] עשנֹי בבֹטֹן

Frg. 2   Job 32:3-4

אשר לא מצאו מענה וֹ[ר]רשיעו את ? [1

וֹאליהוא חכה אתֹן איוב בדברים]⁴   2

כי זקנים המה מֹמֹנו לימים ⁵   [3

bottom margin

The right margin, extending to *c*.0.5 cm, and the bottom margin, measuring 1.1 cm (though vertically contracted), are preserved. The straight, even edge indicates a bottom margin, and there is no reason for an interval here, since the prose introduction continues into v 6. Though lines 2 and 3 each contain discrete clauses, the probable split between the words אשר and על (line 1 and the preceding line) indicates that this section was written in prose format, although the possibly shorter line 2 leaves the question uncertain.

L. 1 (32:3^{fin}) Whereas 𝔐 ends the verse with איוב, it is impossible to know whether this MS also had the *tiq. soph.* איוב or the probably original האלהים; see *BHS* n. 32:3ª.

Frg. 3   Job 33:10-11

1   ]הן תנואות עלי ימ[צֿאֿ יחש[ן]בני לאויב ל[ו

2   ]ישם בסד רגלי י[שמר כל]ן ארחתי [

L. 2 (33:11)   י[שמר. The imperfect of the verb is expected here, but, although the fragment is broken, only שמר can be seen, whereas some trace of the *yod* should be visible if it were originally there.

Frgs. 4–5   Job 33:24-26, 28-30

1   ]ויחננו ויא[מֿרֿן פדעהו מרדת שחת מצאתי כפר[

2   ]25 ˚ ˚ [בשרו מנערן ישוב לימי עלומיו[

3   ]26יעתר] אל אל וירצהֿ[ו וירא פניו בתרועה[

4   [וישב]ל[ו]אנ[ש צֿדֿקֿ[ו]תֿו 27ישר על אנשים ויאמר[

5   [חטאתי וישר העויתי ולא שוה לי[

6 f.5   ]28פד]הֿ נֿפֿ[נ]שי מעבר בשחת וחיתי באור תראה[

7   ]29הן כל אלֿהֿ[ן יפעל אל פעמים שלוש עם גבר[

8   ]להשיבֿ[ן30   [

The right margin is visible on frg. 5. To the right of להשיב, in the line below can be seen the tips of two letters from the preceding column, perhaps א[ת]ֿ[ן, the last word of 33:19.

L. 1 (33:24)   ויא[מֿרֿ]ן. There is a thin split in the leather running through the center of the diagonal stroke of *mem*.

L. 2 (33:25)   The first two letters look like *reš-waw* (see בשרו following) and cannot form *šin*, and thus the text differs from רטפש 𝔐.

L. 4 (33:26)   The leather is damaged. The *šin* of לאנ(ו)ש is close enough to the *lamed* to suggest that there was no *waw* in the word. The following ink strokes may or may not have formed צדקתו as in 𝔐.

VARIANT

33:26 (3)   אל אל (cf. 13:3)] אל אלוה 𝔐

Frg. 6   Job 35:16

	ב[ב]לי דעת מלין יׄן			3
[	[ ] *vacat* [		]	4

The fragment preserves the end of 35:16, the end of the chapter. The space below it and before 36:1 is an interval rather than a bottom margin (פ 𝔐); see the general NOTES for frgs. 7 i, 8 -11 and 7 ii, 12–16 i.

L. 1 (35:16^{fin})   It is unknown whether this MS had יכבר with 𝔐 or יכבי with 𝔐^{mss}.

Frgs. 7 col. i, 8–11   Job 36:7-11

]⁷לא יגרע מצדיק עיניו ואת מלכין[ם בׄכׄסׄא	10
]וישיבם לנצח ויגבהו *vacat* [	11
]⁸ואם אסורים בז[ק]ים ילכדו[ן בחבל עני	12 f.8,9
]⁹ויגד ל[ה]ם פעלם ופשׁעׁ[י]הׁם כי יׄתׁגׁבׁרׁוׁ	13 f.10
]¹⁰ויגל אזנ[ם למׁוׁסׁרׁ [ויׄאמׄ]רׁ כי ישבון מאׄו[ן]	14
]¹¹אם ישמעו ויעבדו[ן יכלו ימיה[ם בטׄוׄב]	15
]ושני[הם בנעמים] ¹²ואם לא ישמעו בשלח יעברון	16 f.11

[bottom margin?]

A left margin is preserved both on frg. 7, extending into the next column (Job 36:18-20), and on frg. 9. The line numbers of the two columns have been co-ordinated. The probable bottom margin in the next column would fix the position of this group of fragments at the bottom of its column.

L. 10 (36:7)   בׄכׄסׄא. The *'alep* is somewhat obscured by a crack that runs through frg. 8 i. The diagonal stroke of *'alep* joins the right vertical stroke of the letter at too low a point to be *dalet*; see מאמצׄי on frg. 7 ii 10 and דרכו[ן] on 15 14. The base-line also precludes *lamed* (see VAR.).

L. 15 (36:11)   Frg. 10 breaks off 0.75 cm below the last line of script, and so it is difficult to know whether the break is due to the pressure of a ruled line or whether this may have been the bottom margin. But the relationship to the fragments in the next column and the assumption of 16 lines per column suggest that frg. 11 should be placed in the line below. Since it has even deeper blank leather (0.85 cm), it is yet more likely to have preserved the bottom margin.

VARIANTS

36:7   (10)   בְּכֵסָא (εἰς θρονον)] לכסא 𝔐 (see NOTE)

36:11   (15)   יכלו 𝔐 𝔊 [יבלו 𝔐mss

Frgs. 7 col. ii, 12–16 col. i   Job 36:13-24

[top margin?]

[ויגועו כבלי דעת *v a c a t* [	1	
[¹³וחנפי לב י]שׂימו אﬞף[ן לא ישוע כי אסרם]	2	f.12
[¹⁴תמת בנער]נפֿשם וחיתﬠם בקדשים]	3	
[¹⁵יחלץ עני בעניו ויג]ל בלחﬞ[ץ אזנם]	4	f.13
[¹⁶ואף הס]ﬣׄתך מפי צר רחב לﬞ[א מוצק]	5	
[ ]ונחת שלחנך מלא דשﬢ[ן]	6	
[¹⁷ודין רשע מ]ﬥﬞ[א]ת דין ומשפט יתמכו]	7	
[¹⁸כי]חﬞמה פן יסיתך] [	8	f.7,
אל יט﬩֗הﬦ ¹⁹היערך שﬡﬠ[עך [	9	
וכל מאמצי כח *v [a c a] t*	10	
²⁰אל תשאﬨ הלילה ל[ע]לות עמים תחﬨ[תﬦם	11	f.15,
[²¹השמ]רֿ אל תפן [אל און]	12	
[כי ע]ל זה בחרת מֿ[ע]ני ²²הﬥﬥ[ן]אﬥﬥ ישﬡיב בכחשּׁ]	13	
מֿ[י כמﬣﬥ מורה ²³מי פקד עליו דרכשּׁ[ו]	14	
ומי יאמר פעלתה עולה *v a c a t* [ ]	15	
[²⁴זכר כי]ת{שג]﬩יא פ[ﬠ]ﬥﬥו אשר שרﬥ[ו אנשים]	16	

bottom margin

Right margins are preserved on frgs. 7 and 15. The right margin on frg. 7 extends far enough to the right to reveal letters from the prior column (Job 36:7). The bottom tips of the first *he* in הלילה on frg. 7 appear at the top of frg. 15. The blank leather at the bottom of frg. 15 is probably from the bottom margin.

L. 6 (36:16) The word before ונחת in 𝔐 is תחתיה, which stichometrically should belong on the same line with the preceding מוצק. The original reading of this MS is uncertain, since stichometrically the missing word would appear to belong with the following ונחת.

L. 13 (36:22) ה[נ]ת[ן]. Three ink strokes are preserved: a horizontal base-stroke meeting the first of two downstrokes. The strokes could form הנה, but no tail of a final *nun* (cf. הן 𝔐) is visible.

L. 16 (36:24) ש{ת}גניא. The *taw* was apparently erased to yield not the 2d sg. of the verb but the adjective (cf. 36:26), which the Greek also appears to have read.

VARIANTS

36:18	(9)	𝔐 יטך] יטכה
36:23	(15)	𝔐 אמר] יאמר
36:23	(15)	𝔐 פעלת] פעלתה
36:24	(16)	𝔐 תשגיא] (see NOTE) 𝔊 שגניא

Frgs. 17–18   Job 36:25-27

[כל אדם]חזו בו אנוש[ן יביט מרחוק] ²⁵	1	
[הן א]ל שגיא ולו̇א נ̇ד[ע מספר שניו ולא חקר] ²⁶	2	f.18
[כי יגרע נטפי מ]ם וזק[ן מטר לאדו] ²⁷	3	

VARIANT

| 36:27 | (3) | 𝔐 יזקו] (καὶ ἐπιχυθήσονται) 𝔊 וזק[ן] |

Frg. 16 col. ii   Job 36:32–37:5

[	[ ] אם[ ] ³²	8
[	יגיד [ ]רעיו מקנה א[ן ³³	9
[	אף לזאת לא יחרד ל ° יתר [ן ³⁷:¹	10
	שמ̇ע שמע ברגז קלו ה̇ג̇ה מפיו יצא[ן ²	11
	[ת]ח̇ת כל השמים יש[ו]רהו[ן ³	12
	ואחריו על כנפות האר[ץ]ן ⁴אחריו ישאג קול[ן	13
	[ירעם] בקול גאונו ולא יעקב[בם]	14
	[כי ישמ]ע קולו ⁵ירעם על בק̇ולו נפלאות]	15
	[עשה גדלות]ולא נד[ע	16

[bottom margin]

The fragment preserves a right margin which extends far enough to the right at line 11 to reveal letters from the previous column (Job 36:20). Shared contents and the extant bottom margin in the previous column fix this fragment at the bottom of its column (see also the group of frgs. 7 i, 8–11, which share a similar pattern of deterioration and can be placed at the bottom of their column).

L. 8 (36:32)]אם[ ]. A perfect 'alep for this hand is visible; yod would be possible, but not in this hand. It looks like there is a blank space before 'alep, but the leather is badly damaged (brittle and cracked). PAM 43.096 appears to have been taken before the damage.

L. 9 (36:33) The text of this verse is uncertain here and in 𝔐. A high vertical stroke of ink is visible following יגיד and the word-space. Only lamed has such a stroke, but the top is unusually short for lamed. Either ל- or על can follow נגד; note that Aquila may have read both: αναγγελει υπερ αυτου εταιρω αυτου.

L. 10 (37:1) This MS, with לא, reads differently from 𝔐 which has אף לזאת יחרד לבי ויתר ממקומו, but it is difficult to determine the full reading, since the six extant words span three separate pieces of leather and show at least three variants. The piece with יתר ך slants down, thus distorting the fifth word (// לבי in 𝔐). The ink traces could possibly be from לבי, but they could also be from לא (cf. two words earlier) or even לה. Once the piece with יתר ך is correctly aligned, there seems to be too little space for לבי, whereas לא would fit well. The sixth word lacks either the waw or the yod in ויתר 𝔐, but has a letter (possibly he or waw) following reš.

L. 11 (37:2) ור̇נה[ת]. The original scribe wrote a supralinear letter which, though not fully preserved, is probably bet. 𝔐 has והגה, but ב- correctly follows שמע in the first half of the verse, and the scribe apparently wanted to repeat the preposition in the second half. ובהגה became ובגה through the loss of he due to the weakened pronunciation of the gutturals (see Qimron §200.11).

L. 12 (37:3) ת[ת]ח̇ת]. A small diagonal piece of leather has separated and moved up to the right; note also the raised position of ו̇אורו̇ beneath. The piece contains the right half and the left foot of taw, plus a trace of the top left corner of preceding ḥet. The top left of taw remains with the following כל.

L. 16 (37:5) It is unknown whether verse 6 or an interval filled out this line.

VARIANTS

36:32	(8)	אמן [כפים 𝔐
36:33	(9)	רעיו [רעו 𝔐 (orth. or var.?)
37:1	(10)	לא [𝔐 <
37:1	(10)	יתר [וַיתֵּר 𝔐
37:2	(11)	שמֹע שמע [שמעו שמוע 𝔐
37:2	(11)	רֹגז [והגה 𝔐
37:5	(15)	על [אל 𝔐 𝔊 (ὁ ἰσχυρὸς); cf Hos 11:7; and 2 Sam 23:1 (𝔐 על, 4QSam^a אל)

Frg. 19   Job 37:14-15

| 1 | [עמ]וֹד התן]בונן נפלאות אל   vacat   [|
| 2 | [ה]תֵדע בשֹוֹם אלוה עליהם והופיע אור עננו]¹⁵[|

The identification and placement of this fragment is not entirely certain.

L. 1 (37:14) עמ]וֹד. The first letter after the bracket is uncertain, but *mem* does not seem possible (cf. עמד 𝔐). The low and middle strokes at the left of *taw* in the word התן]בונן appear to be ink; they could form a looped *taw*, but no other cursive forms occur, and thus they may be simply unintentional strokes.

VARIANT

| 37:14 | (1) | התן]בונן [והתבונן 𝔐 |

Frg. 20

| 1 |]אם לחסן[|

L. 1 לחסן. For *ḥet* see בחרת on frg. 15 13, and for *samek* see יסיתך on the top line of frg. 7 ii (line 8 in the column with frgs. 7 col. ii, 12 – 16 col. i).

Frg. 21

| 1 |] ֹמִֹם ב [|
| 2 |]שֹׁרֹן[|

Frg. 22

ןֹ֯פֹ֯ע֯ ֯ע ֯ן[1

ן ֯י֯ל[2

L. 1 The third letter could be *'ayin* or *šin*, and there may be a word-division between the third and fourth letters.

L. 2 The second letter could be *yod*, and the third could be *dalet, he, waw, ḥet, yod, kap, mem*, or *pe*.

1

2

3

4

19

[Frgs. 20–22:
No photographs]

5

4QJob[a]

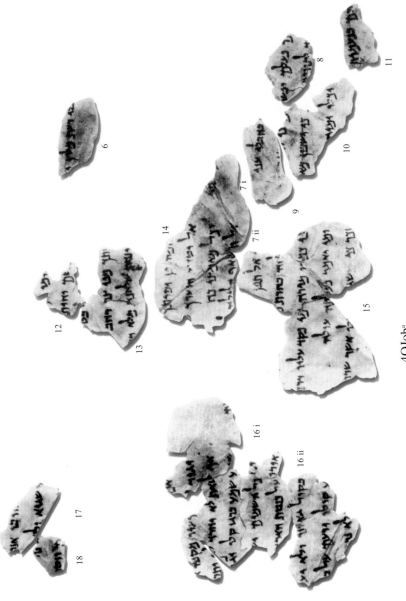

4QJob[a]

The Tales from the Persian Court (4Q550^{a-e})

by John J. Collins and Deborah A. Green

In 1992, J. T. Milik published six groups of Aramaic fragments, identified as 4Q550[a-e], which he claimed were "models, archetypes, sources" of the versions of the Book of Esther, as preserved in Hebrew, Greek, Latin, and even, in one instance, Armenian.[1] Subsequent references to this text have generally been guarded, referring, for example, to "the so-called proto-Esther text."[2] In the judgment of Shemaryahu Talmon "it still requires further study whether . . . remnants of an Aramaic edition preceding the Hebrew canonical text of Esther were preserved in 4QprEsth ar, as Milik argues. It is more likely that they are echoes of a pseudo-historical narrative which its author situated in the court of the son of Darius king of Persia (4QprEsth ar[a] 3-7) as Starcky maintained."[3] To the best of our knowledge, however, only Sidnie White Crawford has published an extensive critique of Milik's theses.[4] Crawford argues that Milik's conclusions about the development of the text of Esther are untenable, but she allows a more general relationship between the Aramaic fragments and the various witnesses to Esther, analogous to the relationship between the Prayer of Nabonidus and the Book of Daniel. She rightly questions some of Milik's reconstructions, but generally accepts his transcription of the fragments. Our thesis in this study is that a close examination of the photographs calls some of Milik's transcriptions into question too, and further erodes the case for a relationship between these fragments and the Book of Esther.[5] We agree with

---

1   J.T. Milik, "Les Modèles Araméens du Livre d'Esther dans la Grotte 4 de Qumrân," RevQ 15 (1992) 321-99.

2   D. Dimant, "Apocalyptic Texts at Qumran," in E.C. Ulrich and J. VanderKam, ed., *The Community of the Renewed Covenant* (Notre Dame, IN: University of Notre Dame Press, 1994) 185. F. García Martínez, *The Dead Sea Scrolls Translated* (Leiden: Brill, 1994) 507, identifies 4Q550 as "five copies of a narrative work that might have been the source of the book of Esther." G. Vermes, *The Complete Dead Sea Scrolls in English* (London: Penguin, 1997) 578, identifies it as "Proto-Esther (?)."

3   S. Talmon, "Was the Book of Esther known at Qumran?" DSD 2 (1995) 254.

4   S. White Crawford, "Has Esther been found at Qumran? 4QProto-Esther and the Esther Corpus," RevQ 17 (1996) 307-25.

5   Variant transcriptions have already been published by R. Eisenman and M. Wise, *The Dead Sea Scrolls Uncovered* (Rockport, MA: Element, 1992) 99-103, "Stories from the Persian Court," and K. Beyer, *Die aramäischen Texte vom Toten Meer*, *Ergänzungsband* (Göttingen: Vandenhoeck & Ruprecht, 1994) 113-17, "Die

Talmon that these are fragments of pseudo-historical narratives that bear some generic similarity to Esther, but we find no reason to posit any genetic relationship with the biblical book.

Our transcription and translation of the main fragments is as follows:[6]

4Q550[a]

1   ומש[תמעין לפטריזא אבוך]
[ול]מ̇עבד   [ול]   בעבדי לבוש מלכותא ב̇ן
[עין בה בשתא   עבידת מלכא כ̇כ̇ל̇ די קבל[ו]ן
ארכת רוחה די מלכא אן   ספ̇ר̇י אבוהי   התק̇ר̇יו קדמוהי ובין
5   ספריא אשתכח מגלה חדה   חתי̇מה חתמ̇ין]שבעה בעזקתה די דריוש אבוהי ענינה
די כ̇ל א̇רעא
[דר]יוש מלכא לעבדי שלטנא שלם [פ]תיחת קרית השתכח כתיב בה דריוש מלכא
[מלכין בתרי לעבדי שלטנא ש̇ל̇ם] ידיע להוא לכן די כול אנוס ושקר

Notes:

Line 1: Eisenman and Wise read the name of the protragonist as פתרונא (Fratervana).

Line 3: Milik correctly emends the last word to בשעתא.

Line 4: Beyer restores אתק̇ר̇יו instead of התק̇ר̇יו.

Line 5: The restoration follows Eisenman and Wise, and Beyer. Milik restores חנתימה פ̇ח̇מה.

Translation:

o]beyed Patireza your father [

among the servants of the royal wardrobe [   ] to do

the work of the king in accordance with all he received [   ] At that
    very hour

the king was bored [ ]. The books of his father were read before him and among

the books was found a scroll, s[ealed with seven seal[s] of Darius his father.
    The subject matter:

Dar]ius the king to the servants of the empire [supralinear: of the whole earth],
    peace. On being opened and read there was found written therein: Darius the
    king

] kings after me and to the servants of the empire, peace. Let it be known to you
    that anyone who violates or falsifies . . .

Urkunde des Dareios." The translation of E.M. Cook, "The Tale of Bagasraw," in M. Wise, M. Abegg and E. Cook, *The Dead Sea Scrolls. A New Translation* (San Francisco: Harper San Francisco, 1996) 437-9 presupposes readings that differ from those of Milik at several points.

6 We do not include the smaller fragments, which do not contribute to our understanding of the stories. It is not apparent that 4Q550[f] belongs to the same text or texts as the other fragments (García Martínez, *The Dead Sea Scrolls Translated*, 507).

Comment:
The only issue in dispute in this fragment is the understanding of the phrase
ארכת רוחה די מלכא, literally, the spirit of the king grew long, in line 4. Milik
takes it as a reference to anger. Crawford and Talmon render, obscurely, "the
temper of the king was stretched;" Cook, freely, "the king was unable to fall
asleep." This is the occasion that prompts the reading from the books of his
father. Anger is scarcely an appropriate occasion. The reading was evidently
intended to relieve his tedium.

4Q550[b]

אנש להן ידע מלכא הן איתין 1
ולא יבד שמה טבא ו[ה]ימנות
מלכא איתי לפטריזא בר יש[ן
נפלת עלוהי אימת בית ספריא
אושי מלכא די תמן]ותתיהבן 5
ביתי]ונכ[סי לכול מה די יתיהב
התכיל ותקבל עבידת אבון

Notes:
Line 3: At the end of the line, Milik has יאיר instead of יש. Eisenman and
Wise also see a ש. Beyer has only a circlet. Cook evidently reads the last clear
letter as waw ("And") rather than yod.
Line 4: Milik reads ספראן but even the פ is already partially broken off.

Translation:
Nobody but the king knows if there is [
and his good name does not perish and his faithfulness [
O king, Patireza has a son, Yish[
the fear of the archives fell on him[
the herald of the king that you shall s[peak][7] and be given [
my house and possessions for everything that is gi[ven][8] [
measured, and you will receive the office of your father.

Comment:
Line 3 can also be construed as a question. So Cook: "the king [asked] does
Patireza have a son?" Milik, followed by Crawford, takes איתי as a form of the
verb to come, and then restores "son of Ya'[ir]," creating a very dubious parallel
with Mordecai in the Book of Esther.
   In line 4, Milik and Crawford translate: "the fear of the house of Saphra,"
Beyer: "Haus des Buches/Schreibers," Cook, "the fear of the scribal guild,"

---

7   García Martínez: "may it be said..." but the verb is active.
8   Milik and Crawford: "to all who..."

Eisenman-Wise: "the fear of the contents of the archives." From the fragmentary context, it would seem that the king is afraid that he has not acted in accordance with what is recorded in the archives. Compare the reaction of King Josiah when he hears the contents of the book of the law that has been found in the temple in 2 Kings 22 (although the grounds for fear are much stronger in Josiah's case). It seems less likely that the king would be afraid of the scribal guild. There is no reason to introduce a "house of Saphra" into the story.

In line 5, the expression אושׁי מלכא is obscure. Beyer treats אושׁי as a proper name (Ušay der König von Tamar). Eisenman-Wise take the word in the sense of "foundations." So also Cook, who translates "pillars," for which we might compare the New Testament idiom in Gal 2:9, cf. Rev 3:12. Milik derives it from אושׁ, to cry out or make noise, and suggests the meaning herald or messenger. So also García Martínez. The context concerns the bestowal of honor on the son of Patireza. Compare Esth 6:1-11, where an official of the king (eventually Haman) leads the man whom the king wishes to honor (Mordecai) and proclaims his honor. The phrase appears again in the following fragment.

In line 7, Milik is probably right to restore "(without being) measured." Eisenman-Wise and Cook read a question, "are you able?" but it is unlikely that the king would ask such a question.

4Q550ᶜ

```
]תֹה נדֹן                    ]מלכא די תמר לשרתֹאֹן
]  קדם מלכא [    [ מֹן יומא די קם על עבידת ]פתריזא אֹנֹבוֹךֹן
קֹ[דֹמֹיהֹהֹ            ]ה עֹן [  ] עבד מן קשוט ומֹן חֹ[ימני
                           ]אֹ ואמר אושׁ[ן
                           ]נה ארגונא
של      [לֹוֹתֹן     לֹן ]
```

Notes:
Line 1: Milik, Beyer and Eisenman-Wise and Cook all read אושׁי at the beginning of the line. While we see traces of letters, we have not been able to verify this reading. Beyer reads לשרתהא instead of לשרתא. Milik reads נדֹ[ה instead of נדן.
Line 2: Milik reads מן חמא. Eisenman-Wise, Beyer: מן יומא. Cook translates "who has seen" = מן חזא ? (but the mem is clear).
Line 3: Milik's restoration צדקֹה עמֹה is plausible. At the end of the line he reads קֹ[דֹמֹיהה, and this reading is also implied by Cook ("before her"). Beyer and Eisenman-Wise read קֹ[דֹמֹוהי. Only the top right hand corner of the last letter is visible. It looks more like ה than י, but we cannot be certain.

Translation:
. . . that you speak to the princess [
Patireza your father from the day that he assumed the office of . . . before the
 king
. . .]he acted with truth and with f[aithfulness] before her [
] and the herald said: [
] purple [

Comment:
Line 1: Milik, Crawford, Cook and Beyer all treat שרתא as a proper name.
Eisenman-Wise suggest "the prince(?)". García-Martínez, "the princess." Milik
restores the end of the line to read "her [daugh]ters, that they be banished."

 Lines 4-5: Presumably, the herald proclaims that the son of Patireza be
clothed in purple.

4Q550^d I

```
1   ארו ידע אנתהן                שפא לן[        לין[                 ובחובי  אבהתי[
    די חטו קדמין ת[             שפא לן[         ונגדתן[            ך גבר[
    יהודי מן רברבני מ[ן לכא]ן   לה קאם לקבלה ובן  [אן    רא טבן[
    גברא טבא עבד ]               תא מה מה אעבד לכה ואנתה ידע ]די לא איתי ]אפשר[
5   לגבר כותן ]              להתבה ]     תך קאם באתר די אנתה קאם[        ה  אנ[
    ]ם מה [ד]י אנתה צ[ב]א פקדני וכדי [תמות] אקברנך[
    עמר בכול אפשר די תעל ית עבידתי קודם    כ]ול דין
```

Notes:
Line 2: Milik and Beyer read קדמיך instead of קדמין. (So also Cook). Eisenman-
Wise read קדמין. Since only the tail of the last letter is visible, either reading is
possible. Milik restores מתכ[שפא לרח]מנא but we cannot verify the letters א ח ר
in the last word. At the end of the line Milik plausibly restores
איתי בין עבד]יך.
Line 3: Milik has מן דבר בנימין, and this reading is accepted by Cook. Beyer
and Eisenman-Wise read רברבני [מלכא]. García Martínez, "from the chiefs of
Benjam[in" seems to conflate the two readings. (So also Crawford). Further,
Milik reads מגלה. Only tiny traces of the first two letters are visible.
Line 5: Milik has כותי. After this, Milik plausibly reconstructs
להתבה] מלי מל[כותי] קאם. At the end of this line, Milik reads א[ן.חתר]. We read
the final, partially preserved letter as *nun*, with Eisenman-Wise. Beyer reads
taw.
Line 6: At the beginning of the line, Milik reads בן.רן. His restoration אקברנך
כדי תמות]רן is plausible.
Line 7: it is not clear whether תעל ית should be read as one word (Milik) or two
(Beyer, Eisenman-Wise).

Translation:

Behold you know . . . and for the sins of my fathers
that they sinned aforetime[9] . . . and I went out[10]
a Jewish man from among the officials of the k[ing]. . . standing to receive[11] . . . good . . .
the good man did[12] . . . what shall I do for you? . . . and you know [that it is not] possible
for a man like me . . . to respond . . . standing in the place where you stand[13]
. . . command me whatever you wish,[14] and when [you die] I will bury you . . .
dwelling[15] in everything. It is possible that you may bring[16] my service be[fore .
. .] everything that . . .

Comment:

Milik's reading of Benjamin in line 3 is crucial to his argument for a relationship to Esther. He also restores a reference to an exile here.

In line 5, Milik and Crawford take כותי as "a Cuthite man" (i.e., a Samaritan). So also García Martínez. Beyer, Cook, and Eisenman-Wise all read "like me," which is surely the simpler reading.

4Q550[d] II

```
1   [שא גזרתן           ] [          ] [א  אזלן]
         בלבושן]   [אזלן   א[ ]ל[  ]מכתנש׳א]
    כ]ליל  דהנבא  על  רישה]  והמןש]  שניו  אזלן
              ש]תיתיא  אזל  כן       בן]לחודוהי  רן
5   למן   כ]סף  ון]ד]הב  ונכסן׳ן  די  ]א׳ן׳תי  לבנושי  בכפ׳ל
    ושבנן׳ע׳א    [על  בשלן]ם]  בנסן׳רי  לדרת  מלכ]אן
    בנון]ש׳    [בן]   [ב]ה  ר]ן   ק]ט׳יל  אדין  על  ]ב]נ]סרי  לד׳רן]ת  מלכא  שן
    ואחן׳לה  ביזדה   [   ]  על  רישן   [ ]ה  ונשקה  ענה  ואמר  בן   ]רן  בנסרי  מן]
```

Notes:

Line 1: Milik and Beyer read חֹזֵנין]א before אזלו]א
Line 2: Milik has מכתנש, where we have מכתן. Beyer reads ל]מכתב. Milik and Beyer restore the following word as ותחן׳לן׳ן׳א

---

9   Milik, Crawford, Cook: "before you."
10 Or: she went out (Milik).
11 Crawford: "to be received." Milik: "to make a complaint." Cook: "standing before him and asking."
12 Crawford: "who serves."
13 Crawford, following Milik: "holding power instead of you holding power."
14 Crawford: "that which you desire, entrust me with,"
15 Milik: "treating with violence." Crawford: "being the master."
16 Milik and Crawford read תקלית as one word, so "my elevation in service." Similarly García Martínez.

Line 3: Beyer reads וחמישיא instead of חמש שנין

Line 4: PAM 43.585 has an additional piece of fragment that contains לכה on this line and an illegible word on the next line.

Line 5: Milik has the word כל three times in the space between lines 4 and 5, but we do not see this in the photograph.

Line 6: Eisenman-Wise have על בש בגסרי.

Line 7: Milik reads: בגושי חב לן רז̇בה ר̇יב ודינא]נז̇זר וק̇ט̇יל

Translation:
. . . the decree[17] . . . they went . . .
. . . pla[gues] . . .he went . . .in the clothing[18] . . .
. . . a go[ld] crown [on his hea]d[19] and for five years he went . . .
. . . alone . . . the sixth, they went[20] . . .
. . . silver and gold [and possessions] that belong to Bagoshe, in double
    measure,
and the seventh . . . Bagasri entered the court of the king in peace
Bago[she] . . . was killed. Then Bagasri entered the court of the king
and he took his hand . . . his head and kissed him, answered and said . . .
    Bagasri who . . .

Comment:
Milik restores references to second and third in the first two lines of this fragment. He supposes that the texts refers to alternating good and bad periods, like the vision of dark and light waters in 2 Bar 53-76, and supposes that it refers to the life of Mordecai. None of this is compelling.

4Q550ᵈ III:

לן עליא די אנתון דחלין ו̇נפ̇לחין הו שליט בֹכל ארו̇עא כול די יצבא קריב בין̇ד̇ה 1
יתקטל בדיל די לֹא איתי̇ כול אנש די ימר מלתֹן באי̇שא על ן̇בוֹ̇גֹסרי נֹ
ה ז̇
טוֹבה לֹע̇לם]]די ח̇ה̇ן]תרתין]ואמר מלכא יכתֹב
ו̇ן ז̇רבת̇ן]אנון בדרת בֹ̇ית מלכן]לֹן
נֹן]קוֹמן] בתר בג̇סרי] קרין בכתבא דֹ̇ן 5
ן] א̇ו̇ש̇ן] באישתה תאבה עלן] ן̇ע
]ה̇ן

Notes:
Line 2: Milik reads כל at the end of the line.
Line 3: Milik reads נ̇פ̇ה ט. We read טוֹבה with Eisenman-Wise.

---

17 Cook: "I decreed," is also possible.
18 Crawford: "wardrobe."
19 Milik, Crawford: "her head." Crawford and Cook: "five years passed."
20 Milik, Crawford, Cook: "the sixth passed."

Line 4: Milik transcribes many more letters in this line:
‫קֿרבתאן[בדרת בית מלכֿא נשֿתֿ]ואנֿין ש]לֿמֿנ [ ] [עזֿון[‬
Line 6: Milik: ‫על ור־יש]ה‬
Line 7: ‫זר]עה‬

Translation:
The Most High whom you worship and serve, he is sovereign over the whole
   earth and it is easy for him to do
   whatever he wishes.[21]
Anyone who says an evil word against Bagasri . . . will be killed, because there
   is no . . .
. . . good forever. . . that is customary, twice[22] and the king ordered that it be
   written . . .
. . . them in the court of the royal palace[23] . . .
. . . (those who) rise after Bagasri will read in this book . . .
. . . evil will come upon . . .
   . . .

Comment:
Milik, Crawford and Cook all find reference to offering in the temple in line 1,
but this is a dubious reconstruction and implausible in the context. In line 2,
Milik restores "Bagasraw, le pr[ophète de Dieu,]." The warrant for this
reconstruction derives from the following line where he reads
‫די חזה בנחזות ליליא]‬, which he saw in a vision of the night. The word ‫חזה‬,
however, can be read more plausibly with Cook as "appropriate," or
"customary." Compare Dan 3:19, where the Babylonians heat the furnace
‫חד שבעה על די חזה למזיה‬, seven times more than it was customary to heat it.
There is no reason to introduce a prophet or visionary into this story.

Analogies with Esther
Milik identified two stories in these fragments. The first, concerning the son of
Patireza, is found in 4Q550[a-c]. There is nothing overtly Jewish about this story,
and it is not concerned with cult or worship. The second story, about a figure
named Bagasri, is clearly Jewish and is concerned with the recognition of the
true God. Cook assumes that Bagasri and the son of Patireza are one and the
same, and that the fragments constitute a single story. This is not impossible,
but neither is it necessarily so. The son of Patireza receives his reward by being
appointed to his father's office. Bagasri is involved in further dramatic intrigue.

---

21 With Wise-Eisenman and Beyer. Crawford, following Milik: "He finds pleasure in
    the one who offers at His ho[us]e." Similarly Cook.
22 With Cook. Milik supplies "visions of the night," but this is by no means obvious.
23 Milik, Crawford: "the inner court."

Since the fragments relating to the son of Patireza have no clear Jewish features or religious interest, it seems better to treat them as part of a separate story.

Crawford summarizes the case for a relationship between the first story (4Q550^{a-c}) and Esther as follows:

"The three most obvious parallels are also the broadest: 1. The story is set in the Persian court. 2. It takes place during the reign of Xerxes [son of Darius] and 3. It appears to resemble the royal courtier tale in genre. These facts alone would be enough for us to posit some sort of generic relationship between these fragments and the *Esther* writings. However, the connections are even more specific: 1. In frag. a, the king has the royal annals read aloud to him, as in *Est* 6:1. 2. Patireza, one of the main characters in the Aramaic fragments, may be identified in frag. b as the son of Jair (partially restored), as is Mordecai in *Est* 2:5. 3. Also in frag. *b*, Patireza's son is rewarded by the king, as Mordecai is in *Est* 6. 4. Finally, the name Hama' in frag. c bears some resemblance to the name Haman from the *Esther* writings. Therefore, a relationship of some kind between the two writings seems plausible."[24]

Crawford goes on to note the significant differences between the text and conclude that there is only a general resemblance.

In fact, two of the points of connection granted by Crawford are unfounded. As she notes, Yair is only introduced into the text by Milik's restoration. Only the *yod* is clearly visible, and the trace of the following letter suggests shin rather than ayin. The word Hama' is important for Milik's thesis, since he argues that it is reflected in the name Haman, which is a Hebrew mistranslation based on the Greek (since Greek could not reproduce the letter *ḥ*eth). Even if Milik's transcription were accepted, his interpretation would be problematic, since Hama' would then seem to be the name of a place rather than a person. But as we have argued above, the word should be read as *yômā*, as proposed by Wise and Beyer. Milik's elaborate explanation of the corruption that led to the form Haman is in vain. There is no reference here either to Haman or to Hama'. We should add that Milik found the name Zeresh (Esth 5:10) in 4Q550^c, line 1 (שׁרתא). But here again it is not certain whether we even have a personal name. García Martínez translates "the princess." Even if we read the word as a name, the correspondence with Zeresh, or its Greek equivalents, Zosara, Sosara, Zaraea, is not exact.

The fact that the hero of the story is rewarded by the king is too commonplace to count as a significant parallel. The only point in 4Q550^{a-c} that distinctly recalls Esther is the motif of reading to entertain the king. Here it should be noted that the circumstances that lead to the reading are obscure in the Aramaic fragment. (See the comment on the passage above). The correspondence of this passage with Esther is not so close as to suggest a literary connection. Rather we should suppose that we have two similar but not identical motifs that help move the plot along by providing occasions for the king to consult the records.

---

24 Crawford, "4QProto-Esther," 315.

The situation with the second story, that of Bagasri, is similar. Again there are some generic parallels with the story of Esther, but they are not so close as to suggest a genetic relationship. Crawford grants the following similarities:

"1. Frag. d opens with a prayer, which has certain similarities to the prayer of Esther in Add. C. 2. The description "a man of Judah, one of the leaders of Benjamin, an exile" corresponds to the description of Mordecai in the book of *Esther*. 3. There is a dialogue between the king and a female protagonist, in which a foreign adversary is criticized. 4. The period of five years mentioned in column 2 is the same as the time lapse in the book of *Esther*. 5. There is evidently a power struggle between Bagoshe, a non-Jew, and Bagasraw, a Jew. 6. Bagasraw is received by the king in a manner similar to Esther's reception in Add. D. 7. The king makes a proclamation praising God, as in Add. E."[25]

This list is less than what Milik had claimed. (He would restore the name Esther at the end of 4Q550^d col. 1, line 5). Moreover, Crawford balances these similarities with a list of significant differences, and concludes that "nothing shows the direct dependence of any of the *Esther* versions on *4Q550*."[26] We concur with this last conclusion, but hold that the points of similarity are even less than what Crawford is prepared to grant.

Whether fragment d opens with a prayer depends on whether we read קדמיך, before you, with Milik and others, or קדמין, aforetime, with Wise. Only the tail of the last letter is preserved, so either reading is possible. If we read "aforetime," then the speech is not necessarily addressed to God. Compare 2 Maccabees 7, where the sixth brother and the mother in turn explain to the king that the Jews are suffering because of their own sins. It may be that the speaker in 4Q550 is explaining to the king or queen that the Jews came to be in exile because of their previous sins.

Although the reading "Benjamin" is accepted by Cook as well as by Crawford, it seems to us that Wise and Beyer are clearly right in reading רברבני, the nobles (of the king). Milik's reading מן דבר בנימן requires reconstruction, but the main objection is that the letter after מן is cleary a *resh*, not a *daleth*, as can be seen by comparing the *daleth* in the preceding word יהודי and the *resh* that follows in the same word. The word "exile" is also reconstructed. Only the letters לה are clearly visible. Consequently the similarity to the description of Mordecai disappears on inspection.

The third point of similarity concerns the alleged dialogue between a king and a female protagonist. The gender of one of the partners in dialogue is taken to be feminine because of the suffix on the preposition לכה in fragment *d*, column 1, line 4. If this were feminine, however, we should expect the spelling לכי. לכה may simply be a Hebraizing spelling of the masculine suffix. It is by no means clear, moreover, that a king is speaking to the protagonist in this line. In

---

25 Ibid., 321-2.
26 Ibid., 322.

line 6 of the same fragment the speaker asks the addressee to give any commands he wishes and promises to bury the addressee eventually.[27] From this it would seem that the question in line 4 is not the question of a king, "what (favor) may I do for you," but the question of a servant, "what (service) may I do for you." The speaker is offering to serve the addressee and thereby seeking a promotion. There is no analogy to Esther here.

The other parallels granted by Crawford are of limited significance. There is indeed rivalry between a Jew and a non-Jew. The mention of five years in both stories may be merely coincidental. The reception of Bagasri differs from that of Esther in one crucial respect: Esther entered the presence of the king uninvited. Finally, the concluding acknowledgement of the God of the Jews is a stock motif in Diaspora court tales, and better parallels can be found in Daniel and the Prayer of Nabonidus.

The story of Bagasri, then, has very little in common with the Hebrew story of Esther, and one of the major points of contact with the Greek additions (the prayer) is open to question.

As to the genre and provenance of the stories, little can be added to what has already been said. All commentators have recognized that these stories belong to the international genre of court tales. The story of Patireza's son is not necessarily Jewish, and may be compared to the story of Ahikar, which was found in the archive of the Jewish community of Elephantine. The story of Bagasri is clearly Jewish and has a religious purpose. It may be compared to the tales in Daniel 1-6 and to the Prayer of Nabonidus, which also culminate with the recognition of the Most High God by a foreign king. If the reference to a Samaritan (Cuthean) posited by Milik in 4Q550^d I were correct, then we should suppose a Hellenistic date, as Crawford has argued. But this reference is by no means certain. The word in question can be translated more simply as "like me," and there is no need to bring Samaritans into the story.

While the fragmentary state of these texts is tantalizing, they are nonetheless significant in reminding us that there was a much larger corpus of Aramaic literature in antiquity than what has come down to us. Milik performed a valuable service to the scholarly world by piecing the fragments together and transcribing them with a very learned commentary. It is entirely understandable that he tried to make sense of an unknown text by seeking analogies with a well-known, biblical book. The quest for analogies, however, seems to have misled him on several occasions, and resulted even in a faulty transcription of the Aramaic text. In recent years there has been a growing appreciation of the diversity of the Qumran library.[28] It is no longer necessary to relate every

---

27 The duty of a son: cf.Tob 4:3.

28 See Hartmut Stegemann, *Die Essener, Qumran, Johannes der Täufer und Jesus* (Freiburg: Herder, 1993) 116-193. It is a pleasure to offer this article to Professor Stegemann in appreciation of his pioneering work on so many aspects of the Dead Sea Scrolls.

composition to the distinctively sectarian compositions. Neither is it necessary
.to suppose that every previously unknown text is somehow genetically related
to a biblical book.

4Q550ᵃ   PAM 43.584

4Q550ᵇ   PAM 43.584

4Q550ᶜ   PAM 43.584

4Q550ᵈ I   PAM 43.584

4Q550ᵈ II   PAM 43.585

4Q550ᵈ III   PAM 43.585

Further *Hodayot* Manuscripts from Qumran?

by John Strugnell and Eileen Schuller

I. Introduction

In cave 1 at Qumran there were found extensive fragments of a manuscript of *Psalms of Individual Thanksgiving (Hodayot)*. That manuscript is known as 1QH^a.[1] A second, much less well preserved manuscript, also found in cave 1, contained some overlapping text, and is known as 1QH^b.[2] No fragments of the *Hodayot* have as yet been identified among the numerous small liturgical, hymnic, and psalmic fragments from caves 2-3 or caves 5-11. From cave 4, however, fragments of at least six further manuscripts (4QH^{a-f}, 4Q427-432) have been identified by reason of partial overlaps between their text and that of 1QH^a.[3] The grouping of such 4Q fragments that are textually identified with 1QH^a with other fragments paleographically identical with them and of similiar literary form has consequently added to the text of 1QH^a further material that is no longer found in the text surviving in that manuscript. These eight manuscripts show that the *Hodayot* collection was frequently copied (there is evidence of more copies than of most biblical books), highly influential and perhaps even functionally "canonical."

---

1   1QH^a was published by E. L. Sukenik, אוצר המגילות הגנוזות (Jerusalem: Bialik, 1954, prepared for the press by N. Avigad); English edition, *The Dead Sea Scrolls of Hebrew University* (Jerusalem: Magnes, 1955).

2   1QH^b was published by J. T. Milik, as 1Q35, "Recueil de cantiques d'action de grâces (1QH)," in *Qumran Cave I:* (DJDJ 1; eds. D. Barthélemy and J. T. Milik; Oxford: Clarendon, 1955) 136-38. Milik, at this early stage of study, considered it the same manuscript as 1QH^a.

3   See the initial description of these fragments by J. Strugnell, "Le travail d'édition des manuscrits de Qumrân," *RB* 63 (1956) 64.   A preliminary description of these manuscripts was given by E. Schuller, "The Cave Four Hodayot Manuscripts: A Preliminary Description," *JQR* 85 (1994) 137-50; also "The Cave 4 *Hodayot* Manuscripts: A Preliminary Description," *Qumranstudien: Vorträge und Beiträge der Teilnehmer des Qumranseminars auf dem internationalen Treffen der Society of Biblical Literature, Münster, 25-26 Juli 1993*. Schriften des Institutum Judaicum Delitzschianum 4. (eds. H.-J. Fabry *et al.*; Göttingen: Vandenhoeck & Ruprecht, 1996) 87-100. These manuscripts will be published in *Qumran Cave 4: XX, Poetical and Liturgical Texts, Part 2* (DJD XXIX, forthcoming).

There are numerous other sets of small fragments, grouped together on palaeographic and formal grounds, that are of somewhat similiar genre. Some of these can be found in the published editions of fragments from caves 1-11, and yet others from cave 4 will be published in volumes of DJD that are still to appear. These groups of fragments have not as yet, it is true, been identified with any known passages of the *Hodayot*. They have been given a variety of titles: "prayers," "liturgical pieces," "prayers inserted into narratives," "poetic fragments," "hymn-like," "*Hodayot*-like pieces." These titles reflect imprecise, floating and non-technical definitions; they were given preliminarily, many years ago, and after only an impressionistic examination of the fragments by the first editors (Milik, Baillet, Starcky and Strugnell[4]). It is now timely to attempt to impose a set of categories that will be more sharply defined and, if possible, more uniform.

In this article we ask: with what probability can any of these loosely characterized fragments be defined not merely as "prayer material" or "speech addressed to God," not merely as "I-Thou" speech, nor even generically as thanksgiving psalms (thanksgivings of an individual), but as witnesses to the specific collection that we call *Hodayot*.[5] Such small fragments could have been part of other *Hodayot* manuscripts without necessarily appearing in the surviving sections of 1QH[a] or even in 1QH[a] at all. This is all the more probable since in 1QH[a] the tops of almost all the columns and the bottoms of many are destroyed; furthermore, two initial columns (and most of the third) are missing at the beginning, as well as material from the end of the scroll.[6]

---

4   See, for example, the preliminary surveys by Strugnell, "Le travail d'édition," and M. Baillet, "Psaumes, cantiques et prières dans les manuscrits de Qumran," *Le Psautier : ses origines, ses problèmes littéraires, son infleunce* (ed. R. de Langhe; OrbiLov 4; Louvain: Louvain Publications universitaires, 1962) 389-405.

5   It is more accurate to speak of "collections" of *Hodayot*. For example, 4QH[a] is a different collection, both in terms of content and order, than the collection in 1QH[a]; 4QH[b] is the same collection as 1QH[a]; 4QH[c] begins with a different psalm than does 4QH[a] or 4QH[f] — and so on. These questions will be discussed at length in DJD XXIX.

6   The reconstruction of the original length and order of the 1QH[a] manuscript was established by H. Stegemann in his 1963 Heidelberg dissertation (unpublished), "Rekonstruktion der Hodajot: Ursprüngliche Gestalt und kritisch bearbeiteter Text der Hymnenrolle aus Höhle 1 von Qumran;" also "Hinweise zur Neuedition von 1QHodajot[a]," 1968 (unpublished). See also his discussion of the reconstruction of 1QH[a] in "Methods for the Reconstruction of Scrolls from Scattered Fragments," *Archaeology and History in the Dead Sea Scrolls: The New York Conference in Memory of Yigael Yadin* (ed. L. H. Schiffman; JSPSup 8; JSOT/ASOR Monographs 2; Sheffield: Sheffield Academic Press,1990) 189-220; and "The Reconstruction of the Cave 1 Hodayot Scroll," *Dead Sea Scrolls Congress Volume: Proceedings of the International Dead Sea Scrolls Congress, Jerusalem 1997* (ed. L. Schiffman et al., Israel Exploration Society, forthcoming). E. Puech made a very similiar but independent reconstruction of the scroll; for a description see "Quelques aspects de la restauration du rouleau des hymnes (1QH)," *JJS* 39 (1988) 38-55. Throughout this

In the preliminary catalogues of 4Q manuscripts it was suggested that three specific manuscripts had some relationship to the *Hodayot*. 4Q433 and 4Q440 were both described as "*Hodayot*-like text." The text on one side of the papyrus manuscript 4Q255 (with a copy of the *Serek ha-yahad* on the other side) was designated as "pseudo-Hodayot;" for a long time no separate number was assigned to this text, but it has now been inserted into its place in the series and designated as 4Q433a. In the third section of this paper, we will give a preliminary transcription and translation of these three manuscripts (still unpublished) so that we might consider how each may be related to the *Hodayot*.

However, in order to clarify the relationship between all these fragments and the *Hodayot*, it will be necessary first to outline clearly but succinctly the main formal and thematic characteristics of the *Hodayot*, as established especially by the best preserved examples in 1QH[a]. Finally we will survey briefly the other small prayer-like fragments from caves 1-11 to see whether it is likely, on formal grounds, that any of these could represent further *Hodayot* material, that is, whether they might contain other sections of *Hodayot* that have not survived in any identified manuscript of the work.

II. Criteria for Determining Whether Fragments Might Come from a Hodayot Manuscript

One must begin by asking whether some "candidate" fragments can be excluded in the first round because they present characteristics inconsistent with the <u>form</u> of the known *Hodayot* (or at least most of them). It is possible to ask the question in this way since the form of the *Hodayot* is quite set and allows relatively little variation. In addition, we should seek to determine if such fragments present phrases expressive of the language or the theology of the Qumran community—that would be a positive indicator of sectarian composition—or phrases foreign to the vocabulary and theology of the *Hodayot* and other major works such as 1QS, 1QM, and thus a counterindication of the work's being from the same community.

The structure of most of the *Hodayot* follows, in general outline, that of the Old Testament psalms of individual thanksgiving, though with less variety than is found in the latter.[7] There is an incipit, either אודכה אדוני or ברוך אתה אדוני,

---

article, references to columns and lines in 1QH[a] will be according to Stegemann's reconstructed scroll, with the Sukenik numbers given in brackets.

7   For the form of Old Testament thanksgiving psalms, see Erhard S. Gerstenberger, *Psalms Part I with an Introduction to Cultic Poetry,* (FOTL XIV; Grand Rapids, MI: Eerdmans, 1988), 14-16. For the form of the *Hodayot*, see the classic study of G. Morawe, *Aufbau und Abgrenzung der Loblieder von Qumrân: Studien zur gattungsgeschichtlichen Einordnung der Hodajôth* (Theologische Arbeiten XVI;

followed by "the body" of the thanksgiving, usually formulated either with a
אשר/כי clause with a perfect verb in the second person or with a participle.[8] New
sections are often introduced by כי or ואתה or ואני. There is no set form for the
conclusion. These formal elements are found both in "The Songs of the
Teacher" and in the "Songs of the Community."

The first person singular in the *Hodayot* refers to the psalmist. The first
person occurs as the subject of verbs, in the suffixed object of verbs, and in the
suffix on nouns; cf. also the paraphrases נפשי and עבדך. Although the the first
singular is ubiquitous in the *Hodayot* , there are four places where we find the
first person plural; in two instances only a single word with a plural suffix is
preserved, but in two other cases an extended section contains multiple
examples of the first person plural.[9] The occurrence of the first plural in any of
the fragments we survey will make it less likely that the fragment would have
come from a *Hodayot* manuscript, but the fragment(s) cannot be eliminated
solely on the grounds of one, or even a cluster of, first person plural pronouns,
verbal endings or suffixes.

The second person is used with ברוך, in second person verbs, or in suffixed
nouns or pronouns. It always refers to God.

As in the Old Testament psalms of thanksgiving, the body of the
composition can refer to many matters. It can point to divine acts at many
points of time, not just past acts or nominal statements in the present, but even
at times in the future; several psalms conclude with an eschatological passage.
The ambiguity about whether we are dealing with the past, the present or the
future is compounded by the break-down of the Hebrew tense system,
especially in its distinction between *waw* conversive and *waw* conjunctive.[10] In
keeping with the fundamental purpose of the psalms to give thanks to God for

Berlin: Evangelische Verlagsanstalt, 1961); B. Nitzan, *Qumran Prayer & Religious Poetry* (STDJ 12; Leiden: E.J. Brill, 1994) 321-356.
8   The patterns of the opening formula and expression of thanksgiving are, in fact, somewhat more complex and varied, but this is matter for another study. In some places, much depends on where one psalm is judged to end and another to begin and thus what is considered as an introductory formula.
9   1QH^a vi 13 (frg. 18 2) [וא]זנו ; (1QH^a iii (frg. 11 7) נלך; 1QH^a vii 12-20 (frg. 10 2-10) //4QH^a 8 i 4-12; 1QH^a xxvi 9-14, 32-34 //4QH^a 7 i 13-15, 7 ii 14-15.
10 See the discussion of L. Vegas Montaner, "Some Features of the Hebrew Verbal Syntax in the Qumran *Hodayot,*" *The Madrid Qumran Congress: Proceedings of the International Congress on the Dead Sea Scrolls, Madrid 18-21 March 1991* (eds. J. Trebolle Barrera & L. Vegas Montaner; STDJ XI; Leiden: E.J. Brill, 1992) 1.273-86; also M. Smith, *The Origin and Development of the Waw-Consecutive: Northwest Semitic Evidence from Ugarit to Qumran* (HSS 39; Atlanta: Scholars, 1991) 35-63, 70.

benefits already received, explicit petitions for divine assistance are very rare in the *Hodayot*.[11]

Characteristic of the thought of Qumran and a strong argument that a fragment could have belonged to the *Hodayot* would be the presence of sectarian language (e.g. יחד, בני סוד, (?)משכיל), predestinarian language (גורל), and a strong emphasis on the language of knowing and instruction (הבינותי, הודעתני, תשכלתני)—though a decision on the basis of the latter is not conclusive since this language is not specific to the *Hodayot*.

The *Hodayot* use as designations for God only אלי/אל, אדוני, עליון and the combination אל ה- (אל הרחמים והחנינה, אל הדעות). The presence in a given group of fragments of other names and titles such as יהוה and אלהים argues strongly against any identification with the *Hodayot*.

Names of persons and places belonging to the Israelite *Heilsgeschichte* are almost completely absent from the *Hodayot* . It is not clear whether this is for stylistic, formal or theological reasons.[12] There is one mention of Moses, ביד מושה עבדך in 1QH[a] iv 24 (xvii 12). Another possible exception is in 1QH[a] iv 39 (xvii 27) — is אדם in ברית אדם a proper name "covenant of Adam" or is it to be understood as "a human covenant"? To the contrary, many prayers and blessings, even those that seem to have been used by, if not actually composed by, the community (e.g. 4Q504-506) freely use such historical references. Thus any mention of ישראל (especially *passim* אל ישראל), אברהם ,יעקב, אהרון, דויד, ירושלים, ציון, etc., argues strongly against identification of a fragment containing these words as being from a manuscript of the *Hodayot*.

The *Hodayot* do not have introductory liturgical notes (rubrics for how and when the text is to be used),[13] nor pseudepigraphic ascriptions, nor narrative introductions; the presence of any of these features will exclude the identification of a fragment with the *Hodayot*. Incipits with ברוך are found also in many other liturgical works, and are therefore not a decisive indicator whether a fragment could belong to a manuscript of the *Hodayot* or not, but manuscripts with incipits like ברוך אל ישראל (note the proper noun, and the third person formulation) and with the conclusion שלום עליכה ישראל or the liturgical ending אמן אמן clearly do not.[14]

---

11 I. Knohl, "Between Voice and Silence: The Relationship between Prayer and Temple Cult," *JBL* 115 (1996); see Appendix "Petitionary Prayer in the Qumran Writings," 29-30.

12 There are other Jewish works of the Hellenistic period which also largely avoid specific mention of proper names (e.g., Wisdom of Solomon, Apocalypse of Weeks).

13 One exception is in the few places where a new section begins with למשכיל, cf. 1QH[a] xx 7 (xii 4) למשכיל הודות ותפלה; 1QH[a] xxv 34 (frg. 8 10) למשכיל מזמור; 1QH[a] vii 21 (frg. 10 11) מזמור מ[שכיל] למשו[כיל]; 1QH[a] v 12 (frg. 15 ia 3) שיר {מזמור} למש[כיל}.

14 Thus the various collections of liturgical *Berakot*, especially in the series 4Q502-509, 4Q512, as well as 4Q286-290, 4Q408 and 4Q414, can be separated out quite easily from the *Hodayot*. For an elaboration of the distinction, see Nitzan, Part III:

Note that there are some passages in 1QH[a], often quite extended in length, which are unusual and untypical in content (e.g. extended descriptions of gardens, rivers, eschatological scenarios). Similiar descriptive passages in other manuscripts could not be easily recognized as coming from the *Hodayot* unless other features supported the identification.

III. Preliminary Presentation of Three "Hodayot-like" Manuscripts

We now turn out attention to three manuscripts (4Q433, 4Q433a and 4Q440) because they have been traditionally designated "*Hodayot*-like" texts. Since these manuscripts have not yet been published, the photos, a transcription and a translation (along with a few brief notes) are given here in order that we might come to some decision about whether "*Hodayot* -like" is a viable and helpful description;[15] an assessment of these manuscripts in light of our overall survey is given on p. 69-71.

a) 4Q433

There are three fragments preserved from this manuscript. Frg. 1 is a virtually certain join of two pieces that together measure 7.2 cm. by 5.7 cm; there is a round hole in approximately the center; it is not certain that the frg. 3 actually belongs to this manuscript. It is impossible to establish the original length of the line or height of the column. The hand is a formal hand, with occasional borrowings from the 'rustic semiformal' tradition, from the transition period between the Late Hasmonean and Early Herodian hands (ca. 60–10 BCE).

Frg. 1

]ואריכ[	1
]מֹי אני ומי כד֯ן [ ] ֯[ ]ה כאין ואנֹ֯י[	2
]וֹחך כעור כמגרן ואהיה כמו אין ול֯ן	3
]לֹנצח והמלכֹנים]אֹתה משפיל ואֹנתֹ֯הֹן	4
] תשפיל משֹ֯לי כל]תבל תהשחֹנית	5
[֯ העמדתני כזאת לעֹצרנת או֯ן֯ל[	6
ע[ליֹו֯ן יהלל֯ן	7
]נֹיֹ בעוֹפ֯ן[	8
]דה על]	9
]תֹך]	10

The Thanksgiving Scroll (1QH) and Prayer Texts (A Confrontation), in *Qumran Prayer*, 321-355.

15 These manuscripts will be published in full, with notes on physical description, palaeography, orthography, and readings in DJD XXIX (forthcoming).

Translation
1.   ]and long[16][
2.   ]who (am) I; and who like .[   ].[ ]. like nothing; and I[
3   ].... as stripped as from the threshing floor;[17] and I will be like nothing. And .[
4.   ]forever. And the ki[ngs]you are casting down, and .[ ].[
5.   ] you will cast down; the ru[lers of all the]world;[18] you will des[troy
6.   ]. you established me like this for the counc[il of G]od[
7.   Mo]st High will praise[
8.   ]me with the faint[
9.   ].. upon [
10.   ]your .[

Frg. 2

]בֹֿתֿוֹמֿהֿ ממך וצֿן	1
נֿ]סֿתרי תורתך ו ֯ ֯]	2
לֿ]לֿ[	3

Translation
1.   ] ..... from you and .[
2.   hid]den ones of your Law and ..[
3.   ].[

Frg. 3

]רֿבֿֿמֿן	1
] ֯ ואֿנֿיֿ [	2
]אֿרחֿן	3
]כֿֿיֿן	4

Translation
1.   ]..[
2.   ] and I .[
3.   ]path of .[
4.   ]..[

---

16 Or possibly read ואׄרוׄמ]ׄמה; cf. 1QH[a] xix 18 (xi 15).
17 An image of distress. For the threshing floor in this context, cf. Jer 51:33, Isa 21:10, Hos 13:3. עור from the root "be exposed, bare"; עור "blind" is also possible.
18 Perhaps]תבל מ[שׁ]לים בכל "rulers of all the world."

b) 4Q433a

The four fragments of this manuscript are written on the other side of the fragments that have been designated as 4QpapSerek ha-Yahad[a], 4Q255.[19] This manuscript was initially worked on by J. T. Milik along with the other Serek materials. The fact that the text on the other side was not Serek material was recognized early on; in the handwritten card concordance these fragments are listed as "pseudo-Hodayot". They were not assigned a distinct number until 1996 when they were given the designation 4Q433a in order to insert them into the series of miscellanea 4Q433-481.

It is difficult to determine on the basis of physical evidence the *recto* and the *verso* of the papyrus; the sheet was turned upside-down when writing was inscribed on the second side. The text is written in a Hasmonean Semiformal hand, very similiar to the hand in some other papyri manuscripts (e.g., 4Q485, 4Q487, 4Q499, 4Q500, 4Q503, 4Q505, 4Q509, 4Q512) as well as the hand of 4QH[b]. It is to be dated *c.* 75 BCE.

The order is determined by evidence supplied by the 4QpapS[a] text. In that manuscript, frgs. 1 and 2 are identified because the text corresponds to 1QS I 1-5 and 1QS III 7-12 respectively. The other two smaller fragments (numbered frgs. A and B by Alexander, frgs. 3 and 4 by Metso) have text that is similar in content to 1QS III-IV (though the text cannot be exactly paralleled in 1QS); thus it is assumed that they came from columns subsequent to the column containing frg. 2.[20] Even with the help of 4QpapS[a], it is impossible to reconstruct the original scroll with any degree of confidence, or even to determine the number of lines in the column. Assuming that the beginning of 4QpapS[a] was the actual beginning of the scroll, frg. 1 in 4QpapHodayot-like Text would have come at the bottom left corner of the first column of the scroll. It is probable that frgs. 1 and 2 came at some distance from each other, given the overlap with 1QS I 1-5 and 1QS III 7-12 (if we assume that 1QS and 4QpapS[a] were very similar in content, i.e., that 4QpapS[a] also contained the whole liturgy). It is likely that frg. 3 and 4 probably also came the lower half of the sheet, although at what exact distance is difficult to determine.

The description of the "plant of delight" in frg. 2 draws specifically upon Isa 5:1-7, but employs vocabulary and imagery from a wide variety of "tree" parables in the Hebrew Bible (including Ezek 17, 19, Job, Song of Songs, Ps 80, Jer 2:21). In contrast to the vine of Isa 5, this vine does not produce "sour grapes," and thus is an image of a righteous community. Frgs. 3 and 4 speak of

---

19 For the edition of 4Q255, see *Qumran Cave 4:XIX. Miscellaneous Texts, Part 1* (DJD XXVI; eds. G. Vermes and P. Alexander; Oxford: Clarendon, 1998). For an earlier and independent study of this manuscript, see S. Metso, *The Textual Development of the Qumran Community Rule* (STDJ 21; Leiden: E.J. Brill, 1997) 18-21.

20 Metso (*Community Rule*, 19) attempts to associate frg. 3 specifically with 1QS III 20-25, but admits that this is very speculative ("there is a small possibility that frg. 3 forms a loose parallel to 1QS III 20-25").

wrath and destruction, especially eschatological destruction by fire
(נחלי זפת לאכול 3 9). Although the physical distance in the original scroll
between the fragments is not established, it is certainly possible that fragments
2, 3 and 4 are all part of the same composition, and the contrast is between the
flourishing tree that produces only good fruit (frg. 2) and the destruction that
will come upon the wicked.

Frg. 1

] ˚˚ [	]	1
]דֹותַן	]	2
]בשיבתֹנו חַ֯יֹצִׄיא֯ ׄ ן	]	3
]ת֯ ˚ שירותֹיו קודש לׄ ן	]	4
]ק ותשבוחות בפֹי עצונֹם	]	5
]נֹו תירוש אז ישמח אל ן	]	6

bottom margin

Translation

1.] .. [
2.]...[²¹
3.]in [its] returning, and he brought forth .[²²
4.].. his songs, holy ..[
5.]. and praises in the mouth of the might[y
6.].. new wine; then God will gladden [

Frg. 2

למֹ ˚ן]עֹולמים *vacat*	1
למֹשכיל מֹשֹל עֹל כבוד רֹן *vacat*	2
נטע שעשועים נטֹע בעֹדֹנֹנֹו וֹבֹכֹרֹמֹו ן	3
שֹריגֹיֹו וֹתפרינה ותרֹבֹינה דליותיו באֹן	4
וכפותיו על משענת רום השֹמים וֹיתֹנדֹבֹן	5
פֹארה לדורות עולמים ולעשות פרֹי	6
לכול טועמיו ובפריו לוא יראה באושנֹים	7
עֹפֹיו ועליו ואבו יהיו בו וֹן]מֹוֹד בֹן	8
משורשיו לוא ינתקו מערוגֹת בֹשֹמֹו כין	9

bottom margin

---

21 Perhaps restore הֹוֹדֹות in light of שירותיו and ותשבוחות in subsequent lines, but this can
only be a suggestion; there are many other possibilities.

22 Both the readings and the sense are uncertain; the context suggests bringing forth
words/ songs.

Translation

1. for sea[sons] everlasting. *vacat*
2. [23]*vacat*   For the Instructor, a f[ab]le concerning the glory of .[
3. He planted a plant of delight in his garden,[24] and in his vineyard .[
4. its tendrils; and its branches flourished and were bountiful ..[
5. and its branches are above the lofty support of the skies; and it .....[
6. bough for everlasting generations, and to make the fru[it of
7. for all who taste of it; and in its fruit there is not seen stinking grap[es
8. its branches, and its leaves and its fresh growth will be upon it .[ ] ...[
9. from its roots; they will not tear it up[25] from its/his garden of spices, because[

Frg. 3

]בֿוער ל ֯ [		]חֿ[	1
]מֵט עלן [֯]	]נֿתך פ ֗[		2
]לֿתֿֿ מפץ אֿן	נֿ]ופחים[		3
]וֿ וזעמ עֿן			4a
]חֿרונו לכול עֿן	]זֿה כן ֗[ ]֯ ֗[		4
]וֿ באש להבהן	] ותבעֿרן ֗ [		5
]בֿטירות צאוֿן[ל ֗ להבת אֿש		] ֯ ֯ [	6
]בֿ שואפי לצון שאֿ]פו			7
]בֿפֿחם ומאזרי להבֿות אש			8
]נֿחלי זפת לאכול מֿן	]		9
]לדורֿ]ות	]		10

Translation

1.]. [ ] burning ..[
2.]he poured out ..[ ]... upon[
3. [bl]owers[ ]to give a scattering .[
4a.]. and wrath .[
4.].. thus .[ ] his wrath to all .[
5.]. and it will burn[ ]. with flaming fire[
6.].. flame of fi[re] in encampments of the flo[ck
7.]. those who trample the flock tra[mple
8.]with coals, and those who gird themselves with fla[me of fire
9.]streams of pitch[26] to devour .[
10.]to generation[s

---

23 There are clear remains of paleo-Hebrew *waw* at the margin; the mark must be connected with the beginning of a new section; cf. 1QS V 1.

24 If the reading בּכֿרמֿו is correct, this is an explicit linking of the vineyard and the Garden of Eden; see also 4Q500 where the themes of vineyard and Eden are combined.

25 Or "they [the vine and its branches] will not be torn up ..."

26 For the eschatological fire of destruction, cf. Isa 34:9; 1QH[a] xi 32 (iii 31).

Frg. 4

	1
]°° [	1
בליעל בֿעל°[	2
גדופים[	3
אשמת[	4
תבער[	5
וֿבהן]לֿ[	6

Translation
1.   ]..[
2. Belial ....[
3. revilings[
4. the guilt of[
5. it will burn[
6. and in .[   ].[

c) 4Q440

Three fragments survive of this manuscript, including a large portion of the final column that is blank except for two words in the top line (frg. 3 ii). The crinkled appearance and colour of frg. 2 suggests that it might come in the upper part of frg. 3 i; fragment 1 includes the upper margin of a previous column. There are 25 lines to the column which is *c.*19-20 cm. in height. The original width of the line is unknown. The writing is in a formal early Herodian hand, with some traces of late Hasmonean forms.

In terms of content, frg. 1 speaks of God's creation of light and darkness and the establishment of their perspective spheres, with a calendric and pre-destinarian emphasis. Frg. 2 may continue the same theme with mention of festivals (partially reconstructed), and with a blessing (ברוך), although the specific content of the blessing is not preserved. Frg. 3 praises God specifically for sharing his divine knowledge (1. 18) and awesome mysteries (1. 22-23) with humans. That is, there are a series of blessings of God for his work of creation and for sharing knowledge of his mysteries with both the speaker individually and with his companions "us."

John Strugnell and Eileen Schuller

Frg. 1

upper margin

ביום ה]רביעי פתחתה מאור גדול בממשׁ̇ל̇ת   1
ת]שׁ̇עה וארבעים גורלות אור שבעׁן̇   2
]רים̇ לשלושת עולמי חושך שבינ̇עים   3
[° ° בכול ימי ממשלתו]   4
[עולמים להאיר שבׁ̇ן̇עתים   5
]ה̇[   ]ר̇[   ]°[6
[° ° ה אל̇י̇ן̇   7

Translation

1. on the]fourth[day] you opened a great luminary in the dom[ain of[27]
2.   ni]ne and forty portions of light,[28] seven[
3.   ]... for three ages of darkness, seven[ty[29]
4.   ]. in all the days of its domain [
5.   ] eternal to give light sev[enfold
6.   ]. [   ]. [   ].[
7.   ].. my God[30][

Frg. 2

]מ̇ו̇עדי לֹ̇ב̇נ̇וד   1
]מ̇ו̇ע̇[ד]   ברוך אֹ̇ל̇ן̇   2
]ומשפטי צדק̇ן̇   3
]ל אישוני]   4
]ל °]   5

Translation:

1. glor]ious festi[vals
2.   ]festiv[al. Blessed be the God of[
3.   ]and judgments of righteousness[
4.   ]. the foundations of [
5.   ]..[

---

27 A sharp blade has cut or scraped off the surface of a rectangle, and on the thinner (and now transparent) leather the new text has been written in a later hand; unfortunately no trace of the earlier text survives.

28 Forty-nine portions of light suggests the framework of a Jubilee system (but see the next note).

29 For three periods of darkness, cf. *Testament of Levi* 17 6-7, "the fifth [jubilee] shall be overcome by darkness; likewise the sixth and the seventh." Although the division of light into 49 portions (line 2) suggests a Jubilee system, the 3 "ages" of darkness could be calculated as 3 weeks (3 x 7) so that the total system (49 lots of light and 21 portions of darkness) could be based on a system of 70; cf. Dan 9:24-27; *Test. of Levi* 16-17. The restoration of שביעים would fit with this interpretation.

30 Perhaps ברוך א]תה אלי; but the reading of the *taw* is very difficult.

Frg. 3

	Col. ii	Col. i

upper margin

נו[ם̇ ̊][ ]   1
vacat   [lines 2-13]
[̊לֹ̊][ ]̇̊̊   14
[̊נצב] בכו[ן] ̊ [ ]רים[15
[ ] ולבשר שלום עו̇ולה̇ם   16
[*vacat*   17
לכו]ל רוח ומבינתכה לכול   18
כ]בٌודכה לכול הויה   19
ברוך]אתה אלי הזכי בכול   20
]כולנו להעשותנו כיא   21
א]לה ו{ב}טובכה הכינותה   22
עומ]ק רזיכה הנוראים   23
מח]שבת כבודכה ברוך   24
]ה̇ ועד אחרונות לוא   25

bottom margin

Translation
Col. i
14.].. [ ] ...[   ]
15.].. .. among al[l] ...[ ]
16.] and to proclaim ever[lasti]ng peace.
17.] *vacat*
18. to eve]ry spirit and your understanding to every
19.]your [gl]ory to all that exists
20. Blessed are]you, my God, who are pure in all
21.]all of us so that we should be made because
22. th]ese and {in} your goodness you have established
23. [the dep]th of your awesome mysteries
24.]your glorious [pl[an. Blessed
25.]. and until the last things not

Col. ii
1.   ]..[ ]us

IV. Texts to be Considered as Possible Hodayot Fragments

We now turn to the documents between the numbers 4Q433-481, the "collected miscellanea" of cave 4, to see whether among them might be groups of fragments that contain unrecognized *Hodayot*. Many texts can be ruled out immediately since they are fundamentally different in genre: sapiential works (4Q473, 4Q474(?), 4Q476, etc.); legal or legal-like works (4Q471, 4Q471a, 4Q477); narrative works (4Q457–459, 461-470, 4Q479); predictions (4Q475, 481b); incantations (4Q444, 4Q446); lamentations (4Q439). There is one collection of texts, *Barᵉki Nafshî* (4Q434-438), that share many similar features and themes with the *Hodayot*, but they do not consistently address God in the second person, and seem to form a distinct collection.[31] Still other documents contain prayers, but these are prayers that come within a narrative context (e.g. 4Q460, 4Q481c). 4Q448 contains a series of prayers and psalms that, whatever their origin, clearly do not belong to the *Hodayot*. 4Q471b, called sometimes in the past 'A Self-Glorification Hymn," is another copy of a psalm attested also in 1QHᵃ and 4QHᵃ and thus has been included in the series of cave 4 *Hodayot* manuscripts as 4QHᵉ.[32] But even after this first-stage of the process of elimination, we are still left with a substantial body of manuscripts from this miscellanea section (4Q433-481) that in the preliminary catalogue were designated "prayer" (4Q441-443; 449-456) or "poetic fragments" (4Q445, 447).

There is also a considerable number of manuscripts from caves 1-3 and 5-11 that are, in the broadest sense, "prayer material" or texts addressed to God, as well as other material from cave 4 (that is, apart from the 4Q434-481 miscellanea section) that has been preliminarily described as "hymn, prayer, or sapiential." Many of these fragments can readily be eliminated from our considerations because they clearly belong to different types of composition than the *Hodayot*, e.g. maledictions (5Q14); laments and petitions (4Q179;

---

31 This distinction will become clearer with the full publication of 4Q434-438; for a preliminary discussion see D. R. Seely, "The Barki Nafshi Texts (4Q434-439)," *Current Research and Technological Developments on the Dead Sea Scrolls Conference on the Texts from the Judean Desert, Jerusalem 30 April 1995* (eds. D. W. Parry and S. D. Ricks; STDJ XX; Leiden: E.J. Brill, 1996) 194-214.

32 This understanding of 4Q471b was suggested by H. Stegemann, and is supported by his reconstruction of the scroll of 4QHᵉ; details will be presented in DJD XXIX. For a preliminary publication of 4Q471ᵇ, see E. Eshel, " 4Q471ᵇ: A Self-Glorification Hymn," *RevQ* 17 (1996) 176-203. There is another closely related, but different, version of this text that was published by M. Baillet as part of a copy of the War Scroll, 4Q491 11 i (*Qumran Grotte 4: III* [DJD VII; Oxford: Clarendon 1981); others have argued that this fragment is from a separate manuscript, 4Q491 III (see M. Abegg, "Who Ascended to Heaven? 4Q491, 4Q427 and the Teacher of Righteousness," *Eschatology, Messianism and the Dead Sea Scrolls* [ed. C. A. Evans and P.W. Flint; Grand Rapids: Eerdmans, 1997) 61-73). Clearly there is a close but complex relationship between the different copies, perhaps best understood in terms of two distinct recensions of this work. Much more study is still required.

4Q439, 4Q501); prayers within Narrative (4Q369, 4Q378-379), liturgical collections of blessings (4Q286-90, 4Q408, 4Q414, 4Q502–4Q512[33]). We will move further in the triage by eliminating now those groups of fragments which can be differentiated from the *Hodayot* on the basis of the criteria outlined in Section II above.

A. Texts that can be Eliminated as Not Being Hodayot

The following texts have a first person speaker and/or address God in the second person (see col. i in the chart); sometimes there are phrases with parallels in the *Hodayot* (col. ii in the chart). However, there are other features (col. iii) that tilt the balance so that these should not be considered suitable for inclusion as *Hodayot*. A somewhat ambiguous feature is the occurrence of the first person plural speaker; although a few psalms of the *Hodayot* contain sections in the first person plural (see footnote 9), this is a relatively rare phenomenon in the *Hodayot*, and thus the appearance of the first person plural is generally weighed as a negative factor.

Chart 1:

Text [34]	*Hodayot*-like Forms	Sectarian Language	Non-*Hodayot*-like Features
4Q441 (6) 'prayer?'	1 s speaker 2 s of God (אפך)		אודה; never used in *Hodayot*
4Q442 (10) 'prayer?'	1 s speaker 2 s of God		אודה; not used in *Hodayot*
4Q443 (90) 'prayer'	1 s and pl speaker 2 s of God (9x)	הבינותי כול בני סוד]	plural speaker (1x; (ונעמודה) Some vocabulary unlikely in *Hodayot*: יע]קוב ;אלוהי ק]

---

33 These collections are often introduced by rubrical-type statements (e.g., "on the xth day they shall answer and say . . . "), and usually conclude with an explicit (e.g., שלום ישראל עליכה or אמן אמן); often God is designated as אל ישראל or even יהוה (e.g. in 4Q408).

34 The numbers given in raised brackets indicate the relative length preserved in each manuscript, in terms of the number of entries into the Preliminary Concordance. The longer the manuscript, the more reliable will be the characteristics noted for it. The description given in single quotes in the second line is the designation/description that was given in the preliminary lists.

4Q449 [25] 'prayers'	2 s of God	ממשלת רוחי גורלו	plural speaker (3x); אלוהינו, עד היום הזה — unlikely expressions in *Hodayot*
4Q450 [13] 'prayers'	2 s, uncertain if it refers to God		plural speaker (1x) phraseology similar to 4Q509 16 (Festival Liturgy)
4Q451 [14] 'prayers'	2 s of God		vocabulary not typical of *Hodayot* ואל יחלן/ל/א/יהלן/לו –, תנם ביד ידידיכה
4Q452 [2] 'prayers'	2 s of God (6x)		plural speaker; language of complaint (ותתאחר) not typical of *Hodayot*
4Q453 [9] 'prayers'			הללו יה (2x) – not in *Hodayot* and incongruous with it
4Q454 [10] 'prayers'	2 s of God		historical reference to ארץ חם (or a quotation) –not in style of *Hodayot*
4Q455 [10] 'prayers'	1 s speaker		2nd pl. imperative הללו יה incongruous in *Hodayot*
4Q456 [11] 'prayers'			הללו יה incongruous in *Hodayot*
4Q478 [8] 'pap frg '	2 s of God (ואתה)		genre uncertain[35]

---

35 Now designated as '4QpapFragment Mentioning Festivals,' by E. Larson and L. H. Schiffman in *Qumran Cave 4.XVII, Parabiblical Texts, Part 3* (eds. G. Brooke et al.; DJD XXII; Oxford: Clarendon, 1996) 295-96.

4Q481c[28]	2 s of God (רחמיך)		persons mixed; 1 p plural אוי lament
4Q481d [30]	1 s and pl speaker		1 pl (עז לנו); לבני י[שראל]proper name not *Hodayot* usage
1Q37 [10] 'Hymnic Composition'			ישראל 2x; not found in *Hodayot*
3Q9 [15] 'Text of the Sect'	1 pl of speaker		Language of confession rather than of *Hodayot* ובעדתנו]
4Q291 'work containing prayers'	2 s of God		no 1 s speaker; הל]ליה not in *Hodayot*
4Q292, 293 'work containing prayers'	2 s of God		Liturgical ending אמן אמן -never in *Hodayot*
4Q426 'sap work'[36]	1 s speaker		mainly third-person language historical references וארפכשד וא]שור
4Q528 'Ouvrage hymnique or sapiential B'	2 s of God		non-*Hodayot* language יהוה, בני ישראל
5Q13 [99] 'Sectarian Rule'	2 s of God	בליעל, המבקר	mention of historical figures לוי, יעקוב, חנוך, נוח, ישראל designation of God as אלוהי הכול
5Q19 [10]	2 s (of God?)		א[ ]רן, if a personal name is not *Hodayot* usage
6Q18 [60] 'Hymnic'	2 s of God	אל in paleo-Hebrew as occasionally in 1QH[a] and 1QH[b]	1 pl (2 x); באל ישר[ן]אל (8 1), משטמה (9 1) -- not typical of *Hodayot*

---

36 Now called by A. Steudel "4QSapiential-Hymnic Work A;" see edition in *Qumran Cave 4.XV, Sapiential Texts, Part I* (ed. T. Elgvin et al.; DJD XX; Oxford: Clarendon, 1997), 211-24.

8Q5 'Hymnic Passage'	1 s of speaker 2 s of God		Use of יהוה; אני מירא suggests genre of incantation
11Q15 'Hymns'	2 s of God	כול רוח	Some third person ומעשיו כבודו
11Q16 'Hymns'	2 s of God	אמתכה	general language אתה יצרתה

B. Residue of Possible Candidates for Hodayot Identification

After the above process of winnowing, we now present the "I-Thou" prayer material (especially in 4Q433-481) that remains as possible remnants of *Hodayot* manuscripts, listing for each manuscript any further features that might weigh the balance in favor of identification with the *Hodayot* (col. ii in the chart) and any which weigh it against such an identification (col. iii in the chart). Unfortunately in many cases there are no additional features (beyond the use of first person singular speaker and second singular of God) to elevate the identification to a state of either certainty or of impossibility; often the best that can be said is that there is nothing that would be inherently problematic if these fragments were from *Hodayot* manuscripts.

Chart 2:

Text	*Hodayot*-like in form	*Hodayot*-like in language
4Q445[29] 'poetic frgs'	1 s speaker	description of vineyard and precious stones -like extended descriptions in some *Hodayot*
4Q447[3] 'Poetic frgs'	1 s speaker 2 s of God	
4Q472[41] 'sap work'	2 s. of God (1x)	אופרים, כול כתם, זהב ופז very similar vocabulary in 4QH[a]/4QH[e]
4Q498[18] 'Hymnic or Sapiental'	1 s speaker; 2 s of God	

4Q499[44] 'hymns or prayers'	2 s of God (6 x)	some language has parallels to *Hodayot* , e.g., לידעים
4Q500[16] 'Bénédiction'	2 s of God	extended description of plantation
1Q36[91] 'Collection of Hymns'	1 s (1 pl); 2 s of God	many expresssions also found in Hodayot or sectarian works e.g., גורל, קדושיכה, תעודות בני איש; ברזיכה, אנשי ברית
1Q38[28]	1 s; 2 s of God	*Hodayot*-like phrases -; עש[י]תה כול אלוה בסוד עצתכה
1Q39 [16]	2 s of God	
1Q40 [14]	2 s of God	ב[ל]יעל; רזיכה, language of the *Hodayot*
1Q45[6]	1 s; 2 s of God	similar vocabulary as in *Hodayot*, עני
1Q49[2]	1 s; 2 s of God	
1Q52[2]	2 s (of God?)	
1Q57[4]	2 s of God	
3Q6[8] 'Hymn of praise'	2 s of God	
3Q9[8] 'Un texte de la secte'	1 p speaker	vocabulary as in *Hodayot*, ובעדתנו, נעויתם
5Q18[7]	2 s of God	בעצתכה used in *Hodayot*

Finally let us return to the manuscripts that were presented in the earlier part of the paper, manuscripts that were originally designated "*Hodayot*-like." We can now assess in a more nuanced manner the likelihood that they could be part of the *Hodayot*.

4Q433 has a first person speaker (definitely singular in the verb ואהיה, though it is not always clear whether to read י- or נו-, אני or אנו). The second singular always refers to God. Nothing in the language points to sectarian thought or origin; neither is there anything that distinguishes it from the lexical practice of the *Hodayot*, and some features, such as rhetorical questions with מי, are also found in the *Hodayot*.

In 4Q433a, there are certainly some similarities with the *Hodayot* and this explains why this text was originally designated as pseudo-*Hodayot* . The manuscript contained a series of compositions, as evidenced by the first lines of frg. 2 with *vacat* space between compositions. The occurrence of למשכיל (2 2) can be compared to למשכיל in 1QH[a] xx 7 (xii 4) and xxv 34 (frg. 8 10), cf. also reconstructions with למשכיל proposed for 1QH[a] vii 21 (frg. 10 11) and v 12 (frg. 15 i 1). The extended description of the tree in frg. 2 recalls the lengthy "tree" passages in 1QH[a] xiv (vi) and xvi (viii) in which the "eternal plantation" מטעת עולם represents the author's community, both in the present and in its full flowering in the future. The description in frg. 3 and 4 of eschatological destruction, in particular by fire, has parallels with 1QH[a] xi 20-37 (iii 19-36), especially specific shared vocabulary, e.g., נחלי זפת in frg. 3 9 and 1QH[a] xi 32 (iii 31) ; בליעל in frg. 4 2 and 1QH[a] xi 29, 30, 33 (iii 28, 29, 32). However, in formal terms, there is little to link these fragments with the *Hodayot*. There is no first-person speaker (singular or plural) nor address to God in the second person; instead God is referred to in the third person. Thus these texts are formally third-person hymns or, more likely, some type of extended sapiential-type reflection or instruction.

In 4Q440, in contrast, the text is characterized by both formal and thematic *Hodayot*-like elements. God is always addressed in the second person and the speaker is first person singular or, in some instances, perhaps first person plural (אלי 3 20; 3 21]כולנו להעשותנו[; 3 ii 1 either]נו or]ני). There are various short blessings introduced by ברוך (2 2, 3 i 24, though in both instances the text breaks immediately after ברוך so the full formula is not preserved); ברוך may also be restored in 3 i 20 before]אתה אלי . Although at first glance this series of blessings might invite comparison with other blessing-texts such as 4Q408 and 4Q286-290, here there are no traces of liturgical rubrics (e.g., ויאמרו, אמן אמן as in the 4Q*Berakot* collection) nor is the tetragrammaton used as in 4Q408 1 6 (possibly in 6 1); thus it is unlikely that 4Q440 belongs to either of these works. Series of multiple blessings are also to be found in the *Hodayot* psalms: 1QH[a] xix 30-36 (xi 27-33), ברוך אתה אל; ברוך אתה[ן אדוני א[שר נתתה לעבדכה שכל דעה הרחמים ואהחנינה; ברוך אתה אדוני כי אתה פעלתה אלה; and in the composite text recovered from 4QH[a]7 ii 7-23//4QH[e] 2 //4QH[b] 21 4//1QH[a] XXVI גדול אל ע[ן]ושה (ברוך אל הדעות הנ[ו]טה שמים; ברוך אל הנמפ]לי [פ]לאות גאות; [פלא]).[37] Thus, of all the

---

37 It can be noted that the first series of blessings in 1QH[a] xix 30-36 (xi 27-33) come toward the end of a unit (a new section begins in 1QH[a] xx 7 (xii 4) הודות ותפלה למשכיל), and the second series comes near the end of the manuscript (1QH[a] col. XXVI in a manuscript of twenty-seven or perhaps twenty-eight columns). Thus it may not insignificant that the portion of 4Q440 that has survived is from the very end of the scroll.

three manuscripts we have been considering, 4Q440 is the one that is that most *Hodayot* like in terms of form and content.

V. Conclusions

It must be conceded that our hunt has not netted much game, either among the miscellanea in 4Q433-481 or in the "prayer material" elsewhere in the cave 4 fragments or in the fragments of caves 1-3 and 5-11. Some of the fragments of prayer material (Chart I), even if they are addressed to God in the second person, must be excluded because of other features (e.g., the use of the divine names יהוה or אלוהים, proper names of *heilsgeschichtlicher* significance (ישראל, ירושלים, יעקוב, דויד, אברהם).

In Chart 2 and in our study of 4Q433, 433a and 440 we show what material could conceivably have come from very poorly preserved *Hodayot* manuscripts. But we are very aware how little evidence there is which could plead clearly for or against such an identification; even the larger fragments lack any features pointing us decisively to the *Hodayot*. Usually (granted the exiguous nature of the fragments) there is little gain in the knowledge of the *Hodayot* that one might win from such identifications. Furthermore it is salutary to remind ourselves that one of the psalms that is preserved in 4QH[a] (frg. 8 i 13 - ii 9), in a fragment where only the beginnings and ends of some sixteen lines are preserved, would not have been included in our consideration had the fragment come down to us independently, since none of the determining features that we have used as a basis for classification have survived; yet this is clearly part of a *Hodayot* manuscript. That is, the results of our survey do not preclude the possibility that there may be other small fragments of the *Hodayot* that have not been detected by the methdology that we have used in this study.

Our results are to call attention to some some manuscripts – though very fragmentary – that are as likely to belong to the *Hodayot* as not; sometimes it is only that they have first person singular(plural) speaker and second person for God and nothing that is contrary to *Hodayot* style or vocabulary (e.g. 1Q39, 1Q49, 1Q52, 1Q57, 3Q6, 4Q433). Other manuscripts have, in addition, some specific vocabulary shared with the *Hodayot* (e g , 1Q36, 1Q38, 1Q40. 1Q45. 1Q52, 1Q57, 3Q9, 4Q433a, 4Q499). 4Q472 is an example of a text that does not give evidence of the same formal features but shares very specific vocabulary with *Hodayot* text. 4Q440 is perhaps the manuscript that is closest to the *Hodayot* in terms of formal features, including a series of blessings.

These results, though modest, show the carefulness and minimalism with which the earlier editors made their suggestions. In addition to the eight *Hodayot* manuscripts clearly identified by overlapping text, only a few others could be said to be conceivably "*Hodayot*-like" in any concrete and specific sense. Or should we say more honestly that, after hunting high and low, our results are really jejune and quite disproportionate to the effort, and that in the end *parturiunt montes, nascetur ridiculusmus.*

4Q433   PAM 43.518

4Q440   PAM 43.522

Paratextual Elements in the Masoretic Manuscripts of the Bible Compared with the Qumran Evidence

by Emanuel Tov

1. Introduction

The medieval Masoretic manuscripts of the Hebrew Bible contain several paratextual elements, that is, elements inserted by scribes beyond the consonants, vowels, and accents. Almost all of these elements reflect scribal habits also known from the biblical and nonbiblical texts from the Judean Desert written in antiquity. This fact proves that the medieval manuscripts of the Bible go back at least to the period when these scrolls were copied. At the same time, there are also paratextual elements in the medieval texts which are not shared with the Qumran texts, and likewise there are elements in the Qumran texts which are not shared with the medieval texts. These differences between the two corpora are illuminating, and may help us to determine the origin of the MT which is actually still unclear (see below, sections 3 and 4).

Many of the paratextual elements which now form part of the medieval texts, and are also referred to in the rabbinic literature, were not meant to be transmitted as such to subsequent generations, as they reflect simple scribal notations, mainly corrections. When all the details of the biblical text were sanctified, paradoxically these corrections were transmitted as such, even though at the time it would have been more appropriate to simply correct the text without leaving traces of the correcting procedure.

2. The evidence

The MT contains several paratextual features which are shared with the biblical and nonbiblical texts from the Judean Desert. Most of these features are concentrated in only a small number of Qumran texts (categories c-g below), while some are distributed equally among the Qumran texts (categories a-b).

(a) The division of the text into sections (*parashiyyot* or *pisqa'ot*). The system of dividing the text into sense units in the MT is more or less in agreement with the tradition of the proto-Masoretic texts found at Qumran and, in fact, of all the Qumran texts, biblical and nonbiblical. The sharing of these features with the Qumran texts does not indicate any close relationship between the two corpora, since the division of texts into units separated by spacing was a general feature among many texts written in antiquity. The many differences in notation between the division into sense units reflected in the Qumran texts and in the medieval Masoretic manuscripts are significant, but these differences pertain to details within the same system; besides, they resemble the differences between the various Qumran manuscripts themselves, and therefore may be disregarded for the present analysis.

(b) *Pisqah bᵉ 'emṣaᶜ pasuq.* The great majority of sense divisions of the MT appear after the ends of what are now known as verses, but in addition, the *Mp* to Gen 4:8 notes 28 instances of a *pisqah bᵉ 'emṣaᶜ pasuq*, "a sense division in the *middle* of a verse." According to the *Mp* to Gen 35:22 there are 35 such instances, indicated in some or all of the manuscripts and editions by a space the size of either an open or a closed section. Basically this practice reflects the division of the text into sections, as described in the previous paragraph, with the sole difference that the beginnings of some sections did not coincide with the beginnings of verses, as elsewhere, but occurred in the middle of a verse. This is not an unusual phenomenon, as the background of the division of the text into larger sense units (sections) differed from that of the division into small sense units (verses). By the same token, several sense units indicated in the Qumran scrolls occur in the middle of units which have become "verses" in the MT. In a way, according to the terminology of the MT, these instances could be named *pisqah bᵉ 'emṣaᶜ pasuq*. The lemmas in 1QpHab sometimes consist of what in the MT constitutes a half-verse or one-and-a-half verses. The lemmas quoting the biblical text in 1QpHab usually conform to what is now a verse in the Masoretic tradition of Habakkuk (e.g., 2:14; 3:4, 5), or a half-verse (2:12b, 13a, 13b). Sometimes, however, the quotations deviate from the Masoretic tradition. One of the lemmas consists of Hab 3:1a,bα in the MT and the next one contains 3:1bβ, 2, 3. Another lemma contains Hab 3:6 together with v. 7a. Similar differences from the MT are found in 4QpPs37.

(c) *Inverted nunim.* In the printed editions of the MT one finds inverted *nunim* (also named *nunim mᵉnuzarot*, "separated" or "isolated" *nunim*) before and after Num 10:35–36, as well as in Ps 107:23–28 (in codex L before vv. 21–26 and 40). The sign found in the manuscripts resembles an inverted *nun*, though tradition also describes it as a *kaph*. Actually this sign does not represent a letter, but a misunderstood parenthesis sign. Indeed, in *b. Shabb.* 115b the *nunim* are called סימניות, "signs."

Sifre 84 (p. 80) to Num 10:35 (cf. *b. Shabb.* 115a–116a) explains the inverted *nunim* in Num 10:35–36 as signs removing this section from the context, but when their meaning was no longer understood, these signs came to be denoted by the Masoretes as inverted *nunim*. While the appearance of the inverted *nunim* in Ps 107:23–28 in codex L is unclear, their occurrence in Num 10:35–36 is in accordance with the scribal tradition of the texts found in the Judean Desert, since this section was described by *Sifre* as not having been written in "its correct place." The use of parenthesis signs, reflecting the *sigma* and *antisigma* from the Alexandrian scribal tradition, is also documented in five, six, or seven Qumran texts. 1QM col. III,1; 1QS col. VII,8; 4QDibHamᵃ (4Q504) 1–2 vi, line 2 [probably]; 4QMᵃ (4Q491) frg. 11 i, line 15 [probably]; 4QJerᵃ col. XII,11 (Jer 18:23); 4QCantᵇ frg. 2 ii, line 12 (Cant 4:10); 11QpaleoLevᵃ frg. I, lines 1–2 (Lev 18:27). The section enclosed by parenthesis signs in the Masoretic manuscripts is more extensive than the samples known from the Qumran scrolls, but the principle is the same. In the Qumran texts the parenthesis signs are likewise used to omit larger segments than the elements omitted with cancellation dots or crossed-out with a line.

While the Masoretic manuscripts use the inverted *nunim* in Num 10:35–36, according to *Sifre* 84 to those verses (cf. *b. Shabb.* 115a–116a) these words were dotted. These two traditions are actually not contradictory. Just as the Qumran manuscripts used different systems for canceling elements (cancellation dots, crossing out with a line, parenthesis, erasure), the rabbinic tradition of cancellation dots and the evidence in the manuscripts of parenthesis signs reflect two alternative systems of deletion.

(d) *The extraordinary points (puncta extraordinaria)*. In fifteen places in the Bible all the medieval manuscripts of the MT denote dots above certain letters and words and in one place (Ps 27:13) also below them. Ten of these instances are found in the Torah, four in the Prophets, and one in the Hagiographa. The earliest list of these instances is found in *Sifre* 69 to Num 9:10 (the ten instances in the Torah) and the full list is in the *Masora magna* on Num 3:39. In each of these instances, the scribes of the original manuscripts, which later became the MT, intended to erase the letters, as in the Qumran manuscripts.

Although later tradition explained these dots as indicating doubtful letters,[1] or as reflecting a hidden meaning in the text,[2] the Qumran parallels leave no doubt that the original intention of these dots was the indication of erased letters. Accordingly, the Hebrew traditional term ניקוד עליו (dot[s] on it, scil. the letter or word) is more appropriate than the term used in modern scholarship "puncta extraordinaria." Indeed, the wording in *'Abot R. Nat.* A, 34 (p. 51 in Schechter's edition; cf. *y. Pesaḥ.* 9.36d) shows that the habit of canceling letters and words by means of dots was known to some rabbinic sources. However, the real proof that the dots originally denoted the canceling of letters or words lies in an examination of the biblical text itself. That is, if it can be shown that the word without the dotted letter(s) makes sense or is possible in the biblical context, or that the context is possible without the dotted word, it is probable that the scribes indeed intended to omit the elements thus marked. The question is not whether the shorter text, without the dotted elements, is preferable to that with these letters, but whether the shorter text presents a viable alternative, which a scribe, for some reason, preferred to the longer text. In this description there are several possible explanations for the deletion of certain elements. Possibly in the forerunner of the MT these elements were considered inappropriate, superfluous, or incorrect and were therefore omitted. It is also not impossible that scribes of an early source of the MT omitted these elements upon collation with another, authoritative, manuscript in which these elements were lacking.

---

1   See the detailed discussion by H. L. Strack, *Prolegomena critica in Vetus Testamentum hebraicum* (Leipzig 1873) 88–91; L. Blau, *Masoretische Untersuchungen* (Strassburg i. E. 1891) 6–40; C. D. Ginsburg, *Introduction to the Massoretico-Critical Edition of the Hebrew Bible* (London 1897; repr. New York 1966) 318–334; R. Butin, *The Ten Nequdoth of the Torah* (Baltimore 1906; repr. New York 1969), and S. Talmon, "*Prolegomenon,*" to Butin, *Nekudoth,* all quoting rabbinic sources.
2   See A. Shinan, "The Midrashic Interpretations of the Ten Dotted Passages of the Pentateuch," in: S. Japhet (ed.), *The Bible in the Light of Its Interpreters, Sarah Kamin Memorial Volume* (Heb.; Jerusalem 1994) 198–214.

It seems to us that in all but one instance, the texts without the dotted elements are indeed feasible: Gen 16:5, 18:9, 19:33, 33:4, 37:12; Num 3:39, 9:10, 21:30, 29:15; Deut 29:28; Isa 44:9; Ezek 41:20, 46:22; Ps 27:13. In these instances letters or words have been dotted in all the medieval Masoretic manuscripts, with occasional variation.

The only instance in which the dotted letters are necessary in the context is 2 Sam 19:20 ביום אשר יצא אדני המלך מירושלם. The dotting of יצא is enigmatic[3] and reminds us of a case in which such dots occur in an individual Masoretic manuscript, and which cannot be explained as cancellations: in Job 39:15 וזהׄ the Medinha'e tradition has dots according to Cambridge MS. Add. 465 (see Ginsburg, *Introduction*, 334).[4]

The assumption that these Masoretic dots were intended to cancel elements is strongly supported by the fact that in seven or eight of the fifteen instances, the shorter text is paralleled by evidence from ancient sources. This is a very large percentage indeed, if we take into consideration the fragmentary state of our information, as well as the fact that there need not be any correlation at all between elements omitted in Masoretic manuscripts and other sources. Listed below are the dotted words found in the MT and the manuscript support for the shorter text:

Gen 16:5 וביניך—the defective spelling occurs in the Sam. Pent.

Gen 33:4 ויחבקהו ויפל על צוארו וׄיׄשׄקׄהׄוׄ ויבכו—it is unclear whether the LXX lacks the dotted word, as that version does not reflect וישקהו at the same place as the MT; on the other hand, the translation of ויחבקהו with καὶ περιλαβὼν αὐτὸν ἐφίλησεν may indicate the representation of וישקהו at an earlier place in the sentence.

Num 3:39   וׄאׄהׄרׄןׄ—the word is lacking in the Sam. Pent. and S (rightly so, since the census was performed only by Moses [thus already *Sifre* on Numbers 9:10], and the addition of Aaron probably reflects a scribal error influenced by the frequent juxtaposition of both names.)

Num 21:30 אשׄר—the Sam. Pent. reads אש (= LXX πῦρ and *b. B. Bat.* 79a)

Isa 44:9 הׄמׄהׄ— this word was written in 1QIsaᵃ as a supralinear addition (ועדיהמה המה), so that its secondary character is likely.

Ezek 41:20 הׄהׄיׄכׄל (identical with the first word of the next verse)—the word is lacking in S V.

Ezek 46:22 מׄהׄקׄצׄעׄוׄׄת—the word is lacking in LXX S V. Several commentators delete this *hapax* word as a mistaken repetition of מקצעות in the beginning of the next verse.

Ps 27:13 לׄוׄלׄא—the word as such is lacking in the LXX, but the first two letters (לו) are reflected in that translation at the end of the previous verse (26:12 in the LXX): ἑαυτῇ.

---

3   Also in the analysis of L. Blau, *Masoretische Untersuchungen* (Strassburg i. E. 1891) 35 this case is named a "Räthsel."

4   This situation differs from again different instances (forty), in which, according to a Masoretic list dots above letters or words denote differences between traditions, such as in sense divisions or *Ketiv/Qere* differences. For the latter, see, e.g. Num 32:7 תנואון. For a detailed analysis, see Y. Ofer, "A Masoretic List of Babylonian Origin of Double Words in the Pentateuch," in: E. J. Revell, *Proceedings of the Twelfth International Congress of the IOMS* (Masoretic Studies 8; 1995) 71–85.

In all these instances the dotted elements were meant to be omitted, as supported by the shorter readings transmitted in one of the textual witnesses. In the aforementioned instances the question of the viability of the shorter reading does not need to be posed as such a reading is found in an ancient source. In any event, in all instances the shorter readings seem possible and sometimes even preferable in the context. In the other six instances of dotted letters in the MT, the context shows that the shorter reading is at least possible:

Gen 18:9   ויאמרו אֵלָּיו איה שרה—the writing of three dots and the lack of a dot above the *lamed* creates, as it were, a word איו, which makes little sense in the context.[5] The most likely explanation of the dots is that they were imperfectly placed, as in many other instances (for parallels, see below), so that the scribe intended to cancel אליו as a whole. Indeed, a shorter text without אליו is feasible. Compare Ruth 3:5 תאמרי אלי and 3:17 אמר אלי where אלי is lacking in the *Ketiv* text and added as a *Qere* (*Qere wela Ketiv*). It is also remotely possible that the dot on the *waw* is incorrectly transmitted, and that the scribe intended to cancel two letters only, creating a word לו, for which cf. a frequent interchange between אל and -ל.

Gen 19:33   בשכבה ובקומה—defective orthography, probably influenced by בשכבה ובקמה in v. 35.

Gen 37:12   לרעות אֶת צאן אביהם—the *nota accusativi* is freely added or omitted in all textual sources. For a Qumran parallel for the cancellation, see below.

Num 9:10   דרך רחוקה—the masculine and feminine form sof the adjective conform with a different understanding of the gender of דרך. That word usually appears as a masculine noun, but in Exod 18:20 it is used in the feminine. The scribe thus corrected the text in accord with the more frequent usage.

Num 29:15   ועשרון עשרון—The same phrase occurs in the previous chapter, 28:13, with a defective spelling of the first word: ועשרן עשרון, so that a scribe or reader may have adapted the spelling of the second occurrence of the phrase to that of the first by canceling a single letter. As a matter of interest, it should be noted that also elsewhere scribes seem to have purposely chosen a different spelling for each word in pairs of identical words, e.g., Gen 27:22 יעקב הקל קול; Qoh 1:6 סובב סבב.[6]

Deut 29:28   והנגלת לֹנוּ וּלֹבֹנֹיֹנֹוּ עד עולם—the shorter text does have a meaning, but the background of the shortening is as cryptic as the text itself.

That the dotted elements were intended to be deleted is supported not only by the aforementioned textual witnesses of the biblical text and by the general Qumran parallels to the practice of omission by cancellation dots, but also by Qumran parallels in specific details:

(1) In the Qumran texts many dots delete small details in spelling and morphology, e.g., 4QJer³ col. IX, part 2, line 2 (Jer 14:6) שפֿאִים; 4QRP° (4Q365) frg. 12 iii, line 5 לוֹא; frg. 25c, line 13 אתכמהֿ.
A few of the Masoretic *puncta extraordinaria* likewise pertain to matters of orthography:

---

5   The lack of a dot above the *lamed* creates, as it were, a word איו, similar to the next word in the context איה. The juxtaposition of these two words is explained in the rabbinic tradition, e.g. *b. Baba Metsia* 87a; *Sifre* Num 9:10 (ed. Friedmann, 18a).

6   For further examples, see F. I. Andersen and A. D. Forbes, *Spelling in the Hebrew Bible* (Biblia et Orientalia 41; Rome 1986) 218.

a. Gen 16:5 בֵּינִיךָ. Elsewhere the defective spelling of this word, בֵּינְךָ, is the rule.

b. Gen 19:33 וּבְקוּמָהּ—the same word occurs in v. 35 with the defective spelling (according to *Sifre* to Num 9:10, however, the whole word was dotted).

c. Num 29:15 וְעִשָּׂרוֹן עִשָּׂרוֹן.

(2) Num 21:30 אֲשֶׁר—the Masoretic dot created the shorter אשׁ as in the Sam. Pent., LXX and *b. B. Bat.* 79a. For a similar correction, see 4QComMal (4Q253a) frg. 4 ii, line 1 וֹאשׁרֹ, where an original ואשר was corrected to ואיש by the scribal dots and the supralinear *yod*.

(3) In the MT of Ezek 41:20, at the end of the verse, the first of the dittography pair of הֵהֵיכָל, now separated from the second one by the verse division (20–21), is dotted. This phenomenon is paralleled by several cases in the Qumran scrolls in which one of a pair of duplicated letters or words was dotted:

4QD[f] frg. 4 ii, line 4 כִּי כִּי
4QCatena[a] (4Q177) frgs. 1–4, line 15 אוֹ[ותֹחֹתֹ
4QShirShabb[f] frgs. 20 ii, 21–22, line 9 מִּמְחֹחֹת
4QRP[b] (4Q364) frg. 17, line 3 העדוֹת
4QpIsa[b] I,4 וֹאֲשֶׁרֹ

(4) The cancellation of את in the MT of Gen 37:12 לרעות אֹת צאן אביהם is paralleled by 4QD[a] (olim 4QD[b]) frg. 10 ii, line 11 אֵת where the same word was crossed out:

יו[ ]. צא אֵת ידו מתחת בגד]ו

(5) In two instances the dots in the Masoretic manuscripts were not placed above or under *all* the letters of a word which was to be omitted.

Gen 18:9 אֵלָֹיֹו—note the lack of a dot above the *lamed*

Ps 27:13 לֻוֹלֵֹאֹ—dots were written above and under all the letters, except under the *waw*.

Speculations on the background of this irregularity of the MT are now superfluous, as the irregularly placed dots are paralleled by several instances in the scrolls:

4QapocrLam A (4Q179) col. ii,11 הֵיקֹרֹוֹם—there is no dot on the *yod*.

4QCatena[a] (4Q177) frgs. 5–6, line 12 רָֹ֟—dots were written above and below the first letter and above the third one.

In 1QM III,4 three dots are written above יְֹכְֹתֹבוֹ, two below the letters, and one to the left of the word.

In 4QShirShabb[f] frg. 3 i, line 13, dots were imprecisely placed above and below the letters of בשבעה, one under the *bet*, two above the letters, between *mem* and *ʿayin*, and between *ʿayin* and *he*, and finally one at the end of the word to the left of the top bar of the *he*.

1QIsa[a] XLIX,17 (Isa 60:14) מְֹאַֹשֶׁרֹ יָדְעתי—there are no dots on the *ʾaleph*, but they were probably intended (cf. MT מדעתי).

(6) For the deletion of two complete words in the MT of Deut 29:28 cf. several similarly large deletions in the Qumran texts:

In 4QapocrJosh[b] (4Q379) frg. 22 ii, line 13 three words (and probably a fourth one in the lacuna) were dotted because they were written in the wrong place in the text. See further 1QH[a] frg. 7, line 6 לְֹיֹהֹרִֹיֹעֹ גְֹבֹוּרֹהֹ.; 1QIsa[a] col. X,23 (Isa 11:4) יֹֻמֹֻתֹֻ רֹֻשֹֻעֹֻ; 4QM[a] (4Q491), frgs. 1–3, line 8 להכני[ע אֹֻוֹֻ; 4QD[a] (olim: 4QD[b]) frg. 6 iv, line 2 עֹֻצֹֻי-פֹֻרֹֻיֹֻ; the parenthesis signs in 1QM col. III,1; 1QS col. VII,8; 4QJer[a] col. XII,11 (Jer 18:23); 11QpaleoLev[a] frg. I, lines 1–2 (Lev 18:27).

(7) Isa 44:9 הֹמָּה—as mentioned above, this word, dotted in the MT, was written in 1QIsaᵃ as a supralinear addition without dots (ועדיהמה המה), so that its secondary character is likely.

(e) *Large and small letters.* The MT contains several large letters, which were probably unintentional, and there seems to be no intrinsic reason for their emphasis. At the same time, the placing of emphasis on these letters has become part and parcel of the transmission of the MT: Gen 30:42 ובהעטיף; Num 27:5 משפטן; Deut 29:27 וישלכם. Elias Levita, *Massoreth ha-Massoreth* (Venice 1538; available in the edition of C.D. Ginsburg [London 1867; repr. New York 1968] 230–233 provides the full evidence, quoted from the Masora to Gen 1:1.[7]

A *smaller* letter is found in the MT of Gen 2:4 בהבראם ("when they <the heaven and earth> were created"), explained in *b. Menaḥ.* 29b as two words, בה, "with the letter *he*," and בראם, "He created them." Likewise, the Masora mentions three instances of a small *nun*: ארן (Isa 44:14); ובושבן (Jer 39:13; both *nunim*); נרגן (Prov 16:28). In all these cases there seems to be no intrinsic reason for the special emphasis of these letters.

The writing of smaller and larger letters in the MT is paralleled by the Qumran scrolls, which contain many instances of letters which were coincidentally larger and smaller than letters in the context. There are numerous examples of such differences; for instance the much larger second *kaph* in וכול כול in 1QS col. XI,11 and the three-letter word מות compared with the context in 4QRPᵉ frg. 3, line 4. The larger *'aleph* of אליך in 4QDeutᵍ frgs. 6–9, line 13 (Deut 26:4), probably written by a later hand and with thicker strokes than the other letters, reflects a correction, and was not meant to be emphasized.

(f) *Unusually shaped letters.* The Masorah and *b. Qidd.* 66b indicated one instance of an imperfectly written letter, viz., Num 25:12 שלום, written with a "broken *waw*," that is, a *waw* with a crack in the middle. According to the commentator *Ba'al Haturim* also the *waw* of the *Qere* קרוא in Num 1:16 is to be written as a broken letter. The information on these unusually shaped letters probably goes back to antiquity, while in other cases the writing tradition may have been started in the Middle Ages.[8]

The number of imperfectly written letters in the Qumran scrolls is very large. Even in the well-preserved texts, segments of the ink of many letters have been chipped off, for example, when a word was written on a crack in the leather, or when the leather cracked subsequent to the writing, such as the truncated final mem of אנשים in 4QJerᵈ, line 8 (Jer 43:9), which looks like a *bet*. At a later stage, some such letters were conceived of as "broken" letters.

(g) *Suspended letters.* In four words in the MT a letter is written as a "hanging" letter. In retrospect these letters are now regarded as having been added

---

[7]   At the same time, several of these cases were intentional such as the first letter of a book (Genesis [בראשית], Proverbs, Canticles, Chronicles) or section (סוף Qoh 12:13), the middle letter in the Torah (גחון Lev 11:42), and the middle verse in the Torah (והתגלח Lev 13:33).

[8]   Thus the *qoph* of Exod 32:25 and Num 7:2 is described as a "*qoph* joined and without *taggim*," and several occurrences of the *pe* are described as "rolled up" letters. For details, see M. M. Kasher, T*he Script of the Torah and Its Characters, II: Irregular Letters in the Torah* (*Torah Shelemah* 29; Heb.; Jerusalem 1978) 183–227.

after the completion of the linear text with the intention of correcting the earlier, shorter, text. In Judg 18:30 מְלֹשה, a suspended *nun* corrected an original משה to מְנַשֶּׁה—as indicated by the vocalization of the MT. This tendentious addition was apparently meant to correct an earlier reading which ascribed the erecting of the idol in Dan to one of the descendants of Moses (see *b. B. Bat.* 109b).

For a similar correction, though not a tendentious one, see the correction in 4QJer[a] 17:16 of פיך to פניך indicated by the addition of a supralinear *nun* (פ֗יך).

In three other verses in the MT guttural letters that had possibly been wrongly omitted by the original scribes were added in the same way: Ps 80:14 מִיֿעַר; Job 38:13 רֿשֿעים ibid., v. 15 רֿשֿעים). A different explanation for one of the three verses can be found in *b. Qidd.* 30a where it is said that the letter ʿ*ayin* in Ps 80:14 מִיֿעַר "marks the middle of the Psalms."

The four suspended letters in the MT mentioned above reflect practices which are very well documented in the Qumran scrolls, in which many letters and words have been suspended as correcting elements (see section f below). In 1QIsa[a] alone, there are many such instances, such as in the second word in that scroll, יֿשֿעיהו. It is not coincidental that three of the four instances pertain to the letter ʿ*ayin*, since in many Qumran texts numerous laryngeals and pharyngeals were also added supralinearly as corrections, especially in 1QIsa[a].

3. Negative evidence

The above analysis has shown that almost all categories of paratextual elements in the medieval manuscripts were embedded in the earlier biblical and nonbiblical texts from Qumran. None of these categories is characteristic of the biblical text, as all of them reflect scribal practices employed in texts of all kinds. Conversely also most of the scribal features of the Qumran texts have been perpetuated in the medieval texts, which fact points to the Qumran texts as being the precursors of the medieval texts. However, of the scribal features known from the Qumran scrolls, the following two practices are *not* reflected in the Masoretic manuscripts.

a. The practice of crossing out elements with a line. In the Qumran manuscripts, several words and parts of words were crossed out with single lines indicating the removal of these elements from the context. The reason for the corrections in the Qumran texts is generally recognizable. Usually complete words were crossed out when they were written in the wrong place. It is hard to know whether these words were crossed out by the original scribe of the manuscript, a subsequent scribe, or a reader who corrected the text.

b. Scribal signs written in the margin and between the lines. The texts from the Judean Desert, especially from Qumran, contain various scribal markings, some of which recur in several individual texts. A few of these marks may simply have been scribbles, but most signs were intentional even if their meaning is often unclear to us. Since there are hardly any differences between the scribal practices displayed in biblical and nonbiblical texts, scribal signs occur in both types of text. A few signs are also known from Aramaic secular sources preceding the time of the earliest Qumran texts.

The fact that the medieval texts reflect no scribal signs nor any instance of elements crossed-out with a line is meaningful with regard to our understanding of these texts.

So far we have examined the negative evidence pertaining to scribal features known from the Qumran scrolls and *not* reflected in the Masoretic manuscripts. When turning now to the reverse examination, of the Masoretic notations recorded in the medieval manuscripts, all the paratextual features of the medieval text of MT are paralleled by the Qumran texts with the sole exception of the *Ketiv–Qere* notations.

The fact that there is no ancient parallel for the *Ketiv–Qere* notations is meaningful for our understanding of the background of the MT.

4. The nature of the Masoretic manuscripts viewed from the angle of their scribal features

The scribal features of the medieval manuscripts described here reflect almost the whole spectrum of scribal practices known from the Qumran texts, with two notable omissions, and with one significant addition, viz., the *Ketiv–Qere* notations. Equally important is the fact that the scribal features of the medieval manuscripts are a reflection of the Qumran texts in a noteworthy distribution pattern.

The *positive* evidence pertains to parallels between the medieval texts and the ensemble of Qumran texts in the following way:

a. Some of the parallels pertain to scribal features which are evidenced in all the Qumran texts, viz., the division into sections and the related *pisqah bᵉ ʾemṣaʿ pasuq*, large/small as well as unusual and suspended letters.

b. Other parallels point especially to a certain group of Qumran manuscripts, while not excluding other manuscripts altogether. More specifically, the occurrence of the inverted *nunin* (parenthesis signs) and *puncta extraordinaria* (cancellation dots) in the Qumran manuscripts is almost exclusively limited to the texts written in the so-called Qumran scribal system, such as 1QIsaᵃ. They are not absent from other manuscripts, however, in which they occur very rarely. Thus the parenthesis signs and cancellation dots are also found in a few proto-Masoretic manuscripts, such as 4QJerᵃ.

Let us now turn to the frequency of these features in the MT. When viewed against the background of the MT corpus as a whole, the 15 instances of dotted letters (mainly in the Pentateuch) and the one (two?) instance(s) of parenthesis should be considered very rare. That is, in the great majority of Qumran manuscripts in which cancellation dots are found, they occur with much greater frequency than in the texts which have come down to us as the medieval MT. By the same token, the practice of suspending letters is much more frequent in all the Qumran scrolls than the four examples in the MT. Likewise, the number of large letters, that is, letters which were written with larger dimensions than the others in the context, was many times greater in the Qumran scrolls than in the medieval texts of MT.

We now turn to the background of the medieval MT. This question has often arisen in scholarship at the content level, and in such discussions the Qumran texts whose readings were considered close to the MT were described as proto-Masoretic, that is, the MT presumably developed from one or more of these texts. We now want to investigate whether the examination of the scribal features allows us to be more specific. Does the distribution pattern of the scribal features among the Qumran texts allow us to pinpoint certain Qumran manuscripts as the source

of the MT? We are faced with unusually significant evidence, since presumably at
a given moment the archetype of the MT was frozen for eternity together with all
its scribal features and the frequency of these features should allow us to
characterize the background of the MT. The rare occurrence in the MT of
cancellation dots and suspended letters, together with the absence of the crossing-
out of elements with a line excludes the possibility of any closeness to texts
written in the so-called Qumran scribal system, such as 1QIsaᵃ. When describing
the MT on the basis of its scribal features, we would probably claim it to be an
extremely carefully written text, with very little scribal intervention, such as
would have been expected for texts kept in the Temple. We should probably not
look for parallels among the Qumran texts written in paleo-Hebrew characters.
For one thing, in these texts there are no cancellation dots at all. Nor should we
look for parallels among the carefully written texts which are not of a proto-
Masoretic character, such as 4QSamᵃ,ᵇ. We are drawn to the proto-Masoretic
texts, but among the Qumran texts there are not many such manuscripts which are
sufficiently well preserved for an analysis of their scribal features. While 4QGenᵇ
is too small for analysis, 1QIsaᵇ is sufficiently long to determine that the medieval
texts are closely related to this text both with regard to its contents and scribal
practices. On the other hand, 4QJerᵃ and 4QJerᶜ, which are proto-Masoretic texts,
reflect scribal intervention to such an extent (see the present author in *DJD* XV),
that the frequency of the cancellation dots and the suspended letters exceeds that
of the MT by many times.

c. However, we should not go too far in our search for the archetype of the
MT among the Qumran scrolls, since the negative evidence relating to this
comparison makes it clear that the exact counterpart of the MT has not been found
at Qumran. It is extremely noteworthy that the Masoretic tradition (supported by
copious notes in the Talmud and midrashim) of the *Ketiv-Qere* notations is absent
from the Qumran scrolls. The essence of these notations is the marginal
annotation of a word which is to replace a similar word in the text itself. The *Qere*
thus is a marginal correction of a special type. Since most *Qere* readings differ
only in one consonant from the *Ketiv* and since different correction methods are
known from the scrolls, we realize that the correction method of the *Qere* differs
from that of the Qumran scrolls.

When faced with such a *Qere* as Gen 24:14 K הנער/Q הנערה, we realize that in
the Qumran scrolls the added *he* would have been written in the linear space
between the words (e.g., 4QJerᵃ col. XI,9 [Jer 17:19] מלךיהודה) or would have
been added as a supralinear correction, e.g. 4QJerᵃ col. XI,11 (Jer 17:21)
נפשתי[ב.כם]. Likewise, instead of the marginal *Qere* correction of MT Josh 6:13 K
הלוך/Q הולך, Qumran texts would have made this correction in the line itself.
Indeed, in 4QJerᵃ col. XI,9 (Jer 17:19) the first *waw* of the original הולך was
erased and a second *waw* was added supralinearly: ה.{ו}ל'ך. In another instance,
Gen 24:33 K ויישם/Q ויושם, in the Qumran texts the second *yod* would probably
have been remodeled to a *waw*. In again another instance, in Exod 32:19 K מידו/Q
מידיו, the second *yod* would have been added as a supralinear correction, e.g.
4QJerᵃ col. IV,13 (Jer 9:14) מאכ'לם. Finally, *Qere* readings removing a single
letter from the *Ketiv* would have employed one of the correction procedures used
in the Qumran texts, such as erasure or cancellation dots.

This comparison of the *Ketiv/Qere* practice of the medieval manuscripts with
the Qumran writings clearly shows that the practice of writing marginal *Qere*
readings as corrections did not originate in any of the texts known from Qumran.

At the same time, the suggestion was made in the past that the *Qere* readings originally were not in the nature of corrections, but at first were meant as variant readings written in the margins of manuscripts, and only subsequently obtained an authoritative status as corrections. However, this practice, too, is not known from the Qumran manuscripts, as it has not been proven that any of the marginal or intralinear additions in these texts was in the nature of what we would call variant readings. The Qumran manuscripts contain hardly any marginal readings, and the corrections between the lines are of a different nature since they do not repeat the whole word, but rather insert or delete single letters, and also rarely words.

Within the comparison with the Qumran scrolls, the practice of the *Ketiv/Qere* could also be approached from another angle. It is not unimaginable that the *Qere* notes nevertheless reflect corrections such as known from the Qumran scrolls, written out fully. In other words, an omission in a Qumran manuscript (cancellation dots, crossing out, erasure) could have been reflected by a marginal *Qere* note in the MT spelling out the omission in detail, and by the same token a change of a letter in the text or an added element could have been spelled out by a marginal *Qere* note. However, this possibility cannot be supported as the practices of writing cancellation dots and suspended letters are known from the MT. We should therefore exclude the possibility that the *Qere* reflects corrections written differently. As a result, one cannot avoid the conclusion that the custom of writing marginal *Qere* notes in the MT is not represented in the Qumran texts.

An examination of the Qumran manuscripts has thus shown us that we have to search elsewhere for the background of the practice of the *Qere*. It stands to reason that this practice was based either on the comparison of manuscripts, such as reflected in the well-known *baraita* about the Torah scroll found in the temple court (cf. *y. Ta'an.* 4.68a), or on oral tradition. This suggestion has been made in the past, also by the present author, and is now strengthened by the negative evidence of the Qumran scrolls.

5. Conclusion

Positive evidence has shown that the paratextual features of the Masoretic texts are now almost completely paralleled by the evidence of the biblical and nonbiblical texts from Qumran with the exclusion of scribal marks and elements crossed-out with lines. The relatively infrequent occurrence of these elements in the MT shows that that textual tradition displays a very small amount of scribal intervention which usually is a sign of a careful tradition.

At the same time, the custom of the *Qere* notations in the medieval manuscripts stands out as reflecting a reality different from that of the Qumran texts. It precludes the identification of the exact prototype of the MT among the Qumran scrolls, even though at the level of content the proto-Masoretic scrolls from Qumran such as 1QIsa[b] and 4QGen[b] are almost identical with the medieval text.

Die frühjüdische Apokalyptik als Reaktion auf Fremdherrschaft.
Zur Funktion von 4Q246

von Heinz-Josef Fabry

Das normale und gängige Verständnis, das man gemeinhin von der frühjüdischen Apokalyptik hat, ist ziemlich einseitig, möglicherweise sogar falsch. Denn gerade im Zugang zur Apokalyptik verwirklicht sich der Satz, daß die menschliche Erkenntnis interessebedingt ist (L. Kołakowski). Dies macht sich im Zugang zur frühjüdischen Apokalyptik insofern störend bemerkbar, als uns kaum jüdische Primärinterpretationen vorliegen, da die Juden selbst bisher kaum versucht haben, diesen bunten und schillernden Bereich der überlieferten eschatologischen Vorstellungen zu ordnen oder zu systematisieren. Vielmehr waren es primär christliche Gelehrte, die im Lichte der Erfüllung der Heilserwartung in Jesus Christus zurückfragten und im Judentum von damals eine ähnliche Erwartung postulierten, um - so formuliert es Maier - ein didaktisch und homiletisch vorteilhaftes Bild von einem Judentum entwerfen zu können, das vor Jesus und zur Zeit Jesu mehrheitlich sehnsüchtig auf „den" Erlöser gewartet hätte. „Die jüdische Wirklichkeit wies aber eine bunte Palette konfuser Erwartungen auf, und das blieb eigentlich mehr oder weniger bis in die Gegenwart so" [1].

Obwohl nun in der christlichen Tradition intensive Systematisierungsbestrebungen vonstatten gingen, blieb doch letztlich das theologische Denken von den Einsichten in Eschatologie und Apokalyptik des Frühjudentums relativ wenig beeinflußt, weil in mehrfacher Hinsicht die damalige jüdische Vorstellungswelt der Apokalyptik als „dekadent" gewertet wurde. Das Ende des klassischen Prophetentums, das Aufkommen der abstrusen apokalyptischen Literatur und die Annahme, hinter der Apokalyptik stehe eine sozial und religionsgeschichtlich definierte Gruppe, die sich in den fragwürdigen „Apokalypsen" mit niedrigem literarischen und theologischen Niveau äußere, haben dafür gesorgt, daß die Apokalyptik in eine sektiererische Ecke gestellt wurde, daß sie zudem Ausdruck eines extremen jüdischen Partikularinteresses sei und daß sie schließlich als eminent zeitgebunden kaum zur Formulierung allgemeingültiger Wahrheiten geeignet gewesen sei. Daß dabei jedoch die Messiaserwartung

---

1 J. Maier, Zwischen den Testamenten. Geschichte und Religion in der Zeit des Zweiten Tempels, NEB, Erg.-Band 3, Würzburg 1990, 264.

selbst ein wesentliches Produkt des apokalyptischen Denkens ist, wird in diesem Zusammenhang gerne übersehen. Apokalyptik bedarf also mehr denn je eines unvoreingenommenen Zuganges. Diesem Postulat sind nun in den letzten Jahren Gelehrte wie W. Schmithals, J. Maier, W. Zager und v.a. K.H. Müller nachgekommen, die auf die Apokalyptik als eine ernst zu nehmende Größe mit bedeutsamer historischer Funktion hingewiesen haben[2].

1. Apokalyptik, Begriffsbestimmung und historische Funktion

Definitorisch kommt man der Apokalyptik deshalb nicht bei, weil eine ihrer Wesensarten sich bislang konsequent jeder traditionsgeschichtlichen Einordnung widersetzt hat: die vehemente Eschatologisierung des Verständnisses der eigenen Geschichte[3]. Man gab das Vertrauen in eine heilsrelevante Vergangenheit Israels auf und erwartete das Heil ausschließlich von einem definitiven Eingriff Gottes in der Zukunft. In dieser Form ist Apokalyptik weder als Fortsetzung der alttestamentlichen Prophetie zu verstehen[4], noch läßt sich ihre Herkunft aus der theologischen Weisheit ableiten[5], wohl aber zeigt sich ein - wenn auch kompliziertes - Verhältnis zum Geschichtsverständnis der Deuteronomisten. Ist damit eine traditionsgeschichtliche Linie zu Bereichen des Alten Testamentes nicht eindeutig erkennbar, so ist es dennoch nicht geraten, die frühjüdische Apokalyptik als eine undefinierbare Gemengelage zu bezeichnen und deshalb in eine Ketzerecke zu verbannen. Zwei Schritte mögen zu einer mehr objektiven Sicht der Apokalyptik vorzudringen: zuerst einmal ist durch die literarische Form der Apokalypse hindurch nach der Denkbewegung der Apokalyptik selbst zu fragen. Dann ist als zweites darauf zu achten, daß die frühjüdische Apokalyptik durchaus in einem internationalen, besser interkulturellen Kontext zu stehen scheint, der nicht mehr zuläßt, die Apokalyptik als Proprium einer partikularen Sekte zu verstehen. Die von K.H. Müller aufgezeigten Beispiele apokalyptischer Texte aus Persien und Ägypten mögen sogar auf eine gewisse Internationalität des Phänomens hinweisen. Diese Texte weisen auf, daß in einer ganz spezifischen historischen Konstellation die Apokalyptik entstanden ist als Reaktion auf eine als bedrohlich empfundene Fremdherrschaft. Diese Entstehung geschah offensichtlich mehr oder weniger

---

2 W. Schmithals, Die Apokalyptik, Göttingen 1973; J. Maier, Apokalyptik im Judentum, in: H. Althaus (Hg.), Apokalyptik und Eschatologie, Freiburg 1987, 43-72; W. Zager, Begriff und Wertung der Apokalyptik in der neutestamentlichen Forschung, Frankfurt/M. - Bern 1989; K.H. Müller, Studien zur frühjüdischen Apokalyptik, SBAB 11, Stuttgart 1991.

3 K.H. Müller Die Ansätze der Apokalyptik, in: Literatur und Religion des Frühjudentums (J. Maier/J. Schreiner [Hg.], Würzburg-Gütersloh 1973, 31-42), hier zitiert nach SBAB 11, 1991, 19-33, bes. 20.

4 K. Koch, J.M. Schmidt, W. Zimmerli.

5 G. von Rad, H. Gese, M. Küchler, D. Michel.

zeitgleich, in den letzten Ausläufern des Alten Testamentes, im Frühjudentum,
sowie in theologisch-kritischen Kreisen in der Persis und in Ägypten. Wie sich
zeigen wird, ist jedoch zumindest die genannte Internationalität dieser Bewegung zu hinterfragen.

Versteht man die „Apokalypse" als eine literarische Form und als „eine"
Möglichkeit der Artikulation apokalyptischen Gedankengutes, bricht man auf
diese Weise den Konnex zwischen der Botschaft der Apokalypsen mit bestimmten jüdischen Apokalyptiker-Gruppierungen, dann öffnet sich ein Bildungs- und
Literaturkomplex, dem die theologische und ekklesiologische Bewältigung ex-
trem schwieriger Zeiten am Herzen lag. Die sich hier artikulierenden Theologen
zeigen eine hohe Kompetenz in der Darstellung eines umfassenden Geschichts-
und Weltbildes unter Aufnahme vorliegender Bildungstraditionen (nachexilische Weisheitsliteratur) und unter konsequenter Anwendung rückblickender
Erklärungsmodelle aus den Auseinandersetzungen mit der erfahrenen Geschichte (dtn/dtr Geschichtsbild). Dabei geht es „um mehr als nur um Geschichts-
spekulation mit akut-eschatologischer Akzentuierung, es handelt sich um erste
Ansätze zu einer umfassenden religiös-spekulativen Erfassung der menschlichen Erfahrungsbereiche Welt und Geschichte"[6]. Geschichtswerke, die in die
Vor- und Frühzeit zurückgriffen und dabei geschichtliche mit kosmologischen
Motiven verbanden, erhielten den Rang von Offenbarungsschriften und wurden
zu ausgezeichneten Lehrmitteln. Schwerer hatte es in dieser Hinsicht ein
Geschichtswerk, das eine Vorschau in die Zukunft wagte und schließlich auch
das Ende der Geschichte in den Blick nahm. Dieses Phänomen war aber in zahlreichen Texten des Alten Testamentes bereits vorgezeichnet, so daß zumindest
diese eschatologische Literatur noch in einem gewissen traditionsgeschichtlichen Zusammenhang gesehen werden kann[7]. Motivgeschichtlich ist es für
diese Literatur bezeichnend, daß sie zur Zeichnung des Eschaton wesentlich auf
kosmologische Implikate zurückgreift, die auch im Zusammenhang mit dem
Beginn der Geschichte begegnen. So wird der eschatologische Zukunftsentwurf
zu einer Projektion kosmologischer Motive, nach der die Zukunft die
Restauration schöpfungsgemäßer Verhältnisse und Ordnungen im Sinne einer
neuen Schöpfung enthält. Hier aber stehen wir schon im Übergang zur
Apokalyptik, die über das Eschaton, über das Ende der Geschichte hinausfragt
und eine Zeit danach („im Danach der Tage" in den Blick nimmt und damit die
Existenz eines „kommenden Äons" postuliert. Diese Transzendierung jeder
geschichtlichen Grenze erfordert, daß die Apokalyptik nach vorne unaus-
sprechbares Neuland betritt, während sie nach hinten jeden Rückbezug zur
Geschichte abschneidet. Der Übergang von der Eschatologie zur Apokalyptik
geschieht aber nicht beliebig, sondern ist an spezifische historische Vorgaben
gebunden - nicht im Sinne einer Gesetzmäßigkeit, wohl aber in dem Sinne, daß

6   J. Maier, Zwischen den Testamenten, a.a.O. 123f.
7   Zum Problem der Definition des Begriffes „Eschatologie" vgl. R. Smend, Eschato-
    logie II. Altes Testament, TRE 10, 1982, 256-264, bes. 256ff.

Apokalyptik als Antwortphänomen auf spezifische Konstellationen erkennbar ist.

„'Apokalyptische Geschichtskonstruktionen' waren - wie die meisten Geschichtsdarstellungen - in der Geschichte des Judentums stets ein Krisensymptom. Daher verwundert es nicht, daß sie im Rahmen der erhaltenen Literatur zum ersten Mal massiv im Zusammenhang mit und als Folge der Krise unter Antiochus IV. Epiphanes begegnen. Im Zusammenhang mit den damaligen Auseinandersetzungen dürften im stärkeren Maß priesterliche Traditionen in die eschatologisch ausgerichteten Zirkel geraten sein und dort spekulative Ausprägungen des Geschichts- und Weltbildes erleichtert haben. Wirkungsgeschichtlich dominiert das damals in der bekannten Gestalt endredigierte Buch Daniel, weil es einerseits eine schon ältere Form der politisch-religiösen Auseinandersetzung mit der Weltmacht darstellte und fortsetzte[8], andererseits mit den Ereignissen der Krise selbst engstens verbunden war."[9]

Damit ist Apokalyptik nicht auf die immer wieder auftauchenden trickreichen Endzeitberechnungen zu reduzieren, apokalyptische Entwürfe sind nicht zwangsläufig mit akuter Naherwartung verbunden, entstehen aber aus der durch Naherwartung aufbrechenden Problematik und begleiten das Judentum durch alle Jahrhunderte, solange eben das zugrunde liegende, eschatologisierte deuteronomistische Geschichtsbild wirksam blieb. Damit aber verbleibt auch die Apokalyptik im Bereich einer Gesamtdeutung der israelitisch-jüdischen Geschichte als einer von Gott geplanten Geschichte.

Als Träger einer solchen durchaus exponierten Theologie lassen sich vornehmlich Kreise im Jerusalemer Priestertum erkennen, vor allem dann aber auch solche priesterlich und zugleich laikal durchsetzte Gruppen, die eine hellenistische Kontamination und Durchseuchung des Tempelkultes und eine Nivellierung der Torafrömmigkeit nicht zu ertragen bereit waren und zur aktiven Selbstexilierung aufriefen. Die verzerrte, aber gängige Dekadenz-Vermutung im Blick auf die Apokalyptik ist damit bereits im Ansatz unzutreffend.

2. Die apokalyptische Literatur

„Apokalyptische Literatur" und „Apokalypsen" sind keineswegs gleichzusetzen. Der der Bezeichnung für die „Geheime Offenbarung des Johannes" entnommene Begriff ist zu einer literarischen Gattungsbezeichnung geworden und konnte deshalb auf Werke appliziert werden, die mehr oder weniger vorrangig das Geschehen der Endzeit zum Inhalt hatten. Gerade an den mit der Offb nahezu zeitgleich verfaßten Schriften 4Esra und SyrBar erweist sich die

---

8   Vgl. J.J. Collins, The Court-Tales in Daniel and the Development of Apocalyptic, JBL 94 (1975) 218-234.
9   Maier, a.a.O. 266.

Gattung „Apokalypse" als eine hoch komplexe literarische Komposition, die weit mehr umfaßt, als das, was gängigerweise „Apokalypse" genannt wird. Das einfachste Grundmuster besteht aus einer Rahmenerzählung, in der das Motiv des prophetischen Offenbarungsempfanges vorherrscht. Flankierend können eine Audienzszenerie und eine Szenerie der „Schau Gottes" herantreten. Da zudem der offenbarte Inhalt ganz heterogener Natur sein kann und keineswegs geschichtstheologisch bezogen sein muß, will eine echte Gattungsdefinition nicht gelingen[10]. Wenn aber schon das nicht gelingt, dann wird die Beschreibung der „Apokalyptik" als geistesgeschichtliche Strömung oder gar Gruppe von der schwierigen Gattungsdefinition her ebenfalls fragwürdig und kaum hilfreich.

Am ehesten noch kann man eine gewisse Randschärfe entdecken, wenn man von einer Einschränkung der Apokalypse auf die einfachste Form des Geschichtssummariums inklusive der Dimension des Zukünftigen und Endzeitlichen und vor allem des Trans-Endzeitlichen ausgeht. Hier ist primär Dan 7 zu nennen, mit dessen Wirkungsgeschichte die Apokalyptik dann zusammenfalle und von hier her in dieser Form in jüdischer und christlicher Ausprägung weiterlebe. In diesem Sinne ist „apokalyptische Literatur" dann die Literatur, die die in Dan 7 „krisenhaft zugespitzte Welt- und Geschichtsauffassung bezeugt"[11]. Grundvoraussetzung für die Entstehung dieser Literatur ist die Diastase zwischen dem erwählungstheologischen Anspruch im Namen des Gottes Israels als des einzigen Gottes und der Hybris der Weltherrscher mit ihrem Anspruch nach Gottgleichheit. Um solche Ansprüche zurückzuweisen wird literarisch die herkömmliche Volksgeschichte zur universalen Heilsgeschichte ausgebaut, nach rückwärts bis hin zur Vereinnahmung prädiluvianischer Figuren (Henoch, Noach), nach vorwärts bis hin zur Kodierung von Herrschernamen (der Zukunft).

„´Apokalyptik` ist das literarische Symptom einer Krise des auf deuteronomistischer Basis und in Weiterführung prophetischer Weissagungsdeutung gewachsenen, eschatologischen Geschichtsbildes. ... ´apokalyptische Literatur` begegnet im Laufe der Geschichte des Judentums immer wieder dann, wenn dieses zielgerichtete Geschichtsbild unter widrigen Umständen, vor allem in Konfrontation mit der fremden Macht, zu einem auch terminmäßig drängenden Problem wurde"[12]. Ist die eschatologische Geschichtsauffassung noch in erster Linie Ausdruck der Hoffnung, präsentiert sich die apokalyptische Literatur als offenbartes Wissen. „In diesem Zusammenhang wird dem Handeln Gottes ein Plan unterlegt, den der ´Apokalyptiker` zu kennen vorgibt, um seine eigenen politisch-religiösen Anliegen in seiner konkreten Gegenwart mit dem Nimbus der Offenbarungsautorität versehen durchsetzen zu können"[13]. Genau hier zeigt

10 Vgl. K. Koch, Ratlos vor der Apokalyptik, Gütersloh 1990.
11 Maier, a.a.O. 123f.
12 Maier, a.a.O. 125.
13 a.a.O.

die Apokalyptik ihr wahres Gesicht, nämlich Instrument des politischen Handelns zu sein. Die historischen Kontexte des Aufkommens der Apokalyptik zeigen dies klar, lassen darüber hinaus noch die Spezifikation zu, daß Apokalyptik Antwort auf die Herrschaft bestimmter (Fremd-)Herrscher ist, sie daher als Instrument der Reaktion auf die (Fremd)-Herrschaft verstanden werden muß. Das aber wirft auch neues Licht auf die gerade im Bereich der Apokalyptik protegierte Messias-Erwartung.

3. Die sozio-politische Komponente der Apokalyptik: drei Fallbeispiele

Hat man sich einmal zumindest heuristisch darauf verständigt, was denn Apokalyptik ist, dann wird sie literarisch erstmals in der Redaktion des Daniel-buches, vor allem von Dan 2 greifbar. Die ältere Geschichtstheorie von der Abfolge der vier Großreiche der Babylonier, Meder, Perser und Griechen wird durchgehend eschatologisiert, also als Geschehen der Endzeit verdeutlicht. Der Apokalyptiker setzt jedoch nun noch seine spezifische neuartige und utopische Vorstellung von der Erlösung in den Text hinein: er erwartet die Entmachtung der letzten Weltmacht der Griechen durch Gottes fünftes und definitives Universalreich „im Danach der Tage" (Dan 2,28f.), qualifiziert das Erwartete damit als das letzte, unüberbietbare, nicht mehr revidierbare und endgültige Geschehen. Mit der Ansage dieser Unüberbietbarkeit und Endgültigkeit gibt sich die Botschaft selbst den Anspruch des Absoluten. Das impliziert folgerichtig, daß auf bestehende Geschichtsdeutungen keine Rücksicht mehr genommen werden braucht. Mögen sich aus ihnen noch Verständnismodelle entwickeln lassen, so haben diese sich aber aufgrund der gegenwärtigen desolaten Geschichtslage der grundsätzlichen Kritik zu stellen. Die Erinnerung an das von Gott in der Geschichte Israels gewirkte Heil kann selbst keine Zukunftshoffnung mehr konstituieren, denn das Heil wird ausschließlich von einer Zukunft erwartet, für die sich aus dem Bekannten keinerlei Analoga mehr entwickeln lassen. Geblieben ist einzig der Glaube an Gottes uneingeschränkte Geschichtssouveränität als Motiv für die „eschatologische Hoffnung" des apokalyptischen Betrachters. Dieser Glaube in Verbund mit der Erkenntnis der Desolatheit der Gegenwart setzt eine akute Naherwartung in Gang, die von Anfang an zur unverzichtbaren Grundausstattung des apokalyptischen Bekennt-nisses gehört.

a.) Die Herrschaftskritik im Danielbuch

Nach der Rahmenerzählung zur Vision in Dan 2,28-45 hat der babylonische König Nebukadnezzar einen Traum, der sich der Deutung durch seine Wahrsager entzieht. Erst der zu den exilierten Juden gehörende Daniel kann ihm die Deutung kraft göttlicher Weisheit verkünden. Es handelt sich um das

Traumbild von der Kolossalstatue, die aus verschiedenen Metallen zusammengesetzt ist und auf diese Weise die vier Großreiche symbolisieren soll. Ein heranrollender Stein zertrümmert die Statue, wächst sich dann aber zu einem weltumfassenden Berg aus. In der Auslegung durch Daniel wird dieser Stein auf Gottes endgültiges Reich der Zukunft gedeutet, das an die Stelle aller menschlichen Großreiche der dann zurückliegenden Weltgeschichte treten soll.

Die Schilderung im Danielbuch ist in mehrfacher Hinsicht transparent auf ihre Erzählabsicht hin. Technisch ist sie so aufbereitet, daß der von seinem Traum verstörte König seinen Wahrsagern den Traum nicht erzählt, sondern verlangt, daß sie seinen Traum dann nicht nur deuten können, sondern erst noch wissen müssen, was er denn geträumt hat. Süffisant wird die reihenweise Inkompetenz aufgewiesen, um damit das semper altius der göttlichen Weisheit, wie sie in Daniel personifiziert zum Ausdruck kommt, zu charakterisieren. In der Hinführung auf die Deutung zeigt der Text nun jedoch einige bemerkenswerte Kohärenzstörungen- vor allem im Bereich der vv. 28f. -, die uns einen wichtigen Hinweis auf eine sich dem ersten Augenschein entziehende Diachronie geben[14]. Ergebnis einer Detailanalyse[15] ist, daß v. 29 den Beginn eines ursprünglich selbständigen Überlieferungszusammenhanges anzeigt, der nicht nur durch v. 28 sekundär in den Kontext der Rahmenerzählung eingebunden, sondern zugleich auch durch Voranstellung empfindlich umgedeutet worden ist. Ging es im Grundbestand noch um Nebukadnezzars Sorge um die Zukunft („was nach diesem geschehen wird"), so wird nun durch das „am Ende der Tage" die entscheidende eschatologisch-apokalyptische Komponente eingebracht[16]. Der Redaktor versah dadurch das ältere Orakel von der schließlichen Ablösung des vierten Weltimperiums der Griechen durch Gottes Herrschaft mit einer brisanten apokalyptischen Note. Der offenbarende Gott weiß nicht mehr nur um die unmittelbare Zukunft, sondern er eilt dem geschichtlichen Ablauf grundsätzlich voraus und hält seinen entscheidenden Wendepunkt fest in der Hand. Das wirkt sich auf die Kompetenz dessen aus, der dazu erwählt ist, von Gott Einblick in diese entscheidenden Geheimnisse zu erhalten.

Fragen wir nach den geschichtlichen Bezügen dieses Textes, so werden wir auf die Situation der Auseinandersetzung zwischen Seleukiden und Ptolemäern verwiesen. Da sich noch keine markanten Hinweise auf Antiochos IV. Epiphanes ausmachen lassen, ist möglicherweise noch die Zeit des Antiochos III. anzusetzen. Angesichts dessen „globalen Feldzuges" gegen Ptolemaios IV. Philopator, der natürlich auch Palästina betraf, mußten die Hoffnungen der

---

14 D. Bauer, Das Buch Daniel, NSK-AT 22, 1996, 86 sieht die Kohärenzstörungen auch, doch nimmt er an, „daß diese Wiederholungen einzig als Stilmittel zur Steigerung der Spannung eingesetzt wurden".

15 Dazu im einzelnen K.H. Müller, Ansätze, a.a.O. 30.

16 Die Meinung von K. Koch, das typisch kurzfristige Denken maßgeblicher Politiker werde hier dem langfristigen Denken Gottes entgegengestellt, trifft zwar die Aussage des Endtextes, verstellt aber zugleich die Perspektive, die aus der Genese des Textes sichtbar wird.

Juden auf eine Befreiung von der griechischen Fremdherrschaft im Zusammenhang innergeschichtlicher Vorgänge annuliert werden. „Das ungebrochene militante Machtansinnen des *dritten Antiochos* mit seiner Intensivierung des Herrscherkultes rief in Palästina eine Reaktion des Widerstandes auf den Plan, welche sich strukturgleich auch in den zeitgenössischen *Weissagungen des Hystaspes* aus dem Iran und in dem *Töpferorakel* aus Ägypten zu Gehör bringt; die bislang durchgehaltene Erwartung einer Befreiung durch ein geschichtsimmanentes Handeln Gottes in naher Zukunft (Dan 2,29: „nach diesem") *wandelte sich zur apokalyptischen Eschatologie* - zur Hoffnung auf ein im Zuge der sich gegenwärtig zunehmend verdunkelnden Welterfahrung nicht mehr erkennbares Planziel Gottes „am Ende der Tage" (Dan 2,28)"[17].

b.) Die persische (?) Apokalyptik: die Orakel des Hystaspes

„Die Erkenntnis ist relativ neu, daß der in der Folge der makedonischen Eroberung einsetzende Prozeß der Hellenisierung des Orients in jeder Phase auf den Widerstand erheblicher gegenläufiger Bewegungen stieß"[18]. In der Persis kam es gegen den hellenistischen Kulturdruck geradezu zu einem Aufschwung des neuen Nationalismus, wie er sich auch literarisch niederschlägt in den Orakeln des Hystaspes[19]. In der Forschung werden sie als Werke griechisch sprechender Magier zwischen Antiochos I. (294/280-261 vC) und Seleukos IV. (187-175 vC) datiert; ihr Grundbestand ist durch paraphrasierende Tradenten bis ins 5. Jh. nC redaktionsgeschichtlich stark überlagert worden und hat eine unübersehbare antiseleukidische Tendenz. Als Pseudepigraphe werfen sie die Frage nach ihrem Pseudonym *Vištaspa* und nach den Beziehungen zu diesem auf. Als *Vištaspa* begegnen in Altpersien zwei Personen: der Vater des Großkönigs Dareios I., und der königliche Protektor des Propheten Zarathustra[20]. Möglicherweise führen sich die Orakel undifferenziert auf beide zurück, eine Rückführung auf den letzteren basiere aber auf einer chronologischen

---

17 K.H. Müller, Ansätze, a.a.O. 32.
18 K.H. Müller, Ansätze, a.a.O. 22 mit Hinweis auf S.K. Eddy, The King is Dead, Lincoln 1961.
19 A. Hultgård, Forms and Origins of Iranian Apocalypticism, in: D. Hellholm (Hg.), Apocalypticism in the Mediterranean World and the Near East. Proceedings of the International Colloquium on Apocalypticism Uppsala, August 12-17, 1979, Tübingen 1983, 387-411. Der Text liegt in einer verkürzten Fassung vor in den Divinae Institutiones (VII) des Laktanz; vgl. auch H. Windisch, Die Orakel des Hystaspes, Amsterdam 1929. Eine deutsche Übersetzung liegt vor in K. Berger/C. Colpe, Religionsgeschichtliches Textbuch zum NT, Göttingen 1987, 221.
20 „Ist eine Identifizierung beider Vištaspa-Gestalten gerade noch möglich ..., so ist sie doch aus kulturhistorischen u. -geographischen Gründen ausgeschlossen", so C. Colpe, Hystaspes (RAC 16, 1056-1082, bes.1058).

Spekulation, die allerdings ausschließlich auf griechische, nicht jedoch auf persische Literatur zurückgeht.

Die Orakel nennen einen Zeitraum von 6000 Jahren zwischen Schöpfung und Endgericht. Die letzte Zeit, die nach Hystaspes bereits erreicht ist, ist von Bosheit und schrecklichen Kriegen gekennzeichnet, für die „Rom" (Griechenland) verantwortlich ist. Angesichts dieser schrecklichen Dinge werden sich die Frommen versammeln und einen Gott anrufen, der einen König entsendet, der gegen den Frevler, den Anführer „Roms" kämpft und ihn schließlich besiegt. Aus dem anschließenden Feuergericht werden die Frommen gereinigt hervorgehen und ein neues goldenes Zeitalter wird anbrechen. Versucht man eine Zeitbestimmung, dann läßt sich über das Pseudonym Hystaspes[21] eine Datierung hypothetisch erheben, wenn man im Rahmen der innergriechischen Chronologie verbleibt und in Kauf nimmt, daß zwischen dem genannten Hystaspes und dem realen Vištaspa aus der Zeit des Zarathustra außer der pseudonymischem Adaptation sonst nichts Gemeinsames besteht. Nach der griechischen Chronologie habe Zarathustra 5000 Jahre vor dem Untergang Trojas (1184 vC) gelebt. Daraus errechnet sich für die Orakel des Hystaspes die Jetztzeit 184 vC, Regierungszeit des Seleukiden Seleukos IV. Ihm voran ging Antiochos III., der um 205 vC die seleukidische Herrschaft über die Persis neu und wirksam konsolidierte. In diese Situation massiver Hellenisierungsbestrebungen auf Seiten der Seleukiden fällt mit großer Gewißheit die Entstehung der Orakel des Hystaspes.

Diese von massiver Herrscherkritik geprägten Orakel entwerfen eine futurische Eschatologie, die alles von der Zukunft erwartet. Das schließt aber nicht aus, daß bereits in der Gegenwart das Gute beginnt, sich gegen das Böse durchzusetzen. Man wird aber Müller[22] zustimmen müssen, der diesen Übergang zur sich in der Gegenwart bereits realisierenden Eschatologie bei Hystaspes noch nicht vorfindet, wohl jedoch schon bei Zarathustra (Yasna 30,2-5), zu dem die Verfasser der Orakel möglicherweise eine gedankliche Verbindung schaffen wollen[23]. „In einem Zeitraum, da sich unter Antiochos III die hellenistische Oppression neu formierte, konnte die Predigt *Zarathustras* von einem in die Gegenwart vorgreifenden Eschaton veraltet und überholt erscheinen. Nur indem man die Hoffnung auf Befreiung transformierte und eschatologisierte, vermochte man sich mit dem sich zunehmend verfinsternden Erfahrungshorizont der Gegenwart zu arrangieren. So betrachtet sind die *Orakel des Hystaspes* Zeugnisse eines nicht zu unterschätzenden Widerstandswillens:

---

21 Dazu vgl. bes. C. Colpe, LThK 5, [3]1996, 379f.
22 K.H. Müller, Ansätze, a.a.O. 24.
23 Zum Problem jetzt besonders M. Stausberg, Faszination Zarathustra, Berlin 1998. Dieses Buch war mir noch nicht zugänglich, jedoch aus dem Kontext des Graduiertenkollegs der Universität Bonn „Interkulturelle Religiöse bzw. Religionsgeschichtliche Studien" bekannt. Für weiterführende Hinweise danke ich auch dem Kollegen Gregor Ahn, Universität Heidelberg.

vom Vorbehalt einer eschatologischen Zukunft her war es möglich, den Totalitätsanspruch der hellenistischen Übermacht zu relativieren"[24]. Wichtig ist, daß diese Orakel nichts an spezifisch persischem Gedankengut enthalten, also durchaus im Kontext frühjüdischer Apokalyptik gesehen werden können[25].

c.) Das Töpferorakel der ägyptischen Apokalyptik

Das Töpferorakel wird von seinem Verfasser in die 18. Dynastie, in die Zeit des Pharao Amenophis zurückdatiert, stammt in Wirklichkeit jedoch aus dem 3. Jh.vC.[26], wobei diese Datierung jedoch alles andere als sicher ist, da die drei fragmentierten Papyrushandschriften allesamt aus dem 2./3. Jh.nC stammen. Ursprünglich wohl antigriechisch formuliert - in deutlicher Motivaufnahme mit dem „Lamm des Bokchoris", das wiederum eine antipersische Tendenz[27] hat, verbunden, hat der Text dieses Orakels dann in seiner Rezeptionsgeschichte eine deutliche antirömische Tendenz ausgeprägt, die Herrschaftskritik gehört also zu seiner permanent rezipierbaren und adaptierbaren Kernaussage.

Der Text des Orakels ist an den Pharao Amenophis gerichtet, wie es sich für ein politisches Orakel auch gehört. Die Rahmenerzählung berichtet von der an sich belanglosen Zerstörung eines Töpferofens an einem Heiligtum des Osiris und der darin befindlichen Keramik. Es ist im Kolophon von der Verteidigung des Töpfers in einer Gerichtsverhandlung die Rede, von seinem Tod mitten in seiner *apología* und von seiner Bestattung in Heliopolis. Der Pharao war über den Inhalt der (in der *apología* ?) verkündeten Visionen sehr bestürzt und ließ eine Niederschrift archivieren. Diese Visionen des Töpfers künden von Gefahren und Verwüstungen in Ägypten unter der Tyrannei der „Gürtelträger" (Griechen/Makedonen). Gesellschaft und Natur sind in chaotische Verwirrung geraten, die Menschen leiden und der Kosmos gerät durcheinander. Bei dem Einfall eines Königs aus Syrien wird noch die Stadt Alexandria zerstört. In dieser Phase äußersten Niederganges kommt ein von Isis entsandter König aus dem Osten. Er führt ein Zeitalter des Guten herauf: die Entschwundenen und Verstorbenen bitten um die Auferstehung vom Tod, um partizipieren zu können: Der - vordem verdunkelte - Sonnengott strahlt nun wieder hell und

---

24 K.H. Müller, Ansätze, a.a.O. 25.
25 D. Flusser, Hystaspes and John of Patmos, in: S. Shaked (Hg.), Irano-Judaica. Studies Relating to Jewish Contacts with Persian Culture Throughout the Ages, Jerusalem 1980, 12-73.
26 K.Th. Zauzisch, Töpferorakel, LexÄg 6, 1986, 621-623; zum Text vgl. H. Gressmann, AOT, bes. K. Berger/C. Colpe, a.a.O. 326f.
27 Vgl. K.Th. Zauzisch, Das Lamm des Bokchoris, in: Papyrus Erzherzog Rainer (Festschrift zum 100jährigen Bestehen der Papyrussammlung der Österreichischen Nationalbibliothek), Wien 1983, 165-174; ders., Lamm des Bokchoris, LexÄg 3, 1980, 912f.

besorgt die Strafe für die Bösen und die Gürtelträger. Die Natur kehrt wieder zur kosmischen Normalität zurück und die Jahreszeiten pendeln sich wieder ein. Durch den genannten „König aus Syrien" wird die Aufmerksamkeit wieder in eine bestimmte Richtung gelenkt, nun auf Antiochos III., der ab 221 vC beginnt, in einem Krieg gegen Ptolemäos IV. Philopator die marode ptolemäische Herrschaft abzulösen, um schließlich Ägypten in seine Hand zu bekommen. Wider Erwarten kann jedoch Philopator am 22. Juni 217 die Schlacht bei Raphia für sich entscheiden. „Die Folge ist eine weit ausgreifende Erhebung des ägyptischen Nationalbewußtseins: bei seiner Rückkehr nach Ägypten wird *Ptolemaios IV Philopator* von den in Memphis versammelten ägyptischen Priestern feierlich begrüßt. ... Die eben überstandene Bedrohung durch den erneut aufgebrochenen seleukidischen Weltherrschaftsanspruch des *Antiochos III* stärkt dabei spürbar den ägyptischen Widerstand gegen alles Fremdländische"[28]. Während Antiochos im Osten seine Macht festigen kann, stirbt Ptolemaios eines mysteriösen Todes, so daß überraschend Antiochos III. wenige Jahre später wieder an der Grenze steht. Vor dem Hintergrund dieser erneuten Bedrohung Ägyptens werden einige Eigentümlichkeiten des Töpferorakels verständlich.

Das Orakel argumentiert an keiner Stelle mit erkennbaren Erfahrungen aus der Geschichte. Es setzt vielmehr unmittelbar in der Gegenwart ein, um dann überzuwechseln in eine merkwürdig schwimmende Zukunftsschilderung, in der das angekündigte Befreiungsgeschehen alle Anzeichen des Wunderbaren trägt[29]. Der Sonnengott selbst wird entscheidend eingreifen und die Toten bitten um ihre Auferstehung. Damit trägt der Text eindeutig apokalyptische Züge: die Desolatheit der Gegenwart aufgrund der beständigen Bedrohung durch die Seleukiden läßt die Verfasser ein Ende dieser Geschichte und den Anbruch der neuen Heilszeit als von Gott veranlaßt ankündigen. Durch Beziehung kosmologischer Motive wird eine Zukunft mit paradiesischen Attributen gemalt.

Nach Sichtung dieser apokalyptischen Quellen ist man geneigt, nicht nur im Frühjudentum, sondern mehr oder weniger zeitgleich und mehr oder weniger

---

28 K.H. Müller, Ansätze, a.a.O. 26f.

29 „Dadurch, daß das Töpferorakel die national-ägyptische Hoffnung auf Befreiung vom verhaßten Joch der Makedonen ins Eschatologische eskaliert, bricht es aus der Tradition der mantischen Weisheit aus, deren Wahrnehmung in Ägypten von jeher zum Amtsgeschäft der akkreditierten Weisen gehörte. Man wird nicht daran zweifeln dürfen, daß sich in diesem Vorgang eine Transformation jener erniedrigenden Erkenntnis politischer Ohnmacht und Aussichtslosigkeit abzeichnet, um deretwillen das Töpferorakel verfaßt wurde: das wiederholte und bedrohliche Auftauchen des Seleukiden *Antiochos III* an den Grenzen Ägyptens mußte das Vertrauen der Weisen in einen planvollen Ablauf der eigenen zurückliegenden und gegenwärtigen Geschichte von Grund auf erschüttern - das erneute Widerfahrnis ungeschwächten griechischen Machtanspruchs setzte die Bedingungen frei, unter denen sich ägyptisches Geschichtsbewußtsein zu apokalyptischer Theologie verändern konnte"; Müller, Ansätze, a.a.O. 28.

bezugsidentisch auch in Persien und in Ägypten Strömungen vorzufinden, in denen die gegenseitig scheinbar unabhängigen existentiellen Rezeptionen gemeinsamer geschichtlicher Erfahrungen mit der Unerbittlichkeit des seleukidischen Machtwillens zur Ausbildung von charakteristischen Dispositionen des Widerstandes geführt haben. Ihnen war gemeinsam, daß sie einerseits die je verschiedene historische Vergangenheit weitgehend ausgeschaltet und andererseits die traditionelle Zukunftserwartung zur Apokalyptik durchgeformt haben. Zu fragen ist aber, ob die drei Fallstudien tatsächlich unabhängig voneinander entstandene und sich entwickelnde Bereiche betreffen. War schon im Falle der Hystaspes-Orakel ein persischer Hintergrund mehr als zweifelhaft, so ist das Töpferorakel auch nicht ägyptisch im Sinne der Ägyptologie. Die Verschwommenheit von Datierung und Herkunft kann nicht übersehen werden, so daß letztlich eine gemeinsame Herkunft der Apokalyptik aus einer historisch bedingten Opposition gegen die Seleukiden im Palästina des Frühjudentums nicht auszuschließen ist.

Aus alledem zeigen sich für die Apokalyptik folgende Wesensmerkmale:
- ihr Wurzelboden ist die eschatologisch ausgeweitete Geschichtsschreibung Israels, aus der das gesicherte Wissen um Gottes Eintreten für sein Volk gewonnen wird.
- ihr Grund ist die Erkenntnis der fundamentalen Diastase zwischen dem eigenen Erwählungsbewußtsein und dem kontrastiven Anspruch von Fremdherrschern.
- ihr Anlaß ist die Einschätzung der katastrophalen Zustände unter Antiochos III. und Antiochos IV. Epiphanes als unübertreffbar.
- ihre Methode besteht darin, das sichere Eintreffen göttlichen Beistandes über das Eschaton hinaus im „Danach der Tage" anzusagen und ihre Ansage auf diese Weise mit dem Siegel des Endgültigen und Absoluten zu qualifizieren.
- eine daraus abzuleitende Handlungsmaxime für die Hörer wird nicht explizit artikuliert. Aus der expliziten Abqualifizierung der bestehende Regime und der regierenden Herrscher ist implizit die apokalyptische Literatur als Aufforderung zum Widerstand zu verstehen.

4. Die Herrschaftskritik in der qumran-essenischen Apokalyptik: 4Q246

4Q246 ist ein dem Danielbuch nahestehender Text in aramäischer Sprache, der allein schon aus sprachlichen Gründen aus der vorqumranischen Zeit stammt, aber wohl in Qumran selbst noch abgeschrieben und tradiert wurde, da das vorliegende Exemplar aus paläographischen Gründen aus herodianischer Zeit stammt[30]. Der Text ist in der breiteren Öffentlichkeit als „Sohn Gottes-Text"

---

30 Dazu jetzt im einzelnen É. Puech, Fragment d'une apocalypse en araméen (4Q246 pseudo-Dan^d) et le 'Royaume de Dieu`, RB 99 (1992) 98-131; ders., Notes sur le

bekannt geworden, da er über eine „messianische" Nomenklatur verfügt, wie sie
auch in Lk 1,32.35 vorliegt. Der Inhalt des z.T. fragmentarischen Textes konzentriert sich auf ein Gespräch zwischen Daniel und dem König, wahrscheinlich
wiederum eine Traum-/Visions-Deutung: mächtige Könige haben auf der Erde
eine katastrophale Situation erzeugt, die von Kriegen und Nöten gekennzeichnet
ist. Ein neuer König tritt auf, mit dem die Könige aus Assyrien und Ägypten
Frieden schließen (müssen). „'Sohn des großen Herrn` nennt er sich ... 'Sohn
Gottes` sagt man von ihm und 'Sohn des Allerhöchsten` wird er gerufen". Doch
sein Königtum wird zum Zertreten der Völker und Städte untereinander führen,
„bis sich erhebt das Volk und alles vor dem Schwert ruht ... Sein Königtum ist
ein ewiges Königtum und alle seine Wege sind Wahrheit".

Die unmittelbare apokalyptische Terminologie ist nur unterschwellig zu
erahnen, nichtsdestoweniger geht es dem Text um eine Ewigkeits-Perspektive.
J. Milik deutete den Text als eine Darstellung seleukidischer Geschichte in der
Form eines Visionsberichtes. Zielpunkt sei die Darstellung des eschatologischen Friedens, dem die zwar eindrucksvolle, jedoch religiös verwerfliche
Machtkumulation des Seleukiden Alexander I. Balas (150-145 vC) vorauf-
gehe[31]. Der historischen Deutung wurden aber im Verlauf der Diskussion um
diesen Text apokalyptische Deutungen entgegengehalten: Fitzmyer denkt an
eine Anspielung auf den königlichen Messias, dessen friedliche Herrschaft eine
kriegerische Schreckenszeit beende[32]. H.-W. Kuhn plädiert dafür, daß der Text
eher ganz unmessianisch einen kommenden König im Blick habe[33] und D.
Flusser versteht den Text negativ ausgerichtet: die im Text geschilderte Situation sei die Zeit, die von einem König eines bösen Reiches, vom Antichrist,
beherrscht werde. Erst das Volk Gottes werde gegen ihn den Weltfrieden
durchsetzen[34]. F. García Martínez schließlich deutet diesen Text als Hinweis auf
eine himmlische Messiasgestalt (Michael, Melchisedek o.ä.)[35]. J.J. Collins

---

fragment d'apocalypse 4Q246 - 'le Fils de Dieu`, RB 101 (1994) 533-558; ders.,
DJD XXII, Oxford 1996, 165-184.

31 J.T. Milik, The Books of Enoch, Aramaic Fragments of Qumrân Cave 4, Oxford
1976, 213.261.

32 J.A. Fitzmyer, 4Q246: The „Son of God" Document from Qumran, Bibl 74 (1993)
153-174.

33 H.-W. Kuhn, Röm 1,3 f und der davidische Messias als Gottessohn in den Qumrantexten, in: Lese-Zeichen für Annelies Findeiß zum 65. Geburtstag am 15. März 1984
(C. Burchard/G. Theißen [Hg.], Heidelberg 1984, 105-113).

34 D. Flusser, The Hubris of the Antichrist in a Fragment from Qumran, Immanuel 10
(1983) 31-37; ders., Judaism and the Origins of Christianity, Jerusalem 1988, 207-
213.

35 F. García Martínez, 4Q246 ¿Tipo del Anticristo o Libertador escatológico?, in:
V. Collado/E. Zurro (Hg.), El misterio de la Palabra, Homenaje a Luis Alonso
Schökel, Madrid 1983, 229-244; ders., Qumran and Apocalyptic, Leiden 1992, 162-
179; ders., Messianische Erwartungen in den Qumranschriften, JbBTh 8 (1993) 171-
208, bes. 190-193.

schließlich sieht in dem „Sohn Gottes" des Textes dieselbe messianische Gestalt wie im „Menschensohn" von Dan 7[36].

Angesichts dieser divergierenden Deutungsvorschläge möchte ich noch einmal[37] auf einige markante Punkte dieses Textes hinweisen, die in der Lage sind, Schneisen in das Gestrüpp der Meinungen zu schlagen:
- der Text trägt deutlich vorqumranische Züge.
- der Text trägt keine explizite messianische Terminologie[38], aber deutliche Anklänge an Dan 7.
- der Text zeigt deutliche Anklänge an die Königsideologie des AT.
- der Text zeigt eine Dreiteilung im Sinne einer historischen Epochen-Abfolge.
- der Text zeigt keine Zentrierung auf eine messianische Gestalt.
- der als „Sohn-Gottes" titulierte König (I 4-II 3) ist keine Heilsgestalt, ebensowenig messianisch. Ein Hinweis auf eine etwaige davidische Herkunft fehlt. Der Text steht diesem König ausgesprochen polemisch gegenüber[39].
- Als Heilsgestalt der dritten (abschließenden?) Epoche begegnet eine kollektive Größe, das Volk Gottes.

Ist durch die Negativzeichnung der königlichen „Sohn Gottes"-Gestalt die Herrscherkritik als Signum apokalyptischer Texte bereits deutlich artikuliert, so vermag diese sich sogar noch zu steigern bis an ihr höchstes Ziel, nämlich die demonstrative Ablehnung jeder Herrschergestalt und die Erwartung eines demokratischen Heilskollektivs[40].

Nach vielfachem Zögern hat sich in der Forschungsgeschichte inzwischen die Identifikation der Negativgestalt mit dem Seleukiden Antiochos IV. Epiphanes etabliert[41], über den bereits die antiken Quellen die Selbstvergottung in aller wünschenswerten Deutlichkeit aussagen (2Makk 9). Überzeugend ist erst recht die Titulatur des Alexander Balas mit „Theopator", die anerkennt, daß sein Vater Antiochos IV. Gott war[42]. Die Regierungszeit des Antiochos IV. war von einem tiefgreifenden Konflikt mit der jüdischen Gemeinde geprägt, aus dem heraus in unserem Text die messianische Siegerrolle des Volkes Gottes ausgezeichnet verständlich wird (vgl. Dan 12,1). A. Steudel hat überzeugend die Parallelstruktur von 4Q246 herausgearbeitet, in der König und Volk als

---

36 J.J. Collins, The Son of Man in the First Century Judaism, NTS 38 (1992) 448-466.
37 Vgl. dazu H.-J. Fabry, Neue Texte aus Qumran, Bibel und Kirche 48 (1993) 24-27.
38 Die „Sohn-Gottes"-Terminologie gehört nicht zur gängigen jüdischen Messias-Terminologie; dazu vgl. J. Maier, Jüdische Auseinandersetzung mit dem Christentum in der Antike (EdF 117, Darmstadt 1982, 197ff.).
39 Dies betont zu Recht A. Steudel, The Eternal Reign of the People of God – Collective Expectations in Qumranic Texts (4Q246 und 1QM), in: F. García Martínez/ É. Puech (Hg.), Hommage à Józef T. Milik, RQu 17 (1996) 507-525, bes. 514.
40 Zur Theorie eines kollektiven Messias vgl. H. Stegemann, Some Remarks to 1QSa, 1QSb, and Qumran Messianism, in: F. García Martínez/É. Puech (Hg.), Hommage à Józef T. Milik, RQu 17 (1996) 489-515.
41 Vgl. die umfassende Begründung bei A. Steudel, a.a.O. passim.
42 Dazu im einzelnen É. Puech, DJD XXII, 179.

Oppositionspaar gegenübergestellt und durchgehalten werden[43]. Wie bereits angedeutet, wird durch die Selbstbenennung des König zumindest für jüdische Ohren eine messianische Titulatur dieses Königs nicht angestrebt. Das schließt aber nicht aus, daß für hellenistische und jüdisch-hellenistische Hörer eine apokalyptisch-messianische Implikation überaus deutlich war (vgl. später Lk 1,32.35). Das wiederum bleibt auch dann erhalten, wenn man die Titulaturen in 4Q246 und Lk 1 auf den hellenistischen Herrscherkult als gemeinsamen Hintergrund zurückführt, denn das apokalyptische Gesamtscenario von 4Q246 rückt jeden königsideologisch verbrämten Herrscher in die Rolle des eschatologischen Heilsbringers. In diesem Zusammenhang ist das Faktum entscheidend, daß der König sich selbst die Titulatur zulegt. Er weiß also um die Wirkung der apokalyptischen Einkleidung. Wenn er sich also apokalyptisch zeichnet oder zeichnen läßt dann bedient er selbst sich der literarischen Technik der Apokalyptisierung, um sich ihrer herrscherkritischen Funktion zu versichern. Durch die selbstgewählte Titulatur ruft er sich als der endgültige und absolute Herrscher (des kommenden Äons) aus, dessen Berufung irreversibel ist und daher die Anerkennung aller Menschen verlangt. 4Q246 nimmt diesen Anspruch auf, wendet ihn in ironischer Verkehrung mit demselben Mittel der Apokalyptisierung zurück und stellt als wirklich endgültige zukünftige Macht das Volk Gottes heraus, wie es auch aus 1QM I 5; X 8-12; XI 6-7 und XII 15-16 hervorgeht. Ein solcher Text hatte in der Gemeinde von Qumran zu allen Zeiten Hochkonjunktur, wurde er doch nun zum Ausdruck einer bleibenden Opposition gegen die Zustände im hellenisierten und schließlich auch im romanisierten Jerusalem.

---

43 A. Steudel, a.a.O. 515.

The Books of Enoch at Qumran.
What We Know and What We Need to Think about

by George W. E. Nickelsburg

Since J. T. Milik's early publications of the Aramaic Enoch material from Qumran[1] and especially since his *editio princeps* (1976),[2] most major discussions of 1 Enoch have, in one way or another, taken the Qumran fragments into consideration.[3] Yet, to my knowledge, no one has discussed in detail the roles that this Enochic material may have played in the broader corpus of Qumran literature and in the life and thought of the community. In the present study I shall address four questions. 1) What manuscripts of the Enoch material were found in the Qumran library and what parts of the corpus do they appear to have contained? 2) What other texts in the Qumran library employ, quote from, or refer to the Enochic traditions, and how? 3) How might the Enochic traditions have functioned at Qumran? 4) What further questions are raised by our conclusions?

A discussion of these questions is complicated by at least two factors. First, the Qumran Enoch manuscripts are very fragmentary. Therefore, our conclusions about how much a given manuscript may have contained requires some inference both from the fragments themselves and from the Ethiopic version of 1 Enoch. Secondly, we cannot be certain which manuscripts were actually copied at Qumran. Three of them antedate the establishment of the community at Qumran (4QEn^{ab} and 4QEnastr^a, see below). Of the other eight manuscripts, some may well have been copied at Qumran, but others may have been brought

---

1 J. T. Milik, "The Dead Sea Scrolls Fragment of the Book of Enoch," Biblica 32 (1951) 393-400, "Hénoch au pays des aromates (ch. 27-32): Fragments araméens de la Grotte 4 de Qumrân (Pl. 1)," Revue Biblique 65 (1958) 70-77; "Problémes de la littérature hénochique à la lumiére des fragments araméens de Qumrân," Harvard Theological Review 64 (1971) 333-79.

2 J. T. Milik, The Books of Enoch: The Aramaic Fragments from Qumran (Oxford: Clarendon Press, 1976).

3 On the literature about 1 Enoch, see George W. E. Nickelsburg, "The Books of Enoch in Recent Research," Religious Studies Review 7 (1981) 210-17; David Winston Suter, "Weighed in the Balance: The Similitudes of Enoch in Recent Discussion," Religious Studies Review 7 (1981) 217-21; Florentino García Martinez and Donald W. Parry, A Bibliography of the Finds in the Desert of Judah 1970-95 (Studies on the Texts of the Desert of Judah 19; Leiden: Brill, 1996), index sub Enoch.

to the community from the outside. The same may have been the case with
some of the non-Enochic manuscripts that we shall consider in section 2.
However, as I shall argue in section 3, uncertainty about the precise provenance
of the manuscripts does not preclude a discussion of their possible function at
Qumran.

1. Enoch Manuscripts in the Qumran Library

J. T. Milik has identified and dated eleven Qumran Aramaic manuscripts
containing various parts of 1 Enoch and has suggested what parts of 1 Enoch
they may have contained.[4]

As he notes, the manuscripts divide into two groups: those that contain only
the astronomical section of 1 Enoch (chaps. 72-82) and related calendrical
material; and those that contain only the other parts of the corpus. The
following chart indicates the paleographical dates that he assigns to the two
groups.

4QEnastr^a	200	-	150[5]				
4QEnastr^c					50		
4QEnastr^d					50 -		0
4QEnastr^b							0 - 20
4QEn^a	200	-	150				
4QEn^b		150					
4QEn^f		150	-	125			
4QEn^e				100	- 50		
4QEn^g					50		
4QEn^c						30 -	0
4QEn^d						30 -	0

---

4   Milik, *Enoch*, 5-7.
5   I am aware of some oral discussion that would date this manuscript at the end rather
    than the beginning of this period.

These data suggest, in the first instance, that the *astronomical chapters* of 1 Enoch were in use throughout the life of the community, with the earliest manuscripts being copied some decades before the founding of the community and the other ones deriving from the period between the middle of the first century B.C.E. and the early decades of the first century C.E. In the second instance the manuscripts suggest that large parts of *the rest* of 1 Enoch were copied up to the turn of the era and were probably in use through most of the life of the community. We need to look more closely at what parts these were. The following chart indicates the groups of chapters represented in the extant fragments of the respective manuscripts.

	1-5	6-11	12-16	17-19	20-36	37-71	72-82	83-84	85-90	91	92-105	106-107	108
4QEn[a]	x	x	x										
4QEn[b]	x	x	x										
4QEn[c]	x	x	x	x	x				x		x	x	
4QEn[d]					x				x				
4QEn[e]					x				x				
4QEn[f]									x				
4QEn[g]										x	x		

Determining the full content of these seven manuscripts requires some theory of the literary history of the Enochic corpus; however, I believe we can draw some fairly certain conclusions. First, as Milik has noted, alongside the absence of the astronomical chapters, which were copied on separate manuscripts, is the lack of any evidence for the Book of Parables (chaps. 37-72).[6] This need not surprise us and should not be construed as evidence that the book was composed after the demise of the Qumran community.[7] It is generally conceded that no part of 1 Enoch was composed at Qumran. Thus, the Qumran manuscripts were either imported into the community or were copied from exemplars brought in from the outside. The *continued existence* of the early Enochic material *outside* the Qumran community provides the necessary condition for the composition of the Book of Parables during the life of the Qumran community as well as later. The book's date should be determined on evidence intrinsic to the book itself and should not inferred from its absence at Qumran.[8]

As to what *was* contained in the Qumran manuscripts, we may begin with manuscript *c*, which is the perhaps the latest of the seven scrolls and the one preserving the fullest complement of Enochic materials.[9] The extant fragments

6   Milik, *Enoch*, 4.
7   *Pace* Milik, ibid., 89-98.
8   On the date of Parables, see George W. E. Nickelsburg, *Jewish Literature Between the Bible and the Mishnah* (Philadelphia: Fortress Press, 1981) 221-23, and the literature cited on p. 228, n. 29.
9   For details, see Milik, *Enoch*, 178-82.

indicate that it contained at least the Book of Watchers (chaps. 1-36), the
Animal Vision (chaps. 85-90), at least the last part of the Epistle of Enoch
(specifically the end of chaps. 104-105 from chaps. 92-105), and the story of
Noah's birth (chaps. 106-107), which forms an appendix to the corpus. There
are also some uncertainties. Milik believes that manuscript *a* of the Enochic
"Book of Giants" (see below) was part of this manuscript, but this is not
certain.[10] It is possible that the Animal Vision was already part of the a larger
section that comprised two of Enoch's Dream Visions (1 Enoch 83-84 + 85-90).
In my view, both the Dream Visions and the Epistle of Enoch were attached to
the Book of Watchers by a narrative bridge that included 81:1-82:3 *before* the
Dream Visions and chapter 91 *after* them.[11] The whole was constructed as an
Enochic testament. Chapter 81:1-4, embedded in the Astronomical chapters in
the Ethiopic Enoch, is a remnant of Enoch's last vision in the Book of
Watchers,[12] and 81:5-10 + 82:1-3 describes his return to earth and the beginning
of his admonitions to Methuselah and his brothers, which are preserved in
chapters 83-91. Whether Qumran manuscript *c* knew the whole of the Epistle is
problematic. This manuscript contains only the concluding verses, and manuscript *g* contains only chapters 91:10-94:2, and there are some substantial
literary reasons for supposing that the body of the Epistle may be a later
addition to the corpus, sandwiched between 94:4 and 104:9 (see below with
reference to manuscript *g*)).

As Milik has noted, manuscript *d* is just about contemporary with manuscript *c* and is almost identical in its textual arrangement and orthography.[13] On
this basis and since, like manuscript *c*, it also contains parts of the Book of
Watchers and the Dream Visions, Milik concludes that the two manuscripts
were contemporary exemplars with the same content.

Manuscript *e* can be dated paleographically from the first half of the first
century B.C.E., roughly a generation earlier than manuscripts *c* and *d*.[14] It
contains parts of both the Book of Watchers and the Dream Visions. Perhaps, as
Milik suggests,[15] its contents were the same as manuscripts *c* and *d*.

The earliest of the non-astronomical manuscripts of the Enochic corpus,
manuscripts *a* and *b*, date from the first half and middle of the second century
B.C.E. Because their fragments preserve only parts of chapters 1-16, Milik

---

10 See ibid., 310, "it is *quite* certain" (italics mine).
11 For my argument, see Nickelsburg, *Jewish Literature*, 150-51, as well as the next
    note.
12 Randal A. Argall, 1 Enoch *and Sirach: A Comparative Literary and Conceptual
    Analysis of the Themes of Revelation, Creation and Judgment* (Society of Biblical
    Literature Early Jewish Literature 8; Atlanta: Scholars Press, 1995) 257-65.
13 Milik, *Enoch*, 217.
14 Ibid., 225.
15 Ibid., 227.

concludes that they originally contained only the Book of Watchers.[16] Milik's study of their orthography concludes that manuscript *b* was copied from an archetype different from manuscript *a*, but that it was corrected against a manuscript similar to *a*.[17]

Manuscript *f* consists of only one fragment of the Animal Vision and dates from 150-125 B.C.E., only fifteen to forty years after the composition of this text.[18] For these reasons it is uncertain whether it contained only the Vision itself or whether the Vision was incorporated into a larger form of the Enochic corpus.

Manuscript *g* is, in several respects, the most interesting and elusive of the Qumran Enochic texts. Dating from the last half of the first century B.C.E., and perhaps around the middle of the century, it contains substantial parts of 91:10-94:2.[19] Usually, it is said to be the remnant of a copy of the Epistle of Enoch. This conclusion needs to be qualified. First, it can be safely inferred from the preserved last part of chapter 91 that the manuscript contained all of chapter 91. However, this chapter is not part of the Epistle of Enoch, as it is preserved in 1 Enoch.[20] That major segment of text begins with the incipit in chapter 92. Moreover, chapter 91 begins in the middle of a narrative with the words, "And now, my son, Methuselah." This implies a preceding piece of narrative--something like 81:5-82:2, which describes Enoch's return from his heavenly journeys and the beginning of his instruction of Methuselah. Secondly, manuscript *g* breaks off at the beginning of chapter 94 and contains no part of the body of the Epistle, with its long strings of Woes and Exhortations. It also lacks any of the wording that is specific to the incipit of the Epistle as it is preserved in 1 Enoch. I draw two conclusions from these data. First, *at the very least*, manuscript *g* is a copy of the last part of a longer manuscript, which may well have included *everything* contained in manuscripts *c*, *d*, and *e. Maximally*, it is itself the remnant of a full manuscript of the corpus. Given the *small amount* of the fragments of manuscripts *a*, *b*, *d*, and *e*, this latter option is not at all implausible. Secondly, manuscript *g*, does not attest the presence of the whole Epistle of Enoch--any more than manuscript *c*, which contains only the last few verses of this section. A firm conclusion on this matter requires a decision about the literary integrity of chapters 92-105.[21]

---

16 Ibid., 141, 165. Although these manuscripts preserve parts of chapters 1-16 only, it is veritably certain that chapters 1-5 were composed as an introduction to chapters 6-36; thus chapters 1-5 in these manuscripts imply the whole of the Book of Watchers.

17 Ibid., 165.

18 Ibid., 244.

19 On the details, see ibid., 245-47.

20 The fact that chapter 91 begins in the middle of a story seems to be missed by Daniel C. Olson, "Recovering the Original Sequence of 1 Enoch 91-93," *Journal for the Study of the Pseudepigrapha* 11 (1993) 69-94.

21 Some years ago, while working on my forthcoming commentary on 1 Enoch, I concluded, on the basis of literary considerations, that 94:6-104:8 may well have not

What, then may we conclude from the group of manuscripts comprising 4QEn[abcdefg]? I suggest that manuscripts *c*, *d*, *e*, and *g* indicate that a form of the Enochic corpus containing the Book of Watchers, the Dream Visions, and the early chapters of what we know as the Epistle was alive and well at Qumran throughout the first century B.C.E. The double copies, manuscripts *c* and *d*, both made at roughly the same time, taken together with manuscript *g*, which was copied a couple of decades earlier, at most, do not seem to support Milik's notion that the book was falling into disfavor at this time.[22] The presence of manuscripts *a* and *b*, both copied before the establishment of the community at Qumran, indicate that some person or persons, coming to that community had enough investment in this text to have brought along two copies. The four copies of the astronomical chapters divide into two groups. Manuscript *a* is pre-Qumranic in date and roughly concurrent with 4QEn[a], while manuscripts *b*, *c*, and *d* indicate an interest in copying the text during the same time period as 4QEn[cdeg] and a bit later, i.e., 50 B.C.E. to 20 C.E.

In addition to the Qumran manuscripts containing material later preserved in 1 Enoch, Milik has identified six fragmentary Aramaic Qumran manuscripts as exemplars of the Enochic Book of Giants (1Q23, 4QEnGi[a], 4QEnGi[b], 4QEnGi[c], 4QEnGi[e], and 6Q8), a text hitherto known only in translations of Manichaean provenance.[23] Since these texts have not yet been fully published, with photographs, conclusions about the date of the manuscripts and the content of the work must be tentative. For three of the manuscripts (4QEnGi[b], 6Q8, and 4QEnGi[a]), Cross and Milik suggest as dates 100-50 B.C.E., 50 -1 B.C.E., and 30-1 B.C.E.[24] Study of these fragments is still in its preliminary stages and, like the dating of the manuscripts, must await full publication of the fragments.[25] For our present purposes, the manuscripts appear to attest further a lively interest in works ascribed to Enoch at Qumran during the first century B.C.E.

2. Texts at Qumran that Employ, Recast, or Comment on Enochic Traditions

Complementing the corpus of Qumran Enoch manuscripts is a group of texts-- also represented in multiple copies--that employ or quote from the Enochic texts. Most noteworthy is the Book of Jubilees, which has been preserved in

---

belonged to the initial testamentary form of the corpus. A similar conclusion has been reached independently by Gabriele Boccaccini, *Beyond the Essene Hypothesis* (Grand Rapids: William B. Eerdmans, 1998) 104-13, although he subscribes to the hypothesis of Olson mentioned in the previous note.

22 Milik, *Enoch*, 7.
23 Ibid., 309.
24 John C. Reeves, *Jewish Lore in Manichaean Cosmogony: Studies in the* Book of Giants *Traditions* (Monographs of the Hebrew Union College 14; Cincinnati: Hebrew Union College Press, 1992) 51-52.
25 See, however, the excellent study by Reeves, cited in the previous note.

eight Hebrew manuscripts dating roughly from the middle of the first century
B.C.E. into the early decades of the first century C.E.[26]

The author of Jubilees has employed the Enochic traditions in two ways.
First, at the appropriate place in his running paraphrase of Genesis 1-Exodus 12
(4:16-19||Gen 5:18-24), he refers to Enoch's writings and identifies the patriarch
as the first to have written a "testimony" (cf. 4:24; 7:39; 10:17)--something
Moses, the fictional author of Jubilees, has also done according to this work
(Title; 1:4, 9, 26, 29; 2:33; 3:14). Thus Enoch is seen to be the prototypical
writer and prophet. The author then goes on to allude to other traditions about
Enoch, some of them preserved in 1 Enoch (Jub. 4:21-26). Later in his account
of the Flood, the author interpolates his rewritten form of the Genesis account
of the Flood (chaps. 5-7) with portions of text from the Book of Watchers
(especially, Jub. 5:6-13 [cf. 4:15]; 7:21-22, 34-36).[27] Then, in chapter 10, he
draws on the Enoch material to provide an aetiology for the origin of the
demonic world whose existence is critical for Jubilees' understanding of evil
and sin. Mastema, the chief of the spirits of the dead giants, bargains with God
to allow one tenth of his subordinates to roam the earth as evil spirits, so that
Mastema can execute the power of his will on human beings.

Thus, for the author of Jubilees, Enoch was an important authority figure
equal to Moses, whose inspired writings could be interwoven with the latter's
and whose dualistic world view governed Jubilees' recasting of the Genesis-
Exodus account. Significantly, the ascription of the origin of evil to the first
parents occurs neither in the Enochic traditions nor in Jubilees. The significant
presence of Jubilees at Qumran, thus, complements the corpus of Enochic
writings and strengthens the presence of Enochic motifs in first century
Qumran. The importance of Jubilees at Qumran is further indicated by a series
of texts that either recast material in Jubilees or cite the work (4Q225-228; cf.
also CD 16:3-4).[28]

The Qumran Enoch-Jubilees chain continues in the Cave 1 manuscript of the
Genesis Apocryphon.[29] Overall this text is a collection of haggadic elaborations

---

26 For the texts and their dating see James C. VanderKam, in *Discoveries in the*
Judaean Desert 13 (1994) 1-140. For a general discussion of Jubilees, see George
W. E. Nickelsburg, "The Bible Rewritten and Expanded," Michael Stone, ed., *Jewish*
Writings of the Second Temple Period (Compendia Rerum Iudaicarum ad Novum
Testamentum 2:2; Assen/ Philadelphia: Van Gorcum/Fortress, 1984) 97-104.

27 Although the earliest strata of the story of the Watchers and the women is often
thought to have had a Noachic ascription, by the time Jubilees was written, the Book
of the Watchers was considered an Enochic work.

28 See VanderKam, Discoveries in the Judaean Desert 13, 141-85.

29 For a text, translation, and commentary, see Joseph A. Fitzmyer, *The Genesis*
Apocryphon of Qumran Cave 1: A Commentary (BO 18A; Rome: Biblical Institute
Press, 1971). For a new restoration of major parts of the early columns, see Matthew
Morgenstern, Elisha Qimron, and Daniel Sivan, "The Hitherto Unpublished Columns
of the Genesis Apocryphon," *Abr-Nahraim* 33 (1995) 30-54.

of the book of Genesis, although its precise length and contents are uncertain.[30] There are, however, several points of contact with the Enochic traditions.[31] Its early columns, now hardly preserved, must have contained some form of the story of the Watchers and the women. Columns 2-5 contained a substantially expanded version of the story of Noah's birth, which was probably derived from the parallel account in 1 Enoch 106-107. In the Apocryphon's version, as in 1 Enoch, Enoch played a major role, and eschatology appears to have been prominent as it is in 1 Enoch 106-107. Columns 5-17 present "The Book of the Words of Noah," which reflects motifs found in 1 Enoch and in Jubilees. The haggadic elaboration of the story of Abram's sojourn in Egypt in columns 19-20 has also been shaped by the story of the Watchers and the women. In short, the Genesis Apocryphon, like the book of Jubilees, is an expansion of Genesis, which is beholden both to Jubilees and to 1 Enoch. Dating from around the turn of the era,[32] it witnesses to the ongoing influence of the Enochic tradition in a text found in the Qumran library, in this case, in the manuscript cache of Cave 1.

A related text seems to have been contained in 1Q19 + 1Q19[bis], a very fragmentary Hebrew manuscript which Milik identifies as the remnant of a Book of Noah. Its few fragments indicate parallels to both 1 Enoch 9 and 1 Enoch 106-107.[33]

In connection with the story of the Watchers and the women, we may also mention the text entitled by its editor "The Ages of Creation."[34] Extant in two fragmentary manuscripts from the late first century B.C.E. and the early first century C.E. (4Q181, 4Q180),[35] it is a *pesher* style commentary on the periods of history created by God (4Q180 1:1-5) and on the story of "ʿAzazel and the angels ... " whose wives "bore giants" (4Q180 1:6-10). Milik identifies the object of the first part of the commentary as a source for 1 Enoch 10:12 and thinks that this text was related to the Enoch Apocalypse of Weeks (1 Enoch 93:1ff).[36] The second part comments on the story in 1 Enoch 6-11, albeit at a time when the second angelic chieftain, ʿAsael, is identified as ʿAzazel. The use

---

30 On the possible length of the scroll, see George W. E. Nickelsburg, "Patriarchs Who Worry about Their Wives: A Haggadic Tendency in the Genesis Apocryphon," Michael E. Stone and Esther G. Chazon, *Biblical Perspectives: Early Use and Interpretation of the Bible in Light of the Dead Sea Scrolls: Proceedings of First International Symposium of the Orion Center for the Study of the Dead Sea Scrolls and Associated Literature, 12-14 May, 1996* (Studies on the Texts of the Desert of Judah 28; Leiden: Brill, 1998) 152, n. 32.

31 On the remarks that follow, see the previous article.

32 Fitzmyer, *Apocryphon*, 16-19..

33 For the fragments, see J. T. Milik, *Discoveries in the Judaean Desert* 1, 84-86, 152.

34 John M. Allegro, Discoveries in the Judaean Desert 5, 77-80.

35 See John Strugnell, "Notes en marge du volume v des "Discoveries in the Judaean Desert of Jordan," Revue de Qumrân 26 (1970) 252-54.

36 For a detailed discussion of the text, see Milik, *Books of Enoch*, 248-56.

of the *pesher* form indicates that its author views part of the Enochic tradition and one of its sources as authoritative religious texts on which to comment.

The fragment of another Hebrew text from 30-1 B.C.E. appears to be a commentary or expansion on the Apocalypse of Week (4Q247).[37] The few preserved words place the building of the first temple in the fifth week of human history, as does the Apocalypse of Weeks.

The Damascus Document provides a final example of a Qumran text that alludes to the Enoch traditions (CD 2:17-3:1). This author's recitation of the works of God and the wicked ways of humanity (2:2-3:12) begins with reference to the deeds that led to the flood. Strikingly, in a way that parallels 1 Enoch rather than Genesis, the author devotes equal space to the revolt of the watchers (2:16-19) and the sin of humanity (2:20-21),[38] both of whom "did not observe the commandments of God/their Maker." The parallels to 1 Enoch include the prominence of the watchers' sin, the title "watchers of heaven" (cf. 1 Enoch 12:4; 15:2), the notion that they broke God's commandments" (6:3; 15:2-7), and the emphasis on the great tree-like size of "their sons," the giants (cf. 1 Enoch 7:2).[39] The reference to the sins of the sons of Noah and their families (23:1) may allude to the stories in Jubilees 10-11.[40] Additionally, the transition from the destruction of the Land to the appearance of an enlightened remnant--with no reference to a return from Exile--parallels a similar feature in the Apocalypse of Weeks (see also in the next section).

Alongside these texts that make explicit use of the Enoch traditions, are several others that appear to have employed the traditions, albeit ascribing them to different authors or using them anonymously. The first of these is the Aramaic Levi document, which has been preserved in six Qumran manuscripts from the first century B.C.E. (4QLevl ar[abcdef]).[41] Although the relationship between this Qumran text and the Greek Testament of Levi is uncertain, the parallels between 4QLevi ar[b] seem clear enough,[42] and I have argued elsewhere, on the basis of both the Qumran manuscript and the Greek Levi, that the call of Levi is based on the call of Enoch in 1 Enoch 12-16.[43] While not directly

---

37 Ibid., 256.
38 1 Enoch 6-11 has transformed Genesis 6 9 so as to emphasize the sin of the Watchers rather than human sin; see George W. E. Nickelsburg, "Apocalyptic and Myth in 1 Enoch 6-11," *Journal of Biblical Literature* 96 (1977) 383-405.
39 On the use of trees as an image for the giants in the Book of Giants, see Milik, *Enoch*, 303-305.
40 André Dupont-Sommer, *The Essene Writings From Qumran* (English Translation; Cleveland: World Publishing Co., 1961) 125, n. 3. See especially Jub. 10:1-3.
41 For the texts, see Michael E. Stone and Jonas C. Greenfield, *Discoveries in the Judaean Desert* 22 (1996) 1-72.
42 See J. T. Milik, Le Testament de Lévi in arameén: Fragment de la grotte 4 de Qumrân, *Revue Biblique* (1953) 398-406.
43 George W. E. Nickelsburg, "Enoch, Levi, and Peter: Recipients of Revelation in Upper Galilee," *Journal of Biblical Literature* 100 (1981) 588-90. On the

attesting the use of the Enoch traditions at Qumran, the six manuscripts of the Aramaic Levi document indicate considerable interest in traditions related to the Enochic corpus.

Our second text is 1QH 4:29-40. Parallels between this passage and 1 Enoch 1-5 suggest that the author of the hymn has drawn either on the introductory oracle to 1 Enoch or on its apocalyptic source.[44] In a way that is consonant with other tendencies in the Qumran sectarian texts, the author has anthropologized the eschatology of his source.

Next, we note the eight Qumran manuscripts of the Book of Daniel (1QDan[ab], 4QDan[abcde], 6QDan[a]). In the most general sense, Daniel represents a form of apocalyptic writing similar to 1 Enoch. More specifically, Daniel's vision of the heavenly throne room in chapter 7 appears to be based either on 1 Enoch 14 or on a common tradition.[45]

Finally we should observe the parallels between the accounts of community origins in 1QS 8:6-7 and CD 1:1-16 on the one hand and 1 Enoch 93:10; 91:11 on the other hand.[46] The community in 1 Enoch is known both as the righteous chosen and as an eternal remnant. Stemming from Abraham, it is reconstituted by revealed wisdom. Although, different from 1QS 8, it is opposed to another building, which is characterized by deceit (cf. CD and especially Isa 28:15, which chapter is reflected in 1QS 8), and its members, armed with revelation, will be witnesses in the judgment that will overturn the wicked 1QS 8). The use of Temple and cultic imagery in 1QS 8 has a counterpart in the Apocalypse of Weeks' repeated references to the history of the Israelite sanctuary. In this context, it is especially noteworthy that, like CD, no mention is made of the

---

relationship between Aramaic Levi and the Greek testament, see the comments in George W. E. Nickelsburg and Michael E. Stone, *Faith and Piety in Early Judaism* (Philadelphia: Fortress Press, 1983) 199, nn. 2-3.

44 George W. E. Nickelsburg, "The Qumranic Radicalization and Anthropologizing of an Eschatological Tradition (1QH 4:29-40), " Dwight D. Daniels, Uwe Glessmer, and Martin Rössel, ed., *Ernten, was man sät: Festschrift für Klaus Koch zu seinem 65. Geburtstage* (Neukirchen-Vluyn: Neukirchen Verlag, 1991) 423-35; and in somewhat revised form, "The Qumranic Transformation of a Cosmological and Eschatological Tradition (1QH 4:29-40)," Julio Trebolle Barrera and Luis Vegas Montaner, ed. *The Madrid Qumran Congress: Proceedings of the International Congress on the Dead Sea Scrolls, Madrid 18-21 March, 1991*, 2 vols. (Studies on the Texts of the Desert of Judah 11; Leiden: Brill, 1992) 2.648-59.

45 For the possible dependence of Daniel 7 on 1 Enoch 14, see T. Francis Glasson, "The Son of Man Imagery: Enoch XIV and Daniel VII," *New Testament Studies* 23 (1976) 87-88; Helge Kvanvig, "Henoch und der Menschensohn: Das Verhältnis von Hen 14 zu Dan 7," *Studia Theologica* 8 (1984) 114-31.

46 My analysis here is drawn from my article, "1 Enoch and Qumran Origins: The State of the Question and Some Prospects for Answers," in *Society of Biblical Literature 1986 Seminar Papers*, ed. Kent Harold Richards, 341-60. For a close look at the Qumran passages, see Patrick A. Tiller, "The 'Eternal Planting' in the Dead Sea Scrolls," *Dead Sea Discoveries* 4 (1997) 312-35.

Second Temple. Also striking is the silence about the Return from Exile in both 1 Enoch 93:9 and CD 1. Although each of the three passages has it own nuances, it does appear the Qumran texts reflect a tradition related to that in the Enochic Apocalypses of Weeks.

3. How the Enochic Traditions May Have Functioned at Qumran

The proliferation of Enochic and quasi-Enochic material in the Qumran library is striking. We may posit one, or both of two scenarios. The Qumran community was a magnet for people who prized the Enochic texts and others closely related to them--so much so that they brought their copies of these texts with them. In addition, the community provided an ambience that fostered the copying and use of these texts and the incorporation of their traditions into new texts (the *serek ha-yaḥad* and the Damascus Document). How might these texts have functioned in the Qumran Community?

Astronomy and Calendar

First, and most obvious, the Enochic astronomical and calendaric material was foundational for community life and religious observances. Such a function is indicated already in Jub. 4:17, which cites Enoch as the author of a text that allows people "to know the seasons of the years according to the order of their separate months." Given the importance of the solar calendar at Qumran, it is not surprising that we find both the Enochic astronomical material and the Book of Jubilees in multiple copies whose dates span the life of the community.

Apocalypticism

Secondly, although there is no evidence that the Qumranites composed texts of the genre apocalypse, multiple copies of works like the components of 1 Enoch, the book of Daniel, the Aramaic Levi document, and the Testament of Amram indicate that these texts were wholly compatible with the world view and religious thought of the community. This was so in at least three respects: eschatology, cosmology, and a belief in revelation.

Eschatology

That the community at Qumran had a high eschatological consciousness is axiomatic. They believed that they were living in the last days before the great judgment and the great purification that would initiate the new age (1QS 4:18-23). How, precisely, they arrived at their belief that they were living in the last times is uncertain. However, the numerous copies of the Enochic books and Jubilees, which were written prior to the foundation of the community at Qumran, suggest that the members of this community--perhaps both its initial leaders and members who joined later--may well have come from the circles that produced this literature. The language of CD 1 and 1QS 8 suggests their authors knew the language of the Enochic foundational myth. That the community members would continue to read the inspired predictions about their own times, found in the Enochic texts and Jubilees, stands to reason. It can also be documented in the commentaries on 1 Enoch preserved in the fragments of 4Q247 and 4Q180, 181.

Cosmology

The Enochic texts are driven by a dualistic, apocalyptic cosmology that was compatible with the Qumranic world view. The journeys of Enoch provided revealed documentation for Qumranic beliefs about the upper angelic world and the fires of hell.[47] Allusions to the heavenly tablets in the divine throne room and other sorts of arcane knowledge (1QH 9[1]:24-25 and 4Q180; cf. 1QS 11:3-7) were very likely grounded in accounts of Enoch's journeys to heaven (1 Enoch 81-82) and would continue to find support in those texts.

Revelation

The similarities, differences, and relationships between the views of revelation presumed in the apocalypses and various of the non-apocalyptic Qumran texts constitute a complex issue in need of a great deal of careful investigation.[48] The Habakkuk *pesher* grounds the scriptural exegesis of the Teacher of Righteousness in divine inspiration (1QpHab 7:1-8), but does not describe its mechanics. The author of 1QS 11:3-9 speaks in the vocabulary of the apocalypticists, though it is not certain that he claims to have had visions. Nor is it clear that the expression "seers of deceit/error" (1QH 12 [4]:10, 20) implies an ongoing, *true* visionary tradition. Especially striking in this Hymn, as well as in 1QS 5:8-12, is the extension of the notion of revelation to cover the interpretation of the Torah. The idea is explicit throughout Jubilees, where the Mosaic Torah is said

---

47 For a vivid description of the river of fire, see 1QH 9(3): 29-32; cf. 1 Enoch 17:5.

48 Some of the problems are discussed in my paper "The Nature and Function of Revelation in 1 Enoch, Jubilees, and Some Qumranic Documents," Esther G. Chazon and Michael E. Stone, eds., Pseudepigraphical Perspectives: The Apocrypha and Pseudepigrapha in Light of the Dead Sea Scrolls, Proceedings of the Second International Symposium of the Orion Center for the Study of the Dead Sea Scrolls and Associated Literature, 12-14 January 1997 (Leiden: Brill, forthcoming) 91-119; and in the paper by John J. Collins in the same volume.

to have been dictated by the angels from an eternal heavenly prototype (e.g., 3:31; 6:17; 30:22; 33:10). Although the bulk of 1 Enoch's revelations relate to cosmology and eschatology, a notion of revealed Torah is not absent. The astronomical book is such. To what extent this is the sum and substance of the revealed eschatological wisdom mentioned in 5:8; 93:10; and 104:12-14 is uncertain.[49] In any case, what this comparison demonstrates is the compatibility of the Enochic and related apocalyptic texts with notions of revelation at Qumran.

The Story of the Watchers: A Myth about Evil and its Punishment

The story of the Watchers and the women provides a final point of compatibility and contact between the Enochic literature and various Qumranic sectarian texts. The viability of the tradition is evident in the Damascus Document, where the Watchers function as a (perhaps *the*) major example of prediluvian disobedience. The popularity of the story is also reflected in the multiple copies of the Book of Giants. Unfortunately, the fragmentary condition of the manuscripts, and hence our uncertainty about the shape of the cycle of stories, make it difficult to draw firm conclusions about how this material may have functioned. Nonetheless, some observations are possible.

First, the cycle of stories about the giants is compatible with the presence at Qumran of many haggadic expositions on Scripture. To a considerable degree, these people used stories to express their theology. It would not be surprising if the cycle of stories about the giants functioned, in part, as the allusion does in CD 2. There is a long tradition of employing the story to this end, ranging from ben Sira to Jude and Second Peter and beyond in the fathers of the early church (Sir 16:7; Bar 3:26-28; Jude 6-7; 2 Peter 2:4-5).[50] The references in Jude and 2 Peter are suggestive. The story provides a warning against human immorality and heresy. Secondly, the myth of the watchers is a multi-layered story that doubtless had a variety of interpretations and applications. Early on--I have argued--the story reflected the violent activity of the Diadochoi.[51] Another interpretive level applied it to the perceived pollution of the Jerusalem priesthood.[52] Both at the end of 1 Enoch 12-16 and in Jubilees, the story provides an aetiology for the demonic realm that preys on humanity (15:1-16:1; Jub. 10:8-9).

---

49 On the importance of right teaching in the Epistle of Enoch, see George W. E. Nickelsburg, "The Epistle of Enoch and the Qumran Literature," *Journal of Jewish Studies* 33 (1982) = Essays in Honour of Yigael Yadin, 334-45.

50 See especially Irenaeus, *Adv. Haer.* 4.16.2; 4.36.4; 4.37.1.

51 Nickelsburg, "Apocalyptic and Myth," 389-91.

52 See D. W. Suter, "Fallen Angel, Fallen Priest: The Problems of Family Purity in 1 Enoch 6-16," Hebrew Union College Annual 50 (1979) 115-35; Nickelsburg, "Enoch, Levi, and Peter," 584-87.

The possible applications to the life of the Qumranians are clear enough. Polemics against the priesthood, both in the story of the Watchers and elsewhere in 1 Enoch,[53] would have been welcome in a community with a brief against Temple and priesthood. But, especially, the notion of an antagonism between good and evil spirits (1 Enoch 9-11; 85-90)[54] and a sense that the world was populated with malevolent spirits fit well the world view expressed in some of the Qumran sectarian texts. The authors of the story of the Watchers and the Animal Vision breathed the same dualistically charged air as the authors of 1QS 3-4 and the Testament of Amram.

4. Issues for Further Consideration

My discussion leaves a number of issues unresolved, but also points to fruitful areas for further discussion.

1. The general picture I have sketched might be further refined when all the relevant manuscripts have been fully published and computer-driven paleographical analysis allows us to determine better which manuscripts may have been copied by the same scribes and, indeed, by Qumranic scribes.

2. We need to consider in more detail just how the apocalyptic world view and theology of the Enochic and related texts fits with sectarian views of eschatology, cosmology, and revelation.

3. The texts at Qumran attest the importance of the story of the Watchers as an explanation for the origin of evil in the world. Conversely, the library is noticeably lacking in texts that focus on the Adam and Eve traditions.[55] This phenomenon needs to be studied in detail, both at Qumran and in the broader contexts of Judaism and early Christianity. Clearly, there is some correlation between the proliferation at Qumran of texts that focus on the Watchers and the texts that focus on the dualistic opposition of the two angels (1QS and the Testament of Amram). The story of the Watchers was far more important in the first centuries of the life of the Christian church than is generally recognized. In the texts that remain for us to study, it was clearly the reigning paradigm for explaining the presence of evil in the world--as opposed to the story of the first parents. This is true both among the orthodox Fathers and in the writings of the Gnostics and the Manichaeans.[56] The tide changes significantly with the

---

53 On the Animal Vision of 1 Enoch, see ibid., 587. The Apocalypse of Weeks, which is much concerned with Israelite sanctuaries, makes no reference to the building of the Second Temple (1 Enoch 93:8-10).

54 See 1 Enoch 10; 88; 89:59-90:27.

55 In these observations, I am indebted, in part, to discussions with Professor Michael E. Stone.

56 On the orthodox usage, see, e.g., Justin, *2 Apol.* 5; Athenagoras, *Plea* 24-25; Minucius Felix, *Octavius* 26; Lactantius, *Divine Institutes* 2:15-17; Commodianus, *Instructiones* 3. On the Gnostic use, see, e.g., Birger A. Pearson, "1 Enoch and the

appearance of Augustine of Hippo, whose antipathy for the Enochic literature may well have been driven by two factors: his need to separate from his Manichaean past; and his anthropology, which could derive a universal proclivity for sin from an interpretation of the Adam story, while eschewing the implications of a story that derived major evil from a massive realm of demons begotten from rebel angels.

Apocryphon of John," Tord Fornberg and David Hellholm, ed., *Texts and Contexts: Biblical Texts and Situational Contexts, Essays in Honor of Lars Hartman* (Oslo: Scandinavian University Press, 1995) 354-67. On the Manichaean usage of the Enoch material, see Reeves, *Jewish Lore*.

Neumonds-Neujahr oder Vollmonds-Neujahr?
Zu spätisraelitischen Kalender-Theologien

von Klaus Koch und Uwe Gleßmer[*]

Seit der Veröffentlichung der Qumrantexte wird offenkundig, daß es in den beiden letzten vorchristlichen Jahrhunderten neben dem später für die Rabbinen allein gültigen luni-solaren Kalender, der den Monats- und Jahresanfang am Neumond ausgerichtet und zum Ausgleich mit dem Sonnenjahr einen 19-jährigen Schaltzyklus benutzt hat, in Israel einen 364-Tage-Kalender[1] gegeben hat, der von der grundlegenden Sabbatstruktur der Weltschöpfung bestimmt war und deshalb auch die Jahreslänge durch ein Vielfaches von Sieben begrenzt sein ließ. Ältestes Zeugnis des alternativen Kalenders ist das AB, das mindestens bis ins dritte Jahrhundert v.Chr., vielleicht aber bis in die Exilszeit zurückreicht[2]. Trotz der eklatanten Differenz zu den 365 ¼ Tagen des Sonnenjahres handelte es sich nicht um einen rein theoretischen Entwurf, sondern um eine zumindest in der Qumrangemeinde praktizierte Zeiteinteilung. Einen eindeutigen Beleg bietet die Nachricht, daß der als Frevelpriester disqualifizierte Jerusalemer Hohepriester den Gemeindeleiter, den Lehrer der Gerechtigkeit, an seinem Exilsort am Versöhnungstag überfallen hatte, wohl um 150 v.Chr. (1QpHab 11,4-8); das setzt voraus, daß der Yom Hakippurim in der Bewegung des Neuen Bundes zu einem anderen Datum gefeiert wurde als in Jerusalem, andernfalls hätte der Priester am Tempel zugegen sein müssen[3].

---

[*] Dem Jubilar seit Jahren in der Diskussion um Qumran- und Kalenderthemen verbunden, erlauben wir uns, einige neue Erwägungen zur Fortsetzung des Gesprächs beizusteuern - mit dem Wunsch, auch künftig in gegenseitiger Anregung zusammenzuarbeiten.

1 Im folgenden Text abgekürzt als 364-T-K; als Abkürzungen werden außerdem verwendet: AB für Astronomisches Henochbuch; AncBD für Anchor Bible Dictionary; MuB für Mitteilungen und Beiträge, Theologische Fakultät Leipzig. Forschungsstelle Judentum.

2 Vgl. M. Albani, Astronomie und Schöpfungsglaube. Untersuchungen zum astronomischen Henochbuch, WMANT 68, 1994, 41; G.W.E. Nickelsburg, Art. Enoch, First Book of, AncBD 2, 1992, 508-516, 509; H. Stegemann, Die Essener, Qumran, Johannes der Täufer und Jesus. Ein Sachbuch, ⁴1994, 504.

3 So zuerst S. Talmon, Yom Hakippurim in the Habakkuk Scroll, Bibl 32, 1951, 549-563.

Der 364-T-K rechnet mit 12 Monaten zu 30 Tagen sowie vier Zusatztagen, die sich auf die Enden der Vierteljahre verteilen. Wie er in der Folge der Jahre befolgt worden ist, ob mit oder ohne Schaltung, bleibt bislang ebenso umstritten wie sein Alter, seine Herkunft[4] und seine Verbreitung.

In einem aufsehenerregenden Aufsatz hatte A. Jaubert 1953 die These vertreten, daß in den jüngeren alttestamentlichen Texten ein 364-T-K vorausgesetzt sei und daß nur dann die israelitischen Helden in den Erzählungen Unternehmungen am Sabbat vermeiden[5]. Ihr folgend wird von manchen Exegeten vorausgesetzt, dieser Kalender sei der offizielle Kalender des Zweiten Tempels bis zur "Kultreform" am Jerusalemer Tempel unter Antiochos IV. Epiphanes gewesen; er sei danach aber allein in Essenerkreisen noch hochgehalten worden[6]. Nach der Damaskusschrift (III 12f.) sind jedoch erst den "Übriggebliebenen", mit denen Gott den ewigen Bund aufgerichtet hat, also der Gemeinschaft des Neuen Bundes (zu Beginn des 2. Jh.s v.Chr.?), die Geheimnisse von Sabbaten und Festen offenbar geworden, hinsichtlich derer Israel in die Irre gegangen war. Das könnte sich freilich auf eine spezielle Variante jener Jahresberechnung beziehen. Denn die zunehmende Erschließung der Qumrantexte weckt die Frage, ob es nur ein einziges System des 364-T-K gegeben hat, oder ob davon mehrere Entwürfe im Umlauf gewesen sind[7].

---

4   Da in Ägypten seit alters ein Sonnenkalender mit 12 Monaten zu 30 Tagen sowie 5 Epagomenen am Jahresende gebräuchlich gewesen war, rechnet Stegemann, Essener 232f., mit judäischen Flüchtlingen, die zu Beginn der Exilszeit nach Ägypten ausgewichen waren, dort jenen Kalender kennengelernt und in einen Sabbatkalender durch Reduktion um einen Tag je Jahr umgeprägt hatten. Ihr Beispiel habe sich dann nach 515 v.Chr. in Palästina durchgesetzt. Dagegen schließen Albani u.a. aus der Anlehnung des AB an die Theorien der babylonischen Tafelserie MUL.APIN mit einem schematischen Jahr von 12 x 30 Tagen (daneben womöglich 360+4 Tage? s.u. Anm. 74), daß judäische Exulanten in Babylonien diesen Kalender übernommen und abgewandelt haben. Denkbar bleibt auch, daß der seit dem 5. Jh. in Persien verbreitete zoroastrische Kalender mit 12 x 30 Tagen und fünf Zusatztagen ohne fixierten Platz im Jahreslauf und/oder einem Schaltmonat alle 120 Jahre (A. Panaino, Art. Calendars, EncIr IV, 1990, 658-677, spez. 660-668) das Vorbild geliefert hat; er war vielleicht auch für die Zeitrechnung in Baalbek mit 12 x 30 Tagen zuzüglich 4 Tagen am Quartalsende und einem im Adar (J. Tubach, Der Kalender von Ba`albek-Heliopolis, ZDPV 110, 1994, 181-189) maßgeblich.

5   A. Jaubert, Le calendrier des Jubilés et la secte de Qumrân. Ses origines bibliques, VT 3, 1953, 350-364. Gewichtige Einwände bei B.Z. Wacholder / S. Wacholder, Patterns of Biblical Dates and Qumran's Calendar: The Fallacy of Jaubert's Hypothesis, HUCA 66, 1995, 1-40.

6   Stegemann, Essener (s. Anm. 2) 234. VanderKam hat seine Zustimmung von 1980 (J.C. VanderKam, 2 Maccabees 6,7a and Calendrical Change in Jerusalem, JSJ 12, 1981, 52-74, 57) 1983 bedeutend vorsichtiger formuliert (J.C. VanderKam, The 364-Day-Calendar in the Enochic Literature, SBLSP 119, 1983, 157-165, 162f.).

7   U. Gleßmer, Explizite Aussagen über kalendarische Konflikte im Jubiläenbuch: Jub 6,22-32.33-38, in: M. Albani / J. Frey / A. Lange, Studien zum Jubiläenbuch, TSAJ

1. Der Kampf um einen schöpfungsgemäßen Kalender

Die schon im AB auftauchende Polemik gegen Sünder, welche vom wahren
Kalender abirren, liefert den Beweis, daß es schon vor den Makkabäerwirren
unter den Judäern Anhänger eines anderen Systems gegeben hatte. Letztlich bleibt
für uns unklar, ob sie einen Mond- oder einen 365-Tage-Sonnenkalender praktiziert hatten. Auf das zweite könnte die 365jährige Lebenszeit Henochs Gen 5,23
und die Flutdatierung in P weisen[8], die erste Lösung dürfte wahrscheinlicher sein,
weil einige der nachexilischen Schriften babylonische (lunar bestimmte) Monatsnamen übernehmen, was später im offiziellen Judentum selbstverständlich geworden ist.

Wenn die Verfechter des 364-T-K demgegenüber jede andere Zeitrechnung
als schwere Sünde anprangern (1Hen 82,4f.), liegt ihnen nicht nur an einer mathe-
matischen Symmetrie und einer gleichbleibenden Relation zwischen Wochen-
tagen einerseits, Sabbaten und Festdaten andrerseits, sondern ebenso, wenn nicht
noch mehr, an den höheren Zeitrhythmen. Vorausgesetzt wird, daß der Weltzeit
insgesamt eine Siebenergliederung als "Sabbatstruktur"[9] eingestiftet worden ist,
wie es auf himmlischen Tafeln bereits bei der Schöpfung festgelegt worden war
(vgl. die Überschriften in 1Hen 72,1 und vor Jub 1,1). Das betrifft die Gliederung
in Sabbat- und Jobeljahre sowie das Vielfache der "Jubiläen". Die Menschen,
denen das Geheimnis offenbart worden ist, wissen um die providentielle Einheit
von Schöpfung und Erlösung. Das erfüllt sie mit der Gewißheit, trotz zeitwei-
ligem Leiden und schreiender Ungerechtigkeit auf Erden im Zeitplan Gottes
geborgen zu sein und durch ihn gerettet zu werden. Ihn während der irdischen
Lebenszeit genau zu beachten, gewährleistet die heilvolle Teilnahme an der
eschatologischen Erfüllung der Zeiten.

Die ausschlaggebende Rolle der Siebenerzeiten läßt sich aus einer an Gen 1
ausgerichteten Schöpfungslehre ableiten. Jener Text erlaubt zugleich, die
Bewegungen von Sonne und Mond am Himmel, die bislang von allen Völkern als
maßgeblich für eine Jahresrechnung angesehen waren, mit dem 364-T-K in
Beziehung zu setzen, obgleich dieser in der Gegenwart sich weder mit einem
Sonnen- noch mit einem Mondjahr unmittelbar deckt. Denn trotz einer mathema-
tischen, auf Zahlenharmonien ausgerichteten Konstruktion der Jahreslänge verzichten die einschlägigen Texte nicht auf genauere Verbindung ihrer Zeitrech-

65, 1997, 127-164, 127; sowie M. Albani, Zur Rekonstruktion eines verdrängten
Konzepts: Der 364-Tage-Kalender in der gegenwärtigen Forschung, in demselben
Band, 79-125, 97.103.
8   So E. Kutsch, Der Kalender des Jubiläenbuches und das Alte und das Neue Testament, VT 11, 1961, 39-47. Anders R.T. Beckwith, The Significance of the Calendar
for Interpreting Essene Chronology and Eschatology, RdQ 10, 1981, 167-202.
9   K. Koch, Sabbatstruktur der Geschichte. Die sogenannte Zehn-Wochen-Apokalypse
(1Hen 93,1-10; 91,11-17) und das Ringen um die alttestamentlichen Chronologien im
späten Israelitentum, in: ders., Vor der Wende der Zeiten, Beiträge zur apokalyptischen Literatur, 1996, 45-76 (= ZAW 95, 1983, 403-430).

nung mit dem Umlauf der großen Gestirne. Alle Texte setzen voraus, daß die Sonne diese Art des Jahreslaufes unterstützt, wie immer auch die Differenz von 1¼ Tag zwischen 364 und 365 ¼ erklärt worden sein mag, wenngleich das Urteil über den Beitrag des Mondes nicht einhellig lautet[10]. Bezug auf die astronomischen Gegebenheiten kann auf verschiedene Weise genommen werden.

a. Da das Anfangskapitel der Bibel die Erstmaligkeit der Wochentage mit der Weltentstehung verknüpft, liegt es nahe, den ersten Schöpfungstag als den 1.1. des Jahres 1 *anno mundi* anzusetzen und von da aus die Zeit zu zählen. So haben es sicherlich die (späteren) jüdischen und christlichen Rechnungen *ab conditione mundi* begriffen. Dann aber haben Zeit- und Jahresanfang mit dem Umlauf der Gestirne, der erst am 4. Tag anhebt, nur insofern zu tun, als diese für Kulttermine wie Päsach und Ostern maßgeblich werden, ebenso für die Monatseinteilung, wenn sie mit wechselnden Tageszahlen strikt am Mond ausgerichtet wird.

Diese Auffassung dürften schon Schriften wie das AB oder die Beschreibung der Mondphasen (4Q317) geteilt haben. Sie lassen den Zeitzyklus analog zum "bürgerlichen" babylonischen Kalender mit einem Monats- und Jahresbeginn am Neulicht des Mondes beginnen[11]. "Am ersten Tag des Monats geht der Mond unter mit der Sonne" (1Hen 73,7). Die Sonne beginnt im ersten Monat ihren Lauf im 4. Osttor des Himmels (1Hen 72,6), nicht im ersten, was vielleicht typologisch dem vierten Schöpfungstag entsprechen soll.

b. Nach Gen 1,14-16 hat Gott jedoch die beiden Leuchten zur *Herrschaft* über die Festzeiten, Tage und Jahre geschaffen. Das mag in der Henochastronomie und verwandten Texten so erklärt worden sein, daß mit diesem Tag die Sonne in eine bis dahin vom unbestimmten Licht (Gen 1,3) wahrgenommene Trennung der Tage eingestiegen ist und der Mond keimhaft für künftige Zunahme geschaffen wurde, so daß die Schöpfung mit einem Leermond begonnen hätte. Sicheres läßt sich jedoch nicht ausmachen. Andere Schriften, jünger als jene Henochschrift,

---

10 Nach dem Jubiläenbuch (6,36f.) verdirbt des Mondes unregelmäßiger Lauf die Zeiten, er ist also ein den abgefallenen Engeln ähnlicher Sünder. Das bedeutet freilich, daß die einst von Gott gut eingerichtete Schöpfung nicht nur auf Erden durch menschliche Sünde (u.U. angestiftet von Dämonen) zerstört worden ist, sondern daß das Weltall nur noch eingeschränkt dem göttlichen Schöpfungswillen entspricht. Wer die Auffassung von Jub teilt, kann im Grunde nicht mehr mit Psalm 29 rühmen: »die Himmel erzählen die Ehre Gottes«. Völlig anders verfährt das AB, dem darin die zur Frage sich äußernden Qumranschriften folgen. Es bietet ausführliche Synchronismen der Bahnen der beiden Hauptgestirne und betont, daß der Mond tagtäglich durch jene Himmelstore geht, die der Schöpfer dafür vorgesehen hatte. »Der Mond führt alle Jahre genau herbei« (74,12). Die dem Frommen auf Erden erkennbaren Zeitrhythmen spiegelt also auch das außerirdische All im wesentlichen eine ursprüngliche Schöpfungsherrlichkeit wieder, in der der Mensch sich behaust wissen darf.

11 U. Gleßmer, Antike und moderne Auslegungen des Sintflutberichtes Gen 6-8 und der Qumran-Pescher 4Q252, MuB 6, 1993, 3-79, 54ff.; Albani, Rekonstruktion (s. Anm. 7) 93.

haben aber die Genesisstelle dahin verstanden, daß es vor dem vierten Tag noch
keine festen Zeiten gegeben habe. Erst mit dem Ur-Mittwoch erhält die Schöpfung jene rhythmische Zeitstruktur, die bis heute besteht. Dadurch wird diese an
einen markanten astronomischen Kongruenzpunkt gebunden, an dem die Sonne
über den Tag wie der Mond über die Nacht sich zu herrschen anschickten. Dabei
war sicherlich daran gedacht, daß das Nachtgestirn damals in seiner vollen
Herrlichkeit in Erscheinung getreten war. Der Anfang lag also an einem Vollmond, der mit einer Tagundnachtgleiche im Frühling zusammenfiel[12].

So die Auffassung der Calendaric Documents, die früher auch nach den
Dienstordnungen der Priester als Mishmarot-Texte benannt wurden. Nach ihnen
hat am vierten Schöpfungstag, einem Mittwoch, mit der Erschaffung der beiden
Gestirne der irdische Zeitenlauf begonnen. Damals hat der Mond »von Abend bis
zum Morgen geleuchtet«, und das wiederholt sich im Ablauf der für den Kult-
dienst maßgeblichen Jahreszyklen[13]. Da für Päsach-Mazzot und Laubhüttenfest
die Festlegung auf den 14./15. eines Monats in diesen Verzeichnissen nach dem
Pentateuch festgehalten wird (so auch in der Tempelrolle)[14], fällt die Feier dieser
Feste für das Anfangsjahr auf einen Termin um den Neumond im Unterschied zu
ihren rabbinischen Vollmondsdaten[15]. Das Ur-Jahr des Schöpfungsanfangs gilt
offensichtlich als Modelljahr für den Anfang besonderer Jahresgruppen. Diese
Grundform kehrt regelmäßig nach jedem dritten als Vollmondsbeginn bzw. nach
jedem sechsten Jahr wieder, wenn sie zugleich auch mit dem Wiederbeginn der
anfänglichen Priesterordnung zusammenfällt[16].

Eine auf die Vollmondserscheinung für Jahres- und Monatsanfang ausge-
richtete Zeitrechnung schreiben unabhängig voneinander der islamische
Geschichtsschreiber Al-Biruni und der Karäer Al-Qirsani um 1000 n.Chr. einer
jüdischen Sekte, den Magharijern, wahrscheinlich "Höhlenleute" zu übersetzen,
zu. Vermutlich handelt es sich um ein versprengtes Überbleibsel der Qumra-

---

12 Stegemann, Essener (Anm. 2) 233.
13 4Q320 fr. 1,1; 2,1,3-5; 4Q321; J.C. VanderKam, Calendrical Texts and the Origin of
    the Dead Sea Scroll Community, SB Methods of Investigation of the Dead Sea
    Scrolls and the Khirbet Qumran Site, Present Realities and Future Prospects (ed.
    M.O. Wise; N. Golb; J.J. Collins, D.G. Pardee), 1994, 371-388, 380ff.; Albani,
    Astronomie (Anm. 2) 290; Albani, Rekonstruktion (Anm. 7) 91.
14 Auch das Wochenfest fällt nach diesem Kalender (entsprechend einer der
    besonderen Verständnisweisen von Lev 23,11.15 sieben Wochen "nach dem Tag
    nach dem Sabbat" [nach Päsach] = I/26) auf den 15. des dritten schematischen
    Monats im 364-T-K, während in biblischen Texten keine genauere Datierung
    innerhalb des dritten Monats vorgenommen wird.
15 Siehe die Übersicht bei J. Maier, Die Qumran-Essener: Die Texte vom Toten Meer.
    Bd. I-III, 1995/96, III 55.57.
16 Siehe dazu Maier, Qumran-Essener, II.279[375]; III.52 sowie U. Gleßmer, Die ideale
    Kultordnung: 24 Priesterordnungen in den Chronikbüchern, den kalendarischen
    Qumrantexten und in synagogalen Inschriften. Habilitationsschrift. masch. [erscheint
    als StTDJ 24], Hamburg 1996, 213ff., 358.

niten bzw. Essener. Nach dem ersten Schriftsteller fällt bei ihnen nicht nur das Neujahr, von dem ab die Monate gezählt werden, mit einem Vollmondsdatum zusammen, sondern auch die an einem Mittwoch gefeierten Feste[17]. Nach dem zweiten entspricht bei ihnen jeder Monatsanfang dem Ur-Mittwoch:

»The Magharians fixed the beginning of the months by the appearance of the full moon ... The Moon was also created perfect at the moment when it was created. ... This [they say] took place on Wednesday, and there is no doubt [in their minds] that this was the first day of the month«[18].

Der Zusammenfall von Monatsanfang und Vollmond ist dem rabbinischen Brauch, ihn genau mit dem Neulicht beginnen zu lassen, strikt entgegengesetzt. Jener erinnert an die eben erwähnte qumranische Variante, weicht aber von einem schematischen 364-T-K ab, wenn aktuelle Mondbeobachtungen die Grundlage der Orientierung bilden. Wenn zugleich die Feste jeweils an Vollmond begangen worden sind, müßten die Daten entgegen den Pentateuchvorschriften mit den betreffenden Monatsanfängen zusammengefallen sein.

Den Anfangsmonat eines Zeitrhythmus mit dem Vollmond beginnen zu lassen, hat zweifellos den praktischen Vorteil einer leichteren Möglichkeit zu allgemeiner Beobachtung. Das erste Sichtbarwerden der Mondsichel kurz vor Sonnenuntergang ist oft durch Wolken oder Berge verwehrt und u.U. von Ort zu Ort unterschiedlich. Der Vollmond kann dagegen durch ein, zwei (oder gar drei) ganze Nächte hindurch sichtbar bleiben. In beiden Fällen, wo nicht ein schematischer lunarer Zyklus von abwechselnd 29 und 30 Tagen gezählt wird, sondern der aktuelle Mondaufgang entscheidend ist, bedarf es wohl einer autoritativen priesterlichen oder politischen Instanz, um den genauen Beginn festzustellen. Die Rabbinen legen deshalb auf die Institution der Neumonds-Zeugen einen erheblichen Wert[19].

Wie alt ist in Israel die Auffassung von einem Anfang des (Ur-)Jahres, womöglich sogar des Urmonats mit einem Vollmond und eine damit zusammenhängende Terminierung der kultisch wirksamen Jahresfeste? Die Komposition des Pentateuch läßt eine letzte Eindeutigkeit vermissen. Zwar beginnen nach Ex 12,6; Lev 23,5.34.39; Num 28,16; 29,12 Päsach und Laubhüttenfest am 14./15. des ersten und siebten Monats. Der etwa seit 600 v.Chr. aufkommende Brauch, die Monate zu numerieren, wird gegenwärtig durchweg von einer übernommenen babylonischen Monatseinteilung mit Anfang am Neulicht abgeleitet. Das ließe dann für die beiden Feste auf ein Vollmonddatum schließen. Völlig sicher ist solche Annahme nicht. Weder Vollmond noch

---

17 Al-Biruni, The Chronology of Ancient Nations (ed. E. Sachau), London 1879 (= repr. 1983) 278.

18 J. Fossum, The Magharians: a pre-christian Jewish Sect and its significance for the Study of Gnosticism and Christianity, Hen 9, 1987, 303-344, 304f.307. Auch altkirchliche Schriften setzen den 4. Schöpfungstag als Tag des Päsach und des Vollmonds zur Tagundnachtgleiche voraus; Jaubert, Calendrier (Anm. 5) 59.

19 P. Billerbeck, (/H.L. Strack), Kommentar zum Neuen Testament aus Talmud und Midrasch. Vol. I-IV, 1926ff (=⁵1969), IV 312.346.386.

Neulicht werden ausdrücklich im Pentateuch in diesen Zusammenhängen genannt. Denn der dafür meist herangezogene, im Zusammenhang der Festdaten verwendete Begriff חֹדֶשׁ (z.B. Num 28,11; Dtn 16,1) bleibt mehrdeutig. Er bedeutet sowohl den ganzen Monat als den »Neuen«, bzw. die »Neuung«, als auch nur den Monatsanfang. Wo der Ausdruck parallel zu »Sabbat« steht und dieser (vorexilisch?) den Vollmondstag meinte, dürfte ein Neumondsbeginn als חדש gemeint gewesen sein. Andererseits hat N.H. Snaith[20] schon 1947 zu erwägen gegeben, ob nicht der Kontext von Stellen wie 1Sam 20,27; Ps 81,4 eher einen Vollmondsanfang als Sinn von חדש nahelegt, eine ähnliche Doppeldeutigkeit zeigen nach ihm auch phönikische Belege[21]. Das gleiche Problem hinsichtlich חדש stellt sich erheblich stärker noch durch einige Qumrantexte (s.u.).

Auf einen Monats- und Jahresbeginn mit Vollmond lassen hingegen mit einiger Wahrscheinlichkeit für eine priesterliche Richtung der frühen nachexilischen Zeit die Esra-Geschichten schließen.

2. Festdaten in den Esrageschichten

In der Kalenderdiskussion ist bislang nicht beachtet worden, daß bereits die nachexilischen Geschichtsbücher unterschiedliche Kalendersysteme voraussetzen. Die Nehemiaerzählungen benutzen aramaisierte babylonische Monatsnamen (1,1; 2,1; 6,15), schließen sich also an den mesopotamischen bürgerlichen Kalender unmittelbar an. Die Chronikbücher wie die Esrageschichte kennzeichnen zwar übereinstimmend die Folge der Monate mit Ordinalzahlen, lassen aber einen verschiedenen Blickwinkel hinsichtlich der astronomischen Verortung erkennen. Die chronistischen Angaben folgen der Zeitrechnung der Pentateuchkomposition; so feierte Salomo das (Laubhütten-)Fest im 7. Monat und entließ das Volk am 23. Tag (2Chr 7,10, Lev 23 und Num 29 entsprechend); das Päsach lassen Hiskia am 14. Tag des (ausnahmsweise zweiten) Monats (entsprechend Num 9,6ff.) und Joschija am 14.1. feiern (2Chr 29,13; 35,1 vgl. Ex 12,6).

Ein andres Bild bietet jedoch bei genauerem Hinsehen der Esrakomplex Esr 7-10 + Neh 8f. Der Eingang der Esra-Geschichte (7,9) bietet eine ungewöhnlich genaue Datierung für den Beginn der Esra-Aktionen[22]. »Am ersten des ersten Monats, da war die Grundlegung des Heraufzugs aus Babel«. Ob die sonst nicht belegte Wendung von der »Grundlegung des Heraufzugs« auf die profetische

---

20 N. Snaith, The Jewish New Year Festival, London 1947, 88ff., besonders 96-102.

21 Dazu jetzt J. Hoftijzer / K. Jongeling, Dictionary of the North-West Semitic Inscriptions, 1995, 350f.

22 Zur Ausgrenzung einer eigenständigen Esra-Denkschrift, ihrem Alter und Anliegen s. K. Koch, Weltordnung und Reichsidee im alten Iran und ihre Auswirkungen auf die Provinz Jehud, in: P. Frei / K. Koch: Reichsidee und Reichsorganisation im Perserreich OBO 55, 1996, 133-337, 220-283.

Weissagung eines zweiten Exodus sich bezieht, der durch Esra ins Werk gesetzt wird[23] oder nicht, der Neujahrstermin ist als Anfangsdatum sichtlich betont, der offizielle Anfang zu dieser Zeit (im siebten Jahr des Artaxerxes) hat vermutlich programmatische Bedeutung.

Auf die Datierung im ersten Monat greift 8,31 zurück: »wir brachen auf vom Fluß Ahawa am 12. des ersten Monats, um nach Jerusalem zu marschieren.« Die »Grundlegung des Heraufzugs« markierte demnach nicht den Tag des Abmarsches, auch nicht den ersten Aufruf zur Heimkehr, der erheblich früher erfolgt sein mußte, sondern den der endgültigen Sammlung der Rückkehrwilligen am Ahawa-Fluß. Dort wurde dann aber nach dreitägiger Registrierung festgestellt, daß sich keine Leviten eingefunden hatten; deshalb wird in aller Eile nach Kasifja gesandt, wo dann, wohl gegen entsprechende Zusicherung über die künftige rechtliche Stellung in der Heimat, wenigstens 38 Leviten sich dem Zug anzuschließen bereit erklärten (8,15-19). Wegen der nötigen Levitenbeteiligung konnte der Wegzug also nicht sogleich nach der Zusammenkunft erfolgen.

Die Datierung des Abmarsches auf den 12.1., ob historisch zutreffend oder nachträglich angesetzt, wirkt überaus befremdlich; denn sie erweckt den Eindruck, daß Esra sich mit seiner Truppe gerade zwei Tage vor dem Päsach-Mazzot-Fest auf den langen Treck begeben hatte. Nach dem Pentateuch-Gesetz ist am 14. des ersten Monats Päsach zu feiern und ab dem 15. das Fest der ungesäuerten Brote (Lev 23,5f.; Num 28,16f.); wer als Israelit die Feier unterläßt, ist dem Tod verfallen (Ex 12,13). Der Auszug aus Ägypten hatte am Tag nach der Päsach-Nacht stattgefunden (Ex 12); da Esra sich geflissentlich am typologischen Muster des Exodus auszurichten scheint, fällt die Abweichung auf, wäre eher ein Aufbruch am 16. oder eher noch am 23. des ersten Monats zu erwarten. Das Päsach-Mazzot-Fest nach zwei Tagen unterwegs zu feiern, wie es die Angabe impliziert, dürfte schwer zu bewerkstelligen gewesen sein; wo hätte es da eine Gelegenheit für die Familien gegeben, sich zu versammeln und Türpfosten zu bestreichen (Ex 12,3f.7)? Um ein Vielfaches einfacher wäre es gewesen, das Frühlingsfest *vor* dem Abmarsch am Sammlungsort zu feiern, wo gewiß Unterkünfte vorhanden waren und die notwendigen Vorbereitungen in Ruhe getroffen werden konnten[24]. Die Durchführung der Feier dürfte nach jedem weiteren Tag der Esra-Reise eher schwieriger als leichter geworden sein.

Haben Esra und die Seinen womöglich das Fest *vor* dem Abmarsch gefeiert? Dann wäre die »Grundlegung des Heraufzugs« am 1.1. des siebten Artaxerxes-Jahres, also das Neujahr im Frühling, mit dem Päsach-Datum zusammengefallen. Das ließ sich von den Festkalendern in Ex 23,15; 34,18 wie der Vorschrift von Dtn 16,1 her rechtfertigen, wenn dort der חדש des Monats als

---

23 Koch, Reichsidee 239-241.
24 Zwar kennt das Buch Numeri einen Sondertermin für Reisende am zweiten Monat, Num 9,10f., den sie nach ihrer Rückkehr am Wohnsitz wahrnehmen. Aber ein Wohnsitz wurde bei der Rückwanderung nicht erreicht.

Päsach- oder Mazzottermin als "Monatsanfang" gedeutet wurde. Es setzt allerdings voraus, daß die Terminierung auf die Monatsmitte in Ex 12,6; Lev 23,5 entweder nicht bekannt war oder umgedeutet worden war.

Fiel das am Monatsanfang zu vermutende Päsach-Mazzotfest mit einem Vollmondstermin zusammen? Beginnt für die Erzählung das Jahr zwar im Frühjahr, aber nicht wie im babylonischen und den davon abhängigen Kalendern mit einem Neulichtaufgang, sondern wie in Qumran mit dem Vollmond? Das Fest fällt später für das Judentum selbstverständlich auf den ersten Vollmond nach der Tagundnachtgleiche des Frühlings (und davon ist noch heute das Datum des christlichen Osterfestes abhängig). Wo in nachexilischen Schriften das Fest auf den 14./15. des ersten Monats gemäß babylonischer Zeitrechnung gelegt wird, wird ebenfalls eine Feier um die Vollmondszeit vorausgesetzt. Das könnte auf den Zwang älterer Traditionen hinweisen, andernfalls hätte sich eine Anbindung des Festes an den Monatsbeginn nahegelegt. Vielleicht darf man schon bei den Auszugserzählungen des Buches Exodus annehmen, daß sie sich für die schnelle Flucht bzw. Auswanderung der Vorfahren in ein unbekanntes Gelände helle Nächte vorgestellt hatten. So begreift es sich, das die alttestamentlichen Exegeten den Vollmondbezug bereits für die israelitische Frühzeit voraussetzen: "Pascha wurde am Vollmond des 1. Monats des Frühlingsjahres gefeiert"[25]. Läßt demnach die Esra-Erzählung - wie hernach die Qumranschriften - das Jahr mit einem Vollmondsdatum beginnen?

Nach Neh 8 war der große Priester an einem zweiten Fest im Herbst maßgeblich beteiligt. Erstaunlicherweise passen die Zeitangaben im Kapitel wieder nicht zu einem am babylonischen Muster ausgerichteten Kalender. Erzählt wird, daß Esra am ersten des siebten Monats (nach dem ursprünglichen Zusammenhang im 8. Artaxerxesjahr 457/56[26]), der ausdrücklich als ein heiliger Tag (V. 10) hervorgehoben wird, vor dem Wassertor, vermutlich auf einem Platz vor dem Tempel, in feierlicher Weise die von ihm mitgebrachte Tora erstmals verlesen hat. Eine solche Verlesung gebietet Dtn 31,9-13 für das Laubhüttenfest. Am zweiten des Monats versammeln sich bei ihm die Volksführer, um aus der Schrift zu erfahren, daß die Israeliten am חג eben dieses Monats das Laubhüttenfest zu feiern haben. Daraufhin wird öffentlich in allen Städten und Jerusalem - anscheinend unverzüglich - zur Feier des Festes aufgerufen, was dann auf Dächern und in Vorhöfen geschieht. Das Fest wird sieben Tage lang vom Gesetzesvortrag begleitet, und zwar »von dem ersten Tag (des Monats?) an«; am achten wird es mit einer kultischen Versammlung abgeschlossen. Verglichen mit der Pentateuch-Terminologie hängt das Fest »kalendarisch in

---

25 R. de Vaux, Das Alte Testament und seine Lebensordnungen (franz.Original: Les Institutions de l'Ancien Testament), II ²1966, 342; vgl. E. Otto, Art. פסח, ThWAT 6, 1989, 659-682, 672.

26 Zur Erklärung der für viele Exegeten "verspäteten" Gesetzesproklamation Koch, Reichsidee (Anm. 22) 272.

der Schwebe«[27]. Denn die Erzählung erweckt den Anschein, daß sich der גה unmittelbar an die erste Gesetzesverkündigung (V. 1f.) angeschlossen hatte, ja daß diese zu den sieben Tagen des Laubhüttenfestes gehört hat[28]. Der geschilderte Ritus weicht bei der Aufzählung der für das Fest nötigen Pflanzenarten wie mit der Erwähnung vom Hüttenbau auch innerhalb Jerusalems und des Tempels von der Pentateuch-Beschreibung Lev 23 ab. Das gilt offensichtlich auch für das Datum. Eine Festlegung auf den 15. des siebten Monats (Lev 23,33; Num 29,2; Ez 45,25) ist dem Text fremd. Eine selbständige Rosch-Haschanah-Feier im siebten Monat wird noch nicht vorausgesetzt (der Ausdruck wird im Alten Testament nur Ez 40,1 für den 10.7. verwendet). Fiel womöglich das Fest am Monatsanfang wieder mit einem Vollmonds-Termin zusammen?

Eine Vollmondszeit für das Laubhüttenfest setzen die Datierungen ab dem 15. des siebten Monats im Pentateuch voraus, wieder unter der Voraussetzung babylonischer Jahresrechnung. Den Bezug unterstreicht auch der Aufruf Ps 81,4, das Horn "am Vollmond, dem Tag unsres Festes (גה)" zu blasen, sofern er sich auf das Herbstfest bezieht[29]. Für die Erntefeier außerhalb der Wohnungen waren zudem sicher helle Nächte vorteilhafter als Neumondstage.

Eine Zusammenschau der Datierungsproblematik der beiden kultischen Hauptfeste im Esrakomplex macht es wahrscheinlich, daß der Verfasser(kreis) deshalb von anderen alttestamentlichen Büchern mit seiner Zeiteinteilung abweicht, weil er (wenigstens für Modelljahre) mit einem Jahresbeginn bei Vollmond im Frühling und mit einer davon abhängigen Monatsabfolge rechnet. Das schließt nicht notwendig ein, daß er - wie die Magharier - die je aktualen Monatsbestimmungen (also keine schematischen Tageszahlen) voraussetzt. Auch wenn er eine Standardzahl von Tagen und den üblichen Wechsel von 29 und 30 Tagen je Monat (samt notwendigen Schaltungen) einbezieht, fiel das Laubhüttenfest in die Vollmondszeit. Würde er womöglich, was nicht völlig auszuschließen ist, schon einen 364-T-K vertreten, hätte er das Auftreten Esras in ein erstes Jahr nach dem Modell der Calendaric Documents verlegt.

Wie stand es um den Versöhnungstag, der nach Lev 23,26; Num 29,7 am zehnten des siebten Monats stattfinden und dem Laubhüttenfest vorangehen sollte? Nicht vor, sondern zehn Tage nach dem eben genannten, mit dem Neujahr zusammenfallenden Laubhüttenfest findet nach der letzten Esra-Geschichte (sein Name Neh 9,6 LXX, in der Tradition von MT getilgt[30]) ein Fasttag nur der Männer statt, bei dem die Israeliten nach einem entsprechenden

---

27 W. Rudolph, Esra und Nehemia samt 3. Esra. HAT 20, 1949, 151.
28 Koch, Reichsidee (Anm. 22) 279f. Anders de Vaux, Lebensordnungen I (Anm. 25) 359f. und ähnlich J.M. Myers, Ezra-Nehemiah, AB 14, 1965, 156, die eine zwischenzeitliche Rückkehr des Volkes in seine Wohnsitze und erneute Wanderung nach Jerusalem voraussetzen; davon verlautet im Text jedoch nichts.
29 H.J. Kraus, Psalmen, BK XV/2, [5]1978, 728.
30 Koch, Reichsidee (Anm. 22) 280f.

Gesetzesvortrag ihre Sünden und die ihrer Väter bekennen[31]. »Tag des Fastens«
(τῆς νηστείας) wird der Versöhnungstag wohl auch bei Josephus (Ant 14,66)
genannt[32]. Die Feier Neh 9 entspricht Inhalt und Ziel des Versöhnungstages von
Lev 16, auch wenn die Begleitriten mit Schuldübertragung vom Volk auf Tiere
nicht erwähnt werden. Der Nehemia-Text verlegt die Feier auf den 24. Siebten,
d.h. auf einen zehnten Tag nach dem vorher genannten Fest, falls man dafür die
Pentateuch-Festlegung auf den 15. des siebten Monats voraussetzt. Das paßt
nicht mehr zu dem für den älteren Zusammenhang oben postulierten Vollmondsbeginn, stimmt aber in der Zehn-Tage-Frist mit dem Pentateuch-Kalen-
der überein. Stand hier ursprünglich einmal der »zehnte dieses Monats«, hat ihn
ein Überarbeiter an den später maßgeblichen Kalender durch einen entsprechenden Zahlentausch angeglichen? Da die Begehung keine strikte Parallele in
anderem Schrifttum hat, läßt sich dem Kapitel kein unmittelbarer Beitrag zur
Kalenderthematik entnehmen.

Die vorexilische Zeitrechnung in Israel hatte nach den wenigen Daten, die
zur Verfügung stehen, das Jahr im Herbst beginnen lassen, wie vordem in Ebla,
Ugarit und im Gezer-Kalender[33]. Trifft die Bindung an den Vollmond für das
alte Päsach- und Laubhüttenfest zu, geschah der Jahreswechsel am Vollmond
um die Tag-und-Nachtgleiche. Denn »beim Herausgehen des Jahres«, also zu
Neujahr, ist nach Ex 23,16, oder an der »Wende des Jahres« nach Ex 34,22 das
Fest der Lese zu feiern, das später zum Laubhüttenfest um die Vollmondszeit
im siebten Monat geworden ist[34] (vgl. Ps 81,4)[35]. Die Esra-Geschichte schließt

---

31 Koch, Reichsidee (Anm. 22) 280f.233-235. Manche Literarkritiker postulieren für
   cap. 9 einen anderen Platz in der Esra-Geschichte, um religionsgeschichtlichen
   Problemen aus dem Wege zu gehen (Rudolph, Esra [Anm. 27] 154, Myers, Ezra-
   Nehemiah [Anm. 28] 165). Andere setzen voraus, daß die Erzählung in Neh 8 einen
   Versöhnungstag zwischen Monatsanfang und Laubhüttenfest voraussetze, aber, weil
   selbstverständlich, nicht erwähne (z.B. Myers, ebd. 165). Von dem erzählenden
   Eingang Neh 9,1-4 hebt sich allerdings der - z.T. von anderen Leviten vorgetragene -
   Bußhymnus 9,5-37 ab. K. Galling, Die Bücher der Chronik, Esra, Nehemia. ATD 12,
   1954, 239 hält ihn für ein aufgenommenes älteres Lied.
32 M.O. Wise, Primo Annales Fuere: An Annalistic Calendar From Qumran, in: ders.,
   Thunder in Gemini, JSP.SS 15, 1994, 186-221, 215.
33 ThWAT 8, 327-329.
34 Um die nachexilische Zählung als die alt-israelitische zu retten, bezieht VanderKam
   nach dem Vorbild Anderer שנה an beiden Exodus-Stellen auf »an agricultural cycle
   which is not necessarily the same as a calendar year« (AncBD 1,817). Doch für eine
   so vage Bedeutung des Lexems שנה fehlt jeder Beleg; zudem dürfte gerade ein
   Festkalender - wie an den übrigen Stellen des Alten Testaments - auf genaue
   kalendarische Festlegung Wert legen.
35 Ein Nachklang der alten Zeitrechnung hat sich vermutlich in 1Chr 24 erhalten, wo
   der Listenanfang mit dem führenden Geschlecht *Jojarib* dem früheren Jahresbeginn
   im Herbst entsprechen könnte, während in Qumran der Wechsel im Frühjahr mit
   einem (zweitrangigen) Geschlecht *Gamul* einsetzt (und *Jojarib* am Versöhnungstag
   Dienst tut), vgl. Wise, Annalistic Calender (Anm. 32) 395.

sich also im Blick auf den Frühlingsbeginn dem »neumodischen« babylonischen Kalender an, vielleicht um den Vorrang des Päsach herauszustellen, bleibt aber für die Anfangstage der Monate (und des Jahres) dem althebräischen Termin treu. Läßt sich von hier aus eine Linie bis in die Qumranliteratur ausziehen?

Ein weiteres Kalenderproblem, das die Esra-Geschichte nicht ausdrücklich, wohl aber durch die vorausgesetzten rechtlichen Maßnahmen für die Rückkehrer mit einer Neuverteilung des Landbesitzes stellt, betrifft die mutmaßliche Durchführung eines Erlaß- oder gar Jobeljahres, auf das ich an anderer Stelle eingegangen bin[36]. Selbst wenn man davon absieht, dürften sich die Festdaten der Esra-Geschichte aus der Diskussion um die Geschichte des Kalenders in Israel künftig nicht mehr ausklammern lassen.

Wie fügt sich diese Rekonstruktion in den weiteren Kontext der israelitischen Kalenderentwicklung ein und welche externen Anhaltspunkte können die Annahme stützen, daß ursprünglich in der Esra-Geschichte eine Art der Datierung vorausgesetzt worden sein könnte, die davon ausgeht, daß der Monatsbeginn des ersten Monats durch den Vollmond markiert wird? - Aufgrund der Situation, daß innerhalb der biblischen Texte sich keine direkte Erwähnung eines Vollmond-Monatsanfangs findet (wie überhaupt Mondphasen-Terminologie sich kaum *eindeutig* ausmachen läßt), ist der Vergleich mit außerbiblischen Materialien von besonderem Interesse. Außer der oben bereits erwähnten späteren Überlieferung über die Gruppierung der "Höhlen-Leute" sind vier Themenbereiche besonders wichtig, um die nachexilische Umbruchsituation zu beschreiben: 1. Das Problem des Wechsels vom vor- zum nachexilischen Sprachgebrauch bei שבת und חדש. 2. Die babylonische Datierung des Jahresanfangs und der Tag-und-Nachtgleiche; 3. der sogenannte Päsach-Papyrus aus Elephantine und 4. die qumranischen Texte.

3. Das Problem des Wechsels vom vor- zum nachexilischen Sprachgebrauch bei שבת und חדש.

In den letzten Jahren sind vermehrt Beobachtungen wieder berücksichtigt worden, die am Anfang des Jahrhunderts MEINHOLD in seinem Buch "Sabbat und Woche" dazu geführt haben, einen beträchtlichen Bedeutungswandel des Wortes Sabbat zu rekonstruieren[37]. Vorexilisch habe das Wort שבת - wie akk. šapattum - den Vollmond bezeichnet und erst in der späteren Zeit die neue Bedeutung als Sieben-Tage-Sabbat erhalten. Einen inhaltlichen Anhaltspunkt zur Veränderung bieten profetische Texte wie Hos 2,13 und Jes 1,13, in denen

---

36 Koch, Reichsidee (Anm. 22) 245-248.
37 T. Veijola, Die Propheten und das Alter des Sabbatgebots, in: FS Kaiser, Prophet und Prophetenbuch (ed. V. Fritz / K.-F. Pohlmann / H.-Chr. Schmitt), 1989, 246-264; J. Meinhold, Sabbat und Woche im Alten Testament, FRLANT 5, 1905.

die Praxis von שבת und חדש bei den Israeliten barsch verurteilt wird. Auch wenn nicht eindeutig geklärt werden kann, ob שבת nun ursprünglich Vollmond oder vielleicht auch den "Leermond" bezeichnet, wie jüngst WILLI-PLEIN erwogen hat[38], so besteht durchaus bei neueren Exegeten und Exegetinnen die Vorstellung, daß ein Mondphasen-Fest durch einen schematischen Sieben-Tage-Sabbat verdrängt worden sei[39].

Bei der von den o.g. Profetentexten ebenfalls kritisierten Feier, die mit dem Wort חדש bezeichnet ist, wird in der Regel nicht eine vergleichbare Neuorientierung konstatiert. Hier ist jedoch ähnlich wie bei Sabbat nicht ganz sicher, was vorexilisch die Wortbedeutung gewesen ist. Trotz dieser Unsicherheiten ist deutlich, daß mindestens die Gruppe der frühen Bibelüberlieferer und -ausleger in Qumran hier ebenfalls einen großen Bedeutungswandel voraussetzen. Ähnlich wie im Falle des 7-Tage-Sabbats benutzen sie nämlich das Wort חדש, um eine *schematische* Größe zu bezeichnen, die ein auch den Sabbat einschließendes Gesamtsystem von 364 Tagen mitbestimmt und so die Sabbatstruktur auch auf höherer Ebene der Jahresfeste praktizierbar macht.

Für die exilische und nach-exilische Situation ist mit der teilweisen (oder auch weitergehenden) Neuausrichtung wichtig, daß anscheinend - außer den zu berücksichtigenden profetischen Stimmen - keine ganz festen, gemeinsam verpflichtenden Festlegungen für alle Gruppierungen der Zerstreuungszeit existiert haben. Möglicherweise besteht Verunsicherung als Folgewirkung deuteronomischer, josianischer Reform - kurz vor dem Ende der Eigenstaatlichkeit.

4. Die babylonische Datierung der Tag-und-Nachtgleiche in spätisraelitischen Texten

Die Schematisierung und Ablösung des mondphasen-orientierten שבת (und vielleicht auch חדש?) ist als Element der Neuorientierung wichtig geworden. Die kalendarische Beeinflussung wird häufig so dargestellt, als hätten die Israeliten aus dem Exil den Kalender mit den babylonischen Mondmonatsnamen mitgebracht[40]. So einfach ist das jedoch nicht vorzustellen. Sicher ist zwar, daß in der persischen Zeit die aramaisierten Monatsnamen Nisan, Iyyar usw. zunehmend auch in jüdischen Gruppierungen in Gebrauch waren. Außer in einigen Texten aus Esr und Neh[41] wird in der Hebräischen Bibel dieser Sprachgebrauch aktiv

---

38 I. Willi-Plein, Anmerkungen zu Wortform und Semantik des Sabbat, ZAH 10, 1997, 201-206.

39 Zum "Mosaic Sabbath" vgl. R.T. Beckwith, Calendar and Chronology: Jewish and Christian Biblical, Intertestamental and Patristic Studies, AGAJU 33, 1996, 18ff. Für die vorexilische Zeit hat G. Robinson, The Origin and Development of the Old Testament Sabbath, 1989, 109ff. auf das alte Verbot von Arbeit am siebten Tag (noch kein Sabbat!) nach Ex 20,1 und Ex 34,21 verwiesen.

40 So etwa im Archäologischen Bibel-Lexikon 232.

41 Nisan: Neh 2,1; Elul: Neh 6,15; Kislew: Neh 1,1; Adar: Esr 6,15.

noch in den Rahmungen der Sacharja-Visionen c. 1-7[42] und in dem im Zwei-
stromland spielenden Buch Esther verwendet[43]. Weiterhin ist sicher, daß in
dieser Zeit ein Jahresanfang im Frühjahr gefeiert wurde.

Für die Frage des Esra-Päsach ergibt sich das Problem, wie in den Texten
mesopotamischer Provenienz der kalendarische Jahresanfang am ersten Nisan
mit der Frühjahrstagundnachtgleiche in Beziehung gebracht wird. Sofern die
Jahreszeiten sich aus den Kardinalpunkten des Jahres ergeben (also aus Tag-
und-Nachtgleichen sowie aus Sonnenhöchst- und -tiefst-Ständen), sind zwei
unterschiedliche kalendarische Zuordnungen überliefert: a) in einem Schema
der Astrolabe, bei dem jeweils die Sonnengleichstände in den Monaten Addaru
und Ululu, im Simanu der längste und im Kislimu der kürzeste Tag vorausgesetzt sind[44]. Auf diese Orientierungsgrößen hin sind für die zwölf Monate
jeweils drei Sterne notiert. Dagegen sind in einem anderen Schema (b), wie es
das astronomische Kompendium MUL.APIN bietet, die Daten der Kardinal-
punkte um einen Monat verschoben und schematisch jeweils dem 15. der
Monate Nisannu, Duzu, Tashritu und Tebetu zugeordnet[45].

Auch wenn die Tag-und-Nachtgleiche nach Schema a) im Addaru oder nach
b) im Nisannu zu einem unterschiedlichen Zeitpunkt angesetzt ist, so bleibt
doch eines als wichtig zu beachten. Beide Systeme beziehen sich auf ein
astronomisches Idealjahr, das nicht einfach mit der Abfolge der 12 Mondmonate von Nisannu bis Addaru im nächsten Jahr in die gleiche Position führt.
Die Monatsnamen werden vielmehr doppelsinnig verwendet. Denn dieses
Schema kann nur mit "angenäherten Monaten" als Zwölfteln eines Jahres[46]
benutzt werden, bei dem gleichzeitig ein differenziertes Schaltungs- und
Beobachtungssystem vorausgesetzt wird. Denjenigen, die es benutzen, ist klar,
daß ein Differenzwert pro Tag zwischen Mond- und Gestirnslauf zu berücksichtigen ist, der sich im Jahr auf 10 Tage addiert und nach drei Jahren mit dem

---

42 Kislew: Sach 7,1; Shebat: 1,7.
43 Nisan: Esth 3,7; Siwan: 8,9; Tebet: 2,16; Adar: 3,7.13; 8,12; 9,1.15.17.19.21.
44 Vgl. dazu das kreisförmige Astrolab B bei B.L. v.d. Waerden, Erwachende
    Wissenschaft. Bd 2: Die Anfänge der Astronomie. Wissenschaft und Kultur 23,
    ²1980, 59, sowie die Tafel 2 ebd. 60 mit den entsprechenden (aber in der Listenform
    überlieferungsmäßig jüngeren) Daten des Astrolabs P (aus seleukidischer Zeit). Zur
    Erläuterung und weiterer Literatur s. auch bei Albani, Astronomie (Anm. 2) 369.
45 Vgl. dazu Albani, Astronomie (Anm. 2) 188f., besonders Anm. 131.
46 Dabei wird wiederum mit einer für das Sexagesimalsystem zweckmäßigen Näherung
    gearbeitet, die schematisch mit 30-tägigen Monaten rechnet. Hier wird dann im
    (etwa zweimonatlichen) Wechsel der neue Mond am 1. Tag des neuen oder bereits
    am 30. Tag des laufenden Monats gesichtet, wie es in spätbabylonischen astrono-
    mischen Texten notiert ist; vgl. P.J. Huber, Astronomical Dating of Babylon I and Ur
    III. Monographic Journals of the Near East Occasional Papers 1/4, June 1982, 7. Vgl.
    ebd. 10 auch zur Verschiebung des Jahresanfangs: "Thus, between the 8th and the
    5th century, the beginning of the year moved by 26°, or almost a month, from about
    346° to 12°".

Hinzuzählen eines 13. Mondmonats ungefähr ausgeglichen wird[47]. So wird die Positionierung des Anfangs des 1. Nisannu im jeweils angenäherten Abstand *vor* (a) oder *nach* (b) dem Äquinoctium erreicht[48].

Wie ist für Israeliten nun Päsach zu feiern, die sich in dieser Umbruchszeit an den älteren Überlieferungen orientieren[49]? MCKAY scheint mit Recht zur Vorsicht anzuleiten, wenn er darauf verweist, daß *keine* unstrittigen Angaben über die Beziehung auf Mondphasen für die vorexilische Zeit verfügbar sind[50]. Doch welche Anhaltspunkte bleiben dann, um die Entwicklung der nachexilischen Zeit zu rekonstruieren? Erst im Namen des jüdischen Schriftstellers Aristobul (aus der Mitte des 2. Jh. v.Chr.) wird ein Text zitiert, der unzweideutig die Vollmond-Position und das Datum des 14. Tages - allerdings im Zusammenhang des Frühjahrsäquinoktiums nennt[51].

Da in den älteren biblischen Texten die althebräischen Monatsnamen verwendet werden, in den Festkalendern jedoch Festtage sonst ausschließlich - mit Ausnahme des späten Purimfestes im Buch Esther[52] - durch die numerischen Bezeichnungen der Monate[53] datiert werden, ergibt sich ein großes Problem: Wieweit kann die ab Aristobul (und Philo) greifbare Konvention zurückverfolgt werden, das Päsachfest auf den 14. Tag eines Monats zu datieren, der als *Mond*monat im Sinne der rabbinischen Verwendung von *Nisan* gedeutet wird?

Die Anwendung aller zwölf aramaisierten babylonischen Monatsnamen *im Zusammenhang mit Festdaten* findet sich (etwa zeitgleich zu Philo) erstmals in

---

47 Vgl. dazu unten bei Anm. 74 zur Diskussion um die möglicherweise nicht-jüdische Vorgeschichte eines 364-T-K. Zum Näherungsverfahren vgl. L. Brack-Bernsen, Zur Entstehung der Babylonischen Mondtheorie. Beobachtung und theoretische Berechnung von Mondphasen. Boethius 40, 1997.

48 Vgl. dazu die Angaben aus MUL.APIN II i 9-24 bei Albani, Astronomie (Anm. 2) 201.

49 Möglicherweise spiegelt die Kalenderdifferenz 1Kön 12,32 einen ähnlichen Sachverhalt wieder, der nicht notwendig "historisch" (so S. Talmon, The Cult and Calendar Reform of Jerobeam I, in: ders., King, Cult and Calendar in Ancient Israel, 1986, 113-139) zu verstehen ist.

50 J.W. McKay, The Date of Passover and its Significance, ZAW 84, 1972, 435-447.

51 Dieses Textzeugnis spielt im Zusammenhang des späteren christlichen Osterstreits eine Rolle für diejenigen, die der quartadecimanischen Sichtweise anhängen; vgl. dazu N. Walter, Fragmente jüdisch-hellenistischer Exegeten: Aristobulos, Demetrios, Aristeas, JSHRZ III/2, 1975, 257-296; vgl. auch Philo SpecLeg 2,155 und VitMos 2,224.

52 Vgl. zum Problem des Purimfestes und seiner Beziehung zu Päsach N.L. Collins, Did Esther fast on the 15th Nisan? An extending comment on Esther 3:12, RB 100, 1993, 533-561.

53 Numerische Monatsbezeichnung ist keineswegs eine israelitische Eigenheit, sondern findet sich auch in mesopotamischen Quellen, vgl. etwa bei H. Hunger, Schematische Berechnungen der Sonnenwenden, DAIAB 22, 1991, 513-519.

der sog. Fastenrolle, Megillat Ta`anit[54]. Die meisten dieser Feste entstammen dabei der makkabäisch-hasmonäischen und der jüngeren Zeit, so daß die Schrift nicht vor das 1. Jh. n.Chr. datiert werden kann. Die aramäische Terminologie der Fastenrolle für das Wort "Monat" (ירחא), die zu Beginn beim ersten Monatsnamen Nisan verwendet wird, legt von der Etymologie her nahe, an Mondmonate zu denken. Eindeutig ist es jedoch keineswegs, daß diese Namen immer in diesem Sinne zu verstehen sind. Das zeitlich etwa entsprechende Brontologion aus Qumran in 4Q318 bezeugt eine Verwendung im Sinne von zwölf schematischen Monaten, die sich auf einen Jahreskreis von 360 Grad-Tagen im Kontext von Tierkreiszeichen beziehen[55]. Ähnlich begegnen sowohl in der Synagogen-Inschrift von En-Gedi die aramäischen Monatsnamen zusammen mit den Tierkreiszeichen, wie auch in Zodiak-Mosaiken mehrerer Synagogen die Wendepunkte entsprechend mit diesen Monatsnamen markiert sind[56]. Auf jeden Fall ist bei der Verwendung dieser babylonischen Monatsbezeichnungen jedoch zu beachten, daß sie nicht als *eindeutige* Kennzeichen für den Bezug auf Mondmonate zu werten sind.

5. Der sogenannte Päsach-Papyrus aus Elephantine

So kommt *einem* Beleg besondere Bedeutung zu, der sich im sogenannten "Päsach-Brief" aus Elephantine findet[57]. Dieses auf das fünfte Jahr des Darius

---

54 Vgl. bei K. Beyer, Die aramäischen Texte vom Toten Meer samt den Inschriften aus Palästina, dem Testament Levis aus der Kairoer Genisa, der Fastenrolle und den alten talmudischen Zitaten. Aramaistische Einleitung. Text. Übersetzung. Deutung. Grammatik/Wörterbuch. Deutsch-aramäische Wortliste. Register. [Ergänzungsband 1994], 1984, 354ff.

55 Vgl. dazu bereits die Verwendung in MUL.APIN (oben Anm. 46) sowie zu 4Q318 M. Albani, Der Zodiakos in 4Q318 und die Henoch-Astronomie, MuB 7, 1993, 3-42 für die Annahme, daß die Monate jeweils 30 Tage haben, sowie etwas anders M.O. Wise, Thunder in Gemini: An Aramaic Brontologion (4Q318) from Qumran, in: ders., Thunder in Gemini, JSP.SS 15, 1994, 13-50, der als Hintergrund einen 364-T-K vermutet. Trotz Differenzen im Detail stimmen beide Deutungen darin überein, daß die Monatsnamen auf schematische (nicht-lunare) Monate bezogen sind. Zu einem entsprechenden Schema mit 360 Tagen in yRH 2 vgl. S. Stern, Fictious Calendars: Early Rabbinic Notions of Time, Astronomy, and Reality, JQR 87, 1996, 103-129, 112f.

56 Vgl. dazu M. Albani / U. Gleßmer, Un instrument de mesures astronomiques à Qumrân, RB 104, 1997, 88-115, 99f.

57 Vgl. den Text bei A.E. Cowley, Aramaic Papyri of the Fifth Century B.C., 1923, 62ff. (Nr. 21) in der neuen Rekonstruktion bei B. Porten / A. Yardeni, Textbook of Aramaic Documents from Ancient Egypt. I: Letters, 1986; 54f. sowie die kommentierte Übersetzung bei P. Grelot, Documents araméens d'Egypte, 1972, 95ff. bzw. P. Grelot, Sur le "Papyrus Pascal" d'Eléphantine, in: Mélanges bibliques et orientaux en l'honneur de H. Cazelles (eds.: A. Caquot / M. Delcor), 1981, 163-172.

(II.; 423-405), also 419 v.Chr., datierte Schreiben spricht mit Sicherheit von
einem Geschehen im Monat Nisan im Sinne eines Mondmonats. Im erhaltenen
Text ist zwar nicht direkt vom Päsach die Rede. Vielmehr handeln die Papyrus-
Fragmente vom Mazzot-Fest in der Zeit vom 15. bis 21. Nisan. Diese Angabe
ist aufgrund der zahlreichen in Elephantine gefundenen und doppelt datierten
Dokumente jedoch sicher im Sinne der babylonisch-persischen Mondmonate zu
verstehen[58]. Daß es zuvor um den 14. Nisan - und dementsprechend wohl auch
um Päsach[59] - geht, läßt sich aus einer Anweisung ergänzen: "Nun sollt ihr so
zählen: vie[rzehn Tage in Bezug auf Nisan und am 14. zwischen den Sonnen-
ständen: Päsach sollen sie halt]en". Gerade in der erneuten Rekonstruktion
durch Porten / Yardeni, die eine weitere - jedoch ebenfalls verlorengegangene -
Faltung des Briefes vorsieht, ist ausreichend Platz für Formulierungen, die in
mehreren Details Ex 12,15-20 entsprechen.

Durch diesen Textzeugen ergeben sich mehrere wichtige Anhaltspunkte für
die Frage der kalendarischen Fixierung des Päsach-Festes in der Elephantine-
Garnision - sowie darüber hinaus. Denn dieses Fest ist zumindest auch in zwei
weiteren aramäischen Ostraca aus dem Ägypten des 5. Jh. erwähnt. In einem
Falle (möglicherweise aus der Zeit zwischen 440-430 v.Chr.[60]) wird der
Adressat aufgefordert: "teile mir mit, wann ihr Päsach haltet". Demnach scheint
die Feier bislang nicht auf ein Datum fixiert zu sein, was nach GRELOT
bedeuten könnte: "Cette situation pourrait refléter l'ancienne législation, qui
précisait seulement le mois de la fête"[61].

Im Päsach-Papyrus wäre erstmals außerbiblisch ein mondphasen-bezogenes
Festdatum greifbar, das einen Mondmonatsanfang mit Neulicht voraussetzt und
für die Päsach-Mazzot-Feier auf die Zeit der Monatsmitte um den Vollmond
herum verweist. Allerdings fällt der 14. Nisan im Jahre 418 v.Chr. erst auf den
28. April und damit auf einen Termin, der mehr als 30 Tage nach der Frühjahrs-
Tag-und-Nachtgleiche liegt (wegen der vorangehenden Adar-II-Einschaltung).
Insofern bleibt zweifelhaft, wieweit die Bezugsebene des hier verwendeten

---

58 Aus den doppelt-datierten Urkunden geht hervor, daß diese Monatsbezeichnungen
     sich auf Mond-Monate beziehen müssen, weil sie stimmig mit den Daten des ägyp-
     tischen Wandeljahres synchronisiert sind; vgl. zur Rekonstruktion bei S.H. Horn / L.
     H. Wood, The Fifth-Century Jewish Calendar at Elephantine, JNES 13, 1954, 1-20.

59 Anders dagegen noch G. Widengren, The Persian Period, in: J.H. Hayes / J.M. Miller
     (eds.): Israelite and Judean history, [3]1990, 489-538, 533: "Contrary to what has been
     assumed, however, the passover was most probably not mentioned in the letter". -
     Die von Porten / Yardeni, Textbook (Anm. 57) neu erarbeitete Rekonstruktion des
     Manuskriptes, die jeweils den Bezug auf das Päsach einschließt, wird von Grelot,
     Papyrus (Anm. 57) 171 nach früherer Bestreitung akzeptiert: "Elle corrige en tout
     cas celle que j'avais introduite dans mon recueil des *Documents araméens d'Égypte*".

60 Grelot, Documents (Anm. 57) 94. Zu einem früheren Datierungsvorschlag dieser
     Anfrage "on grounds of palaeography ca. 500 B.C." vgl. Talmon, Cult (Anm. 49)
     138.

61 Grelot, Documents (Anm. 57) 95.

"bürgerlichen" Kalenders, wie er von der persischen Verwaltung verwendet wird, auch dauerhaft Eingang in die Kultordnung dieser und anderer jüdischer Gemeinden in der Diaspora und im engeren Umfeld Jerusalems gefunden hat[62].

Dieser Text bezeugt neben dem kalendarischen Regelungsbedarf die anscheinend noch offenen und undeutlichen Konturen in einem Prozeß, der die Deutungsvielfalt innerhalb der jüdischen Diaspora betrifft und der erst bedeutend später (über Konflikte) zu kalendarischer Vereinheitlichung geführt hat. - Nicht sinnvoll erscheint es deshalb, einfach nur die später zur Dominanz gekommene Praxis auf frühere Zeiten zurückzuprojizieren. Die im jetzigen masoretischen Bibeltext vorliegenden Bezüge z.B. auf die Größe חדש allein auf die Deutungsoption *Neumond* im Sinne der späteren rabbinischen Tradition zu verstehen, verbietet sich, solange nicht Perspektiven aufgezeigt werden können, die erklären, wie es auch zu den ganz andersartigen Verständnisweisen gekommen ist, die sowohl der Esrabericht als auch die Qumrantexte bezeugen.

6. Qumran

In den Qumrantexten wird חדש weitestgehend als *Monatsanfang* in Bezug auf schematische Monate verstanden und mit der Vorstellung eines "Idealjahres" verbunden[63]. Deshalb sollen zwei Textbereiche vor allem interessieren: 1. Diejenigen Texte, die besonders Daten bezeugen, die mit der Symmetrie der Feste zu Beginn des ersten und siebten Monats in Verbindung stehen, sowie 2. diejenigen, die speziell die Frage der Mondphasen zu diesen Zeitpunkten erkennen lassen. Wichtig ist die Voraussetzung, daß es keineswegs so ist, daß sich aufgrund der Qumrantexte nur *eine* einheitliche Kalenderperspektive ergeben muß. Diejenigen Texte, die Details der kalendarischen Vorstellungen erkennen lassen, spiegeln eher einen mehrstufigen und nichtlinearen Entwicklungsprozeß wider: a) das AB stellt sicher dessen älteste ("vor-qumranische") Phase dar; b) das ebenfalls hochgeschätzte, jüngere (jedoch ebenfalls "vor-qumranische") Jub steht - wie bereits bemerkt - in der Bewertung des Mondes geradezu im Widerspruch zu 1Hen, bietet jedoch über Henoch hinaus (neu?) eine Rechnung mit Sabbat- und Jobeljahren; c) diverse jüngere Texte kalendarischen Inhalts gehen entweder mehr auf den Linien von a) oder b) bzw. kombinieren diese in eigener Weise. Es werden z.T. als weitere kalendarische Orientierungsgrößen Priesterordnungen und ein Zyklus von Jahresfesten einbezogen, die in a) und b) (noch?) unerwähnt sind. Insgesamt zeigt sich also eine markante Vielfalt, die keinesfalls als "der Sonnenkalender" von Qumran beschrieben werden kann.

---

62 Zur Frage, wieweit kultischer und bürgerlicher Kalender entsprechend Gen 1,14 als Einheit gedacht werden, vgl. W. Vogels, The cultic and civil calendars of the fourth day of creation (Gen 1,14b), SJOT 11,2, 1997, 163-180.

63 Neben dem 364-T-K scheint biblisch der auch in Henoch vorausgesetzte Gegenpol einer schematischen Rechnung mit 360 Tagen in der Flutgeschichte Spuren hinterlassen zu haben, wenn dort für fünf Monate 150 Tage vorausgesetzt werden.

6.1. "Frühling-Herbst-Symmetrie"

In drei Quellen, die allgemein als nicht der Textproduktion Qumrans angehörig betrachtet werden, sind besondere Daten, die mit der Symmetrie der Feste zu Beginn des ersten und des siebten Monat in Verbindung stehen, bezeugt: in 1QApGen 12, in aramLev und in Jub.

1QApGen 12,14-17 ist erst 1992 genauer zugänglich geworden. Dort wird ein Fest Noahs im Anschluß an das vierte Jahr (nach der Pflanzung oder der Flut?) erwähnt, das anläßlich der ersten Weinproduktion am ersten Tag des [ersten] Monats begangen wird. In dem parallelen Abschnitt in Jub 7,1ff wird dieses Fest mit anderen Daten ausdrücklich in Beziehung gesetzt:

Nach der Flut "pflanzte Noah Wein ... Und er machte daraus Wein. ... Und er bewahrte (es) bis zum fünften Jahr, bis zum ersten Tag des *Neumonds* des ersten Monats. Und er machte diesen Tag zu einem Fest in Freude".[64]

An Jub 7,2 wird zugleich das Problem der fraglichen Mondphasen-Orientierung deutlich. Denn die zitierte Übersetzung »Neumond« *kann* so nicht für Jub angemessen sein, wie mehrfach festgestellt worden ist[65]. Gerade die in Jub 6 vorangegangenen Ausführungen und speziell die zu den vier besonderen Monatsanfängen in 6,23ff. im Abstand von 13 Wochen (bzw. 91 Tagen) *können* sich nur auf schematische Monate beziehen. - Jub stellt gerade diese Bezugsebene mit den vier sich entsprechenden Jahresvierteln von 13 Sabbaten (V. 29) und den *Monatsanfängen* am ersten Tag des I., IV., VII. und X. Monats als entscheidend für das Begehen der Jahresfeste heraus[66]. Die Daten der Flut in 5,29ff. sind geradezu an diesen Terminen orientiert. In diesem Bezug auf schematische Monate sowie auf die vier Quartalstage entspricht Jub der älteren Tradition im AB. Bei Henoch ist die Bedeutung als Kardinaltage ausdrücklich am Sonnen- und Gestirnslauf erkennbar. In Jub dagegen ist die astronomische Orientierung eher indirekt aus der Betonung der Sonne als »großes Zeichen« in 2,9 zu erschließen, wohingegen in dieser Auslegung von Gen 1,14ff. der Mond für die Zeiteinteilung gar nicht genannt bzw. in 6,36 Mondbeobachtung ausdrücklich als Grund für Verirrung angeführt wird.

---

64 K. Berger, Das Buch der Jubiläen. JSHRZ II/3, 1981, 361f. [Hervorhebung U.G.]. Vgl. zur Freude und zur Frage der Wendepunkte in einem liturgischen Text und in 11 QT 14,9ff. M.L. Satlow, 4Q 502. A New Year Festival?, DSD 5, 1998, 57-68.

65 J.C. VanderKam, The Book of Jubilees. Vol. I.II.. CSCO 510.511 (Scriptores Aethiopici Vol. 87.88), 1989, 2.4 zum ersten Beleg des Wortes in Anmerkung zu seiner Übersetzung von Jub 1,14: »Beginning of the month ... must be translated ... (or as <the first of the month>) and not as <new moon> in Jubilees, since the latter would be unthinkable for the author (cf. 6:32-38)«; ähnlich auch die Richtigstellung bei D. Dimant, New Light from Qumran on the Jewish Pseudepigrapha - 4Q390, in: J. Trebolle Barrera / L. Vegas Montaner (eds.), The Madrid Qumran Congress, StTDJ XI, 1992, 405-448, 438a71.

66 Vgl. zu Jub 6 weiter bei Gleßmer, Konflikte.

In aramLev findet sich eine Vorform zum Testament Levis, die in einer besonderen Beziehung auch zu Jub steht[67]. Dort sind die *Monatsanfänge* des ersten und siebten Monats von ganz hervorgehobener Bedeutung. Sie bilden Zäsuren besonderer Art: die Geburt des Levi-Sohnes *Qahat* findet am 1./I. bei Sonnenaufgang statt, und ähnlich fällt der Geburtstag der Tochter *Jochebed* nicht zufällig auf den 1./VII.[68]. Symbolgeschehen an den beiden Stammeltern aus der Genealogie von Mose und speziell *des* Priesters Aaron (Ex 6,20; Num 26,59) macht diese Daten wichtig[69].

6.2. "Mondphasen-Orientierung"

Für die Mondphasen-Orientierung bildet Henoch eine entscheidende Wissensquelle, an der sich sowohl die jüdischen Kalender-Macher der Antike als auch diejenigen abarbeiten müssen, die eine Klärung in der Moderne herbeiführen wollen. Für den Verfasser des AB ist als Idealjahr denkbar, daß die Koordination von schematischen Monaten, die am Sonnenlauf orientiert sind, mit Mond-Monatsanfängen dadurch gewährleistet wird, daß die Mond-Aufgänge sich in denselben Toren am Horizont vollziehen wie die der Sonne. Lunationen sind dabei durch eine regelmäßige Rückkehr des Mondes in bestimmte Tor-Positionen bestimmt, die nach einem festen Schema ablaufend gedacht werden. Dieses findet sich in einer sehr ausführliche Dokumentation in "synchronistischen Tabellen", die einstmals sehr umfangreich gewesen sein müssen, worauf die Fragmente der aramäischen Textüberlieferung verweisen, der äthiopische Text bietet nur noch Rudimente. Es läßt sich jedoch aus beiden Überlieferungsresten erschließen, daß in dem "Synchronistic Calendar" die Lunationen regelmäßig mit einem *Neumondsbeginn* anfangend gedacht werden[70].

Ein ganz entsprechendes Schema findet sich auch in dem sog. Brontologion 4Q318, wo allerdings gegenüber diesem regelmäßigen Mondgeschehen ausdrücklich schematische Monate im Sinne eines 360-Tage-Schemas mit ihren aramäischen Bezeichnungen genannt sind[71]. Ähnlich sind in 4Q317 Mond-

---

67 Vgl. dazu ausführlich bei R.A. Kugler, From Patriarch to Priest. The Levi-Priestly Tradition from *Aramaic Levi* to *Testament of Levi*, SBL Early Judaism and Its Literature 9, 1996.
68 Vgl. dazu den Text bei Beyer, Texte (Anm. 54) 203.
69 Vgl. zur Wichtigkeit der symbolischen Daten E. Puech, Le Testament de Qahat en araméen de la grotte 4 (4QTQah), RdQ 15, 1991, 23-54, 51f sowie T. Baarda, Qehath - 'what's in a name?'. Concerning the Interpretation of the Name 'Qehath' in the Testament of Levi 11:4-6, JSJ 19, 1988, 215-229.
70 Vgl. dazu ausführlich bei Albani, Astronomie (Anm. 2) 75ff.
71 Vgl. dazu M. Albani, Die lunaren Zyklen im 364-Tage-Festkalender von 4Q Mischmerot/4QSe, MuB 4, 1992, 3-47, 27f.

phasen mit einem anderen schematischen System in Verbindung gebracht, das entweder 364 Tage oder 360 Tage umfaßt[72].

Ganz anders dagegen stellt sich die Koordination mit Mondphasen in den »Calendrical Documents A und B« (4Q320 und 4Q321) dar. Hier werden die Lunationen ausdrücklich mit dem Beginn am vierten Schöpfungstag in Verbindung gebracht. ALBANI hat sehr nachdrücklich herausgestellt, daß in 4Q320 Fragment 1,1-4 es nur um den Vollmond gehen kann, dessen Leuchten beschrieben wird[73]. Hier liegt neben AB und Jub eine Entwicklung vor, die sowohl die wöchentliche Priesterrotationen als auch ein spezielles Verständnis der Schöpfungsgeschichte voraussetzt.

Ganz deutlich wird dieser letztere Sachverhalt daran, daß das abstrakte Wort »Schöpfung« in 4Q320 fr. 2i3 verwendet wird. Gedacht ist bei dem mehrfach herausgestellten Anfang der Jahresläufe »am vierten Tag in der Woche der Söhne Gamul« (4Q320 fr. 4ii13-14) an die Entsprechung zum vierten Tag der Schöpfungswoche. Wenn der Mond hier als Leuchte der Nacht und als im vollen Rund des Vollmonds geschaffen gedacht wird, der von Abend bis Morgen scheint, so bietet es sich an, auch die gleich lange Leuchtdauer wie für die Sonne am folgenden Lichttag vorauszusetzen. Dann wäre dieses Ereignis als die erste Tag-und-Nachtgleiche gedacht. Diese markiert damit zugleich den Anfangspunkt der Jahreskreise, an dem die Festtage orientiert sind.

Die Daten der Jahresfeste werden dabei nach schematischen Monaten in einem 364-T-K angegeben, wobei 4Q320 zugleich ausführliche Listen mit den Lunationen für einen Zyklus sechs solcher Jahre zusammenstellt. Dabei ist die Wiederholung des anfänglichen Vollmondes im regelmäßig wechselnden Abstand von 29 bzw. 30 Tagen dokumentiert und mit einer durch Priesterdienstwochen gegebenen Tageszählung innerhalb der entsprechenden Woche notiert. Diese Mondphasen werden so vorgestellt, daß jeweils innerhalb von sechs 364-Tage-Jahren die mit Gamul startenden 24 Priesterrotationen 13-mal durchgeführt werden, so daß nach diesem Zyklus der erneute Beginn wieder mit einem Vollmond am 4. Wochentag zusammenfällt. So kommt es zur Entsprechung:

6 x 52 (Jahres-)Wochen = 13 x 24 (Priesterdienst-)Wochen.

Vorausgesetzt ist hier, daß der Mond gegenüber den übrigen Gestirnen regelmäßig 10 Tage zurückbleibt. (Dieses Schema entspricht sowohl dem babylonischen "Astronomischen Kompendium" MUL.APIN[74] als auch dem

---

72 Vgl. dazu die Tabellen bei Gleßmer, Sintflutbericht (Anm. 11) 54ff.

73 Albani, Zyklen (Anm. 71) 24.

74 Die von H. Hunger / D. Pingree, MUL.APIN. An Astronomical Compendium in Cuneiform. Archiv für Orientforschung 24, 1989 bereits notierte implizite Rechnung mit 10 Tagen pro Jahr als Versatz zwischen Idealjahr und Lunationen (vgl. Albani, Astronomie (Anm. 2)) ist von W. Horowitz, The 360 and 364 Day Year in Ancient Mesopotamia, JANES 24, 1996, 35-44 als Beleg für einen bereits mesopotamischen 364-T-K gedeutet worden. J. Koch, AO 6478, MUL.APIN und das 364 Tage Jahr, NABU 4, 1996, 97-99, 98 hat dem vehement widersprochen und die Meinung

AB; es wird dagegen Jub 6,36 als unzureichend abgelehnt). Ganz schematisch wäre demnach alle drei Jahre durch Berücksichtigung einer 37. Lunation von 30 Tagen ein Ausgleich gegeben:

3 x 354 + 30 = 3 x 364.

Nach zwei solchen Zyklen soll es also in 4Q320 erneut zur Anfangskonstellation auch der Priesterrotationen kommen. Die Wiederkehr des Schöpfungsanfangs stellt auf diese Weise heraus, daß auch priesterliches Handeln sich an dieser Grundordnung zu orientieren hat.

Etwas anders stellt sich die Situation im Calendrical Document B[a.b] (4Q321 und 4Q321a) dar. Denn hier ist zusätzlich zum regelmäßigen Wechsel der Lunationen von 29 und 30 Tagen ein weiteres Element notiert. Allerdings wird noch kontrovers diskutiert, was dieses als דוק oder דוקה benannte Mondereignis bezeichnet[75]. Bei der bisherigen Quellenlage ist דוקה am besten als Neulicht-Ereignis zu deuten - sei das Wort nun abgeleitet von "dünn sein" (דקק) oder "genau beobachten" (דוק)[76].

Der Existenz solcher Auflistungen von Lunationen im Kontext der qumranischen Quellen ist guter Sinn abzugewinnen, weil in der Zeit der Abschriften - ab der hasmonäischen Epoche - eine gewisse Orientierung an dem babylonisch-seleukidischen Kalender mit aramäischen Monatsnamen bezeugt ist. In einigen wenigen Handschriften von Calendrical Doc. C wird diese Datierungsweise zur Angabe von geschichtlichen Ereignissen verwendet - wohl nach qumranischer Perspektive als "bürgerliche Zeitrechnung"[77]. Auf einem solchen Hintergrund wäre dann auch das in 4Q321 zusätzlich gelistete Neulicht-Ereignis der דוקה

---

vertreten, es ginge bei den 10 Tagen "einzig und allein um die Proklamation von Schaltmonat und -jahr" und "MUL.APIN ging für alle Informationen ... vom 30 Tage-Monat bzw. 360 Tage Jahr aus". - Hier besteht auf jeden Fall weiterer Diskussionsbedarf, um die besondere Eigenart der babylonischen Näherungstechnik als *multiplicity of approaches* angemessen zu erfassen.

75 Vgl. außer S. Talmon / I. Knohl, A Calendrical Scroll from a Qumran Cave: Mišmarot B[a] (4Q321) in: FS J. Milgrom, „Pomegranates and Golden Bells" (eds. D.P. Wright / D.N. Freedman / A. Hurwitz, 1995, 267-301, 298 die Modifikation bei M.O. Wise, Observations on New Calendrical Texts from Qumran, in: ders., Thunder in Gemini, JSP.SS 15, 1994, 222-239 und M.O. Wise, Second Thoughts on דוק and the Qumran Synchronistic Calendars, in: FS B.Z. Wacholder: Pursuing the Text: Studies in Honor of B.Z. W. on the Occasion of his Seventieth Birthday, (eds.: J.C. Reeves / J. Kampen), JSOT.SS 184, 1994, 89-120, der ebd. 101 auf die am Morgen praktizierte Altlicht-Beobachtung in Ägypten verweist.

76 Vgl. zu weiteren Details der Diskussion sowie zur Rekonstruktion des Anfangspunktes der Liste am "4. Tag in der Woche Gamul" in 4Q321 U. Gleßmer, Calendars in the Dead Sea Scrolls, in: P.W. Flint / J.C. VanderKam (eds): The Dead Sea Scrolls after Fifty Years. A Comprehensive Assessment. Vol. II [im Druck für 1998].

77 Gemeint ist die Gruppe der "Calendaric Documents C" (4Q322-4Q324), für die Wise, Annalistic (Anm. 32) die Bezeichnung "Annalistic Calendar" geprägt hat.

von Interesse, um Ereignisse mit dem Geschehen des eigenen Kultkalenders leicht zu synchronisieren.

Mehrere Sachverhalte ergeben sich aus den "Calendrical Documents" aus Qumran:

- ein idealer, schöpfungsgemäßer Jahresanfang mit einem Vollmond-Ereignis wird zyklisch wiederholt;
- es wird wahrscheinlich mit dem Äquinoctium zusammengedacht: "als natürlicher Jahresbeginn"[78];
- daran orientiert sind die schematischen Monate und der Festtagszyklus;

Nach dem henoch'schen Idealkalender würden *Fest*-Tage nahezu stabil zum jahreszeitlichen Geschehen in den symmetrischen Quartalen erfolgen. Wieweit dieses nur auf das Ideal eines Schöpfungs-Ur-Jahres bezogen ist, in der Realität jedoch von den essenischen Frommen als Wandeljahr nach ägyptischen Vorbild praktiziert wird, wie es der Jubilar denkt, oder ob möglicherweise andere Formen eines Ausgleichs zum Sonnen- und Gestirnslauf vorauszusetzen sind, mag hier für weitere Diskussionen aufgespart bleiben. - Deutlich ist, daß die sich wandelnden Konzepte von Idealjahren, die bis auf die Ebene von Priesterrotationen hin ausformuliert werden, zugleich Kalender-*Theologien* sein wollen. Zu den frühen Daten, die diese Komponente bezeugen und die künftig mit in die Rekonstruktion auch der Vorgeschichte der Konflikte um qumranische Praxis einbezogen werden sollten, gehören auf jeden Fall die Angaben, die sich vom Esra-Kalender her ergeben. Beiden Bereichen gemeinsam ist die besondere Herausstellung des Frühjahrsvollmonds, die auf eine *Argumentation mittels des Schöpfungsverständnisses* für die weiteren, strittigen kalendarischen Entwicklungen hindeutet.

---

78 Stegemann, Essener 233.

Le grand prêtre Simon (III) fils d'Onias III, le Maître de Justice ?

par Émile Puech

Dans la publication préliminaire de 4Q523 et une relecture de 4Q448, mentionnant un certain Jonathan, très vraisemblablement à identifier à Jonathan Maccabée, nous avons proposé de voir dans cette figure politique (*ywntn hmlk*) celle (*yhwntn*) qui a dérobé des ustensiles du trésor du temple, le grand prêtre nommé par le syrien Alexandre Balas que les documents de la mer Morte désignent sous le vocable de "Prêtre Impie", *hkwhn hrš'* (1QpHab I [13], VIII 8, etc., 4Q163 [pIs^c] 30,30; 4Q171 [pPs 37] 1-10 iv 8).[1] Ce Prêtre Impie a usé et même, semble-t-il, abusé de son pouvoir civil et religieux par amour de l'argent et, en conséquence, a souillé le sanctuaire. Il a persécuté le prêtre - Maître de Justice (4QpPs 37 1-10 iii 15) jusque dans son exil (1QpHab XI 4-8) mais, cruellement puni, il a été livré aux mains de ses ennemis qui le mirent à mort (1QpHab IX 9-12; 4QpPs 37 1-10 iv 9-10). Le Prêtre Impie visé dans ces lignes des manuscrits de Qumrân est certainement Jonathan Maccabée qui connut cette terrible fin comme le rapportent d'autres notices. En effet, on peut rapprocher de ces passages les récits 'parallèles' de 1 M 12:39-53; 13:23, et de Flavius Josèphe, *Guerre* I § 49, *Antiquités* XIII §§ 187-193, 203-212. Il est remarquable que, d'une part, le peu qui nous est conservé sur les activités d'un certain Jonathan dans les textes qumraniens concerne une figure à dater très vraisemblablement du deuxième siècle avant J.-C.[2] et que, d'autre part, ce que rapportent les notices de *1 Maccabées* et de Flavius Josèphe sur la conduite et la fin tragique du grand prêtre hasmonéen Jonathan rejoigne les indications qumraniennes sur le portrait et la fin qu'elles ont gardé du Prêtre Impie. Ce ne peut être une simple coïncidence.

---

1   É. Puech, "Jonathan le Prêtre Impie et les débuts de la Communauté de Qumrân". *4QJonathan* (4Q523) et *4QPsAp* (4Q448)", *Hommage à Józef T. Milik*, édité par F. García Martínez et É. Puech, RQ XVII (1996) 241-70, pp. 263-70.

2   Les caractéristiques paléographiques du manuscrit 4Q523 demandent une datation dans la deuxième moitié du deuxième siècle avant J.-C., de préférence le troisième quart, excluant certainement Alexandre Jannée. Quant à la datation de 4Q448, elle est plus en situation dans le deuxième siècle que dans la première moitié du premier siècle avant J.-C., sans qu'une identification prenne le pas sur l'analyse paléographique, comme nous l'avons montré, Puech, "Jonathan ...", 241s et 258.

Dans notre hypothèse, 4Q448 B-C favorable à Jonathan[3] serait la copie d'un hymne à la suite du "Psaume - Cantique" (*mzmwr šyr*) de 4Q448 A qui reprend du Psaume aprocryphe 154 (vv. 1, 3, 16-18, 20) des passages centrés sur les justes et les parfaits que le Seigneur délivre de la main des impies depuis Sion - Jérusalem.[4] Quoique très partiellement conservé, 4Q448 B-C supplie le Saint d'intervenir en faveur du "roi Jonathan", de son peuple et des pieux pour l'achèvement des guerres de libération; c'est une allusion claire aux guerres commencées par les Maccabées. A l'instar du roi Saül luttant contre les Philistins, c'est de Mikmas que Jonathan jugea d'abord le peuple et fit disparaître les impies (1 M 9:73). Puis grâce à la compétition entre Alexandre Balas et Démétrius qui cherchaient à l'attirer chacun de leur côté, Jonathan s'installa à Jérusalem avec autorisation de fabriquer des armes, lever des troupes, rebâtir et restaurer ville et remparts et le mont Sion (1 M 10:1-11). C'est à cette période de la vie du "roi Jonathan" que semble faire allusion le nouvel hymne de 4Q448 B-C, c'est-à-dire depuis la mort de Judas Maccabée en -160 où Jonathan fut élu chef et guide de la lutte et prit le commandement (1 M 9:30-31, εἰς ἄρχοντα καὶ ἡγούμενον τοῦ πολεμῆσαι τὸν πόλεμον ἡμῶν) à -152, l'année de son élévation au grand pontificat par Alexandre Balas. Les impies étaient aux ordres de l'ennemi Bacchidès, 1 M 9:23-72. Mais 4Q523 mentionnant le vol de vases et d'ustensiles sacrés du temple fait, semble-t-il, plutôt allusion à la période suivante de la vie de Jonathan, de -152 à -150 ou même -143/2, celle où le grand prêtre détourne les choses saintes, ce que condamne CD VI 15-16. On a donc affaire à Jonathan qui a accepté la pourpre et l'étole du roi usurpateur séleucide, Alexandre Balas.

Les restes de ces deux manuscrits très fragmentaires semblent malgré tout correspondre parfaitement à la situation des débuts de la Communauté esséno-qumranienne au milieu du deuxième siècle av. J.-C. et confirmer très fortement l'hypothèse d'identification du Prêtre Impie avancée par Vermes et Milik[5] et à laquelle ont adhéré un grand nombre d'autres savants, en particulier G. Jeremias

---

3   La graphie *ywntn* de 4Q448 B-C est celle du mot dans les sources littéraires tandis que la graphie *yhwntn* suit celle des inscriptions contemporaines. Ces différences demandent de nuancer les conclusions de T. Ilan, "Note on the Spelling of Names in the Second Temple Period", *Lešonénu* 52 (1988) 3-7 (*'ivrît*).

4   4Q448 A 5b-6a cite Ps 154:1; 6b-7a = 154:3; 7b = 154:16; 8a = 154:17, 8b-9a = 154:18; 9b-10 = 154:20 (avec des variantes) mais n'a pas intentionnellement retenu le verset de la finale de Ps 154 sur le messianisme royal.

5   G. Vermes, "Où en est la question des manuscrits de la mer Morte?", *Cahiers Sioniens* 7 (1953) 63-76, pp. 71-74, *Les manuscrits du Désert de Juda,* (Paris-Tournai: Desclée et Cie, 1953), 90-102, id., *Discovery in the Judaean Desert,* (New York-Tournai-Paris-Rome: 1956) pp. 89-97, où l'auteur propose Jonathan et Simon, et J. T. Milik, *Dix ans de découvertes dans le désert de Juda,* (Paris: Le Cerf, 1957) 48-62, *id., Ten Years of Discovery in the Wilderness of Judaea,* (Studies in Biblical Theology No 26; London: SCM Press, 1959) 64 ss.

et H. Stegemann dans leurs célèbres études.[6] Il est à noter que toutes les allusions au Prêtre Impie en 1QpHab peuvent ne pas renvoyer à Jonathan, le premier à être désigné de ce vocable. Certaines pourraient très bien s'appliquer à un de ses successeurs, Jannée en particulier.[7] Ainsi par exemple, l'ivrognerie en 1QpHab XI 13-14 conviendrait mieux à Simon, assassiné en état d'ébriété (1 M 16:16) et préférablement encore à Jannée qui mourut d'une maladie contractée par son ivrognerie, de même sans doute encore 1QpHab XII 6-9.

Contre cette identification on a objecté que les textes sont silencieux sur une quelconque usurpation du pouvoir sacerdotal par le Prêtre Impie et que *hkwhn hrš'* ne signifie pas d'abord ou uniquement "Prêtre illégitime" ainsi qu'on a pu le dire.[8] Ce n'est qu'en partie vrai. Jonathan fut-il comme descendant de Yehoyarîb d'une classe sacerdotale aaronide, il n'était pas des fils de Sadoq auxquels était promis le grand sacerdoce à jamais (voir Nb 25:7-13, Ez 44:15-16, Si 45:23-24; 51:12 IX hébreu), mais il n'en fut pas moins qualifié par ses opposants qumraniens de Prêtre Impie, au moins à cause de sa conduite sacrilège et indigne.

De même, les auteurs ont débattu sur le sens précis du passage concernant le Prêtre Impie: "qui fut appelé du vrai nom (*šm h'mt*) au début de son avènement (*bthlt 'wmdw*) mais après qu'il eut gouverné (*mšl*) sur Israël, son cœur s'enorgueillit, il abandonna Dieu, il trahit les lois par amour de la richesse ..." (1QpHab VIII 8 ss). "Le nom de la vérité/ fidélité" désigne-t-il "le prêtre fidèle" opposé à "Prêtre Impie", de préférence à "prêtre légitime"[9] qui serait *kwhn hṣdq* parallèle à *mwrh hṣdq*, "Maître authentique"? Cette interprétation favoriserait-elle celle de *bthlt 'wmdw*, non au sens général d'exercice de

---

6   G. Jeremias, *Der Lehrer der Gerechtigkeit*, (StUMT 32, Göttingen: Vandenhoeck & Ruprecht, 1963) 36-78, H. Stegemann, *Die Entstehung der Qumrangemeinde*, (Bonn: Rheinische Friedrich-Wilhelms Universität, 1971).

7   Mais il n'est pas nécessaire, et cela semble forcé, d'assigner un nom différent à chaque citation du "Commentaire", comme le voudrait A. S. van der Woude, "Wicked Priest or Wicked Priests? Reflexions on the Identification of the Wicked Priest in the Habakkuk Commentary", JJS 33 (1982) 349-59, d'autant que Judas Maccabée n'a jamais exercé le grand sacerdoce, malgré une confusion de Flavius Josèphe, *Ant.* XII §§ 414, 419 et 434: Judas aurait exercé la charge 3 ans (meurt au printemps -160) et Alcime 3 ans, *Ant.* XX §§ 235-37, ou 4 ans *Ant.* XII § 385, 391; 393, 413, avant la supposée vacance de siège, or Alcime meurt après Judas, *Ant.* XX § 237, de même 1 M 9:54-57, voir 9:18.

8   Ainsi Stegemann, *Die Entstehung* ..., 109-111: "nicht 'der gewalttätige Priester', sondern 'der illegitime Priester' ", et l'auteur d'ajouter que cette illégitimité ne peut provenir que de deux possibilités, soit qu'il s'est rendu coupable d'une faute cultuelle au point d'être disqualifié aux yeux de la Communauté, soit que son origine ne répond pas aux conditions requises.

9   Voir M. P. Horgan, Pesharim: *Qumran Interpretations of Biblical Books*, (The Catholic Biblical Quarterly Monograph Series 8; Washington: The Catholic Biblical Association of America, 1979) 41. G. Jeremias, *Der Lehrer* ..., 36-40, pense à un nom de bonne réputation au départ.

n'importe quel service, politique, religieux, eschatologique,[10] mais au sens plus précis du service religieux comme grand prêtre, puisque le Prêtre Impie *hkwhn hrš'* est ici l'antécédent de la relative et que *m'md* est le terme habituel utilisé pour la prise du service du temple (1QM II 3, etc.)? Si le sens de *mšl* signifie bien "gouverner, dominer, exercer le commandement", il peut s'appliquer à une autorité civile mais encore à un roi (1 R 5:1; 2 Ch 7:18: *mwšl byśr'l*, ...), aussi ne peut-on pas tirer grand chose de cette précision pour une désignation convenant à Jean Hyrkan, Simon ou Jonathan à l'exclusion d'Aristobule, Jannée, etc..., qualifiés de *hmlk*.[11] Ainsi le titre de "roi" donné au Jonathan en 4Q448 B-C ne disqualifie pas Jonathan Macccabée.[12]

Si l'expression *šm h'mt* semble se référer à l'exercice d'abord honnête du pontificat de préférence à celui du commandement civil avant l'élévation au pontificat, l'identification de Jonathan comme Prêtre Impie en est-elle pour autant exclue au dépens de Simon ou de quelqu'autre hasmonéen? Certainement pas, car *bthlt 'wmdw* ne peut exclusivement désigner l'exercice cultuel. Ce qui est reproché au Prêtre Impie, c'est autant que son ascendance illégitime d'avoir en sus très vite dérobé des richesses, y compris dans le temple, et d'avoir souillé le sanctuaire par un culte impie comme le feront ses successeurs par la suite (1QpHab IX 4; XII 9, voir CD IV 15 - V 12, VI 11 - VII 6). Les mêmes causes produisant les mêmes effets, on ne peut que rapprocher la réprimande d'Onias III à Ménélas d'avoir dérobé des vases du temple, qui lui coûta la vie (2 M 4:30-35; une remontrance semblable du prêtre - Maître de Justice entraînera une réponse comparable du Prêtre Impie.

Le reproche fait au Prêtre Impie d'avoir voulu engloutir le Maître de Justice dans son lieu d'exil au jour chômé des Expiations suppose en clair que le premier suivait un autre calendrier que le second qui observait les sabbats et fêtes aux temps marqués par la loi divine (CD III 12-17). En cela il souillait à leurs yeux le sanctuaire et rendait à Dieu un culte impur et sacrilège. C'est très vraisemblablement à cause de ces reproches au Prêtre Impie en place à Jérusalem que ce dernier a essayé de supprimer le Maître de Justice et son groupe, voir 1QpHab IX 9-12, XII 5-6, 10 et encore plus clairement 4QpPs 37 1-10 iv 8 où la formule *'šr šlh 'lyw* renvoie, semble-t-il, aux reproches contenus dans l'envoi qu'est 4QMMT (C 26s).[13] Ces reproches sont de la plus grande importance pour un fidèle observant de la Loi et visent de graves

---

10 Ainsi J. T. Milik, *Ten Years* ..., 65.

11 Comme l'a suggéré Milik, *Ten Years* ..., 66.

12 J. Murphy O'Connor, "The Essenes and Their History", RB 81 (1974) 215-44, p. 230 n. 67, estime que le qualificatif "roi" serait un critère d'élimination. Au vu de 4Q448 et 4Q523, il ne le semble pas.

13 Voir E. Qimron - J. Strugnell, *Qumran Cave 4·V. Miqṣat Ma'aśe ha-Torah*, (DJD X; Oxford: at the Clarendon Press, 1994) 119-20. C 26s: "Nous t'avons envoyé par écrit quelques préceptes de la Loi que nous estimons bons pour toi et ton peuple (*'nhnw ktbnw 'lyk* ...)".

changements introduits par le Prêtre Impie contre l'interprétation autorisée du droit et de la Loi.[14] Bien que ne faisant pas partie de leur courant,[15] le Prêtre Impie est indirectement accusé de suivre l'exemple du grand prêtre Jason (voir 2 M 4:7-17, un usurpateur détruisant les institutions légitimes) ou de Ménélas (2 M 4:23-29,43-50; 5:15; 13:3-8, usurpateur non sadocide, trahissant les lois et la patrie, livré au pillage sacrilège) ou du traître non sadocide Alcime (1 M 7:5-25). Qu'une copie de calendrier avec sabbats et fêtes vienne en tête du manuscrit (4QMMT A) semblerait plutôt rappeler que le destinataire n'observe pas précisément, ou plus, ce calendrier-là mais un autre comput. De plus, la finale de 4QMMT C 23-26 qui demande à l'opposant de se souvenir des rois d'Israël et de leurs agissements conformes à la Loi, semble le considérer comme un personnage remplissant le même rôle ou une fonction semblable, même sans lui donner expressément le titre de roi, autrement la comparaison ne vaudrait pas. L'opposant visé pourrait être le grand prêtre, le Prêtre Impie qui gouverne (*mšl* - 1QpHab VIII 9-10), terme aussi utilisé pour les rois en 1 R 5:1; 2 Ch 7:18, ..., et en 4QpIs[a] 7-10 (iii) 25 pour le messie davidique, et désigner plus précisément le roi Jonathan pour lequel suppliait déjà 4Q448 B. On comparera avantageusement des expressions de cette adresse *'l ywntn hmlk wkl qhl 'mk yśr'l ... w'l mmlktk* (4Q448 B 2-4,8), *ywntn wkl 'mk* (C 8) à *lṭwb lk wl'mk, b'śwtk hyšr whṭwb lpnw lṭwb lk wlyśr'l* (4QMMT C 27, 31-32).[16] La

---

14 Voir Puech, "Jonathan le Prêtre Impie ...", 268 où nous avons traduit 4QpPs 37 1-10 iv 8-10 "au sujet [du Prê]tre Impie qui ép[ie le Maîtr]e de Justi[ce et cherche à] le faire mourir[aux dépens(?) de la justi]ce et de la Loi parce qu'il lui a envoyé...", mais il serait préférable de rendre "[à propos d'une affaire de dro]it et de la Loi", le *qof* est certain (non *nun* final de Horgan, *Pesharim* ...), voir aussi J. Strugnell, "Notes en marge du Volume V des 'Discoveries in the Judaean Desert of Jordan' ", RQ VII (1970) 163-276, 216, et Strugnell, DJD X, 119-20: ['l dbr ḥḥw]q.

15 Voir le *šm h'mt btḥlt 'wmdw* d'une part et, d'autre part, en 4QMMT trois groupes sont visés: le "nous" de l'auteur (le Maître et son groupe), le "vous" du destinataire et l'ensemble du peuple (*rwb h'm*, C 7) qui a adopté une praxis de type 'pharisien' indiquant qu'à un moment le groupe suivant le destinataire n'était pas majoritaire. Il semble faire allusion à l'époque où Jonathan avec et après ses frères combattait pour les lois contre les prêtres hellénisants, voleurs et sacrilèges que suivait la majorité. Mais la séparation présente en groupes dont l'un est visiblement essénien porte sur des interprétations de la Loi (4QpPs 37 1-10 iv 8-10), fêtes et calendriers auxquels le destinataire a d'abord été fidèle. Si ce dernier a des influences sur une partie du peuple, c'est qu'il occupe non seulement une fonction politique depuis au moins -160, mais aussi religieuse puisqu'il est à l'origine d'une dissidence d'avec le Maître prêtre et qu'il incline à rallier une majorité derrière lui. Le contexte et le ton supposent la situation vers -152 avant que la situation ne se durcisse et que le fossé ne se creuse en -150 lorsqu'il sera nommé stratège et méridarque de Judée.

16 La composition 4Q448 (A) B-C sans allusion au pontificat de Jonathan daterait au mieux des années -159 ss, mais avant la séparation en -152, voir Puech, "Jonathan ...", 258-63.

composition 4Q448 (A) B-C sans allusion au pontificat de Jonathan daterait au mieux des années -159 et suivantes avant la séparation des esséniens en -152, et 4QMMT serait mieux en situation dans les premiers mois ou la première année du pontificat de Jonathan en -152 (certainement avant -150) dans le but de le ramener à la raison pour qu'il accomplisse le droit religieux, finisse les guerres de libération et indirectement renonce à cette charge (4Q448 C 6-7, *Ant.* XIII § 6).[17] On aurait alors une preuve que Jonathan a, outre des interprétations différentes de la Loi, effectivement changé les calendriers pour suivre une mode plus proche de ses devanciers hellénisants, les prêtres 'sadducéens' (Jason, Ménélas, Alcime)[18] et, inversement, que l'auteur de ces compositions suit une autre interprétation de la Loi et un calendrier différent d'autant qu'il parle au nom de son groupe avec l'autorité d'un prêtre lui-aussi légitime quant à son extraction tout au moins, sinon par l'office qu'il a déjà rempli.[19]

---

17 Voir Strugnell (DJD X, 109-21): "originating in the Qumran group, or in one of its antecedents, probably 159-152 B.C.E." (121). Le rappel du calendrier solaire et de lois sur le sanctuaire, offrandes et pureté de la lignée sacerdotale pourrait viser au moins indirectement l'illégitimité du grand prêtre nouvellement en fonction afin qu'il observe l'essentiel à leurs yeux et le ton amène supposerait les tout débuts. Si "MMT implies that the 'we' group regularly administered the Jerusalem temple"(121) et que Jonathan n'est pas encore grand prêtre, pourquoi lui rappeler les lois sur le temple, le sacerdoce et le calendrier qui relèveraient alors du prêtre en exercice (le Maître de Justice) et non du "général et juge"? Mais une datation en -152 expliquerait aussi l'absence de vocabulaire typiquement qumranien qui semble poser question dans la note de J. Strugnell, "MMT: Second Thoughts on a Forthcoming Edition", dans *The Community of the Renewed Covenant. The Notre Dame Symposium on the Dead Sea Scrolls*, ed. by E. Ulrich and J. Vanderkam (Notre Dame: University of Notre Dame Press, 1994) 57-73. La séparation des groupes de l'expéditeur et du destinataire renvoie à la lutte contre l'hellénisme commune aux Maccabées et au courant hassidéen. L.H. Schiffman, "The Place of 4QMMT in the Corpus of Qumran Manuscripts", dans *Reading 4QMMT. New Perspectives on Qumran Law and History*, ed. by J. Kampen and M. Bernstein (SBL Symposium Series 2; Atlanta: Scholars Press, 1996) 80-98, date MMT de la période précédant le Maître de Justice mais rien n'oblige à suivre cette haute datation, ni les conclusions de F. García Martínez, "4QMMT in a Qumran Context", *id.*, 15-27, pour qui MMT n'est pas qumranien: les arguments avancés ne l'exigent pas.

18 *1 Maccabées* qui est pro-hasmonéen ne suit visiblement pas le calendrier solaire essénien puisque l'entrée de Simon à la citadelle a lieu un jour de sabbat (le 23 du 2e mois, 1 M 13:51) et Simon n'est pas dit avoir changé de calendrier.

19 On n'acceptera pas la solution tranchée de J.J. Collins, "The Origin of the Qumran Community: A Review of the Evidence", dans *To Touch the Text, Biblical and Related Studies in Honor of Joseph A. Fitzmyer, S.J.*, edited by M.P. Horgan and P.J. Kobelski (New York: the Crossroad Publishing Compagny, 1989) 159-178, p. 65: "it is surely unlikely that the Teacher had recently been officiating as high priest in the Jerusalem temple. There is no evidence that Jonathan, or any of the Hasmoneans, introduced a new calendar".

Cette même idée se retrouve dans l'emploi absolu de *hkwhn* pour désigner le Prêtre Impie = le grand prêtre en exercice (1QpHab VIII 16, IX 16; XI 12) et le prêtre son opposant (1QpHab II 7-8; 4QpPs 37 1-10 ii 19; iii 15), visant manifestement le Maître de Justice et son groupe. C'est celui que Dieu a choisi pour établir la congrégation de ses élus dans la vérité (*lbnwt lw 'dt* [*bḥyrw b'mt*] 4QPs 37 1-10 iii 15-16) opposée à celle du Prêtre Impie qui a établi une congrégation dans la tromperie (*lbnwt 'yr šww bdmym wlqym 'dt bšqr*, 1QpHab X 10). On notera en passant que ces lignes visent au mieux le grand prêtre Jonathan (1 M 10:10-11).[20] Dans ce cas les deux opposants, le Prêtre Impie et le Maître de Justice, ont exercé chacun le grand sacerdoce[21] et ne sont

---

20 4Q175 (*Testimonia*) 21-30 rapportent un témoignage identique sur le Prêtre Impie Jonathan en opposition aux précédentes mentions des messies roi et prêtre et au prophète. Et le manuscrit 4Q175 qui est une copie datée vers 100, peut difficilement viser Jannée et ses successeurs. Pour un résumé des premières hypothèses, voir J. Carmignac dans *Les textes de Qumrân traduits et annotés II*, par J. Carmignac, E. Cothenet, H. Lignée (Paris: Letouzey et Ané, 1963) 278. Cette identification peut théoriquement être différente de celle de l'homme maudit en 4Q379 22 ii d'où est tirée cette citation, et que l'utilisation du tétragramme ferait remonter vers -150 au plus tard. L'on sait aussi que Jonathan et Simon ont franchi le Jourdain (1 M 9). Milik (*Ten Years* ..., 61-64) opte avec raison pour Jonathan mais Simon a la faveur de F. M. Cross, *The Ancient Library of Qumran and Modern Biblical Studies*, (Garden City NY: Doubleday, [2]1958) 147-152. C.A. Newsom, "4Q378 and 4Q379: An Apocryphon of Joshua", dans *Qumranstudien*, herausgg. von H.-J. Fabry, A. Lange und H. Lichtenberger, (Göttingen: Vandenhoeck & Ruprecht, 1996) 35-85, accepterait (pp. 36, 76-78) l'identification à Simon, ou même à Jean Hyrkan proposée par Starcky, mais alors l'usage du tétragramme dans une composition aussi tardive ferait certainement difficulté, ainsi que l'introduction de ce rouleau dans la bibliothèque qumranienne et la citation en 4Q175 (copie datée vers -100) pour une identification de l'homme maudit à Jonathan en un laps de temps aussi court. C'est donc peu vraisemblable.

21 Voir Stegemann, *Die Entstehung* ..., 102, 210-220 et nn. 328-29, pour qui le Maître de Justice est le grand prêtre entre Alcime et Jonathan, en s'appuyant sur l'emploi absolu de *hkwhn* à Qumrân et ailleurs. M. O. Wise, "The Teacher of Righteousness and the High Priest of the Intersacerdotium: Two Approaches", RQ 56 (1990) 597-613, est celui qui a le plus largement contesté cette conclusion en ne reconnaissant que des possibilités dans les emplois du mot en 4QpPs 37 1-10 iii 15, Ne 13:4, Si 50:1 et des monnaies de Mattathias-Antigone (-40-37). Mais il oublie la monnaie de *yhwḥnn hkwhn* (D. Barag, "A Silver Coin of Yoḥanan the High Priest and the Coinage of Judea in the Fourth Century B.C.", INJ 9 (1986/7) 4-21) où le sens est clair. Sans doute à lui seul ce titre n'est pas une preuve décisive que le Maître a rempli cette fonction mais il est un argument complémentaire. Wise apporte d'autres arguments à partir de la 'lettre' de Démétrius en 1 M 10 datée de -152, qui a quelque affinité avec le *Rouleau du Temple* composé par le Maître de Justice, le grand prêtre à qui serait adressée la lettre (1 M 10:[32 rédactionnel], 38). Comme ces deux texes semblent se référer à l'usage du calendrier solaire, cela supposerait que Jonathan a ensuite changé le calendrier que le grand prêtre au nom inconnu avait imposé ou

pas simplement le prêtre par excellence de chaque faction opposée (*kwhn hrw*'š pour les Esséniens et *hkwhn hgdwl* pour les Hasmonéens).

Toutes ces indications suggèrent fortement de voir dans le Maître de Justice, figure opposée au Prêtre Impie, le grand prêtre légitime qui a été chassé par son adversaire lequel a réussi à se faire nommer à ce poste par alliance politique avec une puissance étrangère, Alexandre Balas en concurrence avec Démétrius dans le cas de Jonathan. Ainsi s'expliquent mieux et les attaques contre le Prêtre Impie dans les textes qumraniens et les violences du Prêtre Impie contre le Maître et sa communauté. Si le prêtre légitime Maître de Justice n'avait pas été chassé, il est bien plus probable qu'il ne serait pas parti dans le désert suivi de disciples car il avait tout avantage à rester à Jérusalem, à s'opposer au Prêtre Impie tout en cherchant à prendre légitimement sa place à la première occasion. Mais évincé par le Prêtre Impie avec les appuis extérieurs de la puissance séleucide, -et de sa part l'éviction était d'autant plus aisée que le grand prêtre en exercice n'avait pas été nommé par le pouvoir séleucide- il n'avait pas d'autres choix que de s'enfuir et de préserver son autorité morale de prêtre légitime, fidèle et non corrompu par le goût du pouvoir, de l'argent et des compromissions de toutes sortes, jusqu'à ce que Dieu tienne ses promesses.[22] Ainsi s'explique mieux l'idéal de la retraite au désert non sans lien avec le vrai culte du temple maintenant souillé: "... une plantation sainte et éternelle: un temple saint pour Israël et une fondation très sainte pour Aaron, témoins de la fidélité au droit et élus de la volonté (de Dieu) pour obtenir le pardon en faveur du pays et rendre aux impies leur rétribution" (1QS VIII 5-6), en observant "la distribution du temps" (1QS VIII 4), allusion au calendrier différent de celui imposé par le remplaçant au temple, le Prêtre Impie.

Cette explication tout à fait plausible et sans forcer les textes,[23] mettrait un terme à l'absence de grand prêtre ou *intersacerdotium* à peine vraisemblable

---

suivi entre -159 et -152, car cela relève de cette seule autorité. Ce grand prêtre en fonction n'aurait pas été nommé par les Séleucides (voir J. Murphy O'Connor, "Demetrius I and the Teacher of Righteousness (1 Macc., X, 25-45", RB 83 (1976) 400-20, 419s). En faveur de cette possibilité, voir aussi J. Strugnell (DJD X, 120-21 mais qui semble contredire 117 § 4.2.6.4).

22 Sur ce point nous rejoindrions en partie J. Carmignac, "Précision", RQ X (1981) 585-86: "Je pense que les Esséniens n'auraient jamais pris d'eux-mêmes l'initiative de quitter le temple, même à cause du calendrier et des grands prêtres illégitimes, cela pouvait les empêcher de participer au culte, mais non de fréquenter le parvis du temple. S'ils ont quitté le temple, c'est parce qu'ils en ont été chassés par la persécution du Prêtre impie" (p. 585), mais plus vraisemblablement à cause de l'expulsion de son poste du grand prêtre en exercice et pas d'abord à cause de la persécution; celle-ci a suivi ainsi que le changement de calendrier.

23 Contrairement à Collins, "The Origin ...," 167 et 178. L'examen des textes confirme l'hypothèse plus qu'il ne l'infirme. La séparation ne peut avoir été précipitée par les critiques adressées au grand prêtre par le Maître ou par la suppression d'un calendrier différent mais jamais appliqué si le Maître n'avait eu quelque droit comme grand

qu'impose la chronologie des grands prêtres de Flavius Josèphe entre -159 et -152 av. J.-C. Puisque la suppression d'un calendrier parallèle, de toute façon inapplicable et inappliqué dans l'hypothèse d'une vacance entre -159-152 ne peut être prise en considération, la seule critique des agissements du grand prêtre ne peut expliquer cet exil volontaire.[24] La coupure présente du temple et de son culte impur et sacrilège n'était pour l'essénien que temporaire jusqu'à ce que Dieu permette le retour et la reprise du vrai culte avec un grand prêtre 'orthodoxe' dans l'observance des règles bien précises.

Par ailleurs la durée de l'*intersacerdotium* est fluctuante dans les récits de Josèphe: en *Ant.* XIII § 46, il réduit par deux fois cette durée à quatre ans, alors qu'en XX § 238 il la ramène à sept ans. Une durée de sept ans correspondrait à la chronologie des *livres des Maccabées* qui sont muets sur une éventuelle vacance du grand sacerdoce (1 M 9:54-57 et 10:1), bien qu'Alcime semblerait avoir été dépouillé un temps de cette dignité au profit de Judas devenu chef des Hassidéens et chercherait à la récupérer avec l'appui de Démétrius (2 M 14:7). La victoire de Judas sur Nikanor qui a sauvé l'autel et le temple passerait-elle pour un haut fait de grand prêtre (2 M 15:31, 1 M 7:42)? Mais Judas meurt avant Alcime.[25]

Ainsi l'hypothèse formulée depuis la première décennie des recherches qumraniennes proposant d'identifier le Prêtre Impie avec Jonathan est la seule à avoir trouvé quelque confirmation dans d'autres fragments de textes de la grotte 4: celui qui avait bien commencé (*šm h'mt* et 4Q448) mais qui, grisé par le pouvoir (acceptation de sa nomination comme stratège et méridarque de Judée) a mal fini, confirmant les traits spécifiques qui ne peuvent viser que cet Hasmonéen (-160-143/2) : reconstruction de Jérusalem, reconnaissant au roi grec le droit à nommer le grand prêtre, et mort en captivité aux mains des gentils.[26] Avec les honneurs, il a cherché à plaire aux grecs, a abandonné Dieu et les commandements et, ayant besoin d'argent pour réaliser ses visées, il a commis des abominations sacrilèges en dérobant les objets du temple (4Q523) et a renoncé à suivre le (vrai) calendrier.[27] Le Maître de Justice, certainement un

---

prêtre à l'avoir fait appliquer. Le motif devait dépasser l'utopie et toucher à une réalité vécue. La qualification de "grand prêtre de son propre groupe" donnée au Maître (Collins, p. 167 n. 34) ne veut rien dire si celui-ci n'a pas exercé un moment au temple.

24 Un hymne (1QH XIII 7-21 [= V 5-19]) ferait-il allusion à cet exil ?

25 Il est vrai que *1 Maccabées* pro-hasmonéen ne donne pas non plus d'indice clair contre la vacance.

26 Voir Milik, *Ten Years* ..., 84 s, et pour une réfutation sobre et précise de l'identification avec Simon, voir pp. 86 s. L'identification du Prêtre Impie à Jannée n'est pas possible, malgré dernièrement encore B. Nitzan, *A Scroll from the Wilderness of Judaea (1QpHab)*, (Jerusalem: Bialik Institute, 1986) [*'ivrît*] 132-35.

27 Calendrier connu auparavant et à cette époque précisément en particulier par *Jubilés*, 4Q379, MMT, RT,... et un peu plus tard 1 M 10:34, et sans doute appliqué par le grand prêtre sadocide en exercice entre -159 et -152.

prêtre son contemporain (1QpHab II 7-8; 4QpPs 37 1-10 ii 18-19, iii 15), semble donc bien avoir été chassé de son poste de grand prêtre en exercice par la nomination de l'hasmonéen Jonathan auquel il adresse d'abord des reproches en lui rappelant de pressantes recommandations (4QMMT). Enfin comme confirmation, Flavius Josèphe mentionne l'existence des trois mouvements[28] religieux, pharisien, sadducéen et essénien pour la première fois sous le pontificat de Jonathan (*Ant.* XIII § 171-173), ce qui ne ferait que reprendre différemment les trois groupes sous-jacents à 4QMMT.[29]

Qui est le Prêtre - Maître de Justice ?

Qui est donc ce prêtre - Maître de Justice contemporain du Prêtre Impie Jonathan? Plusieurs hypothèses ont été formulées mais la plupart, pour ingénieuses qu'elles soient, résistent encore moins à la critique que l'identification du Prêtre Impie, son opposant autre que Jonathan. Sont certainement irrecevables celles qui placent cette figure dans le premier siècle avant ou après J.-C., à titre d'information: Judah l'Essénien, Onias le Juste, le Pharisien Sadoq, Jean Baptiste, Jésus le Nazaréen, Jacques le frère du Seigneur, Judas le Galiléen, Manaheim,[30] et même celles qui le situent au début du deuxième siècle av. J.-C., tel Ben Sira, Onias III exécuté à Daphné en -170 (2 M 5:33-34), ou Mattathias et Judas Maccabée, père et frère de Jonathan. De même que l'identification du Prêtre Impie a dû tenir compte des fouilles de Qumrân, l'installation essénienne de Sokokah,[31] des allusions historiques les plus transparentes des manuscrits et des données de l'historien Flavius Josèphe qui s'accordent avec les datations paléographiques des mêmes manuscrits,[32] de

---

28 On préfère traduire par 'mouvement ou courant religieux' les 'écoles philosophiques' ou αἵρεσις de Flavius Josèphe, car une traduction par 'secte' pour qualifier ces courants religieux, essenien, sadducéen et pharisien, de sectaires est certainement anachronique et inadéquat, d'autant que les Esséniens étaient certainement plus orthodoxes que les pharisiens (les 'séparés'). Il vaut mieux abandonner ce qualificatif.

29 Le groupe de l'expéditeur est de praxis sadducéenne mais anti-hellénisants, les sadducéens pro-hellénisants (avec le peuple) et le groupe du destinataire (hasmonéen) anti-hellénisants à inclination pharisienne.

30 Voir par exemple J. Carmignac, "Qui était le Docteur de Justice?", RQ 38 (1980) 235-246, et les réfutations de H. Burgmann, "Wer war der 'Lehrer der Gerechtigkeit'?", RQ 40 (1981) 553-578, et de J. Murphy O'Connor, "Judah the Essene and the Teacher of Righteousness", *id.*, 579-85.

31 Voir É. Puech, La croyance des Esséniens en la vie future: immortalité, résurrection, vie éternelle? Histoire d'une croyance dans le judaïsme ancien, (Études bibliques N.S. 21-22; Paris: éditions Gabalda et Cⁱᵉ, 1993) I, 20 s.

32 Voir J. Starcky, "Les Maîtres de Justice et la chronologie de Qumrân", dans *Qumrân. Sa piété, sa théologie et son milieu*, par M. Delcor (BETL 46; Paris-Gembloux-Leuven: édition Duculot - University Press, 1978) 249-56, p. 249, qui voit la fourchette chronologique se resserrer entre l'avènement d'Antiochus Épiphane (175

même celle du Maître de Justice à l'origine de la première occupation de Qumrân devrait retenir une figure dont l'autorité et le rayonnement étaient reconnus et respectés. Ce ne peut être un quelconque *ḥasîd* inconnu. Faut-il même envisager l'existence de plusieurs figures sous cette désignation? Starcky a fait l'hypothèse d'au moins deux Maîtres de Justice pour rendre plus aisé l'accord des textes avec les données archéologiques, paléographiques et historiques. Ce point est secondaire en ce qui nous concerne puisque nous nous intéressons à l'identification du Maître de Justice à l'origine de l'exil à Qumrân et contemporain du Prêtre Impie Jonathan.

Ce Maître de Justice a été intimement lié à la naissance du mouvement essénien (de l'araméen *ḥasē* traduisant l'hébreu *ḥasîd*) préparé par les Pieux - ᾿Ασιδαῖοι, transcription de la forme aramaïsée *ḥasîdaya* de l'hébreu *ḥasîdîm*, "hommes tout dévoués à la Loi" (1 M 2:42). "La congrégation des Hassidéens" en tant que telle, regroupant les pauvres et les pieux, dut se former au moins dès l'avènement d'Antiochus (sept. -175) lorsque ce dernier fit de Jérusalem une cité grecque, l'Antioche hiérosolymitaine[33] à laquelle souscrivit le grand prêtre Jésus-Jason (-174-172/1), frère d'Onias III usurpateur du pontificat, en introduisant l'hellénisme par des moyens illégitimes (2 M 4:7); le grand prêtre Ménélas (-172/1-162) de la classe de Bilga suivit la même orientation. Aussi sept ans plus tard, lorsque Antiochus abolit le culte juif, Mattathias fut rejoint au signal de la révolte par la congrégation des Hassidéens. Dans cette charge de grand prêtre succédera Alcime (forme grecque de Yaqim) qui, bien que non sadocide, fut nommé (-162-159) par Antiochus V Eupator (*Ant.* XII §§ 385, 387), apparemment d'abord sans opposition de la part des Hassidéens (1 M 7:14) mais qui devinrent vite des partisans de Judas (1 M 7:21 et 2 M 14:7). Puis après une 'vacance' de sept ans (-159-152) au dire de Josèphe, le grand pontificat passa à Jonathan, un non sadocide de la classe de Yehoyarîb.

Ces données historiques sont-elles conciliables avec les rares indications chronologiques des manuscrits? CD I 1-11 date l'avènement du Maître de Justice environ 390 + 20 = 410 ans après la prise de Jérusalem par Nabuchodonozor. Quoique symboliques, ces chiffres empruntés à Ez 4:4-6 ont très vraisemblablement été retenus par l'auteur pour leur convenance chronologique assez évidente. Si on retient la date de -587 ou -586 pour la chute de Jérusalem, le calcul ne correspond à aucune donnée historique qui ait une apparence de vraisemblance: -587/6 - 390 = -197/6 - 20 = -177/6. Mais si on retient le comput connu encore de 2 Ba 1:1ss qui situe le premier siège de Jérusalem en la 25ᵉ année du règne de Jékonias/ Joiakin (voir 2 R 24:8), le

---

av. J.-C.) et la mise à mort de l'Hasmonéen Jean Hyrkan II par Hérode le Grand (30 av. J.-C.).

33 Cette congrégation était peut-être déjà en gestation parmi les partisans d'Onias III et les opposants du prévôt Simon de la tribu de Bilga, son rival et dénonciateur du trésor et de la patrie, qui l'accusa auprès d'Apollonius de Tarse, gouverneur de Cœlé-Syrie et Phénicie et qui instiguait meurtres et agitations publiques (2 M 3:1-7; 4:1-6).

résultat ne laisse pas de surprendre: -597-25 = -572 et -562 pour la chute de la ville dix plus tard; puis -562 - 390 ans d'abandon (CD I 3-6) donnent -172 pour le moment de la visite et du départ de la plante (CD I 7-8). C'est précisément l'époque de la nomination du non sadocide Ménélas au grand sacerdoce (2 M 4:23-29) et du meurtre du sadocide Onias (été -170) (2 M 4:30-35). Enfin les 20 ans de tâtonnements dans l'aveuglement et la culpabilité (CD I 8-10) mènent à -152 pour la conduite du reste par un prêtre sadocide - le Maître de Justice, époque où précisément le non sadocide Jonathan se fait nommer grand prêtre par Alexandre Balas (1 M 10:20s) et où Josèphe et 4QMMT connaissent pour la première fois l'existence des trois mouvements religieux. En situant la naissance du mouvement hassidéen quelque peu organisé dès -174 (pontificat du sadocide usurpateur hellénisant Jésus-Jason) ou certainement en -172/1 (au début de celui du non sadocide Ménélas, frère du prévôt Simon et rival d'Onias III) et en -152 celle de l'essénisme, la chronologie retenue par CD fait tout à fait sens et n'est certainement pas due au pur hasard.[34]

Dans ce cas le départ de Jérusalem du prêtre en exercice - le Maître de Justice aurait été provoqué par la nomination en -152 de Jonathan au grand pontificat. Si le prêtre - Maître de Justice n'a pas pu contester la nomination de Jonathan des fils de Yehoyarîb, une classe sacerdotale de la branche aaronide mais non issue de Sadoq, il a dû voir d'un mauvais œil l'accession de Jonathan à cet office, dépouillant les Oniades d'une charge qui leur revenait légitimement et par priorité mais que le pouvoir séleucide n'avait pas confirmée depuis -159. En effet, le fils d'Onias III qui n'était qu'un enfant (*Ant.* XII § 237) lorsque Jason, frère d'Onias, puis Ménélas, frère de Simon, reçurent la charge par nomination dans les années -170 et qui était sans doute encore trop jeune quand Alcime fut nommé (*Ant.* XII § 387), devait un jour logiquement et légitimement revendiquer ce droit afin de renouer avec une charge appartenant à l'illustre lignée des grands prêtres dont la succession ininterrompue, pensait-on, remontait à Sadoq.[35] Une perte des droits séculaires et quasi-exclusifs des Sadocides ne pouvait passer sans réaction de la part du détenteur légitime et de son groupe. Une éviction avait valeur de rejet et de mépris de l'alliance que Dieu avait conclue avec Pin*h*as et dont avait seule hérité la lignée de Sadoq, comme le rappellent plusieurs textes même contemporains, voir Ez 44:15-16, Nb 25:7-13, Si 45:23-24; 50:24 (hébreu), 51:12 IX (hébreu)[36] et plus tard la position essénienne en CD III 20- IV 4. En cela le sadocide fils d'Onias III

---

34 Voir déjà Puech, *La croyance* ..., 506s et références, repris par A. Steudel, " *'Aḥarît hayyamîm* in the Texts from Qumran", RQ 62 (1993) 225-46.

35 Sur ce sujet, voir J.R. Bartlett, "Zadok and His Successors at Jerusalem", JTS 19 (1968) 1-18, certainement à l'époque post-exilique.

36 Les additions (?) sadocites au texte hébreu de Ben Sira 50:24 et 51:12 I-XVI pourraient remonter soit entre -200-150 (J. Trinquet, "Les liens "sadocites" de l'écrit de Damas, des manuscrits de la mer Morte et de l'Ecclésiastique", VT 1 (1951) 287-92, ou mieux, semble-t-il, dès la reprise de la charge par le fils d'Onias III en -159 -152. Et Ben Sira hébreu est bien représenté parmi les manuscrits de Qumrân.

devait être soutenu par les Hassidéens partisans d'Onias III qui s'étaient ralliés à la révolte de Mattathias contre Ménélas et Antiochus et qui, s'ils ne s'étaient pas d'abord opposés à Alcime, peut-être à cause du nouveau changement de classe sacerdotale, appuyèrent Judas et Jonathan dans leur lutte contre Alcime et le perfide Bacchidès (1 M 10:43-72 et la crucifixion de 60 hassidéens 1 M 7:16). Mais les Hassidéens ne s'inféodèrent cependant pas aux Hasmonéens. S'ils n'ont pas alors revendiqué la charge, c'est sans doute que le fils d'Onias devait être encore trop jeune (*Ant.* XII § 387).

Est-on assuré que la charge du grand pontificat fut vacante de -159 à -152, comme le prétend Flavius Josèphe (*Ant.* XIII § 46 [4 ans], XX § 237 [7 ans])?[37] Sans doute, *1 Maccabées* pro-hasmonéen ne dit rien à ce sujet pendant cette période -est-ce par embarras?-, mais Josèphe ne manque pas de contradictions, jusque dans les calculs de cette période en particulier, puisqu'il attribue encore le grand pontificat à Judas pendant 3 ans après la mort d'Alcime (*Ant.* XII § 414, 419, 434).[38] Mais rien n'oblige à suivre cette séquence. Et si l'acceptation par les Maccabées du calendrier séleucide ne doit pas avoir été étrangère à l'exil essénien en -152, elle ne peut certainement pas en avoir été la cause, car ce calendrier luni-solaire a dû être suivi au moins pendant l'hellénisation du pays avec Jésus-Jason ou Ménélas et Alcime et ne peut passer pour un *novum*. De même le calendrier solaire prôné et suivi par les Esséniens est-il déjà connu de computs bibliques de l'école sacerdotale (Hexateuque, Ezéchiel, Esdras-Néhémie, Aggée, Chroniques), des Samaritains et surtout des *Jubilés* qui semblent dater de cette période précisément (*circa* -160) et 4Q379.[39] Ce dernier calendrier n'aurait-il pas été mis en œuvre par le grand prêtre qui aurait exercé entre -159 et -152?[40] Celui-ci ne serait-il pas le sadocide fils d'Onias III, expulsé

---

37 Josèphe donne comme durée du grand pontificat d'Alcime une fois 3 ans (*Ant.* XX § 237) et une fois 4 ans (*Ant.* XII § 413).

38 Ces trois ans de Judas expliquent sans doute les quatre ans de vacance de la charge au lieu des sept ans ailleurs, car Josèphe fait mourir Alcime avant Judas, alors qu'en 1 M 9:54-57 Alcime meurt en -159 après Judas en -160 (1 M 9:18). Mais il contredit la vacance de 7 ans en *Ant.* XX § 237 et il est improbable que Judas ait endossé cette charge alors qu'il y avait un héritier légitime, le fils d'Onias III qui ne pouvait plus être trop jeune en -152 et déjà en -159

39 Sur ce calendrier, voir A. Jaubert, "Le calendrier des Jubilés et de la secte de Qumrân. Ses origines bibliques", VT 3 (1953) 250-64, J. C. VanderKam, "The Origin, Character, and Early History of the 364-Day Calendar. A Reassessment of Jaubert's Hypotheses", CBQ 41 (1979) 390-411. Les *Jubilés* sont cités en CD XVI 3-4 et ce calendrier est au centre de la vie essénienne, CD VI 18-19, 1QS X 1 ss, etc., 4Q319 (Otot), voir U. Gleßmer, "The Otot-Texts (4Q319) and the Problem of Intercalations in the Context of the 364-Day Calendar", dans *Qumranstudien, cit.*, 125-64. 4Q319 semble venir après le manuscrit 4QS^e (4Q260) là où 1QS X a l'hymne débutant sur la répartition des temps. L'*Apocryphe de Josué* (4Q379) 12,5 suit le calendrier des *Jubilés*, (Newsom, "4Q378 ...", 36, 65).

40 Comme on l'a souligné plus haut, la lettre de Démétrius aux Juifs (et au grand prêtre) en 1 M 10:34 (38) cherchant à attirer à son profit l'hasmonéen Jonathan, suppose

par l'usurpateur non sadocide Jonathan, que suivit dans son exil un groupe de
fidèles volontaires, donnant naissance à la plantation dont parle CD?

Jonathan qui a succédé à Judas en -160, occupé encore à libérer le pays en
combattant Bacchidès et Alcime, ne pensait sans doute pas au grand pontificat
que n'avaient revendiqué ni son frère Judas ni son père Mattathias soutenus par
les Hassidéens, sinon il aurait endossé la charge dès qu'elle a été vacante à la
mort de son ennemi Alcime en -159, tandis que le pays goûtait la tranquillité
pendant deux ans (1 M 9:57). S'il ne l'a pas fait, c'est que la place n'était
justement pas vacante et qu'il dut poursuivre sa lutte et les faits de guerre, voir
le siège de Bethbassi en -157 (1 M 9:58-72).[41] Cependant après cinq autres
années de tranquillité et pour d'autres motifs plus personnels que religieux,
Jonathan réussit à se faire nommer grand prêtre en -152 d'autant plus aisément
que l'oniade n'avait pas été nommé par le séleucide, s'accommodant ainsi des
usages païens d'investiture par le pouvoir civil, lui qui avait auparavant lutté
pour la Loi. Mis en minorité, le sadocite et ses partisans hassidéens n'étaient
certes pas en mesure de s'opposer au héros de la résistance hasmonéenne
appuyé par le pouvoir séleucide et sans doute alors aussi par une majorité, y
compris des hellénisants. En effet, l'expulsion du prêtre légitime, docteur de la
Loi et Maître authentique, et le changement de calendrier et de pratiques légales
opéré ensuite par l'usurpateur non sadocide qui a reçu l'étole et la pourpre des
mains du séleucide Alexandre Balas, expliqueraient bien mieux, sinon
parfaitement, les critiques des textes esséniens à l'égard du Prêtre Impie qui a
abandonné Dieu et trahi sa Loi.[42] La liste des grands prêtres des sources de
Josèphe témoignerait soit de la *damnatio memoriae* à l'égard de ce sadocide
exilé et fondateur du mouvement essénien,[43] soit de la non inscription dans la
liste officielle ayant exercé la fonction sans confirmation par l'autorité, ou des

connue la pratique du calendrier solaire que le souverain veut renforcer de son
autorité et dont témoigne le *Rouleau du Temple* (daté du troisième quart du 2ᵉ siècle,
voir E. Puech, "Fragments du plus ancien exemplaire du Rouleau du Temple
(4Q524)", dans *Legal Texts and Legal Issues. Proceedings of the Second Meeting of
the International Organization from Qumran Studies, Cambridge 1995*, ed. by
M. Bernstein, F. García Martínez, J. Kampen, (STDJ XXIII; Leiden.New York.Köln:
Brill, 1997) 19-64). S'il en est bien ainsi, le grand prêtre qui doit être à l'origine de ce
changement est celui visé en 1 M 10:38, le sadocide légitime, le fils d'Onias.

41 H. Stegemann, *Die Essener, Qumran, Johannes der Täufer und Jesus. Ein Sachbuch*,
(Freiburg.Basel.Wien: Herder, 1993) 205, fait du Maître de Justice le grand prêtre
prédécesseur de Jonathan, certainement dès -157 pour assurer l'office des Expiations
au temple en période de tranquillité (1 M 9:73). Mais pour une période comparable
on peut aussi bien remonter en -159 (1 M 9:57).

42 Avec Stegemann, *Die Entstehung ...*, pp. 102, 210-20, M. O. Wise, "The Teacher of
Righteousness and the High Priest of the Intersacerdotium: Two Approaches", RQ
56 (1990) 587-613, pp. 602-13.

43 Son nom aurait pu être rayé assez vite des listes officielles sous l'usurpateur Jonathan
qui a même essayé de supprimer la personne dans son exil (1QpHab XI 4-8;
4QpPs 37 1-10 iv 7-10).

deux à la fois. En effet, en l'absence d'un grand prêtre officiellement désigné, la charge est automatiquement assumée par le second en rang de dignité. A la mort d'Alcime, la charge revenait de droit au fils d'Onias désormais adulte. Cet exercice sans nomination expliquerait-il à lui seul l'absence des listes des annales du temple? Mais avec ou sans nomination par le séleucide, cet oniade est certainement le grand prêtre légitime et seul reconnu.[44]

Une telle reconstruction est-elle possible? En effet, les contradictions de Josèphe ne s'arrêtent pas à la liste des grands prêtres et à une vacance du pontificat. En *Ant.* XII §§ 237-239, l'historien écrit que le grand prêtre Simon (II) a eu trois fils, tous trois grands prêtres, Onias (III), Jésus-Jason et Onias-Ménélas. D'après *Ant.* XII §§ 387-88, c'est le fils du grand prêtre Onias assassiné et neveu de Ménélas qui se serait enfui en Egypte auprès de Ptolémée lors de l'accession d'Alcime et y aurait bâti un temple. Ce fils du grand prêtre porte le même nom, Onias d'après *Ant.* XIII § 62[45] et encore *Ant.* XX § 236 mais alors cet Onias égyptien est le neveu du grand prêtre Onias-Ménélas tué à Beroia dont le fils fut lui-même privé de succession au grand pontificat; c'est reconnaître que cet Onias avait priorité dans la charge. Dans la *Guerre* VII § 423, c'est le prêtre Onias, fils de Simon, qui s'exile en Egypte et y élève un temple, tandis qu'en *Guerre* I § 31-33 Onias est l'un des grands prêtres qui semble tenir le rôle de Jason dans les *Antiquités* et qui, une fois dépossédé de la grand prêtrise,[46] fonde un temple en Egypte. Les notices prêtent pour le moins à confusion.

D'une part, il est invraisemblable que deux frères aient porté le même nom. En effet, d'après 2 M 4:23 et 3:4, récit beaucoup plus digne de confiance, Ménélas n'est pas le frère d'Onias et de Jason mais d'un Simon de la tribu de Bilga, prévôt du temple. D'autre part, il est tout aussi impensable qu'un descendant de la lignée directe des oniades et héritier légitime soit allé fonder un temple et un culte à Yahveh en Egypte, doublure de celui de Jérusalem et imitation du Garizim, contrevenant à la centralisation du culte à Jérusalem et aux préceptes de la Loi qu'il tenait tant à observer et à faire observer (Dt 12:2-14; 2 R 23). Qu'il s'agisse d'Onias III (mais assassiné en été -170) ou de son fils

---

44 Avec J. Murphy O'Connor, "The Essenes ...", 230. Mais ce ne pouvait être un prêtre hellénisant comme l'écrit H. Eshel, "4QMMT and the History of the Hasmonean Period", dans *Reading 4QMMT ... cit.*, 53-65, p. 64s, car les Hassidéens et l'hasmonéen Jonathan qui combattaient jusqu'alors (-159) les hellénisants, n'auraient pas permis une continuité de ce type; de plus ce prêtre hellénisant n'était pas davantage nommé par le séleucide ni inscrit dans les listes.

45 Ce détail paraît surprenant, puisque depuis plusieurs générations la famille des grands prêtres oniades use régulièrement de la papponymie (*Ant.* XI § 347 Onias, XII § 43 Simon, §§ 44, 157 Onias, § 224 Simon, § 225 Onias. On attendrait un autre nom, Simon (?) pour le fils aîné!

46 En 2 M 4:26; 5:7-10, Jason, supplanté, fuit en Ammanitide puis en Egypte.

(faussement un Onias IV d'après Josèphe[47]) sous Antiochus V Eupator (-164-162) accueilli par Ptolémée VI Philométor et son épouse Cléopâtre, ces notices de Josèphe ne sont pas crédibles,[48] même appuyées par des légendes talmudiques (*Babli Menaḥôt* 109b, *Yerushalmi Yoma* 6:3) qui font aussi de cet Onias égyptien le fils de Simon le Juste. Même si un nom identique porté par le père et le fils ne serait pas un fait totalement isolé, ce n'est certainement pas le reflet de la pratique courante.[49] Comme les récits des *Maccabées* plus dignes de confiance ne s'accordent pas avec ces indications, il faut chercher une autre explication.

Il est possible et même probable que les contradictions de Josèphe trouvent leur solution dans des fusions de noms et assimilations (délibérées ?) de liens de parenté, voire des généalogies, ainsi que dans les confusions de traductions grecques des noms de parenté en sémitique et en araméen en particulier (la *Guerre* n'a-t-elle pas d'abord été rédigée en araméen?). On sait en particulier que le mot "frère" peut rendre plusieurs degrés de parenté: frère de sang, oncle

47 Un territoire du juif Onias est connu à Léontopolis dès le milieu du 2ᵉ siècle avant J.-C. et suivant, voir *Ant.* XIII § 287, XIV § 131, *Guerre* I § 190, VII § 421. Et même une lettre datée du 21 sept. -164 du fonctionnaire Hérode de la cour des Ptolémées à un juif Onias a été retrouvée au Sérapeion de Memphis (voir *Corpus Papyrorum Judaicarum*, ed. by V.A. Tcherikover in collaboration with A. Fuks, I (Cambridge Mass.: Magnes Press.Hebrew University. Harvard University Press, 1957) 244-46, n° 132. Le récit de *Guerre* VII §§ 424-25, qui semble situer la construction du temple de Léontopolis dans les dernières années d'Antiochus IV (avant la purification du temple de Jérusalem en décembre -164) n'est pas absent de visée politique. Mais § 431 semble faire une allusion à un exil de la part de juifs de Jérusalem qui auraient cherché à écarter ce prêtre. Ces données externes supposeraient la présence d'Onias antérieure à -164.
48 La plupart des auteurs acceptent cependant ces notices de Josèphe, voir par exemple M. Delcor, "Le Temple d'Onias en Egypte", RB 75 (1968) 188-203, G. Bunge, "Zur Geschichte und Chronologie des Untergangs der Oniaden und des Aufstiegs der Hasmonäer", JSJ 6 (1975) 1-46, 6-9, R. Hayward, "The Jewish Temple at Leontopolis: A Reconsideration", JJS 33 (1982) 429-43, pp. 429 ss.
49 E. Schürer, *The History of the Jewish People in the Age of Jesus Christ (175 B.C. - A.D. 135). A New English Version,* revised and edited by G. Vermes, F. Millar, M. Goodman, III/1 (Edinburgh: T & T. Clark, 1996) 145-47, préfère suivre les notices des *Antiquités* portant une correction délibérée et donc plus digne de confiance que celle de la *Guerre*. Il s'agirait bien d'Onias IV, fils d'Onias III; sont donnés ensuite quelques exemples de filiation avec nom identique. Cet Onias fuyant sous Antiochus V (-164-162) aurait bâti un temple et inauguré le culte en -160 (d'après *Guerre* VII § 436, la durée depuis la fondation du temple jusqu'à sa fermeture en 73 A.D. serait de 343 ans, donc fondé en -270!). Le chiffre 343 ne serait-il pas purement symbolique: 7 jubilés (7 x 49)? Habituellement les auteurs retiennent le chiffre de 243 datant la fondation en -170, ce qui s'oppose à l'insertion d'un 'Onias IV', enfant, sous Antiochus V Eupator mais s'accorderait avec les données du papyrus et une identification différente.

paternel, cousin proche ou éloigné, jusqu'à compatriote.[50] S'il en est ainsi, Onias-Ménélas des notices de Josèphe n'est pas nécessairement un frère d'Onias III (voir 2 M 4:23, frère de Simon, non de Jason), ni Onias l'égyptien, neveu de Ménélas (*Ant.* XII § 387, XX § 236), un fils d'Onias III, etc. En effet, d'après l'indication de 2 M 4:23, Onias-Ménélas, frère de Simon de la tribu de Bilga, le prévôt du temple (2 M 3:4) qui s'affronte à Onias III, n'est pas fils de Simon le juste et, bien que prêtre, n'est probablement pas sadocide. Cela expliquerait mieux pourquoi un Onias, fils de Simon et neveu du grand prêtre Onias-Ménélas, frère de Lyzimaque prêtre en second (2 M 4:29) et de Simon le prévôt (voir Onias, fils de Simon en *Guerre* VII § 423),[51] a pu fuir en Egypte et y fonder, par déception (*Guerre* VII § 431), un temple sur les ruines d'un temple égyptien désaffecté et un culte parallèle mais non reconnu comme légitime par les juifs d'Egypte,[52] lorsque le roi, après avoir tué Ménélas, suivit le conseil de Lysias et donna le grand pontificat non au fils de Ménélas mais à une autre famille, à Alcime en -162 (*Ant.* XII § 387, XX § 235).[53]

Une autre contradiction de Josèphe semble s'opposer à ce qu'Onias égyptien puisse avoir été le fils du grand prêtre Onias III. Lors de l'assassinat à Daphné en -170, son fils (sans nom) était un enfant (νήπιος, *Ant.* XII § 237 mais παῖς en § 387).[54] Comment alors aurait-il pu, à la fin du règne d'Antiochus IV ou sous le pontificat d'Alcime, encore adolescent, recevoir les honneurs de la cour des Ptolémées et fonder le temple et le culte en Egypte? Mais Onias, fils de Simon le prévôt qui occupait un rang important au temple,[55] tout en intriguant avec le pouvoir étranger en rival d'Onias III, dont l'oncle Ménélas était grand

---

50 Ainsi par exemple en Tb 7:2, le 'fils de l'oncle paternel' en araméen est rendu par ἀδελφός dans le Sinaïticus. Sur ce sujet, voir P. Grelot, "Les noms de parenté dans le livre de Tobie", dans *Hommage à Józef T. Milik, cit.*, 327-37.

51 Puisque, contrairement à *Guerre* VII § 423, les *Ant.* XII § 387, XIII § 62 et XX § 236 font de cet Onias (IV) le fils du grand prêtre Onias III. On pourrait poser la question de savoir si une confusion sur le sens précis de *bn/br* fils ou petit-fils n'est pas intervenue dans cette présentation généalogique (voir XII §§ 237-39), les trois frères grands prêtres, fils de Simon (II), et XIX § 298.

52 Voir Schürer, *The History ...*, III/1 146-47.

53 Josèphe fusionnant les deux Simon, fait faussement de Ménélas le plus jeune frère d'Onias III et en conséquence, d'Onias égyptien, le neveu de Ménélas, un fils d'Onias III, l'assimilant à l'enfant non dénommé lors du meurtre du grand prêtre. Dernièrement, I. Mélèze Modrzejewski, *Les Juifs d'Égypte de Ramsès II à Hadrien* (Paris: Quadrige/ PUF, 1997) 175-183, identifie Onias l'Égyptien à Onias IV fils d'Onias III, comme constructeur du temple de Léontopolis.

54 Le mot νήπιος désigne depuis le bébé jusqu'à l'enfant à l'âge pubertaire ou parfois même l'adolescent et παῖς a un sens un peu plus large, enfant, adolescent, jeune. Quoi qu'il en soit, un 'enfant' n'est pas en âge de servir, pour cela il doit savoir distinguer le bien et le mal. A la nomination d'Alcime en *Ant.* XII § 387 l'enfant passerait plutôt pour un grand adolescent.

55 Que ce soit Simon le prévôt du trésor, Ménélas prêtre usurpateur ou son frère Lyzimaque comme remplaçant, 2 M 3:4; 4:1-6,23-29, 32, 39-42.

prêtre en fonction mais dont il ne pouvait briguer la succession à cause d'un fils héritier, a dû trouver bon accueil à la cour des Ptolémées et pu fonder un nouveau temple, spécialement dès que Antiochus IV au retour d'Egypte eut mis la main sur le temple de Jérusalem avec la complicité de Ménélas (1 M 1:16-20; 2 M 5:11-20). Cette situation des Simon-Onias, père et fils, complotant avec Apollonius et qui, déçus, se retournent vers l'Egypte, rendrait compte du passage de *Guerre* VII §§ 423-32 et de l'édification du temple pour attirer un grand nombre de Juifs à la cause, d'autant que celui de Jérusalem était hellénisé.

Le départ de la famille Simon-Onias pour l'Egypte pourrait même avoir suivi l'usurpation du grand pontificat par Ménélas, frère de Simon, privant ce dernier de son rang de prévôt ou de prêtre en second d'Onias III, mais ses crimes en -172/1 et méfaits (2 M 4:1-7) ne l'avaient-ils pas déjà exclu puisque Ménélas désigne son autre frère Lyzimaque pour le remplacer (2 M 4:29)? Avec la campagne d'Antiochus en Egypte[56] les faveurs à la cour des Ptolémées ne pouvaient alors que grandir. Cette solution rendrait aussi compte de la situation, querelles et ambitions pour le pouvoir à Jérusalem du temps où Antiochus IV disputait la Cœlé-Syrie à Ptolémée VI (*Guerre* I §§ 31-33). En conséquence, il apparaît clairement qu'Onias égyptien qui, lui, n'est pas dit un enfant vers -170, n'est certainement pas le fils du grand prêtre Onias III.[57] Voulant clarifier, Josèphe a simplifié et donc falsifié l'histoire en fusionnant des données diverses.

Cette conclusion permet de reconsidérer le profil du jeune fils d'Onias III dont le nom reste inconnu. A en croire Josèphe, le fils ($\pi\alpha\hat{\iota}\varsigma$) que laissait Onias était encore un enfant ($\check{\epsilon}\tau\iota\ \nu\acute{\eta}\pi\iota o\varsigma$) lorsque furent nommés grands prêtres Jason en -174 et Ménélas en -172/1 et de même à la mort de son père en -170 (*Ant.* XII § 237-8) et il était encore adolescent ($\check{\epsilon}\tau\iota\ \pi\alpha\hat{\iota}\delta\alpha$) à la nomination d'Alcime en -162 (*Ant.* XII § 387). On peut estimer que la naissance du jeune oniade est antérieure à -175/4 et plus proche de -180 (il serait encore adolescent en -162) de sorte qu'il ne pouvait revendiquer la charge de grand prêtre à aucun des changements depuis la déposition de son père.[58] Mais, comme nous l'avons montré, il est plus que vraisemblable qu'il occupa cette charge à la mort

---

56 La fondation du temple de Léontopolis serait alors postérieure à -170, voir A. Kasher, "The Jews in Hellenistic and Roman Egypt: the Struggle for Equal Rights", (Texte und Studien zum antiken Judentum 7; Tübingen: J.C.B. Mohr, 1985) 132-5, mais l'auteur identifie Onias égyptien à Onias IV, et peut-être même à la campagne d'Antiochus, voir M. Broshi and E. Eshel, "The Greek King is Antiochus IV (4QHistorical Text = 4Q248)", JJS 48 (1997) 120-29.

57 En *Ant.* XII § 387 $\pi\alpha\hat{\iota}\varsigma$ renvoie au fils d'Onias III faussement identifié comme Onias égyptien. Stegemann, *Die Essener* ..., 206, assimile le fils d'Onias III et le neveu d'Onias-Ménélas à Onias IV, fondateur du temple d'Egypte après avoir exercé un moment le grand pontificat à l'assassinat d'Onias III en -170 avant d'être dépossédé par Ménélas. Ce n'est pas vraisemblable.

58 Né en -180, il aurait eu 6 ans en -174, 18 ans en -162 et 21 ans en -159, né en -184, 22 ans en -162 et 25 ans en -159, né en -189, 27 ans en -162 et 30 ans en -159, mais né en -176, 14 ans en -162 et 17 ans en -159.

d'Alcime en -159. "La congrégation des Hassidéens" qui se constitua vers -174 -172, fidèle à l'idéal du pieux Onias (2 M 3:1; 4:2; 15:12) en réagissant contre l'hellénisation et qui rejoignit les Maccabées dans leur révolte, ne pouvait qu'appuyer cette issue, sans que le non sadocide Jonathan l'hasmonéen en prît alors ombrage.

Les sources divergent sur l'âge des candidats à cette haute charge: de 30 à 50 ans (Nb 4:2 ss; 1 Ch 23:3), 25 ans et plus (Nb 8:24), 20 ans et plus (1 Ch 23:24,27; 2 Ch 31:17). De ces sources se sont inspirées les données qumraniennes: 20 ans pour entrer dans la Communauté (1QSa I 8-9), 25 ans pour des postes de service (1QSa I 12-13) et 30 ans pour les plus hautes charges (1QSa I 13) mais toujours dans l'obéissance aux prêtres aaronides. Mais le prêtre à la tête de la Congrégation aura de 30 à 60 ans (CD XIV 6-8) et l'intendant des camps de 30 à 50 ans (8-10). Ce sont des indications, suivies sans doute une fois la Communauté constituée et organisée dans son exil, car on ne connaît pas les règles observées au temple, si tant est qu'il y en eût. L'on sait que le jeune (τῷ παιδί) Aristobule (III) remplit cette charge à l'âge de 17 ans à peine avant d'être noyé l'année suivante (*Ant.* XV §§ 41, 56).

Nous avons déjà noté que la vacance du grand pontificat entre -159 et -152 est loin d'être assurée[59] et que les Hassidéens partisans d'Onias III n'ont pas dû rester inactifs à la mort d'Alcime mais qu'ils ont dû revendiquer et appuyer la candidature du fils d'Onias III maintenant en âge d'assumer cette charge. Comme la famille sadocite régnante pratiquait la papponymie, on peut estimer, sans certitude toutefois, que le fils d'Onias s'appelait Simon III,[60] mais que son nom a été rayé dans les 'archives' par *damnatio memoriae* sur l'ordre du grand prêtre hasmonéen qui l'a chassé, ou qu'il n'a pas été inscrit puisque non nommé par le pouvoir central. Certainement évincé, il a fondé, non un temple parallèle à l'instar d'Onias égyptien mais, soucieux des lois des Pères, une Communauté (*byt qwdš, swd qwdš qwdšym*), un temple d'hommes (*mqdš 'dm*), comme le rappellent les textes (1QS VIII, 4Q174 1 i 6[61]).

---

59 Les séleucides ont dû continuer leur politique et ne pas s'opposer à la présence d'un grand prêtre nommé par eux (tels Jason, Ménélas, Alcime) ou par le clergé sans ambition politique, tel le pieux fils d'Onias III dont le meurtre du père avait été puni par eux (2 M 4:36-38). Rien ne prouve un changement dans leur administration. Ils avaient même intérêt à ce que le service du temple continue pour s'opposer au temple de Léontopolis; voir aussi note suivante.

60 Hypothèse avancée lors de la rédaction de ma contribution à *Hommage à J.T. Milik* et signalée en passant dans E. Puech, "Les convictions d'un savant". Entretien réalisé par F. Mébarki, *Le Monde de la Bible* 107 (1997) 51-7, p. 54. Pour cette solution et Onias égyptien, voir aussi récemment et indépendamment P.A. Rainbow, "The Last Oniad and the Teacher of Righteousness", JJS 48 (1997) 30-52, mais cet auteur est partisan de l'*intersacerdotium* (p. 48s), n'explique pas le moment ni la cause du départ du Maître de Justice en exil (p. 50), ne distingue pas Hassidéens et Esséniens (p. 44s), etc.

61 Voir Puech, *La croyance ...*, *cit.* pp. 578-86.

S'il en est bien ainsi, le Maître de Justice n'est pas totalement un inconnu. Oniade, fils du pieux Onias III tel que le présentent les *livres des Maccabées,* et petit-fils de Simon le Juste dont Ben Sira a fait les éloges (Si 50:1-21), enfant il fut orphelin, le père ayant été assassiné en été -170 à Daphné. A l'âge requis il exerça la charge du grand pontificat de la mort d'Alcime en -159 jusqu'à son éviction en -152 lorsque l'hasmonéen Jonathan, cédant aux avances de l'usurpateur Alexandre Balas, accepta la nomination et l'élévation à cette charge. Ils œuvrèrent ensemble un certain temps, l'un à la tête des Hassidéens et l'autre à la tête de la résistance maccabéenne, au rétablissement du pays et du vrai culte selon la Loi des Pères. Mais les compromis politico-religieux amenèrent l'éviction effective, de fait non de droit, du grand prêtre légitime non confirmé dans la charge et débouchèrent sur l'opposition irréconciliable des deux figures qui vont être les plus en vue dans les manuscrits de Qumrân, le Maître de Justice et le Prêtre Impie.

Cette solution à laquelle ont conduit l'étude des données historiques, bibliques et externes, s'accorde pleinement avec les données des textes qumraniens, la paléographie des manuscrits et l'archéologie du site.[62] Elle peut rendre compte de nombreuses allusions des rouleaux au sujet du prêtre Maître de Justice, fondateur du mouvement essénien,[63] à commencer par ceux dont il est probablement l'auteur: MMT, certains hymnes, ... Ainsi un hymne semble-t-il faire une discrète allusion à son enfance, orphelin de père:

"car toi plus que mon père [30] tu m'as connu
et dès le sein[tu m'as] m[is à part
et dès le ventre de]ma mère tu as pris grand soin de moi
et depuis les seins de celle qui m'a conçu tes tendresses [31] m'(entourent)
et dans le giron de celle qui m'a nourri [tes] juge[ments/ tré[sors ?] tu as [révélés ?]
et depuis ma jeunesse tu m'es apparu dans la sagesse de ton jugement ...'
(1QH XVII [= IX] 29 ss)[64]

Cette forte personnalité a une haute idée de sa mission et de son rôle de guide spirituel pour ses frères, sujet de révélations divines concernant

---

62 Voir R. de Vaux, *Archaeology and the Dead Sea Scrolls*, (The Schweich Lectures of the British Academy. Revised edition; London: Oxford University Press, [2]1973) 116-7: "Period Ia may have begun ... under Jonathan, the High Priest from 152-143 B.C.".

63 Voir l'excellent portrait dressé déjà par Milik, *Ten Years ...*, 74-80, prêtre et probablement fondateur du mouvement.

64 La ligne 35 "car mon père ne m'a pas connu et ma mère m'a abandonné à toi" reprend Is 63:16 et Ps 27:10 et ne suppose pas que père et mère l'ont abandonné; ce sont des formules métaphoriques pour décrire les soins de la providence à son égard. Lire à la ligne 30: *wmrḥm hbd[ltny wmbṭn]'my,* et peut-être à la l. 31 *mšpṭ[yk* ou *mṭmw[nyk gly]th,* mais *]th* est certain. Voir encore 1QH XII 9-10 (= IV 8-9); XIII 7 (= V 5).

l'avenir, ...[65] Le titre qui lui est donné "Maître de Justice" (*mwrh hṣdq*) ou mieux "Maître authentique" convient au plus haut point au grand prêtre sadocide, l'autorité de référence dans l'enseignement et l'interprétation de la Loi (*dwrš htwrh, hmḥwqq,* CD VI 7-9). Ces titres confirment le lignage sadocite reconnu du Maître de Justice et son exercice du grand pontificat. Contrairement à ce qu'on en a dit, le Maître de Justice poursuivi dans son exil n'a pas été mis à mort par le Prêtre Impie mais il est parvenu à la fin de sa vie et a rejoint ses pères (CD XIX 35, XX 14),[66] probablement quelque temps avant la fin du 2ᵉ siècle,[67] sa vie se déroulant dans l'avant dernier et le début du dernier jubilé pour suivre ses révélations.

En conclusion l'identification du Prêtre Impie à Jonathan a invité et conduit à la recherche du Maître de Justice son contemporain, un sadocide, Oniade, le fils d'Onias III, probablement Simon (III), qui exerça la charge du grand pontificat de -159 à -152, avant de se retirer, évincé, avec un groupe de disciples dans son exil et fonder la Communauté essénienne. Cette hypothèse contredit la 'vacance' du grand sacerdoce que rapporte Josèphe à cette période. Si on refusait à cet oniade le titre de grand prêtre mais non l'exercice du grand pontificat (car on ne voit pas au nom de quoi puisque le premier prêtre en dignité qu'il est certainement, a dû remplir ce rôle dans le service du temple) pour maintenir la vacance, le départ en exil du prêtre Maître de Justice serait toujours à dater de -152 lors de l'éviction du légitime héritier oniade auquel l'illégitime hasmonéen non sadocide aurait refusé pour des motifs politiques l'exercice d'une charge qui lui revenait de droit et par priorité et pour laquelle il avait alors certainement l'âge requis. Dans ce cadre s'éclairent alors la première installation à Qumrân[68] et les débuts de l'essénisme, et on comprend mieux

---

65 J. C. Trever, "The Qumran Teacher - Another Candidate ?", dans *Early Jewish and Christian Legends. Studies in Memory of William Hugh Brownlee,* ed. by C.A. Evans and W.F. Stinespring (Atlanta: Scholars Press, 1987) 101-21, pense que le Maître de Justice est l'auteur-compilateur de *Daniel.* Cela paraît peu vraisemblable car il aurait été bien jeune pour ce faire dans les années -164, ou plus tard on ne peut expliquer comment ce livre aurait pu passer dans le 'canon' (hors milieu essénien) ni comment il aurait pu être connu comme 'Ecriture'. Que des écrits esséniens montrent une dépendance de *Daniel* ne prouve rien quant à son auteur compilateur essénien! Ce serait différent s'il était un Hassidéen.

66 Voir la mise au point nécessaire de Milik, *Ten Years ...,* 79s.

67 Vers -115-110-105, il aurait eu environ 70, 75 ou 80 ans.

68 Dans les premiers temps le Maître pouvait argumenter et essayer de convaincre, ce qui sera interdit plus tard aux membres du groupe une fois organisé et coupé des opposants irréconciliables enfoncés dans l'erreur (1QS IX 16-17). Ainsi s'explique bien mieux l'absence de l'expression *bny ṣdwq* dans la plus ancienne formulation de la *Règle.* La première génération partie avec le Maître (strate Ia et début de Ib) était essentiellement constituée de prêtres et disciples reconnaissant en lui le prêtre sadocide Maître incontesté. Ce n'est qu'après sa mort vers la fin du 2ᵉ siècle (date de la rédaction finale de 1QS) qu'on a dû préciser dans les textes et ajouter la mention *bny ṣdwq* pour désigner les vrais détenteurs de l'autorité, les garants de la doctrine

l'insistance des textes qumraniens sur le bimessianisme, séparant le pouvoir religieux et le pouvoir politique, d'autant que les Hasmonéens ne pouvaient revendiquer l'appartenance ni au sacerdoce sadocide ni à la royauté davidique ainsi que l'exigeaient les promesses divines.

Loin d'infirmer les conclusions des études des pionniers sur le sujet, cette recherche en confirme les intuitions tout en précisant quelques points, en partie grâce à de nouveaux fragments. Puisque le professeur H. Stegemann s'est beaucoup intéressé aux débuts de la Communauté de Qumrân, puisse-t-il trouver dans ces lignes, avec toute notre admiration et notre reconnaissance pour ses minutieuses recherches, une réponse à une question qui n'a cessé d'intriguer:[69] sera-t-il possible de connaître un jour le nom du Maître de Justice?

---

du Maître interprète inspiré de la Loi et héritiers de ses condisciples de la première génération, d'autant que la Communauté connut assez vite une scission avec l'Homme de Mensonge et des abandons (CD XIX 33s, XX 8 ss, ...). On ne peut accepter l'explication peu convaincante à ce sujet de A.I. Baumgarten, "The Zadokite Priests at Qumran: A Reconsideration", DSD 4 (1997) 137-56. Qu'on le veuille ou non, une explication simple fait toujours mieux justice aux textes et à leur histoire!

69 Voir Milik, *Ten Years* ..., 74: "it is hopeless for us to try to identify him with a known figure". L'ironie veut que Milik et Stegemann à sa suite ont été des premiers à bien identifier le Prêtre Impie avec Jonathan, ce qui nous a incité à poursuivre et à identifier ce grand prêtre en charge de -159 à -152 qui sera le Maître de Justice, comme l'avait justement pressenti Stegemann lui-même.

The Judean Desert and the Community of the Dead Sea Scrolls

by James C. VanderKam

Scriptural passages and themes heavily influenced the community that left us the Dead Sea Scrolls. The point could be demonstrated in a variety of ways. Not only have more than 200 copies of "biblical" works (that is, books that eventually constituted the Hebrew Bible) survived in the Qumran caves[1]; commentaries of varied types are also well represented in the library. There are the Pesharim or running commentaries that explain every passage in a book, and there are thematic commentaries (e.g. the Eschatological Midrash) that assemble scriptural passages pertinent to a particular topic. There are also compositions, such as the Book of Jubilees or the Genesis Apocryphon, that can reasonably be called examples of the Rewritten Bible in that they retell the scriptural stories but in a different way, with expansions, deletions, and other alterations.

While it would be instructive to study one or several of the ways in which the earlier authoritative literature of Israel left a deep imprint on the scrolls and the scrolls community, there is a more specific way in which we can see the traditional, sacred literature of Israel at work, namely in the choice of the place where the people of Qumran chose to establish their exiled community. They opted to construct their communal buildings in the forbidding Judean wilderness at the northwest corner of the Dead Sea. As we might expect for a group so keenly attuned to the details and predictions of the scriptures, they found biblical warrant for their location. Or, perhaps it would be more accurate to say that the scriptures specified for them where they should live in the present time of wickedness before God's decisive intervention.

Why did the group go to the desert of Judah and, more specifically, why did they go to Qumran when, it would seem, they had many other possibilities? In an attempt to answer these questions, it will be useful to set the theme of the wilderness in its biblical context and in the setting of second-temple times. What roles did the wilderness play in the Bible and in subsequent periods? We will see that the Judean desert was highly charged with meanings of historical,

---

1 For a detailed listing of the preserved copies, see J. VanderKam, *The Dead Sea Scrolls Today* (Grand Rapids: Eerdmans, 1994) 30-31, and now also the German translation of this book *Einführung in die Qumranforschung* (Göttingen: Vanden-hoeck & Ruprecht, 1998) 50-52.

theological, and practical kinds. The group that wrote, copied, and preserved the Dead Sea Scrolls may have relocated to the harsh Judean wilderness for a variety of reasons; some of these we can discern from their writings and from the scriptures that influenced them so strongly.

1. The Wilderness of Judea

The Judean Desert or the Wilderness of Judea is a term that has a fairly precise geographical referent.

The Wilderness of Judah is an area roughly 10 miles (16 km) wide by 30 miles (50 km) long located E of a line rising out of the Jordan valley from the Wâdī Auja, ca. 4.5 miles (7km) N of Jericho, passing within a half mile to the E of Jerusalem and Bethlehem. The specific name Wilderness of Judah is used only twice in biblical narrative (Judg 1:16; Matt 3:1) and once in the title of a psalm (Ps 63). Most commonly it is simply referred to as "the wilderness." The Wilderness of Judah is bounded on the E by the Dead Sea and the sheer cliffs jutting up to 1300 feet (400 m), delimiting the Rift valley; on the N by the hill country of Ephraim; on the S by the Negeb; and on the W by the rather visible demarcation between the hard Cenomanian limestone of the hill country of Judah and the softer Senonian chalk of the Wilderness of Judah.[2]

One of the rare biblical references to it by name comes in Judg 1:16: "The descendants of Hobab the Kenite, Moses' father-in-law, went up with the people of Judah from the city of palms [probably Jericho][3] into the wilderness of Judah, which lies in the Negeb near Arad. Then they went and settled with the Amalekites." In this passage the name is applied to a smaller area, it seems, one not including Jericho.

Although it is seldom mentioned by name, this rugged area plays a fairly prominent role in the Bible, and it was to become a significant place for some Jewish and Christian groups, whether for political, military, or religious reasons. In the following sections I will first survey some of the biblical references to the wilderness of Judah, then turn to later references to the same area, and finally study why the scrolls community chose Qumran as the place for their communal center.

2. The Biblical Evidence

Wildernesses have an honored or notorious place, depending on the passage, in the stories and imagery of the Bible. The most famous instance is the 40-year trek by the Israelites as they moved from Egypt to Canaan under Moses's guidance. The wilderness in question was, of course, not the Wilderness of Judah, but the Sinai peninsula and surrounding regions; yet that wilderness and

---

2   Paul Wayne Ferris, Jr., "Judah, Wilderness of," *Anchor Bible Dictionary* 3.1037.
3   See R. Boling, *Judges* (AB 6A; Garden City, NY: Doubleday, 1975) 57.

nearby areas set a stamp on biblical understandings of wildernesses for a long time to come. The epic wilderness experiences of Moses and the Israelites were in part positive—a time when Israel and God formed a covenant—and in part negative—a time when murmuring, disobedience, and punishment predominated.[4]

Later, another Moses-like figure, Elijah, who was fleeing the murderous wrath of Jezebel, went to the southern wilderness, to the very mountain associated with Moses–a journey that took him 40 days from the city of Beersheba (1 Kgs 19:1-18). This was not to be the only time when the wilderness was to become an evocative theme in prophetic literature and tradition. Hosea, too, saw the wilderness as a place of covenantal renewal (Hosea 2), and he, too, was evoking the memory of the wilderness through which Moses had led the nation.

Some other prophetic adaptations of the wilderness motif are more directly pertinent to our topic. Isaiah 40, a text from the latter part of the sixth century BCE, pictures the return of the Lord to Jerusalem after the Babylonian exile as a triumphant procession over a highway through the wilderness. A divine demand that his people be comforted on the basis of God's forgiving them precedes the familiar words:[5]

> A voice cries out:
> "In the wilderness prepare the way of the Lord,
> make straight in the desert a highway for our God.
> Every valley shall be lifted up,
> and every mountain and hill be made low;
> the uneven ground shall become level,
> and the rough places a plain.
> Then the glory of the Lord shall be revealed,
> and all people shall see it together,
> for the mouth of the Lord has spoken." (40:3-5 [NRSV])

The wilderness in question is on the east side of Jerusalem and separates the exiles from their home; it serves as the suggestive thoroughfare on which the Lord travels back to Zion, apparently at the head of a band of exiles. All the techniques of road construction—raising low-lying areas and leveling high ones—were to be employed to remove obstacles from his path and to ease his passage.

A perhaps less well known evocation of the wilderness—this time specifically the Judean Wilderness—figures in Ezekiel's blueprint for the new

---

4   Cf. S. Talmon, "The 'Desert Motif' in the Bible and in Qumran Literature," *Biblical Motifs, Origins and Transformations* (ed. A. Altmann; Texts of the Philip L. Lown Institute of Advanced Judaic Studies 3; Cambridge: Harvard University Press, 1966) 31-66.

5   On the passage, see C. Westermann, *Isaiah 40–66* (Old Testament Library; Philadelphia: Westminster, 1969) 32-40.

city and nation after the exile. The full visionary picture is unfolded in Ezekiel
40-48. Not all of its details need concern us here, only one of the graphic
images that figures toward the end of the section. Ezek 47:1-12 speaks of a
stream that is a mere trickle at first but gradually expands into a mighty river. It
flows from the south side of the temple toward the east. The stream becomes
deeper and deeper as the angelic guide leads Ezekiel along it until it becomes
too deep to cross on foot. Many trees are said to grow on both banks of the river
that one would have to swim across. The guide explains to Ezekiel:

> "This water flows toward the eastern region and goes down into the Arabah; and
> when it enters the sea, the sea of stagnant waters [הימה המוצאים], the water will
> become fresh. Wherever the river goes, every living creature that swims will live,
> and there will be very many fish, once these waters reach there. It will become fresh;
> and everything will live where the river goes. People will stand fishing beside the sea
> from En-gedi to En-eglaim;...." (47:8-10).[6]

> "On the banks, on both sides of the river, there will grow all kinds of trees for food.
> Their leaves will not wither nor their fruit fail, but they will bear fresh fruit every
> month, because the water for them flows from the sanctuary. Their fruit will be for
> food, and their leaves for healing." (47:12).

Ezekiel's river emerges from the temple and streams down to the Arabah
and the Salt Sea; its fresh waters will nourish incredibly fruitful trees and will
allow people to fish in an area where this was not done–an area defined in v. 10
as from En-gedi to En-eglaim. The location of En-gedi south of Qumran on the
west side of the Dead Sea is well known, but the site of En-eglaim has been the
subject of some dispute. Two places on the west of the Dead Sea have been
suggested for it: Ain Feshkha, just south of Qumran (e.g., W. Farmer),[7] and
Beth-hoglah (farther north, at the northern edge of the Dead Sea). After the
Nahal Hever texts were found, it was noticed that a place called מחוז עגלתים,
apparently on the east side of the Dead Sea, was mentioned several times in
them. If this is Ezekiel's En-eglaim, as Y. Yadin argued,[8] then the fishing area
that the prophet envisages would seem to be the whole northern part of the
Dead Sea. Zimmerli, after reviewing what Farmer and Yadin had written,
thought that one should associate עין עגלים, which parallels עין גדי in meaning
(spring of calves, spring of a kid, respectively), with עגלת שלשית in Isa 15:5 and
Jer 48:24 (both are in oracles about Moab). "So, then, in En-gedi and En-eglaim
places on opposite sides of the Dead Sea are mentioned, which thus in its

---

6   As W. Zimmerli (*Ezekiel 2: A Commentary on the Book of the Prophet Ezekiel
    Chapters 25–48* [Hermeneia; Philadelphia: Fortress, 1983] 513) observes, the point
    is not the course that the stream takes but the "act of miraculous healing which
    comes about through this water of salvation".

7   W. Farmer, "The Geography of Ezekiel's River of Life," *BA* 19 (1956) 17-22.

8   Y. Yadin, "The Expedition to the Judean Desert, 1961: Expedition D–The Cave of
    Letters," *IEJ* 12 (1962) 227-57, especially p. 251 n. 41.

totality will be as rich in its wealth of fish as the 'great sea,' i.e. the Mediterranean."[9] He sees as a further clue that the northern end of the Dead Sea is in view the fact that v. 11 alludes to gathering salt from evaporating pans.[10] All of this may be significant for the location chosen by the people associated with the Dead Sea Scrolls for their place in exile.[11] They established their wilderness settlement at a point near where Ezekiel's visionary river was to reach and revivify the Dead Sea, the place that now is opposed to anything living but in the future will be the locale where God's power will engender new life.[12]

3. Other References

Josephus gives us reason to believe that the ancient theological reasonances of the desert continued to function in his time. In *The Jewish War*, as he speaks about the time when Felix was procurator of Judea (52-60 CE), he mentions: "deceivers and imposters, under the pretence of divine inspiration, fostering revolutionary changes, they persuaded the multitude to act like madmen, and led them out into the desert under the belief that God would give them tokens of deliverance." (*JW* 2.259)[13] He also mentions a prophet named Theudas (at the time of Fadus, ca. 44-46) who persuaded those who followed him to gather up their possessions and go to the Jordan River which was to part at his command. Roman troops ended this venture and beheaded Theudas (*Ant.* 20.97; cf. Acts 5:36). Another such character Josephus calls "the Egyptian" who, according to one of his versions of the story, led his followers from the desert to the Mount of Olives (*JW* 2.252-65; cf. *Ant.* 20.167-72). In Acts 21:38 a tribune says to Paul who had been arrested and who had just addressed him in the Greek language: "Then you are not the Egyptian who recently stirred up a revolt and led the four thousand assassins out into the wilderness?" Finally, Josephus reports in *Ant* 20.188: "Festus [ca. 60–62] also sent a force of cavalry and

---

9   *Ezekiel 2*, 514. He also compares what is said about Tyre in 26:5, 14.

10 *Ibid.* For echoes of what appears to be the same tradition, see Joel 4:18–21; Zech 14:8; Revelation 22.

11 B.Z. Wacholder ("Ezekiel and Ezekielianisms as Progenitors of Essenianism" in *The Dead Sea Scrolls: Forty Years of Research* [ed. D. Dimant and U. Rappaport; STDJ 10; Leiden: Brill, 1992] 186-96) has proposed: "It is conceivable, although sheer conjecture, that the foundation of the community in Damascus and the settlement of the group near Ein Gedi on the Dead Sea was intended to symbolize the extent of the eschatological borders of the land, the central point being the new Temple Mount...." (195) See also G. Herion, "En-eglaim," *Anchor Bible Dictionary* 2.501, who reviews the various proposals.

12 Zimmerli, *Ezekiel 2*, 516.

13 Translation of H. St. J. Thackeray, *Josephus II The Jewish War Books I–III* (LCL; London: Heinemann/ Cambridge: Harvard University Press, 1927).

infantry against the dupes of a certain impostor who had promised them salvation and rest from troubles, if they chose to follow him into the wilderness. The force which Festus dispatched destroyed both the deceiver himself and those who had followed him."[14]

While there are these and other theologically suggestive passages about wildernesses including the Wilderness of Judah, it comes as no surprise that an unwelcoming, inhospitable place like the Judean wilderness served a more literal, concrete purpose as a place of refuge for people fleeing oppression. The case of the prophet Elijah has already been mentioned. His flight, despite its theological overtones and close mosaic associations, was for his personal safety: "Then he was afraid; he got up and fled for his life, and came to Beersheba, which belongs to Judah...." (1 Kgs 19:3) From there he traveled to Sinai. Another prominent fugitive who concealed himself in the wilderness was David. When King Saul's campaign against him turned deadly, David went to the Judean wilderness, moving about from place to place to avoid detection. There other discontented elements in Israel joined him. One of the places to which Saul pursued David was En Gedi: "When Saul returned from following the Philistines, he was told, 'David is in the wilderness of En-gedi." (1 Sam 24:1) In connection with David's outlaw days in the wilderness we find one of the few specific biblical (or rather quasi-biblical) references to the area. The title of Psalm 63 reads: "A Psalm of David, when he was in the Wilderness of Judah." The opening words in Psalm 63 indicate why an editor dated this psalm to the period of David's wilderness wanderings. "O God, you are my God, I seek you,/my soul thirsts for you;/my flesh faints for you, in a dry and weary land where there is no water." (v. 1)

We can, then, speak of the wilderness of Judea as a place with heavy theological associations but also as a literal place of refuge for the hunted, oppressed, and discontented. Fugitives were unlikely to be found there or could at least entertain a reasonable hope that their pursuers would be inclined to give up the search sooner rather than later in the forbidding terrain.

4. The New Testament

The New Testament speaks of the Judean wilderness in connection with John the Baptist and Jesus. John the Baptist, who is of course closely associated with Elijah in the gospels,[15] had intimate ties with the area throughout much of his life. Luke 1:17, part of Gabriel's prediction to his father Zechariah about the son to be born to him and his wife in old age, already relates John to the ancient

---

14 Translation of L. H. Feldman, *Josephus X Jewish Antiquities Book XX* (LCL; London: Heinemann/ Cambridge: Harvard University Press, 1965).

15 See H. Stegemann, *Die Essener, Qumran, Johannes der Täufer und Jesus* (Freiburg/Basel/Wien: Herder, 1993) 300-301.

prophet of the wilderness: "With the spirit and power of Elijah he will go before him, to turn the hearts of parents to their children, and the disobedient to the wisdom of the righteous, to make ready a people prepared for the Lord." An early Christian tradition identifies the town in the Judean hill country where John's parents lived as 'Ain Karim, 8 km. W of Jerusalem,[16] but Luke 1:80 implies that the young man soon left home and that he was in the Judean wilderness from an early time, although the plural form of "wilderness" is unusual: "The child grew and became strong in spirit, and he was in the wilderness [ἐν ταῖς ἐρήμοις] until the day he appeared publicly to Israel." Note that the text says he was there before his public ministry and seemingly stayed there for some time.

All four gospels use Isaiah 40, in one way or another, to clarify the deeper meaning of John's appearance in the wilderness for his public ministry of proclamation and baptism. For the evangelists he is the one whom Isaiah predicted when he wrote about the voice of one who cries in the wilderness. As commentators have long noted, in the gospels the prophecy in Isaiah 40 is slightly recast so that, instead of speaking about where the way or highway of the Lord will be, the words "in the wilderness" refer to the location of the speaker. Hints in the texts leave no doubt that the area in question is the Wilderness of Judea. Matt 3:1 refers to it explicitly by this name (ἐν τῇ ἐρήμῳ τῆς ᾿Ιουδαίας). Luke reports that he "went into all the region around the Jordan". John, however, adds a detail that is meant to help readers determine more precisely where John was: "This took place in Bethany across the Jordan where John was baptizing." (1:28) "Across the Jordan" seems to mean here a site on the east side of the river; there has, however, been debate since antiquity about the correct location.[17] A final set of geographical details about John's ministry is also found in the Gospel of John: "After this Jesus and his disciples went into the Judean countryside [εἰς τὴν ᾿Ιουδαίαν γῆν], and he spent some time there with them and baptized. John also was baptizing at Aenon near Salim because water was abundant there; and people kept coming and were being baptized...." (3:22-23) There have been several suggestions for the location of "Aenon near Salim". 1. In Perea in the Transjordan. One reason for this suggestion is that Jesus was then in Judea (v. 22 ["The site is not given, but many think of the Jordan valley"][18]), and this may imply that John was there as well. Note that in the sequel (the same scene) John's disciples say to him: "Rabbi, the one who was with you across the Jordan, to whom you testified, here [ἴδε] he is baptizing, and all are going to him." (v. 26) It seems that John is therefore now west of the Jordan and near where Jesus was baptizing. 2. On the west side of the Jordan farther north. This site has the advantage that a Salim is

---

16 J. Fitzmyer, *Luke* (AB; Garden City, NY: Doubleday, 1981) 1.363.

17 R. Brown, *The Gospel According to John* (AB; Garden City, NY: Doubleday, 1966) 1.44-45.

18 *Ibid.*, 151.

located nearby, although no modern site preserves the ancient name Aenon. The Madaba Map, dating from the sixth century, specifies two sites called Aenon at both 1. and 2., although it quotes John's words "near Salim" with the northern location. A third suggestion locates Aenon near Shechem. Both place names survive there, but there are no springs of water at ʿAinun.[19]

One other geographical detail about John should be mentioned. Josephus (*Ant.* 18.116-19) conveys information about John that agrees in a number of particulars with what the gospels say but also adds to their report. In this section he writes:

> Herod decided therefore that it would be much better to strike first and be rid of him before his work led to an uprising, than to wait for an upheaval, get involved in a difficult situation and see his mistake. Though John, because of Herod's suspicions, was brought in chains to Machaerus, the stronghold that we have previously mentioned, and there put to death, yet the verdict of the Jews was that the destruction visited upon Herod's army was a vindication of John, since God saw fit to inflict such a blow on Herod. (118-19)

Although the gospels do not specify where John met his end, Josephus places the event in Macherus, a fortress on the east side of the Dead Sea. From this, too, we may gain the impression that John's activity occurred around the area where the Jordan and the Dead Sea met. As Stegemann has noted, John's activity and location are meant to imitate those of Joshua just before the entry into the promised land; his ministry leads to the border of the promised land with the future salvation lying symbolically on the other side of the river.[20]

While there is debate about where some of the sites mentioned in connection with John were situated, it is at least clear that he spent time in the Judean Wilderness, near the Jordan River. The likelihood that John spent time near Qumran, where the Dead Sea Scroll community resided, has been an element in the argument that he was once associated with this group. The fact that he may have been in the wilderness already in his growing years has reminded some of Josephus's comment about the Essenes' marriage practice: "Marriage they disdain, but they adopt other men's children, while yet pliable and docile, and regard them as their kin and mould them in accordance with their own principles." (*JW* 2.120) To this we may add that John was born into a priestly family, while the Qumran group had a strong priestly component and seems to have been founded and led by priests. John's urgent message that the time was at hand, the axe was poised to strike the root, is reminiscent of the Qumran belief that the final conflict would come soon, that the last days were nearly here. The prominent place of washings in John's ministry and in the life of the Qumran Essenes has also been adduced as more evidence that John had at one time been an Essene associated with the Qumran community.

---

19 See *Ibid.*, 1.151; and H. Donner, *The Mosaic Map of Madaba* (Palestina Antiqua 7; Kampen: Kok Pharos, 1992) 37-38.
20 *Die Essener*, 296-98; cf. 304-305.

John's location is not enough to associate him with the Qumran community. As J. Taylor has recently written:

> John's sphere of activity was mainly along the Jordan valley, Samaria, and Perea, not in the wilderness of Judea bordering on the Dead Sea. Therefore, he did not share the same desert with the community at Qumran. Even if he did, and even though he may have once baptized people in the Jordan at a point fairly close to the Dead Sea, this does not mean he was associated with the Qumran group.[21]

John probably also understood the washings that he administered in a different way than the people of Qumran conceived of their immersions. That is, the washings at Qumran were a regular feature, not a one-time ceremony symbolic of repentance. Or, as Stegemann puts it: "Tatsächlich gibt es fast nur *Unterschiede* zwischen der Johannestaufe und den Qumranbefunden."[22]

Jesus, too, spent time in the wilderness according to the gospel tradition. The stories about his adult career begin, of course, with accounts of his baptism by John. Thus, wherever John was baptizing, there Jesus came to him. The Gospel of John places Jesus's baptism directly after the reference to Bethany across the Jordan (1:28-29). If Bethany is on the east side of the Jordan, then Jesus, like Joshua, crossed the Jordan into the promised land just north of the Dead Sea. Or rather, Jesus, like ancient Israel in the exodus, passed through the water and into the wilderness. Matthew and Mark specifically mention the Jordan River as the site of Jesus's baptism (Matt 3:13; Mark 1:9).

The primary wilderness story in the life of Jesus is the episode of his temptations which follow directly on his baptism. Matthew and Luke have more extended accounts, Mark a very short one, and John none at all. The synoptic gospels locate the temptations in the wilderness. The fact that he fasted 40 days and nights there, as Matthew puts it (4:2), should again remind us of Moses. The temptations involve attempts to deflect Jesus from his true mission, to alter the role he was to play. He responds to each of the temptations with quotations from Deuteronomy. Two of the temptations occur at particular geographical places: the pinnacle of the temple (#2 in Matthew, #3 in Luke), and a "very high mountain" (#3 in Matt. 4:8). A traditional site of the very high mountain is what is today called Douk/Douka (Jebel Qarantal), a place a short distance north of Jericho where a monastery has been built into the mountainside. This seems to be the place where Simon, the third Maccabean ruler, was murdered by his son-in-law in 134 BCE; it is also mentioned as a site where a cache of treasure was

---

21 J. Taylor, *The Immerser: John the Baptist within Second Temple Judaism* (Grand Rapids: Eerdmans, 1997) 47. For bibliography on the subject and discussions of the problems, see pp. 20-48. Stegemann observes that though John may have been within a five-hour walk of Qumran, he was in a sense in a different world in the Jordan valley region (*Die Essener*, 309; see his entire treatment of the subject, pp. 292-313).

22 *Ibid.*, 306.

buried according to the Copper Scroll: "In Doq, under the East corner of the citadel, dig for seven cubits: *Blank* twenty-two talents *Blank*." (7:11-13).[23]

5. Modern Discoveries

This desert or wilderness of Judah that figures prominently in the Bible has become a source of tremendous excitement in the twentieth century because in it all the greatest finds of written materials in the Holy Land have been made. Though the terrain is forbidding, a number of groups found their way to it for the very purposes for which biblical and post-biblical characters went there. The caves in the Wâdi ed-Dâliyeh served as places of refuge for people from Samaria who went there when they were hiding from Alexander's troops after burning alive Andromachus, Alexander's prefect in Syria, in 331 BCE.[24] The great fortress of Masada, besides its military uses, served as a place of refuge for Jewish rebels and their families during the First Revolt; and caves in the Wadi Murabbaʿat and Naḥal Ḥever provided remote places where Jews sought to avoid detection during the Second Revolt

The community that lived in the vicinity of Khirbet Qumran exemplified another approach to the wilderness that would in part become popular later on in Christian monasticism—retreat to the wilderness in order to separate from others and also, in the case of Qumran, to serve a prophetic function. It seems that these people went to another place in the Judean Wilderness at some point in the second pre-Christian century in order to separate themselves from other Jews and to pursue a pure way of life with their own rigorous understanding of what purity meant. These Essenes apparently lived in the way described in the Manual of Disciple or Serek Ha-Yaḥad, now known from the one nearly complete copy in cave 1, one in cave 5, and 10 in cave 4. The eighth column of 1QS contains a much-debated passage in which, it seems, the purpose and location of the separated group are explained:

> And when these exist as a community in Israel in compliance with these arrangements they are to be segregated from within the dwelling of the men of sin to walk to the desert in order to open there His path. As it is written: "In the desert, prepare the way of ****, straighten in the steppe a roadway for our God". This is the study of the law which he commanded through the hand of Moses, in order to act in compliance with all that has been revealed from age to age, and according to what the prophets have revealed through his holy spirit. (8:12-16)

The same part of the Serek has survived in two of the copies from Qumran cave 4. 4QS[d] 2 6-8, although it is very fragmentary, reveals a shorter version for these lines. As Metso explains the situation:

---

23 Translation of F. García Martínez, *The Dead Sea Scrolls Translated* (Leiden: Brill, 1994) 462.
24 F. M. Cross, "Daliyeh," *Anchor Bible Dictionary* 2.3.

... the gap at the beginning of line 7 has room for only about ten words, while in 1QS there are twenty. Obviously, some of the text of 1QS VIII, 13–15 was not included in 4QS^d, and filling up the gap with the rest of the sentence, which begins with the words ובהיות אלה בירשאל, reveals that the missing part was the citation from Isa 40:3.[25]

That is, the bits of text preserved around the edges of the missing part are from the surrounding text, not from Isaiah, although there is reason to believe, on the basis of the space available, that there was still an allusion to Isa 40:3 as in 1QS.

4QS^e also offers evidence of a shorter text in this section, but it does include the direct biblical citation. It is shorter in that it lacks the words after "the hand of Moses". Metso thinks that these two copies from cave 4 present two versions of a textual tradition for the Serek that differs from the one in 1QS and is earlier than it.[26] The textual tradition does indicate rather strongly that the Isaiah passage belonged here.

The wilderness passage occurs in a context which J. Licht entitled בית קודש. It consists of three parts: 8:1–16, dealing with the composition of the community council, the journey to the desert, and a few other topics; 8:16–9:2, consisting of two legal sections that list punishments for certain infractions; and 9:3–11, dealing with topics such as offerings of the lips. In this part of the Serek there are four headings, and each one of them begins בהיות אלה בירשאל.[27] It certainly seems from the wording of 8:12–16 that an actual migration away from certain people and to the wilderness is being depicted. As Licht wrote: it "opens with the subject of separation [as 8:11 does] but this time it talks about separation "from the residence of evil people" (8:13), i.e. about an actual departure from places of residence in normal society and going to the wilderness."[28]

Despite the seeming clarity of the passage, some have taken the retreat to the wilderness in a figurative sense and have claimed that the text itself supports this reading. N. Golb, for example, argues that nothing in the text itself supports the literal reading: "while the author does indeed refer to the verse from Isaiah, he promptly explains it as a metaphor referring to the expounding (*midrash*) of the Torah. Neither in the *Manual* nor anywhere else in the Qumran texts is it proposed that sectarians literally leave their habitations in order to go to the desert, either to study or for any other purpose."[29] This point is important in his

25 S. Metso, *The Textual Development of the Qumran Community Rule* (STDJ 21; Leiden/New York/Köln: Brill, 1997) 85.
26 *Ibid.*, chaps. II and III. The first part of her book offers a study of the individual texts.
27 J. Licht, *The Rule Scroll* (Jerusalem: The Bialik Institute, 1965) 167–90.
28 *Ibid.*, 177 (my translation).
29 N. Golb, *Who Wrote the Dead Sea Scrolls?* (New York: Scribner, 1995) 75. For a thorough study of the passage with Golb's objections in mind, see G. Brooke, "Isaiah

overall thesis that no sectarian group lived at Qumran. Yet it is difficult to see
how this reading could be correct. The text uses a directional term (שם in 1QS
and שמה in 4QS^e), as it orders people to go to the wilderness and prepare the
Lord's way. A key point involves the word היאה[30] which is translated "This" by
García Martínez and which connects something that precedes with the words
that follow. The question is the identity of the element to which the
demonstrative points. The form is feminine, and thus the most natural inference
is that it refers to a feminine noun in the preceding material. So, G. Vermes
translates "This (path)"[31] where "path" is his rendering of the word מסלה in the
Isaiah passage. This makes good sense of the feminine form of the
demonstrative and also with the words that follow: the path that the people
behind the document are preparing is the midrash or interpretation/exposition of
the Torah commanded through Moses. It seems highly unlikely that the
feminine demonstrative points back to the entire Isaiah passage, making all of it
a symbol for the study of the Torah. It seems far more plausible to say that the
command to go to the wilderness is meant literally and that the only figurative
part of the passage is מסלה, the word to which the demonstrative points and
which the next words explicate.[32] In other words, this central Qumran text very
likely points to the exodus of the group to their wilderness location, basing it on
Isaiah's prophecy. 1QS 9:19-20 confirms this approach in that there, too, the
Isaian words are under consideration and there, too, a demonstrative refers only
to the preparation of the way in the wilderness.

In light of this passage and the fact that the community was located in the
desert, it is not surprising that we find the Qumranites identifying themselves as
"those who have returned from the wilderness" (4QpPs^a 3:1) as "[t]he sons of
Levi, the sons of Judah and the sons of Benjamin, the exiled of the desert"
(1QM 1:2); and speaking of the time "when the exiled sons of light return from
the desert of the peoples to camp in the desert of Jerusalem" (1:3). The
Damascus Document uses similar language in commenting on Ezek 44:15:
"The priests are the converts of Israel who left the land of Judah; and the levites
are those who joined them; and the sons of Zadok are the chosen of Israel,
'those called by name' who stand up at the end of days" (4:2–4). Later this
departure from the land of Judah is amplified by referring to the "converts of

---

40:3 and the Wilderness Community," *New Qumran Texts and Studies* (ed.
   G. Brooke; STDJ 15; Leiden/New York/Köln: Brill, 1994) 117–32.

30 The gender is less clear in 1QS because of the scribe's failure to distinguish clearly
   between *waw* and *yod*; the feminine form is clearer in the cave 4 copy. Nevertheless,
   Brooke prefers to read היאה (Isaiah 40:3,"121-22. He does conclude that 1QS and
   4QS^e presuppose an actual journey to the desert, while 4QS^d may not.

31 G. Vermes, *The Dead Sea Scrolls in English* (4th ed.; London: Penguin, 1995).

32 The debate about this point began at an early time in scrolls scholarship. For
   references to early views, see P. Wernberg-Møller, *The Manual of Discipline*
   (STDJ 1; Leiden: Brill, 1957) 129.

Israel, who left the land of Judah and lived in the land of Damascus" (6:4-5, commenting on Num 21:18; cf. 6:19; 7:18-19). The writer of the following words also saw himself as living in a dry place:

> [I give you thanks, Lord,]
> because you have set me in the source of streams in a dry land,
> in the spring of water in a parched land,
> in the canals which water a garden [of delights in the middle of the desert,]
> [so that] a plantation of cypresses and elms [may grow,]
> together with cedars, for your glory. (1QH 16 [8]:4–11)

Isaiah called for a departure to the wilderness; it was Ezekiel who specified where in the wilderness the group was to go. One suspects that additional passages from the prophets such as Isaiah 35 may have affected the Essenes' views about their adoptive home. This chapter also uses the language of a future highway (v. 8) and promises that "waters shall break forth in the wilderness, and streams in the desert" (v. 6).

As a result we may conclude that the covenanters of Qumran, who were heirs to a rich biblical and post–biblical tradition about the wilderness, were guided by biblical prophecies in their departure to the Judean Wilderness and in their choice of a location. As they awaited the end, as they prepared the Lord's way, they situated themselves in the very place where God's salvation would become manifest.

4000 Essener - 6000 Pharisäer
Zum Hintergrund und Wert antiker Zahlenangaben

von Berndt Schaller

Josephos, Antiquitates XVIII, 20

['Εσσηνοῖς δὲ ἐπὶ μὲν θεῷ καταλείπειν φιλεῖ τὰ πάντα ὁ λόγος] ... τὰ χρήματά τε κοινά ἐστιν αὐτοῖς, ἀπολαύει δὲ οὐδὲν ὁ πλούσιος τῶν οἰκείων μειζόνως ἢ μηδ' ὁτιοῦν κεκτημένος. καὶ τάδε πράσσουσιν ἄνδρες ὑπὲρ τετρακισχίλιοι τὸν ἀριθμὸν ὄντες.

Philon, Quod omnis probus liber sit 75

Ἔστι δὲ καὶ ἡ Παλαιστίνη Συρία καλοκἀγαθίας οὐκ ἄγονος, ἣν πολυανθρωπο-τάτου ἔθνους τῶν 'Ιουδαίων οὐκ ὀλίγη μοῖρα νέμεται. λέγονταί τινες παρ' αὐτοῖς ὄνομα 'Εσσαῖοι, πλῆθος ὑπερτετρακισχίλιοι.

Josephos, Antiquitates XVII, 41

καὶ ἦν γὰρ μόριόν τι 'Ιουδαϊκῶν ἀνθρώπων ἐπ' ἐξακριβώσει μέγα φρονοῦν τοῦ πατρίου καὶ νόμων οἷς χαίρει τὸ θεῖον προσποιουμένον, οἷς ὑπῆκτο ἡ γυναικωνῖτις, Φαρισαῖοι καλοῦνται, βασιλεῖ δυναμένῳ μάλιστα πράσσειν προμηθεῖς κἀκ τοῦ προὔπτου εἰς τὸ πολεμεῖν τε καὶ βλάπτειν ἐπηρμένοι. παντὸς γοῦν τοῦ 'Ιουδαϊκοῦ βεβαιώσαντος δι' ὅρκων ἢ μὴν εὐνοήσειν Καίσαρι καὶ τοῖς βασιλέως πράγμασιν, οἵδε οἱ ἄνδρες οὐκ ὤμοσαν ὄντες ὑπὲρ ἑξακισχίλιοι.

Die hier abgedruckten Bemerkungen bei Josephos und Philon über die Zahl von 4000 Essenern und 6000 Pharisäern genießen bis heute geradezu kanonisches Ansehen. In nahezu jeder Darstellung über die religiösen Gruppen des antiken Judentums werden sie aufgenommen und weitergereicht, meist unbesehen.[1] Auch Hartmut Stegemann hat sich diesem Trend nicht entzogen. Im Ge-

---

1 Vgl. z.B. Emil Schürer: Geschichte des jüdischen Volkes im Zeitalter Jesu Christi II4, 1907, 465. 656; Id., The History of the Jewish People in the Age of Jesus Christ, II, 1979, 396. 562.; Joachim Jeremias: Jerusalem zur Zeit Jesu, II B, 1929, 123 = 1962³, 286; Frank Moore Cross Jr.: The Ancient Library of Qumran, 1961, 79 = Die antike Bibliothek von Qumran, 1967, 86; Louis Finkelstein: The Pharisees I, 1966³, CXXVIII. 609f.; Christoph Burchard: Essener, KlP 2, 1967, 376; Ders.: Pharisäer, KlP 4, 1972, 713; James H. Charlesworth: The Origin and subsequent History of the Authors of the Dead Sea Scrolls. Four Transitional Phases among the Qumran Essenes, RQ 10, 1979/80, 217 n.21; Antony S. Saldarini: Pharisees, Scribes and

genteil, in seinem fulminant geschriebenen Qumranbuch dient die Feststellung: "Die Essener hatten reichlich 4000, die Pharisäer reichlich 6000 Mitglieder"[2] als Grundlage für eine ausführliche Erörterung über den prozentualen Anteil der Angehörigen der essenischen und pharisäischen Gemeinschaften an der Gesamtbevölkerung im jüdischen Mutterland.[3] Eigentümlicherweise haben weder der verehrte Kollege, dem ich mit diesem Beitrag zur krummen Zahl von 65 Lebensjahren einen freundschaftlichen Gruß entbiete, noch irgendein anderer sich bislang veranlaßt gesehen, die betreffenden Zahlenangaben bei Josephos und Philon auf ihren Sach- und Sinngehalt hin genauer zu beäugen.[4] Dies soll im folgenden geschehen.

Gefragt sei zunächst nach der quellenmäßigen Herkunft, dann nach dem sachlichen Hintergrund und dem möglichen historischen Wert der betreffenden Angaben.

I

Wie sind die beiden Autoren zu ihren Zahlen gekommen?

Daß Josephos (Ant XVIII,20) übereinstimmend mit Philon von 4000 Essenern zu berichten weiß, könnte - zumal seine Kenntnis des Philon belegt ist[5] - den Gedanken einer literarischen Abhängigkeit von Philon nahelegen.[6] Aber das trifft schwerlich zu.[7] Es spricht alles dafür, daß beide hier wie auch sonst in zahlreichen Berührungen ihrer Essener-Referate aus derselben Quelle

---

Sadducees in Palestinian Society, 1988, 100; Louis H. Feldman: Judaism, NEBrit 22, 1989, 411b; Günter Stemberger: Pharisäer, Sadduzäer, Essener, SBS 144, 1991, 109f. 122; James C. VanderKam: Einführung in die Qumranforschung, UTB 1998, 1998, 121.

2 Die Essener, Qumran, Johannes der Täufer und Jesus, Herder Spektrum 4249, 1993, = 1996[5], 194.

3 Ebd., 194f.

4 Ismael Ellbogen hat zwar bereits 1927 in seinem Aufsatz "Einige neuere Theorien über den Ursprung der Pharisäer und Sadduzäer", Jewish Studies in Memory of Israel Abrahams, 1927, 135-147: 136 Bedenken geäußert, aus der Angabe bei Josephus Rückschlüsse auf die Gesamtzahl von Pharisäern zu ziehen, die Zahl von 6000 hat er jedoch durchaus für bare Münze genommen und sie auf die Mitglieder der pharisäischen Gruppe bezogen, die der Eidesforderung des Herodes nicht nachgekommen seien; ähnlich auch Finkelstein I, 609. Ansatz zu skeptischer Nachfrage bei Stemberger, 122.

5 Vgl. Ant 18,259f.

6 So mit Nachdruck Menachem Stein: The Relationship between Jewish, Greek, and Roman Cultures (Ivrit), 1970, 29-35.

7 Zur Diskussion um das Verhältnis Josephus - Philon vgl. Louis H. Feldman: Josephus and Modern Scholarship (1937-1980), 1984, 410-418.

schöpfen. Wie Roland Bergmeier jüngst überzeugend aufgewiesen hat,[8] steht im Hintergrund eine ältere Essener-Darstellung, die mit offenkundig pythagoräischen Einschlägen versehen ist und deren Autor, wenn er überhaupt jüdischer Herkunft war,[9] ein stark hellenisiertes Judentum vertreten hat.[10] Woher dieser die Zahl von 4000 Essenern bezogen hat, ob es sich um eine "Momentaufnahme" aus der Zeit der Abfassung dieser hellenistischen Essener-Quelle handelt,[11] wird noch zu erörtern sein, deutlich ist zunächst in jedem Fall, daß weder Philon noch Josephos im Blick auf die Mitgliederzahl der Essener aus eigener Anschauung und Erfahrung berichten.

Das gleiche dürfte auch von der Nachricht über die Zahl der Pharisäer gelten, die Josephos im Zusammenhang eines Berichtes über Auseinandersetzungen zwischen Herodes und zeitgenössischen Pharisäern kolportiert (Ant XVII,42). Joachim Jeremias hat schon vor geraumer Zeit darauf hingewiesen, daß der Gesamtbericht vermutlich "auf Nikolaos von Damaskus, den Hofhistoriographen Herodes d.Gr., zurückgeht", und daraus geschlossen, daß auch die Bemessung der Pharisäer auf "über 6000" aus dieser Quelle stammt.[12] Das ist durchaus naheliegend. Allerdings bleibt auffällig, daß die Bemerkung ὄντες ὑπὲρ ἑξακισχίλιοι formal genau der komparativischen Redeweise entspricht, wie sie für die von Philon und Josephos benutzen hellenistischen Essener-Quelle bezeichnend ist.[13] Sollte Josephos auch die Angabe über die Pharisäer von dort bezogen haben? Ein gesichertes Urteil ist hier kaum möglich. Daß Josephos selbst aus eigener Kenntnis die Zahl der Pharisäer eingebracht hat, erscheint auf jeden Fall höchst fraglich. Ebenso wie in Ant XVIII,20 hat er aller Wahrscheinlichkeit nach auch in Ant XVII,42 sich vorgegebener literarischer Überlieferung bedient. D.h. hier wie dort verdanken sich seine Zahlenangaben nicht eigenständiger Beobachtung oder ihm unmittelbar zugänglicher Information. Das macht die Angaben gewiß noch nicht von vornherein historisch wertlos, läßt aber umso dringlicher nach ihrer sachlichen Verankerung und Grundlage fragen.

II

Wie zuverlässig sind die betreffenden Zahlen?

Daß es sich bei den 6000 für die Pharisäer und den 4000 für die Essener um pauschalisierte Zahlen handelt, liegt auf der Hand. Das muß noch nicht von

---

8   Die Essener-Berichte des Flavius Josephus. Quellenstudien zu den Essenertexten im Werk des jüdischen Historiographen, 1993.

9   Zur Erwägung "heidnischer Urheberschaft" s. Bergmeier, 106.

10 Vgl. Bergmeier, 79-107.

11 So Bergmeier, 75.

12 Jerusalem zur Zeit Jesu, IIB 122 = 286; ihm folgt Bergmeier, 75 A.132.

13 Vgl. Bergmeier, 72.

vornherein gegen ihren Realitätsgehalt sprechen, mahnt aber zu Vorsicht, den Angaben ohne weiteres zu trauen.

Kaum überzeugend ist jedenfalls der Versuch von Jeremias, die Glaubwürdigkeit der in Ant XVII,42 überlieferten Angabe von 6000 Pharisäern mit dem Argument zu stützen, Josephos habe an dieser Stelle aus den ἱστορίαι des Nikolaos von Damaskus geschöpft und damit eine "halbamtliche Quelle" benutzt, die über die Zahl der Pharisäer "für die Zeit des Herodes und die Ausdehnung seines Königreiches" Auskunft gebe.[14] Diese Schlußfolgerung ist keineswegs zwingend. Selbst wenn die quellenmäßige Zuschreibung zutreffen sollte, ergibt sich daraus noch nicht, daß es sich um eine amtlich irgendwie verankerte Zahlenangabe handelt.

Dagegen spricht schon der Umstand, daß im Schrifttum des Josephos die 6000er wie die 4000er Zahl wiederholt vorkommen und zwar bezeichnenderweise nahezu durchgehend[15] im Zusammenhang mit Angaben, die sich auf Gruppierungen von Menschen beziehen.

Einschließlich der beiden einschlägigen Texten über die Pharisäer bzw. Essener lassen sich bei Josephos für 6000 nicht weniger als 22 und für 4000 immerhin 11(bzw. 13[16]) Stellen benennen. Überwiegend geht es dabei um die Größe von militärischen Einheiten: Reiter,[17] Fußvolk,[18] Schwerbewaffnete,[19] Söldner,[20] Truppen,[21] Hilfstruppen,[22] aufständische Juden,[23] bewaffnete Feinde,[24] besiegte Gegner;[25] daneben finden sich aber dieselben Angaben auch bezogen auf zivile Gruppen: Siedler,[26] Flüchtlinge,[27] Gefangene,[28] schriftgelehrte Richter,[29] Torhüter und Sänger am Tempel.[30] Im übrigen sind seine

---

14 Jerusalem zur Zeit Jesu, IIB 122 = 286; danach auch Bergmeier, 75.

15 Ausnahmen: Ant VI, 97: 6000 Pferde; Ant XIV,35: Krone aus 4000 Goldstücken.

16 Variae lectiones: Bell II,583 Mss. 4500; Hegesipp 4000; Ant XIII,92 E 4000; sonst 8000.

17 Bell I,346; Ant XX,86: 6000; Ant XIII,92: 4000 (v.l. 3000, s.o. A.16).

18 Bell III,59: 6000.

19 Bell I,163; IV,206; V,520: 6000; Ant VII,56; Bell II,501: 4000 (teils Reiter, teils Bogenschützen).

20 Ant XIII,278: 6000; Bell II,583: 4000 (v.l. 4500, s.o. A.16).

21 Ant VII,233; XVIII,84: 4000.

22 Bell II,501: 4000.

23 Ant XIII, 373.379; XIV,456; Bell I,89.95.130; IV,115: 6000; Bell IV,80: 4000.

24 Bell I,332: 6000.

25 Ant XIV,33: 6000; Bell I,384; Ant V,352; XV,157; Vita 371: 4000.

26 Bell I,403: 6000.

27 Bell VI,283: 6000.

28 Bell III,540: 6000.

29 Ant VII,364: 6000.

30 Ant VII 364: 4000.

In den beiden zuletzt genannten Fällen fußt Josephos auf der Bezifferung von 6000 Richtern und Schreibern, 4000 Torhütern und 4000 Sängern, die David aus dem

Zahlenangaben aber nicht durch eine biblische Vorlage gedeckt. Im Gegenteil, teilweise sind die betreffenden Zahlen erst bei Josephos in den Zusammenhang des biblischen Textes eingetragen: so Ant V,352: 4000 durch die Philister getötete Hebräer, par 1.Sam 4,1 ohne Zahlenangabe; Ant VII, 56: 4000 schwerbewaffnete Benjaminiten, par. 1.Chron 12,29: 3000; Ant VII,233: 4000 Männer Davids; par. 2.Sam 18,1 ohne Zahlenangabe.

Will man im Blick auf den Wert oder Unwert dieser Zahlen weiter kommen, dann wird man weiter ausholen und ihren Gebrauch im antiken Schrifttum allgemein genauer verfolgen müssen.

Heutzutage läßt sich solche Suche dank der vorhandenen Hilfsmittel, namentlich mittels der elektronisch gespeicherten und abrufbaren Textsammlungen, ohne großen Aufwand bewerkstelligen.[31]

III

Bei einer Durchsicht des biblisch-jüdischen und in Auswahl des paganen, hellenistisch-römischen Schrifttums zeichnen sich folgende Befunde ab:

1.) Biblisches Schrifttum

Die Zahlen 6000 und 4000 tauchen im biblischen Schrifttum nur vereinzelt auf, überwiegend im Zusammenhang chronikartiger Berichte. Meist werden damit Besitztümer notiert: Kamele,[32] Pferde,[33] Geldmengen;[34] daneben werden aber auch auf diese Weise Gruppen von Menschen beziffert: 1.Sam = LXX IReg 4,2 erwähnt den Verlust von 4000 Mann im Philisterkrieg und 1.Sam = LXX IReg 13,5 gibt für das Philisterheer die Zahl von 6000 Reitern an. 1.Chr 23,4f. finden sich beide Zahlen sogar nebeneinander bei der Aufzählung von 6000 Amtleuten und Richtern sowie 4000 Torhütern und 4000 Sängern aus dem Kreis der amtsfähigen Leviten.

Kreis von 38000 Leviten für ihren Dienst am Tempel eingesetzt hat, in 1.Chron 23,4; bei Ant. VI,97 ist in der Zahl von 6000 Reitern des Philisterheeres 1. Sam 13,5 die Grundlage.
31 Für mancherlei Hilfestellungen habe ich dabei cand.phil. et theol. Ursula Heinemann zu danken.
32 Hi 42,12: 6000 Kamele neben 14000 Schafen, 1000 Rindergespanne, 1000 Eselinnen.
33 1.Chr 9,25 = LxxB 2. 1.Kön = LXX IIIReg 10,26: 4000 Stuten neben 12000 Pferden.
34 2.Kön = LXX IReg 5,5: 6000 Lot Gold.

2. Nachbiblisch-jüdisches Schrifttum

Auch im nachbiblisch-jüdischen Schrifttum kommen diesbezügliche Zahlen vor, freilich geschieht dies - sieht man von Josephos ab - äußerst sporadisch. Philo liefert außer dem Hinweis auf die 4000 Essener in OmnProb 75 keinen weiteren Beleg und auch sonst gibt es nur wenige einschlägige Beispiele. An erster Stelle ist noch das 2. Makkabäerbuch zu nennen. In ihm wird die Zahl der aufständischen Juden unter Judas Makkabäus mit 6000[35] beziffert, ferner weiß es von einer aus 4000 Mann bestehenden makedonischen Truppeneinheit zu berichten.[36] Darüberhinaus finden sich entsprechende Zahlen nur noch höchst vereinzelt: Größenangabe von 4000 Modien in der griechischen Baruchapokalypse,[37] Zeitmaß von 6000 Jahren für den Bestand dieser Welt im Testament Abraham[38] sowie in einigen rabbinischen Texten,[39] Bezifferung der Vorgesetzten über die Hundertschaften Israels oder der Dienstengel auf 6000 ebenfalls in rabbinischen Quellen.[40]

3. Hellenistisch-römisches Schrifttum

Erheblich umfangreicher ist die Ausbeute im Bereich der paganen hellenistisch-römischen Literatur, namentlich bei griechischen und lateinischen Historiographen.

Auf einschlägige Befunde stößt man bereits bei Thukydides, Herodot und Xenophon. Alle drei geben mehrfach die Größe von militärischen Einheiten pauschal mit 4000 bzw. 6000 Mann an.[41] Bei Herodot findet sich zusätzlich

---

35 2.Makk 8,1.16.
36 2.Makk 8,20; vgl. ferner 13,15: zwischen 2000 und 4000 variierende Angabe über die Zahl der von den Truppen des Judas Makkabäus getöteten Gegner.
37 ApcBar(gr) 6,7.
38 TestAbr II 7,17.
39 S. b.Sanh. 97b; b.AZ 9a; Pesikta R. 1 (4b), dazu s. Paul Volz: Die Eschatologie der jüdischen Gemeinde im neutestamentlichen Zeitalter, 1934 = 1966, 143f.
40 Dienstengel: Seder Rabba d°B°reshit 46 (Batei Midrashot, ed. S. A. Wertheimer, I,45); Vorgesetzte: b.Sanh. 18a; Mekhilta R.Jishmael, Jitro 2 zu Ex 18,20 (ed. Horovitz, 198,15). - Ferner kommen die in 1.Sam 4,2 und 1.Chr 23,4 erwähnten Zahlen gelegentlich im Rahmen rabbinischer Schriftauslegung vor.
41 Thukydides, II,56,2; 58,3; IV,68,5: 4000 Hopliten; IV,72,2: 6000 Hopliten; VII,82,3: 6000 Soldaten. - Herodot, VII, 148, 12: 6000 erschlagene Soldaten; III, 155,27: 4000 Soldaten (neben 1000 und 2000); 157,18: 4000 gefallene Soldaten. - Xenophon, Anabasis I,1,10: Geld für 4000 Söldner für das Heer des Kyros; I,2,3: 4000 Hopliten; I,7,11: 6000 Reiter unter Artagerses; III,4,2: Heer des Mithridates mit 1000 Reiter, 4000 Bogenschützen und Schleuderer; III,5,8: 4000 Bewaffnete (Grundeinheit); VI,2,16: Heer des Arkadier und Achaier mit 4000 Hopliten; VII,7,23: 6000 Mann als Gesamtsumme des Heeres des Seuthes.

zwei Mal[42] die Zahl von 4000 im Zusammenhang mit neu angesiedelten Landbewohnern.

Das gleiche oder zumindest ein ähnliches Bild zeichnet sich bei späteren Autoren ab. Recht ergiebig ist die Ausbeute bei Polybios und Livius, in geringerem Maß - aber durchaus auch signifikant - bei Strabon und Tacitus. In der Universalgeschichte des Polybios gibt es 28 Fälle mit der Zahl 4000 und 18 mit der Zahl 6000. In 5 Fällen handelt es sich um die Quantifizierung von Geldmengen,[43] in 7 Fällen um Entfernungsangaben (Stadien).[44] In allen anderen Fällen werden Menschengruppen beziffert; überwiegend handelt es sich dabei wie bereits bei den älteren Historikern um Angaben zur Größe von militärischen Einheiten: Soldaten/Truppen allgemein,[45] Fußvolk,[46] Reiter,[47] Seeleute,[48] Gefangene[49] bzw. Gefallene[50] sowie Aufständische.[51] Daneben werden bisweilen aber auch nichtmilitärische Gruppen entsprechend beziffert: Siedler/Kolonisten,[52] freie Einwohner einer Stadt.[53]

Noch umfangreicher stellt sich der Gebrauch der beiden Zahlen in Livius' De urbe condita dar. 6000 kommt wenigstens 46 Mal vor, 4000 sogar 77 Mal. Auch hier steht im Vordergrund die Quantifizierung von militärischen Einheiten: Soldaten bzw. Bewaffnete allgemein,[54] Fußsoldaten,[55] Reiter,[56] Hilfstrup-

---

42 V,77,10; VI,100,4.
43 II,62,1.7; 63,3: 6000 Talente; X,27,13: 4000 Talente; XXII,9,3: 6000 Bronzeschilde.
44 4000: XXXIV,4,7; 12,3.11; 6000: XXXIV,6,12; 7,3.4 ; 12,12.
45 4000: I,7,7; II,25,5; III,92,11; 102,7; V,111,4; VI,20,8.9.10; XI,18,10; XIV,7,5; XXXIII,10,5; 6000: I,77,4; III,18,2; 84,11; V,2,11.
46 4000: I,16,2; II,24,13; III,33,13; 107,10; 6000: III,72,2; V,72,3; XV,5,13.
47 4000: I,32,9; II,24,13; III,72,13; V,79,12!; VI,32,1; XI,20,2; XII,19,1; XV,5,13; 6000: II,24,16; III,56,4; 113,6; 117,2; V,79,12!.13; XXI,10,3.
48 6000: XVI,7,6.
49 4000: I,78,13; V,86,6.
50 4000: I,24,5; III,117,6 (Kelten); 6000: I,76,9; II,25,9: 6000 (Römer).
51 6000: V,61,1.
52 4000: Hist V,65,10 (Ägypten); 6000: III,40,5.
53 6000: Hist V,61,11.
54 6000: VIII,23,1; XXI,54,6; XXIII,14,4; 46,11; XXIV,13,7; XXVII,44,4; XXVIII,16,6; XXXIII,14,5; XXXV,50,7; XXXVII,50,11; XXXVIII,2,1. - 4000: VII,27,7.8; VIII,23,1; X,25,2; XXI,21,13; 55,6; XXIII,13,7; XXIV,16,6; 29,3; XXVI,25,6; 39,20; XXVII,30,15; 32,2; XXVIII,2,4; 30,1; 37,11; XXIX,30,2; XXX,7,10; 26,3; 42,6; XXXVI,9,13; 14,6; 16,3; 30,2; XXXVII,18,7; 20,7; 40,9.14; XXXVIII,21,1; 26,4; XXXIX,31, 13; XLIV,3,2.
55 6000: XXIV,13,10; XXVI,17,1; XXVII,43,11; XXIX,4,6; 32,13; XXX,29,4; XXXI,43,5; XXXII,28,10; XXXIII,19,3; XXXIV,10,1; XXXV,41,4; XL,18,6; XLIII,12,3. - 4000: XXII,8,1; 52,4; XXIX,32,1; 34,6; XXX,29,4; XXXII,8,7; 11,7; XXXV,20,6; XXXVII,50,3; XXXVIII,14,4; XXXIX,38,10; XL,1,7; XLII,27,5; 55,7; XLIII,12,11.
56 6000: XXII,6,8; XXIII,5,15; XXXVI,28,12; XXXVII,18,12. - 4000: IX,19,5; XXIII, 13,7; XXIV, 20,16; XXIX,1,26; 32,1; XLII,51,11.

pen,[57] Gefangene,[58] Geflüchtete,[59] eigene und gegnerische Gefallene.[60] Gelegentlich werden daneben auch zivile Gruppen - insbesondere Siedler,[61] ferner Einwohner eroberter Städte[62] - zahlenmäßig in der gleichen Weise veranschlagt, in Einzelfällen auch technische Sachverhalte bei Längen-[63] oder Mengenangaben.[64]

In den Geographica des Strabon spielen die runden Zahlen von 4000 bzw. 6000 in erster Linie bei Entfernungsangaben eine Rolle: 25 Belege für 4000[65] und 20 für 6000[66]. Der Rest der Belege (4000: 3x; 6000: 6x) verteilt sich auf Angaben über die Zahl von Soldaten,[67] Siedler,[68] Truppen aufständischer Völkerschaften[69] und Tempelpersonal[70] sowie auf je eine Bemerkung über den Bestand an Pferden[71] und Geld[72] und eine Altersangabe.[73]

Bei Tacitus sind Zahlen insgesamt selten. Runde 6000 kommen nur 1 Mal vor und zwar bezogen auf das Kontingent dalmatischer Hilfstruppen.[74] Für 4000 gibt es 6 Belege. Vier von ihnen betreffen gleichfalls die Größe von militärischen Einheiten,[75] und in zwei Fällen geht es um eine Entfernungsangabe[76].

---

57   6000: XL,31,1; XLIII,12,3; 21,4 . - 4000: XXIV,29,2.

58   6000: II,22,5; X,17,8; XXV,41,7; XLIV,42,7. - 4000: VII,27,8; XXII,21,8; XXIV,16,6; XXVII,15,4 (v.l. 3000); 49,7; XXX,43,11; XXXIV,41,10; XXXVII,60,6; XLIII,19,2.

59   6000: XXXI,21,16 (Gallier).

60   6000: X,20,15; XXI,60,7; XXII,24,14 XXIV,14,11; XXXVII,46,7; XXXIX,21,2; XLII,21,2. - 4000: XXVII,40,11; XXIX,36,9; XXXVI,38,4; XLI,10,4; XXXIX,20,7.

61   6000: X,1,2; XXXVII,46,10 (Familien) - 4000: IX,9,28; X,1,2; 3,2; XLI,8,8 (Familien); XLIII.3,2 (Nachkommen von römisch-spanischen „Mischehen").

62   4000: XXVI,40,17; XXVII,15,4; 32,9.

63   4000: XXXVIII,4,5 (Schritt).

64   4000: XXVII,10,12 (Pfund Gold) - 6000: XXXVIII,55,6 (Pfund Gold); XLIV,16,4 (Togen); XXVI,49,3 (Wurfmaschinen).

65   I,2,17; 4,4; II,1,17 (3x).33.40; 5,8.9.20(2x).21.24; III,4,1; IV,3,5; V,2,7; VI,2,1(2x); 4,1; VIII,2,1; 5,1; X,5,17; XI,2,13; XIV,3,8; XVII,1,4.

66   II,1,17.21.36; 4,4(2x); 5,20.27; III,1,3; IV,3,3; V,1,3; VI,3,10; XI,5,4; 8,1; 10,1; XV,1,11; 2,8; XVI,1,12.13; XVII,3,6.9.

67   4000: V,4,11; 6000: VII,3,17.

68   4000: XII,6,5.

69   4000 Araber und Ituräer: XVI,2,20.

70   6000 männliche und weibliche Tempeldiener: XII,2,3; 3,34.

71   6000: XI,14,9.

72   6000: XI,14,10 (Talente Silber).

73   6000: III,1,6 (Jahre).

74   Hist III,50.

75   Hist I,63: getötete Feinde; III,15 Reiter; Ann II,85: Truppe von stadtrömischen nach Sardinien verbannten Juden (vgl. Josephos Ant XVIII,84, dazu s. Menachem Stern: Greek and Latin Authors on Jews and Judaism II, 1980, 72); Ann VI,41: Legionäre.

76   4000 Schritte; Hist II, 40; Ann IV ,49.

IV

Das hier in gedrängter Kürze ausgebreitete Stellen- und Zahlenmaterial ist trokken, aber beredet. Schon das biblisch-jüdische, vor allem aber das pagane, hellenistisch-römische Schrifttum konfrontiert für den Gebrauch der Zahlen 4000 und 6000 nicht nur mit einer Fülle von Belegen, sondern fördert dabei namentlich in historiographisch orientierten Texten eine geradezu stereotype Verwendung zutage. Die beiden Zahlen werden zwar in durchaus verschiedener Weise und Ausrichtung verwertet, ihr Gebrauch ist aber offenkundig in erster Linie mit der Bezifferung von Menschengruppen verknüpft. Im Vordergrund stehen dabei nahezu durchgehend Einheiten militärischer Verbände. Wenn es in der antiken Welt Griechenlands und Rom darum ging, größere Truppenkontingente zu beziffern, dann hat man - von den Tagen des Thukydides an erkennbar - bevorzugt Größen von 4000 und 6000 Mann benannt. Es handelt sich geradezu um die gängigen Grundeinheiten für militärischen Großgruppen.

Wann und wie es dazu gekommen ist, läßt sich nur noch schwer ausmachen. Daß beide Zahlen auch in zwei biblischen Texten auftauchen, die gängigerweise der frühen israelitischen Königszeit zugeordnet werden,[77] könnte vermuten lassen, daß hier ein alter, aus Verhältnissen orientalischer Stadtstaaten stammender Zahlengebrauch vorliegt. Indes wird man mit solchen Rückschlüssen vorsichtig sein müssen. Zwei Belege sind eine arg schmale Grundlage. Im übrigen ist auch ihre Datierung in die frühe Königszeit keineswegs über alle Zweifel erhaben. Die anderen einschlägigen biblischen Belege stammen in jedem Fall erst aus spätnachexilischer Zeit. Die Tatsache, daß das Belegmaterial im biblischen und auch im nachbiblisch-jüdischen Bereich aufs ganze gesehen nur ein Randphänomen darstellt, hingegen im griechisch-hellenistischen und römischen Bereich breit gestreut ist, spricht m.E. eher dafür, daß der betreffende Zahlengebrauch dort genuin verankert ist und auf Verhältnisse des dortigen Militärwesens bezug nimmt. Möglicherweise fußen die Zahlen von 4000 und 6000 auf zwei ursprünglich unterschiedlichen Militärsystemen. Wie es sich damit auch verhalten mag, deutlich ist in jedem Fall, daß es sich jeweils um pauschalisierte, auf- oder abgerundete Größen handelt. Was sie beschreiben, ist höchstens die Soll- und damit die Idealstärke militärischer Großeinheiten. Über die wirklichen Zahlenverhältnisse geben sie, wenn überhaupt, nur beschränkt Auskunft. Es sind typisierte, typische Zahlen.[78] Als solche haben sie sich namentlich in den Kriegsdarstellungen griechischer und römischer Histo-

---

77 Vgl. dazu Walter Dietrich: David, Saul und die Propheten, BWANT 122, 1992², 168f.97, der beide Textabschnitte literarisch als "ältere Überlieferung" einstuft.

78 Diese Typisierung zeichnet sich nicht zuletzt auch darin ab, daß in manchen antiken Berichten die Größe einer Legion pauschal mit 4000 bzw. 6000 benannt wird, obgleich dies wohl real weder den effektiven noch den nominellen Verhältnissen entsprochen hat (vgl. dazu Emil Ritterling, Legio, PWRE 12, 1925, 1194ff.); z.T. wurde dann der Begriff selbst sogar als Maßzahl für 6000 benutzt (vgl. Suidas s.v. λεγεών).

riographen eingebürgert. Also solche sind sie dann aber auch daneben mehrfach in nichtmilitärischen Kontexten benutzt worden.

Wie die biblisch-jüdischen und griechisch-römischen Belege übereinstimmend zeigen, hat der ursprünglich spezifisch auf militärische Truppeneinheiten bezogene Zahlengebrauch auf andere, zivile Bereiche abgefärbt. Ethnische[79] und soziale[80] Gruppierungen, Mitglieder religiöser Verbände[81] und Nachkommen von „Mischehen"[82] können in der gleichen Weise mit den Größenordnungen von 4000 bzw. 6000 belegt werden.

Auch hier sind wie bei den militärischen Verbänden in erster Linie wohl nicht konkrete, reale Verhältnisse im Blick, sondern ideale Gruppentypen. Die jeweils genannte Gruppierung wird als eine "schlagkräftige bzw. tatkräftige Truppe" dargestellt. Eine genauerer Kenntnis der tatsächlichen Größenordnungen spiegelt sich in den betreffenden Zahlenangaben schwerlich wider.[83] Man kann höchstens von einer Art Grobschätzung sprechen, aber selbst dies ist keineswegs ausgemacht. Der Sache nach werden in erster Linie Zahlenstereotypen geboten.

V

Daß die von Philon und Josephos überlieferten Zahlen von 4000 Essenern und 6000 Pharisäern in diesen Zusammenhang hellenistisch-römischer Historiographie gehören, läßt sich angesichts dessen kaum bezweifeln. Es liegt auf der Hand, daß in beiden Fällen die literarisch gängigen Stereotypen benutzt worden sind. Dafür spricht der allgemeine Befund in den zeitgenössischen Quellen, dafür spricht aber auch der Umstand, daß, wie eingangs gezeigt, die jeweiligen Angaben in beiden Fällen nicht auf einer eigenständigen Beobachtung der beiden Autoren beruhen, sondern ihnen vorgegebenen literarischen Kontexten entstammen, die selbst wiederum deutlich Züge des hellenistisch historiographischen Genre tragen.

Trifft das zu, dann wird man schwerlich länger daran festhalten können, die Zahlen von 4000 Essenern und 6000 Pharisäern bei Philon und Josephos historisch auch nur annähernd für bare Münze zu nehmen. Selbst die Annahme, es handele sich jeweils um pauschalisierte Schätzungen, die unmittelbar aus eigener Kenntnis der Verhältnisse erwachsen sind, trifft kaum zu. Beide Zahlenangaben verdanken sich offensichtlich einer in der damaligen Zeit verbreiteten literarischen Manier der runden Zahlen. In der Sache sind sie bloße

---

79 S.o. A.69.
80 S.o. A.51.52.61.62.68.
81 S.o. A.70.
82 S.o. A.61.
83 Deutlich z.B. im Bericht des Livius XVI,2,20, wonach eine Gruppe von 4000 Arabern und Ituräern in einer Höhle Zuflucht findet.

Fiktionen und damit nahezu ohne jeden historischen Wert. Ein Stück historischer Wirklichkeit könnte sich höchstens in den unterschiedlichen Größenordnungen spiegeln, die den beiden Gruppen zugemessen sind. Das darin zum Ausdruck kommende zahlenmäßige Übergewicht der Pharisäer gegenüber den Essenern dürfte zutreffen. Aber das ist auch alles.[84]

Gewiß ein bedauerliches Ergebnis. Es wäre sicherlich schöner, weil von Nutzen, wenn wir wenigstens ansatzweise genauer über die Höhe der Mitgliederzahl der essenischen und der pharisäische Bewegung Bescheid wüßten und so auch ihren Anteil an der damaligen Bevölkerung im jüdischen Mutterland abschätzen könnten. Indes, die uns erhaltenen Texte geben das nicht her. Die aller historischen Forschung angemessene Bescheidung, nicht mehr den Quellen zu entnehmen, als sie wirklich bieten, gebietet es, sich mit diesem Bescheid zu begnügen.

---

84 Auch wenn das in den frühchristlichen und rabbinischen Texten gezeichnete Bild der zeitgenössischen Verhältnisse - überall Pharisäer, aber keine Essener - unzutreffend ist, so besteht dennoch kein Anlaß die Prävalenz der Pharisäer in Frage zu stellen. Die von Josephos kolportierte Nachricht, daß "viele" Essener "in jeder Stadt" wohnen (Bell II,124), muß nicht durchgehend ein Stück historischer Fiktion sein, aber daß es viele waren und in jeder Stadt, klingt doch eher nach idealisierender Übertreibung.

Qumrân, esséniens et architecture

par Jean-Baptiste Humbert

Hartmut Stegemann a estimé, avec son *Die Essener, Qumran, Johannes der Täufer und Jesus*, que le moment était venu de faire une synthèse de ce que l'on savait sur Qumrân. Il y fait appel avec raison aux manuscrits, à l'étude des textes, à l'archéologie et à ce que nous pouvons appeler l'anthropologie culturelle. Je me permets de faire ici quelques réflexions en signe d'amitié et en guise de remerciements pour son beau livre et prolonger le chemin par lui tracé. Mon propos essaiera de mettre en évidence une période pré-essénienne à Qumrân et ne contiendra aucun préjugé à propos de l'installation essénienne elle-même. Mon souhait est de secouer l'étiquette «essénienne» de Qumrân et de bousculer la vulgate de l'interprétation archéologique qui commence avec le temps, et dans le sens de la chronologie, à montrer quelques signes de faiblesses.

John Strugnell[1] reconnaissait naguère que la thèse sur les manuscrits de Qumrân reposait, dans les premières années, sur des «idées simplistes» et que s'était imposé depuis, un arrière-fond beaucoup plus riche et plus diversifié que prévu : social, historique et scripturaire. «Ces textes ont, à l'heure actuelle, tendance à compliquer notre vision des choses». Il nous plaît de transposer son propos dans le domaine de l'archéologie : la présentation du site, magistralement forgée par les fouilleurs, est devenue une véritable vulgate qui, par certains aspects, est trop «simple» pour rendre compte des problèmes posés par quarante ans de recherches. La vulgate présentait l'avantage d'avoir été fondée sur des idées fortes : que le lieu était essénien et organiquement lié aux grottes à manuscrits, ce que nous croyons juste ; enfin que l'interprétation du site avait à dire sur le mode de vie *des* esséniens, ce qui est vrai mais pas sous n'importe quelle forme. Nous avons dit ailleurs que la vulgate était si bien présentée qu'elle s'était grosso modo, imposée. Elle n'était pourtant qu'une épure. Le P. de Vaux était conscient de son aspect schématique et devait affiner sa pensée dans la publication définitive. Comme pour les manuscrits, le contexte historico-archéologique est plus dense que ce que les fouilleurs en avait d'abord soupçonné : Qumrân est une installation qui a subi une évolution dans l'espace et dans le temps et dont la cohérence interne n'est pas globalement perceptible. L'histoire du site de Qumrân n'est pas «simple» et peut ne pas être linéaire. Que

---

1   John Strugnell «Cinquante ans de qumrânologie», *Le Monde de la Bible* 107, 1997, p. 72-73.

le site ait été exclusivement essénien depuis son origine est un dogme pour certains ; le support historique aux contours nets leur évite des révisions déchirantes. Depuis quarante ans, l'illusion que tout l'essénisme est concentré à Qumrân, n'est pas facile à déraciner. Deux idées «simples» qui ont biaisé notre compréhension de site depuis cinquante ans.

Ceux qui considèrent l'archéologie de Qumrân campent sur deux positions qui se font face. Je ne parle pas de ceux pour lesquels les grandes figures d'un passé même récent, sont vitrifiées pour résister à l'usure. Pour quelques uns, la vulgate archéologique de Qumrân ne peut être touchée sans risque : elle demeure la formule historico-archéologique la plus cohérente, la plus probable et donc irremplaçable jusqu'à nouvel ordre. D'autres critiquent l'archéologie de la vulgate puisque certaines questions, sur l'articulation archéologie-manuscrits, sont restées sans réponse : dès lors que quelques propositions demeuraient imprécises, s'ouvrait un champ critique que l'on ne balaie pas d'un revers de main. Qumrân demeure un site unique par l'implantation et la fonction des bâtiments, l'aberration de la circulation intérieure, le développement du stockage de l'eau, la complexité de l'artisanat, etc. Personne n'a jusqu'à ce jour, trouvé de façon convaincante, une cohérence interne au site du point de vue de l'archéologie. On en reste aux conjectures et Qumrân demeure une question ouverte. Les différents aspects inhabituels incitent à rechercher des explications inhabituelles. À site étrange, réponse dérangeante. Il est plus facile de dire ce que le site de Qumrân n'est pas, que de dire positivement ce qu'il est. D'où la fuite en avant de quelques «archéologues» et le dédain affiché de quelques «lecteurs» des textes.

Dans la question de Qumrân, les textes et l'archéologie ne pèsent pas du même poids. L'interprétation des manuscrits a sa logique propre qui n'est pas celle de l'archéologie. La remise en question de la vulgate est parfois mal comprise ou mal accueillie parce qu'elle dérange. En fait, les «lecteurs» n'ont pas grand chose à attendre de l'archéologie. La vulgate leur suffit. Serait-elle plus qu'un accessoire qui n'affecte pas la lecture des textes ? L'archéologue n'est-il donc pour le «lecteur», qu'un accessoiriste qui fignole le décor ? On fermerait les yeux sur quelques arrangements et autres coups de pouce auxquels ce dernier serait contraint, pourvu qu'il reste discret ! Vieux débat qui a grevé l'archéologie biblique, où l'archéologue a dû plier devant l'autorité des textes ! Quelques uns de ceux qui exploraient la Palestine la Bible en main, s'étaient offusqués quand on leur avait montré que la «Jérusalem, ville de David» n'était que le ridicule éperon rocheux que domine Siloé. On sait depuis longtemps que la simple couture ne suffit pas à tenir ensemble deux étoffes de matières différentes. L'archéologue est retourné à ce qu'il voit et n'offre que ce qu'il a touché. Le «lecteur» n'a rien à lui dicter. La «question de Qumrân» s'offre comme un théâtre en ruine où l'on aurait découvert d'un côté les recueils en fragments de tragédies oubliées et de l'autre, des lambeaux de toiles peintes. Nous n'avons pas toujours la certitude que telle scène se jouait devant telle toile de fond ; ou que dans le cas où nous sommes sûrs que l'argument de la pièce touche aux esséniens, quel décor correspond aux premier, deuxième et troisième acte ! Avec tout le respect nécessaire, l'archéologue analyse aujourd'hui les «idées simples» qui avaient prévalu. Le temps est venu de proposer des réajustements.

L'archéologie adopte la méthode qui, laissant fermé le dossier des manuscrits, essaie de faire surgir l'occupant de Qumrân, récoltant les humbles traces qu'il a laissées, inventoriant les déchets qu'il a jetés jour après jour, enregistrant ses objets désaffectés, reconstituant sa maison désertée. Elle cherche à fixer ses gestes répétés et ses déambulations. Les esséniens, aussi purs et pieux qu'ils aient été, étaient aussi des hommes effacés derrière leurs gestes. Qumrân conserve heureusement l'empreinte, mais l'empreinte seulement, de leur ingéniosité technique et de certaines de leurs pratiques. L'archéologie capte le geste imprimé dans la matière comme un moulage, c'est-à-dire figé dans ce qu'il avait d'impersonnel et de mécanique, proposition sans écho dans les manuscrits. En cela se révèle la différence entre l'essénien de tous les jours, et l'image parfois hyperbolique qui a donnée de lui-même. L'archéologie n'offrira aucun portrait-robot mais une image en négatif, qui dérangera la figure qu'en avaient dressée les propagandistes de l'antiquité et en retrait par rapport au profil intellectuel et spirituel qu'en suscitent les manuscrits. Elle découvrira peut-être l'essénien comme il n'aurait peut-être pas aimé être vu et le montrera probablement comme il aurait récusé d'être mesuré et décrit. Elle le découvrira et l'expliquera comme l'épigraphiste et l'exégète d'aujourd'hui ne l'attendaient pas. Un homme n'a pas la même dimension dans la vie que dans les livres qui le décrivent.

Le concept «essénien» est une idée reçue et qui nous vient des sources, surtout de Pline, Philon et de Josèphe. Les auteurs anciens avaient consigné l'homme essénien dans une forme littéraire aux arêtes vives, tronquant les données matérielles du dossier pour mieux souligner le paradoxe et plaire au lecteur. Il convient de prendre du recul. Le récit des anciens aussi précieux qu'il soit, ne s'acquitte pas volontiers des buts qui sont les nôtres. Cassée l'écorce littéraire, le mouvement essénien apparaît, dans l'espace et dans le temps, plus complexe que dans les recensions. Le gauchissement dans l'interprétation archéologique de Qumrân découle d'avoir enfermé les esséniens dans ces murs-là. Le *mouvement* essénien eut une genèse, une évolution, un déclin et une éventuelle postérité. Nous ne dirons pas qu'il fut homogène et que les multiples communautés avaient mûri au même moment et sur une même tige. Aucun mouvement d'idées, pas moins dans l'antiquité que de nos jours, n'évolue quand il se maintient, sans fracture ni surgeon.

Il faut dépasser les sources. Tout ce qui était essénien n'était pas forcément à Qumrân, et tout n'y fut pas forcément essénien. Les commentateurs modernes auraient tendance à fermer les yeux sur les contradictions des sources. Dans Philon, les esséniens tantôt «fuient les villes pour habiter des bourgades» (*Quod omnis* § 76), tantôt habitent «nombre de villes de Judée, et des bourgades fort peuplées» (*Apologie des juifs*, §1). Chez Josèphe les esséniens «n'ont pas de ville unique, mais en chaque ville ils forment à plusieurs une colonie» (*Guerre*, 2, § 124). Ce profil plutôt urbain, que nul ne contestera, contraste avec : «ils n'ont que la compagnie des palmiers» de Pline (*Histoire naturelle*, V, 17, 4), et les activités agrestes mentionnées par Philon, «Parmi eux, il y a des agriculteurs versés dans l'art s'ensemencer ...la terre, des pasteurs qui conduisent toute sorte de troupeaux ; quelques-uns s'occupent d'apiculture» (*Apologie*, § 8). Le même Philon note leur continence absolue : «ils ont banni le mariage ... et pratiquent une parfaite continence» (*Apologie*, § 14). Dans Pline aussi «ils ont renoncé entièrement à l'amour» (*op. cit.*) ; ce qui n'empêche pas Josèphe de décrire les mœurs des esséniens mariés (*Guerre*, § 160). Il y a bien d'autres contradictions à propos de la jeunesse ou de la vieillesse des adeptes, sur la possibilité qu'ils avaient été pacifistes ou armés, etc. Qu'il nous suffise de remarquer que ces différences recouvrent une réalité aux multiples facettes plutôt que des leçons corrompues par la transmission des archives.

Les esséniens ne sont pas qu'à Qumrân, ils sont dispersés dans les villes de Judée (Philon), à Jérusalem, ailleurs en Palestine et sans aucun doute dans les zones agricoles des bords de la mer Morte (Pline). Ils s'étaient éventuellement immiscés dans les oasis de la mer Morte, profitant de leur l'isolement et ayant partie prenante dans leur économie. Ils n'y étaient pas les premiers habitants et côtoyaient une population installée avant eux. Rien ne prouve que tous les habitants de la mer Morte avaient adhéré à l'essénisme. L'isolement des esséniens dans Qumrân est arbitraire. Ne fonder que sur le texte de Pline n'est pas justifié. «*Au-dessous* des esséniens se trouve la ville d'Engaddi». Il n'est pas sûr que *infra hos*, «au-dessous d'eux» puisse être entendu par *au sud de* comme il a été admis. Il peut s'agir d'une simple remarque topographique. L'oasis d'Engaddi s'étage, aujourd'hui comme dans l'antiquité, sur la forte pente de la montagne avec ses palmeraies en terrasses dominant le site de Tell el-Jurn, où les niveaux III et II représentent les périodes hellénistique et romaine. Le site était prospère : des fouilles récentes ont mis au jour dans l'oasis, des tombes avec un mobilier du Ier siècle de notre ère[2]. La qualité des cercueils de bois et les offrandes de prix montrent assez, qu'au moins ceux qui étaient enterrés là, n'étaient pas des ascètes. D'autres sondages tout aussi récents ont mis en évidence des installations écartées, beaucoup plus austères et contemporaines de celle de Qumrân. Izhar Hirshfeld n'hésite plus à les proposer comme esséniennes[3]. Nous l'avions suggéré en 1994[4]. Hirschfeld tomberait dans le travers d'enfermer à son tour, les esséniens dans Engaddi en niant le

---

2   Gideon Hadas, «Nine Tombs of the Second Temple Period at 'En Gedi», *Atiqot* 24, 1994, p. 7.

3   D'importantes fouilles en cours ont mis au jour des installations contemporaines de Qumrân. La grande presse en a donné un écho.

4   Jean-Baptiste Humbert, «L'espace sacré à Qumrân. Propositions pour l'archéologie», *RB* 101, 1994, p. 208.

caractère essénien de Qumrân. Tout le monde sait depuis les premiers rapports de fouilles, que les manuscrits des grottes ont un lien de cause à effet avec les occupants du site : les jarres à manuscrits, qui sont intrinsèquement liées à l'événement Qumrân, ont été retrouvées en nombre suffisant dans les grottes et sur le site. Les nombreux graffiti sur jarres et autres vaisselles, recueillis sur le site, sont «qumraniens». Il est vrai que quelques uns récusent l'attribution essénienne des manuscrits et sur ce point précis, répondront ceux qui définissent la nature de la bibliothèque.

Puisque les esséniens se plaisaient «en la compagnie des palmiers», ils pouvaient être ceux qui cultivaient et vivaient dans les palmeraies d'Engaddi et qui avaient l'agglomération *au-dessous* d'eux. Dion Chrysostome corrobore le jugement de Pline en rapportant que «les esséniens forment une ville entière et prospère sur les bords de la mer Morte....non loin de Sodome» (*Dion* 5), ville qui ne peut être en aucun cas, le site de Qumrân, ni *ville prospère* ni *proche de Sodome*. La ville mentionnée par Dion doit être Engaddi. On peut dire que des esséniens vivaient à Engaddi et on ne peut pas dire que les esséniens n'étaient qu'à Engaddi. D'autres sites peuvent avoir abrité des esséniens. L'investigation archéologique des côtes de la mer Morte, côté jordanien ne fait que de commencer. Les nécropoles de la période romaine y ont été révélées par les pillages endémiques. Elles jouxtent de belles palmeraies encore attestées sur la carte de Madaba sous le toponyme plus ancien de Zoora. Plus au nord, le site de ez-Zara, l'ancienne Callirrhoé d'Hérode, recèle des niveaux contemporains de ceux de Qumrân. Les parallèles avec Qumrân peuvent être développés. Nous avons suggéré que le long mur qui entoure l'oasis doit être rapproché de ceux de Qumrân-Ain Feshkha et Ain Ghuweir[5]. Le mobilier publié permet des rapprochements avec Jérusalem surtout pour la vaisselle commune et la vaisselle de craie et dans les mêmes catégories, avec Qumrân[6]. Ez-Zâra était aussi un port fréquenté, au pied de la forteresse hérodienne de Machéronte. L'embarcadère qui lui correspondait sur la rive occidentale, est au Ras Feshkha, le Khirbet Mazin, ou Qasr el-Yahud, qui dessert aussi Qumrân qui se trouve alors à mi-chemin entre Machéronte et Jérusalem. Tous ces sites étaient liés par une circulation facilitée par la navigation. Le bassin de la mer Morte avait une population homogène et une évidente unité dont la Jéricho asmonéenne était la tête. On venait inhumer l'aristocratie essénienne à Qumrân où les enterrements secondaires sont attestés. La thèse qui identifie les esséniens à la secte dite des«hérodiens» est séduisante dans la mesure où elle fait des esséniens, des protégés d'Hérode[7]. Une telle protection avait pu se manifester dans l'installation des esséniens sur les rivages de la mer Morte, quand justement Hérode reprend, après une courte campagne, cette région à l'Égypte en 31 av. J.-C. Les

---

5 *Id.* 179.
6 Christa Clamer, Fouilles archéologiques de 'Aïn ez-Zâra/Callirrhoé, Beyrouth 1997.
7 Constantin Daniel, «Les „hérodiens" du Nouveau Testament sont-ils des esséniens?», *Rev. Qumran* VI, p. 30-53.

esséniens s'y seraient installés en préférant les rivages entre Qumrân et Engaddi, secteur plus proche de Jérusalem : s'écarter du Temple sans trop s'en éloigner. Nous trouvons là, l'indication mais l'indication seulement, que la présence essénienne à Qumrân pourrait ne pas être antérieure à cette date. La céramique et les monnaies montrent que l'occupation sur le site est plus ancienne. L'idée d'une villa asmonéenne à l'origine du site de Qumrân a été proposée[8]. Que la formule ait déplu nous invite à y revenir.

Depuis quarante ans, le plan du site de Qumrân s'est fixé dans nos mémoires de même que s'imprime une vignette publicitaire. Il paraît harmonieux, normal. Sa morphologie éclatée et les quelques aberrations fonctionnelles dans ses installations ne nous frappent plus. Pourtant, pour peu que l'on s'écarte de «l'idée reçue» du plan, s'impose que l'agencement des loci ou groupes de loci n'exprime aucune organisation rationnelle. Il est évident que le plan manque d'unité. Des excroissances s'offrent comme des ailes. Son périmètre ne s'inscrit même pas dans un faisceau de contraintes topographiques qui auraient pu forcer tel trait. Si l'installation de Qumrân avait été conçue d'un seul tenant, telle qu'on la voit aujourd'hui, son inorganisation témoignerait du manque du sens communautaire qu'on accorde aux esséniens et de sens pratique. Pour des gens qui passaient à l'époque pour l'élite d'une société, le sens de l'aménagement n'aurait pu s'exprimer plus mal. L'espace pourtant ne manquait pas. Au contraire, l'ensemble du plan trahit les superpositions de structures hétérogènes, des ajouts successifs. La circulation restituée chute dans des impasses, l'adduction d'eau au tracé sinueux partage l'architecture, réparations et restaurations divisent et défigurent progressivement le centre et les ailes. Les vestiges de Qumrân témoignent d'une assez longue évolution, avec des ruptures, des stagnations, des élans bâtisseurs aussi. Le coeur du complexe laisse transparaître sous les multiples reprises du bâti, l'épure d'un gros oeuvre soigné, interprété comme une vaste habitation. Enfin, on ne comprendra rien à l'archéologie de Qumrân tant que n'auront pas été distinguées, les étapes du développement architectonique des bâtiments.

L'enchaînement des constructions doit être perceptible dans le recoupement des murs et la succession des couches d'occupation. De la stratification constatée pendant la fouille, on attendait un schéma stratigraphique que de Vaux n'a pas donné. Ses notes de chantier mentionnent à maintes reprises, la superposition de massifs d'occupation et d'effondrement, sans fournir de coupes stratigraphiques. Il les aura jugées inutiles. De Vaux n'ignorait pas l'art de la stratigraphie, lui qui, à la même époque, menait les sondages stratigraphiques à Tell el-Farah, avec assez de bonheur et la bienveillante tutelle de Kathleen Kenyon. Toutes ses notes, tous ses articles montrent qu'il s'est sans cesse préoccupé de l'évolution chronologique de son monument qu'il a cherché à organiser selon des «périodes». La stratification du site pour lui était simple et

---

8   La tradition orale à l'École biblique en attribue la paternité à J. T. Milik. Nous avons déjà abordé le sujet dans J.-B. Humbert, «L'espace sacré...», *op. cit.*, p. 169 ss.

ne posait aucun problème d'interprétation. Seule la partie centrale de l'installation offrait une ruine plus importante qu'alentour. Nous y avons vu la villa avec son étage, écroulée sur elle-même (fig. 1). Les extensions périphériques, ne possédant pas de bâti en hauteur, contenaient des débris moins massifs. Les photographies en font foi[9]. De Vaux a construit sa chronologie autour de la datation de deux ruptures plus marquées dans l'occupation. Il a commenté à plusieurs reprises le nettoyage des chambres après le tremblement de terre de 31 (?) et un abandon. Les déblais auraient été jetés hors les murs, à l'ouest et plus loin au nord sur la pente (Tranchée A)[10]. La couche de destruction du fortin du Fer et celle datée de 68, épaisse en quelques endroits de 1,50 m, sont bien mentionnées avec la cendre chère aux archéologues[11]. La superposition des sols est loin d'être constante à Qumrân. Le rejet des matériaux périmés dans une installation d'intense activité humaine, est habituelle : lors des travaux, les gravats sont plutôt évacués que scellés sur place. Les autres modifications qui témoignent d'une chronologie affectent surtout les murs, portes et fenêtres bouchées (comme dans la tour) et partition des chambres. De Vaux aura renoncé à faire une stratigraphie parce que la stratification devait être inexistante.

S'il faut trouver une cohérence au plan de Qumrân, il faudra, pensons-nous, la chercher selon l'espace et non selon le temps. L'espace vital se sera étendu et non pas replié, ou répété sur lui-même. De Vaux avait cru l'inverse et sous-estimé le principe d'un déploiement architectural périphérique, en étendue, au profit d'une éventuelle lecture en épaisseur qui, de son côté, n'a pas donné les fruits voulus. Il avait bien discerné l'existence du noyau ancien qui aurait résisté et qui, selon lui, ne pouvait être que le fortin du Fer. Cependant, entre le fortin du Fer et l'installation essénienne, il y avait assez de temps pour un intermédiaire asmonéen. Nous n'écarterons pas que quelques murs du Fer ont pu servir de fondation à l'intermédiaire asmonéen, et c'est lui qui constitue le noyau. L'inorganisation qui ressort du plan publié, atteste avec assez d'évidence que les excroissances sont des ajouts périphériques. Le noyau est pré-essénien et les ajouts sont des annexes qui répondraient aux activités spécifiques des esséniens. Les bâtiments adventices A et B (fig. 1) qui sont de la même veine architecturale, pourraient être contemporains. Il sont appuyés en annexes, l'un au sud et l'autre à l'ouest, jouxtant les murs de la villa asmonéenne et en conservant la même orientation qu'elle. Rappelons que nous avons proposé de voir en A, deux salles pour les offrandes des prémices. En B, deux salles barlongues et jumelles, assez solennelles communiquent entre elles par trois

---

9   J.-B. Humbert & A. Chambon, *Fouilles de Khirbet Qumrân et de Aïn Feshkha*, vol. I, Fribourg (Suisse) et Göttingen, 1994, photographies N° 4, p. 6 ; N° 3, p. 7 ; N° 392 et 393, p. 193, etc.

10 R. de Vaux, *L'archéologie et les manuscrits de la mer morte*, the Schweich Lectures of the British Academy, Londres, 1961, p. 19.

11 *Id*. p. 28.

portes juxtaposées, et s'appuient sur une autre pièce au dispositif étrange qui n'a surpris personne. Les annexes A et B auraient été ajoutées pour le déroulement d'activités sectaires. L'annexe C contient la grande citerne 71 et semble plus récente que l'annexe A à laquelle elle est mal liée.

Les annexes D, E, G traduisent une volonté de redonner une cohésion à l'ensemble architectural. Les murs de la périphérie prennent une autre orientation réglée sur le bord de la ravine occidentale, marquée en gros pointillés sur la figure 1. La nouvelle orientation est aussi celle de Jérusalem et ce détail, sans signification *a priori*, ne doit pas être négligé. Nous aurions quatre (ou cinq) phases architecturales principales, correspondant à des modes de vie différents et à des réorganisations raisonnées de l'espace. Les défenseurs de l'âge du Fer élurent le lieu. L'aristocratie asmonéenne l'agrémenta. Les esséniens le consacrèrent puis l'enfermèrent. Une dernière escouade y campa après 68.

L'évolution de la construction s'est faite à partir du noyau bien construit, ramassé sur lui-même et qui, seul dans le relevé d'ensemble, suppose un projet (fig. 2). La grille originale n'a pas été définitivement effacée par les restaurations répétées, et sa cohérence architecturale était assez lisible pour que les fouilleurs l'aient saisie et appelée bâtiment central ou principal. Elle apparaît en traits noirs épais sur la figure 1. Elle présente l'ordonnancement banal, répandu dans tout l'empire, avec cour centrale, entourée de chambres régulièrement disposées, formule variée à l'infini selon la fonction, la région, etc. Le plan n'est pas sans rappeler celui de la villa pompeienne et se rapprocherait paradoxalement de la *domus* urbaine plus que de la *villa rustica* à la distribution dilatée. Parce que le site de Qumrân s'insère, de fait parmi les villégiatures préromaines et romaines, disséminées autour de la mer Morte, les comparaisons se feront, toute proportion gardée, avec Jéricho, ez-Zâra, Masada, etc. La gamme ira de la simple villa, fréquentée épisodiquement tel un relais de chasse, au palais hérodien[12]. L'idée qui doit nous guider est celle de l'architecture d'agrément. L'habitat de la Palestine hellénistico-romaine, présentant des traits spécifiques, commence à être mieux connu[13]. L'avenir nous donnera une plus ample documentation et montrera que la Palestine de l'époque restait dans l'orbite d'Alexandrie.

---

12 Jody Magness, «A villa at Khirbet Qumran ?», *Rev. Qumran* 63, vol. 16, 1993-95, p. 397-419. En dépit de beaucoup de bonne volonté et la reproduction d'une abondante illustration, sa démonstration ne convainc pas : l'A limite ses comparaisons à l'architecture palatiale, ce qui est dommage. Je n'ai pas proposé de faire de Qumrân un palais hérodien. Quant à certaines conclusions touchant la chronologie et la céramique, tirées de nos propositions, l'auteur semble malheureusement ne pas toujours nous avoir bien lu. N.B. L'eau de Feshkha n'est peut-être pas potable pour une bouche américaine. J'en ai toujours bu sans déplaisir ; elle a étanché ma soif. En revanche, elle fait du mauvais thé: j'en ai fait personnellement l'expérience.

13 Yizhar Hischfeld, The Palestinian Dwelling in the Roman-Byzantine Period, Jérusalem 1995, p. 77-107.

L'édifice central de Qumrân s'inscrit dans un carré régulier de 37 mètres de côté[14]. Il est du type à deux ailes symétriques. Nous avons déjà cherché à le comparer. Assez rare, le plan carré n'est certes pas absent du Levant. Mentionnons en passant, des maisons à Tell Judeidah, Horvat Salit, Mampsis, etc., et le «Hilkiya Palace» qui a été cité dans le jeu des comparaisons avec Qumrân. Il nous retient puisque ses dimensions et quelques caractéristiques rappellent notre édifice. Le plan publié est assez imprécis[15]. À première vue, l'édifice serait aussi un assemblage de différentes constructions aux raccordements malheureux en maints endroits. L'aile très détruite, au sud-ouest, pourrait avoir été une petite villa antérieure, intégrée lors de la construction du palais. L'hypothèse d'une tour qui, comme à Qumrân, aurait protégé l'entrée, manque d'appui. Le côté oriental du palais a été complètement modifié. De gros murs (55 et à l'est de 2) qui ne peuvent être de refend, laissent supposer que le bâtiment, dans une phase ancienne, s'arrêtait là. L'extension vers l'est serait contemporaine de l'établissement du *triclinium* 14-15. Dans ce cas, le palais sans son ajout oriental, offre aussi un plan carré et de 37 mètres de côté, avec moins d'un demi mètre d'erreur. La similitude avec Qumrân est peut-être fortuite, elle n'en reste pas moins suggestive.

Nous restituerons, sans trop forcer les données du relevé de Qumrân, un rythme dans la partition des ailes (fig. 2) ; en estimant que dans quelques cas, la redistribution de l'espace s'était faite sur des éléments plus anciens, par reprise en sous-oeuvre, comme ici dans la cour (loc. 25, 30, 37, etc.) et l'établissement des citernes loc. 48-49 dans l'aile orientale. Nous avons recomposé la grille idéale, sous-jacente. Une telle rigueur implique l'utilisation d'une norme de mesure dans le jalonnement de l'espace. La figure 2 reconstitue le plan par la répétition d'un carré standard que nous avons essayé de décomposer en attendant qu'une recherche soit menée pour confronter nos mesures selon les coudées ou empans de la métrologie Palestinenne à la fin de la période hellénistique.

En attendant, pour plus de commodité, nous avons adopté comme unité arbitraire de mesure pour décrire le monument, la largeur du vestibule et de la cage d'escalier (fig. 2). Les autres mesures sont doubles (2) ou quadruples (4). L'organisation de l'ensemble se fait par la combinaison du compartiment carré de (2) mesures de côté en dimensions intérieures. L'ensemble architectural, schématique est un carré de 37 m de côté dont chaque côté contient une série de quatre chambres carrées, aux dimensions de (2) x (2) mesures. Le vestibule

---

14 J'avais rédigé très vite, à Paris, en 1994, presque sans documentation, l'article paru dans la *Revue biblique*, «L'espace sacré à Qumrân...». J'ignorais l'étude de S. H. Steckoll, «Qumran and the Temple of Leontopolis», *Rev. Qumrân* 21, vol. 6, 1967, p. 55-69. Mes remarques ne s'appuyaient donc pas sur l'étude de Steckoll. Je suis réconforté de n'être pas le seul à aboutir à des conclusions différentes de celles publiées par de Vaux, et sans aucune concertation.

15 Emmanuel Damati, «Khirbet el-Muraq», *IEJ* 22, 1972, p. 73; le seul plan accessible à notre connaissance est dans «The Palace of Hilkiya», *Qadmoniot* 15, 1982, p. 118.

d'entrée, aménagé au nord, correspond à deux demi-compartiments (4) x (1) pour ménager un retrait par rapport à la façade. Deux portes condamnées, situées au milieu des murs, restituent l'entrée principale dans l'axe du monument, comme attendu. La cage d'escalier dans la cour, est un petit carré de (1) x (1). Il apparaît que les murs en largeur des piscines dans les loci 48-49 d'une part sur le côté oriental, et dans les loci 56-58 d'autre part sur le côté méridional, correspondent aux partitions des séries de chambres de l'est et du sud. Dans les remaniements profonds que l'installation a subie à des étapes successives de son histoire, le secteur sud a été modifié en particulier pour installer de grandes réserves d'eau, la cour a été encombrée par des constructions adventices, le vestibule d'entrée a été tronqué lors du renforcement des murs de la chambre marquant l'angle nord-ouest, pour en faire la tour. Le creusement de nouvelles citernes et le percement des murs ont modifié complètement la circulation entre les différentes pièces. La conception initiale de l'ensemble en a été dénaturée.

L'espace laissé vacant au centre de l'édifice était une cour carrée, équivalant de quatre chambres (4) x (4), à l'intérieur de laquelle des murs, éventuellement plus tardifs sur tracé ancien, comme déjà dit, dessinent le compartiment de (2) x (2). Le rôle du carré central, est alors hors de notre portée : il pourrait éventuellement avoir été un stylobate, etc., mais ne majorons pas ce qui n'est qu'une indication sans conséquence pour l'interprétation globale.

Par ailleurs, les loci 48-49 méritent un commentaire. Les bassins ont fait partie de l'installation essénienne mais sont les seuls à avoir été désaffectés sur le site et sont encore les seuls à avoir été disloqués lors d'un mouvement tectonique, séisme ou glissement de terrain, puis comblés. Il est possible que l'endommagement du site ait été l'occasion de la réhabilitation des lieux comme le suggèrent les fouilleurs, mais sans la nécessité de la lier à un abandon souvent mentionné, mais qui ne s'impose pas. Le bassin 48-49 aurait alors été périmé au profit de la birqeh 56-58 plus volumineuse, elle-même augmentée des citernes 54, 55 et 57. Le bassin 48-49, ou un bassin plus ancien au même endroit, pourrait avoir appartenu à la villa primitive, alimentée à partir des toitures avec l'appoint de la citerne ronde 110, depuis les dépendances de l'ouest, en restituant toutefois un drain au tracé plus rectiligne. Il est courant de trouver des installations de bains dans les résidences de l'époque hellénistique tardive, en tout cas dans les résidences hérodiennes pour ne parler que des sites du pourtour de la mer Morte. Si la comparaison avec les palais semble abusive, nous attirerons l'attention sur les similitudes de forme et de proportions avec le bain de la villa de ez-Zara[16].

Des fragments d'architecture soignée et un bloc de décor nous aident à mieux cerner le monument. Mentionnés par plus d'un chercheur et visibles sur les clichés, ils n'ont pas assez retenu l'attention. Il est vrai qu'aucun n'était en place mais leur seule présence milite en faveur d'un édifice démantelé sur place.

---

16 Christa Clamer, *op. cit.*, p. 45 ss.

De Vaux ne sachant qu'en faire, les supposait issus d'un pillage qui n'aurait guère pas de sens de la part des esséniens. Il n'y a guère de raisons de douter de leur appartenance au noyau architectural primitif. Les fragments gisent là, éparpillés et non remployés. La démolition d'aménagements soignés doit être imputée, selon toute vraisemblance, au remodelage essénien, radical, qu'eut à subir la villa primitive. Les fragments pouvaient provenir de portiques, en ouverture d'un *triclinium* sur la cour, ou en avant de la porte principale dans la façade nord, ou encore en galerie dans la cour. Les photographies de l'album[17] permettent de repérer des fragments en beau calcaire : dans les loc. 148 un tambour avec base ou chapiteau (fig. 15, p. 22), d'autres tambours, loc. 23, dans la cour (fig. 48, p. 37 et fig. 50, p. 38), loc. 33, dans la cour, deux claveaux d'un arc (figs. 53 et 54, p. 39 et fig. 65, p. 42), loc. 13-14, probablement un chapiteau grossier (fig. 91, p. 53), loc. 48, un tambour de demi-colonne (?) (fig. 164, p. 81) ; deux bases de colonnes dans le loc. 100 (fig. 293, p. 141). Dans un remblai du locus 3, à l'angle sud-ouest démoli de la villa, trois fragments d'une base moulurée de colonne (Khq. 131) ont été recueillis (fig. 3). Deux d'entre eux ont été rapprochés pour reconstituer une base de style attique (fig. 3) que l'on peut comparer dans la région proche, à des blocs trouvés à l'Herodion, Masada et 'Aïn ez-Zara[18]. Une colonne isolée peut surprendre sauf dans le dispositif d'une baie partagée par une seule colonne pour ouvrir sur la cour.

L'aire de répartition des blocs erratiques, limitée au bâtiment central et à ses abords immédiats à l'angle sud-ouest, invite à postuler la présence du portique supposé de ce côté-là du bâtiment central ou dans la cour. Les transformations y ont été plus radicales, enlèvement de l'angle et empiétement dans la cour par le locus 30. Dans la nécessité où l'on se trouverait de restituer un *triclinium* au rez-de-chaussée, à cause de l'aire de dispersion des blocs, on serait tenté de le placer à l'emplacement des loci 1, 2 et 4, ou dans le fond de la cour où s'enfonce maintenant le bassin 56-58. Tout est supposition puisque rien n'est en place. En tout cas, il faut récuser la salle à manger à l'étage du locus 30. La localisation dans l'édifice ne convient guère, et les installations ne sont pas celles d'une salle à manger[19]. Nous ne reviendrons pas sur l'aménagement. L'argument invoqué que les convives y jouissaient de la vue sur la mer Morte, étonne. Jouir du paysage pendant le repas est une idée moderne. Encore faudrait-il démontrer qu'il y avait une baie ouverte et que l'homme du premier siècle avait une émotion esthétique à regarder la mer Morte ; je serais personnellement assez vite persuadé du contraire dans l'un et l'autre cas. De

---

17 Humbert & Chambon, *op. cit.*.
18 La documentation est surabondante dans le domaine méditerranéen. Pour se cantonner dans le sujet : Virgilio C. Corbo, *Herodion*, Jérusalem 1989, p. pls. DF 103, 104, 108, 113, etc. Gideon Foerster, *Masada V, Art and Architecture*, Jérusalem 1995, voir les figures 172 à 180, p. 102 et 103, bases de colonnes du *Western Palace*. Christa Clamer, du site de ez-Zara, *op. cit.*, p. 44, fig. 67 et 68.
19 Pauline Donceel-Voûte, « „Cœnaculum" - La salle à manger du locus 30 à Khirbet Qumrân sur la mer Morte», *Res Orientales* IV, 1993, p. 83.

plus, la cage d'escalier dans la cour montait à un étage qui, dans l'aile orientale, aurait barré la vue. Le festin, qui s'apparentait plus à un huis-clos qu'à un déjeuner sur l'herbe, se déroulait au cœur de la maison, loin du regard des étrangers, protégé le plus possible du mouvement et des nuisances de la nature. Mais surtout, le locus 30 est un ajout qui n'appartient pas au plan primitif de la villa et qui a mutilé l'espace de la cour.

Le catalogue des objets de la fouille compte une dizaine de pavés en calcaire bitumineux, noir, fragments d'un *opus sectile* non localisé: Khq. 61 (loc. 4), 128 et 129 (loc. 2), 336 (loc. 13), 823, 1082, 1240 (loc. 44), 1061 (loc. 59), 1137 (loc. 61). Ils proviennent encore du bâtiment central sauf pour trois d'entre eux, de l'extérieur du mur oriental dans le triangle loc. 44, où ils purent être jetés au cours du «nettoyage». Un bloc de corniche a été recueilli dans le loc. 42, encore dans la partie démantelée au sud de la villa. Il porte un décor sculpté d'oves et de lancettes et il serait étonnant qu'il ait été rapporté d'ailleurs (fig. 4). Les éléments décoratifs, oves et lancettes sont fort répandus mais nous avons recherché des parallèles qui, dans la région, associent les deux motifs. À Pétra, ils courent sur la corniche de la porte centrale de la Khazneh[20] Nous les avons cherchés à Alexandrie, où ils limitent le panneau mural dans la Tombe de Sidi Gaber et sur un fragment de corniche isolé[21]. De tels éléments décoratifs ne manquent pas dans l'architecture asmonéenne. Évoquons l'élément de frise en pierre avec décor denticulé gisant au Khirbet Mazin (ou Qasr el-Yahud, au débouché du Cédron) à cause de la proximité de Qumrân, qui cependant ne peut être comparé à notre frise car hors de proportions pour l'énigmatique construction accolée à la cale à bateaux[22]. Kh. Mazin a aussi fourni des plâtres peints. Qumrân n'est pas le seul établissement à avoir bénéficié d'un embellissement dans le goût gréco-romain. Une synthèse du décor architectural dans le bassin de la mer Morte reste à faire.

L'investigation sur l'architecture ne peut être limitée au site de Qumrân. Il faut maintenant jeter un rapide regard sur les vestiges de Aïn Feshkha. Le mode de construction s'y rapproche beaucoup de celui de Qumrân : quelques indices rappellent un bâti soigné, visible surtout dans le jambage des portes, lourdement modifié et sans soin. Aussi serait-il étonnant que Feshkha, qui a une histoire parallèle à celle de Qumrân, soit une origine essénienne. Sa raison d'être serait liée à celle de Qumrân dont elle pouvait être une dépendance. L'endroit, avec la source légèrement amère mais abondante, présentait un certain avantage tant pour des bains que pour une industrie. La position de Qumrân, en hauteur sur sa terrasse était sans doute mieux prisée, car les auteurs anciens pensaient que la proximité du lac Asphaltite était insalubre à cause des exhalaisons méphitiques.

---

20 Judith McKenzie, *The Architecture of Petra*, Oxford 1990, pl. 23 d.
21 *Id.* pl. 185 a et pl. 215 d, N° 29.
22 Pesach Bar-Adon, «Excavations in the Judean Desert», *Atiqot, Hebrew series*, vol. 9, 1989, le bloc sculpté est photographié fig. 15, p. 24, et les plâtres, fig. 10, p. 22 et fig. 11, p. 23.

On notera donc la modestie de l'installation au regard de celle de Qumrân. Rappelons que les rivages de la mer Morte étaient pourtant jalonnés de fermes ou de fabriques, partout où l'installation était possible. Insistons sur le fait que les deux installations primitives de Qumrân et Feshkha semblent construites sur le même modèle. On se convainc assez vite à la lecture du plan, que les loci 3 et 5, situés à l'ouest, sont une addition tardive qui n'appartiennent pas au plan primitif (fig. 5). En jonglant avec les réductions de plans aux différentes échelles, les similitudes entre les deux constructions frappent d'emblée. Le noyau de Qumrân est exactement en dimension, double de celui de la maison de Feshkha. Les esquisses des deux édifices sont en proportion, à peu de chose près, superposables (fig. 6). Il faut tenir compte d'abord de l'épaisseur des murs, la même dans les deux sites indépendamment de la taille des édifices, puis des restaurations maladroites qui ont défiguré Feshkha. Nous ferons l'hypothèse que les deux épures sont issues du même modèle architectural. Les mesures de Feshkha sont moitié de celles de Qumrân, dimensions hors tout, largeur des pièces et de la cour, etc. A-t-on aussi noté dans les deux cas, une même orientation et la présence des deux portes jumelles, à l'ouest à Qumrân et à Feshkha vers l'est ? Nous ne savons quelle coutume ou quelle habitude serait à l'origine d'un accès dédoublé. Y aurait-il eu organisation de l'entrée et de la sortie ? Un lot de carreaux en calcaire bitumineux ou blanc retrouvé dans le locus 28, peut témoigner encore d'un passé plus raffiné[23].

Il convient de tirer de tout cela que les installations de Qumrân et de 'Aïn Feshkha ont été des villégiatures sur les rivages de la mer Morte. Elles n'ont rien d'unique. Feshkha avec ses enclos à galeries couvertes en équerre, trouve son exact pendant à Aïn Turabi, à mi chemin entre Qumrân et Engaddi[24] où le fouilleur a opté pour une forteresse du Fer réhabilitée avant la première Révolte. Le plan révèle plutôt une petite maison dont les murs auraient été munis d'un talus, lui donnant une allure de défense. La relative abondance des tessons du Fer a emporté l'adhésion du fouilleur dans son interprétation et la maison pourrait en effet, remonter aux VIII-VIIe siècles av. J.-C. Le rapport de fouille est certes trop embryonnaire pour que nous soyons en mesure de juger si la maison ne repose pas aussi sur une fondation du Fer. Elle serait une modeste villégiature d'oasis, abritée dans une anse. La distribution des pièces rappelle en réduction celle de Feshkha. La maison de 'Aïn Ghuweir est encore plus petite et pose le même problème quant à sa datation[25]. La note de l'inventeur et fouilleur du site[26] irait dans le même sens, mais la photographie de l'une des chambres

---

23 Humbert et Chambon, *op. cit.*, photo 498, p. 246.
24 *Id.* p. 41-49.
25 *Id.* p. 34.
26 Ian Blake, «Rivage occidental de la mer Morte», chronique archéologique, *RB* 73, 1966, p. 564-566, et photographie pl. xxxv-b.

montre clairement les deux phases de la construction. On pourrait y voir un remaniement de l'époque de Qumrân.

Il est nécessaire de briser l'isolement où l'on a laissé Qumrân. Nous ne sommes plus au temps où le P. de Vaux et son équipe étaient les premiers à ouvrir une fouille sur le pourtour de la mer Morte. Ils assemblaient les premières pages du dossier archéologique du bassin de la mer Morte au tournant de l'ère, dossier qui était à l'époque, sans précédant. À nous de l'étoffer en le replaçant dans un contexte toujours plus précis et dans l'histoire de la Palestine hellénistique. Qumrân est au centre d'un triangle hellénistique tardif : Pétra, Alexandrie et Jérusalem. Les monnaies nous donnent une première, mais précieuse indication sur le développement de la région et l'installation probable des villégiatures. Personne n'objectera que les plus anciennes monnaies, indépendamment de leur lieu de trouvaille, fournissent l'indication des débuts de l'occupation d'un site. À Qumrân, l'occupation remonterait à peu près à 130 av. J.-C., avec des monnaies séleucides d'Antiochus VII[27]. La documentation numismatique en provenance de 'Aïn Feshkha est plus pauvre. Un bronze de Ptolémée II est jugé aberrant ; les autres témoins ne datent que de la fin du IIe siècle av. J.-C. avec des bronzes d'Alexandre Jannée. Il serait fort étonnant que l'occupation à Qumrân remonte en-deçà de 130 av. J.-C. Il est plus probable qu'elle commence un peu plus tard, vers l'an 100. L'étude de la poterie en cours le précisera.

---

27 Nous nous appuyons sur Ernest-Marie Laperrousaz, Qoumrân, l'établissement essénien des bords de la mer Morte, histoire et archéologie du site, Paris 1976, p. 149-154.

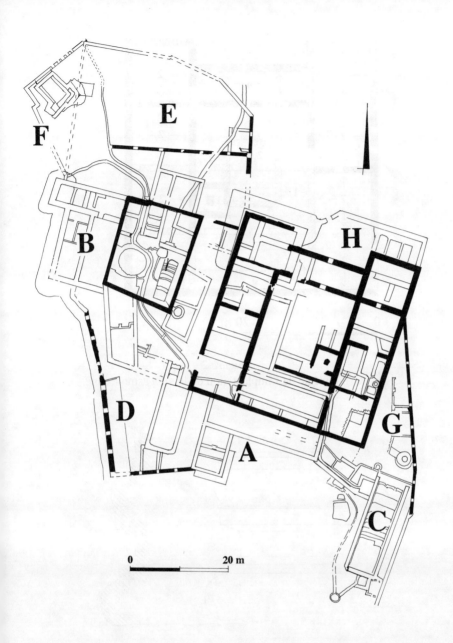

Figure 1
Trace du noyau ancien de Qumrân (en trait gras). De A à H, les ajouts
esséniens. En trait pointillé: changement tardif de l'axe de l'implantation
réglée sur la ravine

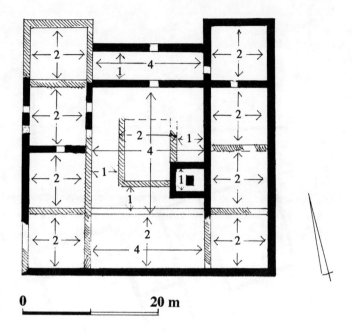

Figure 2
Grille idéale de l'implantation de la villa asmonéenne

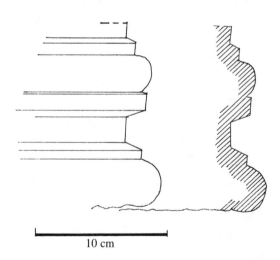

10 cm

Figure 3
Fragment de base de colonne issu du locus 3

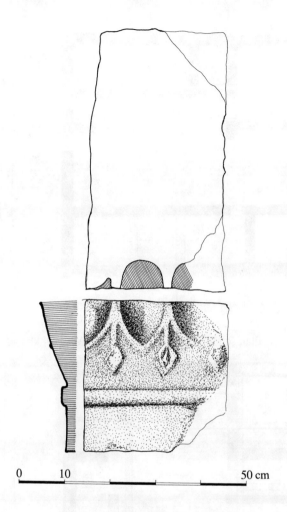

0   10   50 cm

Figure 4
Fragment de frise du locus 42

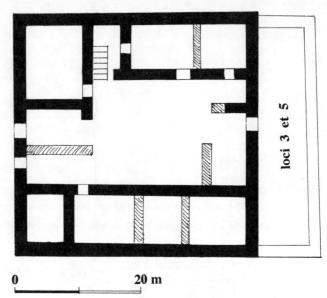

Figure 5
Plan schématique de l'édifice de 'Aïn Feshkha

0   20 m

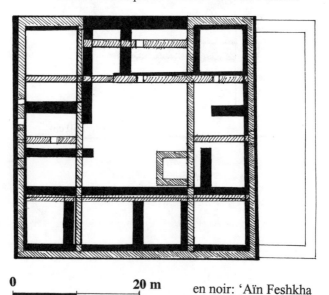

0   20 m   en noir: 'Aïn Feshkha
                     hachuré: Qumrân

Figure 6
Superposition des plans des villas de Qumrân (réduit de moitié)
et de 'Aïn Feshkha

Konkordanzen und Indizes zu den nicht-biblischen Qumrantexten auf Papier und Microfiche - aus dem Münchener Projekt: Qumran und das Neue Testament

(2., völlig neu bearbeitete Fassung)[1]

von Heinz-Wolfgang Kuhn

Erfahrungen beim Münchener Projekt „Qumran und das Neue Testament" sind der Hintergrund für den hier gemachten Vorschlag, wie man am sorgfältigsten das Vorkommen von Wörtern in den nicht-biblischen Qumrantexten feststellen kann, soweit diese Texte durch Konkordanzen oder Indizes erschlossen sind. Damit ein Autor in der Lage ist, einem Leser genau mitzuteilen, welche Qumrantexte bei einer Aussage über das Vorkommen von Wörtern berücksichtigt sind, könnte man sich einfach auf diese Liste berufen (entweder nur auf Teil A oder auf die Teile A und B), die in gewissen Abständen ergänzt werden soll. Benutzer dieser Liste werden gebeten, eventuelle Ergänzungen oder Verbesserungen dem Vf. dieses Beitrages mitzuteilen.

In absehbarer Zeit könnte das mühsame Durchsehen einer Vielzahl von Konkordanzen und Indizes hinfällig werden. Inwieweit eine bereits fertiggestellte EDV-Edition der Forschung schon ausreichend helfen kann, wird erst die nähere Zukunft zeigen. Es handelt sich um das „Dead Sea Scrolls CD-ROM Database Projekt", das gemeinsam von der „Foundation for Ancient Research and Mormon Studies (FARMS)" und der „Brigham Young University" entwickelt wurde.[2] Abgesehen davon, daß diese CD-ROM-Edition aus Copy-

---

1 Die erste Fassung erschien in: H.-W. Kuhn, The Impact of the Qumran Scrolls on the Understanding of Paul, in: The Dead Sea Scrolls. Forty Years of Research, hg. v. D. Dimant/U. Rappaport, StTDJ 10, 1992, 327-339: 338f. - Für Mitarbeit danke ich insbesondere Herrn Stefan H. Brandenburger.

2 S. dazu D. W. Parry/S. W. Booras, The Dead Sea Scrolls CD-ROM Database Projekt, in: Current Research and Technological Developments on the Dead Sea Scrolls. Conference on the Texts from the Judean Desert, Jerusalem, 30 April 1995, hg. v. D. W. Parry/S. D. Ricks, StTDJ 20, 1996, 239-250. Die CD-ROM-Edition wurde auf dem Jerusalemer Kongreß „The Dead Sea Scrolls - Fifty Years After Their Discovery", 20.-25. Juli 1997, vorgestellt. Sie ist erschienen bei „Foundation for Ancient Research and Mormon Studies", Provo, Ut., 1998 (1998 erschien auch bereits ein erstes Update). Seit kurzer Zeit arbeite ich selbst mit dieser CD-ROM-

right-Gründen zur Zeit leider nur sehr begrenzt zugänglich ist, wird man auch erst Erfahrungen sammeln müssen, wie zuverlässig hiermit das Vorkommen eines Wortes, d. h. insbesondere die Grundformen von Verben, Nomen und Partikeln, festgestellt werden können. Die von der Oxford University Press und dem Verlag Brill 1997 veröffentlichte CD-ROM-Edition „The Dead Sea Scrolls", Bd. 1³ erlaubt noch keine Arbeit am Original-Text mit Konkordanzen und Indizes.

Bereits für 1998/99 ist von Stephen J. Pfann, Direktor des „Center for the Study of Early Christianity" (Jerusalem) eine gedruckte umfassende Konkordanz („Comprehensive Concordance to Qumran Literature") geplant (zunächst soll eine Konkordanz der hebräischen Wörter erscheinen).⁴ Auch das von James H. Charlesworth betreute „Princeton Theological Seminary Dead Sea Scrolls Project" hat für später eine Konkordanz im eigentlichen Sinn unter dem Titel „Lexical Concordance to the Dead Sea Scrolls" vorgesehen.⁵

Verwiesen sei auch auf das sehr nützliche und ausführliche deutsche „Wort- und Begriffsregister (Auswahl)" und das Register der „Zahlenangaben", die Johann Maier erstellt hat.⁶

So gut wie alle Arbeit an den Qumrantexten bedarf der Entscheidung, wie man die Feststellung über das Vorkommen von Wörtern (und daher auch von Wendungen und Sachen) nicht zufällig, sondern möglichst umfassend und nachvollziehbar trifft. Deshalb sei hier eine Arbeitsvoraussetzung des Münchener Projekts allgemein zugänglich gemacht.⁷ Der Benutzer der Kon-

---

Edition, ohne schon ein ausreichendes Urteil zu haben; ihr großer Vorzug gegenüber herkömmlichen Konkordanzen und Indizes ist die Möglichkeit, das Miteinander von zwei oder mehr Wörtern in einem begrenzten Kontext abzufragen.

3   T. H. Lim/P. S. Alexander, The Dead Sea Scrolls Electronic Reverence Library, Bd. 1, Oxford/Leiden 1997. Auch diese CD-ROM-Edition wurde auf dem genannten Jerusalemer Kongreß vorgestellt.

4   Persönliche Mitteilung von Pfann im Juli 1997.

5   Zur sog. „Graphic Concordance" siehe unten die Liste unter B I.

6   J. Maier, Die Qumran-Essener: Die Texte vom Toten Meer, Bd. 3, UTB 1916, 1996, 183-370. 371-377.

7   Das Münchener Qumranprojekt hat nunmehr zwei Schwerpunkte: 1. Paulusbriefe und Qumrantexte (zur Zeit die sieben authentischen Briefe); 2. Jesus und Qumran. Aus der Arbeit am Projekt sind bereits mehrere Teile in vorläufiger Form erschienen oder im Erscheinen begriffen. Zu Paulus: H.-W. Kuhn, Impact (s. Anm. 1); ders., Die Bedeutung der Qumrantexte für das Verständnis des Ersten Thessalonicher- briefes. Vorstellung des Münchener Projekts: Qumran und das Neue Testament/The Impact of the Qumran Scrolls on the Understanding of Paul's First Letter to the Thessalonians. Presentation of the Munich Project on Qumran and the New Testa- ment, in: The Madrid Qumran Congress. Proceedings of the International Congress of the Dead Sea Scrolls Madrid 18-21 March, 1991, StTDJ 11/1, 1992, 339-353; ders., Die drei wichtigsten Qumranparallelen zum Galaterbrief, in: Unbekannte Wege der Tradition, in: Konsequente Traditionsgeschichte. FS K. Baltzer, hg. v. R. Bartelmus u. a., OBO 126, 1993, 227-254; ders., Die Bedeutung der Qumrantexte für

kordanzen und Indizes möge aber immer bedenken, daß die in herkömmlicher Weise erstellten Wortregister nicht selten viele Fehler enthalten (abgesehen von Fehlern in den zugrundeliegenden Texteditionen) und daß EDV-Lösungen zu Fehlschlüssen verführen können.

Zu hebräischen Wörtern: Wird eine relativ zuverlässige Feststellung des Vorkommens von hebräischen Wörtern gewünscht, sind z. Zt. noch ca. 70 (!) Konkordanzen und Indizes der Liste A I einzeln durchzusehen, und das Ergebnis könnte außerdem an den Konkordanzen der Liste B überprüft werden. Mit der Liste A werden, soweit ich sehe, alle hebräischen Texte erfaßt, die bisher durch Konkordanzen oder Indizes erschlossen sind (alle Konkordanzen und Indizes hebräischer Wörter, die vor der von K. G. Kuhn 1960 herausgegebenen Konkordanz erschienen sind, bleiben in der folgenden Aufstellung unberücksichtigt).[8] Die Konkordanzen der Liste B haben einen besonderen Charakter: Entweder sind die Texte einer Konkordanz oder eines Index in späteren Veröffentlichungen noch einmal erfaßt (K. G. Kuhn, Nachträge; Martone, 4QS und 5QS), oder eine Konkordanz ist nicht allgemein zugänglich (die 1988 herausgegebene „Preliminary Concordance", die sog. Card Concordance), oder die Wörter sind nicht nach ihren Grundformen erfaßt (Charlesworth), oder es handelt sich um eine Microfiche-Ausgabe, die schwerer benutzbar ist (Academy of the Hebrew Language).

Wer um eines ersten schnellen Überblicks willen lieber von einer der in Liste B genannten Konkordanzen ausgehen möchte, z.B. von der sog. Card Concordance, die die 2Q- bis 10Q-Texte zum größten Teil in hervorragender Weise erfaßt, müßte eben anschließend feststellen, welche Texte nur durch weitere Konkordanzen und Indizes berücksichtigt werden.

Zu aramäischen Wörtern: Während die Feststellung griechischer Wörter keine Mühe macht, ist bei den aramäischen Wörtern am besten von dem zweibändigen Werk von Klaus Beyer (Hauptband, [2]1986; Ergänzungsband,

---

das Verständnis des Galaterbriefes. Aus dem Münchener Projekt: Qumran und das Neue Testament [mit engl. Zusammenfassung], in: New Qumran Texts and Studies. Proceedings of the First Meeting of the International Organization for Qumran Studies, Paris 1992, hg. v. G. J. Brooke, StTDJ 15, 1994, 169‑221 u. Tafeln 8 und 9; ders., A Legal Issue in 1 Corinthians 5 and in Qumran, in: Legal Texts and Legal Issues. Proceedings of the Second Meeting of the International Organization for Qumran Studies, Cambridge 1995. FS J. M. Baumgarten, hg. v. M. Bernstein u. a., StTDJ 23, 1997, 489‑500. - Zu Jesus: In der „Encyclopedia of the Dead Sea Scrolls" erscheint der Artikel „Jesus" und in der Veröffentlichung der Beiträge auf dem Jerusalemer Kongreß „The Dead Sea Scrolls - 50 Years After Their Discovery", 1997, ein Aufsatz über „Qumran Texts and Historical Jesus. Parallels in a Contrast".

8 Diese zusätzlich heranzuziehen, lohnt sich meines Erachtens nicht (das gilt z. B. für DJD I, 1955 und für S. J. Scorza, An Analytical Concordance of the Published Non-Biblical Documents from Qumran Cave One, Diss. Princeton, N. J., 1956), aber auch für A. M. Habermann, Megillot Midbar Yehuda. The Scrolls from the Judean Desert, ed. with Vocalization, Introduction, Notes and Concordance, [o.O., Israel] 1959).

1994), das allerdings nur zeitaufwendig zu handhaben und bei manchen sehr häufigen Wörtern nicht vollständig ist (s. dazu die Liste unter A II 1), auszugehen. Hier sollten auf alle Fälle die unten unter B II genannten Konkordanzen soweit als möglich (die u. unter B II genannte sog. Card Concordance wird weithin nicht zugänglich sein) mitherangezogen werden.[9]

A. Basiskonkordanzen und Indizes

I. Hebräisch

1. K. G. Kuhn, Konkordanz

- K. G. Kuhn, in Vbdg. mit A.-M. Denis/R. Deichgräber/W. Eiss/G. Jeremias/H.-W. Kuhn, Konkordanz zu den Qumrantexten, Göttingen 1960

Diese Konkordanz berücksichtigt so gut wie alle nicht-biblischen Texte der Höhle 1;[10] alle weiteren hier zugrundeliegenden Texte, vor allem aus Höhle 4, sind danach in Editionen mit Konkordanzen und Indizes veröffentlicht worden.

2. Discoveries in the Judaean Desert (of Jordan)

- M. Baillet u. a., Les 'Petites Grottes' de Qumrân. Exploration de la falaise. Les grottes 2Q, 3Q, 5Q, 6Q, 7Q à 10Q. Le rouleau de cuivre. Textes, DJDJ III[a], 1962, 305-309 + 312f. (der letztere Index enthält die Eigennamen). 314-317

- J. A. Sanders, The Psalms Scroll of Qumrân Cave 11 (11Q Ps[a]), DJDJ IV, 1965, 94-99

---

9 Der Einfachheit halber könnte man auch, eben soweit als möglich, bei den in A II 2 und B II genannten Konkordanzen und Indizes einsetzen und erst dann die beiden Bände von Beyer zur Vervollständigung heranziehen.

10 Soweit ich sehe, fehlen nur das Deckblatt zu 1QS (in DJD I, 1955, Tafel XXII bei Nr. 28 [rechts]) und ein Fragment von 1QSb V 22-25, veröffentlicht von G. J. Brooke/J. M. Robinson, A Further Fragment of 1QSb: The Schøyen Collection MS 1909, JJS 46, 1995, 120-133 (in einer vorläufigen Fassung 1994 erschienen). Die Konkordanz hatte ausnahmsweise auch Fragmente von 1Q19 und 1Q34 berücksichtigt, für die damals noch keine Fotografien vorlagen; sie sind erst 1965 von Trever veröffentlicht worden: J. C. Trever, Completion of the Publication of some Fragments from Qumran Cave I, RdQ 5, Nr. 19, 1965, 323-336 mit Tafeln 1-7.

- J. M. Allegro, Qumrân Cave 4. I (4Q158-4Q186), DJDJ V, 1968, 92-111

  Dieser Band sollte nur in Verbindung mit J. Strugnell, Notes en marge du volume V des „Discoveries in the Judaean Desert of Jordan", RdQ 7, Nr. 26, 1970, 163-227 benutzt werden.

- M. Baillet, Qumrân Grotte 4. III (4Q482-4Q520), DJD VII, 1982, 315-338 + 338 (der letztere Index enthält die Eigennamen)

- P. W. Skehan u. a., Qumran Cave 4. IV. Paleo-Hebrew and Greek Biblical Manuscripts, DJD IX, 1992, 247f.

- E. Qimron/J. Strugnell, Qumran Cave 4. V. Miqṣat Maᶜaśe ha-Torah, DJD X, 1994, 207-227

- E. Eshel u. a., Qumran Cave 4. VI. Poetical and Liturgical Texts, Part 1, DJD XI, 1998, 428-434.434-444.445-472.473 (S. Pfann)

- H. Attridge u. a., Qumran Cave 4. VIII. Parabiblical Texts, Part 1, DJD XIII, 1994, 443-459.459-463.463f.464-467.468-470 (S. J. Pfann/W. Schniedewind)

- J. Baumgarten/J. T. Milik, Qumran Cave 4. XIII. The Damascus Document (4Q266-273), DJD XVIII, 1996, 200-236 (S. Pfann)

- M. Broshi u. a., Qumran Cave 4. XIV. Parabiblical Texts, Part 2, DJD XIX, 1995, 246-248.248.248-250.250f.251f.252.253.253-255.255f.256f.257f.258 (3x) (S. Pfann)

- T. Elgvin u. a., Qumran Cave 4. XV. Sapiential Texts, Part 1, DJD XX, 1997, 226f.227-238.238f.239.240 (3x).240f.241.242-244.244f.245f. (S. Pfann)

- G. Brooke u. a., Qumran Cave 4. XVII. Parabiblical Texts, Part 3, DJD XXII, 1996, 325f.326-331.331 (2x).331f.332f.333-338.338f.339 (4x).339f.340 (2x). 340f.341 (S. Pfann)

- F. García Martínez u. a., Qumran Cave 11. II. 11Q2-18, 11Q20-31, DJD XXIII, 1998, 448-466 (S. und C. Pfann)

- É. Puech, Qumrân Grotte 4. XVIII. Textes hébreux (4Q521-4Q528, 4Q576-4Q579), DJD XXV, 1998, 213-229 (S. und C. Pfann)

3. In Verbindung mit selbständigen Editionen, abgesehen von DJD(J)[11]

- Y. Yadin, The Temple Scroll, Bd. 2, Jerusalem 1983, 429-464 (Hebrew Edition, Bd. 2, Jerusalem 1977, 273-300)

> Man vergleiche auf alle Fälle die Edition von Qimron (ohne Konkordanz und Index): The Temple Scroll: A Critical Edition with Extensive Reconstructions by E. Qimron, Bibliography by F. García Martínez, Beer Sheva/Jerusalem 1996. Für 11QTemple[b] (11Q20) und 11QTemple[c](?) (11Q21) s. Edition und Konkordanz in dem von F. García Martínez bearbeiteten Band DJD XXIII (s. o. unter 2).

- C. Newsom, Songs of the Sabbath Sacrifice: A Critical Edition, Atlanta 1985, 389-466

- E. M. Schuller, Non-Canonical Psalms from Qumran. A Pseudepigraphic Collection, Atlanta 1986, 285-293

- B. Z. Wacholder/M. G. Abegg/J. Bowley, A Preliminary Edition of the Unpublished Dead Sea Scrolls. The Hebrew and Aramaic Texts from Cave Four. Fasc. 4: Concordance of Fascicles 1-3, Washington 1996

> Man vergleiche die kritische Besprechung von J. F. Elwolde in DSD 4, 1997, 229-241

4. In Verbindung mit Editionen in Zeitschriften und Sammelwerken

- H.-P. Richter, Konkordanz zu 11QMelkîsédeq (Ed. É. Puech), RdQ 12, Nr. 48, 1987, 515-518

5. Sonstige Konkordanzen und Indizes

- U. Dahmen, Nachträge zur Qumran-Konkordanz, ZAH 4, 1991, 213-235

- C. Martone, A Concordance to the Newly Published Qumran Texts, Henoch 15, 1993, 155-206

- U. Dahmen, Weitere Nachträge zur Qumran-Konkordanz, ZAH 8, 1995, 340-354 (ט-א); ZAH 9, 1996, 109-128 (ת-י)

---

11 Die unter Nr. 3 und 5 genannten Konkordanzen und Indizes überschneiden sich teilweise untereinander und mit den neueren DJD-Bänden.

II. Aramäisch

1. Beyer, Aramäische Texte

- K. Beyer, Die aramäischen Texte vom Toten Meer samt den Inschriften aus Palästina, dem Testament Levis aus der Kairoer Genisa, der Fastenrolle und den alten talmudischen Zitaten. Aramaistische Einleitung, Text, Übersetzung, Deutung, Grammatik/Wörterbuch, Deutsch-aramäische Wortliste, Register, Göttingen 1984 (= ²1986), 499-728 + 729-741; Ergänzungsband, Göttingen 1994, 301-432 + 433-442 (die letzteren Indizes enthalten die Eigennamen)

Die Wörterbücher in den beiden nur umständlich zu nutzenden Bänden entsprechen fast vollständigen Indizes; s. den Hauptband S. 502: „Außer bei einigen sehr häufigen Wörtern sind stets alle Belege genannt." Beyer verwendet eigene Abkürzungen, um die von ihm herangezogenen Texte zu kennzeichnen. Nur bei den folgenden handelt es sich um Qumrantexte (vgl. Erg.-Bd., S. 59): A-H, J-L, M (zum Teil), N, P-U, W-Y; Daq, Esq, Jeq; QU; Γ-Δ, Λ, Π, Σ, Φ, Ψ.

2. Discoveries in the Judaean Desert

- M. Broshi u. a., Qumran Cave 4. XIV. Parabiblical Texts, Part 2, DJD XIX, 1995, 259-267.267 (S. Pfann)

- G. Brooke u. a., Qumran Cave 4. XVII. Parabiblical Texts, Part 3, DJD XXII, 1996, 342-346.346f.347-349.350f.

- F. García Martínez u. a., Qumran Cave 11. II. 11Q2-18, 11Q20-31, DJD XXIII, 1998, 467-487 (S. und C. Pfann)

III. Griechisch

1. Discoveries in the Judaean Desert (of Jordan)

- M. Baillet u. a., Les 'Petites Grottes' de Qumrân. Exploration de la falaise. Les grottes 2Q, 3Q, 5Q, 6Q, 7Q à 10Q. Le rouleau de cuivre. Textes, DJDJ III[a], 1962, 313

- P. W. Skehan u. a., Qumran Cave 4. IV. Paleo-Hebrew and Greek Biblical Manuscripts, DJD IX, 1992, 249f.

Der Band enthält mit 4Q126 und 127 auch griechische nicht-biblische bzw. parabiblische Texte.

B. Konkordanzen und Indizes zur Gegenkontrolle

I. Hebräisch

- K. G. Kuhn, unter Mitarbeit von U. Müller/W. Schmücker/H. Stegemann, Nachträge zur „Konkordanz zu den Qumrantexten", RdQ 4, Nr. 14, 1963, 163-234

Alle Texte dieser Konkordanz sind danach in Editionen mit Konkordanzen bzw. Indizes veröffentlicht worden:

4QSl 39f.: jetzt 4QShirShab$^{d.f}$ (4Q403.405), in Schuller (s. Liste A I 3)

4QDibHam: jetzt 4QDibHam^a (4Q504), in: DJD VII (s. Liste A I 2)

4QOrd: jetzt 4QOrd^a (4Q159), in: DJDJ V (s. Liste A I 2)

4QpPs37: jetzt 4QpPs^a (4Q171), in: ebd.

4QpNah: = 4Q169, in: ebd.

- A Preliminary Concordance of the Hebrew and Aramaic Fragments from Qumran Caves II-X Including Especially the Unpublished Material from Cave IV. Printed from a card index prepared by R. E. Brown/J. A. Fitzmyer/ W. G. Oxtoby/J. Teixidor. Prepared and arranged for printing by H.-P. Richter, Bde. 1-4, Göttingen 1988 (distributed by H. Stegemann on behalf of J. Strugnell)

Eine Hilfe für die Benutzung dieser äußerst zuverlässigen, aber unveröffentlichten sog. Card Concordance (zugänglich z. B. in den Bibliotheken der Göttinger Theologischen Fakultät, der Münchener Evang.-Theol. Fakultät und der Harvard Divinity School) ist die von Reed erstellte Korrelation zwischen den Bezeichnungen der Qumrantexte in der Card Concordance und den heutigen Bezeichnungen: S. A. Reed, List of Card Concordance Correlations, in: The Dead Sea Scrolls Catalogue. Documents, Photographs and Museum Inventory Numbers, compiled by S. A. Reed, rev. and ed. by M. J. Lundberg/M. B. Phelps, SBL Resources for Biblical Study 32, Atlanta 1994, 527-541.[12]

Es ist zu beachten, daß die Konkordanz für die Höhlen 2 - 10 natürlich nicht vollständig ist; vgl. Reed, a. a. O. 529: „Not all documents later identified are in the card catalogue. Not all fragments of each document have been catalogued." Abgesehen von 4Q-Texten der K. G. Kuhn-Konkordanz von 1960 (z. B. 4QFlor = 4QMidrEschat[a13] [4Q174]) fehlen auch sonst Texte, die bereits durch Konkordanzen oder Indizes erschlossen sind, so daß man zunehmend auf neuerdings veröffentlichte Konkordanzen und Indizes angewiesen ist.[14] Bis auf eventuell einige Texte, die Reed nicht verifizieren konnte (z. B. „SL 49a", a. a. O. 538), enthält die Konkordanz, soweit ich sehe, nur noch zwei Texte, die bisher nicht durch die oben unter A I und II genannten Konkordanzen und Indizes erfaßt sind (SL 77, sofern es sich um 4Q441 handelt, und SL 86, sofern es um 4Q471b geht[15]).

- The Academy of the Hebrew Language. The Historical Dictionary of the Hebrew Language: Materials for the Dictionary, Series I, 200 B.C.E. - 300 C.E., 1988 (hebräisch, mit englischer Einführung), Microfiches 13-91 + 91-95 (die letzteren Microfiches enthalten die Eigennamen)

Es handelt sich um eine Konkordanz hebräischer Texte, die die Qumranschriften einschließt, die vor 1987 veröffentlicht wurden (vgl. S. VII des Begleitbandes); jedoch fehlen Texte und wichtige Editionen (s. dazu den gleich u. genannten Aufsatz von Nebe). Andererseits berücksichtigt die Konkordanz keine Texte, die über die Texte der oben unter A I genannten Konkordanzen und Indizes hinausgehen. Von großer Hilfe für die Benutzung ist der Aufsatz von G. W. Nebe, Die Bedeutung der

---

12 Die Card Concordance selbst enthält in Bd. 1, 1-14 nur mehr oder weniger eindeutige Aufschlüsselungen der in dieser Konkordanz verwendeten alten Textbezeichnungen, z. B. „D[b]" als „Damascus Document, no. b" mit dem Verweis „Hebrew". Bei diesem Text handelt es sich um 4QD[a] (4Q266); ein weiteres Beispiel: bei „Bt 8", aufgeschlüsselt als „Baillet - Hebrew" und „Prière liturgique", geht es um einen liturgischen Text mit Klageelementen, der jetzt die Bezeichnung 4Qapocr(yphon)Lam(entation) B (4Q501) trägt.

13 So gemäß A. Steudel, Der Midrasch zur Eschatologie aus der Qumrangemeinde (4QMidrEschat[a.b]), StTDJ 13, 1994.

14 Als Beispiel für fehlende Texte seien 4Q sapiential work (4Q185), das in DJD V (1968) veröffentlicht ist, und der in DJD VII (1982) veröffentlichte Text 4QpapRit(uel de)Mar(iage) (4Q502) genannt. Für die Feststellung, welche Texte in der Card Concordance fehlen, sei auf die Liste der Qumrantexte bei Tov/Pfann verwiesen: E. Tov/S. J. Pfann, Companion Volume to the Dead Sea Scrolls Microfiche Edition, Leiden u. a. [2]1995, 17-72. Man vergleiche hier die Spalte 3 („Conc."); leider erlauben weder die Tabelle von Tov noch die Zusammenstellung von Reed eine genaue Feststellung, welche Texte die Card Concordance enthält: vor allem fehlen bei Tov und Reed alle Texte der Höhlen 2-3 und 5-11, obwohl die Card Concordance auch diese berücksichtigt.

15 Veröffentlicht von E. Eshel, *4Q471B*: A Self-Glorification Hymn, RdQ 17, Nr. 65-68, 1996, 175-203.

„Materials for the Dictionary Series I" der „Academy of the Hebrew Language" für die Qumranforschung, RdQ 14, Nr. 56, 1990, 651-676.

- J. H. Charlesworth, with R. E. Whitaker/L. G. Hickerson/S. R. A. Starbuck/L. T. Stuckenbruck, Graphic Concordance to the Dead Sea Scrolls, Tübingen/Louisville 1991

> Konkordanz, die zwischen hebräischen und aramäischen Texten nicht trennt, und die die Wörter nur so aufnimmt, wie sie in den Texten gefunden werden, d. h. z. B., daß auch alle mit „und" beginnenden Wörter nur unter ı zu finden sind. Die Konkordanz ist deshalb nur bedingt brauchbar. Sie will „all Qumran sectarian [?] texts published before 1990" (S. XI) einschließen, aber einige Texte fehlen, z. B. 11QHymns^a (11Q15). Alle hier berücksichtigten Texte sind auch in den oben unter A genannten Konkordanzen und Indizes herangezogen.

- C. Martone, La „Regola della Comunità". Edizione critica, Turin 1995, 195-215

II. Aramäisch[16]

- D. Barthélemy/J. T. Milik, Qumran Cave I, DJD I, 1955, 164f.

- M. Baillet/J. T. Milik/R. de Vaux, Les 'Petites Grottes' de Qumrân. Exploration de la falaise. Les grottes 2Q, 3Q, 5Q, 6Q, 7Q à 10Q. Le rouleau de cuivre. Textes, DJDJ III[a], 1962, 309-312 + 312f.

- M. Baillet, Qumrân Grotte 4. III. (4Q482 - 4Q520), DJD VII, 1982, 338 + 338 (der letztere Index enthält die Eigennamen)

- H. Lignée, Concordance de 1Q Genesis Apocryphon, RdQ 1, Nr. 2, 1958, 163-186.

---

16 Zusätzlich zu den unter II genannten Konkordanzen und Indizes seien außer der schon in Anm. 8 genannten Konkordanz von Scorza (aramäischer Teil: S. 706f.711) noch vier weitere Textausgaben mit Indizes genannt: J. T. Milik, The Book of Enoch. Aramaic Fragments of Qumrân Cave 4, Oxford 1976, 367-397 („Aramaic-Greek-Ethiopic Glossary"); dazu: L. T. Stuckenbruck, Revision of Aramaic-Greek and Greek-Aramaic Glossaries in „The Books of Enoch: Aramaic Fragments of Qumrân Cave 4" by J. T. Milik, JJS 51, 1990, 13-48 („Aramaic-Greek-Glossary: Clear Correspondences", 18-37; „Possible Correspondences", 38f); ferner J. A. Fitzmyer/D. J. Harrington, A Manual of Palestinian Aramaic Texts (Second Century B. C. - Second Century A. D.), BibOr 34, 1978, 305-355 („Glossary to the Main Texts"; aram. Wörter in Umschrift); L. T. Stuckenbruck, The Book of Giants from Qumran, TSAJ 63, 1997, 243-254 („Glossary [For Texts probably belonging to the Book of Giants]").

- J. P. M. van der Ploeg/A. S. van der Woude, Le Targum de Job de la Grotte XI de Qumrân, Leiden 1971, 89-98 (L. W. van Reijendam-Beek/B. Jongeling)

- A Preliminary Concordance of the Hebrew and Aramaic Fragments from Qumran Caves II-X Including Especially the Unpublished Material from Cave IV. Printed from a card index prepared by R. E. Brown/J. A. Fitzmyer/W. G. Oxtoby/J. Teixidor. Prepared and arranged for printing by H.-P. Richter, Bd. 5, Göttingen 1988 (distributed by H. Stegemann on behalf of J. Strugnell)

Die aramäischen Texte sind weniger vollständig als die hebräischen berücksichtigt. Sie sind nur „in large measure included" (S. II); ansonsten s. o. Liste B I.

- J. Charlesworth, Graphic Concordance to the Dead Sea Scrolls, Tübingen/ Louisville 1991

S. o. Liste B I.

Konkordanzen und Indizes zu den nicht-biblischen Qumrantexten auf Papier und Mikrofiche

(o und ◊ = je eine Konkordanz oder ein Index für einen oder mehrere Texte; bei dem Zeichen ◊ handelt es sich ausschließlich um Eigennamen; genaue bibliographische Angaben finden sich in der gleichen Reihenfolge in der Liste des vorangehenden Aufsatzes)

A. Basiskonkordanzen und -indizes

I. Hebräisch

o	1. K. G. Kuhn 1960

2. DJD(J)

o o ◊	a)	III 1962
o	b)	IV 1965
o	c)	V 1968
		Man vergleiche hierzu die kritische Besprechung in RdQ Nr. 26, 1970, 163ff.
o ◊	d)	VII 1982
o	e)	IX 1992
o	f)	X 1994
o o o o	g)	XI 1998
o o o o o	h)	XIII 1994
o	i)	XVIII 1996
o o o o o o o o	j)	XIX 1995
o o o o o		
o o o o o o o o o	k)	XX 1997
o o o		
	l)	XXI
o o o o o o o o o	m)	XXII 1996
o o o o o o o o		
o	n)	XXIII 1998
o	o)	XXV 1998
	p)	...
	q)	...
	r)	...
	s)	...

3. In Verbindung mit selbständigen Editionen, abgesehen von DJD(J)

o	a)	Yadin, 11QT, Bd. 2, 1983 (weithin kanonischer Text!)
		Man vergleiche dazu die Edition von Qimron, 1996 und für 11QT^b (11Q20) und 11QTemple^c(?) (11Q21) s. Edition und Konkordanz in DJD XXIII.
o	b)	Newsom, ShirShabb, 1985
o	c)	Schuller, Non-Can. Pss., 1986
o	d)	Wacholder/Abegg/Bowley, Unpubl. DSS, Bd. 4, 1996
		Man vergleiche hierzu die kritische Besprechung in DSD 4, 1997, 229ff.

    4. In Verbindung mit Editionen in Zeitschriften und
Sammelwerken
o   a) Richter, 11QMelch, RdQ Nr. 48, 1987, 515ff.

    5. Sonstige Konkordanzen und Indizes
o   a) Dahmen, ZAH 1991, 213ff.
o   b) Martone, Henoch 1993, 155ff.
o   c) Dahmen, ZAH 1995, 340ff. + ZAH 1996, 109ff.

II. Aramäisch

    1. Beyer
o◊ a) 1984 = ²1986
o◊ b) 1994
    Man vergleiche zu Beyer auch die Konkordanzen und Indizes
    unter B II.

    2. DJD
o o a) XIX 1995
o o o o b) XXII 1996
o c) XXIII 1998
    d) ...

III. Griechisch

    1. DJD(J)
o a) III 1962
o b) IX 1992

B. Konkordanzen und Indizes zur Gegenkontrolle

I. Hebräisch

o 1. K. G. Kuhn, Nachträge, RdQ Nr. 14, 1963, 163ff.
o 2. Card Concordance, Bd. 1-4, 1988
o◊ 3. Academy of Hebrew Language, 1988
o 4. Charlesworth 1991 (in einer gemeinsamen Konkordanz
    mit den aram. Wörtern)
o 5. Martone, 4QS u. 5QS, 1995

II. Aramäisch

    1. DJD(J)
o a) I 1955
o b) III 1962
o◊ c) VII 1982
o 2. Lignée, 1QApGen, RdQ Nr. 2, 1958, 163ff.
o 3. Jongeling, 11QTg Job, 1971
o 4. Card Concordance, Bd. 5, 1988
o 5. Charlesworth 1991 (in einer gemeinsamen Konkordanz mit
    den hebr. Wörtern)

                    H.-W. Kuhn, Mai 1998

Qumran, die Pharisäer und das Rabbinat

von Günter Stemberger

Lange Zeit galt die direkte Kontinuität zwischen Pharisäern und Rabbinen als Selbstverständlichkeit, die keines Beweises bedurfte. Erst in den letzten Jahrzehnten ist dies immer problematischer geworden, auch wenn die meisten Autoren noch immer vom "pharisäisch-rabbinischen" Judentum schreiben. Zumindest weiß man heute, daß man rabbinische Texte nicht unreflektiert für die Rekonstruktion pharisäischen Denkens verwenden darf. Der zeitliche Abstand zwischen der Blütezeit der Pharisäer und der Niederschrift der frühesten rabbinischen Texte ist zu groß: sogar wenn man die Rabbinen als direkte Nachfahren der Pharisäer ansehen wollte, müßte man mit Veränderungen und Entwicklungen rechnen und daher die Verwendung rabbinischer Texte für die Darstellung der Pharisäer je einzeln begründen. Im allgemeinen aber sieht man heute immer mehr das frühe Rabbinat als eine Art "Koalition" verschiedener Kräfte, unter denen Pharisäer zwar eine bedeutende Rolle gespielt haben mögen, aber auch priesterliche Kreise wichtiger waren, als dies die spätere Entwicklung des Rabbinats vermuten ließe (man denke nur an die beiden letzten Ordnungen der Mischna, Qodaschim und Toharot, die primär priesterliche Interessen vertreten). Dazu kommen sicher verschiedene Gelehrte, die man in keine der früheren Gruppen einordnen kann - so schon Jochanan ben Zakkai, der Begründer der ganzen Bewegung. Damit ist man aus methodischen Gründen auf eine Minimalposition zurückgeworfen: Halakhische und theologische Positionen, die in rabbinischen Texten belegt sind, kann man nur dann als pharisäisch bezeichnen, wenn sich dies klar begründen läßt, am besten durch Texte aus der Zeit vor 70. Bei einem solchen Zugang muß natürlich viel genuin pharisäisches Gut in rabbinischen Quellen unentdeckt bleiben; doch zum unkritischen Panpharisäismus früherer Tage kann man nicht mehr zurück[1].

---

1 Auch einzelne Texte wie etwa den Traktat Abot sollte man nicht ungeprüft als zumindest im Kern pharisäische Schrift betrachten. Der Traktat ist in seiner endgültigen Form sehr spät, aber auch in seinen bekanntesten Teilen erst lange nach der Mischna anzusetzen. Eventuelles pharisäisches Erbe ist kaum nachzuweisen. Siehe G. Stemberger, Die innerrabbinische Überlieferung von Mischna Abot, in: Geschichte - Tradition - Reflexion. Festschrift für M. Hengel, hg. von H. Cancik, H. Lichtenberger und P. Schäfer, Tübingen 1996, I 511-527.

Kaum beginnt sich diese Position durchzusetzen, scheint sie auch schon wieder in Frage gestellt, und zwar auf Basis der Texte von Qumran. Nicht nur scheinen Qumrantexte gewisse Phasen der pharisäischen Geschichte zu illustrieren und damit Aussagen des viel späteren Josephus Flavius zu bestätigen; halakhische Positionen, die in rabbinischen Texten den Sadduzäern zugeschrieben werden, erscheinen hier als Lehre der Leute von Qumran, und die Gegenpositionen decken sich mit den in rabbinischen Texten vertretenen Lehren. Ist das nicht Beweis genug für eine über Jahrhunderte reichende Kontinuität der Halakha, zugleich auch für die Berechtigung der Gleichsetzung von Pharisäern und Rabbinen?

Solche Schlußfolgerungen entsprechen religiösen Interessen "konservativer" jüdischer wie christlicher Forscher, für die die Verläßlichkeit der Tradition und das hohe Alter der rabbinischen Halakha aus je eigenen Gründen besonders viel bedeutet. Deswegen müssen sie nicht schon falsch sein. Doch müssen sie wie jede andere These kritischer Überprüfung standhalten [2].

1. Pharisäer und דורשי החלקות

Schon früh identifizierte man in der Qumran-Forschung die mehrfach in den Texten genannten "Anweiser" bzw. "Ausleger von Glattem" mit den Pharisäern[3]: Ihre halakhischen Entscheidungen seien den Leuten von Qumran zu wenig im strikten Wortsinn begründet und zu sehr an Bedürfnissen und Möglichkeiten des einfachen Volks ausgerichtet gewesen. חלקות sei als Wortspiel mit הלכות zu verstehen, einem pharisäischen Kennwort. Dies paßt zu dem, was wir von der religiösen Entwicklung zur Zeit des Zweiten Tempels zu wissen glauben; doch fragt sich, wie sehr man diese Gleichsetzung pressen kann.

Der vielleicht früheste Beleg der Wendung ist CD 1,12ff. Unmittelbar nach dem Auftreten des "Lehrers der Gerechtigkeit" ist hier die Rede vom

"Spottmenschen..., der Israel... irreführte in wegloses Tohu,... abzuweichen von Gerechtigkeitspfaden und zu verrücken eine Grenze, welche gesetzt hatten Altvordre in ihrem Erbteil, daß ihnen anhaften die Flüche seines Bundes..., weil sie 'Glattes'

---

2 Auf die Problematik der Auswertung von Qumrantexten für eine Rückkehr zu vorkritischen Positionen über die Pharisäer hat schon D. Schwartz aufmerksam gemacht: MMT, Josephus and the Pharisees, in: J. Kampen - M.J. Bernstein, Hgg., Reading 4QMMT, Atlanta 1996, 67-80.

3 Siehe v.a. J. Maier, Weitere Stücke zum Nahumkommentar aus der Höhle 4 von Qumran, Jud. 18, 1962, 215-250; D. Flusser, Pharisäer, Sadduzäer und Essener im Pescher Nahum, in: K.E. Grözinger u.a., Hgg., Qumran (WdF 160), Darmstadt 1981, 121-166 (ursprünglich hebräisch 1970).

anwiesen (דרשו בחלקות) und Täuschungen wählten, ausspähten nach Breschen und den schönen Hals wählten"[4].

Josephus fügt zwar seine erste Notiz über die drei "Religionsparteien" in der Zeit des Hohenpriesters Jonatan ein (161-143: Ant 13,171-3, eine Kurzfassung von Bell 2,118ff, dort aber im Kontext des Jahres 6 n.Chr.). Daher datiert man traditionell auch die Anfänge der pharisäischen Bewegung in die Makkabäerzeit, obwohl sie historisch frühestens unter Johannes Hyrkan, eher wohl erst unter Alexander Jannai eine Rolle spielt. Wenn man CD 1,12ff auf die Pharisäer deuten darf, würde dieser Text den traditionellen Frühansatz bestätigen.

Das gilt auch von den Hodajot, in denen ebenfalls von denen die Rede ist, die "Glattes anweisen/auslegen": So in 1QH 10 (früher 2) und 12 (früher 4), die man meist dem Lehrer der Gerechtigkeit selbst zuweist, jedenfalls in die Anfänge der Gemeinde datiert[5]. 1QH 10,14f beschreibt sich der Beter als "ein rechtender Mann für Vermittler von Irrtum (מליצי תעות)... ein Eifer-Geist gegen alle Anweiser von Gl[attheiten]" (דורשי חל]קות). Anstatt auf seine Erkenntnis zu hören, wechselten sie sie "durch unbeschnittene Lippe und eine andere Zunge zu einem unverständigen Volk" (18f). Den Beter aber rettete Gott vor dem "Eifer von Lügendeutern (מליצי כזב) und aus einer Gemeinde von Glattheiten-Anweisern" (עדת דורשי חלקות: 31f). Konkrete Vorwürfe gegen die Anweiser von Glattheiten sind nirgends ausgesagt, auch nicht in 1QH 12,7ff, wonach die Gegner glatte Reden führen (דברים החליקו), Trug deuten, Deuter von Lüge und Seher von Trug sind, die "deine Tora, die du mir ins Herz eingeschärft, gegen Glattheiten für Dein Volk" vertauschen (להמיר תורתכה בחלקות: 10f).

Die Gegner vertreten einfach ein falsches Verständnis der Tora und gehören dadurch zu Belial. Der wiederholte Vorwurf der "anderen Zunge" (לשון אחרת: cf. Jes 28,11) in 10,19 und 12,16 könnte auf die Hellenisierung der Gegner anspielen, kann aber auch ganz einfach ihnen Unredlichkeit vorwerfen. Die Texte, v.a. CD 1, nehmen Wendungen von Jes 30,10 auf, wo das Volk die Propheten auffordert: "Sagt, was uns schmeichelt (דברו לנו חלקות), erschaut für uns das, was uns täuscht. Weicht nur ab vom rechten Weg, verlaßt den richtigen Pfad...". Der ganze Kontext ist bestens geeignet, um polemisch gegen Personen verwendet zu werden, die man beschuldigt, weniger religiös zu sein (vgl. auch Ps 12 und Dan 11,21.34). Man vgl. nur 4Q184 1 17, wo es von der bösen Frau u.a. heißt, daß sie von rechten Wegen ablenkt, "um einen Menschen auf Unterweltswege zu verleiten und Mannessöhne mit Glattheiten zu betören" (לפתות בחלקות), oder 4Q185 2,14. Konkrete Angaben, aus denen man die Gegner identifizieren könnte, fehlen.

4　Die Übersetzung der Qumrantexte folgt J. Maier, Die Qumran-Essener: Die Texte vom Toten Meer, 3 Bände, München 1995f.

5　So H. Stegemann, Die Essener, Qumran, Johannes der Täufer und Jesus, Freiburg ²1993, 152.

Auch der Jesaja-Pescher (4Q 163 23 2,10f), wonach Jes 30,15-18 auf "die Gemeinde der 'Glattheiten' An[weisenden], die in Jerusalem sind", zu deuten ist, die die Tora verworfen haben (14), führt nicht weiter. Die Eingrenzung der Aussagen auf eine bestimmte, für uns noch identifizierbare Gruppe ist nicht möglich. Als Bezeichnung einer klar abgegrenzten Gruppe ist die Phrase nur dann geeignet, wenn sie stereotyp und damit für den Hörer oder Leser klar erkenntlich so angewendet wird, oder wenn weitere Merkmale hinzutreten.

Dies scheint im Nahum-Pescher (4Q169) der Fall zu sein. Nahezu alle Forscher sind der Meinung, daß der Pescher dieselben Ereignisse spiegelt, die Josephus schildert (Bell 1,88-98; Ant 13,372-383): das Volk bewarf Alexander Jannai beim Laubhüttenfest mit den Etrogim (weil es ihn nicht als Hohenpriester anerkannte?); im später ausbrechenden Bürgerkrieg riefen die Gegner Jannais Demetrius Eukairos von Syrien zu Hilfe nach Jerusalem; doch Alexander Jannai konnte sich nochmals retten und ließ bei der Siegesfeier 800 Gegner kreuzigen. Erst vor seinem Tod riet er Salome Alexandra, mit den Pharisäern Frieden zu schließen, da sie nur so ungefährdet regieren könne.

Erst in dieser Schlußszene nennt Josephus die Pharisäer. Daß sie für den Angriff auf Jannai im Tempel verantwortlich waren, Demetrius zu Hilfe riefen und auch die von Jannai Gekreuzigten waren, wird zwar immer wieder in den Text gelesen, steht aber nicht explizit da. Doch scheint 4Q169 diese traditionelle Deutung zu stützen. Der Pescher sieht in Nah 2,12 "[Deme]trius, König von Jawan, der bestrebt war, nach Jerusalem zu kommen auf Grund eines Beschlusses derer, die 'glatte' Anweisungen geben". "Und mit Raub anfüllt seine Höhle und seine Lagerstätte(n) mit gerissener Beute" (Nah 2,13) bezieht der Text auf "den 'Löwen des Zornes' [...Rache]akte (/Tod) an denen, die 'glatte' Anweisungen geben, da er Menschen lebendig aufhängen läßt" (4Q169 3-4 I,2-7).

Hier werden explizit die דורשי החלקות als die genannt, die Demetrius nach Jerusalem riefen und die Alexander Jannai ("der Löwe des Zorns") dann kreuzigen ließ. Bestätigt dies die übliche Deutung des Josephustextes? Argumentiert man da aber nicht im Kreis, wenn man die nicht explizite Aussage des Josephus durch den ebensowenig expliziten Pescher verdeutlichen möchte?

Doch scheint die Fortsetzung weiter zu führen. 3-4 II 2-4 deutet die "Stadt der Bluttaten" (Nah 3,1) auf "die Stadt Efraim(s), derer, welche die 'glatten' Anweisungen geben für das Ende der Tage, da sie mit Lug und Lü[gen u]mgehen... Seine Deutung bezieht sich auf die Regierung derer, die die 'glatten' (Anweisungen) erteilen". Der Text ist die Basis für die übliche Gleichsetzung auch aller Nennungen von Efraim mit den Pharisäern[6]. Die Wendung ממשלת דורשי חלקות scheint die bei Josephus geschilderte de-facto Herrschaft der

---

6 Siehe v.a. den Pescher zu Hos 5,13f, 4Q167 Fr. 2, wo der Zorneslöwe genannt ist und dann "der letzte Priester, der seine Hand ausgestreckt hat, um in Efraim zu schlagen", was wieder auf die Auseinandersetzung Alexander Jannais mit den Pharisäern weisen könnte.

Pharisäer unter Salome Alexandra zu bestätigen, ist aber auch nicht so eindeutig. L. Schiffman schlägt in seiner Untersuchung des Nahum-Peschers vor, ממשלת nicht als "Herrschaft" zu verstehen, sondern als gleichbedeutend mit גורל, "Los, Bereich"; der ganze Abschnitt beziehe sich nicht auf die Vorherrschaft der Pharisäer unter Salome Alexandra, sondern sei vielmehr ein nicht verwirklichter Traum des Auslegers[7]. Es ist hier nicht wichtig, ob diese Deutung des Abschnitts oder sein historisches Verständnis vorzuziehen ist - nur die Unsicherheit der Deutung eines Textes soll gezeigt werden, der soviel anderes begründen soll.

Wichtiger ist Schiffman's Auswertung der Fortsetzung des Peschers. Er nimmt den schon früher gemachten Vorschlag eines Wortspiels von חלקות - הלכות auf. Die Texte von Qumran seien so der früheste, wenn auch indirekte Beleg für das Wort הלכה, das sonst nie vor der rabbinischen Literatur belegt ist. Auch דרש in der Bedeutung "auslegen" ist nachbiblisch; schließlich spricht der Pescher wenig später von "Efraims Irreführer, die mit der Lehre (תלמוד) ihres Betruges und der Zunge ihrer Lügen und einer Truglippe viele irreführen" (4Q169 3-4 II,8f) - der früheste Beleg von תלמוד (doch siehe auch 4Q525). Aus diesen Stellen leitet Schiffman ab:

"They refer specifically to the תלמוד of the Pharisees... We have already seen that laws existed which were generally termed הלכות and that the use of the term דרש implied that the Pharisees used midrashic exegesis in analyzing biblical texts. Together with the method of logical deduction known as *talmud*, these approaches were the mainstay of later tannaitic and amoraic learning, and our text indicates that these

---

7   L.H. Schiffman, Pharisees and Sadducees in Pesher Nahum, in: M. Brettler - M. Fishbane, Hgg., Minhah le-Nahum. FS N. Sarna, Sheffield 1993 (JSOT.S 154), 272-290. Schiffman sieht übrigens eine Anspielung an die Pharisäer schon im ersten Abschnitt des Peschers. Er folgt der Rekonstruktion des Textes von M. Horgan in Fr. 1-2 7-8 "'die Blüte des Libanon' (Nah 1,4), die Gemeinschaft derer, die 'Glattes' auslegen und die Männer ihres Rates" (עדת דורשי החלקות ואנשי עצתם). Hier wäre die Vernichtung der Pharisäer angekündigt. Die Auffüllung des Textes ist äußerst hypothetisch (siehe zum Vergleich die Übersetzungen von J. Maier oder F. García-Martínez, The Dead Sea Scrolls Translated, Leiden ²1996). Erstaunlich wäre dabei die Gleichsetzung der "Blüte des Libanon" mit den Pharisäern - traditionell wird der Libanon, auch in Qumran, auf den Tempel bezogen. Erwähnt sei hier auch die Nennung der עדת דורשי חלקות in 4Q177 9,12. A. Steudel, Der Midrasch zur Eschatologie aus der Qumrangemeinde, Leiden 1994 (STDJ 13), stellt dazu fest: "Historisch ist diese Gruppe sehr wahrscheinlich mit den Pharisäern identisch ... Vorsicht ist allerdings bei allzu weitgehenden historischen Schlußfolgerungen in Bezug auf die Pharisäer geboten, denn wie die Qumrangemeinde auch, werden diese zu einem großen Teil unter Zuhilfenahme traditioneller Formulierungen beschrieben" (168f). Diese Einschränkung kann man nur unterstreichen - damit ist aber auch die Identifikation mit den Pharisäern nur durch weitere Gründe wahrscheinlich zu machen, etwa die Datierung des Textes in zeitliche Nähe zum Nahumpescher, wo die Deutung auf die Pharisäer noch die größte Wahrscheinlichkeit hat.

components existed already for the Pharisees. This *talmud* was the method of logical analysis which must have already been part of the intellectual equipment of Pharisaic endeavor" (283).

Der zitierte Text ist für eine gewisse Art der Textverwertung exemplarisch. Die sprachliche Analyse wirkt völlig harmlos, geht jedoch weit über das Sprachliche hinaus. Es ist nicht auszuschließen, daß das Wort הלכה in Qumran schon bekannt war. Auch ist es ein Faktum, daß das Wort תלמוד hier erstmals belegt ist. Doch kann man aus dem Kontext nicht ableiten, daß es schon die aus den rabbinischen Texten bekannte Bedeutung hatte (und auch dort bedeutet es durchaus nicht immer "logische Ableitung"!). Was דרש betrifft, kann es in Qumran "auslegen" bedeuten - doch sagen die Texte nichts über die Art der Auslegung; auch der Lehrer der Gemeinde von Qumran ist ein דורש התורה und die Regel kann auch als מדרש למשכיל bezeichnet werden. Das Wort bezeichnet keine für die Pharisäer typische Auslegungsmethode. Schiffman mißbraucht hier m.E. die Linguistik, um zu historischen Schlußfolgerungen zu kommen - daß die Pharisäer im 1.Jh. v.Chr. im wesentlichen schon mit den Rabbinen der Mischna und der Talmudim vergleichbar sind. Das Rabbinat hätte demnach viel weiter zurückreichende Wurzeln als weithin angenommen, Qumran würde bestätigen, was man gewöhnlich aus der Traditionskette von mAbot ableitet.

Es überrascht, daß oft dieselben Autoren, die äußerst vorsichtig sind, die Autoren der Texte von Qumran mit den Essenern gleichzusetzen, die דורשי החלקות direkt und geradeaus mit den Pharisäern identifizieren. So meint z.B. L. Schiffman wohl zu Recht, die Essener umfaßten "a variety of groups of which the Dead Sea sect may be one"[8]. Legt man denselben Maßstab an die דורשי החלקות an, müßte man auch hier korrekt von mit den Pharisäern verwandten Gruppen sprechen, von Gruppen mit Eigenschaften, die man manchmal auch den Pharisäern zuschreibt und die gut zu dem passen, was wir von den Pharisäern zu wissen glauben. Es sei nicht geleugnet, daß einige Texte wohl von Pharisäern im eigentlichen Sinn sprechen (besonders für den Nahum-Pescher ist dies plausibel). Doch nicht alle, die vom Standpunkt der Autoren bestimmter Qumrantexte eine weniger strikte Auslegung des biblischen Gesetzes bzw. außerbiblischer halakhischer Traditionen vertreten, gehören *eo ipso* der pharisäischen "Partei" an.

Dasselbe gilt von Efraim. Der zitierte Text des Nahum-Pescher schreibt die trügerische Lehre nicht Efraim zu. Dieser ist vielmehr das durch diese Lehre verführte Opfer (3-4 3,5 "die Einfältigen Efraims"; dagegen 4,5 "die Frevler Efraims", ebenso im Pescher zu Ps 37, 4Q171 2,18). Daher muß man hier zwischen den pharisäischen Lehrern und ihren Anhängern, dem "Volk", unterscheiden. Schiffman tut dies und sieht somit Josephus bestätigt (Ant 13,298), daß die Pharisäer die Volksmenge auf ihrer Seite haben[9]. Jedenfalls hat Efraim ebenso-

---

8 L. Schiffman, Pharisees 272 n.3.
9 L. Schiffman, Pharisees 283.

wenig wie die, "die Glattes auslegen", stets dieselbe Bedeutung[10]. Die Begriffe sind ungenauer und müssen in den Einzeltexten je eigens analysiert werden, wenn man zu einem ausgewogeneren Urteil kommen will.

Die polemischen Decknamen für die Gegner der Autoren der Qumrantexte sollte man nicht vorschnell auf bestimmte stets gleiche Gruppen beziehen. Texte, die sich auf die späten Jahre Alexander Jannais und die Regierung seiner Witwe beziehen, nennen aufgrund der uns aus Josephus bekannten Verhältnisse dieser Zeit mit größter Wahrscheinlichkeit die Pharisäer als Gegner der Leute von Qumran; doch sollte man die Pharisäer nicht ohne weiteres auch in Texten erwarten, die man viel früher datiert. Vor einer zu direkten Verwertung der Texte hat schon früh J. Maier gewarnt, der darauf hinwies, daß "wirklich konkrete, historisch verifizierbare Vorwürfe ... auch in Qumran eigentlich in nur sehr geringer Zahl" zu finden sind, am ehesten in 4QpNahum (Demetrius und Kreuzigung):

> "Die religiöse Polemik hat sich überlieferter Elemente bedient, ohne daß sich diese inhaltlich mit der konkret gemeinten Situation völlig decken mußten. Dieselben Vorwürfe, die von bestimmten Gruppen den Pharisäern gegenüber erhoben wurden, haben in früher Zeit anderen gegolten. Sie konnten auch ohne weiteres zu jeder Zeit gegen jede beliebige Gruppe ausgesagt werden, eine Handhabe zur Identifizierung dieser Gruppen bieten sie aber kaum, dafür bedarf es konkreter Angaben"[11].

Hier sei auch auf die schon viel diskutierte Stelle 4QMMT C7 hingewiesen. Der Autor des wohl an den Hohenpriester oder einen anderen Führer des jüdischen Volkes adressierten Schreibens spricht von der Trennung seiner Gruppe von einer anderen: פרשנו מרוב העם. Qimron-Strugnell[12] und andere Autoren verstehen רוב העם von den Pharisäern oder einer Gruppe, aus der dann die Pharisäer entstehen sollten. Als Begründung werden die halakhischen Positionen genannt, die das Schreiben diskutiert, worauf ich im zweiten Teil des Aufsatzes kurz eingehen möchte. Hier sei nur auf die Übersetzung von רוב העם hingewiesen. Maier übersetzt: "[Und ihr wißt, daß] wir uns getrennt haben von der Menge des Vol[kes und von all ihrer Unreinheit]"; ebenso Qimron-Strugnell: "from the multitude of the people". In der englischen Fassung von García Martínez heißt es: "we have segregated from the rest of the people", in der italienischen

---

10 D. Flusser, Pharisäer 158, versteht die "Einfältigen" im Nahum-Pescher als Leute, die "zwar keine Mitglieder der pharisäischen Gemeinde sind, sich jedoch ihrer Disziplin unterwerfen", und von denen der Verfasser hofft, daß sie deren Versammlung fliehen und sich Israel anschließen. Für die Verwendung von Efraim in CD 7,12-13 rechnet er überhaupt damit, daß der Text eine frühere und einfachere Typologie verwendet, mit Efraim u.U. einfach der sündige Rest Israels bezeichnet wird (141).

11 J. Maier, Weitere Stücke 249.

12 E. Qimron - J. Strugnell, Qumran Cave 4 V. Miqsat Maʿase ha-Torah (DJD X), Oxford 1994, 115.

Version[13]: "dalla maggioranza del po[polo]", dabei רוב im späteren Sprachgebrauch von "Mehrheit" verstehend. Was man als semantische Feinheit betrachten könnte, wird ein historisches Argument. Nimmt man die übliche Frühdatierung des Schreibens und die Gleichsetzung von רוב העם mit den Pharisäern an, impliziert der Text, daß sie schon in der frühen Makkabäerzeit eine klar abgegrenzte Gemeinschaft und von Anfang an die Mehrheit des Volkes waren[14].

Doch ist zu beachten, daß die Identifikation der einzelnen Gruppen in 4QMMT (Wir, du, ihr, sie, die Menge des Volkes) durchaus nicht so eindeutig ist, wie oft vertreten wird. Dies haben zu Recht D.R. Schwartz und H. Eshel betont. Eshel nimmt an, daß der Adressat, nämlich Jonatan, zum Zeitpunkt des Schreibens noch nicht der Führer der Mehrheit und höchstens gerade zum Hohenpriester ernannt worden war. "The 'you' group would later solidify into the Pharisees and רוב העם was following the priests that later led the Sadducean party (Ephraim and Manasse of 4QpPs^a)"[15]. Der Schreiber habe sich mit seiner Gruppe von der Mehrheit der hellenisierten Priester getrennt, weil sie u.a. den Tempelbesitz mißbräuchlich verwendeten (מעל). Eshel stimmt der allgemeinen These zu, daß "the halakhah of the addressee was Pharisaic"[16], der Adressat des Briefes daher wahrscheinlich ein Pharisäer war, mit dem der Absender aber noch immer eine halakhische gemeinsame Basis hatte.

Nun ist aber die Halakha in Abschnitt B als die Position der "sie-Gruppe" gekennzeichnet. Ob diese mit der "ihr-Gruppe" von C gleichzusetzen ist, bleibt fraglich, und somit wird wieder die Zuschreibung dieser halakhischen Positionen an den Adressaten problematisch. Es ist in unserem Zusammenhang nicht wichtig, sich für eine der Möglichkeiten zu entscheiden. Wesentlich ist die Unsicherheit der jeweiligen Identifikationen und damit auch der historischen Schlüsse, die manche vorschnell aus diesen Texten ziehen. "Our knowledge of Jewish parties in early Hasmonean times, mainly derived from Josephus, is too limited for certain identifications of all the groups referred to in the text"[17].

---

13 F. García Martínez, Testi di Qumran. Edizione italiana a cura di C. Martone, Brescia 1997.

14 Siehe die Kritik von D.R. Schwartz, 4QMMT 75ff.

15 H. Eshel, 4QMMT and the History of the Hasmonean Period, in: J. Kampen - M.J. Bernstein, Hgg., Reading 4QMMT, Atlanta 1996, 53-65, 60.

16 H. Eshel, 4QMMT 61. Weitgehend gleich argumentiert D.R. Schwartz, 4QMMT 75ff: "Concerning the Pharisees, MMT shows us only that they were in the ruling coalition in the early Hasmonean period. But we already knew that from Josephus" (80).

17 E. Tigchelaar in seiner Rezension von Reading 4QMMT, JSJ 28, 1997, 332.

2. Pharisäische Halakha in Qumran-Texten?

Es ist auffällig, daß die vermuteten Chiffren für die Pharisäer nie im Kontext konkreter Lehrmeinungen oder halakhischer Entscheidungen zu finden sind. Halakhische Positionen, die die Autoren der Texte ablehnen, finden sich immer in anderen Zusammenhängen; ihre Zuordnung zu den Pharisäern erfolgt rein deshalb, weil sie in rabbinischen Texten positiv vertreten werden. Das wirft die Frage auf, ob man wirklich so direkt rabbinische Halakha aus pharisäischer ableiten darf. Wieweit steht die rabbinische Halakha nicht einfach in Kontinuität zu in der Zeit des Zweiten Tempels mehrheitlich vertretenen Positionen, zu dem von E.P. Sanders vertretenen Common Judaism, der von Autoren wie J. Neusner oder M. Hengel (mit je verschiedenen Gründen) m.E. allzu vorschnell abgelehnt wird[18]? So stellt z.B. L.H. Schiffman zur Halakha hinsichtlich des Umgangs mit Nichtjuden fest, daß hier die Damaskusschrift und tannaitische Texte weithin übereinstimmen:

> "practically every prescription had its close parallel or was virtually identical with that of tannaitic halakhah... we can probably assume that in this respect the Qumran sect and the Pharisees of the Second Commonwealth period would have been in full accord... This study reminds us that in the rush to differentiate the Judaisms of the Second Temple period, the common elements must not be ignored"[19].

---

18 E.P. Sanders, Paul and Rabbinic Judaism, London 1977; ders., Jewish Law from Jesus to the Mishnah, London 1990; ders., Judaism: Practice and Belief 63 BCE - 66 CE, London 1992. Dazu J. Neusner, Judaic Law from Jesus to the Mishnah. A Systematic Reply to Professor E.P. Sanders, Atlanta 1993 (SFSHJ 84); M. Hengel mit R. Deines, E.P. Sanders' "Common Judaism", Jesus und die Pharisäer, in: ders., Judaica et Hellenistica. Kleine Schriften I, Tübingen 1996 (WUNT 90), 392-479. Grundlegend positiv zu Sanders dagegen A.I. Baumgarten, The Flourishing of Jewish Sects in the Maccabean Era: An Interpretation, Leiden 1997 (JSJ.S 55), 55ff, der sehr stark die weitreichenden Gemeinsamkeiten zwischen den einzelnen "Sekten" betont: "halachic positions turn out to be far from distinct to each of the sects" (56); daher konnte man auch leicht von einer Gruppe zur anderen wechseln ("floaters").

19 L.H. Schiffman, Legislation Concerning Relations with Non-Jews in the Zadokite Fragments and in Tannaitic Literature, RQ 11,3, 1983, 370-389, p.389. A. Solomon, The Prohibition Against Tevul Yom and Defilement of the Daily Whole Offering in the Jerusalem Temple in CD 11:21-12:1: A New Understanding, DSD 4, 1997, 1-20, stellt allgemein zur Gesetzesauffassung in CD und 4QMMT fest: "These scrolls are not far in letter and in spirit from the laws handed down by the Rabbinic sages" (13). Natürlich ist hier auch daran zu erinnern, daß L. Ginzberg, Eine unbekannte jüdische Sekte, New York 1922 = Hildesheim 1972, ohne Bedenken die Halakha von CD als pharisäisch bezeichnen konnte. H. Stegemann, Die Essener 167, formuliert sogar, "daß die Damaskusschrift in ihrem Grundkonzept ebenso wie in vielen Teilen ihres Inhalts und formalen Besonderheiten eine Frühform der Mischna ist... Hier bestehen - durchaus auch historische - Zusammenhänge, die noch wenig Beachtung gefunden haben".

Wie verschieden einzelne Autoren die halakhischen Parallelen zwischen den in Qumran genannten Gegenpositionen und den Pharisäern auswerten, zeigt die offizielle Edition von 4QMMT. In einem Abschnitt, für den J. Strugnell letztverantwortlich zeichnet, heißt es über die in 4QMMT angegriffene Position nuanciert:

"a rival group which we can probably define as the Pharisees or the proto-Pharisees, or at least adversaries who stood in a legal tradition related to that of the Pharisees and the later rabbinic establishment"[20].

E. Qimron stellt dagegen viel eindeutiger fest:

"The 'they' group is the Pharisees. This is evident from the similarity between the halakha of the opponents of the sect and rabbinic halakha: the 'they' group must have been the predecessors of the rabbis, namely the Pharisees... [MMT] further shows that the rabbinic halakha concerning those topics discussed by MMT was established at a very early date, thereby disproving Geiger's theory that the Pharisaic halakha represents a 'new halakha'"[21].

Es ist hier natürlich nicht der Platz, im Detail auf die halakhischen Positionen in den Qumrantexten (die durchaus nicht immer konsistent und einheitlich sein müssen) und ihre Parallelen bzw. Gegenpositionen in der rabbinischen Literatur einzugehen; es gibt dazu schon eine umfangreiche Literatur[22].

V.a. zwei halakhische Entscheidungen in 4QMMT scheinen klar zu beweisen, daß die Halakha von Qumran jener der Pharisäer entgegensteht. In B13-16 (= 4Q394 Fr.3,1 16-19) heißt es vom Ritus der Roten Kuh:

"Und auch bezüglich der Reinheit der Kuh des Sühneritus: Der sie schächtet und der sie verbrennt und der [ih]re Asche einsammelt und der da aussprengt das [Wasser] des Sühneritus, für sie alle gilt, daß man [d]ie Sonne unterge[h]en lassen muß, um rein zu sein, damit der Reine den Unreinen besprenge".

Die Priester verunreinigen sich durch den Ablauf des Ritus und müssen vor ihrer weiteren Teilnahme am Ritus ein Tauchbad nehmen. Volle Reinheit erlangen sie jedoch erst mit Sonnenuntergang. In mPara 3,7f wird dies als Position der Sadduzäer bezeichnet:

"Und sie pflegten den Priester, der die Kuh verbrannte, wegen der Sadduzäer zu verunreinigen, damit diese nicht sagten: Von [Priestern, die nach dem Tauchbad] den Sonnenuntergang abgewartet haben, wird sie bereitet. Sie legten ihm ihre Hände auf und sagten ihm: Mein Herr Hoherpriester, tauche einmal unter!"

Der Text vertritt die Seite der "Ältesten Israels", die gegen die sadduzäische Position, daß man zur für den Ritus erforderlichen Reinheit den Sonnenunter-

---

20 DJD X 117.
21 DJD X 175.177.
22 Siehe die Bibliographie in DJD X 124-130, die inzwischen natürlich schon wieder zu ergänzen wäre.

gang abwarten muß, mit Gewalt ihre Auffassung durchsetzen, wonach einer, "der am Tag untergetaucht hat" (תבול יום), ohne den Abend abzuwarten, kulttauglich ist. Daß die in 4QMMT vertretene Position hier den Sadduzäern zugeschrieben wird, ist auch von anderen Streitpunkten in der Halakha bekannt. Man muß hier den Autoren der Mischna durchaus nicht Unkenntnis der wahren Vertreter bestimmter Halakhot vorwerfen - viele dieser Halakhot sind gemeinsames Priestererbe. Problematischer ist es, die "Ältesten Israels" automatisch mit den Pharisäern gleichzusetzen. Begründen kann man es mit Ant 18,17, wonach die Sadduzäer, wenn sie ein Amt erlangen, "sich wider Willen und unter Zwang dem fügen müssen, was der Pharisäer sagt". Das paßt natürlich gut zur in der Mischna beschriebenen Position, ist aber nicht explizit gemacht. Daß die Rabbinen hier offen die Seite der "Ältesten Israels" übernehmen, genügt nicht für eine direkte Zuschreibung dieser Position an die Pharisäer.

Eindeutig scheint dagegen der zweite Fall zu sein, B55-58 (= 4Q394 Fr.8 4,5-8):

"[Und] auch bezüglich der ausgegossenen (Flüssigkeiten) [המוצקות]: Wir sag[en], daß dies solche Dinge sind, an denen keine [Re]inheit haftet. Und das Ausgegossene trennt auch nicht zwischen dem Unreinen [und] dem Reinen, denn die Flüssigkeit der ausgegossenen (Gefäße) und die (in den) von ihnen aufnehmenden (Gefäßen) sind wie jene selber: eine (einzige) Flüssigkeit".

Die halakhische Problematik, um die es hier geht, ist zu komplex, um anhand einer Übersetzung diskutiert zu werden. Gewöhnlich versteht man die hier behandelte Halakha von mYad 4,7 her:

"Es sagen die Sadduzäer: Wir beklagen uns über euch, Pharisäer! Denn ihr erklärt den Strahl [ניצק, nämlich der reinen Flüssigkeit, die in eine unreine fließt] für rein. Es sagen die Pharisäer: Wir beklagen uns über euch, Sadduzäer! Denn ihr erklärt die Wasserrinne für rein, die aus einem Gräberfeld kommt".

Der Streit geht darum, ob Unreinheit zwischen Flüssigkeiten auch nach oben, also gegen die Fließrichtung, weiter gegeben wird. Nach diesem Text bejahen dies die Sadduzäer, sind aber andererseits weniger strikt bei einer Wasserleitung, die durch einen Friedhof, also eine Quelle größter Unreinheit, führt. Details des Mischnatextes, beginnend mit der genauen Bedeutung von ניצוק bis zum logischen Zusammenhang der beiden Teile der Aussage, waren schon immer äußerst umstritten; doch das Grundproblem des Streits scheint nun durch 4QMMT bestätigt. V.a. aber haben wir hier einen Text, der die Frage ausdrücklich zu einem Streit zwischen Pharisäern und Sadduzäern macht. Hier sind also die Pharisäer belegbar die Gegenposition zu dem, was der Autor von 4QMMT so polemisch vertritt. Es ist ein kleiner Schritt, von diesem expliziten Fall auf die anderen zu schließen und ganz 4QMMT als Gegenposition zu pharisäischen

Halakhot aufzufassen, zumal die meisten Positionen von 4QMMT Gegenpositionen in der rabbinischen Halakha haben[23].

Da die Frage von מוצקות - ניצוק in 4QMMT/mYad der klarste Beleg für die These ist, wonach die von Qumran abgelehnte Halakha die der Pharisäer ist, die von den Rabbinen beibehalten wurde, ist es besonders wichtig, daß Y. Elman diesen Fall einmal gründlich analysiert hat[24]. Elman fordert zu Recht eine "*systemic* examination in the comparative study of Qumranic and rabbinic halakhic texts"[25]. Wie er richtig zeigt, haben gewisse Thesen, wie die, daß die Halakha von Qumran immer strikter als die der Pharisäer ist, manchmal die Auffüllung von Lücken in 4QMMT, v.a. aber die Auslegung des Textes bestimmt, in den gewisse rabbinische Konzeptionen (wie die Grade der Unreinheit) eingetragen werden, die in 4QMMT nicht explizit sind. V.a. zeigt Elman, daß die Gleichsetzung der מוצקות in 4QMMT mit dem ניצוק der Rabbinen äußerst problematisch ist. Leitet man den Begriff in Qumran von 1Kön 7,23 ab (das Gußmetall, aus dem das bronzene Meer im Tempel gegossen wurde), wäre wohl an eine viskose Flüssigkeit gedacht, damit aber 4QMMT nahe der Position der Schule Schammais in mMaksch 5,9. Geht man dagegen von Sach 4,2 aus, würde das Wort ein Rohr bedeuten, was die rabbinische Halakha deutlich vom Fall des frei fallenden Strahls von ניצוק unterscheidet. Eine spätere Einengung des Begriffs ist nicht auszuschließen; dann könnte es aber auch sein, daß die beiden Texte nicht so direkt vergleichbar sind. Dies wird besonders deutlich, wenn Elman die halakhischen Konsequenzen der üblichen Deutung im Gesamtsystem verfolgt (etwa die praktische Wasserversorgung in Qumran). Es ist nicht nur mit der Möglichkeit zu rechnen, daß in der Diskussion auch Punkte zur Sprache kommen, die Absender und Adressat gemeinsam anerkennen, um von da aus auf divergierende Details einzugehen, sondern auch damit, daß man es nicht mit zwei, sondern drei unterschiedlichen Reinheitssystemen zu tun hat, dem von MMT, dem der Pharisäer und dem der Rabbinen[26]. Elman zögert, diese letzte Möglichkeit in Betracht zu ziehen ("The cost of doing so is considerable"), doch drängt sie sich ihm bei Überprüfung der verschiedenen Möglichkeiten auf, die Texte von Qumran und die der Rabbinen je als geschlossene Einheiten zu interpretieren. Es ist nicht so wichtig, ob alle von Elman diskutierten halakhischen Möglichkeiten haltbar sind; wesentlich ist der Übergang vom punktuellen halakhischen Vergleich zur Diskussion von halakhischen Systemen und ihrer

---

23 Erwähnt sei hier auch der Streit, wann die Erstlingsgarbe der Gerste zu schneiden ist. In mMen 10,3 ist das zeremonielle Schneiden der Garbe auch am Sabbat durchzuführen, und zwar gegen die Boethusier, "die zu sagen pflegen: Man schneidet den Omer nicht am Ausgang des Feiertags". Das paßt zu 11QT 18,11-13, wonach der Omer immer an einem Sonntag dargebracht wird.

24 Y. Elman, 4QMMT and the Rabbinic Tradition: or, When is a Parallel not a Parallel, in: J. Kampen - M.J. Bernstein, Hgg., Reading 4QMMT, Atlanta 1996, 99-128.

25 Y. Elman 99.

26 Y. Elman 123.

Entwicklung. Damit zeigt sich, wie sehr auch in fast eindeutig wirkenden Fällen der geschlossene Kreis "Gegner von Qumran = Pharisäer = rabbinische Tradition" zerbricht.

Die von Elman erwogene Möglichkeit, daß in diesem konkreten Einzelfall die Position von MMT gar nicht gegen die pharisäische Halakha an sich stehen könnte, sondern innerhalb der pharisäischen Bandbreite die Position einer der beiden pharisäischen Schulen, nämlich jener Schammais, vertritt, wurde schon früher geäußert. J. Sussmann betont die Uneinheitlichkeit auch innerhalb der Pharisäer; die in Qumrantexten vertretenen Positionen haben oft eine gewisse Nähe zu den Auffassungen der Schammaiten[27]; "the members of the sect [of Qumran] bear no small resemblance to other extreme, halakhically stringent groups within the Pharisaic fold itself, e.g., Beit Shammai"[28].

Natürlich kann auch Sussmann für seine These nur rabbinische Texte zitieren; Belege aus der Zeit vor 70 für die pharisäische Halakha gibt es ja kaum, die Schulen Hillels und Schammais werden vor den rabbinischen Texten nie genannt. Wichtig ist jedoch der Ansatz, daß man auch nach rabbinischem Zeugnis innerhalb der Pharisäer eine große Bandbreite an halakhischen Positionen annehmen muß. Damit fragt sich, was wir als *die* pharisäische Halakha bezeichnen dürfen, gegen die sich Qumran wendet.

In der Beurteilung, was genau in halakhischen Aussagen von Qumran polemisch gemeint ist, sollte man insgesamt vorsichtiger sein, noch mehr aber in der Identifikation des jeweiligen Gegners. Vielfach mag ein großer Teil einer Aussage gemeinsames Gut sein, das man nur nennt, um ein strittiges Detail im Kontext zu bringen. Die propagierte Position muß sich nicht unbedingt gegen außen richten - auch innerhalb von Qumran und noch mehr innerhalb der größeren essenischen Bewegung ist so manches strittig und im Lauf der Zeit auch geändert worden[29]. Auch ist anzunehmen, daß sich die Autoren von Qumran

---

27 Y. Sussmann, The History of the Halakha and the Dead Sea Scrolls, in: DJD X, 179-200 (ausführlicher dokumentierte hebräische Fassung in Tarbiz 59, 1989f, 11-76), 190 Anm. 44. Für eine Parallele der Reinheitshalakha von Qumran mit einer Schammai (bSchab 17a) zugeschriebenen Position siehe J.M. Baumgarten, Liquids and Susceptibility to Defilement in New 4Q Texts, JQR 85, 1994f, 91-101. Zu einem anderen Einzelfall, wo ein Qumrantext die striktere Position innerhalb der rabbinischen Halakha vertritt, nämlich zur Frage der Erlaubtheit, ein trächtiges Tier zu schlachten, siehe L.H. Schiffman, Miqsat Maʿaseh ha-Torah and the Temple Scroll, RQ 14 , 1989, 434-457, bes. 448-451.

28 Y. Sussmann 191.

29 Ein interessantes Beispiel, wozu auch die Rabbinen einen Streit zwischen Sadduzäern und Pharisäern feststellen (bMen 65a), ist die Frage, womit das tägliche Opfer finanziert wird. Hier scheint man auch in Qumran nicht einer Meinung gewesen zu sein. Siehe E. und H. Eshel, 4Q471 Fragment 1 and Maʿamadot in the War Scroll, in: J. Trebolle Barrera - L. Vegas Montaner, Hgg., The Madrid Qumran Congress, Leiden 1992 (STDJ XI,2) 611-620: Es ist möglich, "that during the period that the

ganz allgemein am halakhischen Diskurs der Zeit beteiligen, zumindest am Rande in einem Entscheidungsprozeß mitdiskutieren, der über die jeweiligen "Parteigrenzen" hinweg die halakhisch Engagierten, die gesamte religiöse Elite bewegt. Auch wenn Rabbinen vielfach die Halakha anders als die Leute von Qumran entscheiden, im seltenen Einzelfall diese Entscheidung auch als gegen die "Sadduzäer" gerichtet bezeichnen, sollte man äußerst vorsichtig sein, die rabbinische Position sofort als alte pharisäische Halakha zu betrachten, gegen die man schon in Qumran angekämpft habe. Die Kontinuitätsfrage ist wohl doch viel komplexer, als in diesen Diskussionen vielfach angenommen wird.

3. Kontinuität Pharisäer - Rabbinat?

Die Auswertung rabbinischer Texte bei der Analyse der Halakha von Qumran und der Bestimmung der "pharisäischen" Gegenpositionen, gegen die Qumran polemisiert, setzt stillschweigend voraus, daß die Rabbinen die direkten Erben der Pharisäer sind und unvermischt und unverändert deren Traditionen weiter tragen[30]. Man geht dabei vom traditionellen Bild der Dominanz der Pharisäer im Judentum vor 70 aus, die ungebrochen ihre Vorherrschaft in die Zeit nach 70 hinübergerettet hätten, ohne auch nur mit anderen Gruppen innerhalb des Judentums die geringsten Kompromisse machen zu müssen. So sei auch die sofortige Dominanz der Rabbinen im Judentum nach 70 zu erklären. Das Pharisäerbild der Zeit vor 70 füllt man von daher ungehemmt aus der rabbinischen Literatur auf - ein Großteil dieses Bilds ist aus rabbinischem Material gezeichnet, das so ungeprüft Anspruch auf hohes Alter erheben kann.

Daß die Rabbinen sich durchaus nicht so schnell als die geistige Führung des palästinischen Judentums durchsetzen konnten, wie die Voraussetzung einer so direkten Kontinuität zum schon immer vorherrschenden Pharisäertum annehmen ließe, zeigen die rabbinischen Texte selbst. Wie mühsam sich das Rabbinat durchsetzt, paßt eher zu einem Neuanfang als zu bruchloser Kontinuität[31].

---

scrolls were written and edited, the Qumran sect accepted a view similar to the Pharisaic Halakha" (620).

30 Siehe z.B. J.M. Baumgarten, Sadducean Elements in Qumran Law, in: E. Ulrich - J. VanderKam, Hgg., The Community of the Renewed Covenant, Notre Dame 1994, 27-36, wonach die Pharisäer zwar aus Vorliebe für die mündliche Tradition kaum schriftliche Zeugnisse hinterlassen haben, doch "they were succeeded by the Rabbis of the Talmud, who ultimately ended up writing down a good deal of what they had received from the Pharisees" (27).

31 Vgl. G. Stemberger, Die Umformung des rabbinischen Judentums nach 70: Der Aufstieg der Rabbinen, in: A. Oppenheimer, Hg., The Study of Jewish History in the First and Second Centuries CE. (Schriften des Historischen Kollegs München), Ouldenburg Verlag München (im Druck).

Es ist natürlich nicht zu bezweifeln, daß die Rabbinen ein reiches Erbe aus der Zeit vor 70 übernehmen und in ihr Weltbild einbauen. Das gilt auch für jene Komplexe von Halakhot und religiösen Vorstellungen, die als System neu sind. Die Frage ist nur, wie man methodisch gesichert rabbinische Halakhot und Lehrmeinungen als Übernahmen aus früherer Zeit nachweisen, wie die im allgemeinen wohl anzunehmenden Umformungen alten Erbes analysieren kann[32]. Es ist schon jetzt klar, daß die Qumranfunde hier eine große Rolle spielen, wohl weniger, um pharisäische Traditionslinien aufzuzeigen, als vielmehr um das für die Zeit des Zweiten Tempels schon allgemein Voraussetzbare zu erweisen. Darin sind sie eine wertvolle Ergänzung gegenüber Josephus, Philo, den Pseudepigraphen und dem Neuen Testament, indem sie die Bandbreite des Judentums im 1.Jh. zeigen, bei dem das Rabbinat ansetzen konnte. Gerade im Bereich von Tempel und Reinheitshalakha[33], aber auch sonst ergeben sich hier vielfache Vergleichsmöglichkeiten. Dabei geht es nicht so sehr um punktuelle Parallelen, die vielfach aufgrund derselben Denkvoraussetzungen unabhängig voneinander zu verschiedenen Zeiten entstehen können, sondern um die größeren Zusammenhänge. Ein Großteil der Arbeit liegt noch vor uns. Die Bedeutung der Qumranfunde für die Frage nach den Voraussetzungen des Denkens und der Schriften der Rabbinen steht außer Zweifel. Es geht um die methodisch einwandfreie Verwertung des reichen Materials.

---

32 Die Annahme H. Albecks, Einführung in die Mischna, Berlin 1971, 149 u.ö., daß Rabbi in die Mischna unverändert und ungekürzt ihm vorliegende Dokumente aufgenommen habe, wir darin also auch Texte aus der Zeit vor 70 wiederfinden können, ist in sich sehr unwahrscheinlich. Das gilt auch von der Möglichkeit, die Y. Elman, 4QMMT 121, hypothetisch vorträgt, daß mYad 4,7 die Position von 4QMMT neben eine viel spätere pharisäische Reaktion setzt, und wozu er (rhetorisch?) fragt: "Is this then a proof for H. Albeck's view that Rabbi Judah the Prince merely arranged his sources, but did not edit them?" (121 Anm. 52).

33 J.M. Baumgarten, Recent Qumran Discoveries and Halakhah in the Hellenistic-Roman Period, in: S. Talmon, Hg., Jewish Civilization in the Hellenistic-Roman Period, Sheffield 1991 (JSP.S 10), 147-158, schreibt: "There is no longer any reason to doubt that the mishnaic orders of *Qodashim* and *Toharot* reflect to a great extent the Pharisaic halakhah of the Temple period" (156). Daß hier mehr an alter Halakha vorliegt, als manche Autoren glauben, ist wohl sicher, fraglich bleibt aber bis auf größere Untersuchungen, wie sehr man von Einzelbeispielen verallgemeinern darf und mit welchem Recht man jeweils von "pharisäischer" Halakha spricht.

Grundlage und Anwendung des Verbots der Rückkehr nach Ägypten

von Johann Maier

1. Vorbemerkung

Zwischen Ägypten und dem Königreich Judah bestanden bekanntlich recht enge Beziehungen und diese beschränkten sich keineswegs auf den politischen Bereich allein. Gegen und nach dem Ende der Königszeit ergab sich für das Bewußtsein vieler Judäer aber auf Grund bestimmter Ereignisse eine eher negative Bilanz, vor allem hinsichtlich der Effektivität der politisch-militärischen Verbindung, und dadurch wurde das Urteil über Ägypten und Ägypter in der Tradition allgemein in ein ungünstiges Licht gerückt. Mit Ägypten und Ägyptern verbindet demgemäß die weitere biblisch-jüdische Tradition vorwiegend Negatives, in erster Linie im Zusammenhang mit der zunehmenden Bedeutung der Exodus-Thematik. Und der Pharao des Exodus wird (abgesehen von Nimrod) fast stereotyp an erster Stelle einer Liste von gottfeindlichen, anmaßenden Herrschern genannt, die mit Sanherib und Nebukadnezar fortsetzt und meist mit Titus abschließt.

Gelegentlich spielt die bloße Konsonantenschreibung von *MÇRJM* eine gewisse Rolle, sofern unklar ist, ob *Miçrajim* als Landesname (statt *'äräç Miçrajim*), als Plural *Miçrîm* des Gentilicums *Miçrî* (Ägypter), oder *Miçrajim* als Eigenname eines Ham-Sohnes gemeint ist (Gen 10,6), wobei der Eigenname als Patronym auch kollektive Bedeutung haben und mit einem Verb im Plural verwendet werden kann. Negative Konnotationen des einen Begriffs konnten sich daher leicht auch auf die anderen übertragen. Gelegentlich hat dann auch noch die Ähnlichkeit mit dem Plural *MÇRJM* (*meçarîm* "Enge"/"Bedrängnis") eine Rolle gespielt.[1] Für die hier zu behandelnde Frage ist lediglich von Belang, daß manchmal nicht klar ist, ob es um das Land Ägypten oder um die Ägypter geht, denn daraus ergab sich in der späteren jüdischen Überlieferung die Möglichkeit, ein bestimmtes Gesetz unterschiedlich aufzufassen.

---

1 Vgl. schon Philo, De migr. Abr. § 14.

Es handelt sich um das Verbot, nach Ägypten zurückzukehren. Sofern das Verbot ans Land Ägypten als solches gebunden wurde, erschien eine Rückkehr nach Ägypten im Sinne einer Niederlassung in jedem Fall als verboten; sofern aber das Verbot nur mit einer Besonderheit der Ägypter von einst begründet wurde, konnte das Land als erlaubt gelten, falls die maßgebliche negative Besonderheit der Ägypter nicht mehr gegeben war.

Dazu kommt eine rechtsgeschichtliche Besonderheit: das Verbot ist biblisch als Gesetz gar nicht belegt, es wurde erst viel später aus bestimmten biblischen Passagen erschlossen.

2. Die biblischen Ansatzpunkte

Für das Rückkehrverbot gibt es keine biblische Vorgabe im Sinne einer regelrechten gesetzlichen Formulierung, man hatte aber ein entsprechend deutbares Zitat in Dt 17,17 (s. unten) vorliegen und las es in der Folge auch aus anderen thematisch verwandten Passagen heraus.

a) Hos 8 enthält Drohworte gegen Israel/Judah und gegen die Vertreter einer während der assyrischen Vorherrschaft mit ägyptischer Hilfe rechnenden Bündnispolitik. Vers 13 stellt fest, Gott habe daran kein Gefallen, er werde ihre Sünden heimsuchen und droht an: *sie werden zurückkehren nach Ägypten.* (14) *Es vergaß Israel seinen Schöpfer und baute Paläste/Tempel[2], und Judah mehrte befestigte Städte; so schicke ich Feuer in seine Städte und es verzehrt ihre Schlösser.* Dahinter stehen offenbar Erfahrungen und Diskussionen über Ereignisse der Königszeit, insbesondere im Rahmen der recht schwierigen Orientierung zwischen den rivalisierenden Großmächten.

b) In diesem Kontext bot sich das Exodus-Motiv zur weiteren Ausdeutung der Thematik geradezu an, weil dort die Gegenüberstellung der Macht Gottes und der Macht des Pharao im Verhältnis zu den an sich machtlosen Israeliten ein zentrales Anliegen darstellt und in Ex 14,13 eine zwar nicht inhaltliche, aber doch eine sprachlich-formale Entsprechung auftaucht: Ex 14,13: *denn wie ihr gesehen habt Ägypten[3] heute, werdet/sollt ihr sie nicht wieder sehen auf Weltzeit.* Im Kontext handelt es sich eindeutig um eine Verheißung, später sah man hier einen indirekten (nur durch Mose ausgesprochenen) Beleg für das Rückkehrverbot der biblischen Torah.

---

2   *hjklwt.* Zur Deutung als Tempel siehe das Targum z. St: "Und Israel hat den Kult
     seines Schöpfers verlassen und *hjkljn* für Irrungen gebaut."

3   MT: *'t mçrjm*, hier nicht Landesname sondern der Personenname als Kollektiv für
     "Ägypter"; vgl. die Verdeutlichung in LXX: *tous Aigyptious*; TO: *jt mçr'j* (die
     Ägypter). Die LXX transliterieren den Eigennamen Gen 10 ziemlich präzis als
     Mesraïm, während Josephus Ant II,136f. *Mersaios* bietet.

c) In erster Linie fand man das Verbot einer Rückkehr nach Ägypten später aber in Dt 17,16, wo es im Rahmen des Königsrechts heißt: *Doch nicht halte er sich viel Rosse und er bringe nicht wieder das Volk nach Ägypten, um Ross(e) zu mehren. Hat JHWH doch zu euch gesagt: "Nicht sollt ihr weiterhin zurückkehren auf diesem Wege nochmal."* Das in Dt 17,16 zitierte Gotteswort ist so in der überlieferten Bibel nicht erhalten und in Dt 28,68 (s.u.) begegnet außerdem noch eine andere Formulierung. Es handelt sich beide Male um eine Passage, die im überlieferten Pentateuch selbst nicht mehr enthalten ist, und daher hat man sich später ersatzweise auf Ex 14,13 berufen. Das Verbot betrifft im Kontext des Königsrechts von Dt 17 aber nicht die Frage einer normalen Rückkehr bzw. Niederlassung in Ägypten, sondern bestimmte Aktionen, die in der letzten Königszeit im Rahmen politisch-militärischer Maßnahmen eine derart beträchtliche Bedeutung gehabt haben müssen, daß man es rückblickend für nötig hielt, eine solche Formulierung ins deuteronomische Königsrecht einzubauen. Wahrscheinlich richtete sie sich gegen Aktionen im Rahmen einer proägyptischen politischen Orientierung und Bündnispolitik, die im Urteil der Gegenseite und dann aus babylonisch-exilischer und nachexilischer Sicht als Irrweg verstanden und dargestellt wurde, eine Einschätzung, die bereits in Is 30,1ff. zum Ausdruck kommt, in Ez 31-32 auf vehemente Weise formuliert und auch noch in weiteren Passagen bzw. in der Deutung bestimmter Texte zum Zug gekommen ist.

d) Dt 28,68: Dt 28 enthält die generalisierende Ausarbeitung eines Formulars, das im Sinne eines Vertragsverhältnisses Verfluchungen für den Fall der Nichterfüllung der Bedingungen und Segnungen für den Fall ihrer Erfüllung enthält. Wahrscheinlich ist ein solches Formular einmal im Rahmen der Fixierung der Königspflichten üblich gewesen und dann (wie Lev in 26) auf die Beziehung des Volkes zum offenbarten Gotteswillen (die 28,58 genannte Torah) angewendet worden. Unter den zahlreichen Strafandrohungen begegnet in v. 68 noch: *Und es wird dich zurückbringen JHWH nach Ägypten mit Schiffen auf dem Weg, von dem ich dir gesagt habe: "Du sollst ihn nicht weiterhin wieder sehen". Und ihr verkauft euch dort an deine Feinde zu Sklaven und zu Sklavinnen, aber keiner kauft.* Der Anklang an das *nicht wieder sehen* von Ex 14,13 ist deutlich, obschon keine genaue Entsprechung vorliegt. Weder in Ex 14,13 noch in der Verwendung der Phrase im Rahmen dieser Drohung setzt eine Vorschrift (ein Verbot) voraus, eher eine Verheißung, die infolge von Ungehorsam ins Gegenteil verkehrt wird, wie es auch schon die Umformulierung zur Drohung in Hos 8,13 voraussetzt.

e) Stammvater der Ägypter war nach Gen 10,6 *Miçrajim*, der zweite von vier Söhnen des Ham, und ihm werden Gen 10,13-19 acht Söhne zugeschrieben. Die Wertung der Hamiten (Gen 10,6-20) war in der Regel negativ, was mit der Episode Gen 9,20-27 begründet wird, wonach Ham sich gegenüber seinem betrunkenen Vater unkorrekt benahm und wo der Ham-Sohn Kanaan durch Noah zum Sklaven für Sem und Jafet verflucht wurde. Das Siedlungsgebiet der Hamiten ist nach der biblisch-jüdischen Überlieferung im wesentlichen Afrika,[4] und dort hat - im äußersten Westen - nach der jüdischen Tradition auch Kanaan seinen eigentlichen Platz, der sich unrechtmäßigerweise im späteren Land Israel festgesetzt hatte. Diese Verbindung mit dem Sklavenlos hat den Bewohnern des Kontinents viel Unheil gebracht, rechtfertigte man doch die Sklavenfängerei in Afrika (und danach auch in Osteuropa[5]) sowie den Sklavenhandel überhaupt mit dieser biblischen Passage. Obwohl sich mit dem Namen *MÇRJM* - ob Personen- oder Landesname - in der jüdischen Tradition kaum etwas Positives verbindet, begegnet hinsichtlich der Ägypter in der herkömmlichen Halakah eine erstaunliche Regelung, denn allen negativen Aussagen zum Trotz wird der Ägypter (obschon Ham-Nachkomme!) auf Grund von Dt 23,8-9 in Bezug auf seinen möglichen Status als Proselyt dem abrahamitischen Edomiter gleichgestellt, während die "semitischen" Moabiter und Ammoniter diesbezüglich gemäß Dt 23,4 diskriminiert werden, wenn auch nur die männlichen Nachkommen: Sie dürfen keinesfalls in die Gemeinschaft Israels aufgenommen werden.

Die genannten biblischen Texte rechtfertigen in keinem Fall die Annahme, daß sie zu ihrer Zeit ein allgemeines Rückkehr- bzw. Niederlassungsverbot nach Ägypten begründen sollten oder konnten. Sie haben an sich auch nichts mit einer negativen Wertung Ägyptens oder der Ägypter zu tun, sondern mit Reaktionen auf eine Praxis der Könige Judas, im Interesse antiassyrischer und antibabylonischer Politik ägyptische Hilfe in Anspruch zu nehmen, und dies gelegentlich auch zum groben Nachteil eigener Untertanen, die dabei als Soldaten oder Deportierte nach Ägypten gerieten.[6] Daß manche solchen Vorgängen auch Positives abgewinnen konnten, zeigt das eigentümliche Kapitel 19 des Jesajabuches. Im Lauf der Zeit wurde aber dergleichen doch eher mit einer "Rückkehr" im Widerspruch zum Exodus in Verbindung gebracht und erst dadurch wurde für spätere Leser zugleich ein negativer Charakter des Landes Ägypten oder der Ägypter nahegelegt. Die laut Jer 42-44 heftig umstrittene Auswanderung von Judäern aus dem durch Babylonien unterworfenen Judah hat diese Tendenz offenbar erheblich verstärkt, weil mit diesem Zwist in der Außenpolitik eine völlig gegensätzliche kultisch-religiöse Orientierung verbun-

---

4   D. T. Adamo, The Place of Africa and Africans in the Old Testament and its Environment, Ann Arbor UMF (Diss. Baylor Univ.) 1986. Vgl. ferner Jub 7,14; 8,12.22-24; 9,1-9.
5   Vgl. dazu J. Maier, Zur ethnographisch-geographischen Überlieferung über Japhetiten (Gen 10,2-4) im frühen Judentum, in: Henoch 13, 1991, 157-194; Ders., Zu ethnographisch-geographischen Überlieferungen über Jafetiten (*Gen* 10,2-4) im rabbinischen Judentum, in: We-zo't le-Angelo. Raccolta di studi giudaici in memoria di Angelo Vivian, a cura di G. Busi, Bologna (AISG) 1993, 311-356.
6   Siehe dazu D. G. Schley, „Yahweh will cause you to return to Egypt in ships", VT 34, 1984, 369-372 und die Hinweise dort.

den war: Die an Ägypten orientierte Linie vertrat laut Jer 42-44 die altjudäische Volksreligion,[7] wie sie unter anderem durch die Grabungsbefunde von Kuntillat Adjrud und dann auch durch die Elephantinepapyri bezeugt wird, die Gegenseite hingegen verfocht jene exklusiv jerusalemitisch zentrierte, priesterliche Elitereligion, die dann nachexilisch vollends zum Zuge kam. Beide Seiten wiesen sich offenbar die Schuld am Desaster des Reiches Judah gegenseitig zu: die einen sahen die Ursache des Unheils in der Abkehr von der überkommenen Volksreligion, die anderen im Abfall vom JHWH-Kult im Sinne der Jerusalemer zentralistischen Kulttradition.

In Jer 42-44 wurde der tragische Konflikt rückblickend im Sinne der exilisch-nachexilischen Sicht der Dinge gestaltet, wofür bereits vorhandene Aussagen bezüglich Ägypten auf gekonnt eindrucksvolle Weise verwertet wurden. Den Rahmen bildet eine Torahanfrage- bzw. eine Torah-Offenbarungsprozedur, in der Jeremia als Torahprophet à la Mose fungiert, denn 42,3ff. und 43,1ff. entspricht in der Situation wie Diktion recht deutlich Dt 17,8ff. und Dt 18,14-22. Jer 42,10f. formuliert (insbesondere unvokalisiert) den "rechten Weg" mit Anklängen (v. 3: "den Weg, den wir gehen sollen") und Wortspielen (Verba der Wurzeln *JShB* und *ShWB*) in Kontrast zur falschen Alternative v. 14ff.; das Verbleiben im Lande Judah wird so der Rückkehr und Niederlassung im Lande Ägypten gegenübergestellt, die mit der - im Sinne dieser Komposition - trügerischen Hoffnung auf ein Entrinnen aus den Fährnissen des Krieges verbunden war, wie v. 15 nochmals deutlich macht. Auch für die Formulierung der Drohungen werden Anklänge gewählt. So verweist Vers 18 "ihr werdet nicht wiedersehen diesen Ort" (also Jerusalem) auf das Gegenstück, die Verheißung Ex 14,13, Ägypten bzw. die Ägypter nicht wieder zu sehen, womit die Exodusthematik mit einbezogen war. Diese gebündelten Anklänge und die wiederholte Phrase *la-gûr*[8] *sham*/"um dort zu wohnen" (8x!) haben der späteren Annahme eines Niederlassungsverbots natürlich Vorschub geleistet.

3. Die Situation zur Zeit des Zweiten Tempels (bis 70 n.Chr.)

3.1. Historische und religiöse Bedingungen

Die Rivalität der Großmächte an Euphrat/Tigris und Nil bestimmte auch die politisch recht wechselhafte Zeit des zweiten Tempels und es wäre verwunderlich, wenn in der persischen Provinz Judah die internen Auseinandersetzungen nicht auch mit den jeweils strittigen außenpolitischen Orientierungen verbunden gewesen wären. Schon die judäisch-samaritanischen

---

7 S. Ackerman, Under Every Green Tree. Popular Religion in Sixth-century Judah, Atlanta (Harvard Semitic Monogr. 46) 1992.
8 LXX: *katoikêsai*; Targum: *'ittôtaba'*.

Beziehungen und Auseinandersetzungen waren angesichts der Grenzlage dieser umstrittenen Region von den außenpolitischen Aspekten nicht zu trennen. Die Quellen geben allerdings kaum konkrete Hinweise. Wie haben ägypten-orientierte Judäer - wie es die Auswanderer zur Zeit des Jeremias waren - sich gegenüber der persischen Großmacht verhalten? Welche Rolle spielten jüdische Militärkolonisten in Ägypten, also speziell in Elephantine, in diesem Spiel der Mächte? Sie haben als Söldner im Dienst der fremden Großmacht den Ägyptern jedenfalls keinen günstigen Eindruck vom Judentum vermittelt. Wie stand man innerhalb des Jerusalemer Establishments und seiner Fraktionen zur Unter-werfung Ägyptens durch das Perserreich und wie zu den nachhaltigen ägyp-tischen Bestrebungen, das persische Joch wieder abzuwerfen? Und das während der ständigen persisch-griechischen Auseinandersetzungen, von denen die Region nicht unbeeindruckt bleiben konnte!

Die Elephantine-Papyri haben gezeigt, daß in Ägypten unter Militärkolo-nisten die altjudäische Volksreligion weiterlebte, während in Palästina mit der Ausgrenzung der Samaritaner aus dem Kreis der Tempelkultberechtigten und dann mit den Reformen unter Esra/Nehemia eine andere, durch die exilisch-babylonische Linie bestimmte, exklusive Religiosität zum Zug gekommen war. Aus bestimmten Qumrantexten wie der Tempelrolle, in denen ältere Traditionen verarbeitet vorliegen, kann erschlossen werden, daß während der persischen und frühhellenistischen Periode in Jerusalem/Juda außer den umstrittenen Bezie-hungen zu Samaria noch interne Kontroversen stattgefunden haben, in denen sich die priesterliche Elite zunehmend entzweite, wobei u.a. die Kalenderfrage eine zentrale Rolle gespielt hat.

Mit der Eroberung des Vorderen Orients durch Alexander d. Gr. begann eine Epoche, in der Juden innerhalb der griechischsprachigen Welt und nicht zuletzt in Ägypten eine immer gewichtigere Rolle spielten.[9] Und wieder scheint es gegensätzliche Tendenzen gegeben zu haben, die in Ägypten selbst wie in Judäa zum Tragen kamen. Wanderten viele Juden als Kolonisten freiwillig aus und insbesondere in die hellenistische Neugründung Alexandrien, so wurden andere in den Jahren vor 300 v. Chr. unter Ptolemäus I. auch gezwungenermaßen als Gefangene und Deportierte nach Ägypten verbracht. Von da an bestimmte der seleukidisch-ptolemäische Konflikt über Koily-Syria die innen- wie außen-politische Szenerie Judäas mit und in der Folge hat es im Zuge von Herrschaftswechseln und Kriegsläuften weitere Abwanderungen und Deportationen gegeben,[10] mit dem Ergebnis, daß in Ägypten Judäer von

9   Zum Überblick s. H.-F. Weiß, Art. Ägypten III., TRE 2, 1977, 506-512; E. Schürer, The History of the Jewish People in the Age of Jesus Christ. Revised and edited by G. Vermes etc., vol. III,1, Edinburgh 1986, 38-60. Für Näheres siehe A. Kasher, The Jews in Hellenistic and Roman Egypt, Tübingen 1985.
10 Siehe zuletzt B. Bar-Kochva, Pseudo-Hecataeus, "On the Jews". Legitimizing the Jewish Diaspora, Berkeley 1996, 48ff. 74ff. 225f. 234-245, und die Angaben dort.

gegensätzlicher politischer und wohl auch religiöser Orientierung vorhanden gewesen sind.

Die in der letzten Königszeit aufgebrochene und in den eingangs erwähnten biblischen Passagen bezeugte Problematik der Bedeutung Ägyptens für Judäa ist also während der wechselhaften Geschichte der persischen und frühhellenistischen Periode aktuell geblieben. Man könnte annehmen, daß Gegner einer Auswanderung nach Ägypten oder judäische Kritiker ägyptisch-jüdischer Gruppen diese biblischen Vorgaben zu polemischen Zwecken zu nutzen versucht haben. Nun werden die Ägypter in der erhaltenen frühen jüdischen Literatur tatsächlich in der Regel negativ geschildert, aber es gibt keinen Hinweis darauf, daß das Land als solches in diesem Sinne als verpönt galt, auch wenn im Aristeasbrief schroffe Töne gegen die Ägypter und ihre Religion anklingen[11] und Philo von Alexandrien Ägypten durchwegs als negatives Symbol für das Materielle, Niedrige und Sinnliche anführte.[12] Die negative Einstellung galt im Grunde nur der eingeborenen Bevölkerung, von der man sich als Kolonisten in Analogie zur "makedonischen" Oberschicht demonstrativ abhob, was eine besondere Beziehung zur ptolemäischen Herrschaft bedingte, eine Situation, die sich unter der folgenden römischen Herrschaft auf Grund der aufbrechenden Spannungen zwischen "Griechen" und Juden schwieriger gestaltete. Zwangsdeportierte und Versklavte hegten hingegen gegenüber der herrschenden Macht begreiflicherweise sicher feindselige Empfindungen. Wie immer sich das alles auswirkte, von einem Niederlassungs- bzw. Rückkehrverbot ist in den erhaltenen Quellen jedenfalls keine Rede, auch die Schriften des Josephus bieten diesbezüglich keinerlei Hinweis. Die Legitimität der Existenz jüdischer Kolonien in Ägypten wurde offenbar in der Zeit des Zweiten Tempels nicht in Frage gestellt. Ein Onias aus der hohepriesterlichen Familie hatte keinerlei Bedenken, um 170 oder eventuell erst um die Mitte des 2. Jh. v. Chr. Ägypten als Exil zu wählen und dort in einer jüdischen Militärkolonie sogar an einem Tempel kultisch zu amtieren. Selbst der Priesterabkömmling Josephus, der die Tempelgründung in Bell VII,422-432 beschrieb und als Konkurrenzunternehmen gegenüber Jerusalem nicht guthieß, hatte grundsätzlich in dieser Frage keine anderen Bedenken anzumelden, erwähnt sogar eine Prophetie des Jesaja, nämlich Is 19,18-19, die man auf dieses Ereignis bezogen hat.[13] Der Name der Is 19,18b erwähnten Stadt wird in MT und LXX in bedeutungsmäßig gegensätzlicher Weise wiedergegeben, was wohl nicht bloß auf zufälliger Buchstabenvertauschung und Fehllesung beruht, sondern auf einer

---

11 Vgl. v.a. § 138 M. A. L. Beavis, Anti-Egyptian Polemic in the Letter of Aristeas 130-165 (the High Priest's Discourse), JSJ 118, 1987, 145-151.
12 P. Carni, Biblical Egypt as a Symbol in Philo's Allegory, Shnaton 5-6, 1982, 197-204.
13 So ohne den kritischen Passus Jos. Ant XIII,62-73 ebenfalls mit Bezugnahme auf Is 19,18f. in § 68.

unterschiedlichen Wertung. Die älteste Form des Namens dürfte *'îr ha-chäräs* ("Stadt der Sonne") gewesen sein, wie einige griechische Textzeugen noch nahelegen. Der MT will mit dem Namen *'îr ha-häräs* ("Stadt der Zerstörung") offensichtlich auf eine Katastrophe anspielen, wie das Jesaja-Targum dann auch noch deutlich hinzufügt: "die Stadt von *Bêt shämäsh*/"Sonnenhaus" (siehe Jer 43,13), die in der Zukunft zerstört werden sollte". Die LXX hingegen setzt mit *polis asedek* ein hebräisches *'îr ha-çädäq* / "Stadt der Gerechtigkeit" (vgl. Is 1,26!) voraus, was besser zum positiven Inhalt des Verses paßt, der ganz im Gegensatz zur Drohung in Jer 43,13 steht. Hier scheint eine Kontroverse durch, in der eine Position bereits in etwa der späteren rabbinischen Einstellung zu Ägypten und zum ägyptischen Judentum entspricht (s. unten).

Bemerkenswert ist auch, daß die Hasmonäer für ihre Absicherung gegenüber den Seleukiden lieber auf das noch ferne, aber kontinuierlich einflußreichere Rom setzten als auf das immer noch mit dem Seleukidenreich um Koily Syria konkurrierende ptolemäische Ägypten. Dort stellten die jüdischen Militäreinheiten noch am Ende der Periode und während der frühen römischen Herrschaft einen beachtlichen Faktor dar. Ihr Verhältnis zu Jerusalem war offensichtlich nicht immer gleichartig gewesen und gewiß gab es auch unter den anderen Juden in Ägypten diesbezüglich divergierende Standpunkte. Angeblich haben auch frühe Pharisäer, die mit den Oniaden schwerlich viel gemein hatten, unter Alexander Jannaj (103-76 v. Chr.) wegen innenpolitischer Bedrängnis[14] in Ägypten Zuflucht gesucht. Von einem Rückkehrverbot war damals auch in dieser Richtung offenbar noch nicht die Rede, und dies wiegt umso schwerer, falls die Nachricht legendär und somit zeitlich späteren Ursprungs sein sollte.

3.2. Das Königsrecht in der Tempelrolle

Das Thema Ägypten blieb während der ganzen Zeit seit dem Untergang des Reiches Judah noch in einer besonderen Hinsicht aktuell, nämlich im Bereich der politischen Programmatik im Blick auf eine eventuelle neuerliche Königsherrschaft, was ja nicht unbedingt eine Restauration der davidischen Dynastie bedeuten mußte. In der Tempelrolle (11Q19) ist im Rahmen des (hier im Vergleich zu Dt 17 viel umfangreicheren) Königsrechts (Kol. 56,12 - Kol. 60) eine Passage enthalten, die Dt 17,16f. entspricht. Während der MT nicht präzis erkennen läßt, worauf das Verbot der Rückführung nach Ägypten eigentlich abzielt, bietet die Fassung in 11Q19 Kol. 56,15f. eine Begründung, die der modernen Vermutung entspricht, daß es sich um eine Rüge von Vorgängen im Zusammenhang mit Ereignissen der späten Königszeit handle: Es geht um königliche Maßnahmen, in deren Verlauf zum Zwecke der Machtentfaltung durch Anhäufung von Kampfrossen Israeliten bzw. Judäer nach

---

14 M. J. Geller, Alexander Jannaeus and the Pharisee Rift, JJS 30, 1979, 202-211.

Ägypten gehen mußten. Die Tempelrolle bietet über den MT hinaus als Zweckbestimmung der Rückführung nach Ägypten expressis verbis *LMLChMH*: "zum Krieg", "für Kriegszwecke": «*Nur halte er sich nicht viel <Roß>[15] und er bringe nicht zurück das Volk <nach Ägypten>[16] zum Krieg, um <für sich>[17] zu mehren Roß und Silber und Gold. [Leer] <Habe ich Dir>[18] doch gesagt: Nicht <sollst du>[19] weiterhin zurückkehren auf diesem Wege nochmals.*» Meist wird auch in diesem Fall vorausgesetzt, daß der MT des Deuteronomiums etwas wie einen "Urtext" darstelle und daher die Tempelrolle hier nur einen Zusatz dazu enthalte. Neuerdings wird aber allgemein textgeschichtlich etwas differenzierter geurteilt und mit mehreren parallelen Fassungen des Deuteronomiums gerechnet, wozu noch die Möglichkeit eingeräumt werden muß, daß die in dem uns erhaltenen Buch Deuteronomium enthaltenen Gesetze auch in anderen, teilweise verwandten Sammlungen mehr oder minder vollständig und ähnlich Verwendung gefunden haben. Daß die sachlich deutlichere Tempelrollenfassung dem historischen Hintergrund am Ende der Königszeit entspricht, steht wohl außer Frage, daher kann nicht von vornherein ausgeschlossen werden, daß diese deutlichere Fassung mindestens so alt ist wie die mehr vage gehaltene des MT.

Die Alternative ist die Annahme eines Zusatzes erläuternder oder sogar polemischer Art. Leider lassen die erhaltenen Pesher-Fragmente zu Is 30-31 in 4Q163, Frg. 21-28, und zu Hos 8,13 in 4Q167 Frg. 15-17 nicht mehr erkennen, ob eine Aktualisierung in einem entsprechenden Sinne stattgefunden hat. Auch 4Q385 Frg. 16 ii, das auf Jeremia Bezug nimmt, sagt nichts aus. Der erhaltene Textbestand dieser Pesharim handelt ebenso wie der von 4Q388A Frg. 1 ii und von 4Q388B aber wohl textgemäß von der Vergangenheit. Dies ist ganz deutlich der Fall in 4Q462, wo es in Frg. 1,13 ff. heißt: «Er gab ihn hin (/Sie wurden hingegeben) ein zweites Mal in Ägypten am Ende der Königszeit und es ... [--] (14) [-- Einwo]hner von Philistäa und Ägypten zu Plünderung und Verheerung ...» Das alles weist darauf hin, daß man die in Frage kommenden biblischen Texte in den Pesharim zwar heilsgeschichtlich verstanden, den betreffenden Topos aber nicht aus seinen historischen Kontexten gelöst und für die Gegenwart aktualisiert hat. Die erhaltenen Textreste weisen eher daraufhin, daß mit Ägypten am Ende der Königszeit zwar sehr negative Erfahrungen verbunden wurden, wie sie in Is 19 oder 30,1ff. und v.a. in Jer 42-44 zum Ausdruck kommen, aber an ein Niederlassungsverbot zu der Zeit noch niemand gedacht hat.[20]

---

15 MT: <Rosse>.
16 <*mçrjm*>; MT: *mçrjmh*.
17 <> So auch LXX.
18 MT: <Hat JHWH euch>.
19 MT: <sollt ihr>.
20 In diesem Sinne sind die Bemerkungen z. St. in J. Maier, Die Tempelrolle vom Toten Meer und das "Neue Jerusalem", München (UTB 829) [3]1997, 241, nunmehr zu korrigieren.

Falls im Vergleich zum MT-Wortlaut, zu dem die LXX-Überlieferung keine
einschlägige Sinnvariante bietet, die Tempelrollenfassung tatsächlich als ver-
deutlichende Ergänzung hinzugekommen ist, muß dafür ein triftiger Grund
vorhanden gewesen sein, also die Abweisung einer anderen Interpretation - etwa
als Beleg für ein Niederlassungsverbot? Wenn Y. Yadin in seinem Kommentar
zur Erstedition zu 11Q19 Kol. 56,16 den Passus in jSanh XI Ende f. 29d
anführt, wo die Niederlassung verboten, der Handel aber erlaubt wird, erscheint
dies zwar als Gegenposition, die aber chronologisch und historisch nicht
angemessen angesetzt wird. Für ein Niederlassungsverbot, das sich auf den MT-
Wortlaut stützte und daher durch den Zusatz in 11Q19 zu einem Verbot eines
Handels für Kriegszwecke verdeutlicht werden sollte, gibt es keinen Beleg aus
der vorrabbinischen Literatur. Umgekehrt gibt es einen plausiblen Grund für die
Entstehung der MT-Fassung: Sobald Dt 17,16 mit der Exodusthematik verbunden war, und das war bereits in frühnachexilischer Zeit massiv der Fall, paßte
die Zuspitzung auf Kriegszwecke nicht mehr. Jedenfalls stimmt die vollere
Fassung in 11Q19 Kol. 56 historisch-sachlich durchaus zu der Situation des
Deuteronomiumstextes und muß daher nicht notwendigerweise das Produkt auf
eine eingrenzende Deutung zurückgehen.

4. Die rabbinischen Positionen

4.1. Exegetische Tradition und historische Konfrontation

Der Oniastempel war nach seiner Auflassung im Jahr 73 n. Chr. kein aktueller
Stein des Anstoßes mehr. In mMenachot XIII,10 wird sein Kult daher auch nur
insofern als untauglich erklärt, als er mit den altisraelitischen *bamôt* (Land-
heiligtümern) auf eine Stufe gestellt wird. In bMenachot 109b-110a kommen
einige Reminiszenzen zur Gründung hinzu,[21] doch der Tenor bleibt gleich, nur
am Ende wird wie im Targum mit *Bêt Shämäsh* und *Bêt häräs* ein vaticinium ex
eventu bezüglich der künftigen Zerstörung des Heiligtums verbunden. In tMen
XIII,12-15 kommt eine schärfere Tonart zum Zug: Wer am Oniastempel opfert,
verfällt der göttlichen *Karet*-Strafe.
    Von den Targumim enthält Targum Ps.-Jonathan zu Dt 17,16 verdeut-
lichende Formulierungen eigentümlicher Art und eine Deutung als Drohung:[22]
«Doch halte er sich nicht mehr als zwei Rosse, damit nicht seine Großen auf
ihnen reiten und groß tun und die Worte der Torah außer Kraft setzen und der
Exilierung nach Ägypten schuldig werden ...». Auch zu Dt 28,68 bietet dieses

---

21 Mit bemerkenswerten Abweichungen in Mose b. Maimons Kommentar zur Mischna
   von Men XIII,10.
22 Biblia Polyglotta Matritensia. Series iv: Targum Palaestinense in Pentateuchum, vol.
   V. Deuteronomium, ed. A. Diez Macho, Madrid 1980, 155.

Targum eine eigentümliche Auffassung:[23] «Das Wort des HERRN wird euch nach Ägypten exilieren mit Schiffen durch das Suf-Meer auf dem Weg, den ihr durchgezogen seid und (von dem) ich euch gesagt habe: ihr sollt ihn nicht wieder <sehen>.[24] Und ihr werdet dort euren Feinden anfangs zu teuren Preisen zum Verkauf angeboten wie Handwerksleute und dann zu billigen Preisen wie Sklaven und Sklavinnen und kommt (soweit) herunter, umsonst versklavt zu werden, doch keiner nimmt (das Angebot) an.»

Die Targumim zu Ex 14,13 verdeutlichen *MÇRJM* durchwegs zu "Ägypter". Obschon die palästinischen Targumim, insbesondere Targum Ps.-Jonathan und ähnlich CN, paraphrasierend und ergänzend erweitern, wird in keinem Fall ein Verbot der Rückkehr unterstellt. Dieses hatte seinen "Sitz im Leben" also nicht in erster Linie in der gängigen exegetischen Tradition, sondern in einem anderen Kontext, und zwar offensichtlich in der Polemik gegen das hellenistische Judentum insbesondere Ägyptens.

Das hellenistische Judentum Ägyptens war angesichts seines zahlenmäßigen Gewichts und seiner geographischen Nähe nach dem palästinischen Debakel im Krieg von 66-70 n. Chr. für die pharisäisch-frührabbinische Richtung die stärkste Konkurrenz im Ringen um die Vormacht im Rahmen der Neuordnung nach der Tempelzerstörung, doch wieder erwiesen sich in Palästina die Bindungen an die babylonische Diaspora als stärker. Der Lauf der Geschichte schien diese Orientierung auch als richtig zu bestätigen, denn mit dem Scheitern der jüdischen Aufstandsbewegung von 115-117 n.Chr. wurde das nordafrikanisch-ägyptische Diasporajudentum ganz empfindlich geschwächt. Die rabbinische Tradition hat davon trotz ihrer starken martyrologischen Schlagseite nur wenig Notiz genommen[25] und von der ganzen Katastrophe blieb fast nur das Geschehen in Syrien/Palästina in Form von legendären Reminiszenzen an den "Krieg des Qitus" vage in Erinnerung. Im Übrigen wurde das ganze kulturell-literarische Erbe des hellenistischen Judentums ignoriert und unterdrückt, die vorhandenen griechischen Bibelübersetzungen entweder ersetzt oder zumindest nach der eigenen prä-masoretischen Texttradition revidiert, und zwar auch im Sinne der eigenen Auslegungstradition,[26] und die Verwendung von Bibeltextexemplaren hellenistisch-jüdischer Herkunft verpönt.[27] Im Rahmen dieser

---

23 Biblia Polyglotta Matritensia ... a.a.O. 245; D. Rieder, Targûm Jônatan ben `Uzzî'el, Jerusalem 1974, 279.

24 Rieder a.a.O.: <zurückkehren>.

25 So beschreiben jSukkah V, f. 55a par. tSukkah IV,6; bSukkah 51b die Schönheit und Organisation der großen Synagoge Alexandriens. Daß Trajan diese Pracht zerstört habe, vermerkt der jTalmud.

26 Siehe dazu G. Veltri, Eine Tora für den König Talmai. Untersuchungen zum Übersetzungsverständnis in der jüdisch-hellenistischen und rabbinischen Literatur, Tübingen 1993, und die angegebene Literatur dort.

27 J. Maier, Jüdische Auseinandersetzung mit dem Christentum in der Antike, Darmstadt (WdF 177) 1982, 38f.103f.150f.

Abgrenzung und Ausgrenzung kam es unter anderem auch zu den Formulierungen, die ein biblisches Rückkehr- und Niederlassungsverbot im Lande Ägypten voraussetzen. Hatte bereits Jer 42-44 vorhandene Überlieferungen verknüpft, so tat es auch die rabbinische Schultradition, nun allerdings mit den voll entwickelten Mitteln der Midraschexegese.

4.2. Das Rückkehrverbot

Die entscheidende Passage, die für die weitere Geschichte der Halakah als Grundlage diente, findet sich in den beiden Fassungen des frühen Midrasch zu Exodus, der Mekilta, und zwar zu Ex 14,13.[28] Dabei wird das Verbot bereits drei biblischen Passagen unterlegt und zuletzt eine dreimalige Verletzung mit anschließender Strafe konstatiert, wobei die dritte Strafe kennzeichnenderweise mit Kaiser Trajan und somit mit dem Scheitern des Diaspora-Aufstandes von 115-117 n. Chr. verbunden wird, eine Tradition, die auch jSukka V,1 f. 55d in etwas anderer Form erhalten ist und an den Namen des Simon bar Jochaj geknüpft wird. Zum Stichwort Trajan folgt hier eine legendäre Episode bezüglich dieses Kaisers und seiner Unterdrückung des Aufstandes.

Diese umfangreiche Passage in der Mekilta de-R. Jishmael *Be-shallach* ii lautet wie folgt:[29] «*Denn wie ihr gesehen habt Ägypten:* An drei Stellen hat der ORT (Gott) Israel verwarnt, nach Ägypten zurückzukehren, denn es heißt (Ex 14,13): *denn wie ihr gesehen habt Ägypten heute, werdet ihr sie nicht wieder sehen auf Weltzeit;* und es lautet (Dt 17,16) *Und JHWH hat euch gesagt: ihr sollt nicht wieder zurückkehren auf diesem Wege;* und es lautet (Dt 28,68): *Und wird dich zurückbringen JHWH nach Ägypten mit Schiffen auf dem Wege, von dem ich dir gesagt habe: du sollst ihn nicht wieder sehen.* An den dreien kehrten sie zurück und an den dreien sind sie zu Fall gekommen: das erste (Mal) in den Tagen Sanheribs, da es heißt (Is 31,1): *Wehe denen, die hinabziehen nach Ägypten um Hilfe;* das zweite (Mal) in den Tagen des Jochanan ben Qareach, da es heißt (Jer 42,15): *Und es wird das Schwert, vor dem ihr euch fürchtet, dort sein, es wird euch erreichen im Lande Ägypten, und das Schwert, vor dem ihr euch sorgt, wird dort dicht hinter euch her sein und dort werdet ihr sterben;* und das dritte (Mal) in den Tagen des <TRGJNWS>.»[30] Ähnlich lautet die Mekilta' de-Rabbi Shim`on z. St.[31]

---

28 Innerhalb einer Serie von gleichartigen Interpretationen wird das Verbot auch kurz zu Ex 12,25-28 in *PSChH* XII mit Bezug auf Dt 17,16 und Verweis auf Ex 14,13 erwähnt.

29 J. Z. Lauterbach, Mekilta de-Rabbi Ishmael I, Philadelphia 1949, 213f.; H. S. Horovitz, Mechilta d'Rabbi Ismael, Jerusalem 1970, 95.

30 <> LA: *TRGJ'NWS, TWRGJNWS* etc.: Verderbte Namensform für Traianus.

31 J. N. Epstein - E. Z. Melamed, Mekilta d'Rabbi Shim`on b. Jochai, Jerusalem 1955, 56. Vgl. jSukkah V,1 f. 55d und für das Anfangsstück auch Jalqut Shim`oni I, §

Die Stoßrichtung ist deutlich daran zu erkennen, daß diese Behauptung eines Verbots nicht etwa im Rahmen der exegetischen Traditionen zu Dt 17,16f. ansetzt, sondern an Ex 14,13 geknüpft wurde, das sich als Verheißung exegetisch gesehen eigentlich gar nicht recht dafür eignete. Entscheidend war eben nicht die Auslegung dieses Verses sondern der Kontext der an sich polemisch gegen Ägypten ausgerichteten Exodusthematik. In bSukkah 51a (vgl. Jalqut Shim'oni I § 913) wird auf das Stichwort "Wer noch nicht gesehen ..." eine geläufige Schilderung der einstigen Pracht des jüdischen Alexandrien eingeschaltet, hier mit der kuriosen Behauptung, Alexander der Große (so in den meisten Textzeugen anstatt ansonsten Trajan) habe die jüdischen Alexandriner töten lassen. Als Ursache wird genannt: «weil sie das Schriftwort übertreten haben (Dt 17,16): *ihr sollt nicht wieder zurückkehren auf diesem Wege.*»

Das Thema Ägypten ist auch in jSanhedrin X Gegenstand von kontroversen Überlieferungen, also im Rahmen der Aufzählung jener Personen und Personengruppen, die "keinen Anteil an der Kommenden Welt (dem endgültigen Heilszustand) haben". In jSanh X,6 f. 29c lautet es: «R. Jochanan sagte: Die Anhängerschaft des Jochanan ben Kareach (Jer 42) - sie haben keinen Anteil an der Kommenden Welt. Was ist der Grund? - *Sie sind von JHWH abtrünnig geworden, denn fremde Kinder haben sie zur Welt gebracht, nun frißt es sie auf, (jeden) Monat ihre Erbanteile auf* (Hos 5,7).[32] Rabbi Le'azar und R. Jehudah: Einer sagte, die sind erst ins Exil abgewandert, als sie Unbeschnittene geworden waren, und der andere sagte, sie sind erst ins Exil abgewandert, als sie Mamzerim (untauglich im Sinne legitimer Nachkommenschaft) geworden waren. Der da "Unbeschnittene" gesagt hat, (bezog es) auf Beschneidung und Gebote, der da "Mamzerim" gesagt hat, (meinte): von ihren Vätern her.» Im Folgenden werden die Männer einer zum Götzendienst abgefallenen Stadt (Dt 13,13-19) als solche definiert, die keinen Anteil an der Kommenden Welt haben, woran sich eine Reihe von thematisch einschlägigen Überlieferungen angeschlossen hat, wobei wegen des Wiederaufbauverbots in Dt 13,17 die Rede schließlich auch auf Jericho kommt, das Jos 6,26 von einem Wiederaufbau-Verbot belegt ist. Und dazu heißt es dann zuletzt recht unvermittelt jSanh X,8 Ende f. 29d: «Und desgleichen heißt es (Dt 17,1): *Nicht sollt ihr weiterhin zurückkehren auf diesem Weg nochmals. Zur Niederlassung kehrst du nicht zurück, aber du kehrst zurück zu Handel und zu Geschäft und um das Land zu erobern.*»

Bemerkenswert ist, daß auch hier im Kontext und ebenso (breiter ausgeführt) in bSanh 111a - 113b die Themen Exodus und Exil verbunden sind, also der alte polemische Hintergrund deutlich erkennbar ist, der hier allerdings durch die

---

233a zu Ex 14,13; Midrasch ha-gadol. Sefär Shemôt, ed. R. Margulies, Jerusalem 1956, 265.

32 Übersetzung nach dem Targum. Die LXX folgte einem anderen Text: «... nun es frißt sie auf der Kornrost (*erysibê*, hebr. *chasîl*; vgl. Joel 1,4; 2,25), sie und ihre Erbteile». RSh"J bezieht "Monat" auf den Monat Ab als Subjekt des Verbs "frißt".

Verbindung mit dem Motiv der zum Götzendienst abgefallenen Stadt und dem
dabei eingeschobenen Motiv vom Fluch über ein wiederaufgebautes Jericho
noch eine markante Verschärfung erfährt. Allerdings ist in der Parallele im
bTalmud dieser entscheidende Passus mit dem Zitat Dt 17,16 nicht enthalten;
offenbar erschien das Motiv aus mesopotamisch-jüdischer Sicht nicht so
relevant. Gleichwohl ist das Verbot der Niederlassung in Ägypten in der
rabbinischen Literatur mehrfach zum Ausdruck gebracht worden und damit war
es für die Späteren als autoritative Überlieferung vorgegeben.

5. Mittelalterliche Exegese und Halakah

5.1. Das rabbinische Erbe in früher Bibelauslegung

Die Drohung in Hos 8,13 wurde im Mittelalter in der Regel so verstanden, daß
die Israeliten entgegen einem bestehenden Verbot nach Ägypten zurückkehren
würden und hier daher eine Deportation als eine dem Vergehen entsprechende
Strafmaßnahme angedroht wird.[33]

Der im Hochmittelalter im Jemen redigierte Midrasch ha-gadol bietet eine
entsprechende Aussage zu Dt 17,16:[34] «*Und er bringe das Volk nicht wieder
nach Ägypten:* Wenn er sich Rosse anhäuft, bringt er das Volk zu ihrer
Versklavung nach Ägypten, denn in Bezug auf Ägypten sagt Er (Ex 5,12): *Und
er zerstreute / Und es zerstreute sich das ganze Volk im ganzen Lande Ägypten,
um Stoppeln zu sammeln für Häcksel.* Und in Bezug auf die Rosse sagt Er (1
Kön 5,8): *und die Gerste und das Stroh für die Rosse und für die Gespanne /
Wagen(streitmacht). - Und er bringe das Volk nicht wieder nach Ägypten:*
Eine Rückkehr zur Niederlassung. Du sagst, eine Rückkehr zur Niederlassung?
Oder nicht etwa für Handel? Wie Er sagt (Ex 14,13): *wie ihr gesehen habt die
Ägypter heute* - Eine Rückkehr zur Niederlassung, nicht eine Rückkehr für
Handel. Und JHWH hat euch gesagt: *ihr sollt nicht weiterhin* - wo hat Er das
gesagt? Da Er gesagt hat (Ex 14,13): *wie ihr gesehen habt die Ägypter heute,
werdet ihr nicht wieder ...*».

Zu Dt 28,68 heißt es dementsprechend in diesem Midrasch unter Verwendung der Tradition, die in der Mekilta zu Ex 14,13 belegt ist:[35] «*... und es wird
dich zurückbringen JHWH nach Ägypten mit Schiffen auf dem Weg, von dem ...:*
An drei Stellen hat der ORT (Gott) Israel verwarnt, nach Ägypten zurückzukehren: (Ex 14,13): *denn wie ihr gesehen habt Ägypten heute, werdet ihr sie*

---

33 Vgl. Abraham b. Meir ibn Ezra z. St.: "daß sie zurückkehren werden nach Ägypten
   entgegen seinem Wort: *ihr sollt nicht wieder zurückkehren auf diesem Weg.*" David
   Kimchi verweist im Sinne von MekRJ BShLCh ii (zu Ex 14,13) auf Jochanan b.
   Kareach in Jer 42.
34 S. Fisch, Midrash ha-gadol, Sefär Debarîm Jerusalem 1972, 401.
35 A.a.O. 629-630.

nicht wieder sehen; (Dt 17,16): *Und JHWH hat euch gesagt: ihr sollt nicht wieder zurückkehren auf diesem Wege*; (Dt 28,68): *auf dem Wege, von dem ich dir gesagt habe: du sollst ihn nicht wieder sehen.* An den dreien kehrten sie zurück und an den dreien sind sie gefallen: das erste (Mal) in den Tagen Sanheribs, da es heißt (Is 31,1): *Wehe denen, die hinabziehen nach Ägypten um Hilfe*; und was wurde über sie gesagt? - (Is 31,3) *aber Ägypten ist ein Mensch und kein Gott.* Das zweite (Mal) in den Tagen des Jochanan ben Kareach, da es heißt (Jer 42,15): *Und es wird das Schwert, vor dem ihr euch fürchtet, dort sein, es wird euch erreichen.* Und das dritte (Mal) in den Tagen des <TRkJNWS>. *Und es wird dich zurückbringen JHWH mit Schiffen*: Kann es sein, daß man euch zurückbringt, um Freie zu sein? Die (biblische) Lehre sagt: *und ihr werdet euch dort zum Verkauf anbieten als Sklaven und als Sklavinnen.*»

Im aschkenasischen Bereich schrieb im 11. Jh. Tobia ben Eliezer ein Midraschwerk zum Pentateuch und da nahm er zu Ex 14,13 die entscheidende Passage aus der rabbinischen Überlieferung wie folgt auf:[36] «an drei Stellen wurde(n die) Israel(iten) verwarnt, nicht nach Ägypten zurückzukehren: *und wie ihr gesehen habt ... etc.* (Ex 14,13); *ihr sollt nicht wieder zurückkehren auf diesem Wege* (Dt 17,16; *Du wirst/sollst ihn nicht weiterhin wieder sehen* (Dt 28,68). Und an drei Stellen kehrten sie zurück und an diesen drei Stellen sind sie zu Fall gekommen: Das erste Mal in den Tagen Sanheribs, denn es heißt (Is 31,1): *Wehe denen, die hinabziehen nach Ägypten um Hilfe*; das zweite Mal in den Tagen des Jochanan ben Kareach, denn es heißt (Jer 42,16): ...; und das dritte Mal in den Tagen des TRGJNWS (Trajan) zur Zeit des Zweiten Tempels (!).» Diese Positionierung in der - haggadischen - Exodus-Thematik entspricht dem oben beschriebenen rabbinischen Befund. Zu Dt 17,16 hatte demgemäß Tobia b. Elieser nicht dergleichen zu bemerken. Zu Dt 28,68 äußerte er sich, das Verbot voraussetzend, pärenetisch:[37] «*Und es wird dich JHWH zurückbringen nach Ägypten mit Schiffen* - Komm und sieh, wie groß die Kraft der Übertretung ist, daß sogar der Heilige - gepriesen sei Er! - Israel angesagt hat (Ex 14,13): *werdet/sollt ihr sie nicht wieder sehen auf Weltzeit*, in der Stunde des Zorns was geschrieben steht? - *Und es wird dich zurückbringen JHWH nach Ägypten mit Schiffen.*»

Der maßgeblichste aschkenasische Exeget, Salomo b. Isaak (RSh"J, gest. 1105), nahm hingegen bemerkenswerter Weise zu Ex 14,13 und Dt 17,16 nicht auf das Verbot Bezug und deutete Dt 28,68 auf das Geschehen von Jer 42-44. Anders der spätere anonyme Verfasser der nicht genau datierbaren "Da`at zeqenîm"[38] zum RSh"J-Kommentar. Er erläuterte den Satzteil *l' tspw lr'tm ...*, indem er die Defektivschreibung von *tspw* (von *jsp* im Hif'il, fortfahren zu,

36 S. Buber, Lekach-tob ... von Rabbi Tobia ben Elieser, II. Sefär Shemôt, Wilna 1884, 85.
37 A.a.O., Sefär Debarîm 49.
38 Zitiert in: J. Gliss (Hrsg.), Sefär Tôsafôt ha-shalem VII, Jerusalem 1997/8, 191.

wiederum tun) benützt, um die Bedeutung "hinschwinden" (*sph*) ins Spiel zu bringen und verweist unter Bezug auf bSukkah 51b präzis darauf, daß Alexandrien zerstört worden sei, «weil sie *l' tsjpw* („ihr sollt nicht wiederum ...) übertreten haben.» Danach erwähnte er, daß das Verbot nicht einem vorübergehenden Aufenthalt gilt, möglicherweise aber auch nur dem König, damit er nicht seine Beauftragten für den Pferdekauf in Ägypten wohnen lasse. Das dürfte aber bereits auf die Rechtsauffassung des Mose b. Maimon (s. unten) Bezug nehmen.

5.2. Das Verbot im Kontext des jüdischen Rechts

Die Autoren halakischer Literatur standen in der Frage Ägyptens nun vor der Tatsache, daß die rabbinische Tradition ein biblisches Verbot der Niederlassung in Ägypten ausweist. Der maßgeblichste Rechtsgelehrte des jüdischen Mittelalters, Mose b. Maimon (gest. 1204; abgekürzt: RMB"M; bekannt als "Maimonides"), dessen Familie das islamische Spanien hatte verlassen müssen, lebte in Kairo, schrieb seine halakischen Werke dort und wirkte für die Juden Ägyptens auch im praktischen Rechtswesen als überragende gesetzliche Autorität. Die Existenz eines in der rabbinischen Überlieferung festgeschriebenen biblischen Verbots einer Rückkehr nach Ägypten war daher für ihn persönlich wie für die ägyptische Judenheit von einiger Brisanz, jedenfalls unter der Voraussetzung, daß das Verbot speziell Ägypten als Land gilt, wie es in der rabbinischen Literatur polemisch nahegelegt wird.

Maimonides hat die biblischen Gesetze in einem "Buch der Gebote" (Sefär ha-miçwôt) im Sinne einer bereits festen Tradition in Gebote und Verbote geteilt, aufgelistet und erläutert. Für das traditionelle halakische Verständnis dieser biblischen Passagen sind diese Erläuterungen weit gewichtiger als die gängigen mittelalterlichen Bibelkommentare, die ja nicht in erster Linie als gesetzliches Genre konzipiert worden sind. Die biblischen Gesetze wurden dann von Maimonides in dieser Interpretation auch in sein Kompendium des gesamten jüdischen Rechts (der Schriftlichen wie Mündlichen Torah) aufgenommen, in den "Mishneh Tôrah".

Schon im ersten Text aus dem "Buch der Gebote" wird sofort deutlich, daß Maimonides das Verbot nicht ans Land sondern an dessen götzendienerische Bewohner bindet. Damit wird von vornherein die Aktualität des Verbots relativiert, denn für den Fall, daß die Landesbevölkerung nicht mehr aus Götzendienern besteht, entfällt so der Verbotsgrund.

a) RMB"M, Sefär ha-miçwôt, Verbot 46:[39] «Das Gebot 46 besteht im Verbot, daß wir verwarnt wurden, auf Weltzeit nicht im Lande Ägyptens[40] zu wohnen, damit wir nicht von ihnen ihre Leugnung lernen und damit wir uns nicht entsprechend ihren nach Ansicht der Torah schlechten Bräuchen verhalten.[41] Und das ist es, was Er - Er werde erhoben! - sagt (Dt 17,16): *Nicht sollt ihr weiterhin auf diesem Weg zurückkehren nochmal.* Das Verbot in dieser Sache wurde bereits dreimal wiederholt. Man hat gesagt (Mekilta de-R. Jishmael *Be-shallach* ii; jSukkah V,1): An drei Stellen hat die Torah Israel verwarnt, nicht nach Ägypten zurückzukehren, und an drei (Gelegenheiten) sind sie nach Ägypten zurückgekehrt und bei (allein) drei Gelegenheiten wurden sie bestraft. Die drei Stellen sind: Eine davon ist die, die wir erwähnt haben; die zweite ist, da Er sagt (Dt 28,68): *auf dem Wege, von dem ich dir gesagt habe, daß du ihn nicht wieder sehen sollst*; und die dritte, da Er sagt (Ex 14,13): *denn wie ihr Ägypten heute gesehen habt, sollt ihr sie nicht wieder sehen auf Weltzeit.* Und obschon der einfache Wortsinn des Ausdrucks eine Erzählung betrifft, ist uns eine Tradition überkommen, wonach es sich um ein Verbot handelt. Und es wurde auch bereits am Ende der Gemara von Sukkah dargelegt, daß auch Alexandria zum Land gehört, in dem zu wohnen es verboten ist, und vom Meer bei Alexandria mißt man ein Landstück von 400 Parsangen Länge und 400 Parsangen Breite (vgl. bPesachim 94a), und das ist das ganze Land Ägypten, in dem zu wohnen verboten ist. Es ist aber erlaubt, es für Handelsgeschäfte zu durchziehen oder um in ein anderes Land zu gelangen. Ausdrücklich sagte man im (Talmud) Jeruschalmi (jSanh X,8 Ende):[42] *Zur Niederlassung kehrst du nicht zurück, aber du kehrst zurück zu Handel und zu Geschäft und zur Eroberung des Landes.*»

b) Mishneh Torah, Hilkôt M[e]lakîm V,7: «Es ist erlaubt, sich in der ganzen Welt niederzulassen außer im Lande Ägypten: Vom großen Meer bis zum Westen sind vierhundert Parsangen mal vierhundert Parsangen weit gegenüber dem Lande Kusch (im Süden) und gegenüber der Wüste - alles - für die Niederlassung verboten. An drei Stellen verwarnt die Torah, nicht nach Ägypten zurückzukehren, denn es heißt: *ihr sollt nicht wieder zurückkehren auf diesem Weg* (Dt 17,16); *du sollst es nicht wieder sehen* (Dt 28,68); *Ihr sollt sie nicht wieder sehen auf Weltzeit* (Ex 14,13). Und Alexandria ist im Verbot inbegriffen.»

---

39 D. Kafaḥ, Sefer Hamitzvot by Moshe ben Maimon (Maimonides), Jerusalem 1971, 205.
40 Als Patronym kollektiv verstanden und folglich mit Plural konstruiert.
41 Vgl. Sifra *'ChRJ MWT* XIII, wo Ägypter und Kanaanäer als gleichermaßen verderbt eingestuft werden. Ferner Sedär Elijahu Rabba VIII (VII), ed. M. Friedmann, 40.
42 Dort aber (s. oben) im Kontext des Themas der zum Götzendienst abgefallenen Stadt (Dt 13,13-19) und zuletzt im Blick auf das verbotener Weise wiedererbaute Jericho.

c) Mishneh Tôrah, Hilkôt M^elakîm V,8: «Erlaubt ist, ins Land (Ägypten) zurückzukehren zum Zwecke des Handels und des Geschäfts, und um andere Länder zu erobern (jSanh X,8). Es ist nur verboten, sich dort (für ständig) niederzulassen, doch wird man wegen einer Übertretung dieses Verbots nicht straffällig. Die Einreise ist ja erlaubt, und wenn man gedenkt, zu bleiben und sich niederzulassen, so ist das kein Vergehen. Ich bin auch der Meinung, daß für den Fall, da ein König Israels das Land Ägypten auf Grund eines Gerichtsbeschlusses erobert, es (zur Niederlassung) erlaubt wird. Sie (die Torah) verwarnte nur davor, als Einzelne dorthin zurückzukehren oder darin zu wohnen, während es in der Hand von Götzendienern ist, weil deren Taten verdorbener sind als die aller (anderen) Länder, denn es heißt (Lev 18,3): *Wie die Taten des Landes Ägypten.*»

d) Somit hängt die Aktualität des Verbotes einer Niederlassung im Lande Ägypten davon ab, ob die Landesbevölkerung als Götzendiener einzustufen sind und daher eine Gefahr für unter ihnen siedelnde Juden darstellen. Zur Zeit des Maimonides lebten in Ägypten vorwiegend Moslems und außer der jüdischen auch eine christliche Minderheit, beide als *ahl ad-dimmah* der islamischen Herrschaft als Vertragschützlinge unterworfen. Entscheidend war also der Sachverhalt einer islamischen Herrschaft über das Land Ägypten. Denn Moslems gelten nach jüdischem Recht als Bekenner eines reinen Monotheismus und werden daher nicht als Götzendiener eingestuft, auch wenn Mohammeds Anspruch einer abschließenden und damit die Torah überholenden Offenbarung schroff zurückgewiesen wird.

Damit war für Maimonides und die Vertreter seiner Rechtsauffassung das Verbot einer Niederlassung in Ägypten umständebedingt nicht aktuell. Gewiß folgten nicht alle dieser Meinung, manche kannten diese Argumentation auch nicht. Das Gewicht der Realität hat letzten Endes auch hier die Praxis bestimmt und das Verbot im Sinne der Regelung durch Maimonides auf die Ebene einer historisch bedingten Regelung von einst gerückt bzw. zu einem nur mehr für theoretische Erwägungen interessanten Gegenstand gemacht.

5.3. Nachmaimonidische Exegeten

Umsichtige Exegeten haben die ungewöhnlichen Voraussetzungen dieses Verbots und die Schwierigkeiten der damit verbundenen Textdeutungen sehr wohl gesehen und zu erklären versucht. Der spanisch-jüdische Exeget und Maimonides-Verehrer Mose b. Nachman (gest. 1270) schrieb zu Ex 14,13:[43]

---

43 Ch. D. Shevvel, Pêrûshê ha-Tôrah le-Rabbenû Moshäh ben Nachman (RMB"N) I, Jerusalem 1959, 350.

«Denn wie ihr gesehen habt Ägypten[44] heute, werdet/sollt ihr sie nicht wieder sehen: Nach Ansicht unserer Meister ist dies ein Verbot für <ihre>[45] Generationen. Wenn es sich so verhält, besagt die Schriftstelle: Fürchtet euch nicht und haltet Stand auf eurem Platze und seht die Rettung des H(ERRN) aus ihrer Hand, die er euch heute zuteil werden lassen wird, und kehrt nicht zurück zu <ihrer>[46] Knechtschaft, denn (bezüglich) Ägypten, das ihr heute gesehen habt, befiehlt euch der H(eilige -)ge(priesen ist) E(r), daß ihr weiterhin nicht in eurem Willen habt, sie wieder zu sehen von nun an und bis auf Weltzeit; und daß es ein Gebot für Israel durch den Mund des Mose sein soll und nicht oben ausgesprochen worden ist.[47] Also gilt, daß *und er bringe nicht wieder das Volk nach Ägypten, um Ross(e) zu mehren* (Dt 17,16) und *hat JHWH doch zu euch gesagt: Nicht sollt ihr weiterhin zurückkehren auf diesem Wege nochmal* tatsächlich ein (biblisches) Gebot und nicht eine Verheißung darstellt.»

Zu Dt 17,16 problematisierte derselbe Autor zunächst die Bedeutung des Textes, indem er die Erklärung des RSh"J anführt:[48] *«nicht halte er sich viele Rosse* - ausgenommen für seine Streitwagen, daß er das Volk nicht zurückbringe nach Ägypten, denn die Rosse kommen von dort her, wie es heißt (1 Kön 10,29): ... So die Aussage des RSh"J. - Aber mir bereitete diesbezüglich ein Problem, daß man im Jerushalmi am Ende von Sanhedrin gesagt hat: "zur Niederlassung kehrst du nicht (dahin) zurück, aber du kehrst zurück zum Handel, zum Geschäft und zur Eroberung des Landes". Wenn nun der König hinschickt und kauft von dort die Pferde und die Wagen, so ist das Handel und das wäre erlaubt. Aber richtig ist wohl, daß der Schrifttext ermahnt hat, er soll sich nicht viel Rosse anschaffen, und zwar selbst aus seinem eigenen Land und aus dem Land Shin`ar oder auf dem Weg erlaubten Handels, damit er nicht auf seine Streitwagen vertraut, weil sie so zahlreich, und auf seine Reiter, weil sie so sehr mächtig sind (vgl. Is 31,1). Und danach ermahnte er den König, daß er das Volk nicht nach Ägypten zurückbringe, damit sie sich dort für ihn als seine Diener und als sein(e) Volk(sangehörigen) als Handelsbeamte in den Streit- wagenstädten niederlassen, um viele Pferde anzuschaffen, wie es in Bezug auf Salomo heißt ... (es folgt Weiteres über Salomo). Und nach dem Verfahren unserer Meister ist *denn wie ihr gesehen habt Ägypten heute, werdet/sollt ihr sie nicht wieder sehen auf Weltzeit* ein Gebot und Mose hat es proklamiert: *Nicht sollt ihr weiterhin zurückkehren auf diesem Wege nochmal,* und das habe ich bereits erklärt. Der Sinn dieses Gebotes ist: Weil die Ägypter und die Kanaanäer

---

44 Vgl. o. Anm. 3.
45 <> z.T. in Handschriften.
46 Lesart: <eurer>.
47 Auch andere Kommentatoren notierten, daß kein eigentliches Gesetz vorliegt. Vgl.
    Ch. D. Shevvel, *Chizzeqûnî*, Jerusalem 1981, zu Dt 17,16, 561: «Ein (Torah-) Gebot
    war das und ist nicht aufgeschrieben worden.»
48 Ch. D. Shevvel, *Pêrûshê ha-Tôrah le-Rabbenû Moshäh ben Nachman (RMB"N) II,*
    Jerusalem 1959, 424.

schlecht waren und gegenüber dem H(ERRN) überaus sündig, wie es heißt (Lev 18,3): *gemäß der Praxis des Landes Ägypten, in dem ihr gewohnt habt, und gemäß der Praxis des Landes Kanaan etc.*, wollte der H(ERR) nicht, daß (die) Israel(iten) von ihren Praktiken lernen und rottete unter den Kanaanäern jede Seele aus und sprach (Ex 23,33): *sie sollen in deinem Lande nicht wohnen*, und er ermahnte in Bezug auf Ägypten, daß wir uns in ihrem Land nicht niederlassen.»

Der spanisch-jüdische Kabbalist und Exeget Bachja ben Ascher (ebenfalls 13. Jh.) drückte sich in seinem Pentateuchkommentar hinsichtlich der situationsgebundenen Gültigkeit des Verbots am eindeutigsten aus, fügte allerdings noch eine andere, einschränkende Rechtsauffassung hinzu:[49] «... *Nicht sollt ihr weiterhin zurückkehren auf diesem Wege nochmal*: Das ist ein Gebot "für die Stunde"[50], damit (die) Israel(iten) nicht ihre Praktiken lernen und gemäß dem, daß die Ägypter bekannt und berüchtigt waren in bezug auf jegliche Abscheulichkeit» entsprechend der Aussage der Schriftstelle (Lev 18,3): *entsprechend der Praxis des Landes Ägypten etc.* Daher hat Er ihnen so befohlen, doch ist es kein Gebot für (alle) Generationen, so daß die Schrift das Wohnen im Lande Ägypten auf Weltzeit verbieten würde, denn wir sehen zahlreiche Gemeinden, die dort seit langem bis auf diesen Tag wohnen. Wäre es ein Gebot für (alle) Generationen, hätte(n die) Israel(iten) als Heilige das nicht leicht genommen, um dort zu wohnen, und falls sie es hätten tun wollen, hätten die (rabbinischen) Weisen in jeder Generation sie gehindert. Es gibt aber solche, die annehmen, daß es sich um ein Gebot für (alle) Generationen handelte, die Schrift aber das Wohnen in Ägypten nur jenen verboten hat, die aus dem Lande Israel dorthin kommen, und desgleichen weise der Ausdruck *auf diesem Wege* darauf hin, daß ihr, wenn ihr geht und die Richtung eures Gesichts auf das Land zielt, nicht daraus nach Ägypten zurückkehren sollt.»

Isaak b. Jehudah Abrabanel (gest. 1508), der am Ende des Mittelalters die exegetischen Traditionen gesichtet und ausgewertet hat, nahm von der Debatte um das Gebot nicht einmal mehr Notiz. Seine Erklärung zu Dt 17,16 bezieht sich ganz auf Verhalten und Pflichten des Königs und auf die daraus sich ergebenden Konsequenzen.[51] Daher begriff er auch das Zitat in Dt 28,68 als eine verwirkte Verheißung und nahm mit keinem Wort Bezug auf das rabbinische Verbot.[52]

---

49 Ch. D. Shevvel, Rabbenû Bachja, Bê'ûr `al ha-Tôrah III. Ba-midbar. Debarîm, Jerusalem 1974, 355 zu Dt 17,16.
50 Ein zeit- bzw. situationsgebundenes Gebot.
51 Isaak Abrabanel, Pêrûsh `al ha-Tôrah. Debarîm, Jerusalem 1963/4, 169.
52 A.a.O. 270.

Hatred - An Essene Religious Principle and its Christian Consequences

by Magen Broshi

1. Where has Jesus learned this?

In the Sermon on the Mount Jesus asks: 'You have heard that it has been said "Love your neighbor, hate your enemy". But what I tell you is this: Love your enemies and pray for your persecutors' (Matthew 5:43-44). Generations of commentators tried in vain to locate in Jewish literature the source that teaches to hate. In the magisterial study of the talmudic parallels to the New Testament by Strack and Billerbeck it was suggested that Jesus was referring to a putative folk proverb, a proverb which has not reached us.[1] The discovery of the Dead Sea Scrolls solved the problem. In the Manual of Discipline (a.k.a Rule of the Community) it is stated explicitly at the very beginning of the preamble:

'... and in order to love all that He has chosen and to hate all that He has rejected' (1QS I:3-4).

In an expanded form it is repeated in the same document:

'These are the normes of the way for the Master in these times with respect to his love and his hate. Eternal hatred against the men of the pit in the spirits of concealment. He shall leave to them property and labor of hands, as a slave does to the man who rules over him, and one oppressed before the one who

---

1 H.D. Betz, The Sermon on the Mount, Hermeneia, Fortress Press, Minneapolis 1995, 302-304. Until the discovery of the Dead Sea Scrolls where we find a most explicit commandment to hate, many scholars accepted Billerbeck's view that Jesus was referring to a popular maxim. Cf. H.L. Strack and P. Billerbeck, Kommentar zum Neuen Testament aus Talmud und Midrasch 1, Das Evangelium nach Matthäus, München 1922, 353, 368. Betz (ibidem, note 809, though aware of the Essene data, still adheres to this outdated idea). On the Essene data cf. E.F. Sutcliff; Hatred at Qumran, Revue de Qumran 2 (1960), 345-356; K. Stendahl, Hate, Non-Retaliation, and Love, Harvard Theological Review 55 (1962), 343-355. The first to detect the relation between this verse and the Manual of Discipline was Morton Smith. Cf. his Mt. 5.43: 'Hate Thine Enemy', Harvard Theological Review 45 (1952), 71-73. On love / hate in the formative stages of Christianity cf. G.G. Stroumsa, Early Christianity as Radical Religion, Israel Oriental Studies 14 (1994), 173-193.

dominates over him. He shall be a man zealous for the statute and prepared for the day of vengeance' (1QS IX:21-23).

This teaching is repeated also in other scrolls.

E.g. 'To despise all that you [hate] and reject all that you hat[e]' (1QH XIV:10 = Thanksgiving Scroll).

2. The Testimony of Josephus

Until the discovery of the Dead Sea Scrolls, our main source about the Essenes was their contemporary historian Flavius Josephus. Although the Essenes were not as numerous as the Pharisees or influential as the Sadducees, Josephus speaks about them at greater length than about the other two religious movements - they were so different and therefore so much more interesting. The discovery of the Essenes own library with over 800 documents has proven that the data provided by Josephus, literally dozens of details, is very accurate.[2] These details proven true range from the most significant (e.g. their belief in predestination) to the trivial (e.g. the ban on spitting while sitting in a circle). Josephus also tells us that before every common meal, i.e. twice daily, the participants swear an awesome oath including a commitment 'to hate forever the unjust and fight together with the just' (War 2,139). An oath taken twice daily should be taken seriously.

3. Predestination - the Theological Background of Hatred

The Essene were the first in the history of religions to uphold the dogma of predestination. For them this was the principal dogma and the main dividing line between them and the rest of Judaism. It is well nigh certain that it is they that introduced predestination to Christianity, and that the predestinarian dogmas of the Protestant reformation derives from the Essene teachings.[3] The Essenes developed quite an elaborate doctrine of predestination, or to be precise, double predestination (praedestinatio duplex). It is expressed in several of the sectarian writings, especially in the 'Treatise on the Two Spirits' (1QS III:13-IV:26), the only theological treatise in Jewish literature prior to the Middle Ages. In a nutshell: The Essene doctrine holds that the Lord has preordained everything and nothing can be changed. Humanity is made up of the Children of Light and the Children of Darkness, the Blessed and the Damned One is born into either camp and there is no crossing of borders. In such a world, where no repentance is possible and the wicked are to stay forever

---

2   T.S. Beall, Josephus Description of the Essenes, Illustrated by the Dead Sea Scrolls, Cambridge University Press, Cambridge 1988, 79-83. For a detailed list of passages dealing with hatred cf. page 83.

3   M. Broshi, Predestination - Between Qumran and Geneva, (forthcoming).

in their despicable status, it is only natural that those whom God has despised and cursed should be hated, despised and cursed by the Elect as well.

4. The Concealment of Hatred

In the passage of the Manual of Discipline quoted above the member of the sect is instructed to keep his hatred 'in the spirit of concealment', to behave meekly as a slave before his master. This is not an advice, this is an instruction. Otherwise, had the sect shown its hatred to the outside world (and there are no neutrals, either you belong to us or you are against us), the Essenes would have stood little chance of survival. This is the first case of instruction of a monotheistic religion ordering its faithful to simulate a feeling. Paganism, being as a rule quite tolerant, does not require hiding one's religious affiliation or feelings. In Islam, *taqiyya,* precautionary dissimulation, is quite prevalent, especially in Imami Shiism. In lmami, or Twelver Shiism, the principal of *taqiyya* is sometimes raised to the level of an article of faith.[4] In Christianity we have precautionary simulation the principal dogma of Nicodemism, or the Family of Love.[5]

Normative, Rabbinical Judaism, half a millenium after the Essenes would disappear from the historical arena, allows Jews to hide their religious identity (of course, without transgressing any of the religious laws: 'Raba also said: A rabbinical scholar may assert, "I am a servant (i.e. priest) of fire" and will not pay poll tax' (b. Nedarim 62,2).

A twentieth century case of an instruction to conceal one's feelings towards the wicked will be discussed later (cf 8.).

It ought to be remembered that the Essenes were quite a secretive sect: 'But one must not argue nor quarrel with the men of the pit, so that the counsel of the Torah might be concealed in the midst of the men of deceit. One must argue with true knowledge and righteous judgement (only with) the chosen of the Way' (1QS IX:16-18). This is the only instance where secrecy is discussed explicitly, but references to the rule of secrecy are to be found also in other texts.[6]

5. Hatred in the Bible and Rabbinical Teachings

The Pentateuchal law is quite clear:
'You shall not hate your brother in your heart ... You shall not avenge, nor bear any grudge against the children of your own people, but love your neigh-

---

4   R. Strothmann, article Takiya, The Encyclopaedia of Islam 4, Brill-Luzac, Leyden-London, 1931, 628-629; E. Kohlberg, Some Imami - Shii Views on Taqiyya, Journal of the American Oriental Society 95 (1975), 395- 402.

5   F.L. Cross, Oxford Dictionary of the Christian Church, 3rd ed., Oxford 1997, 1152.

6   Cf. 1QS (Manual of Discipline) IV:6; V:11; VIII:11-12; 1QH (Thanksgiving) V:25-26; VIII:10; CD (Damascus Document) XV:10-11.

bor as yourself ' (Leviticus 19:17-18). One should not hate his own people
-brother or neighbor, but there is no prohibition on hating enemies. There is a
very strong stress in Judaism on remembrance - the first religion that put history
at the center of its theology.[7] Remembering the nation's biography, including
wrongs perpetrated by its enemies is a significant part of the Jewish religion.[8]
Intensive hatred towards its enemies, and the definition of enemy is quite broad,
is to be found in Judaism throughout its history. E.g.: 'O daughter of Babylon
Happy shall he be who will take and dash your babies to the rocks'; (Psalms
137:8-9) 'Pour out your wrath upon the heathen that have not known you'
(Psalms 79:6). As is well known, the latter verse is recited at the seder
ceremony. However, there is no rule, neither in the Bible nor in the talmudic
literature, that commands one to hate. As we have noted above, the Essenes are
an exception.

A unique talmudic passage teaches whom might hate: 'The evil eye, the evil
inclination and hatred of his fellow creatures drives a man out of this world
(Mishna, Avot 2:1 1). How is this to be understood ? It teaches us that a man
should not have in his mind to say: Love the sages and hate the disciples, love
the disciples and hate the *ammei ha-ares; but* one should say: Love all of them
and only hate the sectarians, the apostates and the informers. So, too, David said
(Psalms 139:21-22): " Do not I hate them, O Lord, those that hate Thee ? And
do not I strive with those that rise against Thee ? I hate them with utmost
hatred; I count them my enemies" ' (Avot de R. Nathan, I version, ch. 16),[9] The
above quoted Psalms verses would be used in Jewish literature whenever hatred
will be discussed.

6. The Paradoxical Nature of the Essene Hate

There is no question that hatred was a central dogma of the Essenes as well as
of the quasi-Essene periphery. However, the hatred has to be concealed and no
practical steps are to be taken. These are to be postponed for the Day of
Vengeance, here and now one has to be nice to everyone, including the evil
doers. In the same scroll that elaborates on hatred we find this amazing passage:

'I will pay nobody the reward of evil; with good I will pursue humankind.
For with God (resides) the judgement of every living being, and He shall pay

---

7 G.E. Wright, God Who Acts, Biblical Theology as Recital, SCM Press, London
    1952.
8 Y.H. Yerushalmi, Zakhor, New York 1989, Schocken. However, Maimonides rules
    that 'rememberance means hatred'. Cf. Maimonides, Book of Commandments 1 (tr.
    C.B. Chavel), Positive Commandments (commandment 189: Remembering the
    nefarious deeds of Amalek), London and New York 1967, Soncino Press, 203. I
    wish to thank Prof. E. Horowitz for drawing my attention to this passage.
9 E.E. Urbach, The Sages, Their Concepts and Beliefs 1, Jerusalem 1975, Magnes,
    636.

man his reward. I will not envy in a spirit of wickedness, and my soul will not desire wealth of violence. And in the strife of the man of the pit I will not engage until the Day of Vengeance. But my anger I will not turn away from the men of deceit, and I will not feel satisfied until He has accomplished judgement. I will not hold anger towards those who turn away from trans-gression; but I will not have compassion to all those who deviate from the Way ...' (1QS X:17-21. After Charlesworth and Qimron).

Here we are confronted with a paradox: Those that are taking twice daily awesome oaths to hate evil-doers are not only concealing their hatred, but assume a peaceful and obedient appearance and take with equanimity the deprivation of their property and produce. But this is only an apparent paradox. According to the Essene world view which has a strong quietistic element, it is the Lord who will punish the Children of Darkness at the Day of Vengeance. Until that time it is their duty to 'pursue humankind with good' (ibidem, 18).

The Essene idea of peaceful coexistence, the ethics of pursuing even a sinner with good was further developed in the Essene fringe and found its expression in such works such as the Testament of the Twelve Patriarchs.[10] Let us quote one example: 'For a good man does not have a blind eye, but he is merciful to all, even though they may be sinners. And even if people plot against him for evil ends, by doing good this man conquers evil (Testament of Benjamin 4:2-34, tr. H.C. Kee). One of the Twelve Testaments, that of Asher, is an exception. Here (4:3) the commandment of hatred is even more extreme than in the Manual of Discipline.

The Essene and quasi-Essene teaching of love must have influenced Jesus. The second of the two verses which opens our paper: 'Love your enemies and pray for your persecutors', like the first: 'Love your neighbor, hate your enemy' (Matthew 5:43-44) have an Essene origin. This is also the source of Paul's teachings: 'Never pay back evil for evil. Let your aims be such as all men count honorable. If possible, so far as it lies with you, live at peace with all men. My dear friends, do not seek revenge, but leave a place for divine retribution; for there is a text which reads "justice is mine, says the Lord, I will repay". But there is another text: "if your enemy is hungry, feed him; if he is thirsty, give him a drink; by doing so you will heap live coals on his head". Do not let evil conquer you, but use good to defeat evil' (Romans 12:17-21). By the way, the metaphor of heaping burning coals on the head of your enemy (quoted from Proverbs 25:21-22) is most probably closer to the teaching of the concealed hatred than that of overt love.[11]

---

10 Stendahl (above, note 1); D. Flusser, A New Sensitivity in Judaism and the Christian Message, Harvard Theological Review 61 (1968), 121-127 (= Judaism and the Origin of Christianity, Jerusalem 1988, 483- 489).

11 Stendahl (above, note 1), 345-347; J.A. Fitzmyer, Romans (The Anchor Bible Dictionary), Garden City, NY, 1993, 658.

7. The Political Implication of the Attitude: Essenes - Paul - Luther

The Essene held a submissive attitude towards the authorities, not just non-resistance, but full-fledged obedience: 'To respond humbly before the haughty of spirit, and with contrite spirit, before the men of oppression' (lQS X:1-2). The rational for this attitude is given in the following: 'But as for me, the judgement concerning me belongs to God' (ibidem, 2). Here, and in numerous pronouncements in the Scrolls, we find the idea that God is responsible for everything. Josephus' report on the Essenes agrees: 'He will forever show himself trustworthy, especially to those in authority' (Jewish War 2,140). It seems, but there is no certainty about this, that he is referring not to the Essene authorities, but to the secular, evil ones. The reasoning goes like that - reality represents God's will, therefore we have to accept it submissively.

Similarly Paul teaches thus: 'Every person must submit to the supreme authorities. There is no authority but the act of God and the existing authorities are instituted by him; consequently anyone who rebels against authority is resisting a divine institution ... Discharge your obligations to all men; pay tax and toll, reverence and respect to those to whom they are due' (Romans 13:1-7). Undoubtedly Paul is a disciple of the Essenes. In 1963 H. Braun has gathered parallels between Paul's epistles and Qumranic literature and reached the impressive number of 100.[12] Thirty years later, H.-W. Kuhn and his colleagues have detected no less than 400 such cases.[13]

Martin Luther's main inspiration seems to have come from Paul's epistles. Melanchton, Luther's right hand, described the Epistle to the Romans as 'caput et summae universae doctrinae Christianae' (a summary of all Christian doctrine).[14] Though this pronouncement seems to be slightly exaggerated, it reflects the status of this text in the formative stage of the Lutheran Reformation. There is little doubt that when Luther counseled his followers to obey unconditionally higher political authority he did it as a disciple of Paul. Luther sided vehemently with the authorities that crushed the Peasants' Revolt in 1525. In his rabid anti Peasant tract 'Against the Murdering Thieving Hordes of Peasants' he avers that 'These times are so extraordinary that a prince can win heaven more easily by bloodshed than by prayer'.[15]

There is good reason to ascribe this loyalty to the secular authorities, at least partly, to Paul's teachings, and ultimately to the Essene doctrine.

---

12 H.-W. Kuhn, The Impact of the Qumran Scrolls on the Understanding of Paul, in D. Dimant and U. Rappaport (eds.), The Dead Sea Scrolls, Forty Years of Research. Leiden, New York, Köln, Jerusalem 1992. Brill and Magnes. 328, note 1.

13 Kuhn (above, note 12), 327-329.

14 Fitzmyer (above, note 11), 74.

15 Cf. e. g. O. Chadwick, The Reformation, London 1988, Penguin, 59-61; S. Ozment, Protestants, London 1992, Fontana, 119-120.

8. A 20th Century Qumranic Theology

Y. Liebes has drawn attention to the writings of a Jerusalemite ultra-orthodox author who developed a religious system very close to the one found in the Dead Sea Scrolls.[16] His system is unquestionably independent of the Dead Sea Scrolls - his principal composition was published twenty years before the discovery of the Scrolls. Unlike historical, Normative Judaism, his theology is based on the belief in predestination, to be precise double predestination. No monotheistic religion is upholding exclusively predestination or free will, but Judaism throughout the ages was by and large committed to free will - the two exceptions are the Essenes and Margulies. Of course, he does not regard himself an innovator, he picks in the vast religious literature, especially Kabbalistic, passages that suit his weltanschauung, gives them if necessary a slight twist, and has more or less a well constructed system. The two camps of Children of Light and Children of Darkness are in his system 'Israel' and 'The Rabble' (cf. Exodus 12:38). At the basis of this system, unmistakably racist lies the Kabbalistic belief in transmigration of souls. Like its Qumranic counterpart, here also there is no crossing from camp to camp, no repentance. The element that interest us most is the rabid hatred to the wicked in Margulies writings, especially in his book *Ashrei ha-Ish*.[17] 'It is a religious duty to hate them and fight them and invalidate their plans as far as we can'.[18] Amazingly one finds here also an instruction on the concealment of hatred in case of need: 'And if he is afraid from one of the evil men, it is permissible to speak to him respectfully using equivocal language'.[19] Contemporary ultra-orthodoxy is certainly not monolithic, and it never was, but Margulies' writings are quite representative of a large segment of the extreme factions. As a phenomenon Margulies' is interesting as well as instructive: it shows once again that common tenets lead to similar conclusions.

9. Another Jewish Case of Hatred cum Quiescence

Dealing with nomothetics, it will be proper to quote another case of a society entertaining violent hatred and at the same time practicing quietistic passivity. The two big blocks of European Jewry in the Middle Ages were the Ashkenazic

---

16 Y. Liebes, The Ultra - Orthodox Community and the Dead Sea Sect, Jerusalem Studies in Jewish Thought 4 (1982), 137-152 (Hebrew; English abstract XI-XII).

17 Y.A.Z. Margulies, Ashrei ha-Ish (Blessed is the Man), A Book Intended to Caution the Children of Israel about the Solemn Ban of Joining the Evil People and its Extent. Jerusalem 1927 (2. ed., photo-print, New York 1969) (Hebrew). On the historical background of this author cf. M. Friedman, Society and Religion. The Non-Zionist Orthodoxy in Eretz Israel. Jerusalem 1977, Ben-Zvi Press (Hebrew).

18 Ibidem, 25,2.

19 Ibidem, 37.

(Franco-German) and the Sepharadic (the Iberian peninsula and an off-shoot in the Maghreb). It is noteworthy that while the Sepharadic block produced about twelve cases of messianic movements, the Ashkenazic did not produce even one[20]. It is beyond the scope of this paper to discuss the background of the radical differences between the two communities, but what is pertinent to our discussion is that the rabid hatred of the Ashkenazic Jewry to their Christian neighbors and to Christianity, hatred coupled with deep quietism.[21] The hatred was nourished both by the cruel persecutions to which they were exposed as well as by old Palestinian traditions of active, intensive animosity to Christianity.[22] The Sepharadic Jewry was spiritual descendent of the Babylonian school which had no such traditions.

10. Epilogue

Essenism, with which we are now well acquainted due to the discovery of the Scrolls, left no mark on Judaism but contributed considerably to Christianity. Jesus knew them and he even refers to them (as the 'Children of Light', Luke 16:8). He must have learnt from them certain rules - exclusive Essene rules - the ban on polygamy and the ban on divorce (both still legal in Judaism) as well as the dogma of poverty as a value (also exclusive Essene).[23] Paul has learnt from the Essenes two important dogmata - both exclusively Qumranic: predestination and the submission to the lay authorities. The latter was one of the main topics of our paper. The former was embraced by both Luther and more so by Calvin[24], the latter by Luther. This the legacy of the small Jewish sect, ignored by its own people and adopted by Christianity.

20 G.D. Cohen, Messianic Postures of Ashkenazim and Sepharadim, Studies in the Variety of Rabbinic Cultures, Philadelphia - New York 1991, Jewish Publication Society, 273-297. I wish to thank Prof. I.J. Yuval for drawing my attention to the medieval Ashkenazic parallel to the Essene quietism.

21 I.J. Yuval, Vengeance and Damnation, Blood and Defamation: From Jewish Martyrdom to Blood Libel Accusation. Zion 58 (1993), 33-90 (Hebrew; English abstract VI-VIII).

22 E. Horowitz, The Rite to be Reckless: On the Perpetration and Interpretation of Purim Violence. Poetics Today 15 (1994), 9-54, especially 25-29.

23 J.A. Fitzmyer, Responses to 101 Questions on the Dead Sea Scrolls. New York/ Mahwah 1992, Paulist Press, 133-140; D. Flusser (in collaboration with R.S. Notely), Jesus. Jerusalem 1997, Magnes Press, 94-95.

24 Cf. above, note 3.

4Q252 and the 153 Fish of John 21:11

by George J. Brooke*

The principal edition of 4Q252, 4QCommentary on Genesis A, was published in 1996.[1] In a paper published in the same year I tried to draw out some of the ways in which 4Q252 might help with the better understanding of some items in the New Testament, especially where there was a common use of passages from Genesis.[2] There was no attempt in that paper to suggest any kind of literary dependence of the New Testament authors on this Genesis Commentary, but rather the juxtaposition of 4Q252 and various New Testament passages was undertaken to show something of the extent of shared exegetical concerns. The same is the case in this study in which a further intriguing item is explored. I will juxtapose two texts, 4Q252 and John 21:11, to try to illuminate the possible meaning of the latter which has been a veritable interpretative crux from the earliest times through to the modern period.

1. 4Q252 1:8-10

4Q252, 4QCommentary on Genesis A, is a selective commentary on various passages of Genesis from Genesis 6 to 49. Several attempts have been made to discern whether or not there is a common theme in the passages of Genesis upon which comment is made;[3] none has been entirely successful. The lack of

---

* It is a privilege to be asked to contribute this short study in honour of Professor Hartmut Stegemann whose knowledge of the fragmentary Dead Sea Scrolls is inspiring and whose attempts at placing them in a broader context are exhilarating.

1   G.J. Brooke, "252. 4QCommentary on Genesis A," *Qumran Cave 4.XVII: Parabiblical Texts, Part 3* (ed. G.J. Brooke et al. in consultation with J.C. VanderKam; DJD XXII; Oxford: Clarendon Press, 1996) 185-207. A bibliography of studies which have appeared since the complete manuscript of 4Q252 has been available is presented on p. 185 of the principal edition. For H. Stegemann's own brief comments on 4Q252 see H. Stegemann, *Die Essener, Qumran, Johannes der Täufer und Jesus: Ein Sachbuch* (Spektrum Band 4128; Freiburg: Herder, 1993) 170-72.

2   G.J. Brooke, "4Q252 et le Nouveau Testament," *Le déchirement: Juifs et chrétiens au premier siècle* (ed. D. Marguerat; Le Monde de la Bible 32; Geneva: Labor et Fides, 1996) 221-42.

3   See especially G.J. Brooke, "The Thematic Content of 4Q252," *JQR* 85 (1994-95) 33-59; I. Fröhlich, "Themes, Structure and Genre of Pesher Genesis," *JQR* 85 (1994-

success derives not just from the fragmentary state of much of the six columns
of the manuscript, but also from the bewildering array of genres in which the
commentary is presented: there is rewritten Bible, some interpretation of the
plain sense of the scriptural text, some poetic material, some halakhic exegesis,
as well as pesher proper.[4]

It is with some of the detail of the opening pericope of 4Q252 that this study
is concerned. After an introductory paraphrase of Gen 6:3a which provides the
overall chronological framework in relation to Noah's life, the opening section
of the commentary is a rewritten form of Gen 7:10-8:18. In the paraphrase the
commentator's concerns become apparent: the commentary is intended to
elucidate the precise chronology of the year of the flood. The narrative of
Genesis is presented with all the material cut out which is extraneous to that
purpose. So, for example, there is no mention of the building of the ark and
whereas Noah's age is mentioned in both Gen 7:6 and 7:11, the commentator
uses the second occurrence alone. Likewise, the forty days mentioned in Gen
7:17 are redundant in the overall scheme of producing a flood that lasted for
exactly one year, so they are omitted.

The overall chronological concern of this retelling of the flood story is an
emphasis on the view that Noah and his entourage were in the ark for exactly "a
complete year of three hundred and sixty-four days" (4Q252 2:2-3). The
following dates occur in the reworked narrative:

Reference	Event	Date	Day of the week
1:3-4	Start of flood	17/2	First
1:5-7	End of forty days of rain	26/3	Fifth
1:7-8	End of 150 days flooding	14/7	Third
1:8-9	Waters decrease	15-16/7	Fourth and Fifth
1:10	Ark rests on Mount Hurarat	17/7	Sixth
1:11-12	Tops of mountains appear	1/10	Fourth
1:12-13	Noah opens the window	10/11	First
1:14-17	Dove returns second time	24/11	First
1:17-20	Dove sent forth again	1/12	First
1:20-22	Waters dry up	1/1	Fourth
2:1-2	Noah leaves the ark	17/2	First

95) 81-90; I. Fröhlich, "'Narrative Exegesis' in the Dead Sea Scrolls," *Biblical Perspectives: Early Use and Interpretation of the Bible in Light of the Dead Sea Scrolls* (M.E. Stone and E.G. Chazon, eds; STDJ 28; Leiden: E.J. Brill, 1998) 81-99.
4   On the variety of interpretative genres see G.J. Brooke, "The Genre of 4Q252: From Poetry to Pesher," *DSD* 1 (1994) 160-79. A particularly significant study of the exegetical issues in 4Q252 is M.J. Bernstein, "4Q252: From Re-Written Bible to Biblical Commentary," *JJS* 45 (1994) 1-27.

The relative paucity of dating information in the narrative of Genesis itself allows for the commentator to date precisely a long list of events during the year. The manifold implications of this commentary for the history of the text of Genesis and for the dating of the flood in other retellings of the same story need not detain us here.[5] The primary concern of this study is to note that the commentator is clearly aware that in relation to the 364 day calendar that is being used, the one hundred and fifty days of Gen 8:3b are not equal to the five months between the start of the flood (17/2; Gen 7:11) and the ark coming to rest on Mount Ararat (17/7; Gen 8:4). In addition to five standard months of thirty days each, during that period two quarter days would have fallen, at the ends of the third and sixth months respectively.[6] Thus the commentary cleverly inserts a period of two days when the waters decrease slightly so that the ark can become grounded on the mountains of Ararat on the seventeenth of the seventh month which is the one hundred and fifty-third day after the start of the flood.

The text of the Genesis Commentary is remarkably terse. With respect to the grounding on the mountains of Ararat it reads simply as follows:

And the waters swelled upon the earth for one hundred and fifty days (Gen 7:24), until the fourteenth day in the seventh month (Gen 8:4a) on the third day of the week. And at the end of one hundred and fifty days the waters decreased (Gen 8:3b) for two days, the fourth day and the fifth day, and on the sixth day the ark came to rest on the mountains of Hurarat; i[t was the] seventeenth [da]y in the seventh month (Gen 8:4). And the waters continued to decrease until the [te]nth month (Gen 8:5a), its first day, the fourth day of the week the tops of the mountains appeared (Gen 8:5b) (4Q252 1:7-12).[7]

Apart from the additions which clarify the datings and which especially relate the dates to the days of the week, there is no further exegetical comment. However, although the commentator remains silent, four matters can be briefly

---

See especially T. Lim, "The Chronology of the Flood Story in a Qumran Text (4Q252)," *JJS* 43 (1992) 288-98; U. Gleßmer, "Antike und moderne Auslegungen des Sintflutberichtes Gen 6-8 und der Qumran-Pesher 4Q252," *Mitteilungen und Beiträge* 6 (Theologische Fakultät Leipzig: Forschungsstelle Judentum; Leipzig: Thomas Verlag, 1993) 30-39; R.S. Hendel, "4Q252 and the Flood Chronology of Genesis 7-8: A Text-Critical Solution," *DSD* 2 (1995) 72-79; M.A. Zipor, "The Flood Chronology: Too Many an Accident," *DSD* 4 (1997) 207-10.

6 J.M. Baumgarten has argued that the author of Jubilees knew of the problem concerning the two day discrepancy and so studiously avoided the date on which the ark is said to have landed on the mountains of Ararat ("The Calendars of the Book of Jubilees and the Temple Scroll," *VT* 37 [1987] 76). However, the context in Jubilees only concerns the quarter days, the days of remembrance, which the author is concerned to associate with the flood narrative. The calendrical problems concerning the chronology of the flood with particular reference to Jubilees are highlighted by J. M. Baumgarten, *Studies in Qumran Law* (SJLA 24; Leiden: Brill, 1977) 108-109.

7 The words set in italics correspond closely with the MT Hebrew of Genesis.

highlighted. To begin with, it is clear that the ark comes to land on the one hundred and fifty-third day after the flood began. In this calendrical scheme, the number 153 can be seen to be associated with the security that accompanies the beginning of the end of the flood. This invests the number 153 with a significance not readily perceived before. Secondly, in the biblical account (Gen 8:4) the ark comes to rest on the seventeenth day of the seventh month. There is thus a correlation between the one hundred and fifty-third day from the start of the flood and the seventeenth day of a month, between 153 and 17. There is also the number of the month, the number 7. Thirdly, it may be significant that the two days which are added to the one hundred and fifty correspond with the first and second days of Sukkoth. The waters cease to swell on the earth on the eve of Sukkoth itself (14/7), nothing happens on the first two days of the feast as the waters decrease further (15-16/7), and the ark suitably comes to rest on the seventeenth of the seventh month, the eve of the Sabbath (18/7) that falls within the octave of Sukkoth. The association of the beginning of the end of the flood with Sukkoth may indicate some exegetical matters that should be made explicit. Fourthly, as with the rest of the events in the flood narrative, nothing takes place on a Sabbath; the waters, the ark, and Noah himself take no initiative on the seventh day. As the complete list above shows, the first day of the week is especially prominent in the story and is mentioned explicitly five times in the commentary, but the seventh day is never mentioned.

2. 4Q252 1:8-10 and John 21:11

Although the number 153 does not occur in the text of 4Q252, it is clear that the ark comes to rest on Mount Ararat on the one hundred and fifty-third day after the start of the flood, on the seventeenth of the seventh month. The question now arises whether this new information concerning the possible significance of the number 153 can be used to improve the understanding of the appearance of the same number in John 21:11: "So Simon Peter went aboard and hauled the net ashore, full of large fish, a hundred fifty-three of them; and though there were so many, the net was not torn" (*NRSV*).

Several modern commentators have been determined not to become embroiled in speculation concerning the number of the fish. Some have suggested that 153 was the number of fish actually caught that day.[8] Others have acknowledged that for the number to have been recorded at all, it probably has some symbolic or allegorical significance: "Why the multitude of believers is represented exactly through the number 153 does not allow of a satisfactory explanation; nevertheless it must have an allegorical meaning, since it is not a

---

8   E.g., J.H. Bernard, *A Critical and Exegetical Commentary on the Gospel According to St. John* (ICC; Edinburgh: T. & T. Clark, 1928) 699-700.

round number."[9] However, in light of 4Q252 1:8-10, aspects of several of the proposals for understanding the significance of the number seem to become more feasible.

This exploration for meaning begins with a twofold observation. On the one hand it should be recalled that according to 4Q252 it is Noah and his family who are brought to safety on the one hundred and fifty-third day; on the other hand there is widespread agreement amongst commentators on the Fourth Gospel that the overall purpose of the story of the miraculous fish in John 21 is to recall that Peter has a specific role as a leader of the fisherfolk, those who are committed to bring people from all the nations in the world to membership of the church. The call of Peter (and others) in the Synoptic tradition makes this plain: "Follow me and I will make you fish for people" (Mark 1:17; Matt 4:19; cf. Luke 5:10). Membership of the church is marked by baptism. In light of this twofold observation it is worth recalling that Noah and his family are linked typologically with baptism in the petrine tradition in the New Testament. The typology is expressed most fully in 1 Pet 3:20-21: "God waited patiently in the days of Noah, during the building of the ark, in which a few, that is, eight persons were saved through water. And baptism which this prefigured now saves you ... as an appeal to God for a good conscience, through the resurrection of Jesus Christ."[10] Not surprisingly several commentators on John 21 have been inclined to read the 153 fish as symbolic of those brought into the church and the water as representing baptism.[11]

The 153 fish may symbolize the totality and range of the disciples' catch (cf. Matt 13:47). This interpretation is usually associated with Jerome.[12] In his comments on Ezek 47:6-12 Jerome states[13] that "writers on the nature and properties of animals, who have learned 'fishing' in either Latin or Greek (one of whom is the most learned poet Oppianus Cilix), say there are one hundred

---

9   R. Bultmann, *The Gospel of John: A Commentary* (Oxford: Blackwell, 1971) 709. Cf.
     B. Lindars' view: "None of the solutions is really convincing. They all require that the
     number should be regarded as code-language. ... The number naturally arouses curiosity,
     but the story still makes its point clearly enough without any solution to the problem"
     (*The Gospel of John* [NCB; London: Marshall, Morgan and Scott, 1972] 631).

10   The same motif of Noah and his family being saved is present in 2 Pet 2:5.

11   P. Niewalda, *Sakramentenssymbolik im Johannesevangelium?* (Limburg: Lahn, 1958)
     83; R.E. Brown, "The Johannine Sacramentary," *New Testament Essays* (London:
     Geoffrey Chapman, 1967) 73-74. Strangely the most recent comprehensive discussion
     of water and baptism in the Fourth Gospel omits any consideration of John 21: L.P.
     Jones, *The Symbol of Water in the Gospel of John* (JSNTSup 145; Sheffield: Sheffield
     Academic Press, 1997).

12   As pointed out, amongst many others, by F.-M. Braun, "Quatre 'signes' johannique de
     l'unité chrétienne," *NTS* 9 (1962-63) 153; having cited Jerome, Braun concludes "en
     toute hypothèse, l'intention de l'auteur était de signifier la conversion du genre humain."

13   PL 25:474C; translated by R.M. Grant, "One Hundred Fifty-Three Large Fish (John
     21:11)," *HTR* 42 (1949) 273.

fifty-three species of fish." R.M. Grant has assessed Oppian's list in detail and
has correctly noted that it is very difficult to reckon his total as 153: "No one
who did not have the number 153 already in mind could approach Oppian's
work and count the species of fish, especially since Oppian himself declares
them uncountable and does not list them in any systematic way."[14] Thus it is
most likely that Jerome has interpreted Greek zoology by way of the Gospel
and so done some creative counting. Grant himself follows Augustine and
suggests that for the author of John 21 the number's significance may rest in it
being the total of the numbers one to seventeen, and that seventeen is the sum of
seven and ten, two numbers widely held to be important,[15] but he notes
especially that the Gospel writer stresses only the size of the catch.

The possible association of the number 153 with a baptismal typological
understanding of Noah and his family coming to safety on the one hundred and
fifty-third day after the start of the flood may receive some slight confirmation
from the way in which this safe arrival seems to be associated with the Feast of
Sukkoth. According to the 364 day calendar which lies behind the rewriting of
the flood narrative in 4Q252 the waters cease swelling on the eve of Sukkoth
and after two further days the ark touches ground on the eve of the Sabbath
which falls in the octave of Sukkoth. In the Fourth Gospel, Sukkoth forms the
background to the narrative of John 7:1-8:59 and beyond. In addition to the
theme of light which runs through that section of the Gospel and may reflect
some form of the lighting of lamps in the temple during the festival, the theme
of water is also present. In particular the saying in John 7:37-38 concerning
living waters is capable of being understood as an interpretation of several
aspects of the Feast of Sukkoth, and one of these can be its association with
baptism. In a characteristically balanced way, R.E. Brown has concluded that
"nevertheless, we are not averse to seeing a broad sacramental symbolism here
in the sense that this passage of John would have led the early Christian readers
to think of Baptism, much as in ch. iv."[16]

Without being explicit 4Q252 links the number 153 with the Feast of
Sukkoth. The details of temple practice during the festival in the two hundred
years before its destruction is not clearly known, but later tradition associates a
particular water rite with the festival. In addition one intriguing tradition may
point to another aspect of how the polyvalent symbolism of the number 153 can
be understood. In the Tosefta there is a passage which has led commentators to
link the phrase "rivers of living waters" (John 7:38) with Zech 14:8 and Ezek
47:2:[17]

---

14 R.M. Grant, "One Hundred Fifty-Three Large Fish," 273.
15 Cf. *M. 'Abot* 5:1-11; Philo, *Decal.* 26; *Op.* 99-104.
16 R.E. Brown, *The Gospel according to John (i-xii)* (AB 29; Garden City, NY:
    Doubleday, 1966) 329.
17 It is important to recall that Jerome's comments on the 153 fish of John 21:11 come in
    his commentary on Ezekiel 47.

Why is it called "the Water Gate"? Because through it they bring a flask of water for the water libation on the Festival. R. Eliezer ben Jacob says, "Through it the water comes out [on the south side]" (Ezek 47:2). This teaches that they flow outward like the water of a flask. "And they are destined to flow down from below the south end of the threshold of the Temple, [south of the altar]" (Ezek 47:1). ... And it says, "On that day waters will go forth from Jerusalem" (Zech 14:8) (*t. Sukk.* 3:3-8).[18]

Since John 7 and 8 are clearly set at the Feast of Sukkoth, it is likely that in the Johannine tradition there was an awareness that Ezekiel 47 was one of several scriptural passages which could be effectively used in relation to Sukkoth.[19]

Mention of the association of Ezekiel 47 and Sukkoth brings us to another aspect of the number 153 in John 21:11. Various attempts have been made to suggest that as with the number 666 in Rev 13:18[20] so the number 153 should be seen to reflect a proper name; the sum of the numerical value of its letters would total 153. Since 153 is the sum of the numbers one through seventeen, it is important that any solution should also be able to make a suggestion to explain the number 17. The most persuasive proposal concerning both numbers is that of J.A. Emerton who has noted that the story of the fishes in John 21 has commonly been seen as partly dependent on Ezekiel 47, especially verse 10:[21]

People will stand fishing beside the sea from En-gedi to En-eglaim; it will be a place for the spreading of nets; its fish will be of a great many kinds, like the fish of the Great Sea (Ezek 47:10).

Emerton has shown that 153 is the value of (En-)eglaim (ע = 70; ג = 3; ל = 30; י = 10; מ = 40) and that the value of (En-)gedi is 17 (ג = 3; ד = 4; י = 10). He has noted that the prefix עין "may not be significant since it means 'spring' and is not necessarily to be thought of as an essential part of the proper names."[22] The strength of Emerton's suggestion lies in the way that proper names representing both 153 and 17 are found in a single verse, a verse which is part of a passage that for several reasons has otherwise been seen as a possible backdrop for elements in John 21:1-14.

---

18 Trans. J. Neusner, *The Tosefta Translated from the Hebrew: Second Division, Moed (The Order of Appointed Times)* (New York: Ktav, 1981) 218-19.
19 As is supported by C.H. Dodd, *The Interpretation of the Fourth Gospel* (Cambridge: Cambridge University Press, 1954) 349-50.
20 The transcription of Nero which gives the value of 666 is attested in an Aramaic scroll from Murabba'at: "Reconnaissance de dette, en araméen," *Les grottes de Murabba'at* (ed. P. Benoit, J.T. Milik, R. de Vaux; DJD II; Oxford: Clarendon Press, 1961) 101; see D.R. Hillers, "Revelation 13:18 and the Scrolls from Murabba'at," *BASOR* 170 (1963) 65. On some of the many suggestions for the gematria in Rev 13:18 see J. Massyngberde Ford, *Revelation* (AB 38; Garden City, NY: Doubleday, 1975) 215-17, 225-27.
21 J.A. Emerton, "The Hundred and Fifty-Three Fishes in John XXI.11," *JTS* 9 (1958) 86-89. Emerton notes that Ezek 47:10 may also lie behind John 7:38.
22 "The Hundred and Fifty-Three Fishes in John XXI.11," 88.

Emerton's proposal received further possible support from P.R. Ackroyd who noted that in Greek there are many different spellings for the two proper names concerned. However, he discovered two which provided the right numerical total so that the gematria based on Ezek 47:10 can work in Greek too: ηγγαδι (33) and αγαλλειμ (120) when put together make 153.[23] Emerton himself questioned the value of Ackroyd's observations, rightly insisting that the gematria really works well only in Hebrew.[24] Additional support has been provided by P. Trudinger who has argued that the wider context of Ezekiel 47 as a depiction of the age to come should also be taken into account. In such light the commission to the disciples and the later churches to be fishers of people is beginning of the age to come which has been inaugurated by the death and resurrection of Jesus, whereby ancient prophecy is fulfilled.[25] Emerton's ability to give proper names with numerical values for both 17 and 153 makes his proposal preferable to others, quite apart from the further supportive suggestions in this essay.[26] Even the fact that the places in Ezek 47:10 are both to be found at the Dead Sea rather than the Sea of Galilee is also not insurmountable in light of the tradition in *t. Sukk.* 3:9 in which the waters referred to in Ezek 47:8 flow into the Sea of Tiberias.[27]

The presence of both 17 and 153 in the gematria of the proper names in Ezek 47:10 is remarkable. Perhaps all this particular playing with numbers

---

23 P.R. Ackroyd, "The 153 Fishes in John XXI.11 - a Further Note," *JTS* 10 (1959) 94. Ackroyd specified that he had derived ηγγαδι from MS 449 and αγαλλειμ from MSS 49, 90 and 764; that the spellings he has used to produce the correct total come from different manuscripts "does not, in view of the great variety of spelling attested, seem of any great moment."

24 J.A. Emerton, "Some New Testament Notes," *JTS* 11 (1960) 335-36.

25 P. Trudinger, "The 153 Fishes: a Response and a Further Suggestion," *ExpTim* 102 (1990-91) 11-12.

26 Emerton's gematria is thus to be preferred to the many other proposals, including the following: H. Kruse who proposed both קהל האהבה , "congregation of love," and בני האלהים "children of God," preferring the former ("Magni Pisces Centum Quinquaginta Tres," *VD* 38 [1960] 137-48); N.J. McEleney who suggested allocating numerical values to the letters of the alphabet in reverse from which the letters ιχθ total 153 ("153 Great Fishes [John 21,11] - Gematriacal Atbash," *Bib* 58 [1977] 411-17); J.A. Romeo who used John 1:12 and 11:52 to support בני האלהים ("Gematria and John 21:11 - The Children of God," *JBL* 97 [1978] 263-64); K. Cardwell who has proposed HMEPA, "day," (HMEP = 153 + A = 1), counting both the 153 mentioned explicitly and the one already on the fire, and pointing out that Justin, Clement of Alexandria and Hippolytus all call Jesus "day" which may be an ancient title of the Logos (cf. Philo, *L.A.* 1:20) ("The Fish on the Fire: Jn 21:9," *ExpTim* 102 [1990-91] 12-14). See further suggestions as laid out by R. Bultmann, *The Gospel of John: A Commentary*, 709 n. 2.

27 As pointed out in support of Emerton's thesis by B. Grigsby, "Gematria and John 21[11] - Another Look at Ezekiel 47[10]," *ExpTim* 95 (1983-84) 178. The label Sea of Tiberias is used only in John 6:1 and 21:1 in the whole New Testament; perhaps the use of the name reflects the phraseology of an ancient exegetical traditional based in Ezekiel 47.

receives conclusive further support from 4Q252. We have already noted that in 4Q252 day 153, the first day of safety, occurs in Sukkoth, the festival with which Ezekiel 47 is traditionally associated. It should be noted, moreover, that according to the 364 day calendar the one hundred and fifty-third day from the start of the flood is also explicitly stated to be the seventeenth day of the seventh month. Thus in the calendar of the flood as represented in 4Q252 the numbers 153 and 17 can be understood as occurring together. Some may view this as simply a very remarkable coincidence. There is no evidence that the author of 4Q252 had Ezekiel 47 in mind in this part of the commentary, though the geographical locations here being discussed are very close to Qumran. However, even if the Genesis Commentary makes no use of Ezekiel 47, in having the numbers 153 and 17 coincide, it seems as if the commentator was aware of the numerology which saw them as mathematically and therefore symbolically connected.

Whilst the place names in Ezek 47:10 may account for the numbers 153 and 17, the number seven also occurs in 4Q252 as the number of the month in which both the one hundred and fifty-third day and the seventeenth day coincide. The number seven is not found explicitly in John 21, though it could be understood as one of the significant constituent elements of the number 17. However, it is often pointed out that according to John 21:2 there are seven disciples engaged in fishing. Might this be an attempt to represent in the story something which could correspond numerically to the number of the month in which days 153 and 17 coincide?

In relation to John 21:11 it has often been pointed out that 153 is the sum of the numbers one to seventeen, a triangular number.[28] It seems as if the first to notice this for John 21:11 was Augustine.[29] Though "we know of no speculation or established symbolism related to the number 153 in early thought,"[30] the pre-Christian symbolic or philosophical use of numbers is generally associated by commentators with the Pythagoreans. For knowledge of this amongst Jews, the fragmentary remains of the writings of the second century BCE Alexandrian Jewish philosopher Aristobulus are generally cited, especially his notes on the Sabbath in which he discusses the power of the numeral seven in a Pythagorean

---

28 C.K. Barrett has argued that 153 must be symbolic and has concluded that "we are left with the observation that 153 is a triangular number and = 1 + 2 + 3 ... + 17. 17 itself is the sum of 7 and 10, both numbers which even separately are indicative of completeness and perfection. The fish then represent the full total of the catholic and apostolic Church" (*The Gospel According to St John* [London: SPCK, 1955] 484); the last sentence of this quotation is removed in the second edition. Cf. the scepticism of E. Haenchen: "It contributes nothing to our understanding to say that 153 is the triangular number of 17" (*John 2: A Commentary on the Gospel of John Chapters 7-21* [Hermeneia; Philadelphia: Fortress Press, 1984] 224).

29 Especially *Tract. in Joh.* 122:8; see the summary of several relevant passages in Augustine's writings by H. Kruse, "Magna Pisces Centum Quinquaginta Tres," 135-36.

30 As is correctly pointed out by R.E. Brown, *The Gospel According to John*, 2.1075.

way, though without actually mentioning Pythagoras in what survives.[31] At this
juncture then we may recall one last piece in the puzzle, namely that in his
discussion of why the Essenes were excused from taking the oath of loyalty to
Herod, Josephus compares them with the Pythagoreans: "Among those spared
from being forced to do this were also those we call Essenes, a group which
employs the same daily regime as was revealed to the Greeks by Pythagoras"
(*Ant.* 15:371).[32] It is almost certainly not the case that the Essenes modelled
themselves on the Pythagoreans, but rather that for Josephus some aspects of
their self-contained organisation and outlook resembled those of the Pythagoreans.[33] Perhaps amongst such similarities some concern with number also
prompted the comparison, and if the Qumran community was Essene in some
form, then such a similarity could be found there too.

In sum, according to 4Q252 the ark comes to rest on the mountain on the
one hundred and fifty-third day after the start of the flood, a day which is also
the seventeenth of the seventh month and the eve of the Sabbath which occurs
in the octave of Sukkoth. This information encourages a fresh review of the
various interpretations of the 153 fish of John 21:11. The background knowledge provided by 4Q252 enables us to see that a combination of several views
may be most appropriate. In light of the use of Noah typology elsewhere, the
catch may be understood to have baptismal echoes. The link with Sukkoth and
the calendrical combination of 153 and 17 in 4Q252 is supportive of the
exegesis of the numbers in association with Ezekiel 47, especially by gematria
on the proper names En-gedi and En-eglaim in Ezek 47:10. The numerology
involved may be indicative of one of the characteristics of the Essenes (and,
therefore, probably of the writings of the Qumran community) which could
have caused Josephus to have associated them with the Pythagoreans.

3. The implications for John 21

The disclosure of the combination of 153 and 17 in 4Q252 in relation to the
flood story and the bringing to safety of Noah and his family during the feast of

---

31 See, especially, M. Hengel, *Judaism and Hellenism: Studies in their Encounter in
    Palestine during the Early Hellenistic Period* (London: SCM Press, 1974; based on the
    1973 German ed.) 1.166-67; an English translation of the fragments of Aristobulus is
    provided by A.Y. Collins, "Aristobulus," *The Old Testament Pseudepigrapha* (ed. J.H.
    Charlesworth; London: Darton, Longman and Todd, 1985) 2.837-42. For detail and
    bibliography on Aristobulus, see E. Schürer, *The History of the Jewish People in the Age
    of Jesus Christ* III/1 (ed. G. Vermes, F. Millar, M. Goodman; Edinburgh: T. & T. Clark,
    1986) 579-87.

32 G. Vermes and M.D. Goodman, *The Essenes According to the Classical Sources*
    (Sheffield: JSOT Press, 1989) 51.

33 The most sober assessment of the way in which the juxtaposition of Essenes and Pytha-
    goreans should be viewed is provided by M. Hengel, *Judaism and Hellenism*, 1. 243-47.

Sukkoth has several implications for the better reading of John 21. These cannot be treated in any exhaustive fashion here.

In the first place, the interpretation of the number 153 offered here, which in fact combines elements of several views offered over the centuries seems to rule out three ways of reading the number 153. It seems inappropriate to suppose that the number was intended to be used openly by readers for their own allegorical interpretations.[34] It also seems unlikely that the number is intended simply to represent a very large number as one reading of John 21:11b might imply: "though there were so many, the net was not torn." Furthermore, although the number is not self-evidently symbolic, there is more than enough evidence gathered during centuries of reflection to suggest that it is not the number produced from the recollection of eye-witness testimony. Erring on the side of caution, it is this last view which R.E. Brown himself endorses.[35] We must conclude that the number 153 in John 21:11 is intentionally symbolic.

In second place, the use of Noah and the flood to understand John 21:1-14 underlines the peculiarly petrine character of John 21.[36] The chapter is largely constituted from three pericopae, one involving the miraculous catch of fish, the second the definition of Peter's role as shepherd, and the third the destinies of Peter and the Beloved Disciple. The invitation to martyrdom is entirely compatible with the role of the shepherd as that is described in John 10, but it is particularly appropriate in light of the suffering made explicit in the traditions of 1 Peter, suffering which is to be experienced by community members. In addition to wishing to preserve additional resurrection stories, this petrine context of impending persecution could provide part of the motivation for including these particular ones in John 21, when, apparently, there are so many stories to choose from.

Thirdly, it is generally agreed that John 21 is a later appendage to the Gospel proper.[37] After John 20:30-31 the final chapter of the Gospel comes as something of a surprise. However, the debate about whether or not John 21 is entirely compatible with the character and purpose of the Fourth Gospel still continues.[38] For example, in support of linking John 21 closely with earlier

---

34 R.E. Brown mentions just two of these: Cyril of Alexandria (*In Joh* 12; PG 74:745) understood 153 as made up of the fulness of the Gentiles (100), the remnant of Israel (50), and the Trinity (3); Rupert of Deutz saw in the number the married (100), the widows (50), and the virgins (3) (*The Gospel According to John*, 2.1075).

35 *The Gospel According to John*, 2.1076.

36 See especially R.E. Brown, K.P. Donfried, J. Reumann (eds), *Peter in the New Testament* (London: Geoffrey Chapman, 1974) 139-47.

37 A substantial challenge to this consensus view was mounted by P.S. Minear, "The Original Functions of John 21," *JBL* 102 (1983) 85-98. The challenge has been largely ignored.

38 See most recently the literary arguments of B. Gaventa, "The Archive of Excess: John 21 and the Problem on Narrative Closure," *Exploring the Gospel of John* (R.A. Culpepper and C.C. Black, eds; Louisville, KY: Westminster John Knox Press, 1996) 240-52.

chapters in the Fourth Gospel, the story of the miraculous catch of fish portrays the ability of the Beloved Disciple to recognize Jesus on the beach (John 21:7); this is entirely in line with his insight and belief at the tomb (John 20:5, 8). In both narratives, however, Peter is the slower of the pair to realize what is happening. Or again, when it comes to vocabulary and style the similarities and differences between John 21 and what precedes are difficult to assess.[39] If the number 153 has anything to do with the system of the 364 day calendar, as might be implied by reading its various interpretations in light of 4Q252, then this would possibly be another indication that John 21 is both similar to and different from the rest of the Gospel. Though not widely followed by other scholars, the most promising suggestion for explaining the different chronologies of the Synoptic Gospels and the Fourth Gospel with respect to Passover has been made by A. Jaubert. She argued that while the Fourth Gospel's narrative reflects the lunisolar calendar which was followed in the Jerusalem temple, Jesus and his disciples celebrated Passover three days earlier according to the calendar observed by the Qumran community.[40] Thus, if the 364 day calendar lies behind the number 153 in John 21:11, then the ideology of the pericope may fit with the practice of Jesus and the disciples (according to Jaubert); but this is not made explicit in John 21 itself which may indicate that the writer of the passage needed to gloss over the calendrical significance of the number so that the last chapter remained in agreement with the lunisolar calendar of the overall narrative of the Fourth Gospel.

Fourthly, as is widely recognized, the same story, rather than a different incident altogether, features in Luke 5:1-11. The call of Peter, together with James and John (also mentioned in John 21 together with some others), takes place at the outset of Jesus' ministry as in the other Synoptics but Luke alone uses the story of the miraculous catch, perhaps to explain the psychology of the moment. The fish are not numbered in the Lukan version. The story is told so as to fit with the generally positive portrayal of Peter in Luke: Luke omits Jesus' rebuke of him (Mk 8:32-33), Jesus' reproach of him asleep (Mk 14:37), and his running to the tomb (24:12). Perhaps the illumination of the background of one aspect of the story of the miraculous fish in John 21:1-14 should encourage a reconsideration of what the Gospel of Luke and the Fourth Gospel have in common. Such commonality may be particularly illuminated by the scrolls from Qumran.[41]

39 As has been exhaustively pointed out by M.-E. Boismard, "Le chapitre xxi de saint Jean: essai de critique littéraire," *RB* 54 (1947) 473-501; cf. the summary of the evidence in C.K. Barrett, *The Gospel According to St John*, 479-80.

40 A. Jaubert, *La date de la Cène* (Paris: J. Gabalda, 1957); "The Calendar of Qumran and the Johannine Passion Narrative," *John and Qumran* (ed. J.H. Charlesworth; London: Geoffrey Chapman, 1972) 62-75.

41 Of the four canonical gospels, only Luke 16:8 and John 12:36 have the phrase "sons of light". The temple orientation of both gospels may also be a shared feature which depends on an outlook such as can be found in some Qumran scrolls: for Luke see G.J.

Conclusion

This brief study has shown that in its reworking of the flood narrative according to the 364 day calendar 4Q252 has the ark ground on the mountain tops on the one hundred and fifty-third day after the start of the flood, a day which is also the seventeenth of the seventh month. That day is the eve of the Sabbath within the octave of the feast of Sukkoth. These facts encourage a reconsideration of how the 153 fish in John 21:11 should be best understood. It has been argued that in light of 4Q252 several of the suggestions for interpreting the number can be reconsidered afresh. The links between the flood, Noah and his family and baptism suggest that that is an appropriate backdrop to the generally agreed view that the catch of fish has to do with the mission of the church. The implicit occurrence together in 4Q252 of 153 and 17 in association with Sukkoth supports reading John 21:1-14 in light of Ezekiel 47. In particular such a juxtaposition lends yet further support to the suggestion of J.A. Emerton that the place names of Ezek 47:10 can explain the number 153 by gematria. The numerological interpretation of the 153 fish may also reflect a similar interest amongst Essenes, if the Qumran community is to be identified with them in some way, since Josephus associates the Essenes with the Pythagoreans, the philosophical school whose metaphysic was grounded in number.

All this fresh juxtaposition of ideas is not an argument that the Fourth Gospel or John 21 alone was written by someone familiar with the writings of the Qumran community. Rather, 4Q252 extends our knowledge of Jewish exegetical traditions which antedate the writing of the Fourth Gospel by about one hundred years. These traditions shed light on the early Christian writings. Together with the obvious use of gematria elsewhere in the broader Johannine tradition, the number of fish in John 21:11 seems altogether less esoteric than has sometimes been thought. It is the number that represents the baptized, those brought safely through water, who are the fulfilment of the expectations of Ezekiel 47, especially verse 10 concerning En-gedi and En-eglaim. The calendrical calculations of 4Q252 enable us to tie several interpretative threads together to show what kind of rich net is used in John 21:11 for landing those 153 fish.

Brooke, "Luke-Acts and the Qumran Scrolls: The Case of MMT," *Luke's Literary Achievement* (ed. C.M. Tuckett; JSNTSup 116; Sheffield: Sheffield Academic Press, 1995) 72-90; for the Fourth Gospel see G.J. Brooke, "The Temple Scroll and the New Testament," *Temple Scroll Studies: Papers Presented at the International Symposium on the Temple Scroll (Manchester, December 1987)* (ed. G.J. Brooke; JSPSup 7; Sheffield: JSOT Press, 1989) 186-94.

Existentiale Interpretation von Sap 7.
Zur Hermeneutik der Sapientia Salomonis

von Hans Hübner

I.

Will man einem Kollegen zu Ehren etwas schreiben, der in derselben Fakultät und zudem noch in derselben theologischen Disziplin lehrt und forscht wie der Autor dieser Zeilen, nämlich in der neutestamentlichen Wissenschaft, dann sollte man schon ein Thema wählen, das die Forschungs- und Lehrinteressen beider im Auge hat. Nun ist das Spezifikum der neutestamentlichen Forschung von Hartmut Stegemann das antike Judentum, also der jüdische Horizont des Neuen Testaments, mein eigener Bezug zum antiken Judentum ist u.a. das Verhältnis von Septuaginta und Neuem Testament. Und da ich zur Zeit an einem Kommentar zur Sapientia Salomonis schreibe, liegt es nahe, aus dem Fragenkomplex zu dieser, wohl im ägyptischen Alexandrien entstandenen Schrift ein Thema zu wählen. Da mir nun in besonderer Weise an der Hermeneutik der biblischen Schriften liegt, schreibe ich für die meinem Kollegen gewidmete Festschrift einen Beitrag über die Hermeneutik der Sapientia Salomonis. Diese Schrift ist im evangelischen Raum keine Schrift des alttestamentlichen Kanons, weil es von ihr kein hebräisches Original gibt, sie folglich nicht in der Biblia Hebraica steht und aufgrund der Option der Reformatoren für die exklusive *veritas Hebraica* damals unglücklicherweise ihrer Kanonizität beraubt wurde. Das genannte Kriterium der exklusiven *veritas Hebraica* besitzt zwar kein historisches und theologisches *fundamentum in re*. Aber es wird weithin immer noch mitgeschleppt. Wenn ich jedoch heute die Sap thematisiere, dann löse ich mich von diesem unhaltbaren Kriterium und betrachte die aus Alexandrien stammende Schrift als eine in besonderer Weise wertvolle Schrift des Alten Testaments. Damit ist zunächst einmal ein Stück Ökumene realisiert. Und damit ist zugleich der Sap Wiedergutmachung geleistet[1].

In der Sap, einer Schrift aus dem 1. Jh.v.Chr., also einer der jüngsten Schriften des Alten Testaments, spricht der König Salomon. Sein Name wird zwar an

---

1   Zum Ganzen s. H. Hübner, Biblische Theologie des Neuen Testaments I, Göttingen 1990, 44ff.

keiner Stelle genannt, wie überhaupt kein einziger Name in der ganzen Schrift vorkommt. Aber jeder, der diese Schrift zu lesen versteht, weiß, daß hier der weise König Salomon zu Worte kommt.

Das Buch der Weisheit Salomons will Juden in der ägyptischen Diaspora, die in irgendwelchen, nicht genau identifizierbaren Pressionen leben, trösten und stärken. Glaubensstärkung ist sicherlich eines der Hauptziele des Autors. Aber einiges ist dabei schon eigentümlich! Warum spricht hier ausgerechnet dieser König? Zur Antwort könnte man natürlich zunächst darauf verweisen, daß sich die Sap in guter pseudosalomonischer Nachbarschaft befindet. Wir kennen ja die pseudosalomonischen Bücher der Biblia Hebraica. Aber dann ist es doch immer noch auffällig, daß vieles in unserer Schrift so spezifisch auf das *Königsamt* des Salomon zugeschnitten ist. Daß der König seine königliche „Kollegen" im Amt anspricht, von ihnen Gerechtigkeit fordert - so beginnt ja das Buch bezeichnenderweise mit dem programmatischen Imperativ 1,1 Ἀγαπήσατε δικαιοσύνην, οἱ κρίνοντες τὴν γῆν -, mag man ja damit begründen, daß sich die in Alexandrien ansässigen Juden Gerechtigkeit vom Imperium Romanum erhofften. Aber schauen wir genauer auf diejenigen Aussagen, in denen der König *als* König spricht und betet! Wir stehen vor einer eigentümlichen Mischung von unterschiedlichen Perspektiven und unterschiedlichen Themen. Salomon verweist auf seine eigene königliche, aber zuvor doch rein menschliche Existenz. Er ist wie alle Menschen geboren, er ist ein sterblicher Mensch, θνητὸς ἄνθρωπος, 7,1. Selbst Könige brauchen als Säuglinge Windeln, 7,4. Die Gleichheit mit allen anderen Menschen wird gerade im Blick auf solche Armseligkeiten deutlich herausgestellt. Er ist ja als θνητὸς ἄνθρωπος einer, von dem das ἴσος ἅπασιν gilt, 7,1. Er ist Abkömmling des erdgeborenen Erstgeschaffenen; auch das Adjektiv γηγενής verweist auf die Niedrigkeit und die dadurch bedingte Demut des Königs. Und so spricht Salomon auch von seinem ihm einst bevorstehenden Tod, 7,6: Dem εἴσοδος folgt der ἔξοδος!

All dies kann so verstanden werden, daß die Juden Alexandriens auf ihre Kreatürlichkeit angesprochen werden, daß sie so zur Demut vor Gott ermahnt werden: Wenn schon der weise König Salomon so demütig war, dann seid ihr's erst recht! Und vielleicht kann man sogar, wenn die Annahme einer Pression, der die Juden unterworfen waren, zutrifft, die Vermutung aussprechen: Auch die, die euch solche Schwierigkeiten machen, sie sind nichts als Menschen in all ihrer Kreatürlichkeit!

Das nächste Thema erwächst aus dem zuletzt Genannten: Der kreatürliche Mensch bedarf des *Geistes Gottes*, der *Weisheit Gottes*. Sagte doch schon Salomo in 7,6: διὰ τοῦτο εὐξάμην. Wegen der in seiner Kreatürlichkeit begründeten Bedürftigkeit betete Salomon. Er war also nur deshalb der weise König, weil er Gott um Weisheit gebeten und dieser sie ihm gegeben hatte. Wenn das schon von Salomon galt, dann gilt das erst recht von jedem Menschen, von jedem Juden: *Weise ist, wem Gott Weisheit gibt. Weise-Sein* ist immer *Beschenkt-Sein* durch Gott.

Eigenartig! In 6,24 spricht Salomon noch davon, daß ein verständiger König der Wohlstand des Volkes sei; er spricht von sich als dem βασιλεὺς φρόνιμος. Und folgt dann in 7,7 das Gebet um die φρόνησις, die Einsicht, die ja mit der Bitte um die Weisheit, σοφία, gleichbedeutend ist, so irritiert es doch ein wenig, daß nach 7,7f. der βασιλεὺς φρόνιμος die Gabe von φρόνησις und σοφία so hoch schätzt, daß er darüber Szepter und Thron als dieser Gabe gegenüber minderwertig behauptet. Einsicht und Weisheit waren es doch gerade, die ihn zum weisen *König* machen sollten! Seine Königsherrschaft im Dienste seines Volkes war es doch, weswegen er von Gott weise gemacht wurde! Einsicht und Weisheit waren sozusagen Funktionsgaben für das Königsamt. Wenn er nun dieses sein königliches Amt so abwertet, verfehlt er dann nicht den Zweck der göttlichen Gabe? Wertet er dann nicht den königlichen Dienst an seinem Volk und - notwendig in der Konsequenz - das Volk selbst ab? Szepter und Thron werden in 7,8 dem Reichtum gleichgestellt, also dem, was den König reich macht. Reichtum dürfte aber zunächst einmal etwas sein, wovon allein Salomon als Individuum etwas hat. Doch Besitz als Individualvorteil und Weisheit als Amtsgnade auf eine Ebene zu stellen bedeutet, das königliche Amt sozusagen auf das Niveau des Egoismus herabzuziehen, also dieses Amt als Privatgenuß zu denunzieren.

Freilich ist die hier inkriminierte Logik von einem Kriterium her beurteilt worden, das der Darstellungsart des Verfassers der Sap nicht ganz angemessen ist. Denn soeben haben wir zugespitzte Rhetorik mit der Sonde einer exakten Denkart beurteilt. Worum es aber *eigentlich* geht, ist die Größe der Gabe der Weisheit. Und um sie recht wirkungsvoll zum Ausdruck zu bringen, ist für den Verfasser der Sap ein Verzicht auf genaue Stimmigkeit durchaus erlaubt. Hier geht es eben nicht um ein *collegium logicum*, sondern um rhetorische Veranschaulichung und rhetorischen Nachdruck. Weisheit, das ist das *non plus ultra*, an dem gemessen alles andere im Schatten steht, selbst die königliche Würde, bei der im Augenblick einmal kurz ausgeblendet wird, daß sie ja eigentlich Aufgabe, nicht aber Mittel zum Eigennutz ist. Was der Verfasser hier über die Weisheit sagt, ist kein theologischer Traktat, obwohl auf dem Boden eines theologischen Denkens erwachsen.

Die gedankliche Unstimmigkeit zeigt sich dann des weiteren, wenn materielle Güter, die doch im Vergleich mit der Weisheit so starke Abwertung erfahren haben, ausgerechnet zur Zugabe zur Weisheit avancieren, 7,11! Unermeßlicher Reichtum liegt in den Händen der Weisheit. Und der, dem sie von Gott gegeben wurde? Er gibt sie weiter, neidlos sogar.

War bisher das Ganze lediglich insofern im Blick auf Gott gesagt, als er, auf die Bitte Salomons hin reagierend, diesem die Weisheit gab, so ändert sich nun das Bild. In V.12 schon meldet sich ein neuer Gedanke: Die Weisheit ist Schöpferin, γενέτις. Sie hat Anteil an Gottes Schöpfermacht. Bedenkt man, daß im alttestamentlichen Denken Sein und Wirken koinzidieren, so erhält die Partizipation der Weisheit am Schöpfungswirken Gottes ihr besonderes theologisches Gewicht. Sie partizipiert ja an Gottes *Sein* als Schöpfer! Damit geht der Verfasser der Sap weit über andere Präexistenzaussagen der Weisheit im Alten Testament hinaus. Nach Prov 8,22ff. war die Weisheit bereits geboren, ehe Gott etwas geschaffen hatte. Sie war bei der Schöpfung dabei, aber eben ohne an ihr beteiligt gewesen zu sein.

Salomon hat also die Weisheit als Gabe Gottes empfangen, ohne daß er etwas von ihrem göttlichen Wirken und Sein wußte. Jetzt aber weiß er, daß sie ein unermeßlicher Schatz für die Menschen ist. Die von ihm Gebrauch machen, also kraft der göttlichen Weisheit weise sind und somit sich als Weise verhalten, erlangen Gottes Freundschaft, πρὸς θεὸν ἐστείλαντο φιλίαν, 7,14. Wer kraft der göttlichen Weisheit lebt und wirkt, ist Freund Gottes. Er steht somit auf vertrautem Fuße mit Gott. Er wird sozusagen in die Höhen Gottes erhoben. Er steht mit Gott auf Du und Du! Eigentümlich ist aber wieder, wie dieser Zustand des mit der Weisheit Begabten im selben Vers begründet wird: διὰ τὰς ἐκ παιδείας δωρεὰς συσταθέντες, wörtlich übersetzt: „wegen der Geschenke aufgrund der Bildung hingestellt". Bildung und Gottesfreundschaft somit in enger Konnotation!

Dieser Vers 7,14 schreit regelrecht nach existentialer Interpretation. Nur seine Einzelaussagen zu registrieren und eventuelle religionsgeschichtliche Parallelen aufzuweisen, das kann ja für eine Exegese nicht ausreichen. Registrieren im genannten Sinne kann ja nur ein Anfang sein. Ziel einer Exegese ist immer die *Interpretation*. Doch gebe ich im Augenblick noch nicht der Versuchung nach, diese Art von Interpretation vorzunehmen. Es sollte jedoch an dieser Stelle bereits für die, die diesen Aufsatz lesen, klar werden, daß sie nicht auf die eigentliche Leistung der Exegese, die Interpretation, zu verzichten brauchen.

Hat Salomon nach 7,13f. an die Weitergabe der Weisheit gedacht, wurde also er, dem gegeben wurde, selbst zum Geber, so wird dieser Gedanke in 7,15 fortgesetzt, auch wenn es zunächst so aussieht, als blicke der König wieder auf sich selbst zurück. Denn wenn er wünscht, daß Gott ihm verständig zu reden gebe - schon wieder das Verb δίδωμι! - , so ist ja solches Reden an diejenigen gerichtet, die er an seiner göttlichen Weisheit Anteil gewinnen lassen will. Vielleicht hätte man erwartet, daß Salomon in V. 15 zuerst vom ἐνθυμηθῆναι und dann erst vom εἰπεῖν gesprochen hätte. Doch schauen wir auch hier wieder großmütig über diese kleine Ungeschicklichkeit hinweg. Denn Denken und Reden hängen ja so eng miteinander zusammen und bedingen sich so sehr gegenseitig, daß die Reihenfolge „reden - denken" verzeihlich ist. Wichtiger ist, daß aufgrund der Gabe der Weisheit Gott selbst Wegführer, ὁδηγός, der Weisheit ist. Ist nun σοφία in 7,15 bereits die Weisheit des Menschen? Hat die Weisheit *Gottes* bereits so sehr den Menschen in seinem Inneren erfaßt, daß sie zur Weisheit eben dieses *Menschen* geworden ist? Wird dies nicht noch zusätzlich dadurch indiziert, daß in V.15d von den Weisen, οἱ σοφοί, die Rede ist? Indem Gott durch das Geben der Weisheit zum Wegführer der Weisheit und folglich zum Lenker, διορθώτης, der Weisen geworden ist, sind Gott, die präexistente Weisheit und die Menschen in engste Beziehung zueinander getreten. Partizipiert die σοφία am Sein Gottes und partizipiert dann der Mensch am göttlichen Sein der σοφία, so ist unendlich Großes vom Menschen ausgesagt! Ist schon die Rede vom göttlichen Sein der präexistenten Weisheit eine theologisch gefährliche Aussage, so noch viel mehr die Aussage, daß der Mensch an dieser göttlichen Weisheit teilhat. Hat der Mensch als immanentes Wesen also die Grenze zum transzendenten Gott überschritten? Wird die theologische Vorstellung in Sap 7 an dieser Stelle nicht geradezu zur Blasphemie?

Aber mit 7,16 wird dann doch noch einmal mit unübersehbarer Deutlichkeit auf diese Grenze aufmerksam gemacht. Wir dürfen also um Gottes willen nicht Aussagen der Sap isolieren - wirklich, ganz wörtlich: „um Gottes willen"! - , wir müssen das gesamte Aussagengefüge vor Augen behalten. Wir sind in Gottes Hand, wir und unsere Worte, 7,16. Gott gibt uns zu reden ein. Wo es um Gott und um sein Handeln an uns geht, da reden wir „aus" Gott. So sind in Gottes Hand unsere φρόνησις und unsere ἐργατειῶν ἐπιστήμη. Durch die letztere Wendung ist die φρόνησις im Kontext des verantwortlichen Handelns ausgesagt. φρόνησις ist danach das dem verantwortlichen Denken erwachsene Tun des Menschen. Dieses Denken kraft der Weisheit und in der Weisheit und aus der Weisheit geschieht im Blick auf unsere vor Gott verantwortliche Existenz und deren Ausrichtung auf das von Gott Gewollte. Es geht eben nicht um theoretische Akrobatik. Es geht nicht um eine abstrakte Theorie von Gott.

Doch dann wird es mit 7,17 ganz verwunderlich: Gott gab dem Salomon das untrügliche Wissen um das, was ist, ἔδωκεν τῶν ὄντων γνῶσιν ἀψευδῆ. Was meint aber τὰ ὄντα? Es wird in V.17b expliziert: εἰδέναι σύστασιν κόσμου καὶ ἐνέργειαν στοιχείων[2]. Noch einmal: Es ist eigentümlich. Was in V. 17b zu lesen ist, ist stoische Kosmologie in Reinkultur! Gott gab dem Salomon - wohlgemerkt: für seine Regierung! - philosophische Kenntnisse. Was soll aber der König in Jerusalem beim Regieren mit solchem kosmologischen Wissen? Wozu braucht er das theoretische Wissen um die σύστασις κόσμου? Wozu braucht er das theoretische Wissen um die στοιχεῖα und deren ἐνέργεια? Bisher konnten wir den Darlegungen in der Sap immer noch einen gewissen Sinn abgewinnen. Aber jetzt?

Doch schauen wir noch etwas weiter auf die Darlegungen in Sap 7 (in der Hauptsache beschränken wir uns auf dieses Kapitel)! Das nächste nämlich, was der Autor sagt, mag uns sinnvoller im Rahmen der Grundaussage der Sap vorkommen. Nach 7,18f. geht es darum, den Anfang, das Ende und die Mitte der Zeiten, χρόνων, zu kennen, dann den Wechsel der Sonnenwenden und den Wandel der Zeiten, μεταβολὰς καιρῶν, ebenso die Jahreszyklen und die Stellung

---

2 Auf die Angabe der Parallelen in der griechischen Philosophie (außer der Stoa auch und vor allem Platon) verzichte ich hier. Genauere Angaben in: H. Hübner, Die Sapientia Salomonis und die antike Philosophie, in: ders. (Hg.), Die Weisheit Salomos im Horizont Biblischer Theologie, BThSt 22, 1993, 55-81.

der Sterne. Geht es bei ἄστρων θέσεις um Astrologie? In 7,20 werden zoologische, aber ebenso botanische Kenntnisse erwähnt, zugleich auch - in diesem Zusammenhang! - die Gewalt der Geister, πνευμάτων βίας, und zwar koordinativ mit den „Gedanken der Menschen". 7,21f. faßt das Ganze zusammen: Ich erkannte alles, was verborgen und was offenkundig ist. Die Begründung: Die Herstellerin, τεχνῖτις, von allem, die Weisheit nämlich, hat mich all das gelehrt.

Nach diesem Abschnitt folgt ein Exkurs über das Wesen der Weisheit, 7,22ff., und zwar mit Hilfe einer Fülle von teils stoischen Begriffen, aber auch mit Anleihen an die platonische Philosophie. In der σοφία befindet sich das πνεῦμα, das u.a. als νοερόν, ἅγιον, λεπτόν, εὐκίνητον und φιλάνθρωπον charakterisiert wird. Dieses Pneuma durchdringt alle Geister und durchwaltet das All. Vor allem läßt sich nach V. 26 von ihm folgende Aussage machen: ἀπαύγασμα γάρ ἐστιν φωτὸς ἀιδίου / καὶ ἔσοπτρον ἀκηλίδωτον τῆς τοῦ θεοῦ ἐνεργείας / καὶ εἰκὼν τῆς ἀγαθότητος αὐτοῦ.

II.

Soweit der Überblick über Sap 7, wenn auch nur in kursorischer Kürze! Die entscheidenden Sachaussagen haben wir uns vergegenwärtigt; also können wir uns nun der dringend erforderlichen *existentialen Interpretation* widmen. Der Begriff „existentiale Interpretation" braucht dabei nicht spezifisch im Sinne Rudolf Bultmanns verstanden werden. Es genügt, daß unsere Absicht die ist, uns als die den Text verstehen Wollenden zum Verstehen zu bringen. Und da es gerade in Sap 7 um Aussagen geht, die aus erfahrener Existenz heraus, aus einem *Selbstverstehen*[3] geschehen sind, zugleich aber um unsere Lebendigkeit im Rezeptieren dieser Existenzaussagen, also um *unser* Selbstverstehen, ist dieser Text für eine existentiale Interpretation geradezu prädestiniert. Da spricht also ein König. Als König verstanden sich aber weder die damaligen Menschen, noch verstehen wir uns heute so. Haben wir aber eben festgestellt, daß der Text sagen will „wenn schon der König, dann erst recht wir", so ist es ein nachvollziehbarer Gedanke, die Demut Salomons angesichts der Gebrechlichkeit und Sterblichkeit des menschlichen Daseins als Vorbild für uns heute zu betrachten. Wir sind zwar technisch und medizinisch erheblich weiter als die Menschen vor zweitausend Jahren, aber Krebs oder Infektionskrankheiten haben uns immer noch im Griff. Und sterben müssen wir alle!

---

3   Selbstverstehen ist wohl die bessere Formulierung als Selbstverständnis, da dieses gemäß seiner sprachlichen Form zu sehr im statischen Sinne, zu sehr nämlich als Ergebnis eines abgeschlossenen Verstehensprozesses verstanden werden kann. Auf jeden Fall kann der Begriff des Selbstverständnisses zu leicht als der erforderlichen Lebendigkeit beraubt aufgefaßt werden. Und genau darum geht es nicht!

Aber jene Selbsterkenntnis Salomons hinsichtlich seiner Begrenztheit, seiner Hinfälligkeit, seiner Abhängigkeit von biologischen Gesetzen, kurz: seine *Zeitlichkeit* und *Geschichtlichkeit* - all das ist ja noch nicht jenes Selbstverstehen, das von der geschenkten Weisheit geschenkt ist. Sein Dasein zum Tode vor Augen, die Relativierung seiner Königswürde durch seine gemeinsamen Existenzbedingungen mit allen anderen Menschen, dieses niederschmetternde Bedingungsgefüge läßt ihn Gott um die φρόνησις bitten. Er betet, und der Geist der Weisheit kam zu ihm. Die Wirkung dieser gottgegebenen Geistbegabung: Es bleibt in gewisser Weise schon bei einem Pessimismus. An dem, was er als seine Hinfälligkeit erkannte, ändert sich nämlich nichts. Er weiß weiterhin um diese seine Situation. Vor der Begabung mit der Weisheit sah er seine königliche Würde und Macht im dunklen Horizont allgemein menschlicher Beschränktheit. Thron, Szepter und Reichtum waren kein wirklicher Ausgleich für sein Dasein zum Tode. Jetzt aber werden königliche Macht und königlicher Reichtum von einer anderen Seite her relativiert. Sie sind, gemessen an der Gabe der Weisheit, ein Nichts. Aber es ist nicht mehr der in 7,1-6 ausgesprochene Nihilismus, der die pessimistische Grundstimmung des Königs bewirkt hatte. Jetzt ist es die Hochstimmung von der Weisheit Gottes, von seinem Geiste und somit von Gott selbst her. Durch das Geschenk der Weisheit versteht Salomon sein Dasein selbst als Geschenk, er versteht sich als gottgeschenkte Existenz.

Das sich selbst Verstehen ist nun nicht mehr ein bloßes *sich aus sich selbst Verstehen*. Es ist ein Selbstverstehen als ein sich aus Gott Verstehen, ein *sich von Gott her Verstehen*. Es ist die von Gott geschenkte Erkenntnis, aber als Erkenntnis mehr als ein bloßes sich von sich selbst Distanzieren und so sich selbst zum erkannten Objekt Machen. Es geht eben *nicht* um eine *neutrale Erkenntnis*. War 7,1-6 schon keine solche objektive, objektivierbare und verobjektivierte Erkenntnis mit registrierendem und analysierendem Grundzug, sondern eine Erkenntnis, die zugleich in einer bestimmten *Gestimmtheit* ihre eigentliche Realität besaß, so galt, freilich mit umgekehrtem Vorzeichen, gleiches vom Selbstverstehen nach der Herabkunft der Weisheit auf Salomon. Nicht ohne Grund hat *Martin Heidegger* damals in „Sein und Zeit" die *Befindlichkeit* (Existenzial, also eine ontologische Aussage) und das Verstehen als gleich ursprünglich aufgewiesen[4]. Der Rede von der ontologisch-existenzial zu fassenden Befindlichkeit entspricht in ontischer Hinsicht die jeweilige *Stimmung* des Menschen. Jedes Verstehen ist von der jeweiligen Stimmung mitbedingt. Wer trauert, versteht anders als der, der froh ist. Der sich Menschen gegenüber verschließt, versteht bzw. mißversteht anders, als der, der offen ist. Dies herausgearbeitet zu haben ist m.E. eines der großen Verdienste Heideggers. Es gibt eben kein Verstehen, das losgelöst von der jeweiligen Stimmung ist. So ist es in Sap 7 eben dieser *Umschlag der Stimmung*, der Verstehen von Verstehen schei-

---

4   M. Heidegger, Sein und Zeit, Tübingen [14]1977, §§ 29f.

det. Und so will „Salomon" in diesem Kapitel seinen Lesern sagen: Verstehe dich von Gott und seiner Weisheit her, und du wirst zu einem Menschen, der nicht in den Fesseln seiner eigenen persönlichen Grundstimmung gebunden ist! Martin Luther hat dieses Dasein in seiner Römerbriefvorlesung sehr treffend als *incurvatus inseipsum* charakterisiert[5]. So kann der König in 7,12 von der Freude sprechen: Er freut sich an allem Guten, weil es von der Weisheit her kam. Alle Verbitterung hat ihr Ende. Die Gabe der Weisheit macht den verdrießlichen König zum frohen König, macht aus dem, der wohl zuvor eine Last für seine Umgebung war, einen, der Freude auf die Menschen ausstrahlt.

Ist aber das Verhältnis von Verstehen und Befindlichkeit - oder gar in entgegengesetzter Richtung von Befindlichkeit und Verstehen - bei der Auslegung von Sap 7 zu berücksichtigen, dann gewinnt auch die Aussage vom ὁδηγός und διορθωτής in V.15 ein anderes theologisches Gewicht. Dann kann sie nämlich nicht im Sinne irgendeiner Gesetzlichkeit interpretiert werden. Dann ist vielmehr der, der sich von diesem Wegführer leiten läßt, in seiner ganzen Einstellung und Haltung so offen gegenüber Gott und dessen Weisheit, daß es eines eigenen Aktes der Überwindung des eigenen Ichs nicht mehr bedarf, um zu tun, was Gottes Wille ist. Das „Ge-*stimmt*-Sein" des mit der Weisheit Gottes Beschenkten ist dann so sehr vom guten Wollen her be-*stimmt*, daß Erkennen und Wollen eine Einheit ausmachen, und zwar eine Einheit im tiefsten Personkern. Und da Wollen und Tun ebenso aufs engste zusammengehören, ist folglich die Trias „Erkennen - Wollen - Tun" konstituiert. φρόνησις und ἐργατειῶν ἐπιστήμη sind in ihrer je spezifischen Bedeutung synonym, zumindest fast synonym. Es ist nach diesen Überlegungen sicherlich nicht mehr erforderlich, die hermeneutische Relevanz dieser Verse zu begründen.

Doch nun kommt das eigentliche hermeneutische Problem dieses Kapitels. Was sollen nämlich ausgerechnet in *diesem* Zusammenhang Erkenntnisinhalte stoischer Kosmologie? Was soll die τῶν ὄντων γνῶσις ἀψευδής von V.17 ausgerechnet im Kontext der ἐργατειῶν ἐπιστήμη? Die theoretische Wissenschaft vom Aufbau des Kosmos als Baustein der praktischen Vernunft? Liegt hier nicht ein Gedankensprung vor, wenn nicht sogar eine μετάβασις εἰς ἄλλον γένος? Die Antwort kann nicht mit einem eindeutigen Ja gegeben werden. Es gilt hier vielmehr genau zu differenzieren. Zunächst ist zu fragen, in welchem Sinne der Verfasser der Sap die von ihm rezipierten stoischen Formulierungen selber verstanden hat. Hat er sie *als* stoisches Gedankengut aufgegriffen? Oder waren es Auffassungen, die, von ihrem ursprünglichen philosophischen Ort gelöst, zum Gemeinbesitz der Gebildeten geworden sind und somit das Spezifikum ihrer Aussagen zumindest teilweise verloren haben? Daß die stoischen Begriffe, die ja einem pantheistischen Denken entstammen, in Sap 7 in ein monotheistisches Denken integriert wurden, ist evident. Insofern haben sie in der Tat etwas von ihrer stoischen Substanz verloren. Es darf aber keinesfalls über-

---

5   M. Luther, WA 56, Weimar 1938, passim.

sehen werden, daß selbst im genuin stoischen Horizont die kosmologischen Vorstellungen und Begriffe keine rein theoretische Spekulation sind. Denn auch hier müssen wir nach dem Selbstverstehen fragen. Bekanntlich ist ja die geistesgeschichtliche Erscheinung der Stoa einem ganz bestimmten Lebensgefühl der Antike erwachsen. Es ist unbestreitbar und es wird auch in der gängigen Literatur nicht bestritten, daß stoisches Denken aus einem ganz bestimmten Gestimmt-Sein geboren ist und sich in ihm bewegt. Es ist kein klassisches Denken des Griechentums mehr. Vielmehr ist die Stoa ja eine Symbiose von griechischem und vorderasiatischem Denken und Fühlen. Stoisches Denken ist in einem entscheidenden Punkte Bewältigung einer bedrohlichen und auch tatsächlich bedrohenden Welt. Wer sich in den vom Pneuma durchwalteten Kosmos eingegliedert weiß, der steht in grandioser *Freiheit* auch über dem, was οὐκ ἐφ᾽ ἡμᾶς ist[6]. In der stoischen Kosmologie spricht sich das Freiheitspathos des Stoikers aus, dem kraft seiner Weltüberlegenheit kein Unglück etwas anhaben kann.

„Salomon" begann in Sap 7 mit seinem ihn zunächst beherrschenden Unbehagen an seiner irdischen Existenz, an seiner beklagenswerten Geschichtlichkeit. Wir sprachen aber dann vom Umschwung in seinem Gestimmt-sein durch die Gabe der Weisheit. Gehört zu diesem „Stimmungs"-Umschwung auch jene Komponente der Stoa, von der soeben die Rede war? Sie jedenfalls ist auch unabhängig von ihrem Pantheismus vorstellbar. Für diese Vermutung könnte auch sprechen, daß möglicherweise in V.18 ἄστρων θέσεις eine Anspielung auf die Astrologie vorliegt. Dann aber bedeutet der durch die Weisheit bedingte Stimmungs-Umschlag das Bewußtsein, von bösen kosmischen Mächten freizusein. *Wer den Geist Gottes hat, ist frei vom Ungeist des Bösen.*

Vielleicht sollten wir doch noch in diesem Zusammenhang einen Gedanken anschließen, den *Martin Heidegger* gerade im Blick auf das Existenzial der Befindlichkeit bzw. der ontischen Konkretisierung in der jeweiligen Stimmung in seiner Interpretation von Friedrich *Hölderlins* Hymnus „Germanien" in seiner Vorlesung vom Wintersemester 1934/35 dargelegt hat[7]. Daß die Dichter für sein philosophisches Denken einen weiten Raum einnehmen, ist bekannt. Vor allem gilt das für Hölderlin: „Hölderlin ist einer unserer größten, d.h. unserer zukünftigster *Denker*, weil er unser größter *Dichter* ist. Die dichterische Zuwendung zu seiner Dichtung ist nur möglich als *denkerische* Auseinandersetzung mit der in dieser Dichtung errungenen *Offenbarung des Seyns*."[8] In der Auslegung seiner Dichtung bringt Heidegger einen eigenen Paragraphen (§ 7) über den Sprachcharakter der Dichtung. Sein Fazit über die Dichtung als „Sprachgeschehnis": „Die Sprache ist nichts, was der Mensch unter anderen Vermögen und Werk-

---

6 S. dazu die glänzenden Ausführungen in K. Niederwimmer, Der Begriff der Freiheit im Neuen Testament, TBT 11, Berlin 1966.
7 M. Heidegger, Gesamtausgabe II/39: Hölderlins Hymnen „Germanien" und „Der Rhein", Frankfurt am Main 1980.
8 Heidegger, Hölderlins Hymnen, 6.

zeugen auch hat, sondern Jenes, was den Menschen hat, so oder so sein Dasein als solches von Grund aus fügt und bestimmt." Und er charakterisiert weiter: „Die Dichtung selbst ist nur das ausgezeichnete Geschehen im Sprachgeschehnis, in dessen Macht der Mensch als geschichtlicher steht. Das Dichterische ist das Grundgefüge des geschichtlichen Daseins, und das heißt jetzt: die Sprache als solche macht das ursprüngliche Wesen des geschichtlichen Seins des Menschen aus."[9] Von dieser Überlegung aus kommt er in § 8 zur „Entfaltung der Grundstimmung". Nun ist unsere Sapientia Salomonis selbst eine Dichtung, und zwar eine hervorragende[10]. Also wäre das, was Heidegger zum Thema „Dichtung und Grundstimmung" sagt, auch im Blick auf dieses alttestamentliche Buch anwendbar. Er stellt heraus, „daß die Stimmung des Sagens gestimmt sein muß, daß der Dichter aus einer Stimmung spricht, welche Stimmung den Grund und Boden be-stimmt und den Raum durchstimmt, auf dem und in dem das dichterische Sagen ein Sein stiftet. Diese Stimmung nennen wir die Grundstimmung der Dichtung".[11] Sofort verdeutlicht er aber, daß mit dieser Grundstimmung nicht „eine verschwebende Gefühlsbetontheit" gemeint ist, „die das Sagen nur begleitet, sondern die Grundstimmung eröffnet die Welt, die im dichterischen Sagen das Gepräge des Seyns empfängt"[12]. Entscheidend ist nun, daß für Heidegger der Begriff der Grundstimmung nicht als „schwächlich müdes Sichbaden in sogenannten Gefühlen" gemeint ist, nicht als „Sentimentalität, die nur den eigenen Seelenzustand 'bebrütet'"[13]. Die Grundstimmung ist *nichts Seelisches*, keinesfalls unmotivierte und unkontrollierte Launenhaftigkeit, sondern etwas *Geistiges*[14]. Der philosophische Grundzug dieser Aussagen Heideggers wird deutlich, wenn er dann in diesem Zusammenhang schreibt: „Die Stimmung als Stimmung läßt die Offenbarkeit des Seienden geschehen."[15] Die Relevanz dieser Ausführungen für die Auslegung unserer Sap wird dann besonders deutlich, wenn er von dem soeben Gesagten zum Thema „Die Grundstimmung und das Heilige" überleitet. Natürlich, das, was Hölderlin und dann auch Heidegger unter „heilig" verstehen, ist nicht unbedingt mit unserem theologischen Verständnis dieses Wortes identisch[16]. Aber soviel läßt sich doch festhalten: Wenn die Sap in 7,22 vom *heiligen* Pneuma der Sophia spricht, so dürfte im dichterischen Sagen des Autors der Sap eine religiöse Grundstimmung, auch aus theologischer Reflexion erwachsen, zu vernehmen sein. Gilt schon das, was Heideg-

---

9 Heidegger, Hölderlins Hymnen, 67.
10 Daß natürlich auch kritische Urteile zur Dichtung des Buches als ganzem möglich sind, soll nicht bestritten werden. Aber solche Kritik ist unerheblich gegenüber dem, was hier zur Debatte steht.
11 Heidegger, Hölderlins Hymnen, 79.
12 Ebd.
13 Heidegger, Hölderlins Hymnen, 81f.
14 Heidegger, Hölderlins Hymnen, 82.
15 Ebd.
16 Hierüber müßte viel gesagt werden; doch das ist hier nicht möglich.

ger in „Sein und Zeit" zum Existenzial der Befindlichkeit gesagt hat, für jedes menschliche Dasein und jedes Verstehen, so gilt es erst recht für den Autor der Sap als Dichter[17].

Um des beschränkten Platzes willen breche ich hier mit der Auslegung von Sap 7,1-22a ab und greife nun noch einige Aussagen aus der berühmten Stelle *Sap 7,22b-8,1* heraus. In 7,7 haben wir gesehen, daß der Geist der Weisheit auf „Salomons" Bitte zu diesem kam. Die dort stehende Formulierung πνεῦμα σοφίας - der Genitiv ist ein *genetivus possessionis* - wird in 7,22c expliziert: Das denkende und heilige πνεῦμα befindet sich *in* der σοφία. Dieses „in" besagt aber weniger eine lokale Aussage im eigentlichen Sinne. Eher dürfte man diese Wendung so interpretieren, daß das In-Sein des Geistes „in" der Weisheit zum Ausdruck bringen will, daß die Weisheit geisthaften Charakters ist und folglich auch gesagt werden kann, daß die Weisheit Geist *ist*. Das entspricht zwar nicht der formalen Logik, wollte man sie auf 7,22b anwenden. Aber eine solche Applikation verbietet sich angesichts der poetischen Sprache der Sap.

Daß der Autor des Buches nicht in das Prokrustesbett der formalen Logik gedrängt werden darf, geht auch aus dem Vergleich von 7,24 und 8,1 mit 1,7 hervor. In 7,24 heißt es von der σοφία in engstem wörtlichen Anklang an stoische Aussagen: διήκει δὲ καὶ χωρεῖ διὰ πάντων διὰ τὴν καθαρειότητα, und in 8,1 καὶ διοικεῖ τὰ πάντα χρηστῶς. Als stoische Parallele zitiere ich hier nur SVF II, Nr. 416 (Referat des Galenus über die Stoiker): τὸ διῆκον διὰ πάντων πνεῦμα, ὑφ' οὗ τὰ πάντα συνέχεσθαι καὶ διοικεῖσθαι. In Sap 1,7 lesen wir aber: ὅτι πνεῦμα κυρίου πεπλήρωκεν τὴν οἰκουμένην, καὶ τὸ συνέχον τὰ πάντα γνῶσιν ἔχει φωνῆς. Und in 1,6 heißt es von der σοφία, sie sei ein φιλάνθρωπον πνεῦμα. Dann aber können wir die Aussage, daß in der σοφία das πνεῦμα νοερόν, ἅγιον κτλ. sei, so interpretieren, daß sie eben dieses πνεῦμα *ist*. Was bedeutet dieser Sachverhalt für die Auslegung von 7,22ff.? Es bedeutet, daß „Salomon" und auch die Leser des Buches dieser Sophia teilhaftig geworden sind. In ihnen befindet sich nun diejenige Weisheit, die den ganzen Kosmos erfüllt. Mögen auch im heidnischen Alexandrien die Juden einen schweren Stand haben, *sie* sind es, die kraft der heiligen Weisheit und somit kraft des heiligen Geistes leben! Immer klarer wird, daß kosmologische Aussagen der Stoa durch ihre Rezeption als jüdische religiöse und theologische Aussagen bei nahezu wörtlicher Übernahme ihren originären pantheistischen Charakter verlieren. Stoische Kosmologie, der ja, wie erwähnt, als solcher bereits die Kraft des Trostes und der Stärke innewohnt, wird nun im Horizont des jüdischen

---

17 S. auch, was in dem posthum herausgegebenen Werk Heideggers „Beiträge zur Philosophie. Vom Ereignis" (GA 65, Pfullingen 1985) zu diesem Thema zu lesen ist, ebenso meinen Vortrag auf der Tagung der Heidegger-Gesellschaft 1997: „'Vom Ereignis' und vom Ereignis Gott. Ein theologischer Beitrag zu den 'Beiträgen zur Philosophie'", in: Martin-Heidegger-Gesellschaft. Schriftenreihe Band 5 (voraussichtlich 1999).

Monotheismus zum religiös begründeten Trost verfolgter Juden in der Diaspora! Was kann man ihnen wirklich tun, wenn der starke Geist Gottes, der das All erfüllt und trägt, in ihnen wohnt?

III.

Ein kurzer Blick auf das *Neue Testament*! Vergegenwärtigt man sich den theologischen Sachverhalt, wie wir ihn bei der Auslegung von Sap 7 herausgearbeitet haben, so mag vielleicht eine der ersten Assoziationen Röm 8 sein. Der Christ, der durch Christus Gerechtfertigte also, kann von sich bekennen, daß der Geist Gottes, der Heilige Geist, in ihm wohnt. So schreibt Paulus in Röm 8,9: πνεῦμα θεοῦ οἰκεῖ ἐν ὑμῖν. Der Unterschied zur Sap besteht zunächst darin, daß das πνεῦμα θεοῦ im selben Vers sofort mit dem πνεῦμα Χριστοῦ identifiziert wird und es dann unmittelbar danach in V.10 heißt: Χριστὸς ἐν ὑμῖν. V.11 expliziert: τὸ πνεῦμα τοῦ ἐγείραντος τὸν Ἰησοῦν ἐκ νεκρῶν οἰκεῖ ἐν ὑμῖν. Aber diese christologische Präzision der Aussage vom Wohnen des Geistes Gottes in den Römern ist nur *ein* Aspekt der Differenz zwischen Sap 7 und Röm 8, wenn auch ein sehr wichtiger. Die eigentliche Differenz besteht jedoch darin, daß nach Sap 7 die σοφία und somit das heilige πνεῦμα *eine von Gott unterschiedene Hypostase* ist; nach Röm 8 *ist* aber *der Heilige Geist Gott selbst*, insofern er seine totenerweckende Macht ist. Das trinitarische Dogma ist zwar hier nicht *expressis verbis* aus-gesprochen, aber im Prinzip an-gesprochen; es ist hier impliziert. Trotz aller inhaltlichen Nähe von Sap 7 und Röm 8 ist aber Sap 7 nicht so sehr die alttestamentliche Voraussetzung für die pneumatologische Aussage des Paulus. Was der Apostel an alttestamentlichen Aussagen bei der Niederschrift von Röm 8 vor Augen hatte, sind vor allem die beiden Kapitel Ez 36 und 37: Gott gibt *Seinen* Geist in das „tot" am Boden liegende Israel. Es handelt sich bekanntlich um metaphorische Sprache: Inmitten der Geschichte gibt es kraft des Geistes Gottes die „Auferweckung" des Volkes. Es ist der Geist des auferweckenden Gottes. Was Ezechiel metaphorisch sagt, sagt Paulus in der Realistik seines Auferstehungsverständnisses[18]. Doch trotz der Differenz von Sap 7 zu Ez 36f. und Röm 8 zu Sap 7 ist die Sapientia Salomonis theologisch auf dem Wege zum Neuen Testament. Das alttestamentliche Buch der „Weisheit Salomons" bedarf der Wiederentdeckung durch die evangelische Theologie!

---

18 Exegetischer Nachweis bei H. Hübner, Biblische Theologie des Neuen Testaments II: Die Theologie des Paulus und ihre neutestamentliche Wirkungsgeschichte, Göttingen 1993, 301ff.

Gott und Mensch als Gesetzgeber in Platons Nomoi

von Otto Kaiser

1. Die Leitfrage und der Weg zu ihrer Beantwortung

Auf den ersten Blick besteht ein eigentümlicher Widerspruch zwischen dem Satz, der das opus postumum Platons, die *Nomoi* eröffnet[1], und der weiteren, ganze zwölf Bücher füllenden Diskussion über den bestmöglichen Staat und seine Gesetze. Denn es beginnt mit der Frage des die Einsichten Platons gegenüber dem Knossier Kleinias und dem schweigsamen Spartaner Megillos vertretenden namenlosen Atheners: „θεὸς ἤ τις ἀνθρώπων ὑμῖν, ὦ ξένοι, εἴληφε τὴν αἰτίαν τῶν νόμων διαθέσεως; Gilt bei euch, ihr Gastfreunde, ein Gott oder einer der Menschen als Urheber der Gesetzgebung?" Darauf erwidert Kleinias: „θεός, ὦ ξένε, θεός, ὥς γε τὸ δικαιότατον εἰπεῖν ... Ein Gott, mein Gastfreund, ein Gott, wie man mit vollem Recht sagen kann; bei uns nämlich Zeus, aber bei den Lakedaimoniern, woher unser Freund da herkommt, sagen sie, glaube ich, geben sie Apoll an" (I 624 a 1-5). Dreimal hintereinander begegnet so bereits im ersten Wortwechsel das Wort θεός. Auf diese Weise deutet Platon an, daß eine wahre Gesetzgebung unbeschadet des unbestreitbaren Anteils, den Menschen an ihr nehmen, das Werk Gottes selbst ist. Damit ist der philosophische Leser dazu herausgefordert, sich die Frage zu stellen, wer dieser Gott ist und wie sich seine Leitung und die im Dialog gewonnenen menschlichen Einsichten zueinander verhalten. Bei der Lektüre werden wir in Rechnung zu stellen haben, daß die Gesprächspartner des Atheners keine dialektisch geschulten Philosophen, sondern (was sich zumindest beim Fortschreiten des Gespräches für Kleinias ergibt) in ihren Staaten angesehene und immer noch von ihnen mit Aufgaben betraute Männer sind[2]. Daraus ergibt sich (abgesehen von der Wi-

---

1 Zur Herausgabe der Nomoi durch Philipp von Opos vgl. Diog. Laert. III 37 und dazu Glenn R. Morrow, Plato's Cretan City. A Historical Interpretation of the Laws, Princeton/N.J. 1960, 515-518; W.K.C. Guthrie, A History of Greek Philosophy V. The Later Plato and the Academy, Cambridge 1978, 321, sowie vor allem Klaus Schöpsdau, Platon. Nomoi (Gesetze). Buch I-III, Platon Werke. Übersetzung und Kommentar, IX/2, Göttingen 1994, 138-143.

2 Vgl. J. Moreau, L'ame du monde de Platon aux Stoïciens, Paris 1939 (= Hildesheim/New York 1971), 57.80.

derlegung der Gottesleugner mittels des kinetischen Beweises der sich selbst
bewegenden Seele in Buch X und dem Nachweis, daß die künftigen Mitglieder
der nächtlichen Versammlung einer Erziehung in der Dialektik, Ethik und kosmologischen Theologie bedürfen, in Buch XII) eine Zurückhaltung im Blick auf
die für Platons Denken spezifischen spekulativen Zusammenhänge. Der nicht
entsprechend vorgebildete Leser mag manches im Sinne der herkömmlichen
Gottesvorstellungen verstehen, was eigentlich auf Platons spekulative Theologie
und Kosmologie verweist. Wir werden daher ebenso genau auf das zu achten
haben, was der Athener im Lauf des Dialoges erklärt, wie auf das, was unerklärt
stehen bleibt und erst im Zusammenhang der in seinen späten Dialogen enthaltenen Hinweise seinen Sinn erhält. Unter dieser Voraussetzung gehen wir der
Leitfrage nach, indem wir zunächst den Hintergrund von Kleinias' bejahender
Antwort auf die Frage des Atheners untersuchen, uns dann über die tiefere Bedeutung des szenischen Rahmens wie über die von Mißverständnissen bedrohte
Absicht ins Bild setzen, die Platon mit dem hier vorgelegten Verfassungs- und
Gesetzesentwurf verfolgt. Anschließend wenden wir uns der in den Büchern I
bis III entwickelten Rangordnung der Güter zu, die in den der eigentlichen Besinnung auf die bestmögliche Verfassung und Gesetzgebung gewidmeten und
nur noch beschränkt diskursiv vorgehenden Büchern IV bis XII vorausgesetzt
wird. Diese Rangordnung wird zumal in den beiden Vorreden zu dem Ge-
samtentwurf wie zu den konkreten Gesetzen zusammenhängend reflektiert. Am
Ende dieses Weges liegen die Prämissen bereit, die eine an den Texten begründete Antwort auf unsere Leitfrage ermöglichen.

2. Die Bedeutung der szenischen Rahmung für das Verständnis des Ganzen

Die szenische Rahmung des zunehmend lediglich formal als Dialog zwischen
dem Athener, dem Knossier Kleinias und dem Spartaner Megillos gestalteten
Werkes ergibt sich wie von selbst aus dem es eröffnenden, oben bereits teilweise mitgeteilten Wortwechsel. Megillos und Kleinias beantworten die Eingangs-
frage des Atheners nach dem göttlichen oder menschlichen Ursprung ihrer Gesetzgebung bejahend. Nicht zufällig werden wir über den legendären Ursprung
der spartanischen Verfassung erst einige Seiten später in Gestalt eines knappen,
dem Athener in den Mund gelegten Hinweises darüber informiert, daß die beiden sagenhaften Gesetzgeber, der Spartaner Lykurg und der Kreter Minos, ihre
Gesetze im Blick auf den Kriegsfall hin formuliert haben, ohne daß dabei die
Art der göttlichen Vermittlung erwähnt wird[3]. Denn die einschlägigen Aus-
künfte Herodots zeigen, daß die Spartaner nicht der Überlieferung folgten, nach
der die delphische Pythia den König ihre Verfassung gelehrt hätte, sondern daß

---

3 I 630 d 5-7, vgl. III 691 d 8 - e 1.

sie die Ansicht vertraten, er habe sie von den Kretern übernommen[4]. Bei diesen
aber verhält es sich (wie der zweite Wortwechsel zwischen dem Athener und
Kleinias zeigt) so, daß sich Minos nach dem Zeugnis Homers alle neun Jahre zu
seinem Vater Zeus begeben hätte, um nach seinem Rat den kretischen Städten
ihre Gesetze zu geben[5]. Bei Homer aber lautet das so[6]:

> „Unter den Städten ragt das hohe Knossos, das Minos
> Immer neun Jahre lang als Zeus' Vertrauter beherrschte."[7]

Diese Legende bietet Platon den Anknüpfungspunkt für den szenischen
Rahmen des Dialoges: Die drei bejahrten Männer wandern am Tag der Som-
mersonnenwende als dem längsten des Jahres zur Grotte und zum Heiligtum des
Zeus auf dem Ida. Sie wiederholen damit gleichsam den Weg des Minos[8]. Man
hat berechnet, daß man für diesen Weg von Knossos gute zwölf Stunden benötigt[9]. So besaßen die drei Zeit genug, dem Vorschlag des Atheners zu folgen
und sich gründlich über die rechte Staatsverfassung und die ihr gemäßen Gesetze (περί τε πολιτείας ... καὶ νόμων) zu besprechen. Dabei boten ihnen im
Schatten von Bäumen gelegene Ruheplätze Gelegenheit zu ihrem Alter angemessenen Erholungspausen (I 625 a 4-7). Auf diesem Weg begleitet sie Platon
bis zu ihrer ausgedehnten, auf der Hälfte ihres Weges liegenden mittäglichen
Rast (IV 722 c 7-9). Hier angekommen, hatten sie die in den Büchern I-IV verhandelten Grundfragen zum Abschluß gebracht, so daß sie sich dem Problem
der Verfassung und der konkreten Gesetzgebung des Staates zuwenden konnten.

3. Die Stellung der Nomoi zwischen Ideal und Wirklichkeit

Um dem Vorhaben seine Wirklichkeitsnähe zu sichern, läßt Platon Kleinias am
Ende des III. Buches dem nach der Bewährung der bisher gewonnenen fundamentalen Einsichten fragenden Athener eröffnen, daß die Kreter eine Kolonie-
gründung planten. Die Knossier seien dazu bestimmt worden, sich der Sache
anzunehmen. Er selbst aber sei zum Mitglied der von der Polis eingesetzten
Kommission von zehn Männern berufen, die auf der Grundlage ihrer eigenen

---

4   Hdt. I, 65.
5   I 624 a 7- b 3 und dazu Schöpsdau, Werke IX/2 (s. Anm. 1), 154.
6   Hom., Od. XIX 178f., zitiert in der Übertragung von Thassilo von Scheffer, Samm-
    lung Dieterich 14, Leipzig 1938 (ND Bremen o.J.), 327.
7   Vgl. auch Plat., Min. 319 a 9 - 320 b 7.
8   Plat., Min. 319 c 5 - 7.
9   Vgl. dazu Schöpsdau, Werke IX/2 (s. Anm. 1), 155f., und zur Bedeutung der idäi-
    schen Grotte als der Geburts- bzw. Zufluchtstätte des Zeus vgl. Hes., Theog. 454-
    484 mit Apollod. I, 1,4; zur Höhle M.P. Nilsson, Geschichte der Griechischen Reli-
    gion I. Die Religion Giechenlands bis auf die griechische Weltherrschaft, HAW V
    2/1, [2]1955, 261f., und zur Mythe H.J. Rose, Griechische Mythologie. Ein Handbuch,
    München [2]1961, 41f.

wie ihnen besser erscheinender fremder Gesetze einen Verfassungsentwurf für diese Kolonie vorlegen sollten (III 702 b 4 - d 5). Später erfahren wir, daß es sich um die Neugründung einer angeblich (?) wüst liegenden Polis der Magneten (IX 860 e 7; XII 946 b 6; VIII 848 d 3 und XI 919 d 5) und also eines alten kretischen Magnesias handele[10]. Mit diesem Kunstgriff sichert Platon dem Folgenden seine Plausibilität im Rahmen des Ganzen. Natürlich stellt sich dem Leser die Frage, wie sich der anschließend vorgestellte Verfassungs- und Gesetzesentwurf zu den in der Politeia entwickelten Grundsätzen verhält. Ihre Beantwortung ist nicht auf Spekulationen angewiesen, weil sie Platon selbst in V 739 b 8 - e 7 mittels einer dem Athener in den Mund gelegten Erklärung gegeben hat: Danach gilt es zwischen dem *ersten Staat*, der πρώτη πόλις, dem hier entwickelten, den zweiten Rang verdienenden Staatsmodell und dem dritten als seiner schließlichen Verwirklichung zu unterscheiden. In dem ersten Staat würde der Grundsatz, daß unter Freunden alles gemeinsam sei, uneingeschränkt gelten und demgemäß auch (die in der Politeia geforderte) Frauen und Kinder einschließende Gütergemeinschaft[11]. Die in den Nomoi vorgelegten Gesetze[12] transponieren das Ideal auf ihre mögliche Verwirklichung hin. Eine kretische Staatsgründung hat sich Platon aber deshalb als Modell ausgesucht, weil in einer solchen von ihrer Tradition her die Achtung vor dem Gesetz, ein in ihm verankertes Gemeinschaftsleben und eine funktionale Gewaltenteilung als selbstverständlich betrachtet werden konnte und diese drei seiner eigenen Vorstellung von der Eunomie entsprachen[13]. Daß sich zwischen dem Entwurf und seiner tatsächlichen Umsetzung in die Realität als dem dritten Staat eine weitere Ak-

---

10 Vgl. dazu auch K. Schöpsdau, Werke IX/2 (s. Anm. 1), 107f.

11 Vgl. Plat., Rep. 423 e 4- 424 a 2; 457 b 7 - d 9. Zu der damit von Platon verfolgten Intention vgl. A.W. Price, Love and Friendship in Plato and Aristotle, Oxford 1989, 181: „In abolishing (among the guardians) the private household and family, he expects also to abolish private joys and sorrows (464 c 7 - d 3). His goal is the collectivization, so to speak, not only of externals, but of emotions. The ideal is a community in respect of pleasure and pain, in which all citizens grieve and rejoice at the same things (462 b 4-6)."

12 Ein eigentlicher Verfassungsentwurf wird von Platon absichtlich nicht entwickelt. Was er seinen Athener dazu konkret im Anschluß an die Überprüfungen der dorischen, persischen und attischen Verfassung sagen läßt, beschränkt sich auf die grundsätzlichen Feststellungen, daß das Gesetz der oberste Herrscher und die Herrschenden seine Diener sein sollen (IV 713 a 6 - 715 d 6). Wenn er ihn vorschlagen läßt, ihn statt als Demokratie, Oligarchie, Aristokratie oder Königtum (712 c 2 - 4) zu bezeichnen, ihn nach dem Abbild der glücklichen Herrschaft und Staatsverwaltung (οἰκέτης) unter Kronos zu gestalten, schwebt ihm keine Theo-, sondern eine Nomokratie vor, obwohl (wie wir weiterhin erfahren werden) der eigentliche Gesetzgeber Gott ist. Die Gesetze mit ihren Vorschlägen zur funktionalen Gliederung der Gesellschaft machen daher einen gesonderten Verfassungsentwurf überflüssig.

13 Zu dem sachgemäßen Umgang mit den Überlieferungen zur Geschichte der dorischen Staaten vgl. Morrow, Plato's Cretan City (s. Anm. 1), 63-73.

komodation an die konkreten politischen (und geographischen) Verhältnisse ergeben würde, war Platon bewußt. Es ging ihm mithin in den Nomoi um den
Nachweis, daß das Ideal der Gerechtigkeit, wenn auch unter Anpassungen an
die jeweils vorgegebenen Verhältnisse, prinzipiell in die Wirklichkeit übersetzt
werden könnte[14]. Seine Erfüllung bestünde nach der Politeia eben darin, daß
jeder das Seine und ihm Angemessene (ἡ τοῦ οἰκείου τε καὶ ἑαυτοῦ ἕξις τε
καὶ πρᾶξις δικαιοσύνη) verrichtet (Rep. 433 e 12 - 434 a 1), und im Staat wie
in der Seele des Einzelnen die rechte Ordnung waltet. Das aber ist der Fall,
wenn das vernünftige Seelenvermögen (das λογιστικόν) mit Hilfe des affektiv-
voluntativen (des θυμοειδές) über den begehrenden (das ἐπιθυμητικόν)
herrscht (vgl. 441 e 4 - 6 mit 441 d 1-3)[15]. Daß das geschieht, setzt 1.) voraus,
daß die umsichtige Besonnenheit (die σωφροσύνη) das von ihr als richtig Erkannte mittels der Tapferkeit (der ἀνδρεία) ohne Rücksicht auf den Einspruch
der Lust (der ἡδονή) durchsetzt, und verlangt 2.) daß die Herrscher wie die
Beherrschten in freundschaftlicher Verbundenheit (φιλίη καὶ ξυμφονίη) darin
übereinstimmen, daß das Vernünftige (τὸ λογιστικόν) herrschen soll (vgl. 441 d
1 - 442 c 8 und besonders 442 c 10 - d 1)[16].

---

14 Vgl. dazu die Widerlegung der Einwände gegen die Realisierbarkeit durch den
   Athener in V 745 e 7 - 746 d 2 und zur Akkomodation der für die Frauen vorgese-
   henen prinzipiellen bürgerlichen Gleichstellung, der Aufgabe der Weibergemein-
   schaft bei Aufrechterhaltung der Kindergemeinschaft O. Kaiser, Die Stellung der
   Frauen in Platons Nomoi, in: R. Kessler, K. Ulrich, M. Schwantes und G. Stansell
   (Hg.), „Ihr Völker alle, klatscht in die Hände!" FS E.S. Gerstenberger, Exegese in
   unserer Zeit 3, 1997, 377-400. Zur Kritik an der Weiber- und Kindergemeinschaft
   vgl. bereits Aristot., Pol. II 1261 a 4-22 und 1261 b 24 - 1262 a 33.
15 Vgl. auch Plat., Phaidr. 245 c - 246 d, und zum Problem der Einheit der Seele trotz
   ihrer sich durch ihre Inkorporation ergebenden „Schichten" W.K.C. Guthrie, A History of Greek Philosophy IV. Plato the Man and His Dialogues: Earlier Period,
   Cambridge u.a. 1975, 421-425, und besonders 476-478, Terence Irwin, Plato's Moral Theory. The Early and Middle Dialogues, Oxford 1977, 191-195, und Friedo
   Ricken, Philosophie der Antike, Grundkurs der Philosophie 8, UB 350, 1988, 88-90.
   Zum Unterschied zwischen antiker und moderner Willensvorstellung, der sich schon
   darin zu erkennen gibt, daß es im Griechischen kein Äquivalent für das Wort Wille
   im Sinne der modernen Sprachen gibt, vgl. Albrecht Dihle, Die Vorstellung vom
   Willen in der Antike, SV, Göttingen 1982, 31-38, und zur Illustration auch die Beschreibung des homerischen Menschenbildes bei Hermann Fränkel, Dichtung und
   Philosophie des frühen Griechentums. Eine Geschichte der griechischen Epik, Lyrik
   und Prosa bis zur Mitte des fünften Jahrhunderts, München [3]1969, 83-94, bzw. Bru-
   no Snell, Die Entdeckung des Geistes. Studien zur Entstehung des europäischen
   Denkens bei den Griechen, Göttingen 1975, 13-29.
16 Vgl. dazu Plat., Rep. 443 c 9 - 444 a 1, und Eric A. Havelock, The Greek Concept of
   Justice. From Its Shadows in Homer to Its Substance in Plato, Cambridge/Mass. und
   London 1978, 321-323, zur Argumentation der diskutierten Stelle und ihren Problemen auch Irwin, Plato's Moral Theory (s. Anm. 15), 195-217.

Am Ende des Dialogs macht Platon darauf aufmerksam, daß die Verwirklichung seines Entwurfes einer speziellen dialektischen und mathematisch-kosmologischen Bildung bedürfe. Wenn die zu Wächtern über das Gesetz berufenen Mitglieder der nächtlichen Versammlung den Bestand der Gesetze und damit des Staates sichern sollen, müssen sie ebenso in der Lage sein, über die Eigenart der Tugend im allgemeinen und der Tugenden im besonderen Auskunft zu geben wie die Zweifler und Gottesleugner von der Existenz der Götter zu überzeugen[17]. Dieser Vorschlag findet die nachdrückliche Zustimmung nicht nur des Kleinias, sondern auch des bis dahin fast verstummten Spartaners Megillos. Aber die hier angekündigte Fortsetzung des Werkes hat Platon offenbar nicht geschrieben[18]. Warum das nicht zufällig, sondern in der Sache begründet ist, werden wir erst im Zusammenhang mit unserem späteren Ausblick auf die einschlägigen Überlegungen über das Bildungsprogramm für die nächtliche Versammlung verstehen, mit denen Platon die Gesetzgebung in Buch XII beschließt[19].

4. Gesetzgebung als Initiation

Szene und einleitender Redewechsel bereiten den Leser darauf vor, daß der weiterhin vorgelegte Gesetzesentwurf für sich göttlichen Ursprung beansprucht[20]. Die beiden großen Gespräche über die ethischen Grundlagen des

---

17 Damit kommt auch in den Nomoi die von Platon in der Politeia (473 c 11 - e 5) erhobene Forderung zum Zuge, daß entweder die Philosophen Könige oder die jetzt so bezeichneten Könige und Machthaber Philosophen, die bloßen Politiker aber zu völligem Verzicht gezwungen werden müßten, andernfalls das Unheil für die Staaten kein Ende nehmen werde. „Aber das", so bekennt Platon, „ist etwas, was ich mich seit langem zu sagen scheue, weil es offensichtlich gegen die allgemeine Meinung verstößt." (473 e 3f.).
18 Zu Philipp von Opos als dem Verfasser der in Platons Werken überlieferten Epinomis vgl. Diog. Laert. III 37 sowie Guthrie, History V (s. Anm. 1), 385 und 385f., und Hans Joachim Krämer, Die Ältere Akademie, in: H. Flashar (Hg.), Grundriß der Geschichte der Philosophie, begründ. F. Ueberweg. Die Philosophie der Antike 3, 1983, 1-174: 103-108.
19 Vgl. dazu unten, S.289f.
20 Es erscheint mir fraglich, ob man mit Olaf Gigon, Das Einleitunggespräch der Gesetze Platons, MH 11, 1954, 201-230: 206f. (= ders., Studien zur antiken Philosophie, Berlin/New York 1972, 155-187: 161), vermuten darf, daß die Rahmung lediglich dazu diente, einen aufgrund von Kriton 52 e postulierten älteren Dialog, in dem Sokrates selbst mit einem Spartaner und einem Kreter diskutierte, nach dessen Ersetzung durch einen Athener in eine für den Inhalt letztlich beliebige Szene einzubetten.

Staates samt der ihnen gemäßen Erziehung[21] und über die beste Verfassungs-
form und Gesetzgebung werden durch ihren Charakter als Wiederholung der
einst von Minos unternommenen Wanderungen zu Zeus in den Rang der Vorbereitung auf die Einweihung in das göttliche Geheimnis der Welt erhoben[22].
Gleichzeitig partizipieren sie auf eine noch näher zu bestimmende, aber entscheidende Weise an einem Gotteshandeln. Denn eine der wahren Rangordnung
der religiös-sittlichen Werte gerecht werdende Gesetzgebung kann nach Platons
Ansicht nur durch das Zusammenwirken zwischen Gott und dem Gesetzgeber
zustandekommen.

Am Anfang des IV. Buches hat er (zwischen die grundsätzlichen Überlegungen über die geographischen und demographischen Bedingungen des zu
gründenden und seinen Vorstellungen entsprechenden Staates und die Erwägungen über den zuchtvollen Tyrannen als den zu ihrer Verwirklichung am
besten geeigneten Herrscher) in 708 e 1 - 709 d 9 eine Reflexion über die Be-
dingtheit alles menschlichen Tuns durch den Zufall bzw. durch Gott eingeschoben. In ihr stellt er zunächst fest, „daß kein Sterblicher irgendein Gesetz gibt,
sondern fast alles menschliche Handeln ein Werk des Zufalls ist" (τὸ θνητὸν
μὲν μηδένα νομοθετεῖν μηδέν, τύχας δ' εἶναι σχεδὸν ἅπαντα τἀνθρώπινα
πράγματα, 709 a 8 - b 2). Zur Erläuterung läßt er den Athener auf die Künste
des Steuermanns, des Arztes und des Feldherrn verweisen, deren Handlungen
(so legen wir die Beispiele aus) in der Regel in einem Reagieren auf eine vorgegebene Situation bestehen. Dabei entscheiden nicht in ihrer Gewalt liegende
Umstände über den Erfolg oder Mißerfolg ihres Tuns. Aber das ist in Platons
Augen eben nur eine der beiden möglichen Betrachtungsweisen. Man könne (so
läßt er den Athener anschließend ausführen) dasselbe auch anders beurteilen
und demgemäß behaupten, „daß Gott alles und mit Gott zusammen der Zufall
und der rechte Augenblick die menschlichen Verhältnisse insgesamt steuern"
(Ὡς θεὸς μὲν πάντα, καὶ μετὰ θεοῦ τύχη καὶ καιρός, τἀνθρώπινα διακυβερ-
νῶσι σύμπαντα, 709 b 7 - c 3). Diesen Satz schwächt Platon dann allerdings
mit einem Nachsatz ab, der so formuliert ist, daß er fast wie ein Zugeständnis an
die Unwilligkeit des Menschen erscheint, dem factum der vollständigen göttlichen Determination seines Handelns ins Auge zu sehen: „Es klingt freilich mil-
der, wenn man als ein Drittes zu ihnen einräumt, daß zu ihnen menschliches
Können hinzukommen muß" (Ἡμερώτερον μὴν τρίτον συγχωρῆσαι τούτοις
δεῖν ἕπεσθαι τέχνην). Diese synergistische Aussage begründet er mit einem

---

21 Zur Bedeutung der Erziehung in den Gesetzen vgl. Werner Jaeger, Paideia. Die
    Formung des griechischen Menschen III, Berlin ³1959, 289-344, und Ada B.
    Hentschke, Politik und Philosophie bei Platon und Aristoteles. Die Stellung der
    „NOMOI" im Platonischen Gesamtwerk und die politische Theorie des Aristoteles,
    Frankfurter Wissenschaftliche Beiträge. Kulturwissenschaftliche Reihe 13, 1971,
    284-295.
22 Vgl. dazu unten, S.290f.

Hinweis auf die Kunst des Steuermanns, die auf das Zusammenwirken mit dem rechten Augenblick, dem καιρός, angewiesen ist (709 b 8 - c 3). Entsprechendes gilt mithin auch für die Gesetzgebung. Zur Überraschung des Lesers entfaltet Platon jedoch diesen Gedanken im unmittelbar Folgenden nicht. Statt nachzuweisen, inwiefern das Gesagte auf den *Inhalt* der Gesetze zutrifft, bezieht er es auf ihre *Realisierung*: Sollen die Gesetze optimal verwirklicht werden, so bedürfe es auch dafür eines glückhaften Kairos. Ein solcher wäre nach Platons Ansicht gegeben, wenn ein hervorragender Gesetzgeber mit einem jungen, besonnenen und lernbegierigen Tyrannen zusammenträfe (709 e 6-8 bzw. 709 c 5 - 712 a 7)[23].

Doch offensichtlich ist die göttliche Fügung nach Platons Überzeugung nicht nur für die bestmögliche Realisierung der wahren Gesetzgebung, sondern (wie nach 709 b 7ff. zu erwarten ist) auch schon für ihren Entwurf erforderlich. Denn noch ehe er seinen Athener an das Werk gehen und mit der Belehrung seiner Weggenossen über die beste Staatsform beginnen läßt, legt er ihm einen entsprechenden Gebetswunsch in den Mund: „Gott laßt uns um seinen Beistand bei der Einrichtung des Staates anrufen. Er möge uns denn hören und, indem er uns erhört, uns gnädig und gütig nahen, indem er mit uns zusammen den Staat und die Gesetze einrichtet" (712 b 4 - 6). Und wiederum steht das Wort θεός an der Spitze des Satzes. Dasselbe wiederholt sich zu Beginn der Widerlegung der Behauptung, daß es keine Götter gäbe, in X 887 c 5-8 und dann noch einmal vor dem Antritt des kinetischen Gottesbeweises in X 893 b 1-4. Nun ist es, wie wir im Timaios (27 c 1-3) erfahren, bei „allen, die auch nur ein wenig an der Besonnenheit teilhaben", üblich, „daß sie bei jedem Aufbruch zu einem kleinen oder großen Vorhaben stets die Gottheit anrufen". Dieser Brauch setzt voraus, daß die Gottheit den Beter, sofern sie es will, erhört und ihm Gelingen verleiht. Gelingendes Denken wäre dann wohl von der göttlichen Vernunft selbst geleitet.

Auch wenn es sich bei den Nomoi (wie es schon die Auswahl der Gesprächspartner zu erkennen gibt), um eine allgemeinverständliche Schrift handelt[24], in der manches anklingt, was sich in dem vorausgesetzten Rahmen nicht erörtern läßt[25], liegt uns in ihnen trotzdem keine politische Flugschrift, sondern ein seine philosophischen Hintergründe besitzender Text vor. Mithin ist uns der Nachweis auferlegt, daß die Hauptverantwortung Gottes für eine gelingende Gesetzgebung nach Platons Ansicht tatsächlich in dem den Gesetzgebern geleisteten Beistand der göttlichen Vernunft begründet ist.

---

23 Man geht kaum fehl, wenn man sich dabei an Platons Freundschaft mit Dion und die mit seinen sizilianischen Reisen verbundenen Hoffnungen erinnert; vgl. Plat., Epist. VII 335 e 3 - 336 b 4, dazu Hermann Breitenbach, Platon und Dion. Skizze eines ideal-politischen Reformversuches im Altertum, Lebendige Antike, Zürich/Stuttgart 1960.

24 Vgl. dazu oben, S.278f.

25 Vgl. X 898 e 1f. und dazu Moreau, L'ame (s. Anm. 2), 81.

5. Die Rangordnung der Tugenden und die Vernunft als Lenkerin des Kosmos
und der wahren Gesetzgebung

Um diesen Nachweis zu führen, vergewissern wir uns vorab der Grundsätze, auf
denen der in den Büchern IV bis XII vorgelegte Verfassungs- und Gesetzesentwurf beruht. Denn wir dürfen vermuten, daß in der Begründung ihrer
Rangordnung wesentliche Hinweise für die Beantwortung unserer Leitfrage
enthalten sind. Dagegen können wir die konkreten Vorschläge für die künftige
Gesetzgebung der kretischen Kolonie[26] auf sich beruhen lassen. Demgemäß
wenden wir uns zunächst den Büchern I bis III zu, die der Einigung über die
basalen Voraussetzungen der Gesetze dienen. Eine knappe Zusammenfassung
ihres Inhalts dürfte dem besseren Verständnis des Folgenden zugutekommen: In
den Büchern I und II werden zunächst die ethischen und dann die pädagogi-
schen Prämissen für das Gedeihen eines Staates entwickelt. Anschließend wird
in Buch III über Ursprung, Bestand und Niedergang der dorischen Staaten, der
persischen Monarchie und der athenischen Demokratie gehandelt, um auf diese
Weise die in Buch IV folgenden Erörterungen über die beste Staatsform vorzu-
bereiten. Dabei setzen schon die Vorüberlegungen in I 625 c 6 - 632 d 7 die
programmatischen Akzente: Das Glück eines Staates beruht auf freundschaftli-
chem Gemeinsinn (φιλία) und innerem Frieden (εἰρήνη), die es gar nicht erst
zur gewaltsamen, inneren Störung seiner Ordnung, zum Aufruhr (στάσις)
kommen lassen[27]. Ein Gesetzgeber, dem es um eine der Gerechtigkeit entsprechende Gesetzgebung geht, darf mithin nicht von der Kasuistik, sondern muß
von der Tugend (ἀρετῆς) ausgehen (630 d 9 - 631 b 1). Weiterhin hat er für
eine sachgemäße Rangordnung der Güter oder Werte (ἀγαθά) zu sorgen, indem
er die göttlichen den menschlichen vorordnet. Bei den göttlichen handelt es sich
um die Tugenden der Einsicht (φρόνησις), der selbstbeherrschten Besonnenheit
(σωφροσύνη[28]), der mit Tapferkeit verbundenen Gerechtigkeit (δικαιοσύνη) und
schließlich der Tapferkeit oder Mannhaftigkeit (ἀνδρεία) selbst[29]. Dieser in
ihren vier Aspekten *einen* Tugend sind die rein menschlichen Vorzüge der Gesundheit, Schönheit und Kraft des Leibes wie des Reichtums unterzuordnen (I
631 b 6 - d 2)[30]. Diese Rangordnung wird später in dem Vorspruch zu dem gesamten Gesetzeswerk (IV 715 e 7 -718 a 6) und in der Vorrede zu den konkreten Gesetzen (V 726 a - 730 a), die beide an die Besiedler der imaginierten
Neugründung gerichtet sind, dahingehend variiert, daß nach den Göttern, den
Eltern und Vorfahren der Seele als dem höchsten Besitztum des Menschen grö-

---

26 Eine Ausnahme bilden die beiden ersten Vorreden.
27 Vgl. I 628 b 9-11.
28 I 631 c 7 als μετὰ νοῦ σώφρων ψυχῆς ἕξις umschrieben.
29 Vgl. auch XII 964 b 3-6, wo diese Eigenschaften als das für die Gesetzgeber und
    Gesetzeswächter Bedeutendste aufgeführt werden.
30 Vgl. auch II 661 a 4 - c 5.

ßere Ehre als seinem Leib und seinen äußeren Gütern zukomme (715 b 7 - d 6 und 726 a - 729 a). Wir werden darauf zurückkommen müssen, weil in der ersten Rede die beiden für unser Thema zentrale Bedeutung besitzenden Sätze stehen, daß Gott und nicht der Mensch das Maß aller Dinge (716 c 4 -7) und der Besonnene als der ihm ähnliche ihm lieb (716 d 1f.) sei. In der zweiten aber wird in nachdrücklicher Wiederholung behauptet, daß die Seele gleich nach den Göttern zu ehren sei (726 a 6 - 727 a 4)[31]. Ihre unterschiedlichen Vermögen werden in diesem Zusammenhang nicht erörtert, es geht im Kontext vielmehr um den Nachweis, daß sich die Seele durch Abweichungen von der skizzierten Rangordnung der Werte selbst schädigt. Die Ausführungen über die Seele im Zusammenhang der Rede zur Widerlegung der Gottesleugner in Buch X 893 b 1 - 899 d 3 lassen sich nur analog auf die menschliche beziehen. Den entsprechenden, ebenfalls kinetischen Beweis für die Unsterblichkeit der Seele des Menschen hat Platon im Phaidros im 245 b 5 - 246 a 1 geführt[32]. In den Gesetzen ist er apologetischer Natur und dient dem Nachweis, daß die Gestirne keineswegs bloße Steine sind, sondern daß sie durch eine sich selbst bewegende und also lebendige Seele in Gang gehalten werden. Ihr regelmäßiger Umlauf bezeuge, daß die sie leitende Seele der Vernunft verwandt oder ähnlich sei (897 c 3-9; vgl. 898 a 8 - b 8)[33]. Was eigentlich von der besten, der den Kosmos leitenden oder Weltseele (X 898 d 2f.) gilt[34], wird im Interesse der Apologetik der traditionellen polytheistischen Religion auf die Gestirne übertragen. Aber es

---

31 Zur Vorgeschichte und Eigenart der platonischen Vorstellung von der Seele vgl. S. David B. Claus, Towards the Soul. An Inquiry into the Meaning of ψυχή before Plato, YCIM 2, 1981.

32 Zu den Voraussetzungen Platons vgl. Friedrich Solmsen, Plato's Theology, CSCP 27, 1942, 75-97, und ausführlicher Hentschke, Politik und Philosophie (s. Anm. 21), 167-183.

33 Zum Beweisgang und seinen Problemen vgl. Hentschke, Politik und Philosophie (s. Anm. 21), 305-321, und L.P. Gerson, God and Greek Philosophy. Studies in the Early History of Natural Theology, London/New York 1990, 71-79, zur Frage, ob diese Seele erschaffen oder unerschaffen ist, auch Guthrie, History V (s. Anm. 1), 366f.

34 Zu der zweiten „schlechten" Seele (897 d 1f.) vgl. Ulrich von Wilamowitz-Moellendorff, Platon. Bd. II. Beilagen und Textkritik, Zürich/Hildesheim 1992 (= Berlin ³1962), 315-323, und Guthrie, History V (s. Anm. 1), 95-97.364f. Eigentümlicher Weise verneint Moreau, L'ame (s. Anm. 2), 69, daß es sich in 896 e - 897 b um die Weltseele handelt. Wenn er a.a.O., 81 den Satz in VII 821 a 2-5, daß man, „wie wir sagen" (d.h.: wie man zu sagen pflegt!), dem höchsten Gott und dem ganzen Kosmos nicht nachforschen dürfe und es unfromm sei, seine Neugier mit einer Nachforschung über die Gründe zu befriedigen, als Beleg dafür anführt, daß Platon den höchsten Gott mit der Totalität der Welt identifiziert habe, kann es sich nur um ein Versehen handeln. Denn natürlich bezieht sich Platon damit auf eine gängige antiphilosophische Ansicht, vertritt damit aber keineswegs seine eigene Meinung. Überdies werden Gott und Welt hier überhaupt nicht identifiziert.

bleibt dabei letztlich offen, ob jedes Gestirn seine eigene Seele besitzt oder ob es die eine Weltseele ist, die sie bewegt und leitet (898 d 2 - 899 b 9)[35]. Diese ist als die sich selbst bewegende Kraft (895 b 3-7) Ursache von allem und damit älter als die materielle Welt (896 b 10 - c 3)[36]. Sie herrscht über alle Körper und ist (wie wir in XII 967 d 4 - e 1 erfahren) unsterblich, aber (in Übereinstimmung mit dem über sie im Timaios Ausgeführten)[37] damit keineswegs ungeworden und ewig[38]. Sie lenkt die Welt mit Hilfe der göttlichen Vernunft (897 b 1f.)[39]. Diese aber ist dank ihrer Präsenz in den Gestirnen die Führerin alles Seienden (XII 967 d 8f.)[40].

Der Weltseele entspricht die Seele des Menschen[41], die von Gott wie einem Brettspieler im Wandel ihrer Inkarnationen den ihr jeweils gebührenden Platz zugewiesen erhält (X 903 d 3 - e 1)[42]. Denn da die Seele ebenso Tugend wie Schlechtigkeit besitzt, von denen die eine stets nützt und die andere stets schadet, hat sich der als König bezeichnete höchste Gott überlegt, welchen Platz im Interesse des Sieges der Tugend und der Niederlage der Schlechtigkeit jedes Teil gemäß seiner Beschaffenheit im Ganzen einnehmen soll. Dabei hat er die Entscheidung über jene den Entschlüssen (βουλήσεσιν) des Einzelnen anheim gestellt, der mithin selbst für den Zustand seiner Seele verantwortlich ist (904 a 5 - c 4). So gilt auch hier der Grundsatz aus der Politeia: αἰτία ἑλομένου· θεὸς

---

35 Vgl. besonders 899 b 4f.: ὡς ἐπειδὴ ψυχὴ μὲν ἢ ψυχαὶ πάντων τούτων αἴτιαι ἐφανήσαν, und dazu auch Guthrie, History V (s. Anm. 1), 360, der den Plural auf die gute und die schlechte Seele bezieht: „However, the prevailing regularity of the heavenly motions proves that the good is in control. That is all what matters to Plato. The question of monotheism or polytheism does not worry him so far as it concerns the actual existence of gods, but only one must have supreme control."

36 Vgl. auch Plat., Tim. 34 b - 37 a 2, und dazu Hans Günter Zekl, Platon, Timaios. Griechisch-Deutsch, PhB 444, 1992, XXXIIIf.

37 Vgl. den Bericht über ihre Herstellung durch den Demiurgen Tim. 34 a 8 - 37 c 5, und zur Erschaffung der Götter 41 a 7 - b 6. Zu den in in 37 c 6 erwähnten ewigen Göttern, von denen die beseelte Welt ein Abbild ist, vgl. unten, S.293 Anm.62.

38 Vgl. aber auch 904 a 8f., wo es heißt, daß Seele und Leib (bzw. Körper), einmal entstanden, unvergänglich, aber nicht ewig sind.

39 Lies mit H. Görgemanns, Beiträge zur Interpretation von Platons Nomoi, Zetemata 25, München 1960, 200 Anm. 3; E. Dönt, Bemerkungen zu Phaidros 249 und Nomoi 897, Hermes 96, 1968, 369-371, zitiert in: Platon. Werke in acht Bänden. Griechisch und Deutsch, hg. G. Eigler, VIII/2, Gesetze. Buch VII-XII, bearb. und übers. K. Schöpsdau, Darmstadt 1977, 301 Anm. 35 θεὸν ὀρθῶς θεοῖς ὀρθά κτλ.

40 Das kann, muß aber nicht deterministisch verstanden werden. Text von Auguste Diès, zitiert nach: Platon. Werke VIII/2 (s. Anm. 39), 504.

41 Zu ihrer Eigenschaft als *einem verkleinerten und geringwertigen Imitat* der Weltseele s. Zekl, Platon. Timaios (s. Anm. 36), XXXIII; vgl. Plat., Tim. 41 d 4 - 42 e 4, und dazu Zekl, a.a.O., XXXVII f.

42 Vgl. auch Tim. 41 d 4 - d 1.

ἀναίτιος, „die Schuld liegt bei dem Wählenden, Gott ist unschuldig" (Rep. 617 e 4f.)[43].

Daher liegt der Nachdruck schon der einleitenden Erörterungen der Bücher I und II über das Verhältnis zwischen Tapferkeit und Besonnenheit wie über die rechte Art der Erziehung auf der richtigen Rangordnung der Tugenden bzw. der als Güter bezeichneten Werte. Im Interesse der angemessenen Zielsetzung für die Verfassung eines Staates läßt Platon den Athener nachweisen, daß in der kretischen, auf den Kriegsfall hin orientierten Verfassung die Tapferkeit an erster Stelle steht, während der Besonnenheit für das friedliche Zusammenleben im Staate eine viel größere Bedeutung gebührt (I 632 d 9 - 634 a 5). Das entspricht der von ihm weiterhin vertretenen Rangordnung der Tugenden und seinen späteren Vorschlägen für eine Gesetzgebung, die den Vorrang des Göttlichen über das Menschliche wahrt und Freiheit, Gerechtigkeit, Frieden und freundschaftlichen Gemeinsinn als Grundpfeiler des Staates betrachtet. Die Analyse der in den Gesetzen vorgeschlagenen Ämter, Institutionen und Verfahrensweisen würde unschwer zeigen, daß Platon im Rückgriff auf dorische und attische Rechtstraditionen ein neues, diesen Grundsätzen entsprechendes Staatswesen entworfen hat. Dem entspricht es, wenn er schon hier den spartanischen Syssitien oder Gemeinschaftsmahlzeiten[44] und Leibesübungen die attischen Symposien mit ihrem Weingenuß (I 634 a 6 - II 653 a 2; II 673 d 9 - 674 c 8) und (damit verklammert) eine musisch-choretische Ausbildung (II 653 a 5 - 673 d 8) als notwendige Ergänzungen bei der Erziehung zur Selbstbeherrschung und der Bändigung der Gefühle durch das Maß an die Seite stellt[45]. Ziel der παιδεία ist es, schon in dem Knaben eine Tugend zu entwickeln, die in ihm Lust und Liebe dazu erweckt, ein vollkommener Staatsbürger zu werden, der es ebenso versteht, der Gerechtigkeit gemäß zu herrschen als sich beherrschen zu lassen (643 e 4-6). Die Erziehung ist aber keineswegs auf die Kindheit und das Knabenalter beschränkt, sondern muß sich auch den potentiellen künftigen Mitgliedern des höchsten Gremiums, der nächtlichen Versammlung[46] widmen, damit sie zur Wahrnehmung ihrer Aufgabe, über der Stabilität des Staates und der Angemessenheit seiner Gesetze zu wachen, in der Lage sind. Dazu benötigen sie ebenso eine besondere dialektische wie mathematisch-astronomische Bildung. Denn es ist von ihnen zum Beispiel zu verlangen, daß sie über die Einheit der Tugenden in ihrer Vierheit[47] wie über die Wirkungen der Tugend und der Schlechtigkeit Rede und Antwort stehen können (XII 936 a - 965 e). Außerdem sollen sie es auch vermögen, über das Schöne und das Gute in seiner

---

43 Vgl. auch Tim. 41 d 2f.
44 Vgl. zu ihnen Morrow, Plato's Cretan City (s. Anm. 1), 389-398.
45 Vgl. dazu Morrow, a.a.O., 318-352.
46 Eigentlich müßte man sie nach XII 951 d 7 die Versammlung vor Sonnenaufgang nennen.
47 Vgl. dazu auch Plat., Prot. 328 d 3 - 334 c 6.

Vielheit und Einheit und damit wohl über das Herzstück der platonischen
Theologie Auskunft zu erteilen (966 a 5-8)[48]. Ohne eine derartige dialektische
wie mathematisch-astronomische Bildung aber könnten sie weder die Unsterblichkeit der Seele als der Wurzel alles sich in der Bewegung formierenden Seins
noch aus der berechenbaren Gesetzmäßigkeit des Umlaufs der Gestirne deren
Göttlichkeit erkennen. Beides aber müssen sie wissen, um den Gottesleugnern
entgegenzutreten, die den Bestand der Gesetze und ihrer Grundwerte in Frage
stellen (vgl. XII 965 c 9 - e 5 und vor allem 967 d 4 - 968 a 4)[49].

Kleinias und Megillos stimmen dem Vorschlag des Atheners nachdrücklich
zu, weil sie sonst auf die Gründung des bisher entworfenen Staates verzichten
müßten (XII 968 e 7 - 696 d 3). Aber so wenig wie die drei Wanderer ihr Ziel
der idäischen Grotte erreichen, scheint Platon den hier in Aussicht gestellten
Teil geschrieben zu haben. Das wäre in der Tat eine Einführung in die höchste
Wissenschaft geworden, die ebenso eine „philosophisch-mathematisch begründete Kosmologie wie eine allgemeine theologische Prinzipienlehre" enthalten hätte[50]. Der Leser der Politeia erinnert sich daran, daß Sokrates der Bitte,
das Wesen des Guten zu erklären, mit dem Hinweis darauf ausweicht, daß ein
Gespräch dafür nicht der geeignete Ort sei (Rep. VI 506 d 8 - e 1). Hat Platon
also später erkannt, daß er sich angesichts der den angesprochenen Problemen
innewohnenden Schwierigkeiten mit seiner Ankündigung übernommen hatte,
oder dürfen wir annehmen, daß er so, wie die idäische Grotte der Ort von Mysterien war[51], auch den Kern seiner Lehre der Einweihung seiner Schüler in der
mündlichen Lehre vorbehalten wissen wollte und daher das Buch absichtlich
nach hinten offen ließ?[52]

Fragen wir, was unsere bisherigen Nachforschungen für die Beantwortung
unserer Leitfrage ergeben haben, so können wir im Sinne einer Zwischenbilanz
festhalten: Offensichtlich besteht zwischen der Leitung der Welt durch die Vernunft in der Weltseele bzw. in den Gestirnen und der Herrschaft des Gesetzes
im Staat insofern eine Entsprechung, als der Gesetzgeber sich dank seiner

---

48 Vgl. dazu auch Gerson, God (s. Anm. 33), 57-65; Konrad Gaiser, Platons unge-
    schriebene Lehre. Studien zur systematischen und geschichtlichen Begründung der
    Wissenschaften in der Platonischen Schule, Stuttgart 1962, 67-88, und Guthry, Hi-
    story V (s. Anm. 1), 426-441.
49 Vgl. dazu Hentschke, Politik und Philosophie (s. Anm. 21), 313, die eindrücklich
    nachweist, daß eine auf ihren transsubjektiven Charakter Anspruch erhebende Ge-
    setzgebung des Nachweises ihrer objektiven Gültigkeit und das heißt für Platon: ih-
    rer Begründung in einer philosophischen Gottesvorstellung als Garant der sittlichen
    und politischen Ordnung bedarf. Zu den Mängeln der Beweisführung vgl. a.a.O.,
    320f.
50 Gaiser, Lehre (s. Anm. 48), 241f.
51 Vgl. dazu Walter Burkert, Griechische Religion der archaischen und klassischen
    Epoche, RM 15, 1977, 143.168.
52 Vgl. auch Gerson, God (s. Anm. 33), 81.

φρόνησις und σωφροσύνη von der göttlichen Vernunft leiten läßt, an der die seine insofern Anteil hat, als sie Gott das Maß aller Dinge sein läßt. Denn, was Platon seinen Athener als Überleitung zu seiner Forderung nach einer dialektischen Bildung der Mitglieder der nächtlichen Versammlung sagen läßt, das gilt auch für seinen gesamten Gesetzesentwurf: Νοῦν δέ γε πάντων τούτων ἡγεμόνα, „die Vernunft sei Führerin von dem allem" (963 a 8f.). Dem aber können wir den anderen Satz an die Seite stellen, mit dem Kleinias die Ermunterung des Atheners beantwortet, das gemeinsame Nachdenken über die für die Mitglieder der nächtlichen Versammlung erforderliche Bildung fortzusetzen: ... παντὸς μὲν μᾶλλον ταύτῃ πορευτέον τοιοῦτον ᾗπερ καὶ ὁ θεὸς ἡμᾶς σχεδὸν ἄγει, „unbedingt müssen wir diesen Weg einschlagen, den uns wohl der Gott selbst führt" (968 b 10f.). Der Weg zur gottgefälligen Gesetzgebung ist ein Gedankenweg der Initiation in die Folgerungen, welche die Vernunft aus der Rangordnung der Tugenden und der Güter zieht[53], Ziel der Gesetzgebung aber ist ein Staat, dessen Bürger wie die des dorischen in Freundschaft, Einsicht und Freiheit (693 b 4-6; c 8f. und d 7 - e 1) leben bzw. ein solcher, der selbst frei und freundschaftlich geeint ist und Vernunft (νοῦν) besitzt (701 d 7f.). Also muß der Gesetzgeber selbst wohl als erster über diese Vernunft verfügen.

6. Gott als das Maß aller Dinge und die göttliche Vernunft als Quelle der wahren Erkenntnis

Nach der Schöpfungserzählung des Timaios ist die sichtbare Welt von dem Demiurgen im Aufblick zu dem immer Seienden als ein Abbild in Gestalt eines immer Werdenden erschaffen (Tim. 27 d 5 - 28 a 4). Jene ewige Welt erschließe sich ihm nur mittels seiner denkenden Vernunft, diese zeitliche aber mittels der vergleichsweise stumpfen Wahrnehmung. Indem der Schöpfer im Aufblick auf das Ewige die Seele erschaffen und die grenzenlose Materie zur Welt geformt hätte, sei diese Welt entstanden. Als ein geordneter Kosmos ist sie dank der göttlichen Pronoia ein beseeltes und mit Vernunft begabtes Wesen (34 b 3f.). Andererseits wäre nach der Politeia die Idee des Guten selbst die Ursache der Erkenntnis und der Wahrheit. Sie läßt dank ihrer Würde und ihrer Kraft das Sein hinter sich, sie ist ἐπέκεινα τῆς οὐσίας (Rep. 509 b 9f.). Gleichwohl verleiht sie als die höchste Form des Wissens (μέγιστον μάθημα) dem Gerechten und allem, was sonst von ihr Gebrauch macht, seine positive Wirkung (ὠφέλιμα) (Rep. 505 a 2-4). Die sichtbare Wirklichkeit selbst ist, wie es Platon mittels des Höhlengleichnisses zu verdeutlichen sucht, nur ein Abbild der Idee des Guten. Zu ihrer Betrachtung schwingt sich allein die Seele (Rep. 514-516),

---

53 Diese Rangordnung entspricht der Anthropologie des Timaios, wie sie dort in 41 a 6 - d 3 skizziert wird. Nach ihr ist, wie Zekl, Platon. Timaios (s. Anm. 36), XXXVII, festgestellt hat, der Mensch „ein Bürger zweier Welten ..., der noetischen und der sinnlichen."

um zu erkennen, daß sie die Ursache alles Richtigen und Schönen und so im Bereich der Erscheinungen auch die von Sonne und Licht ist. Da sie auch die Herrin der Wahrheit und der Vernunft sei, müsse sie jeder erkennen, der im eigenen Interesse oder in dem des Staates vernünftig zu handeln beabsichtigt (rep. 517 b 7 - c 5).

Im Blick auf das durch Vernunft und Denken Faßbare, sich immer gleich Bleibende dachte sich Platon nach dem Timaios die Erschaffung der sichtbaren Welt durch den Demiurgen (vgl. auch Tim. 29 a 2 -5). Die Frage ist, wie sich der späte Platon die Beziehung zwischen der Welt der Ideen, an deren Spitze die des Guten steht, der alles lenkenden Vernunft, Gott und der Seele vorgestellt hat[54]. Im Philebos heißt es, daß „alle Weisen, sich selbst erhöhend, darin übereinstimmen, daß Vernunft für uns König des Himmels und der Erde ist. „Und vermutlich", so fügt Sokrates hinzu, „haben sie recht" (Phileb. 28 c 6 -8). Als Ausgangspunkt für unsere Überprüfung des Befundes in den Nomoi wählen wir den großartigen Auftakt zu dem als Einleitung zu dem ganzen Gesetzeswerk gedachten Vorspruch an die Siedler in IV 715 e 7 - 717 d 4. Hier heißt es (in der Übersetzung von Klaus Schöpsdau) in 715 e 7 - 716 a 4[55]:

> „'Ihr Männer', wollen wir also zu ihnen sagen, 'der Gott, der, wie auch das alte Wort besagt, Anfang und Ende und Mitte alles dessen, was ist, in Händen hat (ἀρχήν τε καὶ τελευτὴν καὶ μέσα τῶν ὄντων ἁπάντων ἔχων), geht auf geradem Wege zum Ziel, indem er der Natur gemäß kreisend seine Bahn zieht; und ihm folgt stets die Gerechtigkeit (Δική)[56] nach als Rächerin für diejenigen, die hinter dem göttlichen Gesetz zurückbleiben. An diese schließt sich nun an, wer glücklich sein will, und folgt ihr in Demut und Bescheidenheit.'"

Nach einem seit alters zur Erklärung herangezogenen orphischen Lied (Fr. Orph. B 7) war es Zeus: Er war der erste und der letzte, er war die Mitte, alles war aus ihm und in ihm erzeugt. Andererseits galt er seit alters als der Gott, der die Ordnung des Universums und so auch die sittliche der Menschenwelt aufrecht erhält[57]. Bei Aischylos heißt es von ihm im Hymnus (Ag. 176-183)[58]:

> „Zeus, der uns der Weisheit Weg lehret, der dem Satz : 'Durch Leid Lernen!' vollste Geltung leiht.
> Klopft anstatt des Schlummers an das Herz Reuegemut Mühsal an: selbst sich Sträubenden kommt Besonnenheit.
> Götter geben solche Gunst, Gewaltherrn auf des Weltensteuers Thron."

---

54 Vgl. dazu Gerson, God (s. Anm. 33), 71-81.
55 Platon. Werke in acht Bänden. Griechisch und Deutsch, hg. G. Eigler, VIII/1, Gesetze. Buch I-VI, bearb. und übers. K. Schöpsdau, Darmstadt 1977, 255.
56 Vgl. ebd., Anm.47.
57 Vgl. dazu Hugh Lloyd-Jones, The Justice of Zeus, SCIL 41, 1971, 156-164.
58 Übersetzung von Oskar Werner, Aischylos. Tragödien, hg. v. B. Zimmermann, STusc, Zürich/Düsseldorf 1996, 229.

Dem entspricht die Fortsetzung der Siedlerrede in 716 a 4 - b 5 mit ihren anschließenden Hinweisen auf die selbstzerstörerische Kraft jugendlicher Hybris, die ebenso zum eigenen Untergang wie zu dem des Hauses und schließlich der Stadt führt. Von der religiösen Überlieferung her läge es daher nahe, den hier eingeführten Gott, der Anfang, Mitte und Ende von allem ist, mit dem Zeus zu identifizieren, dem die Dike als die Vollstreckerin seines Ordnungswillens folgt[59]. Der Leser sollte jedoch bei der Auskunft stutzen, daß der Gott auf geradem Weg zum Ziel gelangt, indem er der Natur gemäß kreisend seine Bahn zieht (εὐθείᾳ περαίνει κατὰ φύσιν περιπορευόμενος, 716 a 1f.). Das erinnert notwendigerweise an die kreisförmige Bahn der Vernunft als der Urform aller geordneten Bewegung, wie sie Platon in seinem kinetischen Gottesbeweis beschreibt. Dort führt er aus, daß die Seele bei allen glückhaften wie geordneten Bewegungen die als Gottheit zu betrachtende Vernunft zu Hilfe nehmen muß (896 e 8 - 897 b 5, vgl. bes. b 1f.[60]). Die Bewegung der Vernunft selbst aber sei schwierig und von den Augen der Sterblichen möglicherweise überhaupt nicht vollständig zu durchschauen, so daß man sie sich nur am Beispiel der kreisförmigen, um einen festen Mittelpunkt erfolgenden Bewegung vergegenwärtigen könne. Der geordnete Umschwung des Himmels besitze eine dem Umschwung und den Berechnungen der Vernunft ähnliche Natur (897 c 4 - e 2). Die geordnete Bewegung ist für Platon die der besten Seele, diese aber der erste Ursprung von allem (899 c 6f.). So muß sich der Leser fragen, ob die kreisförmige und doch zielgerichtete Bewegung des Gottes in 716 a 1f. nicht statt auf Zeus auf die Vernunft als König des Alls verweist und die beste Seele in 899 c 6f. nicht die Seele des Kosmos, sondern die des Gottes ist[61], der als die höchste Vernunft zugleich den ganzen hierarchisch geordneten Kosmos der Ideen in sich birgt[62], den die irdische Welt spiegelt.

Die in die Frage nach den Konsequenzen mündende Schilderung des Atheners, daß dieser Gott Herr über alles ist und er unerbittlich jede Übertretung seiner Ordnung vergilt, führt über den Zwischengedanken, daß ihm jedermann folgen müsse, und der Frage, wie das zu geschehen habe, zu der Feststellung, daß Gott nur der ihm Ähnliche[63] und mithin der Maßvolle lieb sein könne (IV 716 b 8 - c 4). Daraus ergibt sich dann in 716 c 4-6 ungezwungen die zentrale

---

59 Vgl. Hes., Op. 248-260, und Sol., Fr. 3,12-18, und dazu Havelock, Concept of Justice (s. Anm. 16), 205-208.258-260.

60 Und zu den Textproblemen Schöpsdau, Werke VIII/2 (s. Anm. 39), 301 Anm. 35.

61 In diesem Fall fände die Vorstellung, daß die Seele entstanden, aber unvergänglich ist (X 904 a 8f.), natürlich keine Anwendung.

62 Die möglicherweise mit den Tim. 37 c 6 erwähnten ewigen Göttern zu identifizieren wären, vgl. oben S. 288 Anm.37.

63 Vgl. dazu auch Dietrich Roloff, Gottähnlichkeit, Vergöttlichung und Erhöhung zu seligem Leben. Untersuchungen zur Herkunft der platonischen Angleichung an Gott, ULG 4, 1970, besonders 198-206 mit der Darlegung der sittlichen Umprägung des Gedankens durch Platon.

294	Otto Kaiser

Feststellung, daß „der Gott für uns am ehesten das Maß aller Dinge sei, und dies
weit mehr als etwa, wie manche sagen, irgendein Mensch". Das wird also in be-
wußter Antithese zu dem von Protagoras aufgestellten homo mensura-Satz[64]
formuliert, der freilich eigentlich erkenntnistheoretisch gemeint war. Platons
Deus mensura-Satz entspricht seine Feststellung, daß es der Besonnene, der
σώφρων ist, der Gott lieb und teuer ist. Nun erinnern wir uns noch einmal daran,
daß der Gesetzgeber bei seinem Verfahren nach III 701 d 7 - 9 dreierlei im
Auge zu behalten hat: die Freiheit des von ihm geplanten Staates, die in ihm
durch freundschaftlichen Gemeingeist gesicherte Einigkeit und seine Vernünf-
tigkeit. Daher muß, so können wir folgern, der Gesetzgeber selbst bei seinen
Überlegungen die umsichtige Bedachtsamkeit, die σωφρωσύνη walten lassen;
denn sie allein bürgt dafür, daß auch er mit seinen Bestimmungen das Gott
wohlgefällige Maß einhält. Insofern handelt es sich bei dem Tun des Ge-
setzgebers nur um einen Spezialfall des vernünftigen Charakters menschlichen
Handelns überhaupt. Gott vermag dem Gesetzgeber wie jedem Menschen Anteil
an seiner Vernunft zu geben und seinem zeitlich und irdisch gebrochenen Wirken Anteil an seinen ewigen Gedanken zu verleihen, sofern der eine wie der
andere in Besonnenheit maßhält. Weil und insofern die Gesetze an Gottes ewi-
ger Vernunft teilhaben, sind sie am Ende nicht das Werk des Menschen, der sie
konzipiert, sondern des Gottes, der als Vernunft das vollkommene Maß ist.
Darum soll das Gesetz selbst der wahre Herrscher des Staates sein, die menschlichen Herrscher aber seine Knechte (IV 715 e 6 - d 6)[65]. Natürlich müssen sie
für ihr Amt die nötige Kompetenz besitzen. Denn der Wahn, von allem etwas zu
verstehen und über alles entscheiden zu können, wie er sich nach Platons Meinung in der Folge der Auflösung der festen Maßstäbe der Kunst in Gestalt der
θεατροκρατία τις πονηρά in Athen breit gemacht hatte (III 701 a 3), hatte zum
Niedergang der attischen Demokratie geführt. Aus diesem Wahn heraus wäre
die Verachtung der Eltern, der Gesetze, der Eide und eine allgemeine Zügello-
sigkeit hervorgegangen. Dagegen sei Athen einst durch die Herrschaft der Gesetze groß geworden (700 a 3 - 701 d 3). Die dorischen Staaten aber hätten sich
in den Perserkriegen dank ihrer Freiheit, Einsicht und freundschaftlichen Einig-

---

64 Protagoras, Fr. B 1 (FVS II, ⁶1952, 262f.); Plat., Theaet. 183 b 7 - c 7; vgl. dazu
W.K.C. Guthrie, A History of Greek Philosophy III. The Fifth-Century Enlighten-
ment, Cambridge 1969, 183-188, und G.B. Kerferd, The Sophistic Movement, Cambridge 1981, 85-90.
65 Vgl. dazu auch Morrow, Plato's Cretan City (s. Anm. 1), 571: „The instinctive
respect for law among the Greeks is shown to have a philosophical justification, for
the claims of the law to be sovereign are eventually its claim to be the expression of
reason - reason in its simplest manifestation as the good sense of honest men en-
deavoring to order their lives prudently, and of good statesmen trying to bring virtue
and happiness to their cities; and in its higher forms this same human reason becomes aware through philosophic discipline of the cosmic Nous upon which it depends."

keit behauptet (III 691 d 8 -693 d 1). So lautet denn die politische Botschaft der *Nomoi*, daß die Wahrung der Rangordnung der göttlichen und menschlichen Güter durch den Gesetzgeber und die Achtung der Herrscher wie der Bürger vor dem Gesetz dem Staat seine Zukunft sichert. Nicht die Opportunität, sondern die an Gott als das Maß aller Dinge gebundene Vernunft soll also die wahre Herrscherin im Staate sein[66]. Blicken wir zurück, so erkennen wir, daß Platon den beiden delphischen Maximen des γνῶθι σαυτόν, des „Erkenne dich selbst!", und des μηδὲν ἄγαν, des „Nichts zu sehr!"[67], in einer kritischen Umbruchszeit eine neue, ihre Bedeutung für den Einzelnen wie für den Staat aufeinander abstimmende Auslegung gegeben hat, die bis heute die Menschen aus ihrer Selbst- und Gemeinschaftsvergessenheit zu erwecken vermag.

„Wenn einer nun nur mit den Gegenständen der Begierde und des Ehrgeizes beschäftigt ist und darein seine ganze Mühe setzt, dem können notwendig nur lauter ganz sterbliche Meinungen innewohnen, und soweit man überhaupt nur durch und durch sterblich werden kann, darin läßt er gar nichts aus, da er doch dies Seelenvermögen gemehrt hat. Wer dagegen um Wißbegier und um wahre Gedanken sich müht und besonders dieses unter seinen Seelenvermögen in Übung gehalten hat, dem ergibt es sich ganz notwendig, Unsterbliches, Göttliches zu denken, wenn er Wahrheit ergreift, soweit es überhaupt menschlichen Wesen gestattet ist, der Unsterblichkeit teilhaftig zu werden, und davon läßt er kein Stück aus, da er doch immer das Göttliche pflegt und den ihm innewohnenden Schutzgeist selbst in wohlgefügter Ordnung hält, und so ist er denn ausnehmend glücklich (Tim. 90 a 2 - d 7)".[68]

---

66 Zur Sache und im Blick auf die gegenwärtige Rechtsdiskussion vgl. Otfried Höffe, Vernunft und Recht. Bausteine zu einem interkulturellen Rechtsdiskurs, stw 1270, 1996.
67 Paus. X 24,1; vgl. FVS I, ⁶1951, 63 (Fr. 10,3 β.1 und γ.1), und dazu auch Lloyd-Jones, Justice of Zeus (s. Anm. 57), 52f.
68 Übersetzung nach Zekl, Platon. Timaios (s. Anm. 36), 185. Möge diese philosophische Begründung des Rechts den Kollegen und Freund grüßen, der sich die Entschlüsselung der Qumran-Texte zur Lebensaufgabe gewählt und damit fortlaufend mit der mythischen Vorstellung von dem auf dem Sinai/Horeb offenbarten und ausgelegten Gottesrecht konfrontiert ist.

Glaube in griechischer Religiosität

von Gerd Schunack

1. Die Feststellung R. Bultmanns, „zu Termini der religiösen Sprache (seien) Bildungen mit πιστ- im klassischen Griechisch nicht geworden"[1], ist wohl in dem Sinne richtig, daß die Termini πιστός, πίστις und πιστεύειν im klassisch-griechischen Selbstverständnis nicht den Grundzug und die Totalität des menschlichen Verhältnisses zu göttlichen Daseinsmächten, zu Gottheiten und zum Göttlichen kennzeichnen[2]. Leit- und Kennwort des religiösen Verhaltens ist bis in hellenistische Zeit εὐσεβής, εὐσέβεια[3]. Nun gilt Bultmanns eher pauschale Feststellung in erster Linie der schärferen Profilierung urchristlichen Glaubensverständnisses, und sie ist, zumal im Rahmen einer semantischen, bedeutungsgeschichtlichen Untersuchung, vor allem an der Frage nach semantischen Voraussetzungen und hermeneutischen Bedingungen des spezifisch urchristlichen Sprachgebrauchs orientiert. So weist Bultmann zwar durchaus an einer ganzen Reihe von Belegen aus Texten klassisch-griechischer Literatur eine religiöse Bedeutung von πιστός, πίστις und πιστεύειν auf und räumt insofern Ansätze bzw. die Möglichkeit zu einem prägnant religiösen Sprachgebrauch ein[4]. Doch erst in hellenistischer Zeit sei „πίστις zum Schlagwort der Propaganda treibenden Religionen" geworden[5]. Korrespondiert dieser „Sprachgebrauch religiöser Propaganda" urchristlichem Glaubensverständnis, so bietet er dafür zumindest in gewissem Sinne eine Verstehensvoraussetzung. Zwar habe der „gemeinchristliche Sprachgebrauch" auch strukturelle Momente alttestamentlich-frühjüdischen Glaubensverständnisses aufgenommen, aber der spezifisch christliche Sinn von πίστις sei „Annahme des christlichen Kerygma"[6]. Wenngleich Bultmann diese πίστις eben auf Grund des Kerygmas von

---

1 R. Bultmann, Art. πιστεύω κτλ., ThWNT 6, 1959, 174-182.197-230: 178.

2 Vgl. G. Barth, Pistis in hellenistischer Religiosität, ZNW 73, 1982, 110-126: 113; D. Lührmann, Confesser sa foi à l'époque apostolique, RThPh 117, 1985, 93-110: 95f.

3 Allerdings hat εὐσέβεια ohne nähere Bestimmung die weitere Bedeutung „Ehrfurcht vor den Ordnungen ..., auf denen das familiäre, staatliche u auch das zwischenstaatliche Leben beruht"; weil indessen „alle diese Ordnungen unter dem Schutz der Götter stehen", erlangt das Wort in der Begrenzung auf das Religiöse in zunehmendem Maße die Bedeutung „das rechte Verhalten zu den Göttern" (W. Foerster, Art. εὐσεβής κτλ., ThWNT 7, 1964, 175-184: 175f.).

4 Vgl. Bultmann, Art. πιστεύω κτλ. (s. Anm. 1), 179.

5 A.a.O., 180f.

6 A.a.O., 209; vgl. 205ff.

Christus als existentiell wahrgenommenen „Heilsglauben" präzisiert - wie nicht zuletzt die signifikant problematische Unterscheidung von zwei Akten und zwei Begriffen des Glaubens bei Paulus zeigt[7] -, so bleibt doch die missionsterminologische Prägung und damit auch die in Anspruch genommene religionsgeschichtliche Analogie maßgebend.

Es ist darum plausibel, daß eine kritische Revision des religionsgeschichtlichen Sachverhalts zu einer neuen Orientierung in der Erörterung des prägnant urchristlichen Glaubensverständnisses führt, wie die im Anschluß an Bultmann geführte Diskussion zwischen D. Lührmann, E. Lohse, G. Barth und A. von Dobbeler zeigt[8]. Bei dieser Diskussion ist nun allerdings zu beachten, daß die Erörterung des urchristlichen Glaubensverständnisses nicht auf dem Feld religions- und bedeutungsgeschichtlicher Beobachtungen durch quasi vorgeschobene Argumente vorentschieden wird. Bultmanns These, πίστις/πιστεύειν sei ein Schlagwort der Propaganda treibenden Religionen in hellenistischer Zeit, ist schwerlich zutreffend[9]. Damit ist aber die Frage, inwiefern der Sinn urchristlich verstandenen Glaubens sich gerade durch missionarische Verkündigung erschließt, noch nicht gegenstandslos geworden. Andererseits ist Lührmanns These[10], Glaube sei kein allgemeiner Formalbegriff, sondern in seiner prägnanten Bedeutung entscheidend durch biblische Verstehensvoraussetzungen und einen internen Sprachgebrauch des frühen Judentums bestimmt - eine These, mit der Ausführungen G. Ebelings aufgenommen werden -[11], keineswegs schon durch den Nachweis hinfällig, daß sich auch in paganen griechischen Texten religiöser Gebrauch von πιστεύειν, πίστις findet[12]. So ist es sinnvoll, mit G. Barth zu differenzieren: Daß sich religiöser Gebrauch von πιστεύειν κτλ. bereits im klassischen Griechisch findet, steht außer Frage; zur Diskussion steht, ob πιστεύειν κτλ. bereits zu der entscheidenden Be-

---

7 Vgl. R. Bultmann, Theologie des Neuen Testaments, ⁹1984, 300.
8 D. Lührmann, Pistis im Judentum, ZNW 64, 1975, 19-38; ders., Glaube im frühen Christentum, 1976; ders., Art. Glaube, RAC 11, 1981, 48-122; E. Lohse, Emuna und Pistis. Jüdisches und urchristliches Verständnis des Glaubens, ZNW 68, 1977, 147-163; G. Barth, Art. πίστις, πιστεύω, EWNT 3, ²1992, 216-231; ders., Pistis (s. Anm. 2), 113; A. von Dobbeler, Glaube als Teilhabe. Historische und semantische Grundlagen der paulinischen Theologie und Ekklesiologie des Glaubens, WUNT II/22, 1987.
9 Zurückgewiesen von Lührmann, Glaube im frühen Christentum (s. Anm. 8), 50; Barth, Art. πίστις (s. Anm. 8), 217.
10 Vgl. Lührmann, Glaube im frühen Christentum (s. Anm. 8), 16; ders., Confesser (s. Anm. 2), 96.
11 G. Ebeling, Was heißt Glauben?, SGV 216, 1958; ders., Jesus und Glaube, in: ders., Wort und Glaube I, ³1967, 203-254.
12 Vgl. v. Dobbeler, Glaube als Teilhabe (s. Anm. 8), 284ff. - Diesem Eindruck hat Lührmann freilich dadurch Vorschub geleistet, daß er die religions- und bedeutungsgeschichtliche Diskussion auf zu schmaler Textbasis führte; vgl. Art. Glaube (s. Anm. 8), 56.

zeichnung für das rechte Gottesverhältnis geworden ist[13]. Dabei scheint mir von
Bedeutung zu sein, diese Frage nicht nur auf den allerdings wichtigen Aspekt
zu beschränken, in welchem Maße frühjüdisches und urchristliches Reden vom
Glauben auf Verstehensvoraussetzungen und Analogien in paganer, hellenistischer Öffentlichkeit treffen konnte[14]. Daneben ist auch von Interesse, in welchen Bereichen menschlicher Daseinserfahrung, in welchen Überlieferungs-
zusammenhängen und Öffentlichkeitsstrukturen ein religiöser Sprachgebrauch
im Griechentum begegnet, durch welche sozialen Funktionsträger und in welchen kommunikativen und literarischen Formen diese religiöse Bedeutung
geprägt worden ist. Gerade wenn Glaube eine wesentliche hermeneutische
Signatur des frühjüdischen Verhältnisses und Bekenntnisses zu dem einen Gott,
dem Schöpfer und Richter, ist, dann ist nicht ohne Belang, nach geschichtlichen
Bedingungen und Faktoren zu fragen, die einer analogen Ausprägung des Gottesverhältnisses im Griechentum im Wege standen.

2. Eine gewisse Analogie zwischen frühisraelitischem und griechischem
Sprachgebrauch besteht ja einfach darin, daß eine religiöse Bedeutung sich hier
wie dort erst ergibt, indem ein bestimmtes Verhältnis zwischen Menschen auf
das Verhältnis zur Gottheit übertragen wird. Bildungen des Stammes πιστ-
bezeichnen ein Verhältnis des Vertrauens und der Verläßlichkeit zwischen
Menschen, sofern sie soziale Beziehungen eingehen[15], also nicht primär durch
verwandtschaftliche Loyalität und Solidarität verbunden sind. Dieses personale
Verhältnis kann in unterschiedlicher Hinsicht artikuliert sein. Die Partner dieser
Beziehung sind πιστός, vertrauend und vertrauenswürdig, der Akt und Vollzug
dieser Beziehung ist πιστεύειν, Zutrauen, Glauben schenken. Vollzieht sich die
Beziehung vor allem in Worten, so sind gerade Worte πιστοί/ά; zumal in einer
Situation, in der ungewiß und ungesichert ist, wie man sich zueinander verhalten und wie das Verhältnis zukünftig sein wird, handelt es sich dabei um ein
feierliches Versprechen, einen Eid, einen Treueschwur, einen Vertrag[16]. So
kann das Substantiv πίστις als Ethos und Einstellung der Beteiligten „Vertrau-
en, Überzeugung" wie „Vertrauens- und Glaubwürdigkeit" bedeuten, sodann
aber auch eine Konkretion, die im Bereich sozialer Kommunikation Anhalt des
Vertrauens und der Überzeugung ist, also Bürgschaft, Unterpfand und, wie dies
dann insbesondere in der Rhetorik, der Hermeneutik alltäglicher Kommunikation, artikuliert wird, enthymemisches Beweismittel, Erfahrungsevidenz.
Dieses Verhältnis des Vertrauens zwischen Menschen ist nun in dem Maße
religiös qualifiziert, wie soziales Verhalten durch göttliches Recht, durch den

---

13 Vgl. Barth, Pistis (s. Anm. 2), 113 mit Anm.12
14 Dieser „rezeptionshermeneutische" Aspekt steht bei A. v. Dobbeler im Vordergrund;
   vgl. Glaube als Teilhabe (s. Anm. 8), 305ff.
15 Z.B. als ἑταῖρος, φίλος, Ehegatte/Ehefrau, μάρτυς, ἄγγελος, φύλαξ, δοῦλος.
16 Vgl. z.B. Xenoph., Hist Graec II, 3, 29; über die Brüchigkeit solcher Versprechen,
   Eide, Verträge usw. verbreitet sich Dio Chrys., Or 74 περὶ ἀπιστίας.

Schutz der Götter, durch kultische Sühne- und Opferrituale begrenzt, sanktioniert und gewährt ist. Dies gilt für die Konkretion in Worten, die als feierliche Vereinbarung, als Eid oder Vertrag sakralrechtliche Gültigkeit haben, wie ebenso für das Ethos, das mit Frömmigkeit und Scheu gegenüber göttlichem Recht (Themis) verbunden ist[17]. Signifikant ist die - freilich pathetische - Klage um das Schwinden aristokratischer, ständischer ἀρετή bei Theognis, wo πίστις sogar göttlichen Rang erhält[18].

Charakteristischerweise ist im sozialen und kommunikativen Bereich gerade da von πιστός, πίστις, πιστεύειν die Rede, wo Menschen sich in einer kritischen, ungesicherten, von Not und Gefahr bedrohten Situation befinden, einer Situation, in der sich die gegenwärtigen Verhältnisse durch ein bevorstehendes oder gerade eintreffendes Geschehen entscheidend verändern und die Erfahrung bestimmend wird, daß menschliches Dasein geschichtlicher Veränderung unterworfen und von zukünftigem Geschehen abhängig ist. Solche Situationen und Erfahrungsbezüge sind es, in denen bereits in klassischer Zeit auch ein *religiöser* Sprachgebrauch auftaucht. Doch kann es mit der semantischen Beobachtung, auch das Verhalten und das Verhältnis zu Gottheiten werde als Glaube artikuliert, nicht sein Bewenden haben. Es gilt, die hermeneutischen und soziohistorischen Bedingungen und Implikationen dieses religiösen Sprachgebrauchs zu klären.

Augenfällig ist, daß die durch das Bedeutungsfeld „Glauben" artikulierte Beziehung zu Gottheiten oder Göttlichem durch Orakel, Göttersprüche und göttliche Weisungen konstituiert und vermittelt ist. Weitaus die meisten Texte, in denen Glauben religiöse Bedeutung hat, beziehen sich auf das Orakelwesen oder verweisen in diesen Zusammenhang[19]. Die Annahme legt sich nahe, daß in diesem Erfahrungsbezug der überlieferungsgeschichtliche Ort und die Ver-

---

17 Vgl. z.B. Soph., Oed Col 947ff.; Eur., Hec 1234f.; Xenoph., Ag 3,5; Ptolem., Apotelesmatica (ed. F. Boll/A. Boer) 175,20.

18 „Unter Menschen ist allein die vortreffliche Göttin Hoffnung da, andere sind zum Olymp entschwunden, fortgegangen ist Pistis, die große Göttin, fortgegangen Besonnenheit, die Chariten, verläßliche und rechtskräftige Eide (ὅρκοι πιστοὶ δίκαιοι) gibt es unter Menschen nicht mehr, niemand scheut sich vor unsterblichen Göttern, das Geschlecht frommer Männer ist entschwunden, sie kennen nicht mehr göttliche Rechtssprüche (θέμιστας) noch Frömmigkeitserweise (εὐσεβίας)." (Theogn., Eleg I, 1135ff.) - Bemerkenswerterweise wird weder in den Theognidea (6.-4.Jhdt. v.Chr.), wo die Krisis des aristokratisch-ständischen Arete-Begriffs durchschlägt (vgl. W. Jaeger, Paideia. Die Formung des griechischen Menschen, Bd. I, 1959, 267), noch in der später aufkommenden ethischen Reflexion πίστις als ἀρετή aufgefaßt. Sie bleibt als Relationsbegriff außerhalb der ethischen Reflexion, die bei Aristoteles zwar am politisch-sozialen Verhalten der Gerechtigkeit orientiert ist, doch auf die Selbstverwirklichung des einzelnen (das ἔργον τοῦ ἀνθρώπου) zielt (Aristot., Eth Nic I.6, 1097b 24f.). Erst bei Plutarch und in der Stoa erlangt πίστις ethische Relevanz.

19 Vgl. dazu auch Barth, Pistis (s. Anm. 2), 113; v. Dobbeler, Glaube als Teilhabe (s. Anm. 8), 296.

mittlung dieses religiösen Sprachgebrauchs aufzusuchen sind. Nicht zuletzt wird aber aus diesem Zusammenhang auch die kritische Relativierung und Abwertung religiösen Glaubens im Griechentum plausibel.

3. Das Orakelwesen war, neben der Deutung von Opferzeichen und andern Wahrzeichen, in archaischer und klassischer Zeit weit verbreitet[20]. An zahlreichen Orakelstätten, unter denen das pythische Orakel von Delphi wegen seiner sakralrechtlichen Bedeutung für ganz Griechenland wie auch für die griechische Kolonisation herausragte, ergingen Orakel in staatlichen und persönlichen Angelegenheiten. Sie betrafen kritische Situationen, in denen das gemeinsame Geschick oder das Lebensgeschick eines einzelnen zur Entscheidung stand, kriegerische Unternehmungen, Seuchen, Gebrechen, Sühnehandlungen und Reinigungen bei Blutschuld, aber auch eher alltägliche, praktische Fragen wie die Rückerstattung anvertrauten Vermögens, eine Eheschließung usw. Ging es um eine aktuelle Entscheidung, so war die herkömmliche Form der Anfrage, „ob es besser sei, dies oder jenes zu tun"[21]. Priester brachten den Bescheid in die Form „heiliger" hexametrischer Rede. Doch wurden Orakel, zumal solche, die sakralrechtliche Überlieferungen und Sühnungen betrafen, auch von Chresmologen und Exegeten in Athen und anderwärts verwahrt und ausgelegt. In ähnlicher Weise oblag Sehern (und Propheten) die Funktion, aus Zeichen göttliche Weisung über den rechten Zeitpunkt bei Unternehmungen ungewissen Ausgangs, etwa bei Feldzügen, zu erteilen, die Kenntnis überlieferter Orakelsprüche zu bewahren und für das Gemeinwesen bedeutsame Phänomene des Göttlichen wahrzunehmen[22].

So war die Funktion von Orakeln zunächst, aus Kundgaben und Anzeichen künftigen Geschehens „Entscheidungshilfe"[23] für kritische, riskante Situationen zu geben, die überlieferte Sitte der Väter zu wahren, menschlichem Handeln sakralrechtlich Maß und Grenze zu setzen. Bezieht sich religiös verstandener Glaube auf Orakel und in diesem Zusammenhang auf Gottheiten, so stellt sich natürlich die Frage, was die Sache und der Inhalt dieses Glaubens war. Orakel

---

20 Vgl. zum folgenden vor allem M.P. Nilsson, Geschichte der griechischen Religion I/II, HAW 5/2, ³1955/²1961; W. Burkert, Griechische Religion der archaischen und klassischen Epoche, RM 15, 1977; A.D. Nock, Religious Attitudes of the Ancient Greeks, PAPS 85/5, 1942, 472-482; ders., Oracles théologiques, REA 30, 1928, 280ff. - Unergiebig ist für unsere Fragestellung S. Eitrem, Orakel und Mysterien am Ausgang der Antike, AlVi N.F.5, 1947.
21 Vgl. Plut., E apud Delphos (Mor V) 386CD.
22 „Bezeichnenderweise steht das griechische Wort für Gott, theós, in intimer Beziehung zur Seherkunst: ein gedeutetes Zeichen ist thésphaton, der Seher ist theoprópos, seine Tätigkeit ein theiázein oder entheázein." (Burkert, Griechische Religion [s. Anm. 20], 181). Dabei ist zu beachten, daß θεός Prädikatsbegriff ist, also ein Ereignis, einen Vorgang, ein Phänomen als Erscheinung oder Kundgabe göttlicher Daseinsmacht prädiziert.
23 Vgl. Burkert, Griechische Religion [s. Anm. 20], 184.188.

sind auf Künftiges hin gesagt, das nunmehr geschieht oder zu entscheiden ist. Sie sind nicht eigentlich Vorhersage künftigen Geschehens, erst recht nicht Verheißung künftigen Heils oder Wohlergehens, sondern göttliche Weisung und Kundgabe, die auf Deutung angewiesen ist oder sich in ihrer Bedeutung am Geschehenen zeigt. Insofern orientiert sich Glauben an dieser Deutung und Bedeutung; „der Herr, dem das Orakel in Delphi gehört, sagt nichts und birgt nichts, sondern er bedeutet"[24]. Die Bedeutung ergibt sich erst aus der Interpretation durch Exegeten und Seher, und sie bleibt abhängig davon, daß sie an der Erfahrung des Geschehenen evident wird. Inhalt des Glaubens ist also die eher allgemeine und durch Erfahrung anfechtbare Überzeugung, daß menschliches, zumal künftiges Geschick durch göttlichen Spruch bestimmt ist und sich im menschlichen Handeln und Leiden der Wille von Gottheiten vollzieht.

4. Ergibt sich die religiöse Bedeutung des Glaubens also im Bereich menschlichen, geschichtlichen Handelns und Erleidens angesichts der Ungewißheit des Kommenden und der Schuldbeladenheit der Vergangenheit, so wird auch die hermeneutische Tragweite und Grenze dieses religiösen Glaubens auf dem Feld geschichtlicher Erfahrung ausdifferenziert. Die Einschätzung des Orakelglaubens kommt in eine kritische Wechselwirkung zur Wahrnehmung des Göttlichen in der Erfahrung geschichtlicher Realität zu stehen. Kritik am Orakelglauben verbündet sich mit rationaler Erklärung der Welt, aber darin auch mit einer neuen Wahrnehmung göttlichen Daseins, die geschichtlicher Erfahrung enthoben ist. Umgekehrt sucht sich eine am Orakelwesen orientierte Religiosität gerade in der Kritik jener neuen Wahrnehmung des Göttlichen zu behaupten. Diese kritische Differenzierung menschlichen Verhaltens zu Göttern und Göttlichem setzt in jener Umbruchsituation des 6. und 5. Jhdts.v.Chr. ein, die durch das Aufkommen ionischer Naturphilosophie und sophistischer Aufklärung bestimmt ist.

4.1. Die sog. Vorsokratiker, die sich selbst vielleicht als Weise bzw. Sophisten bezeichnet hätten, suchten Antwort auf die Frage nach dem Wesen (φύσις) des Seienden überhaupt, nach dem Anfang, dem Werden und Vergehen wie dem Verhältnis der Dinge zueinander. Damit verband sich Kritik am überlieferten und öffentlich anerkannten Kult von Gottheiten, die der Polis Schutz, Recht und Frieden gewähren, an blutigen Sühneopfern, die göttlichen Daseinsmächten in Scheu und Verehrung dargebracht werden, und an den poetischen Göttergestalten des homerischen Olymps[25]. Begründet und getragen wurde diese Kritik von einer Welterfahrung, in der an die Stelle kultischer, dämonischer und mythologischer Gottheiten „das" Göttliche (τὸ θεῖον) trat, das im Denken wahrzunehmen ist. Dessen Wesen verdichtete sich darin, daß es immerseiend, unvergänglich, dem Bereich des Werdens und Vergehens enthoben und sich selbst genug ist. Es versteht sich, daß damit die Frage aufgeworfen ist,

---

24 Heraklit B 93 (FVS I).
25 Vgl. Heraklit 22 B 5 (FVS I); Xenophanes 21 B 11.15 (FVS I).

in welcher Weise und in welchem Maße dieses Göttliche am menschlichen, geschichtlichen Handeln und Erleiden Anteil nimmt, ja, ob es sich überhaupt um die Belange der Menschen kümmert. Daß diese neue Wahrnehmung des Göttlichen zum Zusammenstoß und zur Auseinandersetzung nicht nur mit dem überlieferten, öffentlich anerkannten Kult der Polis, sondern auch mit der Religiosität führen mußte, die sich im Orakelglauben artikulierte, liegt auf der Hand. Verbunden mit sophistischer Aufklärung, die darauf zielte, in Rede und Gegenrede mit überzeugenden Argumenten zu prüfen, was für den einzelnen gut sei, worin also ἀρετή wirklich bestehe, kam es zu einer kritischen Reflexion, in der die überlieferte Religiosität nicht nur mehr oder weniger radikal in Frage gestellt wurde, sondern auch erst eigentlich zu Bewußtsein kam. Die Umbruchsituation liefert somit nicht nur die historischen Zeugnisse, in denen religiös verstandener Glaube explizit zum Vorschein kommt; sie läßt auch die hermeneutische Bedingung dafür erkennen, wie dieser Glaube in der Relation zu andern individuellen Äußerungen griechischen Daseinsverständnisses aufgefaßt wurde.

4.2. Eine Einsicht dieser kritischen Besinnung ist, daß Religion, die Verehrung von Göttern, auf dem Gesetz beruht[26]. Maßgeblich für diese Sicht ist der Kult, der den Gottheiten der Polis gilt. Die Wendung νομίζειν θεούς, die nicht selten allzu pauschal als generelle Kennzeichnung griechischen Gottesverhältnisses angesehen wird, gehört in diesen Zusammenhang kultisch-öffentlich verfaßter Religiosität; sie bezeichnet verallgemeinernd, Götter zu „haben"[27], die Gottheiten der Polis kultisch „in Brauch zu nehmen" und „anzuerkennen". Diese Bestimmung des Gottesverhältnisses gerät in die Krise, sobald der Nomos im Gegenüber zur Physis als menschliche, geschichtliche Konvention begriffen wird. Dann kann fraglich werden, ob Götter sind oder nicht sind[28]. Ebenso ist plausibel, daß die öffentliche Anerkennung der Gottheiten der Polis als Garanten kultischer Ordnung und politischer Macht von deren Repräsentanten eingeklagt wird, sobald diese Anerkennung in Zweifel gezogen oder durch eine andere Wahrnehmung des Göttlichen in Frage gestellt wird.

4.3. Im Vergleich mit dieser kultisch-öffentlich verfaßten Anerkennung von Gottheiten der Polis heben sich charakteristische Züge des Orakelglaubens deutlicher ab, auch wenn das Orakelwesen samt der Institution von Sehern und Exegeten oft eng mit dem Kult der Polis verbunden war. Inhalt und Intention des Gottesverhältnisses ist das Lebensgeschick des einzelnen, die Vorbestimmtheit geschichtlichen Handelns und Erleidens im Willen der Götter, die Erwartung künftigen Wohlergehens und glücklichen Gelingens. Thema und Problem dieses Glaubens ist das zeitliche, geschichtliche Verhältnis zu Göttli-

---

26 Vgl. Eur., Hec 799ff.: „Die Macht der Götter beruht auf dem Gesetz; kraft des Gesetzes anerkennen wir Götter (νόμῳ ... θεοὺς ἡγούμεθα)"; Plat., Leg 885b.
27 So paraphrasiert Nilsson, Griechische Religion I (s. Anm. 20), 771 mit Anm. 2.
28 Vgl. Protagoras 80 B 4 (FVS I): „Über die Götter habe ich nichts zu wissen, weder daß sie sind noch daß sie nicht sind noch wie sie an Gestalt sind".

chem, das Wirken der Götter im Raum eines mythischen Lebensgeschicks wie im Bereich alltäglicher Lebensgeschichte.

So vermittelt etwa Herodot, in dessen Geschichtswerk Orakel einen breiten Raum einnehmen, „ein Spiegelbild der religiösen Zustände der Pentakontaetie bei den gebildeten Leuten"[29]. Zum Ausdruck kommt die Überzeugung vom schicksalhaft bestimmten, in Orakeln angekündigten Ablauf der Geschehnisse[30]. Doch die Frömmigkeit, nicht unberührt von sophistischer Kritik an mythischer Überlieferung vom Wirken der Götter, gerät in einen Zwiespalt. Die alten Götter des griechischen Polytheismus treten in den Hintergrund; was die Überzeugung vom Walten einer allgemeinen göttlichen Macht davon übrigläßt, ist die „Unterschicht", „der Glaube an Wunder, Portenta, Orakel, Träume"[31]. Die Orakel provozieren Glauben, sofern Unglaube sich der Bedeutung des Orakels für das Lebensgeschick des Betroffenen überführen lassen muß[32], aber auch insofern, als das göttliche Walten im Lebensgeschick des einzelnen am Orakelglauben kritischer Prüfung ausgesetzt ist[33].

---

29 Nilsson, Griechische Religion I (s. Anm. 20), 766.
30 Vgl. A. Lesky, Geschichte der griechischen Literatur, 1957/58, 304.
31 Nilsson, Griechische Religion I (s. Anm. 20), 762.
32 Vgl. Hdt. I 158; II 152.
33 Vgl. Hdt. V 92; III 153 (anläßlich eines Wunderzeichens); VIII 143 (ohne expliziten Bezug auf Orakel „im Vertrauen [πίσυνοι] auf Götter und Bundesgenossen"; doch vgl. I,66.73). - Lysias (Rhetor und Logograph, ca. 445-380v.Chr.), Or 34,10: Die Rede ist davon, „gute Männer zu werden, die den Göttern glauben und hoffen, daß denen Recht werde, denen Unrecht geschieht". - Isokrates (436-338v.Chr.; Lesky, Geschichte [s. Anm. 30], 536f., sieht ihn durch geistige Mittelmäßigkeit charakterisiert, in dessen wirkungsvoller Rhetorik-Schule man Front gegen die Philosophie machte), Or I 50: „Zeus war, wie die Mythen erzählen und alle glauben, der Vater von Herakles ..." IV 30f.: „weil viele erzählt und alle Geschichte (sc. von Demeter und Kore) gehört haben ..., ist es vernünftig, dies nicht für neu, sondern für glaubhaft zu halten." (Griechische Städte senden Erstlingsfrüchte der Ernte nach Athen; die, die es vernachlässigten, sind von der Pythia ermahnt worden, die Sitten der Väter einzuhalten.) „Und in bezug worauf doch haben wir eher nötig zu glauben als in bezug darauf, was der Gott (im Orakel) als Antwort erteilt (καίτοι περὶ τίνων χρὴ μᾶλλον πιστεύειν ἢ περὶ ὧν ὅ τι θεός ἀναιρεῖ) und bei vielen Griechen Zustimmung findet und so denn auch das vor alters Gesagte die gegenwärtige Praxis bestätigt wie auch das, was jetzt geschieht, mit dem von jenen (den Alten) Gesagten übereinstimmt?" VI 31: „Das Orakel, das wohl nach allgemeiner Übereinstimmung das älteste und am weitesten verbreitete und glaubwürdigste ist ..." IX 21: „Ich ziehe vor, die Sprüche und die Orakel und die Visionen, die in Träumen erscheinen, beiseite zu lassen, aus denen man den Eindruck gewinnen könnte, er sei von übermenschlicher Herkunft, wiewohl ich den Erzählungen nicht Glauben verweigere" (nein, nur Fakten, um allen klar zu machen, daß ich fern von Erfindungen bin.) X 61: Helena erlangte Unsterblichkeit und gottgleiche Macht: zuerst erhob sie ihre Brüder in den Status von Göttern, im Wunsch, ihre Verwandlung glaubhaft zu machen, gab sie ihnen (göttliche, rettende) Ehren. - Lykurg (um 390-324v.Chr.? Rhetor, nach Lesky, Geschichte [s. Anm. 30], 564, die Seele der Restaurationspolitik nach

4.4 Auf der hohen Ebene des mythischen Paradigmas wird die Bedeutung des Orakelglaubens in den Tragödien des Aischylos, Sophokles und Euripides inszeniert. Dabei ist gerade über semantische Beobachtungen hinaus aufschlußreich, wie zum Existenzsinn und zur Sache dieses Glaubens Stellung genommen wird. Zunächst zeigt sich erneut, daß sich Glaube in religiöser Bedeutung auf Göttersprüche und durch sie vermittelt auf Götter bezieht und dieser Glaube in kritischen Situationen zur Sprache kommt, in denen sich das dramatische Geschehen wendet und das Lebensgeschick der Protagonisten zur Entscheidung steht.

Ich nenne einige Beispiele: In den „Persern" des Aischylos kündet der Schatten des toten Dareios an, daß nur wenige aus dem Heer der Perser zurückkehren werden, wenn denn zu glauben gebührt den Göttersprüchen (εἴ τι πιστεῦσαι θεῶν χρὴ θεσφάτοισιν), auf das nun Geschehene hinblickend[34]. Im „Agamemnon"[35] trifft die Botschaft vom Sieg der Griechen über Troia beim Chor auf Unglauben; auf die Frage, was das Glaubwürdige (τὸ πιστόν) sei und ob es dafür ein sicheres Vorzeichen gebe, sieht Klytämnestra - wenn der Gott nicht täuscht - einen alten Spruch durch eine Fackelstafette übers ionische Meer hin bestätigt. Im „König Oidipus" des Sophokles erklärt Oidipus auf Kreons Vorhaben, vom Gott erfahren zu wollen, was zu tun ist, des Gottes Weisung sei schon offenbart, der Vatermörder, der Frevler - er solle untergehen. Doch Kreon erwidert, in der Not sei es besser, zu erkunden, was zu tun sei; (auf diesen Bescheid hin) werde wohl auch er, Oidipus, jetzt wohl dem Gott Glauben entgegenbringen (τῷ θεῷ πίστιν φέροις)[36]. Im „Oidipus auf Kolonos" führt Polyneikes als Grund seiner flehentlichen Bitte an: „wenn denn aufgrund von Göttersprüchen etwas glaubhaft ist"[37]. In den „Trachinierinnen" spricht Deianeira von einem „glaubwürdigen Orakel" (μαντεῖα πιστά), das ihr Herakles über sein Lebensgeschick hinterlassen habe[38]; im „Philoktet" sucht Neoptolemos auf Grund eines Spruchs des Sehers Helenos, daß Troia fallen werde, den Philoktet zu überzeugen (πείθειν), den Göttern wie auch seinen Worten Glauben zu schenken (θεοῖς τε πιστεύσαντα τοῖς τ᾽ ἐμοῖς λόγοις) und mit ihm wegzusegeln, um Heilung zu finden und am Sieg teilzuhaben[39]. Am Schluß der „Iphigenie bei den Taurern" des Euripides heißt es: „Athene, Herrin, wer die Worte der Götter vernimmt und ihnen Glauben verweigert (τοῖσι τῶν θεῶν λόγοις ὅστις κλύων ἄπιστος), denkt das Rechte nicht."[40] Im „Ion" erklärt der Protagonist auf die Eröffnung hin, dem Geschick

---

338), 31,127 (zu den Richtern): „Meint nicht, Erben der Besitztümer zu sein, die die Vorfahren hinterließen, der Erde und des Glaubens, den eure Väter den Göttern als Unterpfand der Teilhabe am gemeinsamen Glück der Stadt gaben!"

34 Aesch., Pers 800ff.- Vgl. ferner Theb 211f.: Der Chor der Frauen eilte in der Stunde drohender Gefahr hin zu den alten Götterbildern, im Vertrauen auf Götter (θεοῖς πίσυνος). Vgl. Pind., Pyth IV 234: Iason vollbringt eine gefährliche Prüfung θεῷ πίσυνος.

35 Aesch., Ag 264ff.

36 Soph., Oed Tyr 1438ff.

37 Soph., Oed Col 1331.

38 Soph., Trach 76ff.; vgl. 67: „wenn man Überliefertem (μύθοις) glauben darf".

39 Soph., Philokt 1373ff.

40 Eur., Iph Taur 1475f. - Dies bezieht sich auf das Wort (μῦθος) Athenes, den Orestes ziehen zu lassen, 1442.

entsprechend sei er der Sohn Apollons und der Kreusa, dem Gott nicht Glauben zu schenken (τῷ θεῷ ... ἀπιστεῖν) gezieme sich nimmermehr[41]. Und entsprechend lautet es wiederum am Schluß: „Tochter Zeus, Pallas, nicht im Unglauben (οὐκ ἀπιστίᾳ) empfingen wir deine Worte; ich bin überzeugt (πείθομαι), des Vaters Lochios (= Apollon) und dieser da (sc. der Kreusa) zu sein. Auch zuvor war (mir) dies nicht unglaubhaft (ἄπιστον)"[42]. In der „Medea" befindet der Chor: „Rückwärts fließen die Quellen der heiligen Ströme, und Recht und alles hat sich verkehrt, Männer verüben Betrug und Götterglaube steht nicht mehr fest."[43]

Nun ist allerdings sogleich einem Mißverständnis vorzubeugen: Auf der dramatischen Ebene, auf der die Entscheidungen im menschlichen Handeln fallen, kommt der auf Göttersprüche und Götter gerichtete Glaube wesentlich im Irrealis, nicht als echte, sondern als irreale Möglichkeit zur Sprache. Eben darin erweist sich die tiefe Problematik dieses Glaubensverständnisses.

Orakel, Göttersprüche und Seher spielen in den Tragödien eine große Rolle. Zumal bei Sophokles haben Orakel eine dramaturgische Funktion[44]; sie sind, wie K. Reinhardt sagt, „Hebel einer Handlung oder Anstoß einer Selbsterkenntnis", im „König Oidipus" ist „der Urgrund des Orakelhaften, seine Wurzeln, die es in die Seele schlägt, der Grund zugleich, aus dem das Drama wächst."[45] In gewisser Weise sind die Göttersprüche der verborgene Text, der in der Tragödie durch menschliches Verhalten ausgelegt und ausgeführt wird. Darin ist angelegt, daß der auf Göttersprüche und Götter bezogene Glaube eine Lesart des Geschehens, ein Grundmotiv des Verhaltens sein könnte oder hätte sein können. Aber diese Lesart, dieses Verhalten zu Göttlichem wird auf der dramatischen Ebene menschlichen Handelns nicht wahrgenommen und ergriffen[46].

---

41 Eur., Ion 557; sinngleich 559 πιθόμενός γε τῷ θεῷ.

42 Eur., Ion 1606f. - im Blick sind χρησμοὶ θεοῦ, 1569.

43 Eur., Med 410ff. - Leider ist nicht sicher zu entscheiden, wie die Wendung θεῶν δ᾽ οὐκέτι πίστις ἄραρε zu übersetzen ist; dem Kontext entsprechend - Medea entschließt sich zum Mord - halte ich gen. ob. „Glaube, der sich auf Götter bezieht" für wahrscheinlicher als gen. sub. „Treue, Verläßlichkeit der Götter".

44 „In jedem der erhaltenen sieben Stücke läßt Sophokles Gott in irgendeiner Weise - zumeist durch Orakelsprüche - sich den Menschen offenbaren und seinen Willen kundtun" (B. Zimmermann, Nachwort zu „Sophokles. Dramen", ²1985, 777) - im Spruch des Kalchas im „Aias", dem Orakel des Zeus in den „Trachinierinnen", den Orakeln des Apollon, die der Gott Laios, Oidipus und Kreon erteilt hat, in Teiresias' Verkündigung der schrecklichen Wahrheit im „König Oidipus", in Apollons Auftrag an Orest in der „Elektra", in Helenos' Weissagung im „Philoktet" und in dem dem alten Oidipus gegebenen Götterspruch im „Oidipus auf Kolonos".

45 Sophokles, ³1947, 120; vgl. 209.106.

46 An dieser Stelle entsteht zweifellos ein interpretatives Problem. Explizit ist in den Tragödien eher selten von Glauben in religiöser Bedeutung die Rede. Wenn aber Göttersprüche tragende Funktion im Drama haben und mit ihnen, wie deutlich ist, in hermeneutischer und soziohistorischer Hinsicht die Thematik religiösen Glaubens verbunden ist, so muß gerade auch bedacht werden, was im Drama aus dieser Thematik wird - konkret: was es für das Verständnis dieses religiösen Glaubens bedeu-

Denn das hieße, sich in das Verfügte zu schicken, sich dem Unbedingten zu fügen; es würde sozusagen eine historische Einstellung zur Zeit des eigenen Daseins bedeuten. Allenfalls ist es während des Geschehens der Chor, der den Götterspruch und dessen Bedeutung im Glauben wahrnimmt[47]; die Akteure indessen führen gegen ihren Willen in schuldhafter Verblendung des Handelns aus, was im Götterspruch verfügt ist. Die tragische Ironie liegt darin, daß die Orakel zwar auf Glauben verweisen und angewiesen sind, aber sich in der Dimension menschlichen Handelns und Leidens erfüllen und bestätigen. Insofern ist dieser Glaube vorläufig, uneindeutig und hat seinen Ort vor seiner Bewahrheitung; im Bereich des menschlichen Handelns ist ihm sozusagen nicht zu trauen. Im Grunde findet der Götterspruch erst Glauben, wenn er am Geschehen zu sehen ist[48]; was Glaube sein könnte, wird in Erkenntnis des Geschehenen und in Selbsterkenntnis übersetzt und aufgehoben - wie denn auch am „Ende der griechischen Tragödie ... nicht die Darstellung der Katastrophe (steht), sondern die sich aus ihr ergebenden Konsequenzen. Nicht die Realität selbst, sondern ihre Interpretation beschließt das Trauerspiel."[49]

So sehr also in den Tragödien der Götterspruch und der darauf gerichtete Glaube verborgenes, aber zutiefst problematisches Thema ist, so wenig ist dieser Glaube eine reale Möglichkeit, das Verhältnis zum Göttlichen wahrzunehmen. Die Sache dieses Glaubens ist allenfalls, menschlicher Hybris zu wehren; seine Bedeutung liegt darin, daß der Mensch in seine Grenzen gewiesen wird. Es scheint nicht zweifelhaft zu sein, daß Sophokles selbst die Wahrhaftigkeit der Göttersprüche und die Bedeutung des Glaubens bejaht[50] und im mangelnden Glauben an Orakel ein Zeichen für das Schwinden wahrer Frömmigkeit gesehen hat[51]. Doch auch für ihn ist die Krise des Götterglaubens unabweisbar.

Erst recht wird diese Krise in den Tragödien des Euripides sichtbar. Auch hier nehmen Orakel und Sehersprüche breiten Raum ein. Allerdings werden Orakel und Orakelglaube zur theatralischen, bedeutungsleeren Geste. Euripides

---

tet, daß er von den Akteuren des Dramas nicht wahrgenommen wird und als Möglichkeit, sich zum Göttlichen zu verhalten, versagt. Dies mag damit zusammenhängen, daß der Inhalt des Götterspruchs oftmals der Tod oder der Entzug und die Grenze gemeinsamer Zeit ist.

47 Im „König Oidipus" zeigt sich der Chor tief betroffen darüber, daß der Götterspruch „als entkräftet abgetan wird und das Göttliche schwindet" (Soph., Oed Tyr 906ff.). Doch das ist tragische Ironie.

48 Vgl. Soph., El 1316f.: „Wenn jetzt der Vater lebend käme, würde ich es nicht für ein Wunder halten, sondern glauben, was ich sah." Soph., Trach 590ff.: „Mit dem Glauben verhält es sich so, daß zwar ‚drin' ist, zu vermeinen, doch zur Probe bin ich keineswegs damit umgegangen." Vgl. ferner Aesch., Pers 800ff.

49 W. Jens, Einleitung zu „Euripides. Sämtliche Tragödien in zwei Bänden", 1984, XIV Anm. 6.

50 Vgl. Nilsson, Griechische Religion I (s. Anm. 20), 758.

51 Vgl. Soph., Oed Tyr 863ff.; Fr 704 N (= Sophokles, Tragödien und Fragmente, STusc, 1966, 860, Fr 7).

„setzt die Tradition nur voraus, um mit ihr zu spielen"[52]. Vergeblich ist es, durch Orakel den Willen der Götter zu ergründen; sie sind wertlos. Was als Gegenstand des religiösen Glaubens, d.h. der Wahrnehmung des Göttlichen im Bereich der Geschichte bleibt, ist Tyche[53] - und dahinter, als letztes Kriterium der Wahrheit menschlicher Geschichte, die Zeit. Doch dieses „Wissen um die Macht der Zeit"[54] läßt religiösem Glauben keinen Raum mehr. Denn auch die Götter und ihr Spruch trügen; sie täuschen, ja, sie lügen wie die Sänger und Seher. Tritt ein Gott, als „deus ex machina", in Erscheinung, so ist das die unwahrscheinlichste Lösung des dramatischen Konflikts[55], die Provokation der Zuschauer, eine Wahrnehmung des Göttlichen im Sinne des Orakelglaubens als abwegig und unwirklich zu beurteilen. Eine Beziehung zu den Göttern läßt sich nicht mehr wahrhaft zur Sprache bringen; sie ist „nur eine althergebrachte Redeweise ..., das Irrationale im Menschenleben"[56]. Was als Möglichkeit der Wahrnehmung des Göttlichen bleibt, ist Selbsterkenntnis; „der Nous ist in jedem einzelnen von uns Gott"[57]. Daraus ergibt sich, jeder persönlichen, geschichtlichen Gottesbeziehung zu entsagen; was die Überlieferung von den Göttern zu sagen hat - „allein genügt ja, wenn er helfen will, der Gott" - und ebenso die Götter, die in dieser Weise zur Sprache kommen, vermag Herakles nicht anzuerkennen (νομίζειν): „Nie habe ich etwas dieser Art geachtet noch werd' ich je mich überzeugen lassen (πείσομαι) ... Denn nichts bedarf doch, ist er wahrhaft Gott, der Gott."[58]

Dieselbe skeptische Einstellung gegenüber Orakeln und Sehern findet sich eher noch ausgeprägter in der historischen Darstellung zeitgeschichtlicher Ereignisse bei Thukydides. Einerseits zeigt sich, wie verbreitet die Neigung war, sich z.B. bei militärischen und politischen Unternehmungen auf Orakel und Seher und das Vertrauen auf den Beistand der Götter zu stützen[59]; andererseits

---

52 Jens, Einleitung (s. Anm. 49), X.
53 Vgl. Eur., Alk 1130.
54 Jens, Einleitung (s. Anm. 49), XXII.
55 Vgl. z.B. den Schluß der „Iphigenie in Aulis" (zur Echtheit Lesky, Geschichte [s. Anm. 30], 375): In dem Moment, als Iphigenie geopfert wurde, sahen alle eine gottgesandte Erscheinung, die, gesehen, nicht Glauben fand, nämlich eine Hirschkuh, die die Göttin statt der Jungfrau sich zum Opfer wählte (Eur., Iph Taur 1585ff.).
56 Nilsson, Griechische Religion I (s. Anm. 20), 774; vgl. dazu Eur., Fr 286 N.: „Sagt jemand, es gebe doch wohl Götter im Himmel? - Sie gibt es nicht! Nein! Es sei denn, daß jemand in seiner Torheit an alten Redensarten festhalten will. Überlegt selbst, gründet eure Meinung nicht auf meine Worte!"
57 Eur., Fr 1018 N.
58 Eur., Heracl 1339ff.
59 Vgl. z.B. Thuc. VIII 1 (ein Orakel, das durch Chresmologen und Seher zur Propagierung der sizilischen Expedition ins Feld geführt wurde; dazu Paus. VIII 11.12); Thuc. II 21 (Nikias brachte das athenische Heer nicht zuletzt wegen seiner Hochschätzung des Orakel- und Zeichenglaubens [vgl. Thuc. VII 50; Plut., Nic 4,23] in die vernichtende Katastrophe); IV 92,7 (Pagondas rief die Böotier im Kampf gegen

verhehlt Thukydides nicht, daß er den Orakelglauben rundum für suspekt und das Wirken von Sehern für fatal hält[60]. Orakeln und darin dem Gott Glauben zu schenken ist schwerlich etwas anderes, als auf Tyche und trügerische Hoffnung zu bauen[61].

4.5 Die Kritik am Orakelwesen und am Wirken von Sehern wirft ein Schlaglicht auf die Verhältnisse in der zweiten Hälfte des 5.Jhdts.v.Chr. Gestützt auf das Orakelwesen und begünstigt durch die Orakelgläubigkeit der Zeit besaßen Seher und Chresmologen eine einflußreiche Stellung im politischen Leben und in der öffentlichen Meinung. Orakel und andere zukunftsdeutende Zeichen wurden nicht selten zu rhetorischen, demagogischen Instrumenten machtpolitischer Auseinandersetzungen[62]. Zugleich aber wurde in solchen Auseinandersetzungen auch der Konflikt mit den Verteidigern althergebrachter Religiosität und den Wortführern von Naturphilosophie und sophistischer Aufklärung ausgetragen. Die Kritik an den Göttern, Agnostizismus und die neuen Erkenntnisse über die Natur der Dinge, insbesondere über das, was „über der Erde" ist (τὰ μετέωρα), machten Sehern, Exegeten, Chresmologen das Terrain streitig, auf dem Sinndeutung aus Zeichen und Orakelglauben gediehen.

Seine besondere Brisanz erhielt dieser Konflikt in den Asebieprozessen[63], die vor allem von Sehern und Wahrsagern betrieben wurden und nicht wenige Todesurteile nach sich zogen. Anklagepunkt war, die Götter nicht anzuerkennen[64]. Zweifellos der bedeutendste dieser Asebieprozesse war der gegen So-

---

die Athener auf, dem Gott Glauben zu schenken [πιστεύσαντες δὲ τῷ θεῷ], daß er auf unserer Seite sein werde.)

60 Vgl. Thyc. V 104.113.

61 Vgl. Thyc. V 104 (wir glauben der Tyche, in der Gunst des Göttlichen nicht den kürzeren zu ziehen); V 112,2 (der rettenden Tyche glauben); V 113 (ihr habt den Lakedaimoniern und der Tyche und [leeren] Hoffnungen geglaubt und ihr werdet damit zugrundegehen); VII 67,4 (der Syrakusaner Gylippos ermuntert seine Leute: die Athener sind in einer desperaten Lage, sie haben der Tyche mehr geglaubt als der Rüstung). - Nach den Platon zugeschriebenen, aber anonymen „Definitionen" ist Tyche „eine Bewegung aus dem Unbekannten ins Unbekannte und die kontingente Ursache einer göttlichen Handlung" (Ps.-Plat., Def 411b 11f.).

62 Bezeichnend ist die sarkastische Karikatur, die Aristophanes in den „Rittern" entwirft: Der Blutwursthändler und der Paphlagonier schlagen sich gegenseitig deutend Orakel um die Ohren (Aristoph., Eq 109ff.797ff.961ff.1229ff.).

63 „Es ist sehr wahrscheinlich, daß in betreff der Entstehung der Religionsprozesse der springende Punkt in der Rivalität zwischen den Wahrsagern und der Naturphilosophie zu suchen ist." (Nilsson, Griechische Religion I [s. Anm. 20], 768; vgl. auch 791 mit Anm. 5). Zu den Asebieprozessen um 415 vgl. Nilsson, a.a.O., 771. - Wer an der Mantik zweifelte, geriet bereits in den Geruch der Gottlosigkeit; vgl. Burkert, Griechische Religion (s. Anm. 20), 181.

64 Aufschlußreich sind die Informationen, die Plutarch im Rückblick auf das Leben des Perikles über den Asebieprozeß gegen Aspasia (und Anaxagoras) mitteilt (Pericl 32; vgl. Diog. Laert. II 12ff.): Unter Anklage gestellt waren diejenigen, die das Göttliche nicht anerkennen (τοὺς τὰ θεῖα μὴ νομίζοντας) und Lehren über die Himmels-

krates. Dieser Prozeß ist für unsere Thematik deshalb von besonderer Bedeutung, weil hier nicht nur - in der Perspektive der Ankläger - der (unterstellte) Konflikt zwischen staatstragender Religion und sophistischer Aufklärung (Asebie), sondern - in der Perspektive des Sokrates - vor allem die Bedeutung der „Stimme" des delphischen Orakels zur Entscheidung stand. Zwar präsentieren sowohl die „Memorabilien" und die „Apologie" Xenophons als auch Platons „Apologie" Interpretationen der verhandelten Sache, in denen für Sokrates gegen polemische Sokratesbilder[65] Partei ergriffen wird, doch werden trotz unterschiedlicher interpretativer Horizonte authentische Anhaltspunkte sichtbar. Xenophon, der „die Frömmigkeit des athenischen Durchschnittsbürgers am Ende des 5. Jahrh."[66] vertritt, gibt in seiner Darlegung dem Orakelglauben wie auch der damit verbundenen Topik und Terminologie größeres Gewicht als Platon, der indessen ebenfalls die Bedeutung des delphischen Orakels für die Grundhaltung des Sokrates erkennen läßt. Gleichwohl zeichnet sich in der unterschiedlichen Interpretation beider eine Art Weichenstellung im religiösen Verständnis des Glaubens ab: Xenophon repräsentiert eine Einschätzung des Orakelglaubens im Horizont religiöser Wahrnehmung des Göttlichen, die bis in hellenistische Zeit anhält, wie Plutarch zeigt, ja sich sogar in bestimmter Hinsicht verstärkt. Bei Platon hingegen wird das Phänomen des Orakel- und Götterglaubens relativiert gegenüber der Wahrnehmung des Göttlichen in der philosophischen Erkenntnis und im „metaphysischen" Denken.

Übereinstimmend führen Platon und Xenophon die Begründung der Anklage des Meletos an: Sokrates tue Unrecht, weil er die Götter nicht anerkenne, die die Polis „hat", sondern andere, neue göttliche Wesen einführe und die Jugend verderbe[67]. Zur Verteidigung seiner „menschlichen Weisheit", die eine Anerkennung der Götter der Polis keineswegs ausschließt, führt Sokrates als Erweis wie als subjektiven Gewißheitsgrund den delphischen Gott als Zeugen an, nämlich ein Orakel der Pythia, daß niemand weiser sei als Sokrates[68]. Typisch freilich ist, daß die Bedeutung dessen, was der Gott sagt, ergründet und

---

erscheinungen (περὶ τῶν μεταρσίων) vortrugen. - Freilich sollte durch diese Anklage wohl auch Perikles getroffen werden; vgl. Pericl 6,1.

65 Vgl. etwa Aristoph., Nub 218ff.; Platon erwähnt verleumderische Gerüchte, Sokrates sei ein Sophist, der das Überirdische und Unterirdische erforsche und die schwächere Rede zur stärkeren mache (Apol 18b 7ff.).

66 Nilsson, Griechische Religion I (s. Anm. 20), 791, Anm. 1.

67 Plat., Apol 24b 8ff.: τοὺς δὲ νέους διαφθείροντα καὶ θεούς, οὓς ἡ πόλις νομίζει οὐ νομίζοντα, ἕτερα δὲ δαιμόνια καινά. - Xenoph., Mem I 1: οὓς μὲν ἡ πόλις νομίζει θεοὺς οὐ νομίζων, ἕτερα δὲ καινὰ δαιμόνια εἰσφέρων· ἀδικεῖ δὲ καὶ τοὺς νέους διαφθείων.

68 Plat., Apol 21a 6ff. - Sokrates sei etwas Göttliches und Dämonisches widerfahren: von Kindheit an sei ihm eine Stimme widerfahren, die jedesmal, wenn sie sich hören lasse, ihm von etwas abrate, was er tun wolle, zugeredet aber habe sie nie (Apol 31d 4ff.).

verstanden werden mußte[69]; Sokrates tut das, indem er die, die für weise gehalten werden, prüft, ob sie weiser seien als er, und darüber zu dem Schluß kommt, daß er, weil er wisse, daß er nichts wisse, ein wenig weiser sei als jene. Vorausgesetzt ist also, weil dem Gott nicht verstattet ist, zu lügen[70], daß Sokrates dem Orakel Glauben schenkt; bezeichnend ist aber, daß er diesen Glauben wahrnimmt, indem er „sokratisch" fragend das Orakel zu falsifizieren sucht und dabei der Wahrheit des Orakels inne wird[71]. Die Sache dieses „Glaubens" ist somit, mittels der eigenen Existenz paradigmatisch die Grenze des Menschlichen in kritischer Unterscheidung von der Weisheit des Gottes zu manifestieren[72].

Xenophon bedient sich, wie gesagt, zur Interpretation desselben Sachverhalts stärker der Topik und Terminologie des Orakelglaubens. Sokrates anerkennt die Götter und teilt die religiöse Einstellung, in bestimmten Phänomenen die bedeutsame und Zukünftiges kündende „Stimme" des Gottes zu vernehmen; der einzige Unterschied zwischen Sokrates und den andern Menschen sei, daß er diese „Stimme", das „göttliche Zeichen", als Daimonion auffaßt[73]. Es bekundet sich nicht nur darin, was zu tun und nicht zu tun ist, also an rechtmäßigen Kriterien des Handelns[74]; es gibt vor allem in der Form des bedeutsamen Orakelspruchs zu verstehen, daß das Ergebnis gegenwärtigen Handelns, das künftige Ergehen und Geschehen, dem Gott vorbehalten ist. Diese existentielle Wahrnehmung des Göttlichen bezieht sich also in erster Linie auf das zukünftige Ergehen und vollzieht sich in der Weise, daß in der Hinsicht auf das, was die Zukunft bringen wird, niemand anderem als dem Gott Glauben zu schenken ist[75]. Darum ist es für Xenophon auch nur eine rhetorische Frage, wie denn der, der Göttern glaube, etwa nicht anerkenne, daß Götter sind[76]. Inhalt dieses „Gottesglaubens" ist, daß den Göttern künftiges Geschehen offenbar ist und sie sich um die Belange der Menschen kümmern[77], die Überzeugung, daß die Göt-

---

69 Sokrates will verstehen - nicht wie Gottseher und Orakelsänger, die aus Naturbegabung und gottbegeistert sagen, was sie sagen; Apol 22c 1f.
70 Plat., Apol 21b 6f.
71 Vgl. Plat., Apol 21b 1ff. - Der Gott hat Sokrates an den Ort gestellt, wo er philosophiert und sich selbst und andere prüft; Apol 28e 4ff.
72 Vgl. Plat., Apol 23a 5ff.: „Es scheint aber in der Tat der Gott weise zu sein und mit diesem Orakel dies zu sagen, daß die menschliche Weisheit nur weniges wert ist oder gar nichts, ... mich zum Paradigma machend, wie wenn er sagte 'Der ist unter euch, ihr Menschen, der weiseste, der wie Sokrates erkannt hat, daß er in Wahrheit nichtswürdig ist im Verhältnis zur Weisheit.'" - Sokrates wäre zu Recht angeklagt, wenn er dem Orakel ungehorsam wäre; Apol 29a 3ff.
73 Vgl. Xenoph., Apol 13; Xenophon vermutet, der Vorwurf, Sokrates führe andere, neue göttliche Wesen ein, beruhe darauf, daß er sage, das göttliche Wesen erschließe sich ihm persönlich durch Zeichen (τὸ δαιμόνιον ἑαυτῷ σημαίνειν), Mem I 2.
74 Vgl. Xenoph., Mem I,4
75 Xenoph., Mem I 5f. (ταῦτα δὲ τίς ἂν ἄλλῳ πιστεύσειεν ἢ θεῷ).
76 Xenoph., Mem I 5f. (πιστεύων δὲ θεοῖς πῶς οὐκ εἶναι θεοὺς ἐνόμιζεν;).
77 Vgl. Xenoph., Apol 13.

ter alles wissen, was wir sagen und tun und insgeheim vorhaben, daß sie überall gegenwärtig sind und den Menschen bedeutsame Zeichen über alles Menschliche gewähren[78]. Die Sache oder der Sinn dieses Glaubens ist, den Unterschied zu wahren zwischen dem, was Menschen zu verstehen zukommt, und dem, was nicht offenbar ist: Sache der Menschen sei, zu lernen und sich darauf zu verstehen, was menschlicher Erkenntnis und Einsicht zugänglich ist, auf Handwerk, Technik, Politik, Verwaltung; das Wichtigste aber, nämlich wie eine Unternehmung ausgehe und was daraus werde, hätten die Götter sich selbst vorbehalten[79]. Diese existentielle Beziehung zum Göttlichen erschließt sich durch Orakel[80], aber eben in der Weise, daß Gewißheitsgrund ist, dem Gott nicht unüberlegt und ohne prüfendes Verstehen des Orakels zu glauben[81].

5. Es ist deutlich geworden, daß das durch Glauben bestimmte Verhältnis zu Göttern bzw. zu Göttlichem vor allem in den Tragödien, in der Darstellung kritischer, entscheidungsträchtiger Situationen menschlichen Lebens bei Herodot und Thukydides und in interpretativen Stellungnahmen zum Asebieprozeß gegen Sokrates zum Vorschein und zur Sprache kommt. Dieser Glaube bezieht sich fast durchweg auf die Bedeutung von Orakeln und Göttersprüchen für das menschliche Leben und dadurch vermittelt auf Götter bzw. auf Göttliches. Diese religiöse Einstellung unterscheidet sich in charakteristischen Zügen von jener kultisch-öffentlichen Anerkennung der Götter, die die Polis hat. Der Modus öffentlich anerkannter und in den Gesetzen der Polis verfaßter Religion hat gerade die Sprache der hohen „klassischen" Literatur geprägt und zumal in der traditionellen „klassischen" Sicht auf das Griechentum jene andere Religiosität

---

78 Xenoph., Mem I 19.
79 Xenoph., Mem I 7f.
80 Vgl. Xenoph., Mem I 9; Apol 143f.
81 Xenoph., Apol 15f.; vgl. bei Xenophon des weiteren Ag 3,5 (Pharnakazus kündigt dem Agesilaos an, sobald er General werde, werde er Krieg gegen ihn führen): „Indem er dies sagte, glaubte er, daß nichts geschehen würde, was dem Waffenstillstand widerspricht." (Es geht dabei um Frömmigkeit!) - Symp 4,47-49: Hermogenes: „Also - völlig klar ist, daß Griechen wie Barbaren behaupten (ἡγοῦνται), daß die Götter alles wissen, das Gegenwärtige und das Zukünftige. Jedenfalls befragen alle Städte und alle Völker durch Orakel die Götter, was zu tun nötig und nicht nötig sei. Und offenkundig ist auch dies, daß wir anerkennen (νομίζομεν), daß sie uns Gutes und Böses tun können. Alle jedenfalls bitten die Götter, Übles abzuwenden und Gutes zu geben. Diese Götter also, die alles wissen und alles vermögen, sind mir derart freundlich, so daß ich, weil sie sich um mich kümmern, vor ihnen nie verborgen bin, weder nachts noch tags, wohin immer ich mich begebe, was immer ich zu tun beabsichtige. Weil sie auch vorherwissen, was sich aus jedem einzelnen (meiner Handlungen) ergeben wird, bedeuten sie mir, indem sie als Boten Wahrsprüche und Träume und Vögel senden, was zu tun ist und was nicht. Deshalb reut es mich, wenn ich mich überzeugen lasse, niemals - bin ich doch einstmals schon bestraft worden, weil ich Glauben verweigerte." - Sokrates: "Sicherlich ist nichts von alledem unglaubhaft."

in ihrer Bedeutung und Reichweite unzulässigerweise in den Schatten gerückt[82]. Doch legen neuere Darstellungen wie die von M.P. Nilsson, W. Burkert und A.D. Nock eine andere Einschätzung nahe. Der Orakel- und Götterglaube spielte eine nicht zu unterschätzende Rolle im geschichtlichen Selbstverständnis und in der alltäglichen Frömmigkeit.

Ein charakteristischer Zug ist (1), daß es sich dabei um ein persönliches, geschichtliches Verhältnis zum Göttlichen handelt; denn es betrifft die Lebensgeschichte eines einzelnen Menschen in entscheidenden Situationen, sein künftiges Geschick und die Konsequenzen bestimmter Taten oder Verhaltensweisen. Im Zusammenhang damit schließt dieses Gottesverhältnis (2) die Voraussetzung ein, daß die Götter in ihrem Wirken am menschlichen Dasein teilnehmen, daß sie sich um die Belange der Menschen kümmern, daß sie insbesondere das künftige Geschehen vorherwissen und ihnen darum das dem Menschen entzogene Ganze seines Lebens offenbar ist. Dies bedeutet (3), daß dem Menschen eine Grenze gesetzt ist, die einzuhalten ist und nicht in Hybris überschritten werden darf. Der Unterschied zwischen den Göttern und den zeitlich existierenden Sterblichen ist auf dem Feld menschlichen Handelns und Leidens zu wahren. In dieser Einhaltung des Unterschieds ist der Orakel- und Götterglaube nicht einfach eine Haltung des Vertrauens auf die Götter oder den Gott. Denn das Orakel oder der Götterspruch ist ja nicht Kundgabe oder gar Zusage eines heilvollen, rettenden Wirkens der Götter, sondern ist auf Deutung angewiesen. Deshalb vollzieht sich der Orakel- und Götterglaube darin, die Bedeutung des Orakels und der Götter für das konkrete, geschichtliche Dasein und Selbstverständnis des einzelnen zu ergründen und zu verstehen. Indem das Orakel sich auch gegen die Intention menschlichen Handelns erfüllt, wird es kritisch zur Warnung und Mahnung, den Orakeln und den Göttern zu glauben. So ist dieser Glaube (4) ein hermeneutisches Produkt lebensgeschichtlicher Interpretation des Orakels, des Götterspruchs oder des bedeutsamen Zeichens. Er konstituiert sich in der Interpretation des Wirkens der Götter im menschlichen Geschick oder einer Epiphanie des Göttlichen an entscheidenden, bedeutsamen, unvorhersehbaren Kehren und Ereignissen des Lebens. Er ist eine Art Sinngebung menschlichen Daseins, sofern es als Text oder Manifestation göttlichen Wirkens und göttlicher Macht begriffen und ausgelegt wird. Unter dem zuletzt genannten Aspekt wird dann auch der sog. „Wunderglaube" transparent, von dem bisher nicht die Rede war, der aber gerade in hellenistischer Zeit das Phänomen des religiös verstandenen Glaubens maßgeblich geprägt hat.

Es zeigt sich, daß der Orakel- und Götterglaube sich in einer ganz bestimmten Topik expliziert und vermittelt, die nicht nur literarische Form ist, sondern die religiöse Hermeneutik realer, geschichtlicher Lebenserfahrung

---

82 Insofern ist es einseitig, das νομίζειν εἶναι θεούς als die Standard-Kennzeichnung griechischen Gottesverhältnisses anzusehen; die eher neutrale Terminologie ist ἡγεῖσθαι εἶναι θεούς. Vgl. z.B. Aristoph., Eq V 32; Dio Chrys., Or 3,54 (ἡγεῖσθαι θεούς = τὸ δόγμα).

prägt. Konstitutive Elemente dieser Topik lassen sich zusammenfassend an einem Epigramm aus dem 5.Jhdt.v.Chr. veranschaulichen, dessen erklärter Sinn es ist, am unverhofften Todesgeschick von Soldaten (in der Schlacht von Koroneia), das wider Erwarten und nicht ohne täuschendes göttliches Einwirken über sie kam, allen Sterblichen inskünftig vor Augen zu führen, daß die Erfüllung eines Orakels Glauben unumgänglich macht[83].

Zur Topik der religiösen Hermeneutik des Orakel- und Götterglaubens gehört, daß bestimmte Ereignisse des menschlichen Lebens, etwa das Todesgeschick, eine entscheidende lebensgeschichtliche Wendung, Glück oder Unglück usw., die im Horizont menschlichen Vorhabens und Handelns unverhofft (ἄελπτον), wider Erwarten (παράδοξον), unglaublich (ἄπιστον), mirakulös (θαυμάσιον) oder unmöglich (ἀδύνατον) erscheinen, im Verstehenshorizont des Orakel- und Götterglaubens das Wirken göttlicher Wesen oder göttlicher Macht wahrnehmen und erfahren lassen[84]. Gerade solche Ereignisse und Erfahrungen geben, wenn sie denn in der Interpretation durch bedeutsame, sinngebende Orakel, Göttersprüche und Zeichen erzählt werden, Grund, den Göttern zu glauben, das Unverhoffte, Wunderbare, Unglaubliche und unmöglich Scheinende für glaubhaft zu halten, d.h. als Erweis göttlichen Wirkens zu verstehen. Solche Erzählungen unverhoffter, wunderbarer, unglaublicher Ereignisse, sei es von Heilungen im Umkreis der Asklepios-Heiligtümer oder aber von Ereignissen, die - wie im Epigramm - als Strafwunder und Warnzeichen gedeutet werden, sind zugleich Gegenstand und Beweggrund des (Wunder-)Glaubens. Bemerkenswerterweise taucht in diesem Zusammenhang auch der Topos auf, daß den Göttern nichts unmöglich ist und gerade das unmöglich Erscheinende zu glauben ist[85]. Diesem Topos korrespondiert der andere, daß gerade in dieser

---

83 Der (rekonstruierte) Wortlaut der Inschrift samt englischer Übersetzung und eine aufschlußreiche Interpretation des Epigramms finden sich bei A. Cameron, An Epigram of the Fifth Century B.C., HThR 33, 1940, 97-130; dort auch weitere Lit.

84 „Das Göttliche kommt gleichsam als Unverhofftes zu den Sterblichen" (Eur., Fr 62). So ist auch in dem Epigramm das Todesgeschick jener Gefallenen „unverhofft" und nicht durch menschliche Kraft über sie gekommen, sondern deshalb, weil sich ihnen ein Halbgott auf göttlichem Weg entgegenstellte und sie täuschend zur Strecke brachte.

85 Die Zeugnisse dieses Topos reichen von Archilochos im 7. Jhdt.v.Chr. bis zu Iamblichos im 2.Jhdt.n.Chr. So erklärt Archilochos (Fr 74 D): Seit der Sonnenfinsternis im Jahre 648v.Chr., „seit Zeus das Licht der strahlenden Sonne verhüllte und am hellen Tag Nacht werden ließ, wird alles glaubhaft und für Menschen erwartbar" (ἐκ δὲ τοῦ καὶ πιστὰ πάντα κἀπίελπτα γίγνεται ἀνδράσιν). - Bei Pindar verlautet Olymp I 30ff.: „Charis ersann/bewirkte, daß Unglaubliches oftmals glaublich ist" (ἄπιστον ἐμήσατο πιστὸν ἔμμεναι τὸ πολλάκις); Pyth X 49: „Mich zu verwundern, wenn Götter etwas vollenden - nichts scheint mir je unglaublich zu sein" (ἐμοὶ δὲ θαυμάσαι θεῶν τελεσάντων οὐδέν ποτε φαίνεται ἔμμεν ἄπιστον); gegenteilig Olymp XII 8f.: „Ein glaubhaftes Zeichen über künftiges Geschehen erlangte noch keiner der Irdischen von Gott her; vor dem Kommenden sind die Sinne verfinstert" (σύμβολον δ᾽ οὔ πώ τις ἐπιχθονίων πιστὸν ἀμφὶ πράξιος ἐσσομέ-

314   Glaube in griechischer Religiosität

Relation die Menschen insgesamt als „die Sterblichen" erscheinen. Darin kommt eine sozusagen missionarisch-protreptische Tendenz solcher deutender Erzählungen zum Vorschein, wie denn auch Sinn und Zweck jener Inschrift sein soll, „allen Sterblichen inskünftig vor Augen zu stellen, daß dem Götterspruch Glauben gebührt".

6. Im Zusammenhang mit dem Konflikt zwischen Naturphilosophie und traditioneller Religiosität war von einer Art Weichenstellung, einer hermeneutischen Differenzierung in der Wahrnehmung des Göttlichen die Rede. Darauf ist nun zurückzukommen. Während im Horizont des Orakel- und Götterglaubens das Göttliche im Verhältnis zum zeitlichen Lebensgeschick des einzelnen Menschen wahrgenommen wird, erscheint es im Horizont philosophischen Erkennens als immerwährend und unvergänglich, dem Bereich zeitlicher, geschichtlicher Erfahrung enthoben, sich selbst genügend und in Wahrheit nur dem Denken erschlossen. Im Verhältnis dazu wird Glauben - wirkungsgeschichtlich außerordentlich folgenreich - relativiert und als Wahrnehmungsweise des Göttlichen depotenziert. Der Grund ist gerade der Zeit- und Geschichtsbezug des Glaubens.

Diese Relativierung findet zunächst in einer eher schematischen Proportion Ausdruck, die Platon in der „Politeia" aufstellt[86]. Die Dialektik der Wissenschaft vom Seienden wird in vier Abteilungen gegliedert, zuoberst das denkende Wahrnehmen (νόησις) oder die Wissenschaft (ἐπιστήμη), zweitens die Verständigkeit (διάνοια), drittens der Glaube (πίστις), viertens die Wahrscheinlichkeitsannahme (εἰκασία). Proportional zur Anteilhabe an der Wahrheit beziehen sich Wissenschaft und Verstehen als νόησις auf das Sein (οὐσία), Glauben und Wahrscheinlichkeitsannahme als plausible Meinung (δόξα) auf das Werden (γένεσις). Wie nun das Verhältnis von Sein und Werden dem Verhältnis von νόησις und δόξα entspricht, so entspricht diesem wiederum das Verhältnis der Wissenschaft zum Glauben und das der Verständigkeit zur Wahrscheinlichkeitsannahme. Ersichtlich ist Kriterium der Proportionen die Differenz zwischen Immerwährendem und Zeitlichem.

Sobald allerdings - wie in Platons „Timaios" - die Frage Thema wird, wie sich die Welt der Geschichte und des Werdens zum Bezirk unvergänglichen Seins verhält, treffen wir erneut auf die Thematik des Glaubens als Wahrnehmungsweise des Göttlichen. Wie die Zeit als „ein sich bewegendes Abbild des Ewigwährenden" geschaffen worden ist[87], so sind auch die Worte/Reden, die

νας εὗρεν θεόθεν· τῶν δὲ μελλόντων τετύφλωνται φραδαί). Vgl. ferner Eur., Iph Aul 1585 (s.o. Anm. 55) - Iamblich sagt (Vit Pyth 138f.) von den Pythagoräern, daß sie keiner Sache Unglauben entgegenbringen, was zum Göttlichen emporführen könnte ... Sie halten, was derartiges angeht, nicht sich selbst für einfältig, sondern die, die Glauben verweigern; denn nicht sei den Göttern einiges möglich, anderes nicht, wie die Sophisten meinen, sondern alles (sei ihnen) möglich.
86 Plat., Resp 533e; 534a; vgl. schon 511d-e.
87 Vgl. Plat., Tim 37d; das folgende ist Paraphrase von Tim 29b-d.

die „Ausleger" jenes unvergänglichen Ursprungs des Gewordenen sind, diesem Urbild verwandt. Zwar müssen „Aussagen über das Bleibende, Gewisse, der Vernunft Offenbare, soweit dies der Sprache überhaupt möglich ist und zukommt, unwiderleglich und unbestreitbar sein"; die Aussagen über das Zeitliche indessen müssen „wahrscheinlich und jenen analog" sein. Diese Aussagen nun entsprechen dem Glauben; denn „wie das Sein zum Werden, so verhält sich die Wahrheit zum Glauben". Man darf sich also „nicht wundern, wenn Menschen es nicht vermögen, über die Götter und die Entstehung des Alls Aussagen zu treffen, die durchaus und durchgängig mit sich selbst übereinstimmen und genau bestimmt sind, sondern es gilt, der menschlichen Natur gemäß eine bildliche, analoge Rede (εἰκότα μῦθον) zu akzeptieren und in dieser Sache nicht deren Grenze zu überschreiten."

Unverkennbar klingen hier die Topik und die Sprache des Orakel- und Wunderglaubens an; die Worte sind Ausleger (ἐξηγηταί), ein Mythos, über den man sich, der menschlichen Natur eingedenk und die Grenze einhaltend, nicht wundern soll, ein wunderbar aufzunehmender Gesang[88].

Dieselbe Sprache, Topik und Thematik des Glaubens begegnet im 12. Buch der „Gesetze", dem Alterswerk Platons. Aufgabe der „Wächter der Gesetze"[89] ist es vor allem, das „auf die Götter Bezogene zu wissen, soweit das menschenmöglich ist, und alle Anstrengung darauf zu verwenden, völligen Glauben über die Götter in deren Sein zu fassen" (τὸ πᾶσαν πίστιν λαβεῖν τῶν οὐσῶν περὶ θεῶν)[90]. Zu diesem Glauben in bezug auf die Götter führen zwei Dinge (δύ᾽ ἐστὸν τὼ περὶ θεῶν ἄγοντε εἰς πίστιν)[91]. Das eine ist, was von der Seele zu sagen ist: Sie ist von allem, welchem Bewegung, die Werden erlangte, immerwährendes Sein verlieh, das Älteste und Göttlichste, von allem, das an Erzeugung teilhat, unsterblich[92]. Das andere, das zum Götterglauben führt, ist die Einsicht in die Bewegung der Sterne und des andern von der Vernunft Durchwalteten[93]. Erneut ist deutlich, daß die Topik des Orakelwesens im Hintergrund steht: Die Wächter interpretieren (ἑρμηνεύειν) der Menge - Sehern und Exegeten gleich -, was sie, freilich nicht ohne Mühe, vom Göttlichen wahrzunehmen vermögen; bezeichnend aber auch, daß nun anstelle von Orakeln, Göttersprüchen und Zeichen die unsterbliche Seele und die von der Vernunft durchwaltete Bewegung der überirdischen Gestirne, also sozusagen die ontolo-

---

88 Vgl. auch Tim 40e: Über die unsichtbaren Götter zu sprechen, übersteigt menschliche Kraft. Es bleibt nur, den „Erzählungen ihrer Nachkommen zu trauen; denn unmöglich ist es, den Kindern von Göttern Glauben zu verweigern. Wir müssen ihnen dem Gesetz folgend glauben (πιστευτέον), wenngleich sie ohne wahrscheinliche und notwendige Beweisgründe reden, sondern sozusagen Vertrautes zu verkünden behaupten."
89 Vgl. Plat., Leg 640c-d; 754d.
90 Plat., Leg 966cd.
91 Plat., Leg 966d 6f.
92 Plat., Leg 966d-e.
93 Plat., Leg 966e.

gische Dimension von Orakeln und Zeichen, die Wahrnehmung des Göttlichen erschließen.

Daß die Topik und Thematik des Orakelglaubens auf diese Dimension der Seele und des Überirdischen (τὰ μετέωρα) übertragen und so menschliche Wahrnehmung des Göttlichen gewissermaßen „theologisch" begründet wird, zeigt auf seine Weise Aristoteles. In dem bei Sext. Empir. überlieferten Fragment aus dem für das aristotelische Denken grundlegenden Dialog „Über die Philosophie"[94] heißt es: Der Gedanke an Götter sei bei den Menschen aus einem zweifachen Ursprung entstanden, aus dem, was sich in bezug auf die Seele ereignet, und aus der Gestirnwelt[95]. Wenn die Seele ganz bei sich ist, im Schlaf und angesichts des Todes, erfährt sie göttliche Begeisterung und Orakelsprüche (ἐνθουσιασμοὺς καὶ τὰς μαντείας). Im Erfassen ihrer eigenen Natur vermag sie das Kommende vorherzukünden und vorherzusagen[96].

Zentral ist für den aristotelischen Gottesgedanken freilich, daß das Göttliche im Denken wahrgenommen wird und seinem Wesen nach νόησις νοήσεως ist. Insofern ist es der Zeitlichkeit völlig enthoben; es ist „unbewegter Beweger", reine Inständigkeit und in keiner Weise etwas, das sich auch anders verhalten kann[97]. Demnach ist das Phänomen des Glaubens, strikt verstanden, aus der Wahrnehmung des Göttlichen ausgeschlossen. Denn Glaube bezieht sich auf den Bereich zeitlichen Geschehens, auf das, was möglich ist und sich auch anders verhalten kann (τὸ ἐνδεχόμενον ἄλλως ἔχειν). Zwar wird auch bei Aristoteles noch erkennbar, daß er, wenn es um ein bedeutsames Geschehen, um eine unverhoffte, wunderbare Peripetie menschlichen Lebensgeschicks geht, zur Topik und Sprache des Orakelglaubens greift - allerdings im Horizont einer anthropologischen, genauer: psychologischen Begründung dieser Sichtweise[98].

Doch eben weil das Phänomen des Glaubens dem Bereich zugeordnet ist, in dem etwas geschehen kann oder auch nicht, und darum Glauben zutreffend und wirksam sein kann oder nicht, wird das Phänomen des Glaubens in einer hermeneutisch grundsätzlichen und folgenreichen Einschränkung auf den Bereich öffentlicher Kommunikation, auf Rhetorik, festgelegt. In diesem Bereich öffentlicher Kommunikation kommt es auf Glauben an, allerdings ist dieser

---

94 Fragmenta Selecta (Oxford 1958), περὶ φιλοσοφίας Fr 12a; vgl. dazu W. Jaeger, Aristoteles. Grundlegung einer Geschichte seiner Entwicklung, ²1955, 125ff.; I. Düring, Aristoteles. Darstellung und Interpretation seines Denkens, 1966, 185ff.

95 ἀπό τε τῶν περὶ τὴν ψυχὴν συμβαινόντων καὶ ἀπὸ τῶν μετεώρων - συμβαίνειν ist auch Bezeichnung, daß Orakel sich erfüllen! - Die Gestirnwelt ist nach Fr 18 (Philo, Aet Mund 3.10) der sichtbare Gott.

96 Vgl. ferner Aristot., Fr 14 (Plut., Tranq [Mor VI] 477c).

97 Aristot., Metaph 1072b 7f.

98 Cameron, Epigram (s. Anm. 83), 126, weist darauf hin, daß Aristoteles, wenn er in der „Poetik" eine tragische Peripetie veranschaulicht, dies nicht an einem Beispiel aus der Tragödie, sondern an einem Wunderbericht expliziert, der wie selbstverständlich die Sprache des Orakelglaubens nahelegt; vgl. dazu auch Aristot., Div 462b 11ff.

Glaube, abgesehen von einer quasi-religiösen Wirkung rhetorischer Mittel, ohne religiöse Bedeutung. Nach Platons „Gorgias" ist bei öffentlicher Rede zwischen begründetem Wissen und Glauben wie dann auch zwischen richtigem und falschem Glauben zu unterscheiden. Die wahre Überredung wäre indessen nicht die, die Glauben ohne Wissen, sondern die, die Wissenschaft zuwege-bringt. Doch die faktisch geübte forensische und deliberative Rhetorik bewirkt Überredung aus Glauben ohne Wissen. So ist für Platon Rhetorik definitiv Pro-duktion einer Überredung, die auf Glauben zielt, nicht auf Belehrung, wenn es um Recht oder Unrecht geht[99].

Aristoteles schätzt die Rhetorik als τέχνη öffentlicher, argumentativ über-zeugender Rede unvoreingenommener und positiver als Platon ein. Als τέχνη zielt sie auf πίστεις, d.h. auf überzeugende Argumente; deren Kern sind die Enthymeme, also Erweise und Schlußfolgerungen aus Wahrscheinlichem oder aus Indizien (Zeichen)[100], daneben im Analogieschluß auch Paradigmen, d.h. Geschichten tatsächlicher Begebenheiten einerseits, ersonnene Gleichnisse und Fabeln andererseits.

7. Ungeachtet der erkenntniskritischen Relativierung religiösen Glaubens und der hermeneutischen Verortung des Phänomens des Glaubens in der Rheto-rik hält sich der Orakel- und Götterglaube auf der Ebene populärer religiöser Kommunikation ungebrochen über die Jahrhunderte bis in hellenistische Zeit. Bei Plutarch hat πίστις geradezu konstitutive Bedeutung für das Verständnis von Religion (εὐσέβεια) wie für das Lebensverhältnis zu Göttern bzw. zum Göttlichen[101]. In dieser Bedeutung umfaßt Glauben mehr als nur den Orakel-

---

99 Plat., Gorg 454e.
100 Vgl. Aristot., Rhet 1354a 11ff.; zur Definition des Enthymems vgl. An Pri 70a 2f.
101 Was den Sprachgebrauch Plutarchs angeht, so begegnet πίστις im religiösen Sinne in der Regel entweder absolut oder in der Verbindung πίστις περὶ θεῶν/θεοῦ, „Glaube in bezug auf Götter/Gott"; gelegentlich finden sich auch Ge-netivverbindungen wie πίστις τῆς προνοίας, Vorsehungsglaube, πίστις τοῦ χρηστηρίου, Orakelglaube, ἀπιστία τοῦ θείου, Unglaube gegenüber dem Göttli-chen. Verbal erscheint πιστεύειν entweder absolut oder mit einem Objekt im Ak-kusativ-Konstruktion bzw. in einem ὅτι-Satz. Daneben findet sich die Wendung δόξα περὶ θεῶν; der Unterschied ist etwa der, daß πίστις das personale, lebens-geschichtliche, auch affektiv bestimmte Verhältnis zu Göttern meint, δόξα hin-gegen die Auffassung und Überzeugung von Göttern auf der Ebene des Bewußt-seins bedeutet, während ein Atheist in bezug auf Götter lediglich „meint" (οἰόμενος) und insofern Götter nicht anerkennt (μὴ νομίζειν θεούς). Terminolo-gisch wie auch inhaltlich aufschlußreich sind zwei Partien, in denen es um das Verhältnis von Glaube, Unglaube (Gottlosigkeit) und Aberglaube geht. Suav Viv Epic (Mor XIV) 1101C heißt es: „Denn besser ist, daß unserer Auffassung von den Göttern ein Affekt teils von Scheu, teils von Furcht inhärent und beigemischt ist ... Denn es ist gewiß nötig, den Aberglauben von unserer Auffassung über Götter zu trennen wie Schleim aus den Augen. Wenn dies aber unmöglich ist, sollten wir nicht beides zugleich heraushauen und den Glauben blenden, den die meisten

glauben. Allerdings ist der dem (delphischen) Orakel verbundene Glaube der lebensgeschichtliche Erfahrungsgrund dieser umfassenden religiösen Bedeutung von Glauben[102].

Indessen ist für Plutarchs Bestreben, einen Gegensatz oder Widerstreit von Religion und Wissenschaft aufzuheben, bezeichnend, daß die religiöse Bedeutung von Glauben mit der allgemeinen und rhetorisch präzisierten verschränkt wird. „Auf Glauben richtet sich jede Rede. Das jeder Rede eigentümliche Ziel ist es, Glauben bei den Hörern zu erwirken."[103] Erst recht und in besonderer Weise gilt dies für den religiösen Glauben, der auf bedeutungsvoller, das Gottesverhältnis vermittelnder Rede beruht. „Von allem, was uns nicht durch sinnliche Wahrnehmung zu Bewußtsein kommt, hat das eine durch den Mythos, anderes durch den Nomos, anderes durch den Logos ursprunghaft Glauben erlangt (πίστιν ἐξ ἀρχῆς ἔσχηκε). Durchweg sind uns Führer und Lehrer in der Auffassung von Göttern (περὶ θεῶν δόξα) die Dichter und die Gesetzgeber und sodann die Philosophen geworden; übereinstimmend konstatieren sie, daß Götter sind, doch differieren sie untereinander erheblich über deren Zahl und Rang, Sein und Vermögen."[104] Schließlich verbindet sich bei Plutarch mit der religiösen auch eine ethische Bedeutung von πίστις, sofern sie als Vertrauen und Treue Grundzug der φιλία, zumal der Liebesbeziehung von Mann und Frau ist[105]. Damit deutet sich an, daß πίστις in dieser Hinsicht den Charakter einer

---

Menschen in bezug auf Götter haben."- Superst (Mor II) 165BC erklärt Plutarch: „Gottlosigkeit, ein schlimmes Urteil, daß es nichts Glückseliges und Unvergängliches gibt, führt aufgrund von Unglauben gegenüber dem Göttlichen zur Apathie und ihr Ziel, das sie durch Nicht-Anerkennen von Göttern erreicht, ist, keine Furcht zu haben. Aberglaube indessen ist eine affektive und Furcht erregende Auffassung (ὑπόληψις), die den Menschen aufs äußerste erniedrigt und zerreibt, meint er doch, daß es Götter gibt, daß sie aber Schmerz und Schaden verursachen." - „Der Atheist meint nicht, daß es Götter gibt, der Abergläubige möchte nicht (daß es sie gibt), glaubt aber; denn er fürchtet sich, nicht zu glauben." (170F) - „Atheisten wagen nicht, zu sagen, daß das Göttliche vergänglich ist, sondern sie glauben nicht, daß es etwas Unvergängliches gibt." (Comm Nat [Mor XIII] 1075A). Unglaube besteht in Unwissenheit und Indifferenz gegenüber dem Wesen, das helfen kann (Superst [Mor II] 165C.167E).

102 Plutarch hatte neben seiner vielfältigen schriftstellerischen und philophronetischen Tätigkeit über viele Jahre auch eine leitende Stelle im Doppelpriestertum Delphis inne und war diesem Zentrum griechischer Religiosität zeitlebens intensiv verbunden.

103 Plut., De Garrulitate (Mor VI) 503D.

104 Amat (Mor IX) 763C; vgl. weiter Def Orac (Mor V) 419D.

105 Es ist eine „Gemeinschaft völliger Treue, die sich durch Vertrauen und Zuneigung auszeichnet" (Amat [Mor IX] 770C; vgl. auch 767E).- In den „Coniugalia Praecepta" (Mor II) 143C heißt es einmal: ποιεῖ γὰρ τὸ πιστεύειν δοκεῖν πιστεύεσθαι, καὶ τὸ φιλεῖν φιλεῖσθαι. - Signifikant anders Dio Chrys., Or 74,5: ὃ αὐτὸς αὑτὸν οὐ φιλεῖ, πῶς ἄλλον φιλεῖ, ἢ ξένον ἢ τέκνον ἢ ἀδελφόν;

ἀρετή gewinnt, wobei freilich für Plutarch der Weg zur ἀρετή und zur φιλία unter dem Geleit des Gottes Eros steht[106].

Plutarch kommt in seiner vielfältigen Themen gewidmeten Schriftstellerei öfters auf den Götter- und Orakelglauben zu sprechen, aus naheliegenden Gründen eingehend in den dialogischen Traktaten, die sich mit Aspekten des Orakels in Delphi befassen[107], und hier ganz prägnant, wo er in der Herausforderung durch den Widerstreit zwischen Religion und Wissenschaft Eigenart und Wesen des „frommen und väterlichen, alten Glaubens" (εὐσεβὴς καὶ πάτριος resp. πάτριος καὶ παλαιὰ πίστις) entfaltet[108].

Provozierendes Thema ist im Dialog „über Liebe", welches Kriterium jene, die zuerst Eros als Gott zur Sprache brachten, bei dieser Behauptung im Sinn hatten, d.h. was als Kriterium einer existentiell zu verantwortenden Wahrnehmung des Göttlichen gelten kann. Diese Frage „rührt deshalb an eine gewichtige und gefährliche Sache, weil sie unsere unerschütterliche Überzeugung von Göttern durch und durch erschüttert (τὰ ἀκίνητα κινεῖν τῆς περὶ θεῶν δόξης ἣν ἔχομεν), sofern man über jeden einzelnen der Götter Rechenschaft und Nachweis einfordert"[109]. Plutarchs Antwort auf diese kritische Frage ist, daß der väterliche und alte Glaube genüge und es unmöglich sei, einen einleuchtenderen Anhalt und Erweis (τεκμήριον) zu nennen und aufzudecken - „auch wenn es subtilste Menschenweisheit erklügelte".[110] Denn dieser Glaube ist eine Grundlage und gemeinsam tragender Grund für Religion (ἕδρα τις αὕτη καὶ βάσις ὑφεστῶσα κοινὴ πρὸς εὐσέβειαν). Wird dieser feste und verbindlich verfaßte Grund an einem Punkt erschüttert, wird das Ganze hinfällig.

---

106 Plut., Amat (Mor IX) 758C.
107 Plut., E apud Delph; Pyth Or; Def Orac (Mor V); Amat (Mor IX), 756ff. - Vgl. z.B. Pyth Or (Mor V) 398F („Wenn solche Orakel eingetroffen sind, ist es schwer, zu glauben, daß sie etwas ohne [Inspiration der] Gottheit vorhersagen."); 407A; Def Orac (Mor V) 434D; Alex 27.
108 Pyth (Mor V) 402E; Amat (Mor IX) 756B.
109 Amat (Mor IX) 756B - Interessant ist, wie Plutarch im historischen Rückblick auf den Asebieprozeß gegen Aspasia, in den Perikles und Anaxagoras verwickelt waren, den Konflikt zwischen Religion und Wissenschaft zu schlichten sucht. Aufgabe des Naturphilosophen (φυσικός) ist, zu beobachten, woher etwas gekommen und wie es entstanden ist, also die Ursache (αἰτία) zu erfassen; Aufgabe des Wahrsagers/Sehers (μάντις) ist es, vorauszusagen, zu welchem Zweck etwas geschaffen ist und was es bedeutet, also den Sinn (τέλος) zu erfassen. So wird das Zeichen keineswegs zunichte gemacht, wenn die Ursache einer wunderbaren Erscheinung aufgedeckt ist, würden doch sonst auch die von Menschen vereinbarten Zeichen, also die Welt des Semiotischen, sinnlos werden. (Pericl 6,3f.) - Recht verstanden gewinnt der Glaube aus (pythagoreischer und platonischer) Philosophie Kraft und Würde hinzu (Quomodo Adolescens [Mor I] 35F).
110 Plutarch zitiert aus den Bakchen (203) des Euripides; voraus geht dort: „Niemals veracht' ich Götter, ich, ein Sterblicher - Keineswegs reden wir aufgeklärt über göttliche Wesen. Väterliche Überlieferungen, die wir in unserer Zeit uns angeeignet haben, wirft kein Vernunftwort um, auch wenn ..." (Amat [Mor IX] 756).

Wie es zu diesem die Religion tragenden Glauben kommt, sagt Plutarch an dieser Stelle nicht; dieser Glaube ist ihm offenbar selbstverständlich. „Verehrung und Glaube (sc. gegenüber den Göttern) sind fast allen Menschen von Geburt an eingepflanzt"[111]. Aus dem bereits zitierten Passus Mor IX 763C ist indessen zu schließen, daß er auf altüberlieferten, bedeutsamen Worten beruht, in denen Götter zur Sprache gebracht wurden. Im besonderen sind es Orakel, die „Werke des Gottes"[112], in denen sich der Gott durch „einen sterblichen Leib"[113], durch die Seele als Instrument des Gottes[114] kundgibt[115].

Fragt man nach dem Inhalt dieses Glaubens, so ergibt sich die Antwort eindeutig aus Darlegungen, in denen Plutarch expliziert, in welchem Sinne der Gott bzw. die Götter diesem Glauben erschlossen sind und in ihm geschichtlich begegnen. Inhalt ist das Vorherwissen der Götter[116], vor allem aber, daß die Götter den Menschen helfen, beistehen und Nutzen bringen[117], daß sie am menschlichen Dasein Anteil nehmen, indem das Göttliche in Liebe zum Menschen überall ausgeteilt ist und ihnen in Nöten nirgends fehlt, auch nicht in Grenzsituationen wie Krankheit und Sterben[118]. Inhalt ist, daß die Götter auch

---

111 Is et Os (Mor V) 359F.360A.

112 Def Or (Mor V) 413EF.

113 Pyth Or (Mor V) 404E.

114 Pyth Or (Mor V) 404B.

115 „Wir glauben, daß die Worte (sc. die durch Orakel zu hören sind) die des Gottes sind" (Pyth Or [Mor V] 396D). - „Wie Außenstehende die Intention von Königen und Generälen durch Feuerzeichen, Heroldsrufe und Signale wahrnehmen und erkennen, während Vertraute dies von ihnen selbst mitgeteilt bekommen, so begegnet das Göttliche wenigen und selten durch sich selbst, der Menge aber gibt es bedeutsame Zeichen, woraus die sog. Mantik zustandegekommen ist." (Gen Socr [Mor VII] 593D).

116 Vgl. Ser Num Vind (Mor VII) 549B: „der Verzug göttlicher Vergeltung scheint den Vorsehungsglauben (τὴν πίστιν ... τῆς προνοίας) aufzuheben". Vgl. weiter etwa Suav Viv Epic (Mor XIV) 1101C.

117 Superst (Mor II) 165C.167E; Is et Os (Mor V) 377A-C.

118 Amat (Mor IX) 758A: τοῦ θείου τοῦ φιλανθρώπου πανταχόσε νενεμημένου καὶ μηδαμοῦ προλείποντος ἐν χρέαις. - Im „Trostbrief" an seine Frau Timoxena, den Plutarch schrieb, als ihn auf dem Weg nach Athen die Nachricht vom Tod des kleinen Töchterchens erreichte, erinnert er sie an den „väterlichen Logos und an die geheimnisvollen Symbole der dionysischen Riten, an deren Kenntnis wir als Teilnehmer miteinander teilhaben." Dieser väterliche Logos ist wohl nichts anderes als der fromme und väterliche Glaube, denn Plutarch führt ihn und die geheimnisvollen Symbole als Grund an, der hindere, der Botschaft der Epikuräer, der Tod sei als Auflösung bedeutungslos, zu glauben. Die in väterlicher Überlieferung und im Gesetz erscheinende Wahrheit, der nicht zu glauben schwieriger ist als zu glauben, ist vielmehr, daß die Seele unvergänglich ist und gerade ein kleines Kind zu einem Los und einer Region abgeschieden ist, die besser und göttlicher sind. (Consolatio ad uxorem [Mor VII] 611D.612A) - Bemerkenswert ist Plut., Alex 27: „Von Alexander wird erzählt, daß bei seiner Heerfahrt zum Orakel des Ammon die Hilfe, die ihm in der Not von den Göttern zuteil wurde, mehr Glauben fand als die

im alltäglichen Leben, gerade in Beziehungen menschlicher Liebe und Gemeinschaft, „Zeuge und Aufseher, Führer und Mitwirker" sind[119].

Ein zweiter Konflikt, bei dem Plutarch sich herausgefordert sieht, die Wahrheit des Orakel- und Götterglaubens zu vertreten, erscheint auf den ersten Blick eher beiläufig und peripher. Er gleicht indessen strukturell jenem ersten zwischen Religion und Wissenschaft, tritt aber auf der Ebene religiöser Hermeneutik auf. Außer Zweifel steht für Plutarch der Glaube, daß die Worte, die im Orakel zu vernehmen sind, Worte des Gottes sind[120]. Was aber gegenwärtig am meisten dem Orakelglauben widerstreite (ὁ μάλιστα πρὸς τὴν τοῦ χρηστηρίου πίστιν ἀντιβαίνων λόγος), sei der Sachverhalt, daß die Orakel nicht mehr in der „heiligen" Sprache epischen Versmaßes[121], sondern in gleichsam profaner Prosa ergehen. So nähmen die Leute entweder an, die Pythia komme dem Ort, wo das Göttliche anwesend ist, nicht nahe, oder der Geist sei erloschen und die Kraft verlorengegangen[122]. Diesen Einwand sucht Plutarch zu entkräften, indem er darauf insistiert, zwischen dem Gottesverhältnis selbst und den menschlichen, geschichtlichen Bedingungen und Formen seiner Vermittlung zu unterscheiden. Zwar hätten sich die Umstände, unter denen das Orakel ergeht, verändert - sie sind wenig eindrücklich, der Ort ist gewissermaßen inferior geworden. Doch um so mehr gelte, nicht gegen den Gott anzukämpfen und mit der Mantik zugleich auch die Vorsehung und das Göttliche selbst abzutun, sondern nach (hermeneutischen und religionssoziologischen) Erklärungen zu suchen[123], aber darüber nicht den frommen und väterlichen Glauben zu verwerfen.

Zusammenfassend ist also festzuhalten: Erfahrungsgrund des religiös verstandenen Glaubens ist das Orakelwesen und damit die Art und Weise, wie durch altüberlieferte und aktuell ergehende, bedeutungsvolle Worte ein geschichtliches Lebensverhältnis zum Göttlichen vermittelt wird, daneben auch

---

ihm später gegebenen Orakelsprüche; ja, in gewissem Maße sei der darauf beruhende Glaube auch den Orakeln zustatten gekommen."

119 Amat (Mor IX) 757D.
120 Pyth Or (Mor V) 396D.
121 Vgl. Pyth Or (Mor V) 407BC; vgl. dazu auch S. Schröder, Plutarchs Schrift De Pythiae oraculis. Text, Einleitung und Kommentar, BAK 8, 1990, z.St.
122 Pyth Or (Mor V) 402BC.
123 Solche Erklärungen sind etwa die Entvölkerung Griechenlands und der damit verbundene Rückgang an Zahl und poetischer Bildung des Kultpersonals, die Promulgation von Schwindel-Orakeln durch Wanderpropheten, aber auch die Erkenntnis, daß nicht der Gott selbst das Orakel diktiere - er ist weder ein Bauchredner noch ein Stückeschreiber -, sondern sich der alltäglichen Sprache durch das Instrument der Seele akkomodiere, wie denn auch die Liebe sich nicht stets poetisch äußere und ebensowenig die Philosophie gegenstandslos geworden sei, weil sie ihre Sache nicht mehr dichterisch, sondern prosaisch und wissenschaftlich vorbringt (Pyth Or [Mor V] 404E-406F). - Interessant ist, daß hier Probleme verhandelt werden, die mutatis mutandis auch im 18.Jhdt. gegenüber der Inspirationslehre auftauchen.

Mythen[124] und Erzählungen wunderbarer oder ungewöhnlicher Begebenheiten[125]. Auf Grund dieser Erfahrung aber wird nun bei Plutarch Glaube zum Grundzug und Kennwort religiösen Selbstverständnisses. Inhalt dieses Glaubens ist die Anteilnahme der Götter am menschlichen Dasein, ihr Vorherwissen, aber auch so etwas wie die Gewißheit, daß dem Menschen in allen Situationen seines Lebens Götter beistehen.

8. Wenn wir uns nun abschließend dem hellenistischen Wunderglauben zuwenden, so ist vorweg eine kritische Bemerkung angebracht. Nicht selten wird undifferenziert als „Wunderglaube" ausgegeben, was in Wahrheit ein religionswissenschaftliches Konstrukt ist, nämlich die religionspsychologische oder religionshermeneutische Prämisse zur Charakterisierung der Rezeption von Wunderberichten. Gemeint ist so etwas wie eine elementare Empfänglichkeit für wunderbare Begebenheiten beim sog. Volk, d.h. die unkritische und unaufgeklärte Einstellung, derartige „Wunder" für möglich zu halten und sich davon beeindrucken und motivieren zu lassen[126]. Entsprechend mißlich ist es, synoptische Wundererzählungen einem derartigen (hellenistischen) Wunderglauben zuzuordnen, sei es in formgeschichtlicher Hinsicht, sofern das „Vertrauen zum Wundertäter" als stilgemäße Bedingung der Krankenheilung gilt[127], sei es inhaltlich, sofern dieser Wunderglaube kritisch abgegrenzt wird vom eigentlichen, missionarisch verkündigten „Heilsglauben"[128]. Dagegen ist zu betonen, daß der Wunderglaube ein komplexes Phänomen ist und sorgfältig differenziert werden muß, wie sich Wunder und Glaube zueinander verhalten.

Zunächst ist deutlich, daß Glaube bei der wunderbaren Begebenheit in der Regel überhaupt keine Rolle spielt; schon gar nicht ist er ein Faktor des wunderbaren Geschehens. Wenn es in Erzählungen oder Berichten mirakulöser Ereignisse, etwa in den Votivtäfelchen am Asklepios-Heiligtum in Epidauros oder entsprechenden literarischen Zeugnissen über Heilstätten des Isis-Sarapis-Kultes[129], um die subjektive Verfassung oder Voraussetzung der Heilung-

---

124 Vgl. Is et Os (Mor V) 377C.

125 Vgl. Sept Sap Conv (Mor II) 163D; Apopth Lac (Mor III) 210D; Cor 38,5; 232D; Sulla 12; Cam 6; Num 15.

126 So charakterisiert O. Weinreich seine ertragreiche Abhandlung über „Antike Heilungswunder", RVV VIII/1, 1909, im Untertitel als „Untersuchungen zum Wunderglauben der Griechen und Römer", obgleich bei diesen Untersuchungen das Stichwort „Glaube" ersichtlich nur ausnahmsweise vorkommt. Im Blick ist der sog. Volksglaube, vgl. etwa a.a.O., 15.29.

127 Vgl. R. Bultmann, Die Geschichte der synoptischen Tradition FRLANT ⁹1979, 234; M. Dibelius, Die Formgeschichte des Evangeliums, ⁶1971, 75.

128 Vgl. Dibelius, Formgeschichte, 75f.; G. Klein unterstellt antiken Christen wie ihren nichtchristlichen Zeitgenossen eine „Unbefangenheit des Wunderglaubens" (Wunderglaube und Neues Testament, Das Gespräch 28, 1960, 13).

129 Vgl. dazu im einzelnen R. Herzog, Die Wunderheilungen von Epidauros. Ein Beitrag zur Geschichte der Medizin und der Religion, Phil.Suppl. XXII/3, 1931;

suchenden geht, so ist von Hoffnung (εὐέλπιδες, ἐλπίς), Wagnis (ἀποτολμᾶν), Einfalt (εὐηθία) oder davon die Rede, nicht feige (δειλός) zu sein[130]. Doch ist schon bei diesen Charakterisierungen die kommunikative, missionarische Funktion und Intention der Wunderberichte und Wundererzählungen mitzubedenken[131]; erst recht gilt das, wenn in diesem Zusammenhang von Glauben die Rede ist. Kommt Glaube ausdrücklich zur Sprache, so bezieht er sich auf die Wundererzählung als solche oder auf die kommunikative Vergegenwärtigung mirakulöser Vorgänge. Doch dabei geht es um mehr und anderes als nur darum, diese Berichte und narrativ vergegenwärtigten, mirakulösen Vorgänge für wahr zu halten. Das Stichwort „Glaube" thematisiert vielmehr die Bedeutung der narrativen Kommunikation mirakulöser Ereignisse. Diese Bedeutung kommt zum Vorschein, wenn nach dem Inhalt und dem spezifischen Grundzug der mirakulösen Ereignisse gefragt wird.

Inhalt sind etwa Heilungen von Krankheiten und Gebrechen, die jenseits der Grenzen menschlichen, ärztlichen Vermögens liegen und als Einwirkung göttlicher Macht bei Inkubationen und dergleichen aufgefaßt werden. Allgemeiner gesagt handelt es sich um Vorgänge und Ereignisse, die im Horizont menschlichen Handelns, menschlicher Intentionen und Möglichkeiten unerwartet (παράδοξον), unvorhergesehen (ἄσκοπα), unverhofft (ἄελπτον, ἀνέλπιστον), unglaublich (ἄπιστον, ἀπίθανον), ja, unmöglich (ἀδύνατον) und insofern wunderhaft (θαυμάσιον) erscheinen, aber zugleich eine mehr oder weniger nachhaltige oder gar entscheidende Peripetie im Lebensgeschick der Betroffenen mit sich bringen. Weil diese Vorgänge und Ereignisse die Grenze dessen überschreiten, was Menschen verfügbar und möglich ist, gelten sie als Auswirkung und Erweis übermenschlicher, göttlicher Kraft. Ihre Bedeutung besteht darin, daß sie eine kontingente Erfahrung des Göttlichen, eine Epiphanie oder - spezieller - die ἀρετή eines Gottes bzw. eines göttlichen Menschen im Bereich menschlichen, geschichtlichen Daseins sind. Diese Bedeutung ergibt sich nicht ohne Deutung oder Interpretation. Der sog. Wunderglaube gehört also in den Bereich einer religiösen Deutung außergewöhnlicher, mirakulöser Ereignisse

---

Weinreich, Antike Heilungswunder (s. Anm. 126); R. Reitzenstein, Hellenistische Wundererzählungen, ²1963.

130 Vgl. bei Herzog, Wunderheilungen, die Wunderberichte W 9.35.37.74.75. - Meist ist aber stillschweigende Voraussetzung das Bedürfnis oder der Wunsch, geheilt zu werden.

131 Nach dem Urteil Herzogs ist „Zweck und Tendenz der Sammlung (sc. der Iamata in Epidauros) ... nicht in erster Linie Propaganda und Reklame nach außen, sondern sie soll zunächst auf die wirken, denen sie zum Lesen vorgesetzt ist, d.h. auf die Pilger, die sich zur Heilung drängen." (Wunderheilungen [s. Anm. 129], 59) - O. Weinreich differenziert zwischen „Heilinschriften, welche ... von Priestern redigierte Heilungswunder enthalten" und „Heilberichte(n), die der Kranke selbst ... aufzeichnen ließ" (Antike Heilungswunder [s. Anm. 126], 112). Dazu kommen natürlich literarische Zeugnisse Dritter, die damit ebenfalls eine kommunikative Intention verbanden.

und damit zugleich in eine religiöse Öffentlichkeit, die durch den Betrieb an Kultheilstätten und insbesondere durch die Promulgation göttlicher Epiphanien und Aretalogien eines Gottes konstituiert wird. In dieser Öffentlichkeit werden die wunderhaften Widerfahrnisse zu Paradigmen, Exempeln und Illustrationen einer Epiphanie der Gottheit oder göttlicher Kraft an menschlichem Dasein[132].

Diese religiöse Bedeutung mirakulöser Widerfahrnisse, also der Sinn des „Wunderglaubens", kommt in den Zeugnissen zum Vorschein, die ausdrücklich Glaube in Beziehung zu solchen Widerfahrnissen setzen. Die Perspektive, in der das geschieht, ist meist dadurch bestimmt, daß die Berichte mirakulöser Widerfahrnisse auf Skepsis, Zweifel, Spott und Unglauben treffen. Vermittelt der Wortlaut einiger Inschriften im Heiligtum von Epidauros zunächst den Eindruck, der Glaube beziehe sich unmittelbar auf die Heilungen[133], so stellen der publizistische Ort und die kommunikative Intention der Sammlung klar, daß Inschriften so etwas wie persuasive Argumente für die Epiphanie des Gottes sind[134]. Generell gilt, daß Wundererzählungen und Aretalogien persuasiven,

---

132 Pointe der Topik von Wundererzählungen ist die Wirkung beim Publikum - wie auch Aretalogien die Wunderkraft eines göttlichen Wesens bezeugen; vgl. K. Kerényi, Die Griechisch-Orientalische Romanliteratur in religionsgeschichtlicher Beleuchtung, 1927, 4.9f.; Weinreich, Antike Heilungswunder (s. Anm. 126), 195ff. - Nach R. Reitzenstein macht es die „Auffassung des Wunders oder Zaubers als ἀρετὴ θεοῦ ... zum Drang und zur Pflicht ἀρετὰς θεοῦ λέγειν" (Hellenist. Wundererzählungen [s. Anm. 129], 83). „Aretalogos" ist „im hellenistischen Kult ägyptischer Heilgötter ... Standesbezeichnung für den von dem Gotte selbst berufenen Verkünder oder Deuter von Visionen und Träumen" (a.a.O., 9).

133 In W 3 (Herzog, Wunderheilungen [s. Anm. 129], 8ff.) wird überliefert, der Gott habe die Heilung gekrümmter Finger an einem Mann inszeniert, der angesichts der Weihetafeln im Heiligtum Unglauben gegenüber den Heilungen an den Tag gelegt (ἀπιστεῖ τοῖς ἰάμασιν) und sich über die Inschriften lustig gemacht habe. Nach der im Traum wahrgenommenen Heilung habe ihn der Gott gefragt, ob er noch Unglauben hege und nach dessen Verneinung erklärt, „weil du also vorher ungläubig gegen sie (sc. die Inschriften) warst, die doch nicht unglaubhaft sind, soll in Zukunft dein Name 'Apistos' sein." Vgl. weiter W 4: Spott über die Unglaubwürdigkeit und Unmöglichkeit der Heilungen; W 9: Gelächter von Leuten über die Einfalt eines Einäugigen, der meinte, gesund zu werden; W 35: Feigheit eines Lahmen im Traum und Wagnis bei Tag, eine hohe Leiter hinaufzusteigen; W 36: Strafwunder wegen des Vorwurfs in Hybris, der Gott lüge, und Heilung nach der Bitte um Verzeihung; W 37: Heilung nur solcher, die nicht feige, sondern guter Hoffnung sind.

134 Vgl. die Inschrift W 1: „Nicht die Größe der Tafel ist wunderhaft, sondern das Göttliche (θαυμαστέον ... τὸ θεῖον)". - Strabon überliefert, Epidaurus sei nicht unberühmt, am meisten wegen der Erscheinung des Asklepios, von dem man glaube, daß er Krankheiten jeder Art heile (VIII 6,15); das Heiligtum des Serapis werde mit großer Ehrfurcht verehrt und bewirke Heilungen, so daß die angesehensten Männer glaubten und darin schliefen, sie selbst für sich oder andere (für sie). Andere schreiben auch die Heilungen auf, wieder andere die Taten der Orakel dort

argumentativen, publizistischen Sinn haben. Durch diese Sinngebung, die in der Binnenperspektive apologetisch, in der Aussenperspektive kritisch und polemisch zum Zug kommt, wird überhaupt erst das Phänomen und die Thematik des Glaubens in den Zusammenhang von Wundererzählungen eingebracht. Diese Thematik des „Wunderglaubens" wird explizit, sobald ausdrücklich der Zusammenhang von Wunder und Glaube erwogen oder kritisch reflektiert wird.

Auffallend ist zunächst schon, daß der Glaube ein Akt ist, der erfolgt, nachdem man das wunderhafte Geschehen gesehen oder sich das (Heils-)Orakel erfüllt hat[135]. Der Wunderglaube richtet sich nicht auf die gleichsam abstrakte Manifestation eines wunderhaften Geschehens, sondern auf die Epiphanie der Gottheit im wunderhaften Widerfahrnis. In der Binnenperspektive des Wunderglaubens zeigt sich, daß dessen Inhalt und Thematik nichts anderes ist als die Bestätigung und Bekräftigung des religiösen Glaubens[136].

(ἀρετὰς τῶν ἐνθαῦθα λογίων - λόγιον ist der mündlich oder schriftlich tradierte Orakelspruch; vgl. Aristoph., Eq 120) (XVII 1,17).

135 Vgl. bei Lukian (ca. 120-180n.Chr.) Philops 13 („als ich den Fremden aus dem Barbarenland fliegen sah, glaubte ich"), 15 („ich hätte geglaubt, wenn ich es denn gesehen hätte"), 30 („plädiere für mich, wenn ich nicht glaube, daß ich der einzige von allen bin, der nicht sieht; wenn ich sähe, glaubte ich auch"); Icaromenipp 2 („eben bin ich von Zeus selbst zurückgekommen und habe Wunderhaftes gesehen und gehört; wenn du mir nicht glaubst, bin ich doch über die Maßen erfreut, weil mein Glück jenseits von Glauben ist"); vgl. auch schon Soph., El 1317. - Indirekt belegen das auch die Traumvisionen bei der Inkubation.

136 A.-J. Festugière (Personal Religion among the Greeks, 1954) veranschaulicht im Zuge seiner kritischen Erörterung der Ἱεροὶ λόγοι des Aelius Aristides, wie es an einem Asklepios-Heiligtum zugegangen sein mag. Die Kranken besprechen und deuten untereinander, gegenüber Ärzten und mit dem Kultpersonal angelegentlich über den ganzen Tag hin, was ihnen der Gott nachts im Traum kundgegeben hat. Diese persönliche Erfahrung, die Manifestation des Göttlichen am eigenen Leib, konnte - jedenfalls für eine hypochondrische Natur wie Aelius Aristides - so beherrschend werden, daß man eigentlich gar nicht mehr kuriert werden wollte, sondern die Krankheit als Medium eines ganz individuellen, exklusiven und anhaltenden Kontakts mit der Gottheit erlebte. Festugière folgert: „Thus it is by no means the dreams that led to his (sc. des Aristides) faith in the God (sc. Asclepius), but rather his faith in the god which determined his interpretation of the dreams. The faith comes first. A further distinction must be drawn between that common belief which Aristides must have shared with nearly all his contemporaries and that total faith, that utters abandonment of self which, after a certain point, we see that Aristides renders to the god ... First, there was a period of common belief. Then, at a certain moment, there was a sort of crisis, followed by an act of absolute faith. From this time on, Aristides' entire life was changed, and he became the witness of Asclepius ..." (98f.) - Plutarch konstatiert bei der Erörterung von Berichten, daß Statuen Schweiß, Tränen und Blutstropfen ausscheiden; für jene, die es in Wohlwollen und Freundschaft leidenschaftlich zum Gott hinziehe und die nicht in der Lage seien, derartiges zu entkräften oder zurückzuweisen, sei das Mirakel (τὸ θαυμάσιον) ein starkes Argument für Glauben (μέγα πρὸς πίστιν, Cor 38,2-4);

Die strukturelle Homologie zwischen Wunder- und Orakelglaube ist unübersehbar. Wie das Orakel bedarf auch die wunderbare Begebenheit der Interpretation. Sache der Interpretation ist es, das kontingente, lebensgeschichtliche Widerfahrnis als Einwirkung einer Gottheit, göttlicher Kraft usw. zu deuten. Pointe der Deutung ist, daß diese Wirksamkeit göttlicher Wesen eine bedeutsame Peripetie im Lebensgeschick der Betroffenen herbeigeführt hat. Diese Peripetie kann heilvoll und hilfreich sein, etwa eine Heilung, glückliches Geleit, eine enthusiastische Erfahrung. Sie kann aber auch die Hybris oder die Mißachtung der Grenze aufdecken, die menschlichem, sterblichen Dasein gesetzt ist; in diesem Fall handelt es sich um Straf- und Erziehungswunder oder um das „pattern" einer tragischen Verblendung. Schließlich dienen die Zeugnisse mirakulöser Widerfahrnisse auf der Ebene religiös reflektierter Weltanschauung als persuasive Argumente und illustrative Paradigmen, um den religiösen Glauben, daß am Leben einzelner Menschen göttliche Kraft, Fürsorge und Vorsehung epiphan wird[137], zu bekräftigen und zu stützen.

ähnlich Cam 6. - In Lukians Satire über den „Wunderglauben" wird ausdrücklich konstatiert, wer nicht für möglich halte, daß Heilungen durch göttliche Namen bewirkt würden, glaube nicht, daß es Götter gibt (Philops 10).

137 A.D. Nock kommt zu der bemerkenswerten Schlußfolgerung, eine derartige religiöse Interpretation der Wirklichkeit sei allegorisch; das Leben habe wie der Mythos seine allegorische Bedeutung: Wie der Mythos durch Interpretation in die Sphäre gewöhnlicher Dinge herabkomme, so erhebe sich das Leben durch Interpretation in jene (mythische) Sphäre (Conversion. The Old and the New in Religion from Alexander the Great to Augustine of Hippo, 1933, 233).

Die Distanz im Verhältnis zur Welt bei Epiktet, Jesus und Paulus

von Reinhard Weber

„Warum kann der lebendige Geist dem Geist nicht erscheinen? Spricht die See-le, so spricht, ach! schon die Seele nicht mehr." So klagte in einem „Sprache" betitelten Epigramm vor 200 Jahren unser ansonsten als durchaus sprachgewal-tig und wortmächtig bekannte Klassiker Friedrich Schiller im Angesicht der auch ihm nicht ungeläufigen Erfahrung der Diastase von Wirklichkeitserlebnis und dessen angemessener verbaler, kommunikativer Wahrnehmung[1].

Nun haben Theologen zu diesem Phänomen naturgemäß generell eine ob ihres Gegenstandes besonders intime Beziehung, ohne gleich Mystiker sein zu müssen[2]. Offenbart sich doch vor der Gottesoffenbarung die Ohnmacht nicht

---

1 F. Schiller, Werke (in zwei Bänden), hg. von P. Stapf, Tempel-Klassiker, Mün-chen/Wien o.J., II 250.

2 Bekanntlich hat ja das Gotteserlebnis des Mystikers darin sein Spezifikum, daß es seinen Adepten in der Weise durch Entleerung infolge von andrängender Fülle überwältigt, daß es ihn ekstatisch aus seinen normalen Daseins- und Bewußtseinszu-sammenhängen herausnimmt und sprachlos macht, so daß er schlechterdings nicht in der Lage ist, sich seiner diskursiv zu vergewissern und ihm einen angemessenen sprachlichen Ausdruck zu verleihen, der stets das Mittel der Reflexion voraussetzt, welche durch die Eigenart jenes Erlebnisses gerade ausgeschaltet wird. Es kann dar-um allerhöchstens zu einer dem Erlebnis selber stets irgendwie inadäquaten paradox-metaphorischen Redeform kommen. Der Sachverhalt ist zahllose Male beschrieben und untersucht worden. Es sei nur verwiesen etwa auf K. Jaspers, Psychologie der Weltanschauungen, München 1985 (= Berlin [6]1971), 84-90.440-462; hier bes. 87; M. Certeaux, L'absent de l'histoire, Paris 1975, 61-65; J. Quint, Mystik und Spra-che. Ihr Verhältnis zueinander, insbesondere in der spekulativen Mystik Meister Eckharts, in: Altdeutsche und altniederländische Mystik, hg. von K. Ruh, Darmstadt 1964, 113-151, der sogar von einem „Kampf der Mystik gegen die Sprache" (121) spricht. Siehe weiter E. Biser, Religiöse Sprachbarrieren. Aufbau einer Logaporetik, München 1980, bes. 213.242-268; A.M. Haas, Das mystische Paradox, in: ders., Mystik als Aussage. Erfahrungs-, Denk- und Redeformen christlicher Mystik, Frankfurt 1996, 110-133; ders., Überlegungen zum mystischen Paradox, in: ebd., 134-153. Prägnant auch die kurzen Bemerkungen von A. Brunner, Der Schritt über die Grenzen. Wesen und Sinn der Mystik, Würzburg 1972, bes. 30-36.81-83; R. Krusche, Die Übung des Schweigens in der Mystik. Zur Hermeneutik des Schwei-gens, Frankfurt 1996. Schließlich sei in diesem Zusammenhang noch auf die be-

nur der analytisch-zergliedernden Kraft der Sprache besonders eindrücklich, sondern dieser überhaupt, weshalb das unartikulierte, paradoxale oder hyperbolische Gestammel wie die gänzliche Verschweigung in diesem Zusammenhang nicht selten sind, sondern gleichsam irgendwie zur Sache selbst gehören[3]. Weil aber die Erfahrung dieses Auseinanderklaffens nicht lediglich im Bereich der Relation von Wirklichkeit und Sprache statthat, sondern sich auf der Ebene des Verhältnisses von sprachlich fixierten Texten zu ihrer Auslegung gleichsam wiederholt, ist auch der Exeget auf seine Weise von solcherart Sprachhemmungen und Ohnmachtsempfindungen betroffen.

Dies gilt in besonderem Maße, wenn er bei seiner Auslegungsaufgabe es mit Texten zu tun bekommt, die sich des spezifischen genus dicendi metaphorischbildhafter Rede bedienen. Denn hier eröffnet sich das Problem, ob und wenn dann wie der modo analogice in bildhafter Rede versammelte Sachgehalt unter Wahrung des in ihm qua Metapher innovativ erzeugten Weltgewinns in die analytisch-beschreibende Sprachform des Exegeten zu transponieren sei[4].

---

rühmten Sätze L. Wittgensteins am Schluß seines Tractatus logico-philosophicus, Frankfurt [11]1976, 115, hingewiesen: „Es gibt allerdings Unaussprechliches. Dies *zeigt* sich, es ist das Mystische" (Nr. 6.522); und: „Wovon man nicht sprechen kann, darüber muß man schweigen" (Nr. 7). Vgl. dazu R. Spaemann, Mystik und Aufklärung, in: Die Suche nach dem anderen Zustand. Die Wiederkehr der Mystik, hg. von G.-K. Kaltenbrunner, München 1976, 53-67: 53-59.

3 So muß bekanntlich in Jes 6 einer der Seraphim des Herrn dem Propheten in spe mit glühenden Kohlen vom Feuer des Altars erst die Lippen berühren, um dem zu Sendenden durch diesen Reinigungsakt den Mund für die ihm anzuvertrauende Botschaft zu öffnen. Vgl. dazu O. Kaiser, Das Buch des Propheten Jesaja. Kapitel 1-12, ATD 17, [5]1981, 120ff. Aus der auch sprachtranszendenten Übermacht der Offenbarung zieht die apophatische Theologie (vgl. Thomas von Aquin, S.th. I, q. 3, a. 7, arg. 1: „... de Deo scire non possumus quid sit, sed quit non sit"; ders., In Dionys. cap. 7, 14 med.: „hoc ipsum est Deum cognoscere, quod nos scimus nos ignorare de Deo quod sit"; ders., de veritate q. 2, art.1: „Haec est summa cognitio, quae de deo in statu vitae habere possumus, ut cognoscamus deum esse supra omne id quod cogitamus de eo"; Augustinus, de trin. VII 4: „Verius enim cogitatur deus, quam dicitur, et verius est, quam cogitatur") ihre Berechtigung ebenso wie die Weigerung, in diesem Bereich überhaupt noch auf die Potenz des Wortes zu vertrauen. Vgl. den zentralen Satz des Johannes von Damaskus: ἄρρητον ... τὸ Θεῖον καὶ ἀκατάληπτον (Expositio fidei, De fide orthod. I/1, Die Schriften des Johannes von Damaskus, hg. von B. Kotter, Bd. 2, 1973, 7,7 = MPG 94, 789). Zur theologiegeschichtlichen Formation der sog. negativen Theologie insgesamt vgl. J. Hochstaffl, Negative Theologie. Ein Versuch zur Vermittlung des patristischen Begriffs, 1976. Eine schöne Erläuterung der klassischen These des Damasceners findet sich bei E. Jüngel, Gott als Geheimnis der Welt. Zur Begründung der Theologie des Gekreuzigten im Streit zwischen Theismus und Atheismus, Tübingen 1977, 316ff.

4 Zur Metapherntheorie vgl. aus der Fülle der in den letzten beiden Jahrzehnten zum Thema und seiner exegetisch-ntl. Spezifikation erschienenen Literatur nur E. Jüngel, Metaphorische Wahrheit. Erwägungen zur theologischen Relevanz der Metapher als

Bekannt ist ja die schon in der antiken Tradition anzutreffende Verlusterfahrung, wenn etwa am Schluß einer äsopischen Fabel der eigentlichen Erzählung das sog. Epithymetikon angehängt ist, welches die Moral von der Geschicht' in dürren direkten Worten meint ausplaudern zu müssen und damit die geschlossene fabulöse Welt aufreißt und ihre bezaubernde Eindrücklichkeit zerstört[5]. Dem gebannten Hörer läuft dann regelmäßig ein leichter Schauder den Rücken herunter, und es befällt ihn ob der eingetretenen Banalisierung grenzenlose Enttäuschung: das soll es gewesen sein!? Kaum war er einmal seiner Alltagswelt entrückt, findet er sich durch den trivialen exegetischen Nachsatz um so schmerzhafter in sie zurückversetzt. Ein abschreckendes Beispiel, das dem Ausleger nur zur Warnung dienen kann, das Niveau eines Textes nicht unberufen zu unterbieten. Unter Beachtung dieses zur exegetischen Bescheidenheit mahnenden Schreckbildes sei im folgenden nichtsdestotrotz der Versuch unternommen, nun doch ebenfalls ein Gleichnis auszulegen.

1. Epiktets „Ruf des Steuermanns"

Sein Autor ist der zur späten Stoa gerechnete freigelassene Sklave Epiktet, ca. 50 n. Chr. in Phrygien geboren, später als philosophischer Lehrer in Rom, dann in Nikopolis an der Westküste Kleinasiens wirkend und dort wahrscheinlich 138 n. Chr. gestorben[6]. Sein Gleichnis vom „Ruf des Steuermanns" findet sich in

---

Beitrag zur Hermeneutik einer narrativen Theologie, in: P. Ricoeur/E. Jüngel, Metapher, Zur Hermeneutik religiöser Sprache, München 1974 (Evangelische Theologie Sonderheft), 71-122; wiederabgedruckt in E. Jüngel, Entsprechungen: Gott - Wahrheit - Mensch. Theologische Erörterungen, München 1980, 103-157; H. Weder, Die Gleichnisse Jesu als Metaphern. Traditions- und redaktionsgeschichtliche Analysen und Interpretationen, FRLANT 120, ²1980, und hier bes. den Überblick über die Forschungsgeschichte auf den Seiten 11-98.

5   Das ist rhetorisch glänzend anschaulich gemacht von H. Blumenberg in seiner Rede anläßlich der Verleihung des Sigmund-Freud-Preises für wissenschaftliche Prosa durch die Deutsche Akademie für Sprache und Dichtung in Darmstadt 1980, abgedruckt unter dem Titel „Nachdenklichkeit" in: Suhrkamp Information Philosophie 11/81, Frankfurt 1981, 44-47.

6   Die wichtigsten Informationen zu Epiktet finden sich z.B. bei H. Dörrie, Art. Epiktetos 1., Der Kleine Pauly II, 1979, 313f.; und zusammenfassend bes. zur Lehre M. Pohlenz, Die Stoa. Geschichte einer geistigen Bewegung I-II, Göttingen ⁶1984/⁵1980, I, 327-341; II, 161-169. Ausführlich I. Bonforte, The Philosophy of Epictetus, New York 1955, und L. Spanneut, Epiktet, RAC V, 1961, 599-681. Immer noch eine Fundgrube von Stoff und Gedanken bieten die älteren Arbeiten von A. Bonhöffer, Epiktet und die Stoa. Untersuchungen zur stoischen Philosophie, Stuttgart 1890; ders., Die Ethik des Stoikers Epiktet, Stuttgart 1894; ders., Epictet und das Neue Testament, RVV 10, 1911. Zum Verhältnis Epiktet - Arrian informiert K. Hartmann, Arrian und Epiktet, NJKA 15, 1905, 248-275.

dem nach dem Tode des Verfassers, der uns genau wie Jesus keinerlei eigene
Aufzeichnungen hinterlassen hat, von seinem Schüler Arrian vermittels Erinnerung an die Lehrvorträge Epiktets zusammengestellten Handbüchlein (Encheiridion)[7] im § 7 und lautet:

> „Wenn auf einer Seefahrt das Schiff vor Anker geht und du aussteigst, um Wasser
> zu holen, magst du unterwegs eine Muschel oder Meerzwiebel auflesen, dein
> Aufmerken aber muß auf das Schiff gerichtet sein, und du mußt dich ständig um-
> wenden, ob nicht etwa der Steuermann rufe. Und wenn er ruft, mußt du alles lie-
> genlassen, damit man dich nicht wie die Schafe gebunden aufs Schiff wirft.
> So auch im Leben. Ist dir hier statt Muschel oder Zwiebel Weib oder Kind gege-
> ben, so soll dir's nicht verwehrt sein. Ruft aber der Steuermann, dann laufe zum
> Schiff, laß alles los und sieh nicht zurück. Und bist du alt, geh überhaupt nicht
> mehr weit vom Schiff, auf daß du nicht ausbleibst, wenn er ruft."[8]

Zunächst ist deutlich: hier spricht sich eine unmittelbar ansprechende, vom
„Gepäck der stoischen Logik"[9] weitgehend unbelastete Weisheit aus, die solange sprechend bleiben wird, wie es überhaupt Philosophie gibt[10]. Was aber sagt
sie? Offenbar stellt sie an ihren Hörer eine Forderung. Der Ruf, der von ihr
ausgeht, thematisiert das schlechthinnige Gerufensein des menschlichen Daseins
in der Welt. Dieser Ruf ergeht zunächst als die Forderung an das Dasein, sich
seiner gewöhnlichen Weltbefangenheit zu entheben und hörbereit zu sein. Das

---

7   Das Encheiridion stellt den Extrakt der Epiktetschen Lehrvorträge dar (von den in 8
    Büchern veröffentlichten Diatribai sind 4 erhalten), den er angeblich noch selber zu-
    sammengestellt hat. Seine abendländische Wirkungsgeschichte als einzig vollständig
    erhaltener Text eines stoischen Schulphilosophen ist schwerlich zu überschätzen.
8   Die Übersetzung nach W. Kamlah, Gibt es einen philosophischen Glauben? Eine
    Auslegung von Epiktets Gleichnis: Der Ruf des Steuermanns, in: ders., Der Ruf des
    Steuermanns. Die religiöse Verlegenheit dieser Zeit und die Philosophie, Wien
    1954, 63-84; hier 68f.; vgl. auch die Übersetzungen von W. Kraus in seiner Ausga-
    be: Epiktet, Handbüchlein der Moral und Unterredungen, Wien und Stuttgart o.J., 4.
    Aufl., 20 (unter der Überschrift: „Denkst du an das Ziel"), und von R. Mücke,
    Epiktet. Was von ihm erhalten ist nach den Aufzeichnungen Arrians, Heidelberg
    1926, sowie von R. Nickel, Epiktet - Teles - Musonius: Wege zum Glück. Auf der
    Grundlage der Übertragung von W. Capelle neu übersetzt und mit Einführungen und
    Erläuterungen versehen, München 1991, und H. Schmidt/K. Metzler, Epiktet. Hand-
    büchlein der Moral und Unterredungen, Stuttgart 1984. Das griechische Original ist
    zugänglich in den Ausgaben von H. Schenkl, Epicteti Dissertationes ab Arrriano di-
    gestae, 2. Auflage der größeren Ausgabe, Leipzig 1916; W.A. Oldfather, Epictetus.
    The Discourses reported by Arrian etc., Cambridge (Mass.) 1925-28 (2 Bde; mit
    engl. Übers.), und J. Souilhé, Epictète. Entretiens, Paris 1943-65 (4 Bde.; mit frz.
    Übers.).
9   Kamlah, Auslegung (s. Anm. 8), 69.
10 Ebd.: „Ich denke, es ist nicht leicht zu überhören, daß dieser Text nicht irgend etwas,
    sondern dasjenige Wichtige sagt, das nun einmal zur Philosophie gehört, solange sie
    nicht wirklich erledigt ist."

angesprochene Du des Hörers soll seine innere Aufmerksamkeit bei dem Landgang, zu dem es ausgesetzt ist, auf das im Hafen am Ufer liegende Schiff, von
dem es seinen Ausgang nahm, gerichtet sein lassen, auf dem der Steuermann
wartet, dessen Stimme erhorcht und der gehorcht werden soll. Aber wozu ruft
diese Stimme? Sie ruft heraus, ist E-vokation, Herausrufung aus der alle Energi-
en absorbierenden Befaßtheit mit den Dingen der Erde, der Welt! Sie ist Rück-
ruf vom Landgang, zurück zum Ausgangspunkt, zum Schiff. Sie kündigt das
Ende der Landabenteuer und den Beginn der großen Fahrt an. Und dieser Ruf
hat absolute Priorität vor allen anderen Wertigkeiten, vor all dem, was dem
angerufenen Du auf seinem Weg über die Erde begegnen mag.

Und mag es auch sein, daß dem in Gestalt dieses Du am Ufer der Welt vor
Anker gegangenen Dasein zufällig unterwegs Muschel und Meerzwiebeln, Frau
und Kind begegnen, so soll es sie ruhig am Wegrand auflesen und sich ihrer
„bedienen", aber darob doch keinesfalls Schiff und Steuermann aus dem Auge
verlieren. Diese und andere irdischen Güter mögen nämlich ganz angenehm und
nützlich sein, unverzichtbar notwendig sind sie jedoch keineswegs, ja nicht
einmal wesentlich, sondern jederzeit entbehrlich[11], manchmal vielleicht sogar
hinderlich oder gefährlich, sofern sie die Versuchung der Verstrickung, sprich
der Ablenkung vom Schiff mit sich führen. Sie sind, mit den stoischen termini
technici bezeichnet: *allotria*, *adiaphora*, Nebensächlichkeiten, an die man sein
Herz nicht hängen darf, von denen man sich nicht binden lassen darf, weil man
sonst wie ein Schaf gefesselt auf das Schiff geworfen wird[12].

Der Wanderer auf dem Landgang soll all die angetroffenen Güter und Men-
schen gleichsam „nur lose in der Hand"[13] halten und jederzeit zu ihrer Preisgabe
bereit sein, um sie keine Macht über sich gewinnen zu lassen. Er muß seines
Ursprungs und seines Zieles eingedenk sein und bleiben, damit er das Signal zur
Abfahrt nicht überhört und wie das Vieh unter Verlust seiner Freiheit mit
Zwangsmitteln abgeholt wird. Denn eben dies scheint die höchste denkbare

---

11 „Du mußt ein einheitlicher Mensch sein. Niemand kann zwei Herren dienen; du
kannst nicht zugleich für die Außendinge und für dein Inneres sorgen. Du mußt bereit sein, wie Sokrates Leib, Gut, Ehre, Kind und Weib dahinfahren zu lassen, wenn
du dein Inneres rein erhalten und dein wahres Lebensziel erreichen willst" (diss. III
15,13 u.ö.).
12 Siehe die Formulierung von Pohlenz, Stoa I (s. Anm. 6), 330: „Denn wer sein Herz
an die Außendinge hängt, wer darum Dinge begehrt oder meidet, die nicht in seiner
Macht stehen, und auf sie sein praktisches Handeln ausrichtet, erlebt notwendig
Fehlschläge, verfällt in Kummer und Sorgen und fühlt sich dauernd unglücklich.
Wer sich nicht darüber klar ist, daß Hab und Gut, aber auch Leib und Leben uns hier
auf Erden nur geliehen sind und jederzeit von der Natur zurückgefordert werden
können, kommt nie zur Ruhe und hadert mit Gott und der Welt."
13 So eine schöne Sentenz von Kamlah, Auslegung (s. Anm. 8), 70: „Im Gehorchen
läßt der Gerufene schlechthin alles los, was ihn wohl sonst beglücken mag. Doch
auch im Horchen schon hat er das alles nur lose in der Hand."

Schmach zu sein. Darum ist der Garant seiner Unabhängigkeit das Lassen-Können, die innere Weltdistanz, welche freie Gelöstheit aus sich entläßt. Und diese Gelöstheit ist alles andere als eine krampfhafte Askese[14]; sie ist die Freiheit, die über den Dingen steht, weil sie um deren Unzuverlässigkeit weiß, weil sie ihr Wesen kennt und sie von sich zu unterscheiden weiß, das τὰ ἐφ' ἡμῖν von dem τὰ οὐκ ἐφ' ἡμῖν[15], das Zuhandene von dem Entzogenen, und eben diese Unterscheidung an allem weltlich Begegnenden zu üben vermag: Das bin nicht ich![16]

Wie aus einem anderen Gleichnis von Gast und Gastmahl (enchir. 15) erhellt, deutet Epiktet das menschliche Leben als eine Existenz auf Abruf, der nur Gaststatus zukommt, als ein befristetes Intermezzo, ein jederzeit beendbares Landzwischenspiel im fremden Hafen, bei dem man sich stets reisefertig zu halten hat, wo einem nichts als fester Besitz zugehört, sondern alles nur eine vorübergehende, geliehene Gabe ist, derer man sich dankbar zu bedienen, die man aber nicht sklavisch festzuhalten, sondern weiterzugeben hat wie die Schüsseln beim Mahl. „Die dankbare Hinnahme der Güter ist zugleich die loslassende Bereitschaft zum Verlieren als gehorchendem Zurückgeben.“[17]

Auf diesem Hintergrund aber wird nun evident, wie die Frage nach der Identität des Steuermanns zu beantworten ist: es ist der Tod, dessen baldigem Bevorstand der Greis infolge seiner schwindenden Kräfte mit einem engeren Aktionsradius Rechnung zu tragen hat[18]. Die Gestalt des Todes aber ist ihrerseits wiederum, wie es andere Stellen belegen, identisch mit dem Schicksal bzw. der Gottheit, so daß sich die philosophische Ebene mit der religiösen durchdringt[19]. Die permanent wachgehaltene Aufbruchsbereitschaft richtet sich daher auf das Ziel der freien Übereinstimmung des Daseins mit seinem sich im Ruf des Todes artikulierenden göttlichen Lebensgrund. Und durch diese harmonische Einheit gliedert sich das In-der-Welt-Sein des Wanderers und gewinnt

---

14 Ebd.: „Die Forderung des Rufes ist also nicht moralischer Zwang, sondern als Forderung lösende, befreiende Wohltat zugleich. Die Predigt des Epiktet kündigt dem gehorchend Hörenden nicht Askese an, sondern Freiheit als Eudämonie.“

15 Diese stoische Fundamentalformel begegnet natürlich auch bei Epiktet reichlich. Ja, diese Dihairesis, diese 'Einteilung der Dinge', ist geradezu „das Fundament von Epiktets Ethik". Vgl. dazu Pohlenz, Stoa I (s. Anm. 6), bes. 330ff. (dort 330 das Zitat und ein treffender Text aus den „Unterredungen"). Siehe noch enchir. 1 und die näheren Ausführungen unten im Text.

16 Vgl. den Schluß von enchir. 1: „du gehst mich nichts an". Der Vergleich mit dem *Tat Tvam Asi* („Das bist du, das bin nicht ich") der Mahavakyas, der großem Lehrsätze der Vedanta-Philosophie, wie sie sich in der Chandogya-Upanishad aussprechen, drängt sich geradezu auf. Siehe Lexikon der östlichen Weisheitslehren, Bern u.a. ²1994, s.v. und den weiteren Hinweis unten im Text.

17 Kamlah, Auslegung (s. Anm. 8), 70.

18 So auch Kamlah, a.a.O., 71.

19 Vgl. Kamlah, a.a.O., 71f.

seinen festen Stand. Dieser archimedische Punkt ist die Basis dafür, daß der Mensch schon mitten im Leben zum Sterben fertig sein kann. Es ist sinnlos, sich auf dem Land einzuhausen, weil diese Gegenwart des Irdischen keine Zukunft hat, ja mehr noch, weil sie dem Menschen zutiefst nicht entspricht. Und so entsteigt aus dieser Einsicht und der ihr folgenden Grundhaltung ein Weltgefühl letzter Unbetroffenheit, entsagender Enthebung[20], die doch weder Askese noch resignativer Verzicht sind. Denn obwohl sich das so bestimmte Leben gleichsam in der stetigen Reichweite des Todes, unter seiner geheimen Stets-Präsenz vollzieht, ist dies für es doch kein grausamer Schrecken, sondern die Bedingung der Möglichkeit seiner Eudämonie, seines Glückes, des Wohls der Seele und des Geistes. Denn das beharrliche Festhalten eines Gefühls der Abschiedlichkeit[21] ist gerade diejenige Form, in welcher der Tod bzw. die Gottheit den Ruf des Daseins an den Menschen ertönen läßt, durch welchen dieser aus der Verfallenheit an das vergängliche Weltsein herausgerufen und zu sich selbst gebracht wird. Der Tod ist darum der Musaget und Stachel der menschlichen Selbstgewißheit und Freiheit[22] und keine nur passiv erlittene, von außen zwingende

---

20 Kamlah, a.a.O., 72 nennt denn unser Gleichnis m.R. auch „ein Wort der weisen Entsagung", gesprochen von einem „Philosoph(en) der Enthebung" (71).

21 Vgl. dazu W. Weischedel, Skeptische Ethik, Frankfurt 1980, 194-197, der sehr eindrücklich auf dem Grunde eines modernen kritischen Skeptizismus von einer Haltung der Abschiedlichkeit als Weltdistanz gesprochen hat: „Weil dem Skeptiker alles fraglich erscheint, kann er nicht fraglos in seiner jeweiligen Wirklichkeit verharren, kann er sich nicht an das Bestehende, das ihn umgibt und das er selber darstellt, hängen. Er kann sich im Bereich des so fragwürdigen Wirklichen nicht dauernd heimisch fühlen. Der Ausdruck 'Abschiedlichkeit' meint die zur Haltung gewordene Tätigkeit des Abschieds. Wer abschiedlich existiert, der nimmt ständig von dem Abschied, worin er sich aufhält: von der Situation, in der er fraglos der Welt und sich selber verhaftet ist. Der Welt gegenüber äußert sich die Abschiedlichkeit als durchgängige Distanz ... Darum wird er (sc. der Skeptiker) der Welt keine Macht über sich zugestehen. Er wird auch in seinem Engagement die innere Abständigkeit von der Wirklichkeit bewahren ... Abschiedlichkeit bedeutet auch und vor allem, sich von sich selber zu distanzieren ... Die Abschiedlichkeit in ihrem doppelten Aspekt - als Abschied von der Welt und als Abschied von sich selbst - bringt den Skeptiker in seine innerste Freiheit. Freisein bedeutet in diesem Zusammenhang soviel wie unabhängig sein, weder an der Welt noch an sich selber hängen ... Die Abschiedlichkeit ist die gemäße Antwort des Skeptikers auf den Anblick der Vergänglichkeit, die alles Wirkliche bestimmt und durchherrscht ... Abschiedlich ist er für den immer anwesenden Tod offen. Er begreift jeden Augenblick als einen Schritt auf dem Weg zum Sterben ... es legt sich für ihn ein Schleier über die Wirklichkeit ..." Die Berührungspunkte zu Epiktet - bei aller auch zweifellos vorhandenen Differenz - sind nicht zu übersehen.

22 Vgl. A. Schopenhauer, Über den Tod und sein Verhältnis zur Unzerstörbarkeit unseres Wesens an sich, in: Die Welt als Wille und Vorstellung II/2, Ergänzungen zum vierten Buch, Kap. 41, Zürcher Ausgabe. Werke in zehn Bänden, Band IV, Zürich

Macht, sondern als bewußt akzeptierte, frei mitvollzogene Größe eine der zahl-
losen, ewig notwendigen und ewig geschehenden Metamorphosen des einen
zyklischen Weltprozesses, in dem nichts verloren geht (ἡ περίοδος τοῦ κόσμου;
diss. II 1,17f.).

Mit diesen letzten Überlegungen sind wir nun allerdings unbemerkt schon
über die unmittelbare Deutung des Gleichnisses aus sich selbst hinausgegangen
und in die Erhellung seines weltanschaulichen Umfeldes eingetreten, das wir
nun noch mit einigen wenigen Sätzen andeutungsweise skizzieren müssen, um
den motivierenden Horizont und den begründenden Hintergrund unseres
Gleichnisses und des sich in ihm aussprechenden Weltverhältnisses umrißhaft
hervortreten lassen. Die für die Stoa überhaupt wie für Epiktet im besonderen
grundlegende, den Quellpunkt des Denkens bildende Unterscheidung ist die
vorhin schon kurz erwähnte zwischen τὰ ἐφ' ἡμῖν und τὰ οὐκ ἐφ' ἡμῖν, also
zwischen dem, was uns zuinnerst angeht und handlungsmäßig zur Verfügung
steht, und dem, was uns äußerlich ist und nicht im Bereich unserer Verfügungs-
gewalt liegt (diss. I 22,10; enchir. 1,1). Diese Differenzierung bildet den κανών
(diss. III 3,14), das κριτήριον (diss. I 11,15) der ganzen Lehre, und d.h. des
gesamten Verhaltens gegenüber der Welt, also der Ethik. In ihr ist mithin auch
diejenige Distanz im Verhältnis zur Welt fundamental begründet, die wir zuvor
an unserem Gleichnis entwickelt haben[23].

Das ganze Unglück des Menschen besteht nun nach Epiktet darin, daß er
diese beiden Bereiche verwechselt, sie durcheinanderbringt und vermischt,
während derjenige, der sie fein säuberlich unterscheidet und sich gemäß dieser
Unterscheidung verhält, reine Glückseligkeit und den Frieden der Seele genießt.
Er ist der wahre Autokrat, der Selbstherrscher, der autonom, also nach eigenem
Gesetz lebt und in seiner freien Unabhängigkeit von nichts und niemandem
beeinträchtigt werden kann (diss. I 1,7.21ff.; II 23,17ff.; enchir. 1 u.v.a.)[24].
Denn „nicht die Dinge selbst beunruhigen die Menschen, sondern die Vorstel-
lung von den Dingen" (enchir. 5). Es kommt also auf die χρῆσις φαντασιῶν[25]

1977, 542: „Der Tod ist der eigentliche inspirirende Genius oder der Musaget der
Philosophie ... Schwerlich sogar würde, auch ohne den Tod, philosophirt werden."
23 Siehe dazu die o.g. Lit. und K. Praechter, Das Altertum, in: F. Überwegs Grundriß
der Geschichte der Philosophie, fortgef. von M. Heinze, Erster Teil, Berlin ¹¹1920,
520f. (im Anhang 189f. die ältere Lit. von ca. 1800 bis 1920 in großer Breite).
24 Vgl. dazu Pohlenz, Stoa I (s. Anm. 6), 329ff.; Praechter, Altertum (s. Anm. 23), 521.
25 Vgl. M. Forschner, Die stoische Ethik. Über den Zusammenhang von Natur-,
Sprach- und Moralphilosophie im altstoischen System, Stuttgart 1981, 97: „Die
φαντασία ist das mentale Bild, das ein Ding bzw. Ereignis durch die Affektion unserer Sinne in uns hervorruft, das Resultat eines unwillentlichen Vorgangs." Nickel,
Epiktet (s. Anm.8), 291f. Anm. 12: „Die χρῆσις φαντασιῶν ist das einzige, was in
unserer Macht steht. Von ihr hängen die Urteile ab, die wir über die Dinge gewinnen." Während die Phantasia selber also einem irreflexen, spontan-unwillkürlichen

an, über die wir Herr sind, wie über unseren Willen und unser Meinen, unsere Wahrnehmung von Dingen und Menschen, während die Gewalt über die harten Fakten der Außenwelt, über unseren Leib, unseren materiellen Besitz, unsere äußere Umgebung etc. nicht in unsere Hand gegeben ist. Es ist alles lediglich eine Sache der Perspektive - und die Vorstellungen, sie liegen in unserem Verfügungsbereich. Nur auf dieser Ebene gibt es deshalb im eigentlichen Sinne des Wortes auch die Unterscheidung zwischen Gut und Böse, zwischen nützlich und schädlich, während die Außenwelt grundsätzlich wertneutral ist (diss. I 22,11; II 1,4; II 5,4f.; III 22,38ff.)[26]. So kann dem stoischen Weisen selbst das nach landläufiger Auffassung schlimme äußere Geschick durch die zu ihm einzunehmende Haltung der Freiheit zum Anlaß für die Bewährung seiner sittlichen Qualität werden (diss. I 6,37; II 16,42; II 23,42; enchir. 10 u.a.)[27]. Im Ertragen und Entsagen erweist sich die Seelenstärke[28].

Auf das Ziel der durch methodisierte Pädagogik zu erreichenden Affektlosigkeit (ἀπάθεια)[29] ausgerichtet, verunwesentlicht sich mir das Sein der äußeren Welt, die nicht meinem Zugriff und meiner Handlungsgewalt unterliegt, welcher ich aber durch den jederzeit möglichen Rückzug in meine geistig freie Innerlichkeit enthoben bin, durch die ich weiß, daß die Gottheit, mit der ich mich eins weiß[30], weil ich mit ihr qua Vernunftlogos ja identisch bin[31], alle Geschicke auch der äußeren Welt nach ihrem Wohlgefallen in guter Ordnung leitet[32] und daß selbst das scheinbar Böse, zu dessen dankbarer Anschauung und Hinnahme

---

Vorgang entspringt, ist der Gebrauch derselben der menschlichen Urteils- und Reflexionskraft unterworfen.

26 Vgl. R. Bultmann, Das Urchristentum im Rahmen der antiken Religionen, Zürich und Stuttgart ³1963, 150.153.

27 Vgl. G. Keil, Philosophiegeschichte I. Von der Antike bis zur Renaissance, ThW 14,1, 1985, 88: die Tugend ist das höchste Gut, und sie wird durch das Leid geprüft, gefördert und gestärkt.

28 Vgl. das berühmte ἀνέχου καὶ ἀπέχου (Fragment X bei Schenkl, 463,34).

29 Vgl. dazu W. Windelband, Lehrbuch der Geschichte der Philosophie, hg. von H. Heimsoeth, Tübingen ¹⁴1950, bes. 141-144.

30 So spricht Epiktet zu Gott: „Brauche mich nun, wozu du willst. Ich bin mit dir eines Sinnes; ich bin der Deine: Gegen nichts will ich mich sträuben, was du mir ausersehen hast. Führe mich, wohin du willst ..." (diss. II 16,42).

31 Bultmann, Urchristentum (s. Anm. 26), 151f.: „Alles was geschieht, geschieht ja nach dem Gesetz der Natur, dem Gesetz Gottes, dem der Mensch im Inneren verwandt ist, der sein Vater ist." Der Geist des Weisen „ist der mit dem Weltlogos identische Logos des Menschen, seine Kraft zu denken, zu streben, zu wollen; er ist das Göttliche in ihm, das in seiner Verfügung steht" (155). K. Prümm, Religionsgeschichtliches Handbuch für den Raum der altchristlichen Umwelt. Hellenistisch-römische Geistesströmungen und Kulte mit Beachtung des Eigenlebens der Provinzen, Rom 1954, 173: „Im ganzen ist Epiktet ... das Gefühl von der innerlichen Verschiedenheit von Gott und Mensch fremd."

32 Vgl. den überschwenglichen Lobpreis der göttlichen Schöpfergüte diss. I 16,15-21.

wir bestimmt sind, im göttlichen Universum harmonisch integriert ist und seinen Lobpreis als Element des Widerspiels an seiner Stelle entrichtet. Im Kern bin ich unverletzbar und unbetreffbar, weil frei in meiner Fähigkeit, alles Begegnende nach meiner Einsicht zu interpretieren.

Zusammengefaßt offenbart die hier leitende Distanz im Weltverhältnis, welche Partizipation nur in engen Grenzen und unter bestimmten Kautelen gestattet, daß von Epiktet das Wohl der Seele nicht im Genuß der irdischen Güter, sondern in ihrer weltlosen bzw. besser: durch die Welt als Oberfläche und Außenseite unbetroffen hindurchgehenden Selbstanschauung gesucht wird, die somit in der Welt lediglich das Bewährungsfeld der Selbstbestätigung ihrer Freiheit, sprich Weltüberlegenheit hat. Mit einem Wort: die äußere Welt bleibt der Seele, dem Logos, als ganze äußerlich, denn das herausgerufene Ich sagt zu jedem seiner weltlichen Schicksale: „tat tvam asi"[33] - das bin nicht ich (vgl. enchir. 1), ohne dabei jedoch je über den Raum immanenter Transzendenz hinauszugehen, denn ein dem weltlosen Ich entsprechendes Jenseits kennt Epiktet nicht[34].

2. Weltdistanz und Weltnähe beim historischen Jesus

Wenden wir uns nun zum Neuen Testament und hier zunächst an die synoptische Jesustradition und fragen nach dem darin zur Sprache kommenden Verhältnis zur Welt insonderheit im Blick auf die Abständigkeit von dieser.

Schon Wilhelm Kamlah hat in seiner Auslegung des Epiktet-Gleichnisses als eine naheliegende ntl. Analogie die radikale Nachfolgeforderung Jesu aus Lk 9,59-62 assoziiert[35]:

> „Und Jesus sprach zu einem anderen: Folge mir nach! Der sprach aber: Erlaube mir aber, daß ich zuvor hingehe und meinen Vater begrabe. Aber Jesus sprach zu ihm: Laß die Toten ihre Toten begraben; gehe du aber hin und verkündige das Reich Gottes! Und ein anderer sprach: Herr, ich will dir nachfolgen; aber erlaube mir zuvor, daß ich Abschied nehme von denen, die in meinem Hause sind. Jesus aber sprach zu ihm: Wer seine Hand an den Pflug legt und sieht zurück, der ist nicht geschickt zum Reiche Gottes."

---

33 Siehe oben mit Anm. 16.

34 K. Vorländer, Geschichte der Philosophie, Erster Band: Altertum und Mittelalter, neu bearbeitet von E. Metzke, Hamburg ⁹1949, 242: „Übrigens fehlt bei Epiktet der Glaube Senecas an ein persönliches Fortleben nach dem Tod." Vgl. den Schluß einer Art Gebet Epiktets, wo es heißt: „Die Zeit, die ich das Leben genießen durfte, ist mir genug. Nimm alles wieder hin und mach' damit, was dir gefällt. Dir hat es gehört, denn von dir habe ich es erhalten" (diss. IV 10,14-18). Siehe auch diss. II 5,13: „Ich bin nicht die Ewigkeit, ich bin nur ein Mensch, ein Teil des Alls, eine flüchtige Stunde des Tages; mir ist gegeben zu kommen wie sie und wieder zu vergehen wie sie." Prümm, Handbuch (s. Anm. 31), 174 spricht von „einer schlecht verhehlten dumpfen Resignation dem Tod gegenüber".

35 Kamlah, Auslegung (s. Anm. 8), 69.

Diesen knappen Worten läßt sich hinsichtlich unserer Thematik noch eine Vielzahl weiterer einschlägiger Texte an die Seite stellen, die auf diese oder jene Weise ein distanziertes Weltverhältnis erkennen lassen. Es seien hier nur summarisch und ohne Anspruch auf Vollständigkeit erwähnt:

- die Reichtumskritik (Mk 10,17-31; Lk 12,33f.; 16,13 par Mt 6,19-21.24) und damit korrespondierend die Armuts- bzw. Besitzverzichtsforderung (Mk 12,41-44 par Lk 21,1-4; Mk 6,8f. par Lk 9,3; Mt 10,9f. par Lk 10,4; Lk 6,20b par Mt 5,3),
- Verzicht auf die Ehe (Mt 19,10-12),
- der Aufruf zur Selbstverstümmelung (Mk 9,43-48; Mt 5,29f.),
- die Heimatlosigkeit des Menschensohnes in der Welt (Lk 9,57f. par Mt 8,19f.),
- die Forderung der Sorgenfreiheit (Lk 12,22-31 par Mt 6,25-33; Lk 11,3 par Mt 6,11; Lk 11,9-13 par Mt 7,7-11),
- die Gerichtsankündigungen über die Welt (Mk 3,28-30 parr und Q; Mk 4,22 par Lk 8,17 und dazu Q: Mt 10,26 par; Mk 4,24 und Q: Mt 7,2 par und 1Clem 13,2; Mk 4,25 parr und Q: Mt 13,12 par; Mk 4,26-29; Mk 6,11 parr und Q: Mt 10,14 par; Mk 8,35 parr und Q: Mt 10,39 par und noch Joh 12,25; Mk 8,36f. parr; Mk 8,38 parr und Q: Mt 10,33 par; Mk 9,41 par; Mk 9,42 par und Q: Lk 17,1-2 sowie 1Clem 46,8; Mk 9,43.45.47f. par und Q: Mt 5,29f.; Mk 10,23-27 parr; Mk 10,29f. parr; Mk 10,31 par und Mt 20,16; Lk 13,30; Mk 11,25 und Mt 6,14f. sowie 1Clem 13,2; Mk 12,1-12 parr; Mk 12,38-40 parr und Q; Mk 13,24-27 parr; Mk 13,28-30 parr; Mk 13,33-37 mit Mt 25,13; 24,42.43-51 und Lk 12,35-38; 21,34-36; Mk 14,62 parr; Mt 7,16-20 par; Mt 7,21-23 par; Mt 8,11f. par; Mt 9,37 par; Mt 11,21-24 par; Mt 12,41f. par; Mt 16,2 par; Mt 18,23-35; Mt 19,28 par; Mt 25,1-12; Mt 25,14-30 par; Mt 25,31-46; Lk 12,49-53 par Mt 10,34-36; Lk 13,1-5; Lk 13,6-9; Lk 14,16-24 par; Lk 16,1-9; Lk 16,19-31; Lk 17,26-30; Lk 17,31-37 par; Lk 22,35-38,
- die Kritik religiöser Praktiken und Sitten (Fasten: Mt 6,16-18; Mk 2,18-20; Lk 7,33-35 par Mt 11,18f.; Schwören: Mt 5,33-37; 23,16-22; Reinheit: Mk 7,1-23; Lk 11,39-41 par Mt 23,25f.; Mk 2,13-17; Mt 21,28-31; vgl. Lk 7,29f.; Tempel: Mk 11,15-19; Joh 2,13-22; Mk 13,2; 14,58; 15,29) sowie von Gesetzesbestimmungen (Sabbat: Mk 2,23-28; 3,1-6; Lk 13,10-17; 14,1-6; Mt 12,11f.; Lk 14,5; Joh 7,15-24 Ehe: Mk 10,1-12; Mt 5,27-30; Mk 12,18-27 par),
- die Ankündigung gewaltsam-revolutionärer Umkehrung der gegenwärtigen Verhältnisse (Mt 5,3-12; 10,21.35f.; 12,41f. par; 19,30; 20,1-16.27; Mk 9,35; 10,25.31; Lk 6,20-22.24-26; 14,15-24; 16,1-9),
- die radikalen Nachfolgeforderungen (Forderung zu offenem Jesusbekenntnis: Mt 10,32f.; Liebesforderung; Kreuzesnachfolge; Verfolgung und Martyrium: Mt 10,16-26.28.37-39; Gebot von Feindesliebe und Wiedervergeltungsverzicht: Lk 6,27-36 par Mt 5, 38-48; Verbot des Bruderzornes: Mt 5,21-26; Verbot des Richtens: Lk 6,37f.41f. par Mt 7,1-5),
- die Kritik bzw. Auflösung der Familienbindungen (Mk 1,16-20 par Mt 4,18-22; vgl. Lk 5,1-11; Mk 3,20f.31-35 par Mt 12,46-50/Lk 8,19-21; vgl. 11,27f.; Mk 6,1-6a par Mt 13,53-58; vgl. Lk 4,16-30; Mk 10,28-31 par Mt 19,27-30/Lk 18,28-30; Mk 13,12 par Mt 10,21/Lk 21,16; Lk 9,59f. par Mt 8,21f.; Lk 9,61f.; Lk 12, 51-53 par Mt 10,35f.; Lk 14,26 par Mt 10,37; Mt 10,21).

In allen diesen Teilaspekten, die zusammengenommen ein komplexes Gebilde ergeben[36], wird unter jeweils verschiedener Perspektive eine spezifische Distanz im Weltverhältnis sichtbar. Mag dies auch bei manchen der genannten Teilbereiche auf den ersten Blick nicht so scheinen bzw. nicht unmittelbar erkennbar sein, so zeigt es sich doch sofort, wenn man die in der Tat sehr unterschiedlichen Belege auch nur ansatzweise etwas näher ins Auge faßt.

So handelt es sich etwa bei der Reichtumskritik und der mit ihr korrespondierenden Armuts- bzw. Besitzverzichtsforderung nicht um eine innerhalb des gesellschaftlichen Sozialsystems angesiedelte Reformidee, ebensowenig aber um einen Asketismus allgemeiner Weltverachtung oder Luxusfeindschaft, sondern die dazugehörigen Motivierungen geben schnell darüber Aufschluß, daß diese Postulate durch eine hinter ihnen stehende Größe bedingt sind, die dem gegenwärtigen Bestand der Welt transzendent gegenübersteht, und um die es in der gesamten Jesustradition zentral zu tun ist: nämlich durch die Gottesherrschaft, die βασιλεία τοῦ θεοῦ[37]. Von ihr her nämlich steht der Reiche in der Gefahr, dem falschen Herrn dienstbar zu sein, nämlich dem Mammon, statt dem ihn aus den Verstrickungen der irdischen, Motten, Rost und Dieben ausgelieferten Güterwelt zu sich und in sein Reich herausrufenden Gott (vgl. Mt 6,19-21.24)[38]. Vor dieser Alternative steht auch der reiche Jüngling (Mk 10,17-22), jedoch eben nicht der Besitzlose. Und wie der reiche Jüngling so trifft auch der habgierige Kornbauer die falsche Entscheidung und verfehlt seine ewige Bestimmung (Lk 12,13-21), die der arme Lazarus im Gegensatz zu seinem reichen Gegenüber erreicht (Lk 16,19-31). Um diese eine wertvolle Perle, die Basileia, zu gewinnen, ist der Kaufmann bereit, seinen ganzen angesammelten Besitz dranzugeben (Mt 13,45). Er hat die Zeichen der Zeit erkannt und sein Leben einer radikalen Neuorientierung unterworfen[39].

---

36 Vgl. zu den meisten der oben zusammengestellten Motivkomplexe und Belegen die umfassende, akribisch argumentierende Untersuchung von J. Sauer, Rückkehr und Vollendung des Heils. Eine Untersuchung zu den ethischen Radikalismen Jesu, Regensburg 1991, auf die hier für das Folgende summarisch verwiesen sei.

37 Es ist spätestens seit der bahnbrechenden Untersuchung von J. Weiß, Die Predigt Jesu vom Reiche Gottes, Göttingen ³1964 (hg. von F. Hahn; 1. Aufl. 1892; 2. Aufl. 1900) in der ntl. Forschung unumstritten, daß im Mittelpunkt der Botschaft Jesu die Gottesherrschaft gestanden hat, wie immer diese dann im einzelnen von den Exegeten verstanden wird. Vgl. die konzise Zusammenfassung von H. Merklein, Jesu Botschaft von der Gottesherrschaft. Eine Skizze, SBS 111, 1983.

38 Zu den folgenden ntl. Stellenbelegen vgl. jeweils die einschlägigen Kommentare und die dort oft in großer Breite herangezogene bzw. zusammengestellte, stets überreich fließende Lit.

39 Vgl. Weder, Gleichnisse Jesu (s. Anm. 4), 140.

Wir gewinnen ein weiteres Moment hinzu, wenn wir uns kurz den Aspekt der Gerichtsankündigung verdeutlichen[40]. Das Gericht wird ja nicht in pauschaler Allgemeinheit angesagt, sondern konkret diesem sündigen und abtrünnigen Geschlecht (Mk 8,38; Lk 13,1-5), es wird angesagt Chorazin, Bethsaida und Kapernaum, diesen nicht umkehrwilligen Städten, dem blinden und starrsinnigen Jerusalem, das seine Propheten mordet (Lk 19,41-44; 13,34f.), es ergeht über die Heuchelei der Schriftgelehrten und Pharisäer (Mt 23,1-36), es gilt den bösen Winzern, die sich an dem letzten Gottesboten vergehen (Mk 12,1-12), dem unbarmherzigen Knecht, der sich an seinem Schuldner vergreift, obwohl ihm selbst Gnade widerfuhr (Mt 18,23-35), und das Wehe ertönt über die Reichen, Satten, Lachenden und die Geschmeichelten (Mk 10,25; Lk 6,24-26)[41].

Das distanzierende Nein ist also konkret auf den gegenwärtigen Bestand der Welt ausgerichtet, sofern dieser im Argen liegt, will heißen von der Macht der Sünde bestimmt und beherrscht ist. Die in der Gerichtsansage präsente Negation ist mithin zugespitzt auf die der Sünde anheimgefallene, ihrer Schöpfungsintention entrissene, pervertierte Welt, die unter der Herrschaft des Satans liegt[42]. Daher haben die Exorzismen in der synoptischen Überlieferung einen so hohen Stellenwert[43], und der ermöglichende Grund für die Heilsverkündigung Jesu kann in dem bekannten Jubelruf Jesu von Lk 10,18 prägnant ausgedrückt werden: ἐθεώρουν τὸν σατανᾶν ὡς ἀστραπὴν ἐκ τοῦ οὐρανοῦ πεσόντα[44]. Dar-

---

40 Vgl. J. Becker, Jesus von Nazaret, Berlin/New York 1996, 58-99. Zu dieser Thematik sei bes. auf die beiden neuesten Monographien verwiesen: M. Reiser, Die Gerichtspredigt Jesu. Eine Untersuchung zur eschatologischen Verkündigung Jesu und ihrem frühjüdischen Hintergrund, NTA NF 23, 1990, und W. Zager, Gottesherrschaft und Endgericht in der Verkündigung Jesu. Eine Untersuchung zur markinischen Jesusüberlieferung einschließlich der Q-Parallelen, BZNW 82, 1996, der auch eine kurzgefaßte Forschungsgeschichte zum Gegenstand bietet (11-44).

41 Vgl. zur Einzelexegese dieser Stellen die Untersuchungen von Reiser, Gerichtspredigt (s. Anm. 40), und Zager, Gottesherrschaft (s. Anm. 40), z.Stn.

42 Vgl. etwa die Zusammenfassung bei Sauer, Rückkehr (s. Anm. 36), 527f., und H. Stegemann, Der lehrende Jesus. Der sogenannte biblische Christus und die geschichtliche Botschaft Jesu von der Gottesherrschaft, NZSysTh 24, 1982, 3-20; hier bes. 11ff.

43 Das ist in der ntl. Forschung praktisch unumstritten. Vgl. nur die Belege bei R. Laufen, Die Doppelüberlieferungen der Logienquelle und des Markusevangeliums, BBB 54, 1980, 136 Anm. 99, und M. Trautmann, Zeichenhafte Handlungen Jesu. Ein Beitrag zur Frage nach dem geschichtlichen Jesus, FzB 37, 1980, 259 Anm. 2.

44 Vgl. zu Lk 10,18: J. Hills, Luke 10,18 - Who Saw Satan Fall, JSNT 46, 1992, 25-40; S. Vollenweider, „Ich sah den Satan wie einen Blitz vom Himmel fallen" (Lk 10,18), ZNW 79, 1988, 187-203; M. Zerwick, „Vidi Satanam sicut fulgur de caelo cadentem" (Lc 10,17-20), VD 26, 1958, 110-114; U.B. Müller, Vision und Botschaft. Erwägungen zur prophetischen Struktur der Verkündigung Jesu, ZThK 74, 1977, 416-448, bes. 417-429. Nach Merklein, Gottesherrschaft (s. Anm. 37), 60.62, läßt sich an der „Authentizität ... nur schwerlich zweifeln", und es spreche einiges dafür, „daß

um auch kann an den Beginn des Auftretens Jesu die Versuchungsgeschichte gestellt werden (Mt 4,1ff. parr), und seine menschlichen Gegner können ihn des Beelzebulbündnisses beschuldigen (Mk 3,22ff. parr). Darin zeigt sich eben, daß das Wirken Jesu in einer Spannung zu dem vorfindlichen Status der Welt steht, in einer Konfrontation mit, in einer Antithese zu den Mächten, die gegenwärtig noch die Herrschaft innehaben oder sich doch zumindest noch gegen ihren vom Kommen der βασιλεία τοῦ θεοῦ her drohenden Herrschaftsverlust zur Wehr zu setzen suchen. Die Basileia ist der Gestalt gewordene Angriff auf den status quo des Kosmos. Dies alles aber hat nun nicht den Sinn totaler Negation, sondern wird in seiner exklusiven Abzweckung auf den Charakter der Schuldverfallenheit der Welt erst voll verständlich, wenn man sich die schon angedeutete andere, positive Perspektive in ihrer ganzen Ausdehnung vor Augen führt. Im Gegenzug zur negativen Qualifikation der Welt ist die Jesus-Überlieferung nämlich andererseits von einem Weltverhältnis geprägt, das im Reflex auf deren schöpfungsmäßigen Ursprung die positiven Potentiale aktiviert.

Dies kommt schon in den Aufforderungen zur Sorgenfreiheit zum Ausdruck (Mt 6,25-34). Denn hier wird ja nicht nur die Verkrümmung des Menschen in die Immanenz seines materiellen Lebensvollzuges, die ihn zum Knecht des Irdischen macht, gegeißelt, sondern ineins mit der Kritik des menschlichen Versuches der Autokratie begegnet die Eröffnung einer Wahrnehmung von Welt, in welcher der Blick für die im Modus des Sorgens erblindete Transzendenz wieder frei wird, ja mehr noch: in der Gott als totaler Versorger erfahren wird[45]. Die Vorstellung aber von Gott als totalem Versorger, wie sie hinter der Forderung der Sorgenfreiheit steht, gibt den Hinweis darauf, daß die Gegenwart dabei als Erneuerung der Zeit des Paradieses verstanden ist, in welcher alle durch den Sündenfall bedingten Lebensminderungen revoziert sind, darunter eben auch die Mühsal der Arbeit im Dienste des Lebensunterhaltes[46]. Diese Konzeption der restitutio in integrum[47] läßt sich auch an den zahlreichen Wundergeschichten, und hier besonders den Heilungen aufweisen. Auch sie sind im

---

sich in Lk 10,18 jene Erfahrung widerspiegelt, die den Anlaß und den subjektiven Ermöglichungsgrund für Jesu eigenständige Wirksamkeit und seine spezifische Verkündigung von der Gottesherrschaft bildete." Vgl. auch noch Lk 11,20.

45 Vgl. Sauer, Rückkehr (s. Anm. 36), bes. 304-312.331-333.337-343, der die schöpfungstheologisch-urzeitliche und die eschatologische Begründung und Motivation dieses Textes sehr eindrücklich herausarbeitet.

46 Stegemann, Lehrender Jesus (s. Anm. 42), 11-17: „Diese Wiederherstellung der ursprünglichen 'Schöpfungsordnung', die Vertilgung alles Bösen und der Sünde aus der Welt, war m.E. der zentrale Sachbezug der Botschaft Jesu von der βασιλεία τοῦ θεοῦ" (12). Vgl. auch Sauer, Rückkehr 304-312.331-333.337-343; Becker, Jesus (s. Anm. 40), 161-168.347f., hat jetzt ebenfalls dieser Interpretation zugestimmt und sie erhärtet.

47 Vgl. zu diesem Topos H.-J. Schoeps, Restitutio principii als kritisches Prinzip der nova lex Jesu, in: ders., Aus frühchristlicher Zeit, Tübingen 1950, 271-282.

Rahmen der Botschaft vom Kommen der Herrschaft Gottes zu verstehen, die eben auch sinnlich-leiblich sich heilvoll auswirkt[48]. Statt des Satans tritt nun Gott wieder unmittelbar so wie in der Urzeit seine Herrschaft an, und dementsprechend müssen die Dämonen weichen, wie es in den Exorzismen Jesu ja auch de facto geschieht. Der vorhin schon erwähnte Jubelruf Jesu bekennt ja, daß er den Satan vom Himmel fallen sah wie einen Blitz (Lk 10,18). Die Sündenverfallenheit der Welt ist zuende, Gott beginnt seine endzeitliche Herrschaft aufzurichten, durch welche die Herrschaft der gottfeindlichen Mächte überwunden und zur Vergangenheit wird, die Welt wird wieder zu der Schöpfung des Anfangs, die Verhältnisse der Urzeit werden restituiert, also der status mundi vor dem Sündenfall der Menschheit, so daß jetzt der alte besorgende Weltumgang eine Verkennung des Heilscharakters der Gegenwart darstellt und sich so als Unglaube entlarvt, so daß jetzt Gesundheit und Kraft und körperliche Integrität wiederkehren und alle nur für die von der Macht der Sünde beherrschte Zwischenzeit gegebenen und notwendigen Bestimmungen der Sinaithora hinfällig werden[49].

Von dieser Orientierung an der βασιλεία τοῦ θεοῦ her wird dann auch die Radikalität der Nachfolgeforderung und ihre oftmalige Verbindung mit der Familienkritik verständlich. Durch den Ruf in seine Nachfolge reißt Jesus die Angerufenen aus ihrem weltlichen Beruf, aus ihren Familien und ihrer Sippe, aus ihrer vertrauten Umgebung und ihrem Besitz heraus (Mk 1,16-20; 10,28-31). Ja sogar die höchsten religiösen Pflichten (Bestattung des Vaters durch den Sohn) werden abrogiert und damit die jüdische Familien- und Sippenethik in ihrem Zentrum desavouiert (Lk 9,59f.). Engste naturwüchsige Bindungen werden durchschnitten, Zwietracht in die Familien gesät (Mt 10,35f.), ja der Haß auf die nächsten Anverwandten und auf sich selbst gefordert, um Jesu Jünger

---

48 Das gilt also nicht nur für die Exorzismen, wo der Zusammenhang allerdings bes. deutlich ist. Vgl. Müller, Vision (s. Anm. 44), 417ff.; Trautmann, Handlungen (s. Anm. 43), 264ff.; G. Theißen, Urchristliche Wundergeschichten. Ein Beitrag zur formgeschichtlichen Erforschung der synoptischen Evangelien, StNT 8, [5]1987, 274ff. u.v.a.

49 Vgl. Stegemann, Lehrender Jesus (s. Anm. 42), 15: „Gott hat die Macht des Satans bereits gebrochen und damit begonnen, die Folgen jahrtausendelanger Satansherrschaft aus dieser Welt zu beseitigen. Wo Jesus davon spricht, weichen die Dämonen, werden Kranke gesund, ist die Todesmacht gebrochen. Was die Propheten für die Endzeit verheißen hatten, erfüllt sich in Verbindung mit dem Auftreten Jesu, wird jedermann verstehbar und handgreiflich deutlich. Damit ist jene 'Unheilsgeschichte' endgültig zu ihrem Ende gekommen, die einst mit dem 'Sündenfall' begonnen hatte. Die 'Sinai-Thora', die Israel als dem von Gott erwählten Volk eine dem göttlichen Willen entsprechende Existenz unter den Rahmenbedingungen einer dem Bösen ausgesetzten Welt ermöglichen sollte, hat ausgedient und ist hinfort erledigt." Stegemann beruft sich dabei insbes. auch auf die Ehescheidungsperikope Mk 10,1-12 und die Sabbatkonflikte in der Jesustradition. Siehe auch die Zusammenfassung bei Sauer, Rückkehr (s. Anm. 36), 521-533.

sein zu können (Lk 14,26). So erschüttert der Nachfolgeruf Jesu die Grundfesten der „bürgerlichen", traditional gebundenen Gesellschaft und löst sie auf, er zerreißt die Bande der naturhaften Ordnungen wie der sittlichen Normen und der Pietät, ja der Religion (für letzteres sind diejenigen Stellen einschlägig, die gewöhnlich unter dem Titulus „Jesu Stellung zum Gesetz"[50] zusammengefaßt werden). Es ist nun aber auf der anderen Seite offensichtlich, daß Jesu Ruf in seine Nachfolge der Ruf in die Gegenwart der kommenden Basileia ist, durch welche Dringlichkeit wie Radikalität dieses Rufes bedingt und provoziert sind. Jesusnachfolge und Gottesherrschaft gehören zusammen[51]. Die bedrängende Nähe der letzteren, welche keinen Aufschub duldet, begründet den totalen Anspruch, den Jesus auf seine Nachfolger erhebt. Die radikale Neuorientierung, welche die Ausrichtung auf die Basileia gewährt, führt zur Distanz gegenüber der bestehenden Welt in ihrer Sündenverfallenheit, Gottferne, in ihrer naturwüchsigen, sittlich-normativen, durch Brauchtum, Herkommen und Pietät geregelten, ja in ihrer religiös wahrgenommenen Qualität. Heilspartizipation wird von allen weltlichen Vorauskonditionen befreit und der bedingungslosen Barmherzigkeit Gottes übereignet. Weil aber diese umfassende Kritik das alten Weltbestandes auf der Grundlage und von der Perspektive einer diesem transzendenten, positiven Größe aus erfolgt, führt sie nicht zur bloßen Auflösung, sondern zur eschatologischen Neukonstellation, wie im übrigen konkret ja auch schon daran ausweislich wird, daß die Zerreißung der natürlichen Familienbande nicht zur sozialen Entwurzelung führt, sondern zur umgehenden Integration in die geistlich begründete familia Dei (Mk 3,31-35; Lk 11,27f.; Mk 10,29f.).

Wir können also zum Schluß dieses Teiles zusammenfassend konstatieren, daß das in der Jesus-Überlieferung zum Ausruck kommende Weltverhältnis dialektische Züge trägt: je nachdem, unter welchem Blickwinkel die Welt erscheint, wird sie negativ oder positiv gewertet. Negativ, sofern sie unter der Macht der Sünde steht und von den daraus resultierenden allseitigen Folgen gezeichnet ist, bzw. sofern sie als Natur und Geschichte naturhaft, sittlich und religiös vom faktischen, und d.h. gottfernen Menschen wahrgenommen wird. Positiv, sofern sie der Schauplatz der Gegenwart der kommenden Basileia Gottes ist. Daher ist die sich hier artikulierende Radikalität der Distanz im Verhältnis zur Welt nichts anderes als die Kehrseite einer jene noch überbietenden Radikalität der Nähe Gottes zu ihr.

---

50 H. Hübner, Das Gesetz in der synoptischen Tradition. Studien zur These einer progressiven Qumranisierung und Judaisierung innerhalb der synoptischen Tradition, Witten 1973. Die Lit. zu diesem Thema ist Legion. Vgl. die knappe Zusammenstellung bei Becker, Jesus (s. Anm. 40), 337, und die oben (Anm. 49) zitierte Stellungnahme Stegemanns.

51 Vgl. M. Hengel, Nachfolge und Charisma. Eine exegetisch-religionsgeschichtliche Studie zu Mt 8,21f. und Jesu Ruf in die Nachfolge, BZNW 34, 1968.

3. Das christologisch-eschatologisch motivierte dialektische „Als ob" des Weltverhältnisses des Paulus

Richten wir nun abschließend noch unsere Aufmerksamkeit auf Paulus, so befinden wir uns hier wiederum auf einer anderen Ebene. Denn in seinem Weltverständnis und damit auch Weltverhältnis kommt der Apostel ja bekanntlich von Tod und Auferweckung Jesu Christi her, wie sie ihm im Glauben erschlossen sind. Er hat also diejenige Erfahrung schon in der Voraussetzung, welche bei Jesus noch reiner Bevorstand ist, nämlich diejenige, welche sich nach einem schönen und zugleich unerreichbar tiefgründigen Wort Hegels in den Satz zusammenfassen läßt: „Erst muß das Herz der Welt brechen, ehe ihr höheres Leben vollkommen offenbar wird."[52]

Kommt Jesus mit seiner Botschaft gleichsam wie von außerhalb mit dem gleißenden Licht der Gottesherrschaft auf die Welt zu, um deren Dunkel zu verzehren und am Ende von ihrer Widerständigkeit selbst verzehrt zu werden, so geht Paulus von diesem Ereignis als Heilsgeschehen aus und macht durch die Pistis - wieder nach einem grandiosen Dictum Hegels - das Herz zum Grabe des Herzens[53]. Das Ich des Christen ist den Tod der Welt schon gestorben, insofern es mit Christus gekreuzigt und begraben ist, und es erwartet in der Schicksalsgemeinschaft mit Christus auch seine eigene künftige Auferstehung (Röm 6). Schon jetzt aber hat es jene christliche Freiheit gewonnen, die sich als weltüberlegene Weltdistanz erweist[54]. Der Glaubende empfängt sich durch seine

---

52 G.W.F. Hegel, Vorlesungen über die Philosophie der Weltgeschichte. Zweite Hälfte, Band II-IV, auf Grund der Handschriften hg. von Georg Lasson, Hamburg 1976 (unveränd. Nachdruck mit erg. Literaturhinweisen), 647.

53 Die Wendung findet sich in einem der Aphorismen Hegels aus der Jenenser Zeit, die J. Hoffmeister erstmals publiziert hat (Dokumente zu Hegels Entwicklung, Stuttgart-Bad Cannstadt ²1974, hier 370) und lautet im Zusammenhang: „Zur Moral: Ihr Höchstes, die Schuld und die Leiden dieses Herzens in ihm selbst begraben, das Herz zum Grabe des Herzens machen." Hegel hat die Wendung in späterer Zeit, ja nicht allzu lange vor seinem Tod, noch einmal gebraucht, und zwar in einem privaten Kontext, nämlich in einem Kondolenzschreiben an den Minister Altenstein vom 27. Mai 1830, in dem er Altenstein über den Verlust seiner Schwester mit der Versicherung zu trösten sucht, die Vorsehung habe dem Getroffenen in allem Schmerz doch „... das große Herz gelassen und bewahrt, um dasselbe zum Grabe des Herzens zu machen, an dem die Herbigkeit der Verhängnisse sich ausgelassen ...", so daß nun nichts mehr den Frieden eines so gereiften und bewährten Mannes stören könne. Siehe J. Hoffmeister (Hg.), Briefe von und an Hegel, Bd. III: 1823-1831, Hamburg ³1969, 304.

54 Zum Freiheitsverständnis des Paulus vgl. etwa nur: H.D. Betz, Paul's Concept of Freedom in the Context of Hellenistic Discussions about the Possibilities of Human Freedom. Protocol Series of the Colloquies of the Center for Hermeneutical Studies in Hellenistic and Modern Culture 26, Berkeley 1977; E. Bismark, Die Freiheit des Christen nach Paulus und die Freiheit des Weisen nach der jüngeren Stoa, Knecht-

Anteilhabe am Geschick Jesu Christi als eine neue Schöpfung im Geist, der ihm
schon inmitten des sich noch fortzeugenden alten Äons der Sündenverfallenheit
ein neues Sein gewährt. Dieses neue Sein enthält als eschatologische Existenz
die Befähigung, sich in gewandelter Weise auf die Welt einzustellen, weil es aus
der Gewißheit seiner Befreiung von Sünde, Gesetz und Tod lebt. Denn dieser
alte Äon, sofern er außerhalb von Christus steht und sich dem durch ihn eröffneten Heilsbereich verschließt, ist für Paulus theologisch negativ qualifiziert.
Denn er gilt ihm als jene Welt, die in der Ferne von ihrem göttlichen Lebensgrund existiert, ja die sich zu Gott im Gegensatz, im Widerspruch befindet, weil
sie von feindseligen kosmischen Mächten, von Sünde, Gesetz, Fleisch und Tod
beherrscht wird, unter die der Mensch versklavt ist (Gal 4,3; Röm 8,38), dem
der Gott dieses Äons (2Kor 4,4) den Sinn verblendet hat, so daß sich in der zum
Schicksal gewordenen menschlichen Schuld ein Zwangszusammenhang her-
stellen konnte, welcher die Weltverfallenheit des Menschen zu einer ausweglo-
sen Aporie gemacht hat. Die Welt ohne Christus, das ist demnach für Paulus im
ganzen der Raum des unerlösten, unter das selbstverschuldete Verhängnis der
Sünde geknechteten Menschen (Röm 7). Erst der Glaube an den Gekreuzigten
und Auferstandenen eröffnet dem Menschen inmitten einer Welt des Todes eine
neue Lebensmöglichkeit, mit der auch ein gewandeltes Weltverhältnis verbunden ist. Der Christ ist nun zwar nicht mehr „von der Welt", aber immer noch „in
der Welt". Denn wenn auch seine Orientierung nach dem „Fleisch" (κατὰ
σάρκα), also nach der Illusion der Selbstmächtigkeit, überwunden ist, so steht er
doch noch im Raum des „Fleisches", also ἐν σαρκί (2Kor 10,3; Gal 2,20).
Deshalb streckt er sich aus nach vorne hin zu seiner himmlischen Berufung

steden 1921; F. Buri, Clemens Alexandrinus und der paulinische Freiheitsbegriff,
Zürich/Leipzig 1939; J.-M. Cambier, La Liberté chrétienne selon St. Paul, LV(L) 61,
1963, 5-40; ders., La Liberté chrétienne selon St. Paul, in: StudEv 2 (= TU 87), Teil
1: The New Testament Scriptures, ed. by F.L. Cross, Berlin 1964, 315-353; J. Ellul,
Le Sens de la liberté chez St. Paul, in: Paulus - Hellas - Oikumene (An Ecumenical
Symposion), ed. by The Student Christian Association of Greece, Athen 1951, 64-
73; E. Gräßer, Freiheit und apostolisches Wirken bei Paulus, EvTh 15, 1955, 333-
342; A. Güemes Villanueva, La Libertad en San Paulo. Un Estudio sobre la
ἐλευθερία paulina, Pamplona 1971; E.G. Gulin, Die Freiheit in der Verkündigung
des Paulus, ZSTh 18, 1941, 458-481; H. Jonas, Augustin und das paulinische Frei-
heitsproblem, Göttingen ²1965; St. Jones, „Freiheit" in den Briefen des Apostels
Paulus. Eine historische, exegetische und religionsgeschichtliche Studie, GTA 34,
1987; F. Mußner, Theologie der Freiheit nach Paulus, Freiburg/Basel/Wien 1976; U.
Neuenschwander, Das Verständnis der christlichen Freiheit bei Paulus, SThU 24,
1954, 104-112; K. Niederwimmer, Der Begriff der Freiheit im Neuen Testament,
TBT 11, 1966; ders., Art. ἐλεύθερος κτλ., EWNT I, 1980, 1052-1058; H. Schlier,
Zur Freiheit gerufen. Das paulinische Freiheitsverständnis, in: ders., Das Ende der
Zeit. Exegetische Aufsätze und Vorträge, Band 3, Freiburg/Basel/Wien 1971, 216-
233; S. Vollenweider, Freiheit als neue Schöpfung. Eine Untersuchung zur Eleuthe-
ria bei Paulus und in seiner Umwelt, FRLANT 147, 1989.

durch Gott in Jesus Christus (Phil 3,14), welche ihm gewiß geworden ist im Glauben an die todüberwindende Macht des Auferstandenen. Weil die Gegenwart des Erhöhten seine himmlische Herrlichkeit ist, deshalb kann Paulus sagen: unsere Heimat aber ist im Himmel (Phil 3,20), wo er das Endziel der unverstellten, ungebrochenen und vollkommenen Christusgemeinschaft lokalisiert, nach welcher er schon jetzt Sehnsucht trägt (2Kor 5,1ff.; Phil 1,23f.). Und eben diese Ausrichtung auf die letzte Zukunft qualifiziert die irdische Gegenwart des Christen als Zeit „zwischen den Zeiten", in der er seine Berufung und ewige Bestimmung bewahrt und bewährt, indem er der alten Welt neu gegenübertritt.

Dieses eschatologisch neue Weltverhältnis des Christen Paulus läßt sich zum Schluß noch kurz an der berühmten Stelle 1Kor 7,29-31 veranschaulichen. In 1Kor 7 behandelt Paulus bekanntlich Ehefragen[55]. In dem den Unverheirateten gewidmeten Abschnitt V.25ff. bezieht sich Paulus sogleich zur Begründung für die von ihm präferierte Ehelosigkeit auf eine eschatologische Komponente: um der anstehenden, schon in die Gegenwart hereinbrechenden Not willen (ἐνεστῶσαν ἀνάγκην; V.26)[56] wäre es besser, nicht noch zu heiraten. Zwar ist auch jetzt eine Heirat keine Sünde, aber die beiden Partner müssen sich doch auf zusätzliche, eigentlich vermeidbare Belastungen, ja Drangsale des Fleisches gefaßt machen (θλῖψιν δὲ τῇ σαρκὶ ἕξουσιν; V.28). Sie werden auf der Ebene des Irdisch-Weltlichen angreifbarer. Paulus aber würde seine Mitchristen gerne davor bewahrt wissen (V.28fin)[57]. Die folgende Paränese bezieht sich daher auf diese Leute, die gleichsam auch im Angesicht des Endes nicht die Kraft zum Verzicht aufbringen. Sie sollen wenigstens dies beachten:

„Das sage ich aber, Brüder: die gegenwärtige, eschatologische Zeit ist zusammengedrängt: und fortan sollen die, welche Frauen haben, sein, als ob sie keine hätten, und die weinen, als ob sie nicht weinten, und die sich freuen, als ob sie sich nicht freuten, und die kaufen, als ob sie nicht besäßen, und die die Welt gebrauchen, als ob sie sie nicht gebrauchten. Denn die Gestalt dieser Welt vergeht" (V.29-31).

---

55 Aus der uferlosen Lit. zu diesem Kapitel und seinen Problemen seien herausgegriffen: H. Baltensweiler, Die Ehe im Neuen Testament, AThANT 52, 1967; N. Baumert, Ehe und Ehelosigkeit im Herrn. Eine Neuinterpretation von 1 Kor 7, FzB 47, 1984; G. Delling, Paulus Stellung zu Frau und Ehe, 1931; K. Niederwimmer, Askese und Mysterium. Über Ehe, Ehescheidung und Eheverzicht in den Anfängen des christlichen Glaubens, FRLANT 113, 1975; W. Wolbert, Ethische Argumentation und Paränese in 1. Kor 7, MThSt 8, 1981. Eine recht umfassende, mit bewundernswertem Fleiß zusammengestellte Übersicht über die einschlägige Sekundärliteratur zu diesem Kapitel bietet jetzt der ausführliche Kommentar von W. Schrage, Der erste Brief an die Korinther, 2. Teilband (1 Kor 6,12-11,16), EKK VII/2, 1995, hier bes. 48-50.52f.88f.128f.151.153.166f.195f.

56 Vgl. Schrage, 1 Kor II (s. Anm. 55), 156: „Dabei ist ἀνάγκη ein der apokalyptischen Sprache zuzuordnender Terminus für die große Enddrangsal, die nach der Erwartung der Apokalyptik das Ende der Zeiten signalisiert."

57 Vgl. dazu Schrage, a.a.O., 159f.

Offenkundig spricht sich in diesen Versen ein Weltverständnis mit entsprechenden Verhaltensimplikationen aus, das weit über den speziellen Anlaß der Eheproblematik hinausgeht.[58] Für dieses grundlegend ist die eschatologische Orientierung, welche den Rahmen für die eigentlichen Verhaltensanweisungen bildet: der zusammengedrängte Kairos und das sich vollziehende Vergehen der gegenwärtigen, alten Weltgestalt (παράγει; Präsens). Die Gegenwart wird also von der sich proleptisch schon zeigenden unmittelbaren Zukunft aus qualifiziert[59]. Auch die Ehe gehört zum Strukturschema des alten Äons[60]. Deshalb ist sie jetzt eigentlich anachronistisch. Wer sich auf sie einläßt, steht in Gefahr, die Zeichen der Zeit nicht erkannt zu haben, d.h. sich noch in Ordnungszusammenhänge einer vergehenden Welt zu verstricken, die ihn evtl. blind für die eschatologische Zeitenwende machen, ihn die innere Einstellung und Bereitschaft für diese versäumen lassen. Deshalb wird den Verheirateten wie jedem anderen, der noch im alten Weltumgang steht, und d.h. allen Christen, das ὡς μή[61] zugerufen, welches von der bindenden Kraft des Bestehenden enthebt. Mit dem „als ob" wird die innere Unabhängigkeit und Ungebundenheit angemahnt, die einen Gebrauch der weltlichen Güter ohne Verfallenheit an sie gestattet.

In dem ὡς μή ist also eine distanzierte Partizipation angelegt. Es wahrt die christliche Freiheit von der Welt *in* der Welt. Man könnte es darum als eine eschatologische Form der stoischen Ataraxie ansprechen[62]. In ihm bekundet sich

---

58 Schrage, a.a.O., 168.170 spricht von einer „nur relative(n) Kontexteinpassung" und sieht in der singulären Formung einen Hinweis darauf, „daß es um mehr als eine situationsbezogene und speziell auf Korinth gemünzte Aussage geht." Im übrigen führt er das Segment auf Übernahme eines Paulus vorgegebenen apokalyptischen Traditionsstücks zurück und verweist auf die nahe Parallele in 4(6)Esra 16,36ff., wo ebenfalls ein hos me (= lat. quasi non) auftaucht. Vgl. auch ders., Die Stellung zur Welt bei Paulus, Epiktet und in der Apokalyptik. Ein Beitrag zu 1. Kor 7,29-31, ZThK 61 1964, 125-154.

59 Das ist deutlich von Schrage, 1 Kor II (s. Anm. 55), 170ff. herausgearbeitet (bes. 175).

60 Schrage, a.a.O., 174: „Auch die Ehe gehört zur vergehenden Welt. Darum ist die Ehe für Christen eine Interimsordnung und keine ausschließliche Bindung." Vergleichbar ist die Position Jesu, wie sie sich in Mk 12, 18-27 artikuliert.

61 Vgl. dazu J. Chmiel, Die Interpretation des paulinischen hos me in 1. Kor 7,29-31, Acra 18, 1986, 197-204. Siehe auch Baumert, Ehe (s. Anm. 55), 218ff. Eine interessante Untersuchung über die - allerdings sehr indirekte - Wirkungsgeschichte dieser paulinischen Wendung und des ihr inhärierenden Sinnes in der - vor allem modernen - Literatur hat jüngst J. Schäfer, Grenzgänger. „Haben als hätten wir nicht" in Literatur und Religion. Essays, Frankfurt u.a. 1996 vorgelegt.

62 Mit dieser Formulierung kann man vielleicht am besten dem Mißverständnis entgehen, als sollten beide Haltungen einfach parallelisiert werden. Es ist ja offensichtlich, daß die jeweiligen Motivierungen, d.h. „weltanschaulichen" Begründungen verschieden sind, auch wenn die daraus gezogenen Konsequenzen sachlich sehr nahe beieinander liegen. Bes. Schrage, 1 Kor II (s. Anm. 55), 171f., und ders., Stellung (s.

eine Art durchgängiger reservatio mentalis, eine Selbstzurücknahme, die des Kommenden schon in der Gegenwart eingedenk ist und das in seiner Fülle noch Abwesende in der inneren Haltung zu allem weltlich Begegnenden verborgen schon anwesend sein läßt, und die darum auch nicht weltlos oder weltflüchtig wird, sondern ihr Welthandeln an der erfahrenen Agape orientieren kann (Gal 5,6.13; 1Kor 13), gerade weil sie weder weltsüchtig noch weltverhaftet ist[63]. Denn das eschatologische Zeitverständnis des Paulus, welches das „als ob" des christlichen Weltverhältnisses motiviert, gründet seinerseits ja in dem Indikativ des Heilswiderfahrnisses von Kreuz und Auferstehung Jesu, welches mithin in seiner Aneignung im Glauben die Basis der erhofften endlichen und endgültigen Christusgemeinschaft bildet, auf die hin das ὡς μή ja ebenso ausgerichtet ist, wie es sich der schon gegenwärtigen Partizipation an diesem verdankt.

Nähe und Ferne zu dem gerade zu diesen Versen oft als Analogie herangezogenen Weltverhältnis des Epiktet bzw. der Stoa sind evident[64]. Gleiches gilt für die des öfteren in diesem Kontext namhaft gemachten und als Vergleichsmaterial herangezogenen apokalyptischen Topoi[65]. Entscheidend aber ist die Erkenntnis, daß für Paulus die stoischen, die apokalyptischen wie überhaupt die spätantikem Weltgefühl entsprechenden dualistischen Elemente allesamt nur Interpretamente, nur vorstellungsmäßige Hilfsmittel, nur instrumentelle Denk- und Deutungsmuster sind, um sein Eigenes, Eigentliches, und das ist: die alles überwölbende und in den Schatten stellende Erfahrung der Christusgemeinschaft mit den Sprach- und Vorstellungsmitteln seiner Zeit zum Ausdruck zu bringen[66].

Anm. 58), 132-138 hat sich dezidiert gegen einen solchen naiven Parallelismus ausgesprochen (der Vorwurf geht u.a. gegen H. Braun, Die Indifferenz gegenüber der Welt bei Paulus und bei Epiktet, in: ders., Gesammelte Studien zum NT und seiner Umwelt, Tübingen ³1971, 159-167) und die Heranziehung kynisch-stoischer Aussagen „zur Illustration und Interpretation" des paulinischen Textes abgelehnt, ohne jedoch andererseits leugnen zu können, daß im Weltverhältnis hier durchaus ein mindestens von der Außenperspektive her den Anschein von Gemeinsamkeit Erweckendes greifbar ist (siehe auch die weitere von Schrage, 1 Kor II, 171f. Anm. 680ff. genannte Lit.).

63 Daß die Indifferenz im Weltverhältnis bei Paulus durch die Mahnung zur Agape restringiert ist, hat m.R. auch Braun, Indifferenz (s. Anm. 62), 166f. betont.

64 Vgl. Anm. 61.

65 Vgl. dazu bes. Schrage, Stellung (s. Anm. 58), 125-154.

66 Baumert, Ehe (s. Anm. 55), 246: „Einflüsse dieser Art gehören aber nur zum Vorfeld paulinischer Aussagen, sie bilden das sprachliche Material, aus dem Paulus seine neuen, eigenständigen Aussagen formt."

4. Zusammenfassung

Wir haben drei Gestaltungen antiken Weltverhältnisses uns in der gebotenen
Kürze und Beschränkung auf die wesentlichsten Grundzüge vor Augen geführt
und dabei den Blick vor allem auf die in der jeweiligen Relation auftretende
Distanz gerichtet.

Wo bei Epiktet der Steuermann als der aus den Weltgebundenheiten des
Daseins zum wahren, glückseligen Selbst herausrufende Tod angesiedelt war,
da stand in der Jesus-Überlieferung die den Bestand und die natürlichen Ordnungen der sündenverfallenen Welt in sich aufzehrende und überwindende,
diese in ihrer ursprünglichen Schöpfungsintention restituierende und vollen-
dende, die Erde verklärende, allen bedingungslos geöffnete, in machtvollen
Zeichen kommende Basileia Gottes, während bei Paulus an die Stelle dieser
jesuanischen Basileia mit ihrer ebenso radikalen Distanz wie Nähe zur Welt
die Person des zum Christus gewordenen Jesus selbst getreten ist, dessen ge-
meinschafseröffnende Heilsstiftung den gegenwärtigen Äon vorlaufend an
sein Ende bringt und den künftigen angeldweise eröffnet und so die Existenz
des Christen in den sich überschneidenden Welten in dialektische Spannung
versetzt. So sind die drei dargestellten Formationen im Vergleich durch manche materiellen wie formalen Berührungspunkte und Analogien miteinander
verbunden und dennoch perspektivisch tiefgreifend voneinander unterschieden.

Als größten gemeinsamen Teiler oder kleinstes gemeinsames Vielfaches,
wie man will, läßt sich jedoch ausmachen, daß alle drei - jeder auf seine Weise
- das Mehr-als-Welt-Sein Gottes (und damit des ihm entsprechenden Menschen) artikulieren. Auf der Ebene des menschlichen Weltseins wie Weltbezuges bedeutet das, mit einem schönen Wort von Karl Rosenkranz gesprochen: „In der Welt dennoch über sie hinaus zu sein"![67]

Und wie stets, so gründet auch hier das rechte Verstehen dieser Existenz-
haltung in einem Ein-Verstehen, welches nicht zu erzwingen ist, sondern der
freien Zustimmung der Adressaten dieses Aufrufes bedarf, resultierend aus
dem erfahrungsgesättigten Wissen, daß Freiheit (auch diejenige von der Welt)

---

67 Rosenkranz benutzt diese Wendung, um damit Hegels in der Reife seiner Jahre
   erreichten Überwindung eines ekstatisch-kontemplativen, numinosem Alleinheits-
   gefühl schwärmerisch hingegebenen Jugendenthusiasmus, der sich der äußeren Welt
   in ihrer prosaischen Nüchternheit nur antithetisch gegenübersetzen kann und an der
   ihm unausgleichbar und unüberwindbar scheinenden Diastase kollabierend zerbricht, beredten Ausdruck zu geben: *„In der Welt über sie hinaus zu sein*, ward sein
   Sinn." Zitiert nach dem Wiederabdruck des erstmals in: Literarhistorisches Taschen-
   buch, hg. von R.E. Prutz, Erster Jahrgang, Leipzig 1843, 91-103 erschienenen Aufsatzes „Aus Hegels Leben. 1. Hegel und Hölderlin" von Karl Rosenkranz in: Der
   Weg zum System. Materialien zum jungen Hegel, hg. von Chr. Jamme und H.
   Schneider, Frankfurt 1990, 61.

eben durch nichts anderes als nur durch Freiheit hervorgebracht werden kann, einer Freiheit, wie sie sich konzentrisch in einem Agraphon Jesu aus der disciplina clericalis des Petrus Alfonsi ausgesprochen hat, in das wohl aus je ihrer Perspektive auch Epiktet und Paulus hätten einstimmen können und das mancher aktuellen Weltversessenheit zum Stachel im Fleisch werden könnte: „seculum est quasi pons, transi ergo: ne hospiteris" - Die Welt ist eine Brücke - geh hinüber- aber laß dich nicht auf ihr nieder (bleib nicht auf ihr stehen)[68].

---

68 Vgl. dazu Näheres bei J. Jeremias, Unbekannte Jesusworte, Gütersloh [4]1965, 105-110.

Wo Johannes taufte

von Josef Ernst

Die Frage nach dem Ort, an dem Johannes taufte, wird gewöhnlich mit der Feststellung „im Jordan" beantwortet. Die volkstümliche Titulierung als Jordantäufer gilt so allgemein und unangefochten, daß sich eine Diskussion zu erübrigen scheint. Ich selbst wurde im Jahre 1950 als junger Student durch den von mir hochgeschätzten Palästinaforscher Clemens Kopp anläßlich eines Vortrags in einem neutestamentlichen Seminar von Professor Otto Kuss mit dem Problem der Tauforte des Johannes vertraut gemacht. Seine Antworten sind in dem jetzt zur Standardliteratur zählenden Buch „Die Heiligen Stätten der Evangelien"[1] nachzulesen. Die Forschung ist in der Zwischenzeit durch neue Hypothesen weitergetrieben worden, ob mit besseren oder gesicherteren Ergebnissen, wird sich zeigen.

1. Es ist in der Tat auffällig und überraschend, daß der Jordan als Taufort im Zeugnis des Neuen Testaments ausdrücklich nur von Markus und Matthäus bezeugt ist. Mt 3,5f. und Mk 1,5 sprechen von dem Andrang der Menschen aus Jerusalem, ganz Judäa und aus der ganzen Jordangegend. Sie hatten die Bußpredigt des Johannes gehört, jetzt bekannten sie ihre Sünden und ließen sich im Jordan von ihm taufen. Im Anschluß daran berichten die Evangelien von der Taufe Jesu. Nach Mt 3,13 kam Jesus von Galiläa zum Jordan zu Johannes, um sich taufen zu lassen. Mk 1,9 erwähnt zunächst den Wohnort Nazaret und sagt dann knapp: καὶ ἐβαπτίσθη εἰς τὸν Ἰορδάνην ὑπὸ Ἰωάννου. Die weite Entfernung - immerhin vier Tagesmärsche bis zur traditionellen Taufstelle am unteren Jordan - gab Anlaß zu skeptischen Nachfragen: „... no artisan could afford the loss of earnings represented by such idle time. Hence, it is preferable to assume that Jesus encountered John while on pilgrimage to Jerusalem"[2]. Matthäus hat seinen Bericht von der Jesustaufe durch den eingebauten Dialog (Mt 3,14f.) in einem solchen Maße theologisch überformt, daß Zweifel am historischen und

---

1 C. Kopp, Die heiligen Stätten der Evangelien, Regensburg ²1964. Zur allgemeinen Bedeutung des Jordan vgl. J.B. Bauer/S. Schrenk, Art. Jordan, RAC 18, 1997, 699-715.

2 J. Murphy-O'Connor, John the Baptist and Jesus: History and Hypotheses, NTS 36, 1990, 351-374: 361.

geographischen Interesse zum mindesten verständlich erscheinen[3]. Bei Lukas überrascht der vage und allgemeine Hinweis auf die „Gegend am Jordan" (Lk 3,3) und das Fehlen der Ortsangabe in dem Bericht von der Taufe Jesu, die trotz der begleitenden Offenbarungsszene einer Massentaufe zugeordnet ist (Lk 3,21 f.). Das vierte Evangelium erwähnt den Jordan nur nebenbei zur geographischen Bestimmung der Landschaft Transjordanien („jenseits des Jordan", Joh 1,28; 3,26; 10,40). Von einer lustralen Wassertaufe im Jordan ist hier nicht die Rede.

Darf man aus solchen Beobachtungen zum Text folgern, daß die auf Markus zurückgehende Jordantradition theologisch motiviert ist und keinen historischen und geographischen Rückhalt hat? In der Tat ist der Jordan bzw. das Jordanwasser vor dem Hintergrund der Geschichte Israels typologisch durchsichtig. Das Durchschreiten des Flusses beim Einzug des Volkes in das Land der Freiheit (Jos 3) hat in der Erinnerung einen einzigartigen heilsgeschichtlichen Rang. Der Jordanübergang der Propheten Elija und Elischa vor der Auffahrt in den Himmel und die Rückkehr des Prophetenschülers zum westlichen Ufer nach dem Abschied (2Kön 2) hat eine hohe symbolische Bedeutung, genauso wie die Reinigung des aussätzigen Syrers Naaman durch das siebenmalige Untertauchen im Jordanwasser (2Kön 5,8-14). Erwähnt sei schließlich noch die Funktion des Stromes als Grenze des Siedlungsraumes der zwölf Stämme Israels (Ez 47,18; vgl. 4Esr 5,25). Der Jordan war für die synoptischen Evangelien ein heilsgeschichtlich ausgewiesener und geheiligter Strom. Für die nachneutestamentliche Wertung muß ein möglicher traditionsprägender Einfluß der auf den Jordan fixierten Jesustaufe und der darauf bezugnehmenden christlichen Taufe in Rechnung gestellt werden. Der Verweis von Ernst Lohmeyer[4] auf „die späteren Sublimierungen des Jordans in den östlichen Kirchen und bei den Mandäern" findet in der traditionellen Verwendung von Jordanwasser bei der Taufspendung in europäischen Adelshäusern und in den Taufdarstellungen der christlichen Kunst eine direkte Bestätigung. Theologische, symbolische und heilsgeschichtliche Überhöhungen solcher Art gaben Anlaß zu den Zweifeln an der Geschichtlichkeit der Jordantaufe. Hinzu kommen sehr reale Beobachtungen zu den lokalen Gegebenheiten im unteren Jordantal, das für eine Massenaktion, wie sie in den Evangelien angedeutet ist, kaum geeignet sei. Die Region ist auf weite Strecken ein unwirtlicher Landstrich, bewachsen mit Gestrüpp, Ried, Rohrgewächs und hohen Bäumen, eingeengt durch Steilufer, in der meisten Zeit des Jahres verseucht und unbewohnbar wegen der gefährliche Schlangen und wilden Tiere[5]. Weitere Bedenken gehen auf die jüdische Rechtstradition zurück. Für

---

3 Ebd.: „.... and so no historical value can be attached to it."
4 E. Lohmeyer, Das Evangelium des Markus, KEK 2, [17]1967, 16 Anm. 1.
5 Murphy-O'Connor, John the Baptist and Jesus (s. Anm. 2), 359 Anm. 2: „The sides are of unstable marl, which becomes impassable when wet. The sides are lined with trees which grow closely together. Some of the great masses of reeds rise to a height

die Vornahme der gesetzlichen jüdischen Reinigungen sei der Jordan und sein Wasser ungeeignet[6]. Gegen jedes der vorgebrachten Argumente gibt es genügend stichhaltige Gegengründe[7]. Geographische und klimatische Momentaufnahmen, wie sie vorgebracht werden, haben nur einen bedingten Wert, da sich die Verhältnisse bei dem Verlauf größerer Gewässer schnell ändern[8], aber dies ist hier nicht der Punkt. Es bleibt festzuhalten, daß die Jordantaufe in der Tat ins Gerede gekommen ist und deshalb hinsichtlich ihrer Tragfähigkeit überprüft und gewichtet werden muß.

2. Gibt es abgesehen von den bekannten Spekulationen über die Essenertaufe in Qumran[9] bzw. in dem angeblichen Jerusalemer Essenerquartier, vielleicht auch über Taufen irgendwo an einem näher nicht bekannten Platz in der Nähe von Jerusalem[10] sonst noch glaubwürdige oder zum mindesten bedenkenswerte

---

of five metres. The dense undergrowth harbours the deadly Palestinian viper and the vicious wild boar. The fords (2 Sam 15,28; 17,16) move, and become unusable when the level of the river rises during the winter rains." Vgl. hierzu auch G. Dalman, Orte und Wege Jesu, zusammengestellt von A. Jepsen, Darmstadt 1967 (= Gütersloh ³1924), 91. Aber auch relativierend a.a.O., 92: „Das Leben könnte ein Einsiedler hier durch Fischfang und die Jagd auf Wildschweine und Tauben fristen, besonders, wenn er Brot mitgebracht hat und Milch von Kamelen und andern Weidetieren nicht fehlt." Vgl. auch Flav. Jos., Bell IV,8,3. Ch.H.H. Scobie, John the Baptist, London 1964, 43f., illustriert an interessanten Erfahrungsberichten die Unbestimmtheit dieser sowohl als „most horrible" als auch als „strangely beautiful" beschriebenen Landschaft.

6   H. Kraft, Die Entstehung des Christentums, Darmstadt 1981, 20: „Denn der Jordan war nicht einmal zur Vornahme der gesetzlichen Reinigung geeignet ..." bT Para VIII,10: „Das Wasser des Qirmjon und das Wasser des Piga sind untauglich, weil sie Sumpfwasser sind. Das Wasser des Jarden und das Wasser des Jarmukh sind untauglich, weil sie Mischwasser sind."

7   Vgl. die richtige Feststellung von Dalman, Orte und Wege Jesu (s. Anm. 5), 102: „Was Johannes der Täufer und Jesus im Jordan vollziehen ließen, hatte mit dem System jüdischgesetzlicher Reinigungen nichts zu tun."

8   Beispiele hierfür sind die Veränderungen am Oberrhein, die Flüsse in Sibirien, aber auch in der je persönlichen Umwelt, z.B. das Bett der Diemel bei Warburg i.W. Vgl. zum Jordan Dalman, a.a.O., 101: „Das Flußbett wird sich seit Jesu Zeit hier mehrfach geändert haben." Kopp, Die heiligen Stätten (s. Anm. 1), 159, mit Verweis auf F.-M. Abel, Exploration du Sud-Est de la Vallée du Jourdain, RB 41, 1932, 237-257: 244.

9   Vgl. hierzu H. Stegemann, Die Essener, Qumran, Johannes der Täufer und Jesus, Freiburg i.Br. ⁴1994, 292f.306-311, mit deutlicher Kritik: „Tatsächlich waren Johannes der Täufer und die Essener sogar heftige *Konkurrenten*." (307).

10 R. Riesner, Bethany beyond the Jordan (Joh 1:28). Topography, Theology and History in the Fourth Gospel, TynB 38, 1987, 29-63: 34, verweist auf die entsprechenden Lokalisierungen von P. Parker, Bethany Beyond the Jordan, JBL 74, 1955, 257-261, und H.E.G. Paulus, Das Leben Jesu als Grundlage einer reinen Geschichte des

Alternativen, die in den biblischen Texten eine Basis haben? Das Johannes-
evangelium bietet mit den geographisch bis auf den heutigen Tag umstrittenen
Ortsnamen „Bethanien jenseits des Jordan" (Joh 1,28; 3,26; 10,40 mit aus-
drücklichem Hinweis auf das erste [πρῶτον] oder auf ein früheres Taufen
[τὸ πρότερον]) und „Aenon bei Salim" (Joh 3,23) einen Anstoß zu weiterer
Lokalisierungsversuchen. Die unendliche Forschungsgeschichte muß hier in den
Einzelheiten nicht erneut dargestellt werden. Es genügt der Hinweis auf die
Studien zur textgeschichtlichen und topographischen Verifizierung von Betha-
nien-Bethabara aus der Feder von Wolfgang Wiefel[11] und Rainer Riesner[12]. Zu
Aenon bei Salim ist von Jerome Murphy-O'Connor[13] eine eigenwillige Hypo-
these vorgelegt worden.

2.1. Die Identifizierung beider Namen findet einen archäologischen Anhalt
in dem sog. Madaba-Mosaik (ca. 560 n.Chr.)[14], welches den Namen Bethabara
(τὸ τοῦ ἁγίου Ἰωάννου τοῦ Βαπτίσματος) an dem westlichen Jordanufer notiert, nördlich davon ist ein an einem Seil laufendes Boot eingezeichnet, möglicherweise ein Hinweis auf den in den Quellen bevorzugten Namen Βεθανία -
בית אניה, d.h. vielleicht „Haus des Bootes". Auf dem östlichen Ufer findet sich
zwar unter der mysteriösen Bezeichnung ΑΙΝΩΝ ΕΝΘΑ ΝΥΝ Ο ΣΑΠΣΑΦΑΣ
das Wort „Aenon", freilich ohne „Salim". Das arabische Wort sapsapha besagt
soviel wie „Weide", also „Aenon, jetzt innerhalb der Weide".

In dem komplizierten Geflecht der Spekulationen aufgrund der frühkirchli-
chen Pilgerberichte ist als durchgehende Konstante die östliche Seite des Jor-
danunterlaufes erkennbar. W. Wiefel zeigt in seiner Quellenauswertung drei
grundsätzliche Richtungsvorgaben auf: a) Die Taufstelle ist fünf Meilen vom
Toten Meer entfernt[15]. b) Genauere Ortsangaben erwähnen den Ort der Himmelfahrt des Elija auf einem monticulus bzw. einem mons mit Namen Armona[16] in
der Nähe der alten Stadt Livias. c) Zusätzlich wird auf eine zwei Meilen vom

---

Urchristentums I, Heidelberg 1828, 31. Murphy-O'Connor, John the Baptist and Jesus (s. Anm. 2), 360: „... he could have preached and baptized much nearer Jerusalem, e.g. at the perennial springs of Ain Farah, Ain Fawar, or Ain Qilt. These are
situated in the wilderness (Josh 8.14-15; 16.1; 2 Sam 2.24-29), and their existence in
the first century is guaranteed by Herodian aqueducts.".

11 W. Wiefel, Bethabara jenseits des Jordan (Joh 1,28), ZDPV 83, 1967 , 72-81.

12 Riesner, Bethany beyond the Jordan (s. Anm. 10), 29-63.

13 Murphy-O'Connor, John the Baptist and Jesus (s. Anm. 2), 362-366.

14 M. Avi-Yona, The Madaba Mosaic Map, Jerusalem 1954; H. Donner-H. Cüppers,
Die Mosaikkarte von Madeba I, ADPV, 1977; P. Donceel-Voûte, La carte de Madaba: Cosmographie, anachronisme et propagande, RB 95, 1988, 519-542. E. Alliata,
Les Détails précieux fournis par la Carte de Madaba, MoBi. Archeologie. Histoire
89, 1994, 30.

15 Der Pilger von Bordeaux CSEL 39, 24; Theodosius CSEL 39, 146; Gregor von
Tours, De gloria martyrum 17 (ML 71, 721).

16 Theodosius CSEL 39, 146.

Jordan entfernte Quelle in einem Tal verwiesen. Die Auswertung der literarischen Angaben bei einer landeskundlichen Exkursion hätte, so Wiefel, zu fol-
gendem gesicherten Ergebnis geführt: Der monticulus ist identisch mit dem
Gebel Elyâs in der unteren Jordanebene am östlichen Steilufer, etwa 1500m
jenseits des Flusses. Von dort aus bewegte sich die Exkursion in das Wadi el
Charrar zur Quelle 'Ain Charrar, die mit der in den Pilgerberichten genannten
Elijaquelle zu identifizieren sei. Das Wadi „dürfte demnach der dort mit Sapsa-
phas bezeichnete Ort sein"[17]. Namhafte Forscher wie etwa Gustaf Dalman[18] und
Clemens Kopp[19] haben das Bethanien von Joh 1,28 hier lokalisiert[20]. Moderne
alternative Theorien bleiben im Bereich des Hypothetischen. Zu erwähnen sind
hier ein Ruinenfeld bei dem tell el Medesch in der Nähe der Allenby-Brücke[21],
wo man den Berg des Elija und im Zusammenhang damit den Taufplatz an dem
Jordanübergang el Ghoranije vermutete[22]. Die von W. Wiefel vorgetragene
Auffassung, der Taufort könne an den Quellen des Paralleltales zum Wadi el
Charrar, dem zum Jordan hinführenden Wadi Garbe bzw. Garube, gelegen haben, kann sich auf die Nähe der alten Stadt Livias und die damit verbundene
Herodes-Antipas-Beziehung stützen[23]. Erst später sei als Wirkungsort des Täufers das mit der Elijatradition verbundene Wadi el Charrar gewählt worden. Als
bedeutendes Ergebnis dieser literarischen Quellenforschung und der archäolo-
gisch-topographischen Untersuchungen darf festgehalten werden, daß Johannes
am Ostufer des Jordan tätig gewesen ist. Ob er dort auch predigte und taufte,
entzieht sich unserer Kenntnis.

3. Wo offene Fragen sind, schießen die Theorien üppig ins Kraut. Das Beth-
anien- und Aenon-Thema ist hierfür ein Paradebeispiel. Ich möchte aus dem
reichen Angebot zu den Namen Bethabara bzw. Bethanien[24] auf die Batanaea-

---

17 Wiefel, Bethabara (s. Anm. 11), 76.
18 Dalman, Orte und Wege (s. Anm. 5), 97-102.
19 Kopp, Die heiligen Stätten (s. Anm. 1), 153-166.
20 Vgl. hierzu auch R. Schnackenburg, Das Johannesevangelium, HThK 4, ⁶1986, 283;
   G. Kroll, Auf den Spuren Jesu, Leipzig o.J. (Repr. 1991), 177.
21 L. Féderlin, Béthanie au delà du Jourdain, Paris 1908.
22 Vgl. H. Rix, Notes taken on a tour in Palestine in the spring of 1901, PEPQS, 1903,
   159-162: 161f.; A. Barrois, Art. Béthanie, DBS 1, 970.
23 Wiefel, Bethabara (s. Anm. 11), 81.
24 Die textgeschichtliche Problematik von Joh 1,28 ist bekannt. Die Mehrzahl der
   Textzeugen liest ταῦτα ἐν Βηθανίᾳ ἐγένετο (P⁶⁶.⁷⁵, ℵ, B, C, Wˢ, pc). Die abweichenden Lesarten bieten in ihrer Vielfalt (Βιθαβερα, Βηθεβαρα, Βηθαβρα, Βηθ-
   αραβα, Βεθαραβα, Βιθαβαρα, Βηθαβαρα) eine Grundform, die sich in der von Origenes überlieferten Fassung Βηθαβαρα als die zu bevorzugende erweist. Origenes
   entscheidet sich nach eigenen Aussagen In Joan. VI,205 (GCS 10,149) gegen die
   ihm vorliegende und geläufige Lesart Βηθανια, weil er bei seinen Erkundigungen einen entsprechenden Ort mit Namen Bethanien nicht gefunden hat. Die Entscheidung
   für Βηθαβαρα stützt sich auf eine Ortstradition, die allerdings für die frühe Zeit nicht

hypothese und im Anschluß daran auf symbolische Deutungen im Zusammenhang mit einer theologischen Gesamtkonzeption des Evangelisten eingehen.

3.1. Theodor Zahn[25] vermutete schon im Jahre 1907 im Anschluß an den
Alttestamentler Franz Delitzsch eine Beziehung von Bethanien zu Betonium-
Botanim (Jos 13,26f.), jetzt Khirbet Batneh, westlich-südwestlich von Salt[26].
Interessant ist hier ohne Zweifel die ausdrückliche Notiz „jenseits des Jordan",
die an die johanneische Sprachregelung bei Bethanien erinnert. „Mag dem nun
sein, wie ihm wolle, so steht, wie mir scheint, der Gleichsetzung von Betonim
Jos 13,26 mit dem Botnia des Eusebius und dem heutigen Batneh weder von
philologischer noch von geographischer Seite etwas im Wege. In geographischer und historischer Beziehung auch wohl nicht der weiteren Gleichsetzung
dieser Namen mit dem Bethania Joh. 1,28."[27] Weitere in die gleiche Richtung
gehende Vermutungen stammen von dem englischen Gelehrten George Grove,
der sich auf das Wort Βαιθαναβρά Jos 13,27 (LXXb) stützt und als Ausgangspunkt die bekannten Namen Βηθανία und Βηθαβαρά annimmt[28].

3.2. Die ersten Ansätze zu der heute von Bargil Pixner und Rainer Riesner
wieder ins Gespräch gebrachten Batanaea-Hypothese liegen schon über 120
Jahre zurück. 1875 hatte Claude R. Conder[29] das Bethabara der kirchlichen
Tradition im nördlichen Jordantal angesetzt. Fünf Kilometer nordöstlich von

---

sicher lokalisiert werden kann. Entsprechend variieren dann auch die Deutungen.
Bedenkenswert ist die pneumatische Deutung, die mit der Auslegungsmethode des
Origenes korrespondiert. W. Wiefel hat mit überzeugender Begründung darauf hin-
gewiesen. Wenn Origenes Bethabara mit οἶκος κατασκευῆς übersetzt, denke er an
das Taufen des Wegbereiters, der für Christus entsprechend Lk 1,12 ein Volk bereiten wollte. Da die Identifizierung des entsprechenden hebr. Äquivalents nicht eindeutig ist - das bêt bara von Ri 7,24 ist in Erwägung gezogen worden -, bleibt für
Vermutungen wie Βηθαβαρα = byt 'brh, und einen Verweis auf Orte, die an die atl
Überquerungen des Jordan (Jos 3,1-17; 2Kön 2,8.14) bzw. an das Untertauchen und
Waschen im Jordan (2Kön 5,1-27[14]) erinnern, genügend Spielraum. Die thematischen Berührungen mit der Taufe des Johannes sind klar zu erkennen. Hierzu Wiefel
(a.a.O., 74): „Sehr wahrscheinlich ist es jedoch, daß die von Origenes vertretene Typologie dazu beigetragen hat, Bethabara in der Nähe jener Stadt zu suchen, wo die
Jordanüberquerung des Josua lokalisiert war und eine Eliatradition bestand. Das
setzt voraus, daß Origenes selber eine Lokaltradition nicht vorgefunden hat." Hieronymus hat in Ep. 108,12 (CSEL 45,321) deutlichere Ortsbezüge vermerkt; Eusebius,
Onom. (GCS 11,1,58), weiß von einem gelegentlichen Taufbad der Christen im Jordan zu berichten.

25 Th. Zahn, Zur Heimatkunde des Evangelisten Johannes, NKZ 18, 1907, 265-294,
bes. 290-294.
26 Vgl. auch K. Furrer, Das Geographische im Evangelium nach Johannes, ZNW 3,
1902, 257-265.
27 Zahn, Zur Heimatkunde (s. Anm. 25), 291f.
28 T.K. Cheyne, Art. Bethany, EB(C) 1, 1899, 548.
29 C.R. Conder, The Site of Bethabara, PEPQS, 1875, 72-74.

Beth Shean stieß er auf eine Furt mit Namen Makhadhet 'Abarah. Zwei Jahre später korrigierte er seinen Standpunkt, indem er sprachlich von dem Wort Bethanien ausging und auf diesem Wege zu der Region Batanaea, das Bashan des Altes Testaments, kam[30]. William H. Brownlee hatte 1972 in dem von James H. Charlesworth herausgegebenen Sammelband „John and Qumran" einen Aufsatz mit dem Titel „Whence the Gospel According to John?"[31] veröffentlicht und dort umfängliche theologische und chronologische Gründe für die Gleichsetzung von Bethanien mit Batanaea vorgetragen. Der Ausgangspunkt der Argumentation ist die Verrechnung der Reiseroute Jesu einmal zwischen Bethanien (Joh 1,28.43) und Kana in Galiläa (Joh 2,1-11), dann von dem Ort, wo Johannes früher getauft hat (Joh 10,40 = Bethanien am Jordan), nach Bethanien bei Jerusalem, dem Wohnort des Lazarus (Joh 11,17). Die zeitlichen Unstimmigkeiten - einmal zu wenig Zeit, das andere Mal zuviel Zeit für die vorausgesetzten Wegstrecken - führen zu der grundsätzlichen Feststellung, daß das Bethanien jenseits des Jordan mit Batanaea gleichgesetzt werden müsse. In dem Revier, durch welches der Yarmuk, der östliche Nebenfluß des Jordan, fließt, fänden sich genügend Plätze, an denen der Taufort des Johannes vermutet werden könne. Batanaea sei eine hellenisierte Form des aramäischen Äquivalents für den hebräischen Namen Bashan. Der Autor bezieht sich auf eine Reihe verwandter Wortbildungen wie bôtᵉnayyê, bôtᵉnayyim, bôtᵉnᵉyîn, bûtᵉnan, batᵉnayyay. Die arabische Form el-Bottein oder el-Betheneyeh käme dem Bethanien des Evangeliums am nächsten. Obwohl die beiden Bethanien des Johannesevangeliums sprachlich verschiedene Ursprünge hätten, seien sie klanglich und orthographisch doch so sehr miteinander verwandt, daß sie sich für theologische Kombinationen des Evangelisten eigneten. Brownlee erkennt drei verschiedene Sechs-Tage-Perioden im Zusammenhang der beiden Orte: 1. Von der Begegnung Jesu mit Johannes (Joh 1,29) bis zur Hochzeit in Kana (Joh 2,1). 2. Von der Information über die Krankheit des Lazarus in Bethanien (Joh 11,3) bis zur Ankunft am Wohnort des Lazarus in Bethanien (Joh 11,17), und 3. vom Eintreffen in Bethanien bis zur Kreuzigung in Jerusalem. „Each six-day period was climaxed in a manifestation of his glory (2:11; 11:4,40; 12:23; 13:31; 17:1-5). Each trip from Bethany I (d.h. am Jordan) foreshadowed the glorification of the Son of Man at Calvary and his ultimate glory as the risen Lord."[32] Eine geistreiche Kombination von Geographie und Theologie, die man dem Verfasser des 4. Evangeliums wohl zutrauen kann. Es ist nur die Frage, ob die vorausgesetzten geschichtlichen Fakten damit übereinstimmen. Oder anders: Sind solche Kombinationen dem theologischen Sinn des Evangelisten oder der Phantasie des Interpreten entsprungen?

---

30 C.R. Conder, Bethany beyond Jordan, PEPQS, 1877, 184-186.
31 W.H. Brownlee, Whence the Gospel According to John?, in: John and Qumran, hg. v. J.H. Charlesworth, London 1972, 166-194, bes. 167-173.
32 Brownlee, a.a.O., 169.

3.3. R. Riesner und B. Pixner[33] stimmen in der Tendenz mit der Batanaea-These überein, verzichten aber auf die mystisch-theologischen Deutungen und beschränken sich ausschließlich auf die geographische Auswirkung der Chronologie bzw. der Reisewege Jesu. Wenn man das Bethanien jenseits des Jordan (Joh 1,28) als Landschaftsnamen Βατανέα, Βατανεία, Βαταναῖα[34] bzw. entsprechend Jer. Targ. zu Dtn 32,14 hebr. בתני[35] lesen dürfte, läge ein entsprechendes Äquivalent zu Βηθανία vor. Johannes hätte seine Tätigkeit dann in der Region von Batanaea, jenseits des Jordan, d.h. im nördlichen Transjordanien, begonnen, wie Joh 10,40 bei der Lesart τὸ πρῶτον angedeutet sei[36]. Wenn Johannes sich selbst als den wiederkommenden Elija verstanden und seinen Dienst in diesem Sinne mit den Erwartungen der Essener abgestimmt hätte, könne nicht ausgeschlossen werden, daß er, zumal in den Bereichen, denen die traditionellen Offenbarungserlebnisse und neutestamentlichen Messiasbekenntnisse zugeordnet werden (Caesarea Philippi), sich als den Herold des kommenden Christus verstanden hätte[37]. Ein Zitat aus den Ausführungen von Pixner illustriert eindrucksvoll die glänzende, aber dennoch kaum nachvollziehbare Kombination aus biblischen und religionsgeschichtlichen Beobachtungen, die auf jenes Territorium im nordöstlichen Transjordanien appliziert sind: „Die spanische Pilgerin Egeria reiste um 384 von Jerusalem nach Carneas (Karnajim) in der Batanäa, um dort das Grab des Hiob zu besuchen. Auf der Reise dorthin kam sie nach dem Besuch in Elias Heimatstadt Tisbe (1Kön 17,1) auch durch das Tal von Corra (Krith), wo sich Elia vor Ahab verbarg (1Kön 17,3-6)"[38]. In der von Egeria erwähnten vallis ingens, „mittens torrentem in Jordanem infinitum"[39] glaubt Pixner den Yarmuk, an dem auch die Taufstelle des Johannes liegen müsse, entdeckt zu haben. Eine gewagte Kombination führt den Palästinaforscher zu den hier ansässigen Essenern und Urmandäern, die der Botschaft und der Taufe des Johannes wahrscheinlich Sympathie entgegengebracht hätten. Weitere Überlegungen mit gewissen Hinweisen des Flavius Josephus[40] führen zu einem „batanäischen Clan" und zu herodianischen Söldnertruppen,

---

33 Riesner, Bethany beyond the Jordan (s. Anm. 10), 29-64. B. Pixner, Wege des Messias und Stätten der Urkirche. Jesus und das Judenchristentum im Licht neuer archäologischer Erkenntnisse, hg. v. R. Riesner, Gießen/Basel o.J., 166-179.

34 So Flav. Jos., vgl. A. Schalit, Namenwörterbuch zu Flavius Josephus. A Complete Concordance to Flavius Josephus, hg. v. K.H. Rengstorf, Suppl. I, Leiden 1968, 25b.

35 Vgl. Riesner, Bethany beyond the Jordan (s. Anm. 10), 54.

36 Anders die adverbiale Deutung von τὸ πρῶτον = früher einmal. Die zu bevorzugende Lesart ist das τὸ πρότερον (P45, א, Θ, it). Vgl. hierzu Ch.K. Barrett, Das Evangelium nach Johannes, KEK, 1990 (Übersetzung der engl. Originalausgabe London 1978), 385.

37 Riesner, Bethany beyond the Jordan (s. Anm. 10), 56f.

38 Pixner, Wege des Messias (s. Anm. 33), 173.

39 Egeria, Itinerarium 16,4 (SC 296,192).

40 Flav. Jos., Bell. II,421; Vita 46-61.177-180.407-409.

die dem Herodes Antipas in der Auseinandersetzung mit Aretas IV., dem Vater der verstoßenen Ehefrau des Antipas, wegen der Ermordung des Täufers die Treue aufgekündigt hätten. „Könnte es sein, daß die Überläufer (zu Aretas) aus Anhänglichkeit gegenüber dem Täufer handelten, weil sie sein Wirken im Norden erlebt hatten? Sie hätten dann zu jenen Soldaten gehört, welche zum Täufer kamen und von ihm die Mahnung erhielten: 'Mißhandelt niemand, erpreßt niemand und begnügt euch mit eurem Sold!'(Lk 3,14)."[41] Ich will diesen Abschnitt weiter nicht kommentieren, sondern nur mit Nachdruck auf die Folgen eines exzessiven Historismus hinweisen. Das Fazit dieser Darstellung lautet: Die zeitlichen Angaben des Johannesevangeliums sind für derartige weitreichende Schlußfolgerungen ungeeignet. Es ist hier nicht der Ort für grundsätzliche Ausführungen über eine theologische Chronologie, die mit dem Mittel der Zahlensymbolik Sachverhalte ausleuchtet. Dem knappen Urteil von Charles Kingsley Barrett: „... umfängliche, aber nicht überzeugende Argumente dafür ..., daß man Bethanien im Sinn von Batanaea verstehen sollte"[42] muß nichts hinzugefügt werden.

    4. Eine interessante Hypothese zur Lokalisierung von Aenon bei Salim ist 1990 von Jerome Murphy-O'Connor vorgestellt worden[43]. Johannes hätte im Zuge einer inneren und äußeren Distanzierung von der Elijatradition seinen Standort in Peräa aufgegeben und den lokalen Rahmen seiner Tätigkeit nach Samaria verlagert, gewissermaßen in Arbeitsteilung mit seinem in Judäa taufenden Schüler und Helfer Jesus. „One man, however, could not do everything. Thus, it was agreed that Jesus should go into Judaea, where the ground had already been prepared by those who had come out to hear John in Peraea (Mark 1.5). As the leader, John would take upon himself the much more difficult task of trying to persuade the Samaritans, whose relationship with Jews could hardly be described as friendly".[44] Die Ortsangabe Aenon bei Salim und die nähere Kennzeichnung als ein Platz, wo viel Wasser war (Joh 3,23), wirft Fragen zur Geographie auf. Wenn man sich an die Angaben der Madaba-Karte erinnert, wäre die hier von Murphy-O'Connor vorgeschlagene Ortsbestimmung von Aenon bei Salim völlig abwegig. Es ist die Frage, ob die Argumentation mit der Zweifach-Lokalisierung der Madaba-Karte, nämlich diesseits und jenseits des Jordan, für eine Totalverwerfung schon ausreicht. Aber folgen wir einmal den Überlegungen, die sich auf Edward Robinson und andere „serious topographers" stützen und den Namen Nablus ins Gespräch bringen. Der Name Salim verweise eindeutig auf eine 4,5 km östlich von Tel Balata, dem alten Shechem,

---

41 Pixner, Wege des Messias (s. Anm. 33), 174.
42 Barrett, Evangelium nach Johannes (s. Anm. 36), 200.
43 Murphy-O'Connor, John the Baptist and Jesus (s. Anm. 2), 362-366.
44 Vgl. a.a.O., 365f.

gelegene Siedlung gleichen Namens[45]. Das Wort „Aenon" wirft mehr Fragen auf. Frühere Untersuchungen dachten an das Khirbet Ainun, das zwölf Kilometer nordöstlich von Salim liegt. Diese Erklärung hat nach dem Urteil von Murphy-O'Connor nur den Nachteil, daß es dort keine Quellen gibt. Eine in diesem Zusammenhang von William Foxwell Albright[46] vertretene Lokalisierung zwischen Ain Farah und Ain Duleib, zwei Orten mit stark sprudelnden Quellen, blieb wegen der großen Entfernung zunächst fraglich. Eine von dem Dominikaner Ronald de Vaux[47] ins Gespräch gebrachte Theorie, die sich auf eine Verlagerung der Siedlung wegen der grassierenden Malaria-Krankheit stützt[48], führte weiter: Der Name sei auch ohne Quellenbezug mitgewandert. Murphy-O'Connor findet die für ihn richtige Erklärung in fünf Quellen am Ostabhang des Garizim. „'The springs near Salim', therefore, attests a mission of the Baptist in the very heart of Samaritan territory"[49]. Die Tauftätigkeit in Samaria müsse im Zusammenhang mit den bereits angedeuteten Missionsunternehmen des Johannes und der Rollenverteilung: Jesus missioniert in Judäa, er selbst in Samaria gesehen werden. Das Jesuslogion von den Feldern, die reif sind für die Ernte, zusammen mit dem Sprichwort von dem Einen, der sät, und dem Anderen, der erntet (Joh 4,38), mache nur in dem hier angedeuteten Lehrer-Schüler-Verhältnis und im Rahmen der Samaria-Aenon bei Salim-Mission des Täufers einen Sinn. Das ist ein respektabler Standpunkt, aber mehr auch nicht.

5. Die Schwierigkeiten der exakten Ortsbestimmung[50] legen die Vermutung nahe, daß hier nicht auf der biographischen Ebene des Täufers, sondern auf der nachjohanneischen Ebene der Gemeinde argumentiert wird. Die Schüler des Täufers haben möglicherweise in Samaria an diesem Orte Kontakte gepflegt

---

45 M.-E. Boismard, Aenon près de Salem (Jean III,23), RB 80, 1973, 223-229.
46 W.F. Albright, Some Observations favoring the Palestinian Origin of the Gospel of John, HThR 17, 1924, 189-195: 194: „... but the name (i.e. Ainûn) alone shows that the ancient village of this name lay nearer the head of the Wâdî Far'ah, now three miles away, either at Hirbet es-Smert, or at Tammûn." Vgl. hierzu Kopp, Die heiligen Stätten (s. Anm. 1), 172: „Gesucht wurden Aenon und Salim auch ... im wadi fara, beim Dorf Salim in Samaria, etwa 6 km östlich von Nablus."
47 R. de Vaux, The Excavations at Tell el-Far'ah and the Site of Ancient Tirzah, PEQ 88, 1956, 125-140: 126.135.
48 Boismard, Aenon près de Salem (s. Anm. 45), 222.
49 Murphy-O'Connor, John the Baptist and Jesus (s. Anm. 2), 365.
50 Die Studien von C. Kopp, Die heiligen Stätten (s. Anm.1), liegen zwar schon eine geraume Zeit zurück (2. Aufl. 1964), aber die Selbstbescheidung in kritischen und nicht eindeutigen Fragen verdient Respekt: „Aber diesen Lokalisierungen fehlt das Fundament von Heiliger Schrift und Überlieferung. Entweder muß man einen totalen Skeptizismus bekennen oder sich von den Zeugnissen des 4. Jh. in die Ebene von Bethsan führen lassen." Hier auch der weiterführende Hinweis auf F. Büchsel, Das Evangelium nach Johannes, Göttingen [5]1949, 58: „Ainon und Salim sind unbekannte Orte, über die es auch keine Überlieferung gibt."

und Gespräche geführt. Ich verweise hier auf die interessanten Beobachtungen von John A.T. Robinson zu den „Anderen" von Joh 4,38, die gesät haben, wo jetzt von den Johanneschristen die Ernte eingefahren wird[51]. Nach den Überlegungen von Hans-Peter Heekerens[52], der den historischen Jesus-Johannes-Bezug stark relativiert bzw. in den Hintergrund rückt, gab es in Samaria eine konkurrierende Missionstätigkeit der beiden Jüngergruppen. Die johanneische Christengemeinde in Samaria „rekrutierte sich teilweise aus ehemaligen Täuferjüngern. Beide Aussagen zusammen ergeben wohl die ganze Wahrheit: zur johanneischen Gemeinde sind Täuferjünger aus Samaria gestoßen"[53]. Diese Deutung trifft sich in etwa mit der Ansicht von Karl Kundsin[54], der in dem samaritanischen Aenon ein Zentrum der Täuferschüler bzw. der Täufergemeinde erkennt. Die gleiche Vermutung mit Bezug auf Bethanien von Joh 1,28 ist indes sehr spekulativ, da es keinerlei Hinweise auf eine frühe Christengemeinde, die dort von Johannes dem Täufer zu Jesus übergewechselt wäre, gibt. Da für die Taufstelle Aenon bei Salim allenfalls hypothetische Annäherungen zu erreichen sind[55], ist nach meiner Ansicht eine symbolische Erklärung wie etwa „Friedens-

---

51 J.A.T. Robinson, The „Others" of John 4,38. A text of exegetical method, StEv 1, 1959, 510-515. Der Autor will auf einer historischen Argumentationsebene das Verhältnis von Jesus und Johannes bzw. Jesus- und Johannesjüngern klären. Seine Beobachtungen zu der „Doppelbödigkeit" der Argumentation des vierten Evangeliums verdienen in diesem Zusammenhang Beachtung (vgl. Anm. 55).
52 H.P. Heekerens, Die Zeichen-Quelle der johanneischen Redaktion. Ein Beitrag zur Entstehungsgeschichte des vierten Evangeliums, SBS 113, 1984, 100-104.
53 Vgl. a.a.O., 104.
54 K. Kundsin, Topologische Überlieferungsstoffe im Johannes-Evangelium, Göttingen 1925, 26.
55 Das selbstsichere Urteil mancher Autoren in historisch-geographischen und archäologischen Fragen des vierten Evangeliums stimmt nachdenklich. Jeder Wissenschaftler muß seine eigenen Positionen immer wieder durch neue stringente Argumente in Frage stellen lassen. Aber eine solche Feststellung betrifft die eine wie auch die andere Seite. Die Wahrheit des Evangeliums hat es mit Fakten und harten Daten zu tun, das ist unbestritten. Man sollte jedoch mit einem gewissen Maß von Selbstbescheidung auch die angeblich so sicheren und unumstößlichen Ergebnisse der historischen Forschung immer wieder neu überprüfen und in Frage stellen, um dann vielleicht zur Einsicht in ihre grundsätzliche Relativität vorzustoßen. Die Botschaft des Neuen Testaments hat es mit Geschichte zu tun, aber das ist eben noch nicht die ganze Wahrheit. John A.T. Robinson, ein gewiß unverdächtiger Zeuge, hat diese prinzipielle Offenheit im Vorspann seines oben genannten Aufsatzes (The „Others" [s. Anm. 51]) zum Ausdruck gebracht: „Of all the Evangelists John is most patently looking at the Gospel events through the spectacles of the Church's life. The convictions taught by Christ of faith mingle indistinguishably with the words of the Jesus of history. But does he create sayings and incidents which had and could have had no place in the historic ministry of Jesus in order to speak the word of the living Christ? Here lies the crux of Johannine interpretation. There comes a point, however hard it may be to define, at which it would be necessary to say, 'These words, this

wasser" oder „Friedensquelle" keineswegs abwegig[56]. Der Ort als solcher entzieht sich einer geographischen Verifizierung, Johannes überliefert vielmehr einen „idealen Platz", der etwas über die innere Haltung der johanneischen Friedensbewegung der frühesten Zeit aussagt. Das Wort des Zacharias von dem Weg des Friedens, auf den Johannes unsere Schritte lenken soll (Lk 1,79 vgl. 1,17b), hatte Fernwirkung.

Zu Bethanien, jenseits des Jordan, sind trotz der interessanten Traditionszeugnisse[57] Fragen angebracht. Die schon dargestellten Erklärungen kommen allesamt aus dem Bereich einer Vermutung nicht heraus. So ist es verständlich, daß auch hier die heftig kritisierte symbolische Interpretation ansetzt. Es sei hier an Norbert Krieger und die Überlegung zu den fiktiven Orten erinnert. Ausgangspunkt der geistlichen Deutung des Namens Bethanien ist nach seiner Auffassung das gleichnamige Dorf am Ölberg. Jesus hat dort den Lazarus von den Toten erweckt (Joh 11,1-41), dort sprach er zu Marta das berühmte Offenbarungswort: „Ich bin die Auferstehung und das Leben" (Joh 11,25), dort faßten die Führer des Volkes endgültig den Beschluß, Jesus zu töten (Joh 11,53). In Bethanien hat die Lazarusschwester Maria Jesus für den Tag des Begräbnisses gesalbt (Joh 12,1-11), von Bethanien aus hielt er Einzug in Jerusalem, wo er als der König Israels begrüßt wurde (Joh 12,12-19). Wenn es zutrifft, daß der Name auf hebräisch בית עניה, d.h. Ort der Responsorien oder des zustimmenden Zeugnisses der Gemeinde bedeutet, ergäbe sich ein Bezug zu der Anfangserzählung von Johannes, der zum Zeugnis für das Licht gekommen ist (Joh 1,7) und in Bethanien, jenseits des Jordan, für den Messias Jesus sein erstes Zeugnis abgelegt hat (Joh 1,28; vgl. auch 5,33). „Betania, jenseits des Jordan, wäre ein johanneisches Äquivalent für das paulinische Dogma von der Gerechtigkeit Gottes, die offenbar wurde außerhalb des Gesetzes, wiewohl bezeugt von dem Gesetz und den Propheten (1,45 Rm 3,21)."[58] Das Resümee lautet: Mit Überlegung hat der vierte Evangelist am Ende des Weges Jesu noch einmal den Namen Bethanien vor dem Hintergrund des Zeugnisses des Johannes ins Spiel gebracht,

---

incident, admit of no possible setting within the ministry of Jesus: they must be interpreted *solely* with reference to the situation of the Church" (510). Robinson meldet hier grundsätzliche Bedenken mit Berufung auf eine biblische Hermeneutik, speziell auf das Verständnis von „Evangelium", an. Die Frage des Pilatus „Was ist Wahrheit?" (Joh 18,38) greift ja doch wohl tiefer als die Verifizierungen von Fakten mit den Mitteln der wissenschaftlichen Forschung. Das Johannesevangelium durchleuchtet das Vordergründige und erkennt Hintergründiges, vielleicht auch in der Sprache der Zeichen und Symbole. Möglicherweise ist die Wahrheit der evangelischen Botschaft bei Johannes kompakter in solchen Zeichen und Symbolen als in den Informationen der Landkarte enthalten.

56 Anders N. Krieger, Fiktive Orte der Johannes-Taufe, ZNW 45, 1954, 121-123: 123: „Nahe beim vollkommenen Heil - des christlichen Sakraments."

57 Vgl. Anm. 24.

58 Krieger, Fiktive Orte (s. Anm. 56), 122.

gewissermaßen als die untere und die obere Sprosse einer Jakobsleiter (Joh 1,51), „die vom Himmel auf die Erde und bei Jerusalem von der Erde in den Himmel führt (vgl. Lk 24,50-51)"[59]. Ohne das Ergebnis im Detail übernehmen zu wollen, verdient der methodische Ansatz volle Zustimmung.

Die dichte theologische Ausstattung des Namens mit einem eindeutigen und einem fragwürdigen lokalen Hintergrund ist sicher kein Zufall. Hier kommt johanneische Mystik in kompakter Form zum Ausdruck. Für die historische Überlegung bleibt als feste Konstante die biblisch tradierte Formel πέραν τοῦ Ἰορδάνου, die einer lokalen Begrenzung nur bedingt bedarf. Die Wendung ταῦτα ἐγένετο scheint anzudeuten, daß der Bethanienpassus sekundär nachgetragen worden ist (nur noch Joh 1,28 und Lk 24,21). Wichtig ist allein die Feststellung, daß die Begegnung zwischen Johannes und Jesus am Ort der Taufe im Süden Palästinas am Jordan oder in der unmittelbaren Nähe stattgefunden hat. Die Eintragung des Ortsnamens Bethanien geht auf das Konto der Redaktion, die an einer exakten Geographie kaum interessiert war, trotz mancher Details, welche der Tradition zuzuweisen sind und von dorther Beachtung verdienen. Charles Kingsley Barrett[60] sagt zu Recht: „... aber man darf nicht folgern, daß Johannes schrieb, um diese Nachrichten mitzuteilen. Er sollte nicht als antiker Baedeker gelesen werden."

6. „Wo Johannes taufte" – Überlegungen zu einer symbolisch-theologischen Deutung der Ortsnamen und der Verweis auf den Vorrang des Taufwassers vor dem Taufort haben ihr Gewicht, aber nur als Überhöhung eines vom Evangelium bezeugten, lokal anzusiedelnden Taufgeschehens. Die Rückkehr zum Jordan als historisch glaubwürdigem und heilsgeschichtlich ausgewiesenem Taufplatz ist solide begründet. Hartmut Stegemann hat mit guten Argumenten auf diesen Gesichtspunkt aufmerksam gemacht und auf die Jordanübergänge, die in der alttestamentlichen Tradition einen festen Platz haben, hingewiesen. Johannes hat sich mit voller Überlegung dort niedergelassen, wo Israel in das Land der Freiheit eingezogen war. Die auffällig häufige Verwendung der sprachlichen Floskel „jenseits des Jordan" als indeklinabler Eigenname im Zusammenhang mit der Landnahme Israels läßt sich nicht eindeutig östlich oder westlich lokalisieren, der entscheidende und prägende gemeinsame Nenner ist der Jordan, gelegentlich auch sachlich und namenlos einfach Fluß genannt. In dem Begriff πέραν τοῦ Ἰορδάνου[61] bündeln sich Verheißungen, Hoffnungen, Erwartungen,

---

59 Ebd.
60 Ch.K. Barrett, Das Johannesevangelium und das Judentum, Stuttgart 1970, 60.
61 Die Wendung findet sich gelegentlich auch in der Form πέραν τοῦ ποταμοῦ (durch Unterstreichung gekennzeichnet) und in absoluter Form τὸ πέραν, vgl. hierzu Gen 50,10.11; Num 27,12; 32,19.32; 34,15; 35,14; Dtn 1,1.5; 3,8.20.25; 4,41.46.47.49; 11,30; 31,4; Jos 1,15; 2,10; 5,7; 9,1.10; 12,1.7; 13,8.14.27.32; 14,3; 17,5; 18,7; 20,8; 21,36; 22,4.7; 24,2.3.8.14.15; Ri 5,17; 7,25; 10,8; 1Kön 31,7; 3Kön 14,15;

die sich im Land konkretisieren und in dem Grenzfluß das letzte Hindernis noch einmal problematisieren. Hartmut Stegemann[62] stellt die alles entscheidende Frage: „Warum also taufte Johannes ausgerechnet 'in den Jordan hinein' (Mk 1,5-9; Mt 3,6; vgl. Lk 3,3; 4,1; Joh 1,28; 10,40), warum nicht in einer bevölkerungsreichen Stadt, sondern in der Wüste?", um darauf zu antworten: „In einer Art symbolischer, prophetischer Zeichenhandlung setzte Johannes somit das Volk Israel vor dem Übergang zur künftigen Heilszeit in Entsprechung zu jener Wüstengeneration Israels, der zwar das Heil bereits verheißen war, deren Mitglieder aber erst zugrunde gehen mußten, bevor ihre Kinder das Heilsziel erreichen durften." Wenn das so ist, standen zwar beliebig viele Stellen mit ausreichendem Wasser zur Verfügung, aber eben keine außer dem Jordan, die den hohen Erwartungen des Volkes gerecht wurden. Die synoptischen Evangelien stehen mit ihrer Aussage καὶ ἐβαπτίζοντο ὑπ' αὐτοῦ ἐν τῷ Ἰορδάνῃ ποταμῷ (Mk 1,5) nicht nur mit den theologischen Vorstellungen des Johannes, sondern auch mit der alttestamentlich-jüdischen Geschichtsüberlieferung im Einklang[63].

1Chron 6,63; 12,38; 19,16; 26,30; 2Esd 4,10.11.20; 5,3.6; 6,6.8.13; 8,36; Neh 2,7.9; 3,7; 1Makk 5,41; 7,8; 9,34.48; 11,60; Jdt 1,9; Jes 7,20; 8,23; Mt 4,15.25; 8,18.28; 14,22; 16,5; 19,1; Mk 3,8; 4,35; 5,21; 6,45; 8,13; 10,1; Lk 8,22 (τὸ πέραν τῆς λίμνης); Joh 1,28 (Βηθανία ... πέραν Ἰορδάνου); 3,26; 10,40.

62 Stegemann, Die Essener (s. Anm. 9), 296f.

63 Hieronymus in seiner Lobschrift auf die hl. Paula, Ep. 108,12 (CSEL 55, 321); vgl. Kopp, Die heiligen Stätten (s. Anm. 1), 156: „So nimmt die heilige Paula hier die Fäden der jüdischen Tradition in die Hand, auch, als sie nun am *Jordan* steht. Folgende biblische Erinnerungen traf sie an dieser Furt an: 1. hier überschritten einst die Israeliten unter Josue trockenen Fußes den Jordan; 2. wieder stand sein Wasser zu beiden Seiten, als Elias mit Elisäus hinüberging; 3. bei seiner Rückkehr konnte Elisäus noch einmal durch die an beiden Seiten aufgestauten Wasser schreiten; 4. hier reinigte der Herr durch seine Taufe die Wasser, die durch die Sintflut befleckt waren." Das Fazit: Nicht irgendein Übergang über den Jordan, „sondern der historische, den Juden unvergeßlich wegen des Durchzugs ihrer Väter".

Evolution in the Tradition of the Last Supper
(Mk 14,22-26 and par.)

by Jean-Marie van Cangh

For all the faithful who regularly celebrate the sacrament of the Eucharist and consider it as the memorial and renewal of the Last Supper, it appears evident that on the eve of his Passion, Jesus took bread, blessed it, broke it and gave it to his disciples, saying: «Take and eat, this is my body». Then, after the meal, he took the cup, offered thanks and gave it to his disciples, saying: «Drink of this, for this is my blood of the covenant which is shed for many in remission of sins». This description of the Last Supper is that of Mt 26,26-28. It has been taken up *grosso modo* by the Roman liturgy and by most Christian liturgies.

But what is at the origin? If we refer to the text of Lk 22,15-20, we observe that there is a double tradition involving the Last Supper: a pascal and testamentary tradition, on the one hand, and a eucharistic and liturgical tradition, on the other hand. Luke first of all mentions a pascal cup (v. 17) over which Jesus pronounces an eschatological word («I shall not drink of the fruit of the vine until the kingdom of God comes», v. 18). These words have nothing to do with the consecratory words regarding the wine of the third cup, the cup of benediction I Cor 10,16 speaks of (Lk 22,20: «The cup, poured out for you is the new covenant sealed by my blood»).

Not only is this cup of benediction different from the first cup, but the words which are pronounced over it are different in the parallel texts of Mk 14,24; Mt 26,28 and in the parallel texts of Luke and Paul. In Lk 22,20 (as in I Cor 11,25), it is a question of «the new covenant in my blood», an allusion to the text of Jer 31,31, whereas the traditions of Mark and Matthew speak of «my blood of the covenant», which is a citation from Ex 24,8.

These two remarks allow us to clarify the plan of our article. In the second part, we shall study the difference between the eschatological cup, which is the primitive cup (that of Lk 22,17-18 and Mk 14,25 par. Mt 26,29) and the eucharistic cup over which the words consecrating the wine are pronounced (Lk 22,20 and Mk 14,24 par. Mt 26,28). These were probably composed by the Palestinian community for interpreting the death of Jesus in a sacrificial and expiatory sense and introduced by the Hellenistic community under the influence of the liturgical celebration. This provides us a view of the primitive unfolding of the

Last Supper events, based on the text of Mk 14,18-26 which we consider to be the most ancient historical testimony.

But before this, we need to take a long detour to re-examine factors concerning the Jewish tradition of daily and festive meals. The double eucharistic gesture of Jesus is rooted in the Jewish benediction over the bread which opens all Jewish meals (daily as well as festive) and in the benediction said over the wine which terminated the Jewish festive meal and which was pronounced over the third cup (*kos ha-berakah* or *potèrion tès eulogias*, I Cor 10,16). This affirmation is admitted by all specialists. As an example, we cite the phrase of Heinz Schürmann: «Research on the Last Supper has brought out one point, almost unanimously admitted and difficult to place in doubt: we have here two gestures characteristic of the meal of the Jewish feast; and these two primitively separated gestures have been subsequently reunited; most precisely, it is a question of two actions - already solidly anchored in Jewish custom where they already had a symbolic and ritual significance - accompanying the prayer at the beginning of the meal and that at the end. The stereotypical formula 'in the same way, he took the cup, after supper', which has passed into the accounts of the Institution (Lk 22,20; I Cor 11,25) make this position practically certain»[1]. For that matter, the Synoptics affirm that Jesus's meal was a pascal meal (Mk 14,12-26 par.). Even authors who contest it admit that «nobody sheds doubt on the pascal atmosphere in which the account is produced»[2].

Yet, these two facts of the Jewish and synoptic tradition have been recently placed in doubt in the book by E. Nodet and J. Taylor[3]. The authors refer to the *first-fruits* of bread and wine at Essenian meals (1QS 6,4-6; 1QSa 2,11-22) and to the wine of the *Pentecost*, the feast of the covenant to explain the eucharistic meal[4]. Should one not rather evoke the benediction over the ordinary bread of the daily or festive meals of the terrestial Jesus (see the 4 characteristic verbs of Mt 14,19; 15,36; Mk 6,41; 8,6; Lk 9,16; Jn 6,11) and the wine of the «pascal» meal or of the festive farewell meal suggested by the Synoptics (Lk 22,15-18). This poses at least a problem of method. Doesn't this depend upon the point of departure of authors who are first of all interested in the Paulinian kerygma of the cross and resurrection, and quite secondarily in the historical Jesus[5]?

---

1   H. Schürmann, Comment Jésus a-t-il vécu sa mort?, LD 93, Paris, 1973, p. 90.
2   X. Léon-Dufour, Le partage du pain eucharistique selon le Nouveau Testament, Paris, Le Seuil, 1982, p. 349.
3   Essai sur les origines du christianisme. Une secte éclatée, Paris, Le Cerf, 1998.
4   Ibid., pp. 18-19; 103-115; 364-365; 372-377. To justify their affirmations, the authors cite, principally, the texts of Qumrân, Flavius Josephus and the Jubilees. Would it not be better to begin by seriously studying the four presentations of the Last Supper in the Synoptics and I Co 11, 23-26? These texts do not mention the *first-fruits* of bread and wine and make no direct allusion to the Pentecost.
5   Ibid., pp. 9 et 255. The point of view of the historical Jesus is described as the "point de vue des judéo-chrétiens, puis des gnostiques" (p. 9). A curious mixture!

Thus we are going to deal first with the relationship between the Jewish festive meal and the origin of the eucharist.

1. From the Jewish Festive Meal to the Christian Eucharist

1.1.The benediction over the bread and wine

The four verbs characteristic of the *berakah* over the bread (*lambanô, eulogeô* or *eucharisteô, klaô, didômi*) are to be found in the accounts of the multiplication of the bread as well as in that of the institution of the eucharist[6].

1. The father of the family or the president of the congregation takes the flat bread: *labôn arton* (Mk/Mt) or *elaben arton* (Lk/Pl).
2. He pronounces the benediction over it in the name of all: «Blessed be you, Yahweh our God, king of the universe, you who bringest forth bread from the earth» (*M.Ber.* VI,1)[7], employing the verb *eulogèsas* (Mk/Mt) or *eucharistèsas* (Lk/Pl). The participants embrace the benediction by an absolutely obligatory *Amen*.
3. He breaks the flat bread with his hands (*eklasen*, in Mk/Mt and Lk/Pl) and detaches a piece (at least of the size of an olive) for each guest.
4. He gives each one a piece of bread (*edôken autois*, Mk/Lk; *dous tois mathètais*, Mt). He eats first and everyone follows suit.

The particularity of the festive meal and the pascal meal is that this benediction over the bread takes place during the meal, after the hors-d'oeuvres. This corresponds to the reading of *Mk* 14,18.21 («And as they were reclining at table eating»). In the case of the pascal meal, the reclining position is also prescribed «to mark that they have passed from slavery to liberty» (*J.T.Pesahim* X,37b).

At the end of the meal (*meta to deipnèsai*, Lk/Pl), again, the father of family sits up and pronounces the benediction after the meal (*birkat ha-mazôn*).

---

6   J. Jeremias, La dernière Cène. Les paroles de Jésus, LD 75, Paris, 1972, pp. 124-125; J.M. van Cangh, La multiplication des pains et l'Eucharistie, LD 86, Paris, 1975, pp. 72-75. The origin of Jewish benedictions of meals cannot be determined with exactitude. Specialists agree in situating it in the 2nd century B.C. See, for example, J. Heinemann, Birkat Ha-Zimmum and Havurah-Meals, in: JJS 13 (1962) 23-29 (here, p. 25).

7   From the Judeo-Christian point of view, the parallel text of the benediction over the breaking of the bread (*peri tou klasmatos*) is that of the Didachè IX,3:
    «We give you thanks our Father,
    for the life and knowledge
    that you have revealed to us through Jesus, your servant.
    Glory to you, throughout the centuries!»
    Cf. W. Rordorf et A. Tuilier, La Doctrine des Douze Apôtres. Didachè, SC 248, Paris, 1978, pp. 176-177.

1. The father of the family or the president of the congregation takes a cup of wine (*labôn*, Mk/Mt) or receives it from a servant (*dexamenos*, Lk 22,17). He raises it a palm's width above the table, gazing at the cup. He first of all pronounces the benediction over the wine: «Blessed be you, Yahweh our God, king of the universe, you who create the fruit of the vine»[8] (with the expression *prî ha-gèphèn* which one finds in Mk 14,25: *genèmatos tès ampelou*, the fruit of the vine; cf. also M.Ber. VI,1).

2. He then pronounces the benediction of invitation (*birkat ha-zimmum*): «Let us bless Yahweh our God who has given us this food»[9]. He then pronounces the three benedictions of thanksgiving (*eucharistèsas*, explicit in Mk/Mt and supposed by the *hôsautôs* in Lk/Pl) of the end of the meal (*birkat ha-mazôn*). We note that the second of these benedictions begins with *Nôdèh leka* («We give you thanks») rendered exactly by the *eucharistèsas* of the 4 eucharistic traditions. This cup, which is the third of the festive and pascal meal is called by the technical term the cup of benediction: in Hebrew, *kos ha-berakah*; in Greek, *potèrion tès eulogias*, I Cor 10,16. The guests embrace the *birkat ha-mazôn* by pronouncing an *Amen* each time.

3. He drinks first and then gives the cup to the guests (*edoken autois* Mk/Mt) who pass it around (which is an anomaly for the 1st C.A.D.).

Nonetheless we note some particularities proper to Jesus.

1. Jesus gives drink to everyone from his own cup (this is confirmed by the two independent traditions of Mk 14,23 and Lk 22,17), whereas this was not usual in the first century, where everyone drank from an individual cup[10].

2. For the bread, Jesus pronounces the eucharistic word (This is my body) while he distributes it and before consuming it, as the order of Mk 14,22 says: «Take (*labete*), this is my body». For the wine, on the other hand, the action of drinking takes place before the explanatory words, according to the reading of Mk 14,23 «he gave it to them (= the cup) , and they all drank of it»[11]. We shall see the reasons for this incongruity in the second part.

---

8   The Judeo-Christian parallel of the benediction over the cup of wine is Didachè IX,2:
    «We give you thanks our Father,
    for the holy vine of David, your servant,
    that you have revealed to us through Jesus, your servant.
    Glory to you, throughout the centuries!»
    Cf. W Rordorf and A. Tuilier, op. cit., pp. 174-177.

9   This invitation to thanksgiving which follows is the ancestor of our Preface. We find the text, which varies slightly according to the number of guests in M.Ber. VII,3. Cf. also A. Hänggi and I. Pahl, Prex eucharistica, Fribourg, 1968, pp. 8-9.

10 H. Schürmann, Comment Jésus, op. cit., p. 95; id., Les paroles de Jésus lors de la dernière Cène envisagées à la lumière de ses gestes, in: Concilium 40 (1968) 103-113 (here, pp. 109-110).

11 Against E. Nodet and J. Taylor, op. cit., pp. 109-111 who write: «Il est naturel que les paroles sur le pain et le vin viennent *après* leurs distributions respectives, car elles commentent la représentation d'une action réelle». Before looking for theological explanations, it would have been better to note the literary differences between the two elements of the text, presented in a contrastive way by Mk 14,22 (the bread)

1.2. Birkat ha-Mazôn and Didachè

Louis Finkelstein has shown that the essential structure of the three primitive benedictions after the meal (*birkat ha-mazôn*) already existed in the 2nd century B.C.[12]. They were constructed around the three introductory verbs and the anamnesis of divine benefits (*mirabilia Dei*, respectively for food, for the earth and for Jerusalem). The three verbs introducing the three benedictions are:

> *Barûk*: «Blessed are you, Yahweh our God ...»
> *Nôdèh lekâ*: «We give you thanks, Yahweh, our God ...»
> *Raḥèm*: «Take pity, Yahweh, our God ...».

Each of the benedictions ends with a finale or signature (*ḥatimah*) which is opened by *Barûk*, followed by a verb in the present participle and a substantive, a résumé of the benediction. The central part, the anamnesis of divine benefits, successively evokes: creation (in the form of food), revelation (the gift of the earth) and redemption (Jerusalem and the Temple).

These Jewish benedictions find an almost perfect parallel in the *Didachè*[13]. Yet the *Didachè* introduces some significant changes:

1. The three benedictions at the beginning become three thanksgivings (*eucharistoumen*).

2. The finale is always a doxology: «Glory to you through the centuries!», with the characteristic use of *doxa*.

3. The central anamnesis follows this order: revelation, creation, redemption. Creation is subordinated to the revelation of the Father in Jesus. The first thanksgiving of Did X,2 corresponds to the second Jewish *Berakah* for the earth, as the second thanksgiving of Did X,3-4 corresponds to the first Jewish *Berakah* for food.

Here is the synopsis of the parallel texts:

---

and Mk 14,23 (the wine). The interpretative word over the wine (Mc 14,24) loses all its weight after the sharing of the chalice among the participants. Logically, the eucharistic word over the wine should be situated before drinking the cup, because it changes its sense completely. See the two innovative articles by S. Dockx, 'Le récit du repas pascal. Marc 14,17-26' and 'Les étapes rédactionnelles du récit de la dernière Cène chez les synoptiques', in: Chronologies néotestamentaires et la vie de l'Eglise primitive, Gembloux, Duculot, pp. 199-206 (here, pp. 201-203) and pp. 207-232 (here, p. 211). Cf. also, along the same lines, M.E. Boismard, L'Evangile de Marc. Sa préhistoire, Et. Bibl. N.S. 26, Paris, 1994, pp. 199-201.

12 L. Finkelstein, The Birkat Ha-Mazôn, in: JQR XIX (1928-1929) 211-262. For the dating, see especially pp. 218-221. We complete the primitive text by the additions (in parentheses) from the *Seder* of Rav Saadia Gaon (10th C).

13 W. Rordorf and A. Tuilier, Didachè, op. cit., pp. 178-181.

Didachè	Birkat ha-mazôn
Did 10,2	2nd Berakah
We give you thanks, Holy Father for your holy name that you have made to dwell in our hearts and for the knowledge, faith and immortality, that you have revealed to us by Jesus your servant. Glory to you throughout the centuries!	We give you thanks, Lord our God, for what you have given us in heritage a delicious land, good and vast, (the Covenant and the Torah, life and food; for all this, we offer you thanks and we bless your name from century to century). Blessed are you, Lord, for the earth and food!
Did 10,3-4	1st Berakah
It is you, all-powerful master, who created the universe because of your name, and who has given men food and drink to enjoy so that they offer you thanks ... For all, we give you thanks, because you are powerful. Glory to you throughout the centuries!	Blessed are you, Lord, our God, king of the universe, who feeds the entire world by your goodness, grace and misericord. Blessed are you, Lord, who feeds all!
Did 10,5	3rd Berakah
Remember, Lord, your Church, to deliver it from all evil and perfect it in your love, and gather it from the four winds, this Church sanctified, into your kingdom that you have prepared for it. For your's is the power and the glory throughout the centuries!	Take pity, Lord our God, on Israel, your people and Jerusalem, your city, and Sion, the residence of your glory and your alter and Temple. Blessed are you, Lord, who edifies Jerusalem!

The Didachè, like the Apostolic Fathers, for that matter, no longer employs the verb *eulogein* to designate the eucharistic benediction, but always uses *eucharistein* in this sense, even when it is a question of the *agapè* meal which precedes the eucharist properly speaking (Did 9,2 and 3; 10, 2 and 4).

It is also clear from a comparison of texts that the usage of *eucharistein* corresponds to the introduction of the 2nd *Berakah* of the Jewish meal: *Nôdèh lekâ* («We give you thanks ...») and that this has been able to have a determining influence on the adoption of the typically Christian eucharistic vocabulary.

1.3. From the material meal to the symbolic meal

The history of the eucharist is the progressive transformation of a veritable meal (the Last Supper) into an act of worship. The place of the meal in the celebration of the eucharist tended to decrease. At the beginning, its place was central, since Jesus invited his disciples to a real farewell meal with a benediction over the bread at the beginning of the meal, and a benediction over the wine at the end of the meal. During the apostolic period, the two liturgical actions over the bread and the wine were moved to the end of the *agapè* meal and took place immediately after one another. Finally, in the post-apostolic period, the meal disappeared, being replaced by a symbolic ritual[14].

1.a. Jesus celebrates a veritable farewell meal. He acts like the Father of a Jewish family who pronounces the benediction over the bread at the beginning of the meal, properly speaking, (after the hors-d'oeuvre), he shares it and distributes it to everyone.

At the end of the meal, he pronounces the usual benedictions (*birkat ha-mazôn*) over the wine, that is over the cup of benediction (*kos ha-berakah* or *potèrion tès eulogias,* I Cor 10,16). This obviously does not exclude specific words of interpretation on his part.

The reading «after the meal» (*meta to deipnèsai*) neatly separates the benediction over the bread (at the beginning of the meal) from that over the wine (at the end of the meal) in the Last Supper tradition of Lk 22,20 and I Cor 11,25. There is every reason to think that this reading is an authentic historical vestige.

1.b. The second and probably last testimony of the separation of the two benedictions over the bread and over the wine by the consumption of an intervening meal is the description of the abuses at Corinth (probably around 50 A.D.). The rich precede the common meal (*agapè*) by a private meal (*idion deipnon prolambanei,* I Cor 11,21a) so that they show up drunk at the Lord's meal (*kyriakon deipnon,* I Cor 11,23) whereas the poor (*mè echontes*) haven't eaten a thing (I Cor 11,21b). If one accepts the temporal interpretation of *pro-lambanein deipnon* (take one's meal before the others)[15], we have here testimony of a primitive eucharistic meal, wherein the benediction over the bread marks the beginning of the meal properly speaking and the benediction over the wine indicates the end of this same meal. Paul reproaches the well-to-do Corinthians for eating their own meal (*idion deipnon*) without taking into account the benediction over the bread which opens the communal meal and in fact the

---

14 H. Schürmann, Die Gestalt der urchristlichen Eucharistiefeier, in: id., Ursprung und Gestalt, Düsseldorf, Patmos Verlag, 1970, pp. 77-99.

15 B. Kollmann, Ursprung und Gestalten der frühchristlichen Mahlfeier, GTA 43, Göttingen, 1990, pp. 39-42. Opposed to this interpretation, cf. H. Schürmann, art. cit., p. 88, who thinks that the two benedictions already form a unity following one another immediately after the *agapè* meal .

Lord's meal (*kyriakon deipnon*). The importance of the initial benediction is also underlined in Essenian meals, where the benediction is pronounced by the priest at the beginning of the meal, over the *first-fruits* of bread and wine (1QS 6,3-6; 1QSa 2,17-22)[16]. We rediscover the same insistence on the benediction opening the meal in the *Sibylline Oracles* IV,24-26 which praises pious men «who pronounce the benediction before eating and drinking»[17].

2.a. The evangelical accounts of the eucharistic Institution already presuppose that the community meal precedes the double benediction over the bread and wine, which took place together at the end of the meal and which replaced the final benediction (*birkat ha-mazôn*) of the Jewish festive meal. This double eucharistic action transformed the communal meal into a festive meal, just as the meal of Greco-Roman Antiquity became a «*symposion*» by the addition of a «meal of drinks» (*mishtitâh*) to the ordinary meal.

In Mk 14,22-24 and Mt 26,26-28, the two specific actions over the bread and wine follow one another immediately, with no mention of a meal between the two. The mention of «after supper» that we find in I Cor 11,25 and Lk 22,20 is totally absent here.

As for Lk 22,20, one might also think that the mention of «after supper» (*meta to deipnèsai*) is taken up from I Cor 11,25 in a purely material way. The displacement of the adverb *hôsautôs* (in the same way) after mentioning the cup is significant on this subject. One might paraphrase the text of Lk 22,20: «He took the cup, in the same manner as the bread, after the meal».

2.b. The first account of the Acts of the Apostles which mentions the breaking of bread and which might be an index of a celebration *sub una* (under one species)[18] would also seem to indicate that the communal meal preceded the eucharistic action over the bread properly speaking[19]. *Acts* 2,42 might even describe the primitive liturgy of the community of Jerusalem, admitting that *koinonia* designates the *agapè* meal. «And they devoted themselves to the apostles' teaching (*Didachè*) and to the communal meal (*koinonia*), to the breaking

---

16 This fact is abundantly underlined by E. Nodet and J. Taylor, op. cit., pp. 93-95; 100; 107; 113; 365. But they are wrong in speaking of the *first-fruits* of bread and wine about the Last Supper and in linking the wine to the Pentecost. The 4 accounts of the Last Supper do not mention the *first-fruits* of bread and wine and connect the wine with Passover (Lk 22,15-17 is the description of a pascal meal and Mk 14,26 speaks of the recitation of the Hallel following the pascal meal).

17 Ch. Perrot, Le repas du Seigneur, in: La Maison-Dieu 123 (1975) 29-46 (ici, p. 36). The author thinks that these oracles are originally from a baptist milieu. See also, La Bible. Ecrits intertestamentaires, Bibliothèque de la Pléiade, Paris, 1987, pp. XCIV-XCV and 1098.

18 J. Jeremias, La dernière Cène, op. cit., pp. 71 and 131.

19 H. Schürmann, Die Gestalt, op. cit., p. 82, note 36 and pp. 85-86.

of bread (*klasis tou artou*) and the prayers (*proseuchè*)»[20]. Many authors refuse the restrictive meaning of *koinonia* in the sense of a communal meal[21]. And that much more so in that the respective place of the communal meal and the breaking of the bread (of a eucharistic type) seems to present an inverse order at the end of the same summary of Acts 2,46: «And day by day, attending the Temple and breaking bread (*klôntes arton*) in their homes, they partook of food (*metelambanon trofès*) with glad and generous hearts». Here the breaking of bread precedes the *agapè* meal.

The episode of Paul's night at Troas (Acts 20,7-11) seems to indicate the same order. «On the first day of the week, when we were gathered together to break bread (*klasai arton*) ... (v. 7). And when Paul had gone up, and had broken bread (*klasas ton arton*) and eaten (*geusamenos*) ... (v. 11)». Paul went on speaking during the night of Saturday to Sunday[22], over the course of which he broke the (eucharistic) bread and ate and then continued his exhortation until daybreak. The most obvious sense of the text of Acts 20,11, seems to indicate that the eucharistic celebration precedes the *agapè* meal (suggested here by Paul's meal). Thus one has the same order as in Acts 2,46 and Acts 27,35, where

---

20 J. Jeremias, La dernière Cène, op. cit., pp. 134-138. The usual sense of *koinonia* is generally wider and the vocable is translated as "fraternal communion", including the sharing of goods as well.

21 X. Léon-Dufour, Le partage du pain, op. cit., p. 387; G. Schneider, Die Apostelgeschichte, HTK V/1, Freiburg, 1980, p. 285.

22 See the excellent commentary by J. Taylor, Les Actes des Deux Apôtres, t. VI, Commentaire historique (Act. 18,23-28,31), Et. Bibl. N.S. 30, Gabalda, 1996, pp. 86-88, on the timing of the assembly of Troas in the night of Saturday to Sunday. Yet, it is highly unlikely that the people of Troas would have held a vigil Saturday evening to celebrate the dawn like the Therapeutae of Philo (Contempl 64-90) or the Essenians of Fl. Josephus (BJ II,128). It is still less likely that they gathered together in such a way for the breaking of the bread even before linking this rite with the death and resurrection of Jesus (cf. J. Taylor, op. cit., p. 92). Luke describes a community that is already Christian which reunites, in the night of Saturday to Sunday, to listen to Paul's preaching and celebrate the Eucharist. We have here the first mention (in the canonic texts) of a eucharistic celebration of a Sunday, which Luke presents as a well known fact. What astonishes him, on the other hand, is the interminable exhortation of Paul who prolongs it until midnight and begins again (after having broken the bread and eaten) until dawn. See E. Haenchen, Die Apostelgeschichte, MeyerK, III, Göttingen, 1956, pp. 523-525 and Ph. Menoud, Les Actes des Apôtres et l'Eucharistie, in: Jésus-Christ et la Foi, Neuchâtel, 1975, pp. 63-76 (here, p. 69). We find another explanation of the Troas episode in: E. Nodet and J. Taylor, op. cit., p. 50, which is still stranger. There it is a question of a eucharistic story with a gesture of death (the breaking of the bread) and an announcement of life (the word over the bread). The breaking of the bread in the Acts is never placed in rapport with the death of Christ (or anyone else) and it is never accompanied by the least word (parallel to the Last Supper). Hence the difficulty in determining the exact sense.

the breaking of bread (of a prophetic type) practiced by Paul on the ship precedes his meal and the sailors', described by the words *esthiein* and *trofès prolambanein* (Acts 27,35-36). We concur with Ph. Menoud who writes: «In the two cases, Paul 'breaks the bread and eats' meaning that he accomplishes a particular rite and presides over a meal which is communal. He is not the only one who eats, neither on the ship, nor at Troas»[23].

But the question remains to be asked: What degree of historicity should be accorded to the descriptions of the breaking of bread in the Acts? Is it a question of a precise and well documented report on Paul's mission and his eucharistic acts? Or is it not rather a question, in the case of Acts 20,7.11, of a celebration of a Sunday from Luke's time (and not from Paul's time) describing an apostolic predication or *Didachè* followed by a eucharist, with or without a veritable meal[24]?

2.c. We think that the proof has been provided that *Didachè* IX,1 - X,5 describes the prayers at table of Jewish origin (but here christianized) which accompanied the *agapè* meal in the Palestinian community in the last half of the 1st century of our era[25]. The benediction over the cup (Did IX,2) here precedes the benediction over the broken bread (Did IX,3), as in the description of the pascal meal of Lk 22,15-19 and as in the Jewish *qiddûsh*. The prayer of Did X,2 corresponds exactly to the second benediction of the *birkat ha-mazôn* which began by *Nodèh lekâ* (the vocabulary of thanksgiving corresponding to the *eucharistoumen* which opens Did X,2). The prayer of Did X,3-4 corresponds to the first of the Jewish benedictions after the meal (benediction over the food which becomes «a spiritual food and drink» in Did X,3). The prayer of Did X,5 corresponds to the third Jewish benediction for Jerusalem (which is here transposed into «this sanctified Church»). After the *agapè* meal, Did X,6 introduces a dialogue between the celebrant and the assembly, before beginning the eucharist proper, which is not described as such[26].

---

23 Ph. Menoud, art. cit., p. 73.

24 E. Haenchen, op. cit., p. 525 (a eucharist without a veritable meal). In an opposite sense, B. Kollmann, Ursprung, op. cit., pp. 77-78, who defends the habitual practice of Lukan eucharists: the meal, the breaking of the bread and the act of worship.

25 W. Rordorf and A. Tuilier, Didachè, op. cit., pp. 38-47 and the abundant bibliography, pp. 129-135.

26 Ibid., pp. 180-183. One may note the eschatological atmosphere in which the eucharistic celebration takes place, especially marked by the *Maranatha* (Did X,6) which is usually put in rapprochement with I Co 16,22 and Apoc 22,20. We generally translate: «Come, our Lord», - which presupposes the form *Marana tha* (with the pronominal suffix of the first person plural and the verb in the imperative). This is the most likely sense. The Coptic version of Did X,6 proposes the form *Maran atha*: the Lord is come.

It is usually admitted that Did XIV and XV are a later addition[27]. Here is the text: «The Sunday of our Lord, gather together to break the bread (*klasate arton*) and give thanks (*eucharistèsate*) ...». Should we understand, with J.-P. Audet, that the author of the *Didachè* distinguishes here between the breaking of the bread (*klasate*, which would be an *agapè* meal or a minor eucharist) and the sacramental eucharist (or major eucharist, evoked here by the term *eucharistèsate*) whose form is not described here (no more than in Did X,6)[28]. We don't think so. We would opt rather for W. Rordorf's proposition, which sees in the two joints terms (breaking the bread and giving thanks) a description of the dominical *synaxis*, which includes at once and in order: the *agapè* meal and the eucharist proper. And in the latter, the element of bread appears to be principal[29].

3.a. The last stage is the separation of the eucharist properly speaking and the *agapè* meal. Pliny the Younger's letter to Trajan (X,96,7), writing in 112 A.D., while he was governor of Bithynia, tells us: «The Christians had the habit of gathering on a given day (*stato die*) before dawn (*ante lucem*) and singing among themselves alternatively a hymn to Christ as to a god and pledging oaths (*sacramento*)»[30]. This is the moment in which most commentators situate the celebration of the eucharist[31]. It is already clearly separated from the *agapè* meal, which takes place later (in the evening?) «for sharing ordinary and innocent food».

3.b. Justin Martyr, in his I[st] Apology 65-67 (around 150) gives us a description of the eucharist which very closely approximates our present-day celebrations: readings from the Memoires of the Apostles; exhortation of the celebrant;

---

27 W. Rordorf and A. Tuilier, op. cit, pp. 49 and 63-67.

28 J.P. Audet, La Didachè. Instruction des Apôtres, Et. Bibl. 43, Paris, 1958, pp. 424 and 461-462.

29 J.-M. van Cangh, Les origines de l'Eucharistie. Le cas des Actes des Apôtres Apocryphes, in: L'Evangile exploré. Mélanges offerts à Simon Légasse, LD 166, pp. 393-414 (here, pp. 408-412). In any case, it is inadequate to say that the gesture of the breaking "exprime la séparation d'une partie, donc encore un geste des prémices" (E. Nodet and I. Taylor, op. cit., pp. 107 and 365). The broken bread is not the symbol of the body of Christ in pieces (the contrary is even explicitly affirmed by Jn 19,33). This is the sign of the sharing of bread and thus of the communion (*koinonia*, I Co 10,16: «The cup of benediction that we bless, is it not the *communion* of the blood of Christ? The bread that we break is it not the *communion* of the body of Christ?)». This also signifies that the breaking of the bread does not necessarily designate uniquely the act of breaking of the bread, but can also designate the complete eucharist with the benediction of the wine, at least when some was drunk. See Paul's restriction in I Co 11,25: *osakis ean pinète* («whenever you drink it»). Cf. note 68.

30 Pliny the Younger, Lettres, livre X: Panégyrique de Trajan, Coll. des Univ. de France, Paris, 1947, p. 74.

31 See, for ex., J.A. Jungmann, Missarum Solemnia, Coll. Théologie 19, Paris, Aubier, 1951, p. 41.

offering of bread, wine and water; eucharistic prayer by the celebrant «which raises to heaven the prayers and eucharists as much as possible»[32]; an acclamation of the people by *Amen*; distribution of consecrated objects (literally: eucharists = *tôn eucharistèthentôn*): the bread, the wine and the water[33]; the deacons then bring their part of consecrated bread, wine and water to those absent.

This description of the dominical eucharist by Justin (I Apol 67,3-5) marks the definitive separation between sacramental rite and communal meal. After the liturgy, Justin speaks of aid provided by the rich to orphans, widows, the sick, the poor, prisoners and foreigners (I Apol 67,6). But he does not say a word about the *agapè* meal which, originally (Synoptics and I Cor11,23-25), surrounded the eucharistic action and which, in apostolic times, preceded it (Did IX,1 to X,6) or immediately followed it (Acts 2,46; 20, 11; 27,35-36).

1.4. From the pascal meal to the Passover of Jesus

A fact long remarked by the commentators: the chronology of the Synoptics and John do not coincide on the date of the Last Supper[34].

For the Synoptics, the last meal of Jesus is a pascal meal (Mk 14,12-16). This is confirmed by the independent pascal text from Lk 22,15: «I have earnestly desired to eat this Passover with you before I suffer». Briefly, according to the Synoptics, Jesus would have eaten the Passover Thursday 14 Nisan and have died Friday 15 Nisan. For John, the Jews had not yet eaten the Passover when they led Jesus to Pilate (Jn 18,28). The very day of the death of Jesus, Jn 19,14 remarks: «Now it was the day of the Preparation for the Passover; it was about the sixth hour» (cf. also Jn 19,31-36). For John, then, Jesus died the 14 Nisan during the sacrifice of lambs in the Temple.

A difference of calendar may perhaps explain this contradiction. If Jesus followed the ancient solar calendar which is attested to in the book of Jubilees and Qumran and taken up by the Syriac Didascaly, he would have been able to feast Passover the night of Tuesday to Wednesday. This would be the synoptic tradition. This solution would have the advantage of leaving more time for the trial before the Sanhedrin and before Pilate. John's Gospel, for its part, follows the official lunar calendar, according to which the Passover was celebrated that year the evening of Friday 14 Nisan, shortly after the death of Jesus[35].

---

32 Justin, I Apol 67,5. This proves that the Canon was not yet fixed.
33 We note that the 3 elements are put on an equal footing by Justin, on three occasions (I Apol 65, 3 and 5; 67,5). Cf. our commentary in: Les origines de l'eucharistie, op. cit., pp. 404-406.
34 A. Jaubert, La date de la Cène. Calendrier biblique et liturgie chrétienne, Et. Bibl. 15, Paris, 1957.
35 Ibid., pp. 105-115.

Nonetheless the Synoptics make the Last Supper a pascal meal. We have already seen this in the independent testamentary text of Lk 22,15. We have already suggested this regarding the episode of the Passover preparation by the disciples from Mk 14,12-16, which begins thus: «And on the first day of Unleavened Bread (Azymes), when they sacrificed the Passover lamb ...». One should add the account of the second part of the *Hallel* (Ps 114-118, according to Schammai; Ps 115-118, according to Hillel), which immediately followed the thanksgivings after the pascal meal: «And when they had chanted psalms, they went out to the Mount of Olives» (Mk 14,26). One might add many other indices which agree with this[36]. But the two indices drawn from the Gospel of Mark appears the most serious from an historical point of view and date back to a pre-Markan tradition[37].

Let us return an instant to the first of these historic readings of the Passover, that of Mk 14,12, because it is inserted into a symbolic account. Commentators have long remarked the legendary style of the account of preparation of the festive room by two disciples who meet a man carrying an urn of water who leads them to an unknown but providential landlord (Mk 14,12-16)[38]. This account is modelled on the vetero-testamentary episode of the recovery of the asses of Saul by Samuel (I Sam 10,3-6). This last episode also inspired the beginning of the accounts of the messianic cortege towards Jerusalem (Mk 11,1-6). Jesus mounts to celebrate his Passover[39]. The disciples' question (Mk 14,12: «Where will you have us go that we might prepare for *you* to eat the Passover?») and the other question of Jesus transmitted to the owner of the upper room (Mk 14,14: «The Master has said: Where is *my* room, where I am going to eat the Passover with *my* disciples?») provide the key to the symbolic account. The disciples are entrusted, not to prepare the ancient Passover, but the new Passover, the Passover of Jesus, which is also their Passover.

Because the Passover of Israel is accomplished in the Passover of Jesus, Mark no longer need make allusion to the ritual of the pascal lamb, when he relates the Last Supper of Jesus (Mk 14,22-25)[40]. Jesus has become the true pascal lamb: «Christ, our Passover, has been sacrificed!» (I Cor 5,7; cf. I Pet 1,19)[41]. Hence, one understands the absence of the pascal lamb from the Last Supper and his replacement by the interpretative words of Jesus:

---

36 J. Jeremias, La dernière Cène, op. cit., pp. 11-96; J.A. Fitzmyer, The Gospel according to Luke, AB 28A, New York, 1985, v. 2, pp. 1389-1390.

37 In the same sense, X. Léon-Dufour, Le partage du pain, op. cit., p. 191.

38 Ibid., p. 225; M.E. Boismard, Synopse des quatre Evangiles en français, t. 2: Commentaire, Paris, Le Cerf, 1972, pp. 374-377.

39 M.E. Boismard, Synopse II, op. cit., pp. 329-334; X. Léon-Dufour, Le partage du pain, op. cit., p. 225.

40 X. Léon-Dufour, Le partage du pain, op. cit., p. 226.

41 H. Haag, art. Passah, in: LTK, VIII, 1963, col. 133-137; id., art. La Pâque dans le N.T., in: SDB, VI, 1144-1149.

Mk 14,22: «This is my body». In Aramaic: *den hû gûphi* (the word *gûphâ* can contain the nuance of the total person and also of his destination - death)[42].

Mk 14,25: «In truth, I say to you, I shall not drink of the fruit of the vine (*prî hagèphèn*) until that day when I drink it new in the kingdom of God».

Why has Jesus pronounced precisely these two interpretative words here (and not the liturgical word on the blood of the covenant from Mk 14,24)? This is what we are going to see, at present, in the second part[43].

2. The primitive Text of the Last Supper

2.1. The primitive cup of the eschatological banquet (Mk 14,25)

We begin with the interesting hypothesis of S. Dockx[44] who has convincingly shown that there were two quite distinct cups in the accounts of the Last Supper: an eschatological cup which was included in primitive pascal (or festive) accounts (Mk 14,25; Lk 22,17-18) and a eucharistic cup, which has been added under the influence of the liturgy, with the interpretative words over the wine («This is my blood of the covenant», Mk 14,24, and the parallel and slightly different text of Lk 22,20 and I Cor 11,25: «This cup is the new covenant in my blood»).

On the other hand, it avoids making the ultimate act of Jesus a sacrilegious act which would transgress the most fundamental laws of Judaism: the interdiction against consuming blood (Gn 9,4; Lv 17,10-14). The order to drink blood (even if this were Jesus's blood) would have had the immediate effect of forbidding Judeo-Christians from participating in the eucharist (*Acts* 15,20-29; 21,25)!

Mk 14,23.24a.25 forms a perfect enchainment, interrupted only by the interpretative word over the eucharistic wine (v. 24b). The latter is a manifest addition after the finale of v. 23 («and they all drank of it»). The consecratory word

---

42 G. Dalman, Jesus-Jeschua, Leipzig, 1922, pp. 129-132. We should also think of the fact that the expression to *sôma mou* only appears twice in Mark: here and in Mk 14,8: «She has done what lay in her power; she is beforehand with anointing my body for burial» Cf. X. Léon-Dufour, Le partage du pain, op. cit., p. 231.

43 We refer here to our previous articles, Le déroulement primitif de la Cène (Mk 14,18-26 and par.), in: RB 102 (1995) 193-225; Peut-on reconstituer le texte primitif de la Cène? (I Cor 11,23-26 par. Mk 14,22-26), in: R. Bieringer (ed.), The Corinthian Correspondence, Louvain, 1996, pp. 623-637; Les origines de l'Eucharistie (art. cit., note 29).

44 S. Dockx, Le récit du repas pascal. Marc 14,17-26, in: Biblica 46 (1965) 445-453; text reappearing in: id., Chronologies néotestamentaires et vie de l'Église primitive. Recherches exégétiques, Gembloux, Duculot, 1976, pp. 199-206; cf. also, in the same sense, id., Les étapes rédactionnelles du récit de la dernière Cène chez les synoptiques, in: Chronologies néotestamentaires, op. cit., pp. 207-232.

over the wine loses all its meaning after the sharing of the chalice with the participants and the act of drinking, once accomplished. Logically, the consecratory word would have to be situated before the consumption of the wine[45]. Furthermore, the normal enchainment of Mk 14,23.24a.25 allows us to explain the curious text of Lk 22,15-18, which supposes a first pascal cup (a *qiddûsh* cup) which would be independent of the eucharistic cup properly speaking Lk 22,20-22 (the cup of the *berakah*, called *to potèrion tès eulogias* in I Cor10,16).

Here is the text of the synopsis proposed by S. Dockx[46]:

Mk 14,17-25(first stage)		Lk 22,14-18	
17	And when the evening came, he came with the Twelve.	14	And when the hour came,
18a	And while they were at table,		he was at table and the apostles with him.
[22]	later insertion, parallel to Lk 22,19	15	And he said to them: I have earnestly desired to eat this Passover with you before I suffer;
		16	for I tell you I shall not eat it until it is fulfilled in the kingdom of God.
23	and he took a cup, and when he had given thanks he gave it to them and they all drank of it.	17	And he received a cup, and when he had given thanks, he said: Take this and divide it among yourselves
24a	And he said to them:		
[24b]	later insertion parallel to Lk 22,20		
25	Truly, I say to you I shall not drink again of the fruit of the vine until that day when I drink it new in the kingdom of God.	18	For I tell you that from now on I shall not drink of the fruit of the vine until the kingdom of God comes.

We have then, originally, the following sequence: «And he took a cup and when he had given thanks he gave it to them and they all drank of it. And he said to them: Truly, I say to you I shall not drink again of the fruit of the vine until that day when I drink it new in the kingdom of God» (Mk 14,23.24a.25). In this sequence, there is no room for the word of interpretation of Mk 14,24b

45 Id., Le récit du repas pascal, op. cit., pp. 200-203.
46 S. Dockx, Les étapes rédactionnelles, op. cit., p. 211-212.

(«This is my blood of the covenant which is poured out for many»). It is difficult to conceive that Mk 14,23, which ends with «and they all drank of it» (and
which thus considers the action as having been achieved) should be followed by
the eucharistic words, which should logically have preceded the act of drinking,
because they radically change the sense. As X. Léon-Dufour quite rightly remarks: «It all takes place then as if in Mark the word over the blood of the
covenant had been inserted later in an account where the text of v. 25 com-
mented in its own way on the distribution of the cup and the act of drinking»[47].

In the context of a pascal meal, it would be the question here of the benediction over the third cup (*kos ha-berakah*), the cup of benediction, mentioned by
Paul in I Cor 10,16 (*to potèrion tès eulogias*). At the end of the meal, the Father
of the family pronounced three benedictions: the first for the food, the second
for the land (which begins with *nôdèh lekâ*, equivalent to *eucharistèsas* of Mk
14,23) and the third for Jerusalem. At the end of this *birkat ha-mazôn*, they
drank the third cup of wine, while pronouncing over it the usual benediction for
wine: «Blessed be you, Yahweh our God, king of the universe, you who creates
the fruit of the vine», - which corresponds exactly to the expression used by Mk
14,25: *genèmatos tès ampelou* («the product» or «fruit of the vine»)[48].

The introduction of Mk 14,24a: *kai eipen autois* («And he said to them») has
the effect of an editorial stitching together with Mk14,25a: *amen legô humin*
(«Truly, I say to you»), which represents the logical introduction to the benediction over the third cup (or over the last cup in the case of a festive meal).
This word expresses Jesus's desire to participate soon at the eschatological banquet of the kingdom of God.

It is clear too that Lk 22,15-18 is a free Lukan composition based on the
older text of Mk 14,25[49]. Luke transposes the eschatological perspective at the

---

47 X. Léon-Dufour, Le partage du pain, op. cit., p. 104. Even authors who do not share
    our point of view are forced to recognize the hiatus which exists between Mk 14,24
    and 25. For example, see J. Schlosser, Le règne de Dieu dans les dits de Jésus, Et.
    Bibl. 72/1, Paris, 1980, p. 374: «Il y a un défaut de cohésion entre les vv. 24 et 25.
    En effet - tel est l'argument principal - la mention du vin, du fruit de la vigne, au v.
    25, représente un retour en arrière par rapport au sang dont il est question au v. 24 et
    provoque ainsi une sorte d'anticlimax». In disagreement with E. Nodet and J. Taylor,
    op. cit., pp. 109 et 111, cf. our note 11.
48 G. Dalman, Jesus-Jeschua. op. cit., pp. 134-144; J. Jeremias, La dernière Cène, op.
    cit., pp. 93-94 and 125-126; J.M. van Cangh La multiplication des pains et l'Eucha-
    ristie, LD 86, Paris, 1975, pp. 91-92 (a synopsis of texts of the *birkat ha-mazôn* and
    the *Didachè* x,2-5).
49 This has been demonstrated by P. Benoit, Le récit de la Cène dans Lc XXII,15-20.
    Étude de critique textuelle et littéraire, in: RB 48 (1939) 373-393; reprinted in: id.,
    Exégèse et Théologie, Paris, Le Cerf, 1961, t. 1, pp. 163-203 (ici, cf. pp. 188-193).
    The author writes p. 189: «Du seul point de vue littéraire, nous ne trouvons rien dans
    les versets de Lc 22,15-18 qui dénote chez Luc une source originale et indépendante.

beginning of his narrative of the Last Supper and he enlarges it with an editorial phrase (to eat the Passover in the kingdom, Lk 22,16) that he constructs in double parallel with Lk 22,18 (drinking the fruit of the vine in the kingdom), - a verse taken from Mk 14,25. In addition to very typical Lukan expressions of Lk 22,15-18[50], one, notes that Lk 22,17 depends directly on Mk14,23[51]. For that matter, we have already suggested that the eschatological *logion* of Lk 22,18 is editorially modelled on Mk 14,25[52].

What can we conclude from this on the level of the history of traditions? The tradition of a meal eaten by Jesus before his Passion has every chance of being historical. This meal is a typically Jewish meal, where Jesus blessed the bread and broke it for his disciples (Mk 14,22). In the same way, after the meal (*meta to deipnèsai*, I Cor 11,25 and Lk 22,20)[53], he pronounced the benediction over the wine (Mk 14,23 with the use of the vocabulary of the (*eucharistèsas*) thanksgiving, which corresponds to the *nôdèh lekâ* of the second Jewis *berakah*)[54]. A chant of praise closes the Jewish meal with the account of the second

---

Au contraire tout se passe comme s'il ne dépendait que de Mc 14,25 qu'il arrange et amplifie avec son style propre».

50 Four expressions are typically Lukan: 1. *epithumia epethumèsa* (Lk 22,15) is a Hebraism (an absolute infinitive) which is common in Luke (Acts 5,28; 23,14); 2. *pathein* (Lk 22,15 end), taken absolutely in the sense of suffering the Passion, is proper to Luke (Lk 24,46; Acts 1,3; 3,18; 17,3); 3. *diamerizein* (Lk 22,17) which is only found in Luke (Lk 11,17.18; 12,52-53; Acts 2,3.45), with the exception of the citation from Ps 22,19 in the crucifixion scene (Mt 27,35 and par.); 4. *apo tou nun* (Lk 22,18) is a typically Lukan expression (Lk 1,48; 5,10; 12,52; 22,69; Acts 18,6) totally absent from Mark.

51 P. Benoit, Le récit de la Cène, op. cit., pp. 191-192: «Luc pense si peu à la première coupe du repas juif qu'il ne trouve, pour la présenter, aucun signalement spécifique; il ne sait que lui rapporter par avance quelques traits de la coupe eucharistique de Mc 14,23; Jésus la prend, rend grâces et la donne avec ordre de la partager. Luc ne réserve pour la coupe proprement eucharistique du v. 20 que le dernier trait, essentiel à vrai dire, la parole sur la nouvelle alliance et le sang. C'est très bien calculé, car il suivra alors I Cor, qui n'a guère sur le vin que cette parole, et ainsi il n'aura pas laissé sans emploi les traits de son autre source, Mc». Also p. 201: «Le v. 17 (de Luc) est une reprise de Mc 14,23 dans la pensée comme dans la structure».

52 We refer the reader to note 38 of our article, Le déroulement primitif de la Cène (Mc 14,18-26 et par.), in: RB 102 (1995) 193-225 (here, p. 212). We note simply here that the general treatment by Lk 22,18 is typically Lukan, whereas that by Mk 14,25 is typically Semitic.

53 On this precise point (and on this point alone!), the tradition of Paul and Luke is more ancient than those of Mark/Matthew, who join the two actions over the bread and the wine (M 14,22-23 par.).

54 The second benediction of Jewish prayers after the meal (*birkat ha-mazôn*) is the only one which begins with *nôdèh lekâ*, - which may have had a decisive influence in the adoption of a typically Christian eucharistic vocabulary and in the preference accorded by the Apostolic Fathers to the vocabulary of thanksgiving (*eucharistein*)

part of the Hallel (Mk 14,26: *humnèsantes*). This last note especially orients us in the direction of a pascal meal.

Yet, on two points Jesus innovates during this meal:

1. He has his own cup passed to each of his disciples for them to drink, contrary to common usage which supposes that each guest uses his own, individual cup[55].
2. He pronounces a double word of interpretation over the bread and over the wine which radically modifies the sense of the traditional Jewish *berakah*. This word is destined to explain his own prophetic gesture of the giving of his life.

What was the primitive tenor of his word over the wine? We have in fact observed that the word over the wine is itself dual: a word of eucharistic interpretation (Mk14,24b) which seems to have been introduced afterwards, under liturgical influence (probably at the level of the Hellenistic community), and an eschatological word (Mk14,25)[56] which would amount to the normal follow-up of accounts of Mk 14,23 after the mention of the benediction and the sharing of the cup among them. The question to be posed is complicated by the fact that two traditions of different origin seem intrinsically mixed up: a tradition of a farewell meal (Mk 14,25) and a worship tradition influenced by concrete celebrations of the Last Supper (Mk 14,22.24)[57].

Without denying the existence of a double tradition at a later stage, once accounts of the eucharistic Institution were clearly separated from accounts of the Passion, would it not be possible to read the text of Mk 14,22-25 straightforwardly and so at least reach back to the level of the Palestinian community, if

---

over the Jewish vocabulary of benediction (*eulogein*). On the New Testament level, this tendency is already present. If Mk 14,22-23 and Mt 26,26-27 use *eulogein* for the bread and *eucharistein* for the wine, the parallel traditions of Lk 22,19-20 and I Co 11,24-25, on the contrary, use *eucharistein* uniquely (in an explicit manner for the bread, and implicitly for the wine: *hôsautôs*). Jewish benedictions after the meal open with the stereotypical formula pronounced by the father of the family *nebarêk*: «We bless Yahweh, our God, who has us given us food» (*birkat ha-zimmûn*). For more details, see J.M. van Cangh, La multiplication des pains, op. cit., pp. 76-100.

55 H. Schürmann, Der Paschamahlbericht. Lk 22 (7-14) 15-18, Teil I einer quellenkritischen Untersuchung des lukanischen Abendmahlsberichtes Lk 22,7-38 (NTAbh 19/5), Münster, 1953, pp. 60-66; id., Les paroles de Jésus, op. cit., pp. 103-113 (here, pp. 109-110); X. Léon-Dufour, Le partage du pain, op. cit., p. 192.

56 Whereas many exegetes place the historicity of the consecratory words of the Last Supper in doubt, almost all of them accept the authenticity of the prophetical and eschatological word of Jesus on his future participation at the banquet of the kingdom (Mk 14,25). On this subject, see the emblematic position of R. Bultmann, L'histoire de la tradition synoptique, Paris, Le Seuil, 1973, pp. 325-326.

57 This is the presupposition of the thesis of S. Dockx, Le récit du repas pascal, op. cit., pp. 199-200. The title of chap. IV by X. Léon-Dufour, Le partage du pain, op. cit., pp. 99-114, is equally as significant in this regard: «Tradition cultuelle et tradition testamentaire».

not to the level of the historical Jesus himself? If it appears evident that the consecratory word over the cup (Mk 14,24b) has been added afterwards, under the influence of the liturgy of the Hellenistic community, would not the historical order of the Last Supper follow the logical enchainment of the two gestures and the two words of Jesus described in Mk 14,22, on the one hand, and in Mk 14,23.25, on the other hand? The order would be the following then: benediction, breaking and giving of bread with the word of interpretation of Jesus: «This is my body» (Mk 14,22); benediction, sharing and consumption of the cup with the eschatological word of Jesus (Mk 14,23.25) which announces his participation at the banquet of the kingdom and which reassumes the typical expression of the Jewish benediction over the wine, «the fruit of the vine» (*prî ha-gèphèn*)[58].

2.2. The relative age of the word over the blood (Mk 14,24)

We have already suggested: Over the cup of wine Jesus has not pronounced the interpretative word of the blood of the covenant (Mk 14,24), but the eschatological promise of the drinking, new, in the kingdom of God (Mk 14,25). Said otherwise, after the word over the bread (Mk 14,22: «This is my body»), he affirms his certitude of participating at the banquet of the kingdom.

The formula over the wine from Mk 14,24 («This is my blood of the covenant») is relatively older than that of I Cor 11,25 par. Lk 22,20 («This cup is the new covenant in my blood»). On the one hand, the formulation of Mk 14,24, which cites Ex 24,8 (*to haima mou tès diathèkès*) is an older *theologoumenon* and most in accord with the idea of sacrifice and expiation (beloved by the Palestinian community) than the formulation of I Cor 11,25 par. Lk 22,20 which is based on a theological reflection based on Jr 31,31 (*kainè diathèkè)* and which was more adapted to the mentality and liturgy of the Hellenistic community.

There are many reasons which plead in favour of a milieu of Palestinian origin for the composition of Mk 14,24 («This is my blood of the covenant ...») and for its insertion in the text of the eucharistic Institution at the level of the Hellenistic community. We have developed the principal arguments elsewhere[59].

---

58 M. Berakot VI,1; Tos. Berakot iv,3; B.T. Pesaḥim 103a and 106a.
59 J.M. van Cangh, Le déroulement primitif, art. cit., pp. 216-220; id., Peut-on reconstituer, op. cit., pp. 631-632. We must distinguish the origin of a tradition (here, a Palestinian milieu) and its editorial insertion into the eucharistic text (here, a Hellenistic milieu). In opposition to E. Nodet and J. Taylor, op. cit., pp. 106-113, who mix the traditions of the Passover (in relation to the Last Supper, from the origin of the tradition) and of the Pentecost (later associated with the Last Supper). It is not enough to speak «d'un sabbat deuxième-premier» (op. cit., pp. 18-19; p. 106, note 3)

1. The retro-version of the phrase: «This is my blood of the covenant» is practically impossible in Aramaic and in Hebrew. We need only refer to G. Dalman's conclusion: «It is quite possible that *tès diathèkès* was added afterwards to the word 'my blood poured out for many' because it can only awkwardly be inserted into the phrase»[60].

2. Jesus never utters the word *diathèkè* (covenant) and the Evangelists never put it in his mouth[61]. Jesus speaks in terms of the «kingdom» (cf. Mk14,25) and not in terms of the «covenant»! On the contrary, this term is well attested to in the Epistle to the Hebrews (17 uses) and also, to a lesser degree, in Paul (9 times).

3. The formula «This is my blood poured out for many» contains an allusion to the 4th poem of the Suffering Servant from Is 53, - which is quite in the style of the Palestinian community, who are responsible for formulae of the type *huper pollôn* (Mk 14,24) or *anti pollôn* (Mk 10,45). Formulae of the type *huper humôn* (cf. parallel texts of Lk 22,19-20 and I Cor 11,24), on the contrary, which have their development throughout the New Testament, with their culminating point in Paul, go back to the Jewish Hellenistic community[62].

4. In a community of Jewish origin, identification of wine with blood would represent a major obstacle. The paraphrastic formula of Lk 22,20 and I Cor 11,25 («This cup is the new covenant in my blood») was most easily tolerated by Judeo-Christians. As W.D. Davies writes about I Cor 11,25: «In our view the Pauline formulation is a Rabbinization of the tradition in which the offense of the 'blood' is removed»[63]. This rereading facilitates transmission of the eucharistic text in the Hellenistic communities (of Jewish as well as pagan origin) little interested in the notion of blood, but much more interested in the notion of a covenant.

We must thus conclude that it is Mk 14,24 which represents the *lectio difficilior* and that it is often the one which appears most shocking at first glance which is the most ancient.

---

in order to pass from Passover to Pentecost and at «un rythme de pentacontades» (op. cit., p. 106).

60 G. Dalman, Jesus-Jeschua, op. cit., p. 147.

61 X. Léon-Dufour, Le partage du pain, op. cit., pp. 200-201; id., Jésus devant sa mort à la lumière des textes de l'Institution eucharistique et des discours d'adieu, dans J. Dupont (éd.), Jésus aux origines de la christologie, BETL 40, Leuven, 1975, pp. 141-168; id., Face à la mort. Jésus et Paul, Paris, Le Seuil, 1979, pp. 108-109.

62 J.M. van Cangh, Mort pour nos péchés selon les Écritures (I Cor 15,3b). Une référence à Isaïe 53?, in: RTL 1 (1970) 191-199 (see, pp. 196-199). It should be noted that the explicit citations from Is 53 in the New Testament (Mt 8,17; Lk 22,37; Jn 12,38; Acts 3,13; 8,32-33.38; Rom 10,16) never speak of expiation or of vicarious suffering. Cf. A. George, Le sens de la mort de Jésus pour Luc, in: RB 80 (1973) 186-217 (especially pp. 196-197). It is thus probably a *theologoumenon* of the Palestinian community.

63 W.D. Davies, Paul and Rabbinic Judaism, London, 1948, p. 250.

2.3. One sole word of a eucharistic type over the bread (Mk 14,22)

First we shall sum up the principal arguments allowing us to affirm that at the origin there was but one sole and unique consecratory word over the bread: «This is my body» (Mk 14,22), - the word over the wine being of an altogether different type (the certitude expressed by Jesus about participating at the eschatological banquet, Mk 14,25).

1. If Jesus said: «This is my body» (in Aramaic: *den hû gûphi*; in Greek: *touto estin to sôma mou*), he could not have said afterwards: «This is my blood». The body contains the blood, in Greek (*sôma*) and as well as in Aramaic (*gûphâ*), the term «body» designates the total person composed of both flesh and blood. It is quite probable that it is the replacement of *sôma* by the vocable *sarx* in the later tradition (Jn 6,51-56; Ignatius, Rom 7,3; Philad 4,1; Trall 8,1; Smyr 7,1; Justin Apol I,66,2) which brought about the addition of *haima*, due to the frequent idiomatic couplet: flesh and blood *(bisrâ û-demâ)*[64].

2. Jesus, the Jew, could not have had the intention of committing a sacrilegious act, in transgressing the biblical interdiction against drinking blood (Gen 9,4-6; Lv 17,10-14), nor of obliging his disciples to do the same. Blood is considered to be the seat of the soul, that is of life. Whereas life belongs to God alone. Nobody can eat blood, that would be the equivalent of a murder. «The soul of every flesh, that is his blood; whoever eats of it will be done away with» (Lv 17,14). This forbiddance was and is still strictly observed by Jews (Acts 15,20-29; 21,25)[65].

3. In the primitive community, the expression «breaking bread» (*klasis tou artou,* Lk 24,35 and Acts 2,42; and *klan arton,* Acts 2,46; 20,7.11) designates the eucharist in its entirety, putting the accent on the specific action over the bread while passing in silence on all the action over the wine[66].

---

64 J. Jeremias, La dernière Cène, op. cit., pp. 234-238 defends the thesis of an original Aramaic *dèn bisri* («this is my flesh»). He writes p. 237: «Dans ce cas, il faut éliminer *gûph* comme équivalent de *sôma*, car nulle part le sang n'est son complément». This amounts to affirming that if Jesus indeed said *sôma* (or *gûphâ*, in Aramaic), he could not have then said *demâ*, in Aramaic, or *haima* (blood), in Greek! And since Jesus did indeed say *sôma*, that shows that he did not say the word over the blood (Mk 14,24) but over the fruit of the vine in the kingdom (Mk 14,25).

65 The decree of the Council of Jerusalem was still in vigour in the third century of our era in certain parts of the Church. See J. Taylor, Les Actes des deux Apôtres, tome 5: Commentaire historique (Act 9,1-18,22), Et. Bibl. N.S. 23, Paris, Gabalda, 1994, pp. 210-214. For notions of Biblical Anthropology, we shall refer to H.W. Wolff, Anthropologie de l'Ancien Testament, Genève, Labor et Fides, 1974, especially pp. 59-61.

66 Ph. Menoud, Les Actes des Apôtres et l'Eucharistie, in: Jésus-Christ et la foi. Recherches néotestamentaires, Neuchâtel-Paris, 1975, p. 65: «L'usage chrétien se distingue de l'usage juif, en désignant tout le repas par les mots de la fraction du pain». We also remark the sensible view of H. Cazelles, art. sang, in: J. Briend, E. Cothenet, H. Cazelles & A. Feuillet, Supplément au dictionnaire de la Bible, tome 11/64 B-65: Samuel (livres de) - Sarepta, Paris, 1991, pp. 1332-1362, who, having affirmed that the Last Supper belongs to the communion type meal of the O.T.,

4. In the Apocryphal Acts of the Apostles, and especially in the most ancient of them (Acts Jn, Acts Andrew, Acts Pet, Acts Pl, Acts Thom), the vast majority of eucharists of these communities of 2nd and 3rd centuries A.D. is celebrated under the sole species of bread (*sub una*)[67]. And contrary to what is affirmed habitually, this practice manifests no intention of separating itself from orthodox thought, nor of opposing itself to other practices of the greater Church[68].

2.4. The primitive unfolding of the Last Supper (Mk 14,22-26)

Here we are, at present, on the site, to suggest the historical unfolding of the Last Supper, based on the text of Mk 14,22-26, which is the most authentic literary vestige.

The evening before his Passion, Jesus accomplished the habitual rites of the Jewish meal. Like the Father of a family, he took the bread (*labôn arton*), pronounced the benediction over it (*eulogèsas*), which goes: «Blessed be you, Yahweh, our God, king of the universe, you who bringest forth bread from the earth» (M. Ber.vi,1). The participants embrace the benediction by responding an absolutely obligatory *Amen* (*T.B. Ber.* 47a). The Father of the family breaks off a piece of bread the size of an olive for each of the participants (*eklasen*), that he himself gives to those invited (*edôken autois*). Lastly, he breaks off a piece of bread for himself and eats it first, - this marks the beginning of the meal properly speaking (*T.B. Ber.* 47a; *J.T. Ber.* VI, 10a, 71-74)[69]. Normally, this distribution took place in silence. Jesus took advantage of the moment to pronounce the interpretative word over the bread: *Touto estin to sôma mou* (Mk 14,22).

It is clear that Jesus used the Aramaic original: *den hû gûphi*, which corresponds exactly to *sôma*, in Greek, to designate the person in totality, composed of flesh and blood. That is the replacement of *sôma* by the vocable *sarx* (that

---

writes: «Les repas dits de communion avec louange se prêtent fort mal à une symbolique d'effusion de sang, mais fort bien aux repas fraternels de fraction du pain dont parlent les Actes. Le vin est signe d'abondance» (col. 1353).

67 J.M. van Cangh, Les origines de l'Eucharisitie, op. cit., note 29.
68 E. Junod and J.D. Kaestli, Acta Iohannis, C. Christ. Ser. Apoc. 1 and 2, Turnhout, Brepols, pp. 682-700. See also J. Jeremias, La dernière Cène, op. cit., p. 131: «La célébration *sub una* n'était pas seulement fréquente dans les tout premiers temps, mais elle était la règle ... car il est certain qu'en ces occasions, on ne buvait habituellement pas de vin». Et cette autre réflexion du même auteur, p. 71: «Les célébrations de la Cène de l'Église primitive ne sont pas à l'origine le renouvellement de la dernière Cène de Jésus avec ses disciples, mais le renouvellement de la communauté de table quotidienne des disciples avec Jésus».
69 J.M. van Cangh, La multiplication des pains, op. cit., pp. 70-71. For the citation from the Talmud of Jerusalem, we mention the lines of the Krostoshin edition of 1866.

one finds, for example, in Jn 6,51-56; Ignatius of Antioch and Justin) which should necessarily involve the addition of *haima,* due to the frequent idiomatic couplet: flesh and blood *(bisrâ û-demâ).* This explains the origin of the consecratory formula over the second essential element of the Jewish festive meal (the wine) and the insertion of the text of Mk 14,24 at the level of the Hellenistic community: «This is my blood».

The addition of *huper humôn* in the word spoken over the bread in the tradition Lk/Pl («This is my body which is for you») is a quite comprehensible addition on the part of the Hellenistic community, once the specific gesture of the father of the family at the Jewish meal («having taken the bread, and having pronounced the benediction, broken it and given it to the guests», Mk 14,22) was no longer understood in its originality and needed a complementary liturgical explanation[70].

After the principal meal *(meta to deipnèsai)*[71], the Father of the family takes the cup *(labôn)* which contains red wine mixed with water. He then pronounces the *birkat ha-zimmûn* (the benediction of invitation), followed by the *birkat ha-mazôn,* while gazing at the cup of benediction (T.B. Ber 51b; cf. I Cor 10,16). The guests embrace the three benedictions by their *Amen.* It may be noted that the second of the three benedictions begins with *nôdèh lekâ* («we give you thanks»), - which justifies the use of *eucharistèsas* over the wine (Mk 14,23) instead of *eulogèsas* over the bread (Mk 14,22).

Contrary to the current usage, according to which each guest drank from his personal cup, Jesus passes his own cup around for everyone[72]. In the same way that, during the distribution of bread, the Father of the family might express his particular benevolence towards a guest «by gazing at him» (T.B. Ber 46a), at the end of the meal, he might also bring his «cup of benediction» towards one of the guests or to the mistress of the house for taking a swallow of wine in order to express the particular benediction of God on that person[73].

Jesus innovates, then, in making the Twelve participate in his own cup of benediction. It is at this moment then that he pronounces, not the words of interpretation over the blood (Mk 14,24), unthinkable for a Jew, but the eschatological word of Mk 14,25, which invokes the typical expression of the Jewish bene-

---

70 That the effect of the benediction and that the morsel of bread broken and distributed to everyone was indeed addressed to each guest in particular, was self-evident for a Jew! The superfluous explanation of the type *huper humôn,* «which is for you» (I Co 11,24; Lc 22,19) presupposes a milieu which no longer understood the sense of an obvious gesture. See also J. Jeremias, La dernière Cène, op. cit., pp. 198-199.

71 I Co 11,25 and Lk 22,20. We have here the only primitive vestige of the tradition Lk/Pl.

72 H. Schürmann, Der Paschamahlbericht, op. cit., pp. 60-66.

73 Id., Les paroles de Jésus, op. cit., pp. 109-110. See also G. Dalman, Jesus-Jeschua, op. cit., pp. 126 and 140.

diction - always obligatory - before drinking a cup of wine (*prî ha-gèphèn*, the fruit of the vine):

> «In truth, I say to you, I shall not drink of the fruit of the vine
> until that day when I drink it new in the kingdom of God».

Jesus announces at present that he will no longer take part in feasts on earth, but that he will participate at the ultimate banquet, at the coming of the kingdom of God. Jesus gives no precise information on the form or the exact date of the coming of this kingdom (which is a sign of historicity), but simply affirms that he is certain to participate therein. One might also speculate that the addition of «with you» of Mt 26,29 corresponds to Jesus's original perspective. The eschatological meal is necessarily a communal meal. After having announced to the Twelve the provisory cessation of the community at table, Jesus at once announces its renewal in the kingdom of God[74].

The meal finishes at Mk 14,26: «After singing (*humnèsantes*) the Passover hymn, they went out to the Mount of Olives». This designates here the chant of the second part of the *Hallel* (Ps 114 to 118) which concluded the pascal meal. The *Hallel* was sung according to the antiphonal mode by the Father of the family, whereas the guests responded by *Halleluia* after each half of the verse[75].

3. Conclusion

The text of Mk 14,22-26 provides us with the primitive enchainment of the Last Supper, given that we consider the word over the blood (*Mk* 14,24) as a liturgical insertion of the Hellenistic community. We have gathered the following elements:

1) the benediction, the breaking and distribution of the bread at the beginning of the meal properly speaking (with the four words characteristic of the Jewish meal), and the interpretative word of Jesus: «This is my body» (*Mk* 14,22);

2) the benediction, distribution and consumption of the cup, after the meal (*meta to deipnèsai,* the only primitive element of the Lk/Pl tradition!), with the recitation of the *birkat ha-mazôn* and the habitual benediction over the wine (Mk 14,23), designated as «fruit of the vine» (Mk 14,25). At this moment, Jesus pronounces the eschatological promise of participating at the banquet of the

---

74 X. Léon-Dufour, Jésus devant sa mort, op. cit., pp. 158-161.

75 The first part of the *Hallel* followed the Passover *Haggadah* (M. Pes. x,6) and the second part terminated the pascal meal (M. Pes. x,7). According to the Hillel school, the first part included the Psalms 113-114 and the second part the Psalms 115-118. According to the Shammai school (which often represents the most ancient usage), the first part included Psalm 113 and the second part the Psalms114-118. Cf. J. Jeremias, La dernière Cène, op. cit., pp. 58 and 305-311.

kingdom of God (Mk 14,25), and not the word over the blood (Mk 14,24), unthinkable in a Jewish milieu;

3) the chant of the second part of the *Hallel* (Mk 14,26) ends the meal, - a trait which reinforces the pascal atmosphere of the festive meal in Mark.

I am pleased to be able to offer this little contribution to my old friend Hartmut Stegemann. For more than 20 years, we met together at the Ecole Biblique and Archéologique française in Jerusalem. It is always a joy to share bread, salt and still other things! It was always a great joy to listen to the Master of Göttingen on a particular point from the New Testament. It was always a real pleasure to see him initiate his Assistants, Dr Annette Steudel and Alexander Maurer and some others to the secrets of the Dead Sea Scrolls. Ad multos annos, dear Hartmut!

Evangelienschreibung und Gemeindeleitung. Pragmatische Motive bei der Abfassung des Markusevangeliums

von Gerd Theißen

Die Erforschung der Evangelien durchlief in unserem Jahrhundert zwei Phasen: Die Formgeschichte sah in den Evangelien Sammlungen anonymer Gemeindeüberlieferungen, die nur geringfügig redaktionell bearbeitet worden waren. Die Evangelisten galten als Sammler und Tradenten. Seit der Mitte des Jahrhunderts wurde die Formgeschichte durch die Redaktionsgeschichte korrigiert: Man entdeckte in den Evangelisten eigenständige Schriftsteller und Theologen, die die anonymen Traditionen ihrer Gemeinden durch ihren Stil und ihre theologische Konzeption tiefgreifend umgeprägt hatten[1]. Beide Ansätze - der form- und der redaktionsgeschichtliche - sind nie zu einem Ausgleich gelangt: Für die formgeschichtliche Sicht sprechen die vielen Widersprüche, Inkonsequenzen und „blinde Motive" in den Evangelien; sie deuten darauf, daß viele Texte in enger Bindung an Vorlagen und Überlieferungen niedergeschrieben worden sind. Für die redaktionsgeschichtliche Sicht spricht die deutliche Aussageabsicht der Evangelien: Sie enthalten eine Botschaft. Sie haben den Willen, in bestimmte Richtung zu wirken. Ohne ihn läßt sich weder die Umprägung des Mk-Stoffes bei Mt und Lk noch die kunstvolle Kompositionsarbeit im MkEv und JohEv verstehen. So schwankt die Exegese zwischen einer Sicht der Evangelisten als konsequent gestaltender Theologen und konservativer Redaktoren hin und her.

---

1   Eine Weiterführung der Redaktionsgeschichte ist m.E. der „narrative criticism" (vgl. M.A. Powell, What is Narrative Criticism?, Minneapolis 1990). Während die Redaktionsgeschichte durch diachronische Scheidung von Tradition und redaktioneller Bearbeitung die Absicht des *Autors* zu erfassen versucht, betrachtet der „narrative criticism" das *Werk* synchronisch als ein Ganzes, ohne in ihm Schichten zu unterscheiden. Ergänzt wird diese Betrachtungsweise durch den reader-response-criticism (vgl. R.M. Fowler, Reader-Response Criticism: Figuring Mark´s Reader, in: J.C. Anderson/St.D. Moore [ed.], Mark and Method. New Approaches in Biblical Studies, Minneapolis 1992, 50-83). Hier wird neben Autor und Werk der *Leser* als dritte Größe entdeckt: Der Sinn eines Werkes bildet sich durch seine aktive Lesetätigkeit. All diese (in zunehmendem Maße) an der Endgestalt des Textes orientierten Methoden können jedoch nicht davon absehen, daß die Texte geschichtlich entstanden sind: Sie sind Ergebnis eines „Wachstumsprozesses" und beziehen sich auf eine historische Situation.

Eine Synthese beider Ansätze könnte eine sozialgeschichtliche Betrachtungsweise der Evangelien bieten[2]: Die Evangelisten schreiben weder als Sammler und Tradenten noch als freigestaltende Theologen, sondern als Leiter ihrer Gemeinden. Sie wollen in ihren Evangelien lebenspraktische Basistexte für das Gemeindeleben urchristlicher Gruppen im 1. Jh. schaffen. Widersprüche können dabei in Kauf genommen werden, denn das Leben selbst ist voller Widersprüche. Lebenspraktisch ist gerade das, was erlaubt, mit diesen Widersprüchen zu leben. Gleichzeitig aber dürfen wir eine dezidierte Aussageabsicht erwarten: Wer eine Gruppe führt, muß ihr eindeutige Impulse geben, damit sie die Herausforderungen der Situation bewältigen kann.

Diese sozialgeschichtliche Sicht der Evangelienschreibung ist eine Synthese von Form- und Redaktionsgeschichte. Weder werden die Evangelienüberlieferungen als Sammelgut von Gemeinden bewertet noch als Ausdruck individueller theologischer Schriftsteller. Sie sind vielmehr Ausdruck einer Interaktion zwischen Evangelisten und Gemeinde, die ich „Kirchenpolitik" oder „Gemeindeleitung" nenne. Ich skizziere fünf Aufgaben solch einer „Kirchenpolitik" - und damit fünf Grundgedanken meiner Sicht der Evangelien.

1. Jeder Leiter muß den *Konsens* seiner Gruppe zum Ausdruck bringen. Autorität hat nur, wer in der Gruppe verwurzelt ist und nach innen und außen ihre Überzeugungen vertritt. Das heißt: Die Evangelisten müssen als Gemeindeführer mit den vorhandenen Gemeindetraditionen ein Jesusbild entwerfen, das den Überzeugungen der Gemeinde entspricht. Sie sind unter diesem Aspekt „Sammler", „Tradenten" und „konservative Redaktoren", die sich von den überlieferten Grundüberzeugungen ihrer Gemeinden nie allzuweit entfernen dürfen. Oft aber müssen sie dabei eine Integrationsleistung vollbringen, dann nämlich, wenn die Gemeindetraditionen über Jesus in sich widersprüchlich sind. Ihre erste Aufgabe ist also: Konsensbildung. Die Evangelien vollziehen in der Tat oft einen Ausgleich von Traditionen[3].

2. Jeder Leiter muß gleichzeitig seiner Gruppe *Orientierung in ihrer Umwelt* anbieten. Er muß ein Bild von der Umwelt entwerfen, das handlungsleitend sein kann. Dies Bild kann implizit in Erzählungen wirksam werden. Die Evangelien geben m.E. viele Impulse zur Deutung der nicht-christlichen Umwelt und zum Verhalten der Christen in ihr. Sie reagieren sensibel auf Änderungen ihrer Um-

2 Man kann diese Betrachtungsweise „socio-redaction criticism" nennen. So Ph.F. Esler, Community and Gospels in Luke Acts. The Social and Political Motivations of Lucan Theology, SNTS.MS 57, 1987, 2. Es handelt sich um Redaktionsgeschichte mit sozialgeschichtlicher Vertiefung.

3 Evident ist dies bei den beiden großen synoptischen Evangelien, die beide eine Synthese aus den Traditionen des MkEv und der Logienquelle darstellen. Ihr jeweiliges Sondergut zeigt zudem, daß sie vor ganz spezifischen Integrationsaufgaben standen: Mt mußte judenchristliche Traditionen mit heidenchristlichen, Lk eine von Armutsfrömmigkeit geprägte Tradition mit einer Perspektive gehobener Schichten ausgleichen.

welt. Das MkEv reagiert z.B. auf eine große politische Krise um ca. 70 n.Chr.; die beiden großen Evv, Mt und Lk, schreiben dagegen für friedlichere Zeiten nach dieser Krise. Daher bearbeiten sie das MkEv neu. Eben darin vollzieht sich ein Stück „Kirchenpolitik" und „Gemeindeleitung"[4].

3. Eine dritte Aufgabe für solch eine Kirchenpolitik ist im Urchristentum die *Abgrenzung gegenüber der Herkunftsreligion*. Das Urchristentum entstand als eine innerjüdische Erneuerungsbewegung. Wer die urchristlichen Gemeinden führen wollte, mußte plausibel machen, daß sie einerseits im Judentum verwurzelt waren, sich andererseits aber vom Judentum getrennt hatten. Die Evangelienschreibung ist selbst ein wichtiger Schritt bei der Verselbständigung gegenüber dem Judentum: Mit ihr gibt sich das Urchristentum eine eigene Grunderzählung und scheidet aus der Erzählgemeinschaft des Judentums aus[5]. Es ist daher kein Zufall, daß alle Evangelien in verschiedener Weise die Beziehung zwischen Juden und Christen reflektieren.

4. Eine vierte Aufgabe besteht in der innergemeindlichen Konfliktregulierung. Jeder Führer ist für den *Zusammenhalt seiner Gruppe* verantwortlich. Dazu gehört einerseits die Durchsetzung der gruppenspezifischen Normen, andererseits die Toleranz, widersprüchliche Tendenzen in einer Gruppe koexistieren zu lassen. Denn jede Gruppe zerfällt schnell in rivalisierende Untergruppen, wenn die gruppenspezifischen Normen zu rigide gehandhabt werden. Dann droht Spaltung durch „sektiererischen Geist". Wir finden daher in allen Evangelien ein Bemühen um Integration verschiedener Gruppen. Im MtEv handelt es

---

4 Alle Einleitungen bemühen sich, die Evangelien in Raum und Zeit zu lokalisieren. Die hier gestellte Aufgabe geht insofern über solche Einordnungen in eine „objektive" historische Situation hinaus, als das „subjektive" Bild von dieser Situation in den Evangelien interessiert - und dies Bild primär unter dem Aspekt, daß es den Lesern und Leserinnen Orientierung bietet. Gegenstand der Untersuchung ist also die „implizite historische Situation", die sich aber ohne Aktivierung unseres sonstigen Wissens von der damaligen historischen Situation nicht angemessen erfassen läßt: Den Lesern und Leserinnen war u.U. vieles selbstverständlich, was wir erst mühsam rekonstruieren müssen. Nicht alle diese Selbstverständlichkeiten müssen in den Text „eingegangen" sein.

5 Das zeigt m.E. schon eine formgeschichtliche Überlegung: Die Logienquelle bleibt als Sammlung prophetischer und weisheitlicher Sprüche noch ganz im Rahmen eines „Prophetenbuchs" (vgl. M. Sato, Q und Prophetie. Studien zur Gattungs- und Traditionsgeschichte der Quelle Q, WUNT II/29, 1988) oder einer weisheitlichen Spruchsammlung. Die paulinischen Briefe haben Analogien im Judentum (vgl. I. Taatz, Frühjüdische Briefe. Die paulinischen Briefe im Rahmen der offiziellen religiösen Briefe des Frühjudentums, NTOA 16, 1991). Die Evangelien gehören zum antiken „Bios", haben aber keine eigentlichen Analogien im frühjüdischen Schrifttum. Nur Philos vita des Mose wäre hier zu nennen.

sich um Juden- und Heidenchristen[6], im LkEv um Arme und Reiche[7], im JohEv um simplices (d.h. einfache Gemeindechristen) und Vertreter eines pneumatischen Christentums[8]. Alle Evangelien geben Impulse, um das Zusammenleben verschiedener Gruppen in der Gemeinde zu ermöglichen. Daher spiegeln sie die Widersprüche des realen Gemeindelebens und erfüllen eben dadurch ihre Funktion, dem christlichen Gemeindeleben eine lebenspraktische Grundlage zu geben.

5. Jeder Führer muß die *Autoritätsstruktur* seiner Gruppe gestalten, nicht nur für sich selbst, sondern für seine Nachfolger. Die Evangelien sind Zeugen und Faktoren eines tiefgreifenden Strukturwandels von Autorität im Urchristentum. Am Anfang waren in ihm heimatlose Wandercharismatiker die großen Autoritäten: Nachfolger Jesu, Apostel, Propheten, Missionare. Ihre Autorität hatten sie auch deshalb, weil sie wichtige Teile der Jesusüberlieferung „verwalteten": „Wer euch hört, hört mich!" (Lk 10,16). Die Evangelien bewirkten eine Ablösung von diesen Autoritäten. Sie lösten die Jesusüberlieferung von ihren ursprünglichen Trägern. In schriftlicher Form bearbeiteten sie diese in einer Weise, die sie zur Grundlage für das Leben in Ortsgemeinden machte. Der Sitz im Leben eines Teils der Jesusüberlieferung verlagerte sich: von den Wandercharismatikern hin zu den Ortsgemeinden[9].

Die Evangelien sind demnach in fünffacher Weise Ausdruck von „Kirchenpolitik". Sie formulieren einen Konsens aufgrund schon vorhandener Jesusüberlieferungen; sie geben Impulse für das Verhalten zur Umwelt; sie definieren das Selbstverständnis der christlichen Gemeinde in Beziehung zu ihrer Herkunftsreligion; sie bemühen sich um Konfliktregulierung im Innern der Gemeinde und um eine Autoritätsstruktur an der Spitze der Gemeinde. Dies Bemühen um Konsensbildung, Steuerung der Außenbeziehungen, Selbstdefinition, Konfliktregulierung und Autoritätsstruktur zeigt, daß hier Gemeindepraktiker am Werk waren. Diese Gemeindepraktiker machten Kirchenpolitik mit Hilfe ihrer Evangelien. Sie hatten nicht unbedingt ein Gemeindeamt im formalen Sinne inne. Aber sie wollten auf ihre Gemeinde Einfluß nehmen möglicherweise auch in Konkurrenz zu tatsächlich existierenden Autoritäten und Ämtern in der Gemeinde. In diesem Beitrag soll gezeigt werden, wie das Markusevangelium diese gemeindeleitenden Aufgaben bewältigt.

---

6   Vgl. K.Ch. Wong, Interkulturelle Theologie und multikulturelle Gemeinde im Matthäusevangelium. Zum Verhältnis von Juden- und Heidenchristen im ersten Evangelium, NTOA 22, 1992.

7   Vgl. L. Schottroff/W. Stegemann, Jesus von Nazareth - Hoffnung der Armen, UB 639, 1978.

8   Vgl. G. Theissen, Conflits d'autorité dans les communautés johanniques. La question du Sitz im Leben de l'évangile de Jean, in: G. Theissen, Histoire sociale du christianisme primitif, Genève 1976, 209-226.

9   Diese These habe ich vertreten in: Lokalkolorit und Zeitgeschichte in den Evangelien. Ein Beitrag zur Geschichte der synoptischen Tradition, NTOA 8, 1989, 295-303.

Das MkEv ist das älteste Evangelium. Es entstand im Zusammenhang mit dem jüdischen Krieg (kurz vor oder nach 70 n.Chr.). Die altkirchliche Tradition lokalisiert seine Entstehung in Rom. Innere Indizien weisen eher nach Syrien[10]. Wir fragen nun: Welche „Kirchenpolitik" ist im MkEv erkennbar? Dabei folgen wir den oben formulierten fünf Aufgaben eines Gemeindeleiters und „Kirchenpolitikers".

1. Konsensbildung durch Sammlung und Ausgleich von Traditionen: Das MkEv als Verbindung von Wunder- und Passionstradition

Die meisten Exegeten sind sich darin einig, daß der Mk-Evangelist verschiedene Jesustraditionen verbindet, vor allem die Wundergeschichten und die Passionsüberlieferung. Das Wunder zeigt Jesu Macht, die Passion seine Ohnmacht. Die theologia gloriae der Wunder widerspricht der theologia crucis der Passion. Mk schafft einen Ausgleich zwischen beiden Überlieferungen, indem er die Wundergeschichten durch Geheimnismotive auf Kreuz und Auferstehung ausrichtet. Er will sagen: In den Wundern zeigt sich ein Geheimnis, das erst in Kreuz und Auferstehung offenbar wird. Die Jünger verstehen das Geheimnis erst, wenn sie Jesu Weg bis zum Kreuz nachvollziehen.

Woher hat der Mk-Evangelist diese beiden Traditionen? Die Passionsgeschichte könnte ihm aus der Tradition einer Ortsgemeinde bekannt sein - wahrscheinlich sogar aus der Ortsgemeinde von Jerusalem. Sie weist so viele Vertrautheitsindizien mit Personen und Orten in Jerusalem auf, daß sie wohl dort in der ersten Generation nach Jesu Tod geformt wurde, als Anspielungen auf einzelne Personen (wie Alexander und Rufus in Mk 15,21) noch unmittelbar verstanden wurden[11].

Die Wundergeschichten kursierten dagegen - nach Auskunft des MkEv - nicht nur unter den Anhängern Jesu, sondern überall im Volk. Sie entzogen sich der Kontrolle der Jesusanhänger. Oder wie das MkEv es darstellt: Sie wurden

---

10 Zum gegenwärtigen Stand der Diskussion vgl. U. Schnelle, Einleitung in das Neue Testament, UTB 1830, 1994, 237-239, der als dritte Möglichkeit auch eine Lokalisierung in Kleinasien ins Spiel bringt, ohne für sie zu plädieren. Ich rechne zwar eher mit einer Entstehung in Syrien (vgl. Theißen, Lokalkolorit und Zeitgeschichte [s. Anm. 9], 246-261); eine Lokalisierung in Rom, dem Zentrum der Weltmacht, würde freilich ausgezeichnet zu der im folgenden vorgelegten Deutung des MkEv als eines „Anti-Evangeliums" passen: Wenn es als Antithese zu den „Euaggelia" vom Aufstieg der Flavier geschrieben ist, so wäre diese Botschaft in der Hauptstadt noch viel aussagekräftiger als in der Provinz. Dennoch kann ich mir nicht vorstellen, daß in Rom ein „Quadrans" (die kleinste Münze nach Plut., Cic 99,5) im Widerspruch zur unmittelbaren Lebenswirklichkeit mit zwei noch kleineren Münzen gleichgesetzt wird wie in Mk 12,42 oder daß der kleine See Gennesaret ein „Meer" genannt wird (Mk 4,39.41u.ö.). Vgl. Theißen, Lokalkolorit und Zeitgeschichte, 246-261.

11 Vgl. a.a.O., 177-211.

gegen Jesu Willen überall erzählt (Mk 1,28; 1,45; 5,20; 7,36bf.). Wir sollten hier dem Mk-Evangelisten vertrauen. In diesen Geschichten ist uns etwas von der Wirkung Jesu auf das einfache Volk erhalten - gefärbt und gesteigert durch eine populäre Wundergläubigkeit und mit Motiven des allgemein verbreiteten Wunderglaubens gemischt. Es handelt sich um Volksüberlieferungen von Jesus, die aber zugleich in der Gemeinde geliebt und geschätzt wurden[12].

Bei beiden Überlieferungen - Wunder- und Passionsüberlieferung - konnte sich das MkEv auf einen Konsens in der Gemeinde stützen. Es gibt keine Zeichen dafür, daß in ihm der Wunderglaube abgelehnt oder die Passion Jesu verdrängt wurde. Innerhalb einer vorliterarischen (und z.T. mündlichen) Tradition konnten beide koexistieren, ohne daß man ihren Widerspruch empfand. Erst wenn man aus ihnen ein einheitliches Werk schaffen wollte, wenn sie in einer Schrift nebeneinander zu stehen kommen sollten - erst dann stellte sich jene Integrationsaufgabe, die der Mk-Evangelist zu meistern hatte. Insofern führt er über den vorhandenen Konsens hinaus: So bewußt wie bei ihm wurde der Jesus der Wundergeschichten bisher nicht auf den leidenden Jesus der Passionsgeschichten bezogen[13].

Der Mk-Evangelist entwirft also aufgrund von Gemeinde- und Volksüberlieferungen ein Bild von Jesus, bei dem er auf Konsens hoffen darf. Sein eigener Beitrag zur Gestaltung dieses Konsenses ist der Ausgleich zwischen Wunder- und Passionsüberlieferung. Warum aber legte er so viel Wert auf die Passionsgeschichte? Warum läßt er ihr in Mk 13 eine große Weissagung vorhergehen, die den Christen sagt: Ihr werdet genauso wie Jesus durch viele Leiden hindurch müssen? Die Antwort ist in der gesamtgesellschaftlichen Situation begründet, in die Mk hineinspricht.

2. Die Steuerung der Außenbeziehungen: Das MkEv als „Anti-Evangelium"

Das MkEv ist in „Kriegsnähe" geschrieben, als das Römische Reich von einer seiner größten politischen Krisen während der Prinzipatszeit erschüttert wurde: durch eine Kette von Bürgerkriegen nach dem Tod Neros 68 n.Chr., die mit dem jüdisch-römischen Krieg im Osten und einem Bataveraufstand im Norden zeitlich zusammenfielen. Da die Weissagung der Tempelzerstörung in 13,1f. so umgeformt ist, daß sie den faktischen Ereignissen entspricht, dürfte das MkEv kurz nach der Tempelzerstörung in den 70er Jahren geschrieben worden sein[14].

---

12 Vgl. a.a.O., 102-119.296ff.
13 Das ist heute fast „Konsens". Besonders beeindruckend wird diese Ausrichtung des MkEv auf das Kreuz in der Auslegung von E. Schweizer, Das Evangelium nach Markus, NTD 1, [7]1989, vertreten.
14 Eine Datierung *unmittelbar vor* die Tempelzerstörung und eine Lokalisierung in Rom werden dagegen mit bestechenden Argumenten von M. Hengel, Die Entstehungszeit und Situation des Markusevangeliums, in: Markus-Philologie: historische,

In 13,2 wird nämlich erstens nur die Zerstörung des Tempels angekündigt, nicht seine Wiedererrichtung wie in 14,58; letztere war nicht eingetreten[15]. Zweitens wird diese Zerstörung anders als in 14,58 nicht auf Jesus, sondern auf eine von passivischen Formulierungen verdeckte Größe zurückgeführt! Tatsächlich wurde der Tempel von römischen Truppen zuerst angezündet, dann geschliffen. Drittens scheint bewußt zu sein, daß die Tempelplattform erhalten blieb. Nur die Gebäude auf ihr wurden niedergemacht - genauso, wie es in 13,2 geweissagt wird: „Siehst du diese großen Gebäude? Nicht ein Stein wird auf dem andern bleiben, der nicht niedergerissen wird."[16]

---

literaturgeschichtliche und stilistische Untersuchungen zum 2. Evangelium, hg. v. H. Cancik, WUNT 33, 1984, 1-45, vertreten.

15 Die Tempelweissagung in 14,58, die einen „neuen Tempel" verheißt, wird im MkEv als falsches Zeugnis entwertet und durch 13,2 bewußt ersetzt, wo nur die Zerstörung geweissagt wird. Der durch 13,2 informierte Leser soll von vornherein durchschauen, daß 14,58 eine falsche Beschuldigung ist. Das erklärt sich am ungezwungensten dadurch, daß nach erfolgter Tempelzerstörung der erhoffte, von Gott geschaffene wunderbare neue Tempel nicht erschienen war. Zwei Überlegungen unterstützen das: 1. Die Weissagung einer Zerstörung ohne Wiedererrichtung wäre im Grunde eine wirksamere Anklage als die Verheißung eines neuen, nicht von Händen gemachten Tempels. Erst die Nicht-Erfüllung dieser Verheißung macht die Distanzierung von ihr als Falschaussage verständlich. 2. Die zweiteilige Tempelweissagung ist wahrscheinlich die ursprünglichere Fassung, da sich Joh 2,19f. und ThEv 71 besser aus ihr erklären lassen. ÄthHen 90,28f. erwartet ebenfalls einen neuen Tempel. Wenn Mk vor der Tempelzerstörung schriebe, wäre zu erwarten, daß er die drohende Katastrophe als Wiederbelebung dieser ursprünglicheren Erwartung erlebte. Seine Botschaft hätte eher gelautet: Der jetzt bedrohte Tempel wird auf wunderbare Weise neu entstehen - zumindest aber eine „Gebetsstätte für alle Heiden" werden. Denn das ist nach Mk 11,17 (= Jes 56,7) die Hoffnung der mk Gemeinde. Aufgrund dieser Überlegungen halte ich nach wie vor eine Datierung kurz nach 70 n.Chr. für wahrscheinlicher.

16 Ein weiteres Argument ist das Zerreißen des Tempelvorhangs (Mk 15,38). Ausgerechnet der Vorgang im *Innern* des Tempels wird vom römischen Centurio unter dem Kreuz - also weit entfernt vom Tempel und außerhalb von ihm - „gesehen" (Mk 15,39). Dieser Verstoß gegen die Erzähllogik könnte darauf hinweisen, daß in symbolischer Weise auf spätere Ereignisse angespielt wird: (1.) Titus betrat zusammen mit seinen Offizieren kurz vor dem Brand des Tempels das Allerheiligste (Jos., Bell 6,260: Es steht im Text freilich nur ἅγιον). Nach bGit 56b profanierte Titus das Allerheiligste durch sexuelle Akte und dadurch, daß er mit einem Schwert den Vorhang durchstach. (2.) Der berühmte Tempelvorhang könnte ein Opfer des Tempelbrands geworden sein. Sicher ist das nicht. Denn ein Priester liefert nach dem Brand (Ersatz-) Vorhänge (?) an die Römer aus (Jos., Bell 6,389f.). (3.) Nach dem Triumphzug in Rom werden die Vorhänge des Tempels im kaiserlichen Palast aufbewahrt (Jos., Bell 7,162). Daß das Zerreißen des Tempelvorhangs darüber hinaus eine theologische Symbolik enthält, versteht sich von selbst. Sie wird auch im christlichen Zusatz zu TestBenj 9,4 zum Ausdruck gebracht: „Und der Vorhang des Tempels wird zerreißen. Und der Geist Gottes wird zu den Heiden übergehen wie ausge-

Selbst wenn das MkEv kurz vor 70 geschrieben wäre, wie manche meinen, würde sich für die folgenden Überlegungen nicht viel ändern. Entscheidend ist die Kriegsnähe. Entscheidend ist, daß wir im MkEv die Erschütterung durch eine große „Weltkrise" spüren[17]. Diese Krise der Jahre 68/70 n.Chr. war mit dem Aufstieg der Flavier verbunden. Die Flavier stellten die politische Stabilität im römischen Reich wieder her. Kein Wunder, daß ihr Aufstieg für viele eine „frohe Botschaft" war. Wenigstens ist uns das Wort εὐαγγέλια (im Plural) bei Josephus zwei Mal in diesem Zusammenhang überliefert. Die Proklamation des Vespasian zum Imperator drang als „εὐαγγέλια" in den Osten (Bell 4,618) und den Westen (Bell 4,656). Diese Proklamation des neuen Herrschers war nur mit einem Problem verbunden: Die Flavier waren keine durch Herkunft legitimierte Dynastie. Um so kräftiger mußte für sie am Anfang die Propagandatrommel gerührt, mußten Propheten und Orakel aufgeboten werden, um ihren Aufstieg durch göttlichen Willen zu legitimieren[18]. Daher erzählte man sich von Wunderheilungen des Vespasian in Alexandrien, die als Wink der Götter dafür gedeutet wurden, daß ihre Wahl auf Vespasian gefallen war (Suet., Vesp 7; Tac., Hist IV,81,1). Daher raunte man sich zu, daß er in Ägypten als „Sohn Gottes" (des Ammon) begrüßt worden war (Pap Fouad Nr. 8). Für uns ist noch wichtiger: Der jüdische General und Schriftsteller Josephus, der in die Hände der Römer gefallen war, hat damals dem Vespasian die Weltherrschaft geweissagt. Er übertrug die jüdische Messiaserwartung auf die neue Kaiserdynastie. Er deutete die Weissagung, aus Palästina werde jemand (oder eine Gruppe von Menschen) zur Weltherrschaft gelangen, neu: Da der römische General Vespasian in Palästina Krieg führte, galt ihm die Verheißung. Er war der „messianische" Weltherrscher, der aus Palästina stammen sollte (Jos., Bell 3,400f.). Verständlich ist: Nach Überwindung der schwersten Krise seit dem Ende der Republik feierte man im römischen Reich den neuen Kaiser, der Frieden und Stabilität geschaffen hatte, in religiösen Tönen. Sein Aufstieg war mit der Niederlage der Juden verbunden.

---

gossenes Feuer". Von jetzt ab ist auch Heiden das „Allerheiligste" offen. Der heidnische Centurio steht für alle Heiden, die zum Glauben an den Gekreuzigten als „Sohn Gottes" kommen.

17 Wichtig ist nur, sich klar zu machen, daß der Aufstieg der Flavier schon im Winter 69/70, also vor der Zerstörung des Tempels, durch Sieg über die Anhänger des Vitellius feststand. Der Bürgerkrieg war schon beendet, bevor der jüdische Krieg zu Ende war.

18 Vgl. bes. H. Schwier, Tempel und Tempelzerstörung. Untersuchungen zu den theologischen und ideologischen Faktoren im ersten jüdisch-römischen Krieg (66-74 n.Chr.), NTOA 11, 1989, 293ff.

Der göttliche Glanz, den ihm seine Propagandisten andichteten, war Widerschein des Feuers, das den Tempel in Jerusalem zerstört hatte[19].

Wie hat die mk Gemeinde (evtl. in Syrien) diesen Aufstieg der Flavier erlebt? Hatte nicht auch sie geglaubt und gehofft, daß aus Palästina der Messias kommen werde? Nun aber war dort nicht der Messias zu seiner Parusie erschienen, sondern ein römischer Imperator. Waren mit der Niederlage der Juden nicht ihre Hoffnungen widerlegt? Konnte aus diesem Volk wirklich der Messias kommen? Solche Gedanken werden in der Gemeinde lebendig gewesen sein.

Der Mk-Evangelist schreibt in dieser Situation ein Anti-Evangelium zu den εὐαγγέλια vom Aufstieg der flavischen Dynastie[20]. Er führt betont den Begriff *euaggelion* in die synoptische Tradition ein. Programmatisch leitet er sein Buch mit den Worten ein: Anfang des Evangeliums von Jesus Christus (1,1). Dann definiert er das Evangelium als Proklamation eines nahe bevorstehenden Herrschaftswechsels: „Die Zeit ist erfüllt, die Gottesherrschaft ist nahe herbeigekommen. Kehrt um und glaubt an das Evangelium!" (1,15). Er verbindet die Treue zu diesem Evangelium mit Leidensnachfolge (8,35), Besitzaufgabe (10,28) und Verfolgung (vgl. 13,10f. im Kontext). Er betont, daß die Passionsgeschichte zu diesem Evangelium gehört: Überall soll zusammen mit dem Evangelium die an Jesus vorweggenommene Totensalbung erzählt werden (14,9). Die Exegese ist sich in seltener Weise einig darüber, daß der Mk-Evangelist selbst den *euaggelion*-Begriff an allen Stellen in seine Schrift eingeführt hat. Vermutlich tat er es, um den εὐαγγέλια vom Aufstieg der Flavier das Evangelium der christlichen Gemeinde vom paradoxen Weg Jesu zu seiner Macht entgegenzusetzen[21].

In der Tat: Er zeichnet an vielen Stellen den Weg Jesu als Gegenbild zum Weg der Flavier. Deren Aufstieg hatte sich in mehreren Etappen vollzogen. Nach Orakeln und Prophetien in Palästina war Vespasian in Alexandrien zum Kaiser ausgerufen und später vom Senat in Rom offiziell zum Prinzeps gewählt worden. Das MkEv verfolgt eine andere „Karriere": den Weg des Juden Jesus von Nazareth zur Macht. Auch er vollzog sich in Etappen. In der Taufe war Jesus zum Sohn Gottes ernannt worden (Mk 1,11)[22]. In der Verklärung wurde er

---

19 Zum sachlichen Zusammenhang zwischen dem Brand des Tempels des Jupiter Capitolinus Dez. 69 in Rom und dem Brand des Jerusalemer Tempels vgl. Schwier, Tempel und Tempelzerstörung, 330-337.

20 Vgl. zum folgenden Theißen, Lokalkolorit und Zeitgeschichte (s. Anm. 9), 270-284.

21 Dieser Gegensatz des εὐαγγέλιον als Inhalt des MkEv und den εὐαγγέλια der Kaiserpropaganda ist unabhängig davon, ob man das Substantiv εὐαγγέλιον aus dem Kaiserkult ableitet, wie G. Strecker, Art. εὐαγγέλιον, EWNT II, 1981, 176-186, es mit plausiblen Gründen tut.

22 Diese adoptianische Deutung ist umstritten. Vgl. die Diskussion bei H.J. Klauck, Vorspiel im Himmel? Erzähltechnik und Theologie im Markusprolog, BThS 32, Neukirchen-Vluyn 1997, 52ff.100ff. Gegen sie wird die von Ps 2,7 („Mein Sohn bist du") abweichende Wortstellung („Du bist mein Sohn") eingewandt, die aus einer

einem ausgewählten Kreis präsentiert (Mk 9,7). Der Centurio am Kreuz akklamierte ihn schließlich öffentlich als „Sohn Gottes" (Mk 15,39)[23]. Die Überlegenheit des Gekreuzigten wurde ausgerechnet durch einen Vertreter der römischen Staatsmacht anerkannt.

Von Vespasian raunte man sich ferner Wundergeschichten zu: Die Heilung eines Blinden und Lahmen in Alexandrien. Solche Wunder sollten ihm Legitimität verschaffen. Hier entwarf der Mk-Evangelist ein beeindruckendes Gegenbild: Von Jesus waren sehr viel mehr Wunder überliefert. In ihnen erwies sich Jesus als Sieger über Krankheit und Dämonen. Es ist kein Zufall, daß sich einer der Dämonen „Legion" nennt. Wie die Römern will dieser Dämon vor allem im Lande bleiben. Wie die Römer hat er keine Scheu vor der Berührung mit unreinen Tieren: Er fährt in eine Schweineherde, die im See ertrinkt (Mk 5,1ff.)[24]. Sowohl in seinen Wundern wie in seiner Kreuzigung erweist sich Jesus so als überlegen über die politischen Herrscher.

Vespasian konnte Propheten und Orakel für seinen Anspruch auf Herrschaft aktivieren. In Jesus aber gehen nach dem MkEv die Weissagungen der Propheten in Erfüllung (vgl. Mk 1,2f.), vor allem aber die Weissagung des Propheten Johannes des Täufers.

Wer in der mk Gemeinde dennoch von den neuen Herrschern, den Flaviern, beeindruckt war und zweifelte, ob nicht bei ihnen die größere Verheißung für ein glückliches Leben lag, den warnt das MkEv: In der Endzeit werden Pseudopropheten und Pseudomessiasse auftreten und die Gläubigen zu verführen suchen. Sie werden sich auf Prophetien und Wunder berufen. Es wird Leute geben, die auf sie die Messiaserwartung übertragen. Sie werden sagen: Siehe, hier ist der Messias, siehe dort (13,21). Aber all das ist nichts anderes als satanische Verführung. Mußte die Gemeinde bei solchen Verführungen durch Propheten nicht auch an die Prophetien und Orakel denken, die in den Flaviern die Welt-

---

performativen Ernennung eine Identifikation mache. Die Einsetzung des Petrus zum Fundament der Kirche in Mt 16,17 („Du bist Petrus und auf diesem Felsen ...") zeigt jedoch, daß die in Mk 1,11 gewählte Wortstellung durchaus performativen Charakter haben kann. Zu bedenken ist ferner, daß sich die Himmelsstimme in Mk 1,11 nur an Jesus richtet (anders als in Mk 9,7). Sie sagt ihm etwas Neues über seinen Status. Und sie bezieht sich auch für den Leser auf den durch die Geistverleihung begründeten neuen Status. Daß der Geist zu „Söhnen Gottes" macht, ist eine im Urchristentum vertraute Vorstellung (Gal 4,6f.; Röm 8,14f.; vgl. Röm 1,3f.). Diese adoptianische Vorstellung läßt sich auch von Mk 1,9-11 nicht fernhalten.

23 Daß diese drei Stellen aufeinander bezogen sind, ist unabhängig davon richtig, ob man hier ein ägyptisches Thronritual nachwirken sieht. So Ph. Vielhauer, Erwägungen zur Christologie des Markusevangeliums, in: ders., Aufsätze zum Neuen Testament, TB 31, 1965, 199-214. Vgl. R. Weber, Christologie und „Messiasgeheimnis": ihr Zusammenhang und Stellenwert in den Darstellungsintentionen des Markus, EvTh 43, 1983, 108-125.

24 Vgl. Theißen, Lokalkolorit und Zeitgeschichte (s. Anm. 9), 116ff.

herrscher ankündigten? Vor allem an Propheten wie Josephus, der sogar messianische Erwartungen auf Vespasian übertrug (Jos., Bell 3,400f.). Mußten sie nicht an die Wunder denken, die von Vespasian erzählt wurden?

Eindringlich schärft der Evangelist ein: Die christliche Gemeinde ist ein Gegenbild zur politischen Herrschaft. Sie verrät ihre Identität, wenn sie das vergißt:

> „Ihr wißt, daß die, die als Herrscher gelten,
> ihre Völker unterdrücken
> und die Mächtigen ihre Macht über die Menschen mißbrauchen.
> Bei euch aber soll es nicht so sein,
> sondern wer bei euch groß sein will,
> der soll euer Diener sein,
> und wer bei euch der Erste sein will,
> soll der Sklave aller sein.
> Denn auch der Menschensohn ist nicht gekommen,
> um sich dienen zu lassen,
> sondern um zu dienen
> und sein Leben hinzugeben als Lösegeld für viele."
> (Mk 10,42-45).

Dieser Text bringt einen zentralen Gedanken des MkEv zum Ausdruck: Der „Herrscher", dem die christliche Gemeinde allein verpflichtet ist, ist ein Gegenbild zu den politischen Herrschern. Er wird bald kommen und in seiner Herrlichkeit offenbar werden. Noch die jetzt lebende Generation wird es erleben (13,30). Eine solche Weissagung impliziert, daß es mit den jetzigen politischen Herrschaftssystemen zu Ende geht. Das MkEv ist daher ein Stück politisch-subversiver Untergrundliteratur. Das alles ist zweifellos Ausdruck einer dezidierten „Kirchenpolitik". Das MkEv vermittelt ein handlungsleitendes Bild von der politischen Umwelt, und zwar ein Kontrastbild. Die mk Gemeinde soll ihre Lebenspraxis gegen diese Umwelt gestalten. Zu dieser Umwelt gehörte auch das Judentum. Das führt uns zur dritten Aufgabe eines Gemeindeführers, zur:

3. Selbstdefinition gegenüber der Herkunftsreligion

Wenn unsere bisherige Analyse richtig ist, hat die Gemeinde des MkEv im Jüdischen Krieg das imperium romanum als Bedrohung erlebt. Sie stand emotional auf Seiten der Verlierer. Den „Greuel der Verwüstung", den sie (nach Mk 13,14) am Ort des Tempels erwartete, war auch für sie ein unglaublicher Frevel - wahrscheinlich befürchtete sie wie viele Juden die Errichtung eines heidnischen Tempels an der Stelle des zerstörten jüdischen Heiligtums. Diese Befürchtung war nicht unrealistisch. Seit der Niederlage der Juden wurde die ehemalige Tempelsteuer an den fiscus judaicus abgeführt. Mit ihr wurde der Wiederaufbau des im Bürgerkrieg zerstörten Tempels des Jupiter Capitolinus finan-

ziert. Wenn schon die Tempelsteuer zur Errichtung eines heidnischen Heiligtums verwandt wurde, warum sollte dann nicht auch der Tempel in Jerusalem in
ein heidnisches Heiligtum verwandelt werden? Zumal schon Gaius Caligula
solche Pläne gehabt hatte - und die Angst vor einer Realisierung seiner Pläne
auch nach seinem Tod weiter existierte (Tac., Ann 12,54,1). Mußte diese Angst
nach dem Jüdischen Krieg nicht erneut aufleben? Hatten die Römer doch an
anderen Orten (in Caesarea und Antiochien) schon Synagogen in heidnische
Orte umgewandelt!

Auf jeden Fall ist klar: Die mk Gemeinde hat angesichts der Tempelzerstörung keine Genugtuung empfunden. Nirgendwo wird sie (anders als bei Mt
und Lk) im MkEv als Strafe für die Hinrichtung Jesu interpretiert[25]. Die mk
Gemeinde hatte vielmehr gehofft, daß der Tempel einst allen Heiden zugänglich
wird. Er sollte eine Gebetsstätte für die Heiden werden (Mk 11,17 = Jes 56,7).
Der Verlust des Tempels zerstörte damit auch eine christliche Hoffnung. Juden
und Christen hatten ihr gemeinsames kultisches Zentrum verloren.

In dieser Situation versichert der Mk-Evangelist: Unabhängig von diesem
verlorenen kultischen Zentrum haben Christen ein eigenes kultisches und rituelles System von Symbolen und Symbolhandlungen, nämlich Taufe und Abendmahl. Der Mk-Evangelist schreibt u.a. zu diesem Zweck sein Evangelium, um
diese beiden kultischen Handlungen zu begründen. Es beginnt mit der Taufe
und endet mit dem Abendmahl, oder genauer: Es legt sich wie eine Ellipse um
die beiden Brennpunkte von Taufe und Abendmahl (1,9-11 und 14,22-25).

Diese beiden kultischen Handlungen werden den jüdischen Riten entgegengesetzt. Die einmalige Taufe zur Vergebung der Sünden steht den vielen Wa-
schungen gegenüber, mit denen Juden den Reinheitsforderungen entsprechen.
Das eine βάπτισμα kontrastiert mit den vielen βαπτισμοί (Mk 7,4) - und dazu
überhaupt mit dem Tempelkult: Jesus bindet seine Vollmacht zur Tempelreinigung an die religiöse Legitimität der Taufe: Wenn nämlich die Taufe zur Sündenvergebung von Gott stammt, dann verliert der Tempel als Ort der Sühne und
Sündenvergebung sein Monopol (Mk 11,27-33). Ebenso soll wohl auch das
Abendmahl an die Stelle des Tempelkults treten. Jesus stört den Tempelkult:
Seine „Tempelreinigung" problematisiert zumindest für seine Anhänger den
Opferkult. Dafür setzt er im Abendmahl das Brot an die Stelle der Tieropfer und
den Wein an die Stelle ihres Blutes. Beides bezieht er auf seinen Tod. Als er
dann stirbt, zerreißt der Tempelvorhang. Wie immer das gedeutet wird, dem
antiken Leser ist klar: Mit Jesu Tod war eine grundlegende Änderung des Kultes
eingetreten.

---

25 Im Winzergleichnis Mk 12,1-9 wird zwar der jüdische Krieg als Strafe für die Tö-
    tung des Sohnes angekündigt, ein Hinweis speziell auf die Tempelzerstörung fehlt
    jedoch. Die Strafe wird an den Winzern vollzogen, d.h. der herrschenden Klasse in
    Judäa.

Fazit: Der Markusevangelist schreibt für eine Gemeinde, die sich vom Judentum getrennt hat. Sie hat eigene Riten (und kritisiert das rituelle System des Judentums, wie die Sabbatkonflikte und die Auseinandersetzung um Speise und Reinheitsfragen zeigen). Gleichzeitig steht diese Gemeinde in Spannung zur heidnischen Umwelt: Der Mk-Evangelist setzt ihr sein Anti-Evangelium entgegen. Diese Gemeinde weiß: Sie wird von *allen* (Juden und Heiden) gehaßt, weil sie Christen sind (vgl. Mk 13,13). Wir finden im MkEv eine Art „Konfrontationskurs" gegenüber der Umwelt. Überfordert er nicht die Gemeinde?

4. Binnensteuerung der Gemeinde: Der pragmatische Sinn der Geheimnismotive

Der Mk-Evangelist will die ganze Gemeinde für seinen „Konfrontationskurs" gegenüber der Umwelt gewinnen, ohne sie zu überfordern. Er setzt dazu die größte Autorität ein, auf die er sich berufen kann: Jesus selbst. Sein Jesusbild ist so stilisiert, daß es eine innere Bereitschaft erzeugen soll, sich von der Umwelt zu unterscheiden und dem Konflikt mit ihr nicht auszuweichen. Aber das alles geschieht in einer lebenspraktischen Weise, welche die Gemeindeglieder nicht überfordern soll, wie im folgenden zu zeigen ist.

Es besteht ein Konsens darüber, daß der Mk-Evangelist sein Jesusbild mit Geheimnismotiven bewußt stilisiert hat. Ich möchte im folgenden zeigen, daß diese Geheimnismotive pragmatische Funktion haben[26]. Sie wollen das Verhalten und Erleben der Gemeindeglieder in einer bestimmten Weise steuern und beeinflussen. Wir unterscheiden vier Geheimnismotive. Im Zentrum steht

a) das *Persongeheimnis*. Jesus will im MkEv als Person geheim bleiben. Seine Identität als Sohn Gottes und Messias soll nicht von anderen proklamiert werden - ganz gewiß nicht von Dämonen, die aufgrund übermenschlichen Wissens seine Hoheit erkennen (vgl. 1,34; 3,10ff.), aber auch nicht von seinen Jüngern, denen Jesus verbietet, seine Messianität bekanntzumachen (8,29f.). Jesus behält selbst die Kontrolle darüber, wann, wo und vor wem seine Würde bekannt wird. Zunächst bekennt er sich indirekt im Winzergleichnis zu sich selbst: Er ist der Sohn, den die rebellischen Pächter umbringen (12,6). Seine Gegner verstehen, was gemeint ist. Dann bekennt er sich vor seinen Richtern direkt zu seiner Identität: Er ist der Messias (14,62f.). Deren Reaktion ist das Todesurteil. Öffentlich bekennt sich zu ihm als erster der römische Centurio unter dem Kreuz: „Wahrhaftig, dieser war Sohn Gottes!" (15,39). Der Leser und Hörer des MkEv soll dazu angeleitet werden, diesen Weg nachzuvollziehen: Er selbst soll sich in der Situation vor Gericht offen zu seiner Identität als Christ bekennen. Er

---

26 Vgl. G. Theissen, Die pragmatische Bedeutung der Geheimnismotive im Markusevangelium - ein wissenssoziologischer Versuch, in: H.G. Kippenberg/G. Stroumsa (Hg.), Secrecy and Concealment. Studies in the History of Mediterranean and Near Eastern Religions, Leiden/New York/Köln 1995, 225-245. Zur Forschungsgeschichte vgl. H. Räisänen, The 'Messianic Secret' in Mark, Edinburgh 1990, 38-75.

soll sagen: Christianus sum, auch wenn dies den Tod zur Folge hat. Er selbst soll sich an die Seite des Hauptmanns stellen und dessen Bekenntnis aussprechen, daß der Gekreuzigte und kein anderer Sohn Gottes ist.

b) Das zweite Geheimnismotiv ist das *Wundergeheimnis*[27]. Jesus will nicht nur seine Würde geheimhalten, sondern auch seine Wunder, kann es aber nicht verhindern, daß sie bekannt werden. Zwei Mal soll weniger die Tatsache der Heilung geheim bleiben als deren wunderhafte Art: Der von Jesus für rein erklärte Aussätzige soll sich von dem Priester in Jerusalem rein erklären lassen, ohne zu erzählen, daß Jesus ihn auf wunderbare Weise durch sein Wort und seine Berührung geheilt hat (vgl. 1,44f.). Die Auferweckung der kleinen Tochter des Synagogenvorstehers Jairus soll nach außen hin als „Auferweckung aus dem Schlaf" dargestellt werden - nicht aber als unbegreifliches Wunder einer Totenerweckung (5,43f.). Natürlich kann das Ergebnis dieser Wunder nicht geheim bleiben. Das gilt erst recht für das Wunder in Mk 7,31-37: Je mehr Jesus den Zeugen des Wunders verbietet, es zu verbreiten, um so mehr verkündigen sie davon (7,36f.). Das eigentliche Wunder scheint nicht darin zu bestehen, daß dem einen Taubstummen, sondern daß vielen Menschen die Zunge gelöst wird und sie nun überall von Jesu großen Wundern erzählen. Das Wundergeheimnis zeigt: Die rettenden und helfenden Taten Jesu können unmöglich verborgen bleiben. Und man kann vermuten, daß indirekt damit gesagt wird: Auch die helfenden Taten der Christen können unmöglich verborgen bleiben. Sie werden bekannt.

c) Die *Geheimlehre Jesu* ist das dritte Geheimnismotiv. Neben das Person- und Wundergeheimnis tritt die Geheimlehre Jesu, die Jesus seinen Jüngern abseits der Öffentlichkeit gibt, besonders die beiden großen Geheimlehren, die Parabelauslegung in Mk 4,10-20[28] und die synoptische Apokalypse in Mk 13. Beide bereiten die Gemeinde auf Konflikte vor. Die Auslegung des Gleichnisses

---

27 Die Unterscheidung zwischen dem Persongeheimnis, das bis zur Auferstehung ein Geheimnis bleibt, und dem Wundergeheimnis, das sofort übertreten wird, geht sachlich auf U. Luz, Das Geheimnismotiv und die markinische Christologie, ZNW 78, 1965, 169-185, zurück.

28 H. Räisänen, Die Parabeltheorie im Markusevangelium, SESJ 26, 1973; ders., Das „Messiasgeheimnis" im Markusevangelium. Ein redaktionskritischer Versuch, SESJ 28, 1976, hat gezeigt, daß die eigentliche Parabeltheorie in Mk 4,11-12 ein Fremdkörper im MkEv ist. In ihr wird der Mißerfolg der Predigt und der Unglaube der Juden verarbeitet. Mk aber verwendet diese Tradition in einem anderen Sinne: Die Gleichnisse wollen keineswegs verstocken, sondern belehren - werden aber trotzdem von den Jüngern nicht verstanden. Insofern gehört die Parabeltheorie im Kontext von 4,10-20 zu den Geheimnismotiven. Sie beleuchtet das Unverständnis der Jünger, das um so größer erscheint, je mehr diese hermeneutisch privilegiert sind. Dies Unverständnis hängt mit der Leidensthematik (Mk 4,17) zusammen, die auch in der zweiten großen Geheimlehre (Mk 13,9-13) wiederkehrt: Die Jünger müssen noch lernen, daß der Weg zum Heil durch Leiden und Verfolgungen hindurch geht.

vom vierfachen Acker sagt, daß viele Christen abfallen werden, verführt vom Reichtum oder unter dem Druck von Verfolgungen (4,17). Die synoptische Apokalypse malt diese Verfolgungen in düsteren Farben: Familienglieder (seien es Mitglieder der natürlichen Familie oder der familia dei) werden sich gegenseitig verraten (13,9-13). Zwischen diesen beiden großen Geheimlehren Jesu stehen kleinere Geheimlehren: eine Lehre über die Aufhebung der Speisegebote (7,17ff.), über die Umkehr der Rangordnung (9,33ff.), über die Verschärfung des Ehescheidungsverbots (10,10ff.) und über die Grenzen der exorzistischen Macht der Jünger (9,28f.). Vielleicht sollen diese Lehren dazu helfen, Konflikte mit der Öffentlichkeit zu reduzieren: Wer durch abweichende Speisegebote nicht auffällt, kann auch nicht als Christ identifiziert werden. Streit um die Rangordnung in der Gemeinde und Streit um die Ehescheidung mit einem nichtchristlichen Partner kann die Christen in Verruf bringen. Enttäuschte Hoffnung auf ihr Heilcharisma kann umschlagen in Verachtung.

d) Schließlich ist das *Unverständnismotiv* zu nennen, das vierte Geheimnismotiv. Angesichts der Wunder begreifen die Jünger nicht, daß Jesus göttliche Hoheit hat. In seiner Gegenwart dürften sie eigentlich keine Angst vor den Gefahren der Welt haben. Aber trotzdem machen sie sich Sorgen: Obwohl sie zwei wunderbare Brotvermehrungen miterlebt haben, sorgen sie sich um ihre Existenzfristung (8,14ff.). Nachdem ihnen endlich die Hoheit Jesu aufgegangen ist (Mk 8,29), sträuben sie sich gegen seine Niedrigkeit: Petrus protestiert im Namen der Jünger gegen den Weg ins Leiden. Er ist noch weit von der Einsicht entfernt, daß sich die Hoheit Jesu erst durch das Leiden hindurch zeigt (8,31-33). Deshalb ruft Jesus seine Anhänger zur Leidensnachfolge auf. Erst danach offenbart er sich dem engsten Jüngerkreis in seiner göttlichen Herrlichkeit in der Verklärung (vgl. 8,34ff.; 9,2ff.). Die Botschaft des MkEv ist klar und eindeutig: Es gibt kein volles Verstehen Jesu ohne die Bereitschaft, ihm in den Konflikt mit der Umwelt nachzufolgen. Das MkEv ist ein Ruf in die Leidensnachfolge. Aber es ist nicht nur das, wie wir sehen werden.

Mk hat mit Hilfe der vier skizzierten Motive ein geheimnisvolles Bild von Jesus entworfen[29]. Für den Leser ist das Geheimnis jedoch von vornherein offen zugänglich. Er erfährt an drei Stellen einen direkten Einbruch der transzendenten Realität in die Geschichte Jesu: am Anfang in der Taufe (1,9-11)[30], in der

---

29 Mk folgt dabei einem in der ganzen Antike verbreiteten Motivkomplex, der die verborgene Epiphanie einer göttlichen Gestalt in der Menschenwelt darstellt. Die Klimax einer solchen Epiphanie ist der (oft allmähliche) Schritt aus der Verborgenheit in die offene, d.h. für Menschen direkt erkennbare Epiphanie. Vgl. das ungeheuer materialreiche Werk von M. Frenschkowski, Offenbarung und Epiphanie I-II, WUNT 2/79.80, 1995/1997, bes. II,148-224. Die Dokumentation des Vergleichsmaterials zeigt, mit wie verschiedenen „pragmatischen Intentionen" Erzählungen von solchen verborgenen Epiphanien verbunden sein können.

30 Möglicherweise soll schon Mk 1,1-3 eine Art Vorspiel im Himmel darstellen. Dann kann man aus den Schriftzitaten Mal 3,1 eine Rede Gottes zu seinem präexistenten

Mitte in der Verklärung auf dem Berge (9,2-8), am Ende durch die Engelbot-
schaft: „Er ist auferstanden, er ist nicht hier. Siehe der Ort, an den sie ihn gelegt
hatten" (16,6). An allen drei Stellen öffnet sich der Himmel. Jesu göttliches
Wesen wird unmittelbar durch Stimmen vom Himmel oder sogar durch einen
himmlischen Boten bezeugt. Dazwischen aber liegt ein Geheimnis um seine
Gestalt. Sukzessiv wird dies Geheimnis enthüllt: erst den Dämonen, dann den
Jüngern, schließlich der Welt. Diese sukzessive Enthüllung des Geheimnisses ist
gleichbedeutend mit einer wachsenden Gefährdung Jesu. Das offene Bekenntnis
zu seiner Würde fällt zusammen mit Verurteilung und Hinrichtung Jesu
(14,55ff.).

Wenn man davon ausgeht, daß es eine Parallelität zwischen der Textwelt des
MkEv und der realen Welt des MkEv gibt, so darf man folgende Überlegung
anstellen: Wenn innerhalb der Textwelt des MkEv die sukzessive Enthüllung
des christologischen Geheimnisses wachsende Gefährdung Jesu ist, so wurde
auch in der sozialen Welt des MkEv die Enthüllung christlicher Identität als
existenzielle Gefährdung erlebt. Meist lebten die frühen christlichen Gemeinden
im Verborgenen. Sie fielen in der Öffentlichkeit kaum auf. Sie hatten kein Interesse, auffällig zu werden. Aber sie konnten sich dem Sog zur Öffentlichkeit
nicht entziehen - genausowenig wie Jesus. Selbst wenn sie versuchten, ihre
Identität als Christen geheim zu halten, mußten sie durch ihr Handeln auffallen -
so wie Jesus durch seine Wunder gegen seinen Willen bekannt wurde. War es
aber so weit gekommen, daß die Öffentlichkeit von den Christen Notiz nahm,
dann waren die Christen verpflichtet, sich öffentlich zu ihrer Identität zu bekennen - so wie der Jesus des MkEv sich am Ende zu seiner Identität bekennt. Und
so wie Jesus im MkEv dabei zum Märtyrer wurde, so auch manche seiner Anhänger.

Das MkEv will in dieser Situation zu beidem motivieren: zu Geheimhaltung
und Offenbarung. Einerseits schreibt es Jesus eine bewußte Geheimhaltung
seiner Identität zu. Dadurch wird den christlichen Lesern und Hörern ein gutes
Gewissen gegeben, ihre eigene Identität nicht unnötig in der Öffentlichkeit bekanntzumachen. Wenn selbst Jesus geheim bleiben wollte, so dürfen auch Christen mit gutem Gewissen unauffällig im Verborgenen leben.

Andererseits vermittelt das MkEv die Botschaft: Auf die Dauer ist es unmöglich, unangefochten im Verborgenen zu leben. Alles was verborgen ist, muß
offenbar werden (vgl. 4,22). Das Christentum übt auch ohne missionarische
Bemühungen eine große Attraktivität auf seine Umwelt aus. Das unter den

---

Sohn heraushören. So L. Schenke, Das Markusevangelium, UB 405, 1988, 86.88u.ö.
Die zurückhaltendere Deutung von Klauck, Vorspiel im Himmel? (s. Anm. 22), bes.
106ff., leuchtet mir mehr ein. Mk 1,1-3 ist eine Art Überschrift, die sich nicht zeitlich vor die ab V.4ff. erzählten Ereignisse einordnen läßt. Der ganze Prolog Mk 1,1-
15 will den Einbruch des Himmels in die irdische Realität darstellen und den Leser
in das im folgenden sich schrittweise enthüllende Geheimnis einweihen.

Christen wirksame Wundercharisma macht es so bekannt, daß sogar fremde Exorzisten im Namen Jesu Dämonen austreiben (9,38-40).

Daher ist der Konflikt mit der Umwelt irgendwann unvermeidlich. Dann gibt es ein hartes „Muß": die Notwendigkeit, daß nicht nur der Menschensohn viel leiden muß, sondern auch seine Nachfolger leiden und verworfen werden müssen. Aber auch dann sollen die Christen nicht resignieren. Denn wie der Menschensohn wird sie Gottes Macht auch im Tod beschützen und erretten.

Mit einem Wort: Das Persongeheimnis, das im Zentrum aller Geheimnismotive steht, ist ein Schutzgeheimnis[31]. Solange Jesus durch Geheimnis geschützt ist, muß er nicht leiden. Sobald er aus dem Schutz des Geheimnisses heraustritt, nähert er sich dem Leiden. Dem entspricht: Solange die Christen durch Geheimnis geschützt sind, müssen sie nicht leiden; sobald sie aus dem Schutz des Geheimnisses heraustreten, nähern sie sich dem Leiden.

Zugegeben: Nirgendwo antwortet Jesus auf die Offenbarung seiner Würde mit einem Schweigegebot des Inhalts: „Schweigt, damit wir nicht gefährdet werden!" Aber bei den beiden einzigen Schweigegeboten an die Jünger (8,30; 9,9) wird durch den Kontext ein unmittelbarer Zusammenhang zwischen der Offenbarung seiner Würde und seiner Passion hergestellt.

Petrus bekennt sich zu Jesus als dem „Messias" (8,29). Auf das Schweigegebot: „Und er gebot ihnen, daß sie niemandem von ihm sagen sollten!" folgt unmittelbar die erste Leidensweissagung: „Und er fing an, sie zu lehren: Der Menschensohn muß viel leiden und verworfen werden ...!" (8,31). Das erste Bekenntnis zu seiner Würde wird also unmittelbar mit seinem Leiden verbunden.

Beim Abstieg vom Berg der Verklärung wird den engsten Jüngern befohlen, niemandem zu erzählen, was sie gesehen haben - befristet bis zu dem Zeitpunkt, wann „der Menschensohn auferstehen würde von den Toten" (9,9). Die Jünger müssen noch lernen: Obwohl sie den Menschensohn schon in seiner Herrlichkeit gesehen haben, muß er noch viel leiden und verachtet werden (9,12). Ein Modell dafür ist Elia, d.h. der Täufer. Auch ihn sahen die Jünger in der himmlischen Welt. Aber auch ihm haben Menschen schon angetan, was sie wollten (9,13). Wieder wird die Offenbarung der Hoheit Jesu mit seinem Leiden verbunden.

Recht eindeutig tritt der Zusammenhang zwischen Offenbarung der Identität Jesu und Konflikt mit der Umwelt an jenen Stellen hervor, die zu den Inkonse-

---

31 Die Deutung der Geheimnismotive als eine Art Schutzgeheimnis findet sich in der älteren Literatur manchmal als historische Deutung der Geheimnismotive: Der historische Jesus habe aus Angst vor einem Eingreifen der Römer die Verbreitung der Kunde von seiner Messianität zu verhindern versucht. So V. Taylor, The Gospel according to St. Mark, London 1952, 377, der damit aber nur eine einst verbreitete Meinung wiedergibt. In der hier vorgelegten Deutung des MkEv werden die Geheimnismotive jedoch auf redaktioneller Ebene als „Schutzgeheimnis" gedeutet.

quenzen des MkEv gehören. Das Persongeheimnis wird in ihm ja nicht konsequent durchgeführt. Von Anfang an bricht immer wieder die Vollmacht Jesu durch. Und jedes Mal, wenn das geschieht, wird eine Gefährdung Jesu sichtbar, die im Laufe des Evangeliums immer mehr zunimmt.

Schon immer hat man darauf hingewiesen, daß in den Streitgesprächen am Anfang des Evangeliums Jesu Würde nicht verborgen bleibt. Er nennt sich dort zweimal öffentlich „Menschensohn" (Mk 2,10.28). Das war in den Ohren der Hörer wahrscheinlich ein rätselhafter Ausdruck. Aber unverkennbar ist, daß an beiden Stellen die Hoheit Jesu betont wird: Er hat Vollmacht zur Sündenvergebung (2,10)[32] und zum Bruch von Sabbatgeboten (2,28). Das Aufleuchten dieser Hoheit Jesu führt unmittelbar zum ersten Todesbeschluß der Pharisäer und Herodianer (3,6).

Man hat viel darüber gerätselt, warum auf das Dämonenbekenntnis in 5,7 kein Schweigegebot folgt. Jesus wird hier „Sohn des höchsten Gottes" genannt[33]. Sicher ist: Die weitere Geschichte erzählt von einer Gefährdung Jesu. Er wird aus dem heidnischen Land ausgewiesen. Da der Dämon sich „Legion" nennt, assoziiert der Leser einen Konflikt zwischen Jesus und den Römern.

Nach Mk 6,14 wird Jesu Name „offenbar" ($\phi\alpha\nu\epsilon\rho\delta\nu$). Es geschieht also gerade das, was durch das Schweigegebot an die Dämonen in 3,10 vermieden werden sollte: daß er „offenbar" ($\phi\alpha\nu\epsilon\rho\delta\nu$) würde. Herodes Antipas hat von seinen Wundertaten gehört und fürchtet nun, Jesus sei der Täufer redivivus. Sein schlechtes Gewissen wird wach, da er den Täufer hat umbringen lassen. Deshalb wird die Geschichte von dessen Tod in Retrospektive eingeschoben. Die Komposition zeigt: Mit Bekanntwerden des „Namens" fällt der Schatten des Todes auf Jesus. Unwillkürlich muß man sich fragen: Wird Herodes Antipas den Todesbeschluß seiner Anhänger (von 3,6) jetzt in die Tat umsetzen? Wird er Jesus genauso wie Johannes den Täufer umbringen?

In Mk 11,9f. akklamiert die Menge der Festpilger beim Einzug in Jerusalem Jesus als den Träger der wiederkommenden Herrschaft Davids. Auch hier wird etwas von seiner Hoheit öffentlich bekannt. Unmittelbar darauf folgt die Tempelreinigung mit dem Tötungsbeschluß der Hohenpriester und Schriftgelehrten, die sich damit bewußt gegen die Sympathien Jesu im Volk stellen (11,18). Die

---

32 Ein erst aus dem Rückblick erkennbarer Zusammenhang mit dem Leiden deutet sich schon in Mk 2,1-12 an: Jesus wird vorgeworfen, daß er lästert (2,7) - und eben dieser Vorwurf begegnet wieder vor dem Synhedrion (14,64). Die Lästerung wird an beiden Stellen mit einem Hoheitsanspruch Jesu verbunden, der hier wie dort mit dem Ausdruck „Menschensohn" formuliert wird (2,10; 14,62).

33 Das fehlende Schweigegebot kann man erklären - einmal erzähltechnisch: Da die überlieferte Erzählung einen Dialog zwischen Jesus und dem Dämon enthielt, wäre ein Schweigegebot hier fehl am Platz. Ferner traditionsgeschichtlich: Wenn der Titel „Sohn des Höchsten" bzw. „Sohn Gottes" nur im Munde von Heiden (Mk 5,7; 15,39) im MkEv begegnet, so weist das auf die zentrale Bedeutung, die dieser Titel gerade im Heidenchristentum gewonnen hat.

öffentliche Akklamation Jesu als messianischer Hoheitsträger führt zu seiner Gefährdung durch die Tempelaristokratie.

Wir hatten schon gesehen: Seinen Höhepunkt nimmt diese Entwicklung im Prozeß vor dem Synhedrium. Hier bekennt sich Jesus vor der Tempelaristokratie zu seiner Würde als Christus, als Sohn des Hochgelobten (d.h. Gottes) und als Menschensohn (14,62). Die drei entscheidenden christologischen Hoheitstitel werden bewußt an dieser Stelle zusammen gestellt. Die unmittelbare Reaktion auf dies erste und einzige direkte Bekenntnis Jesu zu seiner Identität ist die Verurteilung: „Sie aber verurteilten ihn alle, daß er des Todes schuldig sei" (14,64).

Gerade die Inkonsequenzen der mk Geheimnistheorie lassen sich also „konsequent" erklären, wenn man das Geheimnis als ein Schutzgeheimnis auffaßt. In all dem aber spiegelt sich die Erfahrung der Christen: Das „christianus sum" - ausgesprochen vor einem öffentlichen Richter - bedeutet das Todesurteil für sie. Schon das nomen ipsum war strafbar (Plin., Ep X,96)[34].

Das MkEv lehrt einen lebenspraktischen Umgang mit dieser notorischen Gefährdungssituation: Niemand ist verpflichtet, von sich her an die Öffentlichkeit zu drängen. So wie Jesus dürfen auch die Christen zunächst „im Geheimen" bleiben. Sie sollen den Konflikt nicht suchen. Aber sie sollen darauf vorbereitet sein, daß er unvermeidlich irgendwann einmal kommt. Mit solchen Motiven will der Mk-Evangelist seine Gemeinde für sein subversives Evangelium gewinnen: Die Christen folgen einem verborgenen Gegenkönig zu den Mächtigen der Welt. Sie leben eine Gegenwelt. Aber sie müssen deshalb nicht den offenen Konflikt suchen.

Mk schreibt also ein Evangelium, um christliche Lebenspraxis in einer Balance zwischen Schutzgeheimnis und Leidensnachfolge, zwischen öffentlichem Anspruch und Wirken im Verborgenen zu ermöglichen. Er schafft damit ein Gleichgewicht zwischen rigorosen Anforderungen an Leidensnachfolge und Konfliktbereitschaft auf der einen Seite und einer Tendenz zu Konfliktvermeidung und Identitätsverheimlichung auf der anderen Seite. Setzte sich die rigorose Strömung in der Gemeinde durch, so würde das Christentum sektiererisch, setzte sich die andere Strömung durch, so würde aus Identitätsverheimlichung bald Identitätsverlust. Mk gibt damit eine Antwort auf die große politische Krise, in der Christen leicht zwischen die feindlichen Fronten geraten konnten: Von Juden wurden sie als Verräter jüdischer Identität mit Argwohn betrachtet. Für Heiden waren sie eine dem Judentum nahestehende Gruppe, auf die man die

---

34 Zwischen MkEv und Pliniusbrief liegen ca. 40 Jahre Abstand. Aber einerseits stützt sich Plinius auf Traditionen, wenn er Christen verurteilen ließ. Andererseits bestätigt 1Petr 4,16, daß man als „Christianus" leiden konnte, auch wenn dies Leiden nicht nur im Martyrium, sondern in alltäglicher Diskriminierung bestand. Aber auch diese alltägliche Diskriminierung wurde durch den Blick auf die Passion Jesu ertragen, wie die Sklavenparänese in 1Petr 2,18-25 zeigt.

feindseligen Gefühle gegen Juden übertragen konnte. In dieser Krise wurden wahrscheinlich manche Christen gegen ihren Willen öffentlich bekannt. Das MkEv will sie stärken - sowohl in ihrer öffentlichen wie in ihrer „geheimen" Existenz.

Der Anlaß für sein Evangelium liegt aber nicht nur in der äußeren Krise. Auch innerhalb der Gemeinde verschoben sich mit dem MkEv die Gewichte. Das führt zum letzten Punkt:

5. Die Gestaltung der Autoritätsstruktur: Die Ablösung des Wandercharismatikertums durch die Ortsgemeinde

Das MkEv weitet den Nachfolgegedanken der Tradition aus. Ursprünglich waren Nachfolger Jesu nur die, die ihm im wörtlichen Sinne gefolgt und mit ihm durch Palästina gezogen waren. Nach Ostern hatten sie ihr Wanderleben fortgesetzt: als Missionare, Apostel und Propheten. Wandercharismatiker - oft mit ein, zwei Gemeinden als Heimathafen - waren die Autoritäten des frühen Urchristentums gewesen[35]. Wenn es Verfolgungen gab, so waren sie an erster Stelle betroffen. Denn eine neue Gruppe wird am besten bekämpft, wenn man ihre Autoritäten beseitigt oder einschüchtert. Die ortsansässigen Sympathisanten waren dagegen am Anfang nur kleine und wenig organisierte Gruppen. Äußerlich nahmen sie wahrscheinlich am jüdischen Leben teil, auch wenn sie sich innerlich von manchen Traditionen und Normen gelöst hatten. Sie opferten - jedoch mit dem Wissen, daß zwischenmenschliche Vergebung entscheidender als Opfer ist (Mt 5,23; vgl. auch Mk 12,28-34). Sie zahlten trotz innerer Freiheit gegenüber dem Tempel ihren Beitrag für den Kult (Mt 17,23ff.; vgl. Mk 12,42ff.). Sie stellten abweichende Einstellungen zu Almosen, Gebet und Fasten nicht öffentlich heraus (Mt 6,1ff.) und respektierten die priesterliche Definitionsmacht, zwischen rein und unrein zu unterscheiden (Mk 1,40-45). Kurz, sie blieben nach außen hin unauffälliger als ihre umherziehenden Protagonisten.

In einer Krisensituation aber wurde von allen der Mut verlangt, der bisher vor allem von den umherziehenden Wandercharismatikern verlangt wurde: der Mut, sich in eine Außenseiterrolle freiwillig hineinzubegeben und den Konflikt mit der Umwelt zu riskieren. Für manche Ortsgemeinden bedeutete das: aus dem Verborgenen heraustreten, den Schutz des Geheimnisses verlassen. Diese

---

35 Zu dieser These von urchristlichen Wandercharismatikern als ältesten Autoritäten des Urchristentums vgl. G. Theissen, Wanderradikalismus. Literatursoziologische Aspekte der Überlieferung von Worten Jesu im Urchristentum (1973), in: ders., Studien zur Soziologie des Urchristentums, WUNT 19, ³1989, 79-105. Zur Diskussion und kritischen Würdigung dieser These vgl. Th. Schmeller, Brechungen. Urchristliche Wandercharismatiker im Prisma soziologisch orientierter Exegese, SBS 136, 1989.

Situation dürfte im MkEv (im Zusammenhang mit den Wirren des Kriegs?) eingetreten sein[36].

Diese Annahme paßt gut zu anderen Beobachtungen, die zeigen, daß das MkEv Dokument einer Ablösung der Wandercharismatiker als entscheidender Autoritäten ist. Das MkEv bearbeitet die ihm zugänglichen Jesustraditionen so, daß sie die lebenspraktische Grundlage für Ortsgemeinden werden. Autorität in diesen Ortsgemeinden soll keiner der großen Jünger und Charismatiker sein, sondern Jesus selbst - so wie er im MkEv gegenwärtig ist.

Vorausgesetzt ist, daß das MkEv Wandercharismatiker kennt. Das zeigen m.E. die Berufungsgeschichten. Wenn in der ersten Berufungsgeschichte Petrus und Andreas aus Fischern im galiläischen See zu Menschenfischern werden, so wird das als ein endgültiger Schritt dargestellt. Die Berufenen bleiben fortan „Missionare" (1,16-20).

Die Aussendungsrede ist im MkEv zwar nur als Episode im Leben Jesu gestaltet (6,7-13). Die Aussendungsregeln werden jedoch als allgemeine Regeln formuliert. Nirgendwo wird in ihnen auf die Rückkehr der Jünger zu Jesus Bezug genommen. Hier werden Verhaltensmuster formuliert, die auch nach Ostern gegolten haben.

Auch die mißglückte Berufung des reichen Jünglings in die Jesusnachfolge zeigt ein Wissen um die Existenz von Wandercharismatikern (10,17ff.). Nachfolge wird hier als Besitzverzicht definiert. Dieser Besitzverzicht überfordert den Reichen. Trotz einer persönlichen Beziehung zwischen ihm und Jesus - der Reiche sieht in ihm einen „guten Meister", Jesus gewinnt ihn lieb - kommt es nicht zum Schritt in die konkrete Nachfolge.

Ein Gegenbeispiel sind die Jünger. Sie haben zwar nicht ihren Besitz zugunsten der Armen verkauft. Aber sie haben alles verlassen, um Jesus nachzufolgen. Innerhalb des MkEv heißt das: Sie ziehen zusammen mit Jesus in Palästina umher. Aber auch hier wird die nachösterliche Situation transparent: Jesus verheißt ihnen für die Zukunft (also für die Zeit nach seinem Tod) einen hundertfältigen Ersatz für all das, was sie aufgegeben haben. Wenn dabei von hun-

---

36 Wenn die mk Christen in Syrien zu suchen sind, so könnten sie von den Übergriffen gegen Juden und judentumsnahen Gruppen im Zusammenhang des jüdischen Krieges betroffen sein. Josephus schreibt über die Lage in den syrischen Städten: „Schreckliche Wirren hielten ganz Syrien in Atem, jede Stadt war in zwei Lager gespalten ... Denn wenn man glaubte, die Juden beseitigt zu haben, so behielt man doch in jeder Stadt den Verdacht gegen die Judenfreunde (ἰουδαίζοντας); man mochte zwar die nach beiden Seiten hin zweifelhafte Gruppe nicht ohne weiteres umbringen, fürchtete sie aber doch auf Grund ihrer Verbindung mit den Juden, als seien sie wirklich Feinde" (Bell 2,462f.). Vgl. dazu Theißen, Lokalkolorit und Zeitgeschichte (s. Anm. 9), 281f. Auch C. Breytenbach, Nachfolge und Zukunftserwartung nach Markus, AThANT 71, Zürich 1984, 327, und Schenke, Markusevangelium (s. Anm. 30), 15ff., sehen in dieser Situation den geschichtlichen Hintergrund des MkEv.

dert Brüdern, Schwestern, Müttern und Kindern sowie Äckern die Rede ist, so kann damit kein Ersatz im wörtlichen Sinne gemeint sein, als würden die Jünger zu Großgrundbesitzern. Gemeint kann nur sein: Sie finden in den neuen Ortsgemeinden eine Heimat - und das an vielen Orten, so daß sie in der Tat hundertfach Häuser und Äcker ihr eigen nennen dürfen - nämlich als ihnen zur Verfügung stehende Lebensbasis in den Gemeinden (10,28-31)[37].

Der Mk-Evangelist kennt also noch das Phänomen des Wandercharismatikertums. Aber er steht ihm etwas distanziert gegenüber.

Zunächst einmal setzt er den Tod vieler der ursprünglichen Autoritäten voraus. In Mk 9,1 wird einigen Anhängern Jesu („die hier stehen") verheißen, das Reich Gottes in Macht zu sehen, bevor sie sterben. Danach nimmt Jesus aus dem Kreis der Zuhörer Petrus, Johannes und Jakobus mit auf den Berg, wo sie das in Jesus personifizierte Reich Gottes sehen. Mk könnte das nicht so darstellen, wenn für ihn die drei Zeugen der Verklärung nicht schon tot wären. Für Johannes und Jakobus bezeugt er ausdrücklich in Mk 10,38 den Märtyrertod. Für Petrus können wir ihn mit guten Gründen erschließen[38].

---

37 W. Stegemann, Wanderradikalismus im Urchristentum? Historische und theologische Auseinandersetzung mit einer interessanten These, in: L. Schottroff/W. Stegemann (Hg.), Der Gott der kleinen Leute. Sozialgeschichtliche Auslegungen Bd. 2, München ²1979, 94-120, schlägt für Mk 10,28-31 eine Deutung auf einen „stationären Religionswechsel" vor. Bei einem „stationären Religionswechsel", bei dem die Menschen am selben Ort bleiben, wird vielleicht das „Haus" im Sinne einer Personengemeinschaft „verlassen"; schwer vorstellbar aber ist, daß auch „Häuser" im wörtlichen Sinne - dazu die Äcker als Lebensgrundlage - „verlassen" werden. Auch eine Trennung von den eigenen „Kindern" ist schwer vorstellbar. Von all dem schweigen die Analogien, die von Proselyten und ihrem stationären Religionswechsel sprechen (Philo, SpecLeg I, 52; Tac., Hist V,5). Auch die „hundertfältige" Erstattung ist bei „stationärem Religionswechsel" schwer vorstellbar. Die Gemeinden waren oft sehr klein. In ihnen gab es kaum 100 Häuser (vgl. Mt 18,20). Dagegen traf ein Wandermissionar bei seiner Wanderung nacheinander hundertfach auf Häuser und Familien, in denen er Unterschlupf fand. Eine Kleinigkeit mag das unterstreichen: Bei der Aufzählung der verlassenen Güter und Familienglieder finden wir als Verbindungsglied in Mk 10,29 ein: „entweder ... oder ... oder ...". Es wird nicht behauptet, jeder Nachfolger habe alles zugleich verlassen. Beim Eintritt in die familia dei aber werden die einzelnen Glieder durch „und" verbunden. In der neuen Gemeinschaft findet der Wandercharismatiker also auf jeden Fall: Häuser und Äcker, dazu Brüder und Schwestern und Mütter und Kinder. Hier ist an eine viel umfassendere Gemeinschaft gedacht als an die verlassene Familie. Daß der verlassene „Vater" keinen Ersatz findet, ist gewiß signifikant: Gott selbst ist der Vater.

38 Vgl. E.W. Stegemann, Zur Rolle von Petrus, Jakobus und Johannes im Markusevangelium, ThZ 41, 1985, 375-385. Mk 10,38 bildet ein besonderes Problem, weil aus einer Kombination von Apg 12,2 und Gal 2,1-10 m.E. ziemlich sicher hervorgeht, daß die beiden Zebedaiden nicht zusammen den Märtyrertod gestorben sind: Nur Jakobus wurde unter Agrippa I. hingerichtet, Johannes überlebte. Da die Überlieferung von der Zebedaidenfrage aber beide zusammen auftreten und beide nach den ersten

Die erste Generation der Wandercharismatiker ist aber nicht nur abgetreten. Sie wird auch kritisiert. Das Unverständnismotiv im MkEv soll ihnen vielleicht etwas von ihrem „charismatischen" und „numinosen" Ansehen nehmen; vor allem aber relativiert Mk ihren Anspruch auf Führungspositionen. Er kritisiert die Jünger zwei Mal wegen ihres Rangstreits: am Anfang und am Ende eines der Jüngerbelehrung gewidmeten Abschnitts (vgl. 9,33-37 und 10,35-45). Aufschlußreich ist, welche Autorität er ihnen entgegenstellt. Er läßt Jesus ein Kind in die Mitte stellen, mahnt zum Verzicht auf Status und sagt: „Wer ein solches Kind in meinem Namen aufnimmt, der nimmt mich auf; und wer mich aufnimmt, der nimmt nicht mich auf, sondern den, der mich gesandt hat" (9,37). Die Botschaft des MkEv lautet: Wer in der Gemeinde der Erste sein will, soll Kinder aufnehmen, d.h. sich durch diakonischen Einsatz auszeichnen. Der Appell richtet sich an seßhafte Christen: Nur wer in stabilitas loci lebt, kann Kinder aufnehmen. Mk definiert somit an dieser Stelle Autorität in Ortsgemeinden.

Mk setzt dem traditionellen Wandercharismatikertum dabei eine neue Konzeption der Nachfolge entgegen. Er weitet den Nachfolgebegriff so aus, daß sich alle - auch die Christen in den Ortsgemeinden - als gleichberechtigte Nachfolger Jesu verstehen können[39]. Diese Ausweitung des Nachfolgegedankens geht aus drei Perikopen am Anfang, in der Mitte und am Ende des Evangeliums hervor.

In der Einleitung zum Gastmahl des Levi heißt es, daß sich viele Zöllner und Sünder mit Jesus und seinen Jüngern zu Tische setzten, „denn es waren viele, die ihm *nachfolgten*" (2,15). Nachfolge nimmt hier die Gestalt einer gemeinsamen Mahlzeit an. Jesus in die Tischgemeinschaft „nachfolgen", ist eine ebenso enge Verbindung mit ihm wie die Nachfolge in einem unsteten Wanderleben. Natürlich mußten die urchristlichen Gruppen bei dieser Szene an die Tisch-

---

Plätzen streben läßt, erklärt sich die Weissagung von „Kelch" und „Taufe" möglicherweise damit, daß beide damals unter Agrippa I. Todesgefahr ausgesetzt waren - der eine wurde hingerichtet, der andere überlebte. Aber über dem Überlebenden lag seitdem der Schatten einer „Weissagung", auch er werde das Schicksal seines Bruders einst teilen. Der Verf. des MkEv ist wahrscheinlich überzeugt, daß es ihn inzwischen ereilt hat - ob er darin Recht hat oder nicht, können wir kaum noch feststellen. Ich hoffe, diese Probleme an anderer Stelle ausführlich analysieren zu können.

39 Eine Ausweitung des Nachfolgegedankens im MkEv stellt auch Breytenbach, Nachfolge und Zukunftserwartung, fest - jedoch nicht über einen ursprünglichen „Sitz im Leben" im Wandercharismatikertum hinaus auf das Leben im „Haus", sondern von vorösterlicher zu nachösterlicher Nachfolge. Nachfolge wird von der Person des irdischen Jesus auf das Evangelium „übertragen", das den Kommenden verkündigt: „Die markinische Nachfolgevorstellung ist durchweg auf die Zukunft ausgerichtet. Der christologische Rückblick wird stets durch einen Ausblick ergänzt. Der Gekreuzigte selbst wird als kommender Menschensohn erwartet". (338).

gemeinschaften in ihren Häusern denken. Auch die Teilnahme an den Gemeinschaftsmählern der Christen war eine Form von Nachfolge[40].

Eine weitere Ausweitung des Nachfolgebegriffs wird in der Mitte des Evangeliums vollzogen. Mk leitet dort die Worte über die Leidensnachfolge ausdrücklich mit einer Ausweitung der Adressatenschaft über den engeren Jüngerkreis hinaus ein: „Und er rief zu sich das Volk samt seinen Jüngern und sprach
zu ihm: Wer mir *nachfolgen* will, der verleugne sich selbst und nehme sein
Kreuz auf sich und folge mir nach" (Mk 8,35). Kriterium der Nachfolge ist die
Bereitschaft zum Leiden. Das Martyrium aber ist nicht auf Wandercharismatiker
beschränkt. Nach Mk 13,12 zerstört es ganze Familien und trifft nicht nur einzelne Autoritäten. Angesprochen sind in Mk 8 nicht nur die Jünger, sondern ein
größerer Kreis.

Eine dritte Ausweitung des Nachfolgebegriffs zeigt sich am Schluß des
Evangeliums. Da die Jünger Jesus im Stich gelassen haben, sind am Kreuz nur
die Frauen anwesend. Auch von ihnen wird gesagt, daß sie Jesus „*nachfolgten*,
als er in Galiläa war, und ihm gedient hatten" (15,41). Hier werden Frauen in
den Kreis der Nachfolger aufgenommen. Als ihre Tätigkeit wird die „Fürsorge"
genannt - eine Fürsorge für den materiellen Lebensunterhalt, wie die Schwiegermutter des Petrus zeigt (1,31)[41].

Wenn christliche Tischgemeinschaft, Leidens- und Fürsorgebereitschaft
Merkmale der Nachfolge sind, so dürfen sich alle Christen als Nachfolger verstehen - auch die Christen, die nicht Haus und Hof verlassen haben, um Jesus im
wörtlichen Sinne nachzufolgen. Damit wertet Mk das Leben in seßhaften Ortsgemeinden auf. Dazu paßt, daß er unverkennbar mehr Sinn für Familienloyalitäten als die Logienquelle hat. Nur bei ihm finden wir den Abschnitt
über die Korbanpraxis: eine Einschärfung der Pflichten gegenüber den Eltern
(7,6-13). Nur bei ihm finden wir eine hohe Wertschätzung der Kinder: Einerseits sind sie Vorbild und Modell christlichen Verhaltens - andererseits Adressaten der Zuwendung (9,33-37; 10,13-16). Nur bei ihm finden wir das Streitgespräch von der Ehescheidung. Die Auflösung von Ehen widerspricht danach der

---

40 Vgl. D. Lührmann, Das Markusevangelium, HNT 3, 1987, 177: Mk hat sich „offenbar mit Überlieferungen auseinanderzusetzen, die Realisierung von Nachfolge nur in
     der radikalen Abwendung von vorgegebenen Strukturen sehen konnten", nämlich im
     „Wanderradikalismus". Dagegen setzt Mk ein anderes Konzept: „Kreuzesnachfolge
     (vgl. 8,34) kann es nach Mk auch innerhalb der vorgegebenen sozialen Strukturen
     geben" - konkret: innerhalb der Strukturen des Hauses.
41 Man darf darin (nach dem MkEv) nicht eine Nachfolge zweiten Ranges sehen. Denn
     durch den „Dienst" an Jesus treten die Schwiegermutter des Petrus und die Frauen in
     die Rolle der Engel, von denen es in Mk 1,13 nach überstandener Versuchung heißt:
     „Und die Engel dienten ihm". Zu beachten ist auch, daß die Forderung, „Diener"
     aller zu sein (Mk 9,35), allen Jüngern gilt und daß Jesus vorbildlich diesen „Dienst"
     an den Menschen erfüllt (Mk 10,45).

eigentlichen Intention Gottes (10,2ff.). Die abschließende Geheimlehre über das Wiederverheiratsverbot hat er freilich mit Q gemeinsam (vgl. Lk 16,18 par).

Das MkEv steht somit an einer Übergangsschwelle im Urchristentum. Die erste Generation der unmittelbaren Jesusjünger tritt allmählich ab. Viele ihrer entscheidenden Gestalten sind gestorben. Die Ortsgemeinden haben an Gewicht gewonnen. Mit dem Abtreten der ersten Generation lösen sie sich von den großen Charismatikern[42]. So wie diese ihre Autorität daher bezogen, daß sie unmittelbaren Kontakt zu Jesus hatten, so will der Evangelist seinen Gemeinden eine neue Unmittelbarkeit zu Jesus ermöglichen - vermittelt durch seine Evangeliumsschrift, in der er ein Bild von Jesus entwirft, das als lebenspraktische Grundlage des christlichen Gemeindelebens dienen kann. Das MkEv zeigt nirgendwo das Bedürfnis, neben dieser Autorität des Herrn selbst noch andere Autoritäten in den Gemeinden zu legitimieren. Vielmehr begegnen wir einem antihierarchischen Pathos. Wer der Erste in der Gemeinde sein will, soll die Rolle des Letzten übernehmen. Nur so bleibt der Geist Jesu in der Gemeinde lebendig.

Wir können nun zusammenfassen. Der Mk-Evangelist schrieb sein Evangelium aus Verantwortung für seine Gemeinde. Er brachte ihren Konsens zum Ausdruck, indem er verschiedene Jesusbilder in seiner Gemeinde zu einer überzeugenden Einheit verband. Er gab seiner Gemeinde Orientierung in einer politischen Zeit des Umbruchs, indem er zeigte: Nicht die neu aufsteigenden Flavier

---

42 Ob dieser Ablösungsprozeß durch Konflikte charakterisiert war und wie weit Mk ihn bewußt vorantreibt - auch durch Kritik an den Jüngern, den ersten Wandercharismatikern -, mag man verschieden beurteilen. Ich weise auf zwei Auslegungen des MkEv, die in der Auseinandersetzung mit charismatischen Propheten bzw. Wandercharismatikern den innergemeindlichen geschichtlichen Hintergrund des Mk sehen: Schenke, Markusevangelium (s. Anm. 30), 156f.: „Urchristliche Propheten hatten schon vorher im gesamten Urchristentum als Träger lebendiger Jesusüberlieferung über mehrere Jahrzehnte hin eine wichtige Rolle gespielt." (156). In der Notsituation des Krieges aber wird die behauptete Präsenz des Auferstandenen im lebendigen Prophetenwort fragwürdig: „Angesichts dieser Gefährdung der Christen durch die Krise der urchristlichen Prophetie schreibt Markus sein Werk. In ihm präsentiert er den irdischen Jesus und sein Evangelium, und zwar beide als normative Größen der Vergangenheit" (ebd.). „Die Krise des mündlich-aktuellen Prophetenwortes hat Markus eine schriftliche Erzählung abfassen lassen, in der er den 'Anfang des Evangeliums' als bleibendes, fixiertes und gesichertes Jesuswort vorlegte" (157). - Räisänen, 'Messianic Secret' (s. Anm. 26), 211-222, konkretisiert diese Auseinandersetzung: Wenn Q und verwandte Traditionen von Wandercharismatikern überliefert wurden, so könnte Mk sich in Auseinandersetzung mit ihnen befinden. Mk betont die Bedeutung von Ostern als Verstehenszugang zu Jesus, in Q aber spielt Ostern keine Rolle. Vorsichtig urteilt er, daß zusammen mit anderen Beobachtungen „these details indicate for me the possibility (and I can say no more than that!) that some sort of Auseinandersetzung was taking place between Mark and the bearer of the Q tradition (or perhaps, between Mark and some other itinerant preachers in the vein of Q, but unknown to us" (220). Vgl. ferner a.a.O., 247-258.

bringen der Welt das Heil, sondern Jesus von Nazareth, der Gekreuzigte. Er definierte das neu entstandene Christentum gegenüber seiner Herkunftsreligion: Nach der Zerstörung des Tempels sollte es sich darauf besinnen, daß es ein eigenes rituelles System in Gestalt von Taufe und Abendmahl hatte. Er lehrte seine Gemeinde in pragmatischer Weise mit einer ständigen Gefährdung in feindseliger Umwelt zu leben, indem er ein gutes Gewissen zur Geheimhaltung christlicher Identität gab, aber auch Mut zum öffentlichen Bekenntnis[43]. Vor allem aber verschaffte er der Gemeinde in Form seines Evangeliums eine Autoritätsgrundlage, mit deren Hilfe sie sich von der Autorität der Wandercharismatiker ablösen konnte. Seine Botschaft war: Alle in der Gemeinde sind Nachfolger Jesu. Wer aber Jesus war, konnten von jetzt ab alle unabhängig von den Jesusüberlieferungen der Wandercharismatiker durch sein schriftlich vorliegendes Evangelium erfahren.

---

43 Die Aufgabe des Gemeindeleiters ist es, christliche Identität zu stützen – vor allem dadurch, daß er Angst abbaut und zur Angst befähigt. Die hier vorgelegte sozialgeschichtlich orientierte Analyse des MkEv müßte daher durch eine psychologische Analyse ergänzt werden, wie sie Th. Vogt, Angst und Identität im Markusevangelium. Ein textpsychologischer und sozialgeschichtlicher Beitrag, NTOA 26, 1993, vorgelegt hat.

Zum Streit um Johannes gnosticus

von Kurt Rudolph

Die Debatte um das Verhältnis des „Evangelium nach Johannes" (Joh.) zur Gnosis hat bis zur Gegenwart kein allgemein anerkanntes Ergebnis gebracht, auch wenn sich immer wieder Exegeten intensiv damit befaßt haben. Im Grunde genommen geht der Streit darüber bis in das 2. Jh. als Entstehungszeit des Corpus Johanneum zurück, wie die Zuschreibung an den Gnostiker Kerinth oder die sog. Aloger (Antimontanisten) lehrt. Die bis Ende des 2. Jh. andauernde Unsicherheit über die apostolische Abfassung durch den Jesusjünger Johannes Zebedaeus oder den „Alten (Presbyter) Johannes" beschäftigte die neuere Forschung ebenfalls häufig mit der Absicht, über diesen Weg der johanneischen Darstellung eine Authentizität und damit letztlich historische Glaubwürdigkeit zu verschaffen. Auch diese Versuche haben jedoch nicht zu einem stichfesten Beweis geführt und sollten aufgegeben werden. Wie die anderen neutestamentlichen Evangelien ist auch Joh. ein Pseudepigraphon, wie überhaupt das ganze NT außer den echten Paulusbriefen nur aus unechten Verfasserangaben besteht; es ist anonyme Literatur. Da sich über die Identifizierung des Autors (besser: der Autoren) die Probleme des Inhalts und der Form von Joh. nicht erreichen lassen, ist allein der Weg über die Sachfragen zu beschreiten, um einen Zugang zu einer einigermaßen zufriedenstellenden Lösung zu erhalten. Die Probleme sind natürlich nicht nur vielfältig, sondern auch weitreichend und können in diesem kurzen Beitrag zu Ehren von Hartmut Stegemann auch nicht ausreichend besprochen werden, abgesehen davon, daß ich weder „Neutestamentler" noch Spezialist für Fragen des Joh. bin[1].

Die Schwierigkeiten liegen m.E. vor allem darin, daß das für mich primäre religionsgeschichtliche Problem eng mit dem literarischen Zustand von Joh. verbunden ist, d.h. dem Problem von Einheit oder mehrfacher Bearbeitung (Redaktion) des vorliegenden Textes. Je nach der Beantwortung der literarkritischen Fragen stellt sich auch die religionsgeschichtliche Beurteilung anders im Hinblick auf die einzelnen Stufen des literarischen und damit letztlich historischen Prozesses, aber auch umgekehrt: die Religionsgeschichte hat Gewicht für die Literaturgeschichte. Die soziologische Fragestellung kommt damit unmittel-

---

1 Meine folgenden Ausführungen verdanken viel einem Seminar über Joh. und die Gnosis, das ich seit 1986 zuerst an der Harvard Divinity School und dann an der Universität Marburg mehrfach abgehalten habe.

bar ins Spiel, da weder Literatur noch religionsgeschichtliche Sachverhalte ohne Traditionsträger und Interessenten (Leser, Benutzer, Verbreiter) existieren. Für alle drei Problemkreise liegen bekanntlich recht verschiedene Theorien und Hypothesen vor, denn nur um solche kann es sich anläßlich des uns verschlossenen direkten dokumentarischen Zugangs zum Werden dieses anonymen Textes letztlich gehen. Vielleicht wäre die Diskussion um das Joh. leichter, wenn es nicht (vermutlich über die Joh.-Briefe) in den Kanon gelangt wäre.

Ein kurzer Überblick über die wichtigsten Theorien zu den genannten Problemkreisen möge hier genügen[2]. Abgesehen von den m.E. vergeblichen Bemühungen, eine literarische Einheit von Joh. festzustellen, sind die literarkritischen Analysen von zwei Tendenzen bestimmt: eine ältere „Grundschrift"- und Quellentheorie und eine jüngere „Relecture"-Hypothese. Für erstere stehen vor allem R. Bultmann und seine Schule, für letztere die Schweizer bzw. Genfer Schule, wie sie zuletzt von J. Zumstein skizziert worden ist[3]. Beide Theorien sind allerdings nicht sehr weit auseinander, da sie mit einem wachsenden Prozeß der Literaturbildung rechnen: die Relecture-These durch die Annahme fließender Übergänge einer stufenweisen „Interpretationsdynamik" in einer Entwicklungslinie frühchristlicher Schul- und Gemeindebildung. Mit einer „Grundschrift" wird in beiden gerechnet, auch mit einer vorausliegenden (mündlichen?) Überlieferung dominanter Aussagen, die als eine Art roter Faden den gesamten Textbildungsprozeß durchziehen. Dazu gehören auch „Redaktionen", „Glossen" oder „Bearbeitungen" als Produkt einer Rezeptionsgeschichte, die im Falle des Joh. am Ende einer mehr oder weniger gelungenen „Verkirchlichung" im Sinne einer Anpassung an die sich durchsetzende „Großkirche" steht, mit dem Ziel, die theologische, rituelle und praktische Vielfalt nicht völlig zu beseitigen, aber sie mit einem Mantel des inzwischen Akzeptierbaren zu versehen, wofür die aus den Joh.-Briefen eruierbaren Vorgänge in der johanneischen Schule selbst Zeugnisse beibringen[4]. Die Minderheit der alten Schultradition wird von der Mehrheit der neuen dominanten Kirche überspielt. Letztlich bleibt auf diese Weise ja der gesamte Kanon des NT ein pluralistischer Ausschnitt frühchristlichen Handelns und Denkens, wie ihn die kritische Forschung immer wieder zu Tage bringt. Als Zeitraum für den rekonstrierbaren Verlauf des Joh. im jetzigen

---

2   Vgl. die knappe Übersicht bei G. Strecker, Literaturgeschichte des Neuen Testaments, UTB 1682, 1992, 206ff.

3   Zur Geschichte des johanneischen Christentums, ThLZ 122, 1997, 417-428 (mit Literatur). Die differenzierteste Grundschrift- und Quellentheorie stammt m.E. von W. Langbrandtner, Weltferner Gott oder Gott der Liebe. Der Ketzerstreit in der johanneischen Kirche, BET 6, 1977. Aber auch W. Schmithals legt in seiner verdienstvollen Forschungsgeschichte und Analyse „Johannesevangelium und Johannesbriefe", BZNW 64, 1992, einen solchen Entwurf vor.

4   Zu den Johannesbriefen s. den vorzüglichen Kommentar von F. Vouga, Die Johannesbriefe, HNT 15/3, 1990, bes. die Einleitung, und H.-J. Klauck, Die Johannesbriefe, Darmstadt ²1995.

Zustand wird allgemein mit mindestens mehreren Jahrzehnten gerechnet; bringt man die mündlichen Vorstufen in Rechnung (Mitte 1. Jh.?), die Anfänge der Verschriftlichung (nach 70) und die Endredaktion (Mitte 2. Jh.?), so umfaßt der Vorgang vermutlich ein Jahrhundert. Dies wird jetzt wahrscheinlicher als früher, da der älteste Beleg für Joh. (Kap. 18), der Papyrus 52 (Manchester J. Rylands Library, Greek Pap. 457), neuerdings später angesetzt wird als bisher: 170 plus/minus 25 Jahre[5]. Auch die späte apostolische Akzeptanz des Joh. gegen Ende des 2. Jh. (Irenaeus, Kanon Muratori) legt dies nahe. Als Lokalitäten für die Entstehung und Verbreitung ist das zweisprachige (semitisch-griechische) Gebiet der römischen Provinz Syrien, mit älteren Vorstufen im Jordangebiet, und später die Küste Kleinasiens (Ephesus?) ernsthaft in der Diskussion. Damit lassen sich die Polemiken, die das Joh. führt, in Beziehung setzen: gegen die Schüler des Täufers Johannes (1, 6-8.19-42), gegen die Juden (bes. 8, 37-59; 9,13-41; 10,31-41) und gegen andere (offizielle) christliche Lehren (bes. in den Briefen greifbar, aber auch hinter den unten benannten dominanten Theologumena des Joh.).

Die religionsgeschichtliche Beurteilung des Joh. setzt streng genommen mit W. Wrede ein, der sehr klar die Unterschiede zu den Synoptikern und den theologischen Schwerpunkt von Joh. erkannte. Nach ihm handelt es sich um kein historisch-biographisches Dokument, sondern um einen theologischen Traktat in Form eines Evangeliums. Jesus ist darin primär ein von Gott („Vater") in die Welt gesandtes Himmelswesen, nicht mehr der Messias für das Volk Israels. Er ist nicht nur der Bringer der Botschaft, sondern zugleich auch ihr eigentlicher Inhalt, „ein göttliches Wesen, das wie ein Fremder majestätisch über diese Erde dahinzieht und dessen 'Menschheit' lediglich das Transparent ist, um das göttliche Licht auf Erden hindurchscheinen zu lassen"[6]. Der Prolog (1,1-18) gibt dazu das Thema an, auch wenn er aus einem bearbeiteten vorchristlichen (aramäischen) Hymnus der Sapientia-Tradition oder einer bereits (griechisch-) gnostischen Bearbeitung stammt und vielleicht nicht zum ältesten Bestand gehört.

Die auch an anderen Stellen der frühchristlichen Literatur auftretende sog. „hohe Christologie", d.h. eine stark vergeistigte Vorstellung von dem Christus Jesus als himmlisches, göttliches Wesen, hat in der Forschung verschiedene Erklärungsversuche hervorgerufen. Es sind vor allem drei: einmal der Rückgriff auf den griechisch-hellenistischen (philosophischen) Hintergrund (Logos), ein

---

5   Vgl. U. Schnelle, Einleitung in das Neue Testament, UTB 1830, ²1996, 541 mit Anm. 119 (Lit.).

6   Charakter und Tendenz des Johannesevangeliums, Tübingen 1903, 29f. Die Kritik bei P. Vielhauer, Geschichte der urchristlichen Literatur, Berlin 1975 (1981), 441 Anm. 50, trifft m.E. nicht den Kern der Sache. Auf die neuere literaturwissenschaftliche („narrative") Behandlung des Joh. kann hier nicht eingegangen werden. Ich verweise auf die Anthologie von M.W.G. Stibbe (ed.), The Gospel of John as Literature, NTTS 17, 1993.

altes Erklärungsmuster für das „griechische Evangelium", dann die Heranziehung frühjüdischer, ebenfalls hellenistischer Sachverhalte (Philo) oder die
„Weisheits"-Literatur, schließlich seit 1945 die Qumranfunde; als dritte Quelle
wurden gnostische Vorstellungen bemüht (so schon von F.C. Baur), deren früher magerer Bestand durch neue Funde und Untersuchungen sukzessive erweitert wurde, so daß in der Folge der Religionsgeschichtlichen Schule dieser Zugang in der deutschen Forschung immer stärker in den Vordergrund trat (R.
Bultmann und seine Schule). Die NHC-Texte haben diesen Zugang in letzter
Zeit bestärkt, ohne allerdings natürlich auf allgemeine Zustimmung zu stoßen,
was auch zu viel verlangt wäre auf diesem Gebiet, das nicht nur von wissenschaftlichen Ambitionen beherrscht wird.

Wie bereits bemerkt sind bei diesen Versuchen einer inhaltlichen Bestimmung und ihrer Herkunft die literarkritischen Thesen von gewissem Belang, da
die einzelnen vorausgesetzten literarischen „Stufen" oder Schichten unterschiedliche Traditionen bzw. Vorstellungen verarbeitet haben können. So ist die
von Bultmann angenommene „Zeichen- oder Wunder-Quelle" (bes. Kap. 2-12)
stärker der frühjüdischen und -christlichen Überlieferung verpflichtet, wie auch
die recht selbständige „Spruch-Quelle" (z.B. 4,26ff.). Anders steht es mit der
hypothetischen, aber m.E. immer noch nicht erledigten „Reden-Quelle" (bes.
14-17), einschließlich der charakteristischen „Ego-eimi-Diskurse", die durch
verschiedene NHC-Texte einen neuen Parallelwert erhalten und als eine typisch
gnostische Dialogform („Offenbarungsdialog") zu bezeichnen sind[7]. Daneben
stehen die redaktionellen Eingriffe in den älteren Überlieferungsbestand, die
zwar dessen Sprache und Redeweise weiterführen, aber inhaltlich gemeinchristliche oder überregionale kirchlich-orthodoxe Korrekturen anbringen (bes. Kap.
21; Glossen, wie 3,24; 5,28f.; 6,39f.44.51c-58; 14,2; 18,9.32; 19,34bf; Teile des
Prologs). Es ist demnach nicht möglich, den derzeitigen Text durch einen einheitlichen religionsgeschichtlichen Hintergrund zu erklären. Was allein angeht
und historisch glaubhaft zu machen ist, sind gewisse dominante Züge des jetzigen Überlieferungs- bzw. Textbestandes mit gewissen frühchristlichen Sachverhalten und Prozessen zu verbinden und Joh. so einen Ort in der Geschichte des

---

7   Die Arbeit von H. Becker, Die Reden des Johannesevangeliums und der Stil der
    gnostischen Offenbarungsrede, FRLANT 68, 1956, wird zwar kaum noch zur Notiz
    genommen, obwohl G. MacRae wiederholt ihren Wert im Zusammenhang mit den
    NHC hervorgehoben hat (Nag Hammadi in the New Testament, in: ders., Studies in
    New Testament and Gnosticism, Wilmington 1987, 165-183: 182 = Gnosis. FS Hans
    Jonas. Hg. von B. Aland, Göttingen 1978, 144-157: 156). Die Untersuchung von E.
    Schweizer, Ego Eimi, FRLANT 56, 1939, wurde 1965 in 2. Aufl. mit einem neuen
    Vorwort herausgegeben. Die letzte mir bekannte Studie dazu ist D.M. Ball, „I am" in
    John's Gospel, JSNT.S 124, 1996. Zum gnostischen Offenbarungsdialog s. meinen
    Beitrag „Der gnostische 'Dialog' als literarisches Genus" von 1968, jetzt abgedruckt
    in: K. Rudolph, Gnosis und spätantike Religionsgeschichte. Gesammelte Aufsätze,
    NHMS 42, 1996, 103-122.

frühen Christentums (korrekter wäre: der frühen Christentümer) zu geben[8]. Gleichzeitig läßt sich dadurch einer Schul- oder Gemeindebildung quer zu den Auseinandersetzungen zwischen „Kirche" und „Gnosis" nachgehen, die das Geflecht frühchristlicher Theologie stärker als bisher sichtbar werden läßt. Die Figur des Apostels „Johannes" ist für beide Größen eine Autorität gewesen, in dessen Namen eine Auffassung des Christusgeschehens praktiziert und lanciert wurde. Da für den Historiker der theologische Wahrheitsanspruch kein Thema sein kann, ist er gehalten, beide Interpretationen und Weiterführungen der Tradition als gleichberechtigt zu verstehen. „Häresie" und „Ketzerei" sind theologische, dogmatische Urteile, keine historischen[9].

Welchem Typ von frühchristlicher Theologie das ursprüngliche Joh. trotz seiner Originalität zuzurechnen ist, läßt sich an einigen zentralen Aussagen aufzeigen, die für es charakteristisch sind. Es handelt sich dabei um auffällige Theologumena, die dieses Literaturkorpus von anderen Teilen des (späteren) NT unterscheidet und die eben als typisch „johanneisch" gelten. Derartige Feststellungen sind natürlich schon wiederholt unternommen worden. Dabei hat die Heranziehung gnostischer Texte zum Vergleich eine unterschiedliche Rolle gespielt. Entweder wurde dadurch Joh. als gnostisches Dokument im Sinne der Gnosis des 2./3. Jhs. erwiesen, oder als ein antignostisches Werk, das sich apologetisch gnostischer Sprache und Ideen bedient[10], oder drittens handelt es sich um ein Stück protognostischer Literatur, das uns Anfänge und Werden christlicher Gnosis veranschaulicht. Zur Klärung dieser Ansichten lassen sich m.E. folgende bekannte Sachverhalte heranziehen, die zweifellos als dominant für Joh. anzusehen sind: der dualistische Tenor, die Soteriologie oder Christologie, das Verhältnis von Glaube und Wissen (Erkenntnis), und die Eschatologie bzw. Auferstehungslehre. Die folgenden Angaben dazu gebe ich in der hier gebotenen Kürze und setze dabei manches für den Kenner voraus, auch die Grundvorstellungen gnostischer Literatur.

1. Die Polarisierung von Licht und Finsternis, Gott und Welt (Kosmos), Wahrheit und Lüge, Oben und Unten, Geist und Fleisch (Körper), Leben und Tod, Freiheit und Bindung durchziehen verschiedene Teile (bes. die sog. „Re-

---

8 Eine solche Arbeit liegt in dem vorzüglichen, erstmalig den gesamten Bestand frühchristlicher Literatur (auch der gnostischen) einbeziehenden „Geschichte des frühen Christentums" von F. Vouga, UTB 1733, 1994, vor (zu Joh. s. 75f.144ff.).
9 Vgl. K. Rudolph, Art. Heresy, The Encyclopedia of Religion 6, 1987, 269-275, und ders., „Christlich" und „Christentum" in der Auseinandersetzung zwischen „Kirche und „Gnosis", in: Gnosis u. spätantike Religionsgeschichte (s. Anm. 7), 256-277.
10 So z.B. von meinem neutestamentlichen Lehrer J. Leipoldt, Johannesevangelium und Gnosis, in: Neutestamentliche Studien. Georg Heinrici zu seinem 70. Geburtstag, Leipzig 1914, 140-146. Diese Auffassung setzte sich auch bei R. Bultmann fort.

den-Quelle") von Joh.[11]. Die Frage nach dem näheren Charakter dieser dualistischen Aussagen, die auch die spätere Redaktion nicht beseitigt hat, da sie es
nicht konnte, um den Inhalt des Ev. überhaupt zu erhalten, ist kontrovers. Handelt es sich um einen kosmologisch-ontologischen Dualismus, wie in der Gnosis, um einen ethischen, wie im Zoroastrismus und in Qumranschriften, oder um
einen soteriologischen der Entscheidung gegenüber der Botschaft des Erlösers?
Letzteres ist sicherlich vorwiegend der Fall, denn es geht um die Stellungnahme
gegenüber dem „Offenbarer"; dies bestimmt viele Aussagen, die das Heil durch
Glaube und Erkenntnis in Bezug auf Christus und den von ihm offenbarten
„Vater" bestimmen[12]. Doch steht dahinter für den Autor offenbar noch mehr.
Auch in den gnostischen Texten ist der Dualismus auf die Erlösung bezogen:
Licht und Finsternis, Leben und Tod hängen von der Entscheidung des Gnosti-
kers ab, nicht nur von seinem vorweltlichen Sein[13]. Darüber hinaus bleibt der
Gegensatz zwischen Gott und Welt bzw. "Oben" und „Unten" bestehen. Dem
Menschen bleibt nur die Wahl zwischen Glaube und Unglaube, Erkenntnis oder
Unwissen, Wahrheit oder Lüge. Bei Joh. ist zwar keine Mythologie der Weltentstehung zu finden, auch keine Seelen- oder Pneumalehre, aber die Welt wird
(nur im Prolog!) durch den Logos, also den (mittelplatonischen) „Zweiten Gott"
geschaffen, nicht vom (unbekannten) „Vater" selbst (so schon in SapSal. 9,1f.;
Prov. 8,22f. 27-31). Daher wird sie nicht von ihm, sondern von einem „Archon"
(12,31), Finsternis, Lüge und Unglauben beherrscht, repräsentiert von den Juden, deren Gott der Teufel ist (8,44). Die Trennung von Vatergott und Schöpfer
ist auf diese Weise schon vollzogen (für die soziologischen Hintergründe s.u.).
Auch in 3,16 ist kein Heil für den „Kosmos" zum Ausdruck gebracht, sondern
nur insofern dieser der Aufenthaltsort der erwählten Gläubigen ist, für die die
einmalige Sendung des Monogenes erfolgte (vgl. 1Joh. 4,9)[14]. Nach 17,9 betet
Jesus nicht für die Welt, sondern nur für die „Seinen". Diese aber sind, wie der

---

11 Eine Übersicht über die unterschiedlichen „Dualismen" und ihre Stellung in den
    Passagen von Joh. gibt J. Becker, Beobachtungen zum Dualismus im Johannesevan-
    gelium, ZNW 65, 1974, 71-87. Die gnostischen Quellen und ihre Relevanz für den
    Dualismus im Joh. behandelte bahnbrechend L. Schottroff, Der Glaubende und die
    feindliche Welt, WMANT 37, 1970; vgl. dazu bereits meine Bemerkungen in ThR
    NF 37, 1972, 304ff. Einen Beitrag zur pragmatischen Funktion des johann. Dualis-
    mus gab T. Onuki, Gemeinde und Welt im Johannesevangelium, WMANT 56, 1984.
12 Dies hat Onuki, Gemeinde und Welt, ausführlich demonstriert; er bezeichnet diesen
    Dualismus daher als einen „funktionalen", was allerdings zu einseitig ist (s. Text).
13 Das hat Schottroff, Der Glaubende und die feindliche Welt, nachdrücklich (bes. aus
    dem ApkrJoh) vorgeführt; vgl. auch dies., Animae naturaliter salvandae. Zum Pro-
    blem der himmlischen Herkunft des Gnostikers, in: W. Eltester (Hg.), Christentum
    und Gnosis, BZNW 37, 1969, 65-97.
14 Zur Auslegung von 3,16 s. M. Lattke, Einheit im Wort, StANT 41, 1975, 64-85; J.A.
    Trumbower, Born from Above. The Anthropology of the Gospel of John, HUT 29,
    1992, 114ff. (grundsätzlich über den Kosmosbegriff bei Joh.).

Erlöser selbst, vom Vater erwählt und gehören nicht zur Welt (17, 16). Insofern liegt bei Joh. auch eine das Schicksal des Menschen bestimmende Entscheidung jenseits seiner eigenen vor[15]. Dies erinnert einmal mehr an gnostische Aussagen, die nicht nur mythologisch darauf abheben (vgl. EvThom.). Die dualistischen Züge im Joh. haben mehrere Seiten, aber sind unleugbar eingezeichnet in die kosmologischen, soteriologischen und anthropologischen Vorstellungen, d.h. sie durchziehen die gesamte Theologie des Joh.

2. Wie eben bereits bemerkt, ist auch die johann. Soteriologie eng verknüpft mit dem polaren Weltbild. Sie ist nicht einheitlich, insofern Joh. letztlich keine literarische Einheit bildet. Außerdem werden verschiedene Konzepte und Titel der frühen Christologie (Menschensohn, Gottes Sohn, Kyrios) verwendet, aber im Rahmen einer eigenen Theologie, die von der Idee eines präexistenten Monogenes Gottes bestimmt ist, der vom „Vater" in diese Welt „gesandt", „gekommen", Mensch (*sarx*) geworden ist und nach Erfüllung seiner Aufgabe (Reden, Wunder, Leben, Erkenntnis) wieder zum Vater zurückkehrt[16]. Die Zusammengehörigkeit, ja Identität von Gott und Gesandten ist dabei grundlegend (10,30; 14,10; 8,28), daher bedeutet sein Auftreten eine Krise für den Kosmos (3,19; 5,22.24.29.30; 8,16; 12,31). Die in dem zentralen Teil der Reden benutzte „Ich-bin-Formel" mit ihrem Selbst-Präsentationscharakter ist dafür mehr als typisch, ebenso die häufige (25malige) Einleitung mit „Amen, Amen, ich sage euch".

Der Inhalt dessen, was der Offenbarer bringt, ist der Ruf zur rettenden Erkenntnis (17, 3), gestaltet in kürzeren oder längeren Reden (vier Fünftel in den Kap. 1-17 bestehen daraus)[17] und ausgedrückt in Metaphern, wie Leben, Licht, Brot, Wahrheit und die Abkehr von der Welt. Die Endzeit ist damit angebrochen, den Gläubigen das ewige Leben eigen (s.u.). Der enge Zusammenhang von Vater/Gott und Sohn/Erlöser überträgt sich im Joh. auch auf die Gemeinde: die „Söhne des Lichts" (12,36) oder die „Seinen" (*idioi*) gehören dem Sohn und dem Vater, der sie erwählt hat. Das Band, das sie verbindet, ist die Liebe (17,26). Diese „personale" Beziehung ist eine reziproke, eine Art „kettenartige

---

15 Vgl. dazu Trumbower, Born from Above 14ff.45ff.70ff.81ff.117ff.; J. Becker, Aufbau, Schichtung und theologiegeschichtliche Stellung des Gebetes in Johannes 17, ZNW 60, 1969, 56-83; ders., Die Abschiedsreden im Johannesevangelium, ZNW 61, 1970, 215-246.

16 Ich verweise auf die Belegstellen bei Vielhauer, Geschichte (s. Anm. 6), 438ff., wo auch die Parallelen in Phil 2,6-11; 1Kor 2,8; Hebr 2,14.17 im Gegensatz zu Mk 1,23ff.34 angeführt werden.

17 Vgl. W. Kelber, The Birth of a Beginning: John 1.1-18, in: Stibbe (ed.), Gospel of John (s. Anm. 6), 209-230: 214, der daraus einen theologischen Zusammenhang zwischen dem *Logos* des Prologs und den *Logoi* herstellt: das uranfänglich einheitliche „Wort" legitimiert und autorisiert die Vielheit der „Worte" des Offenbarers. Kelber sieht durchaus den Zusammenhang zwischen der dominanten Rolle der Reden bzw. Sprüche bei Joh. und den relevanten NHC-Schriften (215).

Abbildhaftigkeit" zwischen Gott, Jesus, den Seinen und untereinander[18]. Inwieweit dahinter eine mythologische Vorstellung der Einheit von Erlöser und Erlösten verborgen ist, bleibt unsicher, ist aber nicht abzuweisen, wie aus den bekannten Stellen 11,15b.52; 12,31f.; 14,2-7.23 hervorgeht, die von dem „emporziehen" und den „Wohnungen" beim Vater (Pleroma?) sprechen[19].

Die Diskussion um die Christologie des Joh. konzentrierte sich immer wieder auf die alte Debatte um ihren doketischen oder antidoketischen Gehalt. Entscheidend war dabei der Prolog 1,14, mit dem Satz: „und das Wort ward Fleisch und wohnte unter uns". Entweder wurde dieser als antidoketische Glosse erklärt[20] oder eben als Beweis für den antignostischen Charakter des Joh. Nun läßt sich einerseits das griech. *gignomai* durchaus als Synonym von „erscheinen" (*phainomai*), „sichtbar werden in", d.h. zur oder in die Welt kommen, verstehen[21], andererseits haben inzwischen gnostische Texte durchaus gezeigt, daß diese ein „in das Fleisch (*sarx*), Leib oder Körper (*soma*) kommen" des Soter kennen, d.h. seine körperliche bzw. menschliche Sichtbarkeit (Inkarnation!) ist auch für die Gnostiker nicht anders vorstellbar gewesen[22]. Die ganze

---

18 S. dazu die grundlegende Studie von Lattke, Einheit im Wort (s. Anm. 14), passim, bes. 24ff.; ders., Sammlung durch das Wort. Erlöser, Erlösung und Erlöser im Johannesevanglium, BiKi 30, 1975, 118-122.

19 Vgl. dazu auch Trumbower, Born from Above (s. Anm. 14), 76f.84f.105f., mit Verweisen auf EvVer, HypArch, Perlenlied (ActThom 108-113) und CorpHerm. Zum „Hinaufziehen" vgl. das Bild von Sonne und Sonnenstrahlen im Rheginosbrief 45,32-39.

20 Vgl. bes. G. Richter, Die Fleischwerdung des Logos im Johannesevangelium, NT 13, 1971, 81-126 (= ders., Studien zum Johannesevangelium, BU 13, 1977, 149-198).

21 Das hat K. Berger, Zu „Das Wort ward Fleisch" (Joh. 1,14a), NT 16, 1974, 161-166, mit einigen Belegen aus dem 2. Jh. gezeigt: „Joh. 1,14 ist daher nicht notwendigerweise antidoketisch aufzufassen, sondern steht auf einer Linie mit der auch sonst im Johannesevangelium vorherrschenden Christologie über die verborgene Identität Jesu als des von Gott Gesandten" (166 Anm. 1). Nach 1Joh. 4, 2 ist Jesus „ein ins Fleisch Gekommener" (*en sarki elelythota*). Vgl. dazu Vouga, Johannesbriefe (s. Anm. 4), 63f., der m.R. davon spricht, daß hier „keine antignostische bzw. antidoketische Formulierung" vorliegt, da diese in den gnostischen Texten problemlos rezipiert bzw. integriert worden ist (a.a.O., 64 mit Belegen).

22 Darauf hatte ich schon 1972 in der ThR 37, 306f. Anm. 1 verwiesen. Inzwischen ist die Literatur dazu erheblich angewachsen: K.W. Tröger, Die Passion Jesu in der Gnosis nach den Schriften von Nag Hammadi. Theol. Diss. B (Diss. habil.), Humboldt-Universität Berlin 1977; ders., Doketistische Christologie in den Nag Hammadi-Texten, Kairos 19, 1977, 45-52; I. Gardner, Coptic Theological Papyri II. Edition, Commentary, with an Appendix: The Docetic Jesus, Wien 1988, 57-85; D. Voorgang, Die Passion Jesu und Christi in der Gnosis, Frankfurt/M. 1991; M. Franzmann, Jesus in the Nag Hammadi Writings, Edinburgh 1996; dies., Gnostic Jesuses and the Gnostic Jesus of John, in: H. Preißler u. H. Seiwert (Hg.), Gnosisforschung und Religionsgeschichte. FS K. Rudolph, Marburg 1994, 143-149, bes. 146f.

Debatte ist daher heute anders zu führen, denn die von der häresiologischen Polemik eingeführte Formel des „scheinbar" (*dokeo*) bezieht sich auf das Leiden Christi am Kreuz, nicht auf sein „Erscheinen" im Körper. Der Grundgedanke, der dem ganzen vorausliegt, ist das Verhältnis von Geist (*pneuma*) und Körper, wie es dem griechischen Denken eigen war: die erlösende Kraft des Soter ist der Geist, nicht der Körper; allein letzterer ist sterblich, nicht der Geist; die Kreuzigung und damit das „Leiden" trifft allein den Körper, nicht den Geist, d.h. die irdische Manifestation des himmlischen (pneumatischen) Soter Christus in Jesus von Nazareth ist nur für den unwissenden Betrachter dem Leiden ausgesetzt. Die frühchristliche Theologie hat das Problem letztlich nicht lösen können, wie die verschiedenen Versuche (Pneuma-, Adoptions-, Verwandlungs-Christologie) zeigen und die vergebliche Polemik gegen die konsequenteren, scharfsinnigeren Gnostiker. Das Bekenntnis von Chalcedon 451 ist nur das traurige Ergebnis einer falsch verstandenen Christologie, die den Erlöser zu einem Zwitterwesen gemacht hat[23]. Die johann. Christologie steht m.E. mehr an den Anfängen der Auseinandersetzung über diese Probleme, da für sie weder ein doketisches noch antidoketisches Credo aktuell ist. Christus ist ein präirdisches (geistiges) Himmelswesen, das nicht zur Welt gehört und so auch zum „Fleisch" (*sarx*) distanziert ist (vgl. 3,6; 6,63; 8,15.23; 15,18f.; 17,16); seine Glorie (*doxa*) ist nur den Erkennenden, die wie er „von Oben" stammen, ersichtlich (1,14c; 17,3f.7). Kap. 21 ist ein späterer Anhang aus einer anderen Situation, die sich auch in den Joh.-Briefen abzeichnet[24]. Damit ist das Joh. besser als bisher einzuordnen, nämlich in die frühchristlichen bzw. frühgnostischen Versuche, zu einer Soteriologie zu gelangen, die das Verhältnis der irdisch-menschlichen Gestalt des Jesus von Nazareth mit dem Glauben an ein überirdisches, präexistentes Geist- oder Gottwesen, das sich in ihm manifestiert hat, auf ihre Weise theologisch bewältigt. Es führt uns in die Anfänge der sog. hohen Christologie und damit auch in die Anfänge der christlichen Gnosis[25].

---

23 Vgl. dazu bereits K. Rudolph, Die Gnosis, UTB 1577, [3]1990, 172ff., und ders., „Christlich" und „Christentum" (s. Anm. 9), 266ff., mit den frühchristlichen Belegen, auch aus den NHC (269-272). Die von E. Käsemann gebrauchte Formulierung „naiver Doketismus" bei Joh. (Jesu letzter Wille nach Johannes 17, Tübingen [3]1971, 61f.158), hat nur Sinn, wenn man diesen häresiologischen Begriff weiter verwenden will; er kann aber nicht mehr zur Kennzeichnung von Gnosis herhalten.

24 Zur Christologie im 1. Johannesbrief s. Vouga, Johannesbriefe (s. Anm. 4), 60ff.: „Der Gottessohn ist zur Initiations- bzw. Identifikationsfigur der gnostischen Tradition geworden, die sich selbständig weiterentwickeln kann." (62).

25 Dies läßt sich auch aus der Behandlung der Passionstradition ersehen, insofern die Kreuzigung zugleich „Erhöhung", d.h. Auferstehung und Himmelfahrt ist (so nach 3,13f.; 8,28; 12,32). Ein eigentlicher Leidensprozeß ist nur für den Zuschauer bzw. Leser sichtbar, nicht für den Soter (Gethsemane fehlt!), der am Kreuz sein „es ist vollendet" spricht (19,30; vgl. auch 12,27f.; 16,33). Er erscheint der Maria Magdalena als spirituelles Wesen, das noch nicht zum Vater aufgestiegen, daher nicht be-

3. Das Verhältnis von Glauben und Wissen (Erkenntnis) ist bei Joh. in auffälliger Weise bestimmt. Zwar kommen weder die Substantive *gnosis* noch
pistis vor (anders bei Paulus!), aber dafür das Verb *ginoskein* häufiger als in all
den anderen neutestamentlichen Schriften (56 mal), außerdem oft parallel zu
„glauben" (*pisteuein*), „lieben" (*agapan, philein*), „sehen" (*horan*) oder „bleiben in" (*menein en, einai en*). Das Objekt ist primär Gott und/oder Christus
(14,5-14). Subjektiv ist damit die Erlangung des Heils, des Lebens, des Lichts,
der Wahrheit, der Freude, der Freiheit (von der Welt und Finsternis) umschrieben. Die synonyme Verwendung von „erkennen" und „glauben" ist für Joh.
charakteristisch; beide sind in ihrer Anwendung gleich, d.h. bezogen entweder
auf die Botschaft von Christus, oder auf diesen selbst, sein Wort und Handeln
(Wunder bzw. „Zeichen"); dies bedeutet gleichzeitig die entscheidende „Zeit"
(*kairos*) des Heils (cf. 4,23; 5,24) und die Absage an die Welt (*kosmos*). In
gleicher Weise wird auch „lieben" bei Joh. in einer speziellen Weise verwendet:
als Bezeichnung des Verhältnisses zwischen Gott, Christus und den „Seinen"[26].
Typisch für Joh. ist der reziproke Gebrauch dieser Termini, d.h. Gott, sein Sohn
als Gesandter und seine Jünger sind untereinander durch „erkennen", „glauben",
„lieben" verbunden (vgl. 10,17f.). Betont wird die Einheit, die Gemeinschaft
von Gott, Christus und den „erwählten" Gläubigen, die durch das von Christus
gebrachte Wort Gottes geschaffen wird. Dieser Sachverhalt erinnert stark an die
aus der Gnosis bekannte Vorstellung von der „Sammlung" der „Erlösten" oder
Geretteten durch den „Erlöser" oder Retter. Diese besondere Sicht der Zusammengehörigkeit und Reziprozität von Offenbarer (Soter) und Gläubigen oder
„Erkennenden" ist m.E. am ehesten verständlich, wenn hier eine spezielle Form

---

rührbar ist (20,11-18). So tritt er auch durch die verschlossene Türe zu seinen Jüngern (20,19-23). Die angehängte Thomas-Passage (20, 24-29), deren Charakter und
Ursprung umstritten ist (vgl. J. Becker, Das Evangelium nach Johannes, Kap.11-21,
ÖTK 4/2, ²1984, 625ff.), zielt auf den Glauben an Jesus, ohne ihn gesehen zu haben,
zeigt aber auch wie der jetzt zum Vater Erhöhte als eine Art Wiedergänger geschildert wird, wie wir es auch aus anderen Stellen der frühchristlichen (einschließlich
der gnostischen!) Literatur kennen, und zum erneuten Offenbarer wird. Neuerdings
wird vermutet, daß hier in der Frage der Auferstehung gegen die Thomasjünger polemisiert wird: vgl. G.J. Riley, Resurrection Reconsidered: Thomas and John in
Controversy, Minneapolis 1995; die Beiträge dazu in: J.D. Turner/A. McGuire (Ed.),
The Nag Hammadi Library after Fifty Years, NHMS 44, 1997, 295-398. R. Bultmann hat m.R. bei Joh. festgestellt: „Den Ostergeschichten haftet daher etwas eigentümlich Schillerndes oder Widersprüchliches an" (Das Evangelium des Johannes,
KEK II, ¹¹1978, 533). Es handelt sich eben um „eine eigentümliche Kritik der Ostergeschichten überhaupt" (ebd.). Man sollte damit aufhören, die Synoptiker als Kriterium oder Erklärungsmuster dafür zu bemühen. Die Unabhängigkeit des Joh. von
den Synoptikern und Paulus demonstriert P. Borgen, The Independence of the
Gospel of John: Some Observations, in: ders., Early Christianity and Hellenistic Judaism, Edinburgh 1996, 183-204.
26 Vgl. dazu ausführlich Lattke, Einheit im Wort (s. Anm. 14).

der gnostischen Idee von der Gemeinschaft der „Seelen" bzw. „Geister" mit Gott (Vater) und dem gesandten Erlöser bei Joh. Pate gestanden hat, oder vorsichtiger benutzt worden ist, um die enge Gemeinschaft der Erlösten mit dem Erlöser und seinem „Vater" zum Ausdruck zu bringen. Dazu paßt die Dominanz der parallelen Verwendung von „erkennen" und „glauben" als ein Zeugnis für eine frühe christliche Aufnahme gnostischer Terminologie.

4. Schließlich noch einige Worte zur eschatologischen Redeweise bei Joh. Man hat festgestellt, daß an Stelle der Eschatologie die Entweltlichung bei Joh. steht[27]. Diese sog. „präsentische" oder „realisierte" Endzeitvorstellung ist offensichtlich diejenige der alten Bestandteile des Joh., die später durch einige Ergänzungen korrigiert worden ist (5,28f.; 6,40.44d; 12,48). Apokalyptische Schilderungen fehlen, wenn sie etwas sichtbar werden, dann bezogen auf das Erscheinen des Soters: dies ist die Stunde, die über Leben und Tod entscheidet (3,18-21; 4,23; 5,25; 11,25; 12,31; 16,32). Jesus ist der gegenwärtige Richter, nicht der zukünftige; das Endgericht ist mit seinem irdischen Auftreten (Inkarnation, Manifestation) identisch (vgl. 3,36; 5,24f.; 12,48; 16,11). Zukünftige Aussagen über das Heil der Gläubigen sind nur angedeutet: das „Emporziehen" zu Gott und „Aufnehmen" in seine „Wohnungen" (14,1-7.23; s. oben mit Anm. 18). Es überwiegt aber der Hinweis auf das gegenwärtige (ewige) „Leben", das der Soter bringt bzw. gebracht hat (4,13f.; 5,24; 6,47-51; 8,51; 10,28; 11,25f.). Die Auferstehung ist demnach vergegenwärtigt, d.h. an Glauben und Erkennen des Erlösers gebunden. Diese Vorstellung ist bekanntlich in den gnostischen Texten sehr verbreitet, auch wenn in ihnen futurische Aspekte eines Endzeitglaubens durchaus nicht fehlen[28]. Ein Vergleich mit dem „Brief an Rheginos" über die Auferstehung (NHC I,4) ist dafür besonders lehrreich und zeigt die zahlreichen Übereinstimmungen mit Joh. bei diesem Thema und darüber hinaus[29]. Dazu gehören: die Gegenwärtigkeit des Heils (ausgedrückt im Bild von der Sonne: Rheg. 45,28-39), der Gedanke der Sammlung (44,30-33), der Erwählung und der innerweltlichen Entweltlichung, die Kosmosfeindschaft, die Analogie von Erlöser und Gläubigen, beide entstammen der Überwelt (45,14-22; Joh. 8,47; 15, 27), die Fleischwerdung des Soter (44,14f.; 45, 25f.; 46,16f.) und die Parallelisierung von Glaube und Erkennen (44,8-10; 45,25-28; 49,9-16.22.24). Es fehlen die mythologischen Vorstellungen vom Fall als Ursache

---

27 So Lattke, Einheit im Wort (s. Anm. 14), 49. Zur Forschungsgeschichte s. jetzt J. Frey, Die johanneische Eschatologie, Band 1: Ihre Probleme im Spiegel der Forschung seit Reimarus, Bd. 2: Das johanneische Zeitverständnis, WUNT 96/97, 1997/1998.
28 Vgl. meine „Gnosis" (s. Anm. 23), 176f.207ff.213ff.
29 Darüber informiert ausführlich die (leider ungedruckte) theol. Magisterarbeit von H. Strutwolf, Die Auferstehungslehre in der „Epistula ad Rheginum" und die Eschatologie des Johannesevangeliums, Heidelberg 1987 (Masch.). Ich danke dem Autor für die Überlassung eines Exemplars.

der Schöpfung (46,35-47,1) und die vom „Pneuma" als Substanz (Seelenfunken). Letztlich bieten beide eine „Spiritualisierung" traditioneller Eschatologie.

Die vier hier nur kurz vorgeführten Theologumena aus dem Überlieferungsbestand des Joh. lassen es schwerlich vermeiden, nicht mit dem uns heute bekannten gnostischen Bereich in Verbindung gebracht zu werden. Dies gilt auch unabhängig von den hier nicht eigens herangezogenen Textstücken (Prolog, Passionsgeschichte oder Spruchüberlieferung) und Vorstellungen (z.B. vom Paraklet, der dem „Geist des Lebens" im ApkrJoh oder dem „Geist der Wahrheit" in der HA ähnlich ist). Es bleibt daher nicht verwunderlich, daß Joh. in der gnostischen Überlieferung beliebt war und der erste uns bekannte Kommentar von dem valentianischen Gnostiker Herakleon stammt, der durchaus ein gutes Gespür für die verwandten Züge hatte[30]. Joh. avancierte auf diese Weise, wie auch andere Apostel, zu einem Traditionsträger gnostischer und Gnosis-naher Literatur (ApkrJoh, ActJoh, Pistis Sophia). Der noch nicht restlos aufgeklärte Prozeß der Rezeption des Joh. in der frühchristlichen und gnostischen Literatur läuft über die Spruchüberlieferung und die theologischen Sachverhalte[31]. Regelrechte Zitate oder Anspielungen sind oft unsicher, bes. für die ältere Zeit (1. Hälfte des 2. Jh.). Eher sind die Varianten der theologischen Spekulation und ihrer sprachlichen Formulierung greifbar, wie sie im EvVer (NHC I 3), EpJac (I 2), TestVer (IX 3) und bes. in Prot (XIII) vorliegen, aber auch in den Oden Salomos und wahrscheinlich sogar in den Mandaica. Ohne hier näher darauf eingehen zu können, ist die heute im Corpus Johanneum versammelte und in den neutestamentlichen Kanon gelangte Literatur ein Stück der Frühgeschichte der Begegnung christlicher Vorstellungswelt mit der Gnosis, d.h. mit ihrem dualistischen, antikosmischen Weltbild und ihrer Erlöser- und Erlösungsvorstellung, die die „urchristlichen" Bemühungen um eine Aufarbeitung der mit Jesus von Nazareth verknüpften unterschiedlichen Auffassungen und Deutungen auf eine eigene Weise (auch literarisch) exklusiv, teilweise esoterisch zur Gel-

---

30 Das hatte schon A. Hilgenfeld, Das Evangelium und die Briefe Johannis, Halle/S. 1849, festgestellt und wurde neuerdings von Trumbower, Born from Above (s. Anm. 14), 4ff.11ff. wiederholt, der m.R. den Fehler seit Irenaeus darin sieht, daß Joh. mit der Brille des Paulus (Opferidee, Rechtfertigung) interpretiert wurde (120f.).
31 Die älteren Studien von W. von Loewenich (Das Johannesverständnis im zweiten Jahrhundert, BZNW 13, 1932) und J.N. Sanders (The Fourth Gospel in the Early Church, Cambridge 1943) entsprechen nicht mehr der heutigen Lage. Die Arbeit von W.G. Röhl, Die Rezeption des Johannesevangeliums in christlich-gnostischen Schriften aus Nag Hammadi, EHS XXIII/428, 1991, ist zu statisch, oder besser statistisch, nicht traditionshistorisch bzw. literarhistorisch angelegt und aus einer theologischen Sicht verfaßt, die eher der Häresiologie verpflichtet ist als der Religionsgeschichte. Was am Ende als Ergebnis beschrieben wird, ist indiskutabel und „out of date" (betr. besonders die Ausführungen 208f.).

tung brachte[32]. Ihre uns unbekannten Träger waren offensichtlich zunächst jüdische Christen (aus den Kreisen der Jünger des Täufers Johannes?)[33], die, wie aus Joh. deutlich hervorgeht (Kap. 8), aus dem jüdischen Gemeindeverband („Synagoge") ausgeschlossen wurden, vielleicht gerade aufgrund der dualistischen Ideen, die sie u.a. aus der Weisheitstradition übernahmen und gnostisch weiterentwickelten, und dem Glauben an ein überirdisches Gottwesen, das sich im Auftrag des höchsten Gottes auf Erden in Jesus verkörpert hat (vielleicht in Konkurrenz zu den „Thomasjüngern"?). Der weitere Verlauf wird von griechischen Christen Kleinasiens getragen, die einerseits den christlich-gnostischen Ideen treu blieben, andererseits sich der großkirchlichen Entwicklung, die sich Petrus und Paulus verpflichtet sah, öffneten und so zur Spaltung der johanneischen Kirche beitrugen, wie sie die Joh.-Briefe dokumentieren. Die Vertreter des Johannes gnosticus wurden dann, was wir nur vermuten können, zu einer Häresie, ein Schicksal, das die Gnosis generell erlitt.

---

32 Ähnlich auch Vouga, Geschichte (s. Anm.8), 147f., und Trumbower, Born from Above (s. Anm. 14), der von der „protognostischen" Tendenz spricht, die man später „gnostisch" und häretisch nannte (143); dies zeige sich in erster Linie in der Anthropologie mit ihrer auf Prädestination orientierten Erlösungsvorstellung und Weltablehnung. Auch die literarischen Eigenheiten bei Joh. (ambivalente, rätselhafte, ironische und esoterische bzw. symbolische Redeweise, das Motiv von „Suchen" und „Finden", von „Offen" und „Verborgen") gehören hierher, da wir sie auch in der gnostischen Literatur häufig antreffen. Vgl. M.W.G. Stibbe, The Elusive Christ, in: ders. (ed.), Gospel of John (s. Anm. 6), 231-247; G. MacRae, Theology and Irony of the Fourth Gospel, ebd., 103-113 (= Studies in the New Testament [s. Anm. 7], 32-46).

33 Diese Ansicht vertrat vor allem O. Cullmann, Der johanneische Kreis, Tübingen 1975, 65f., und verband sie weiterhin mit der These eines „gemeinsamen Mutterbodens" von „heterodoxem Judentum, aus dem der johanneische Kreis stammte" und „Gnostizismus", der für das Milieu von Joh. zu veranschlagen sei. Ich sehe Joh. stärker eingebunden in die frühe Phase einer entstehenden christlichen Gnosis, die, wie heute besser nachweisbar ist, ihre Wurzeln in jüdischen Vorstufen (Weisheitslehre) hat (vgl. meine Aufsätze „Randerscheinungen des frühen Judentums und das Problem der Entstehung des Gnostizismus"; „Sophia und Gnosis. Bemerkungen zum Problem 'Gnosis und Frühjudentum'" und „Bibel und Gnosis. Zum Verständnis jüdisch-biblischer Texte in der gnostischen Literatur, vornehmlich aus Nag Hammadi", in: Gnosis und spätantike Religionsgeschichte [s. Anm. 7], 144-169. 170-189.190-209; sowie B.A. Pearson, The Emergence of the Christian Religion, Harrisburg/PA 1997, 99ff.122ff.). Für das Problem der mandäischen Überlieferung, die aus einem baptistisch-jüdischen Milieu stammen und phraseologisch-stilistische Parallelen zu Joh. aufweisen, s. meine gesammelten und z.T. revidierten Beiträge in „Gnosis und spätantike Religionsgeschichte", bes. „Probleme der mandäischen Religionsgeschichte"; „War der Verfasser der Oden Salomos ein 'Qumran-Christ'?" und „Antike Baptismen. Zu den Überlieferungen über frühjüdische und frühchristliche Taufsekten", a.a.O., 370-401.503-537.569-606.

Geisterfahrung und Christologie
– Ein Vergleich zwischen Paulus und Johannes –

von Jürgen Becker

Es entspricht einer alten Tradition, die Theologie des Völkerapostels und des vierten Evangelisten miteinander ins Gespräch zu bringen. Dieses setzt unter historisch-kritischen Bedingungen bei F. Chr. Baur ein und verläuft über so markante Äußerungen wie die von W. Bousset und R. Bultmann.[1] Doch wer erwartet, solchem Vergleich sei bisher extensive Aufmerksamkeit geschenkt worden, wird enttäuscht. Denn in der Regel stößt man nur auf knappe Hinweise, die assertorisch beide Theologien sich nahestehen lassen. Ausnahmen von dieser Regel sind selten.[2] Vor allem mangelt es an einer Diskussion über die den Oberflächenaussagen zugrunde liegenden Konzepte beider Theologien.

Die folgenden Ausführungen wollen einen bisher noch nicht begangenen Weg des Vergleichs beschreiten. Zwei Kernabschnitte beider Autoren, nämlich Gal 3,1-4,7 und Joh 14,1-31 sollen daraufhin befragt werden, welches Christentumsverständnis in ihnen zutage tritt und wie, durch es bedingt, theologische Akzente gesetzt werden. Beide Texte sind Kommunikationen zwischen den Autoren und ihren Gemeinden in spezifischer Problemlage unter Ausnutzung ganz verschiedener Gestaltungsmöglichkeiten und mit Hilfe je anderer Argumentationsgefälle. Beachtet man dies, hat ein solcher Vergleich den Vorteil, daß die Beziehungen zwischen den Konzepten sowie zwischen den Einzelaussagen beständig bedacht werden können.

---

1 F. Chr. Baur, Vorlesungen über neutestamentliche Theologie, mit einer Einführung von W. G. Kümmel, Darmstadt 1973 ([1]1864), 393-397; W. Bousset, Kyrios Christos, mit einem Geleitwort von R. Bultmann, Göttingen, [5]1965 ([1]1913), 154-162; R. Bultmann, Theologie des Neuen Testaments, durchgesehen und ergänzt von O. Merk, Tübingen [9]1984 ([1]1953), § 41.

2 Vgl. A. E. Barnett, Paul Becomes a Literary Influence, Chicago 1941; E. Fuchs, Das Christusverständnis bei Paulus und im Johannesevangelium, in: ders., Glaube und Erfahrung, Gesammelte Aufsätze III, Tübingen 1965, 298-313; S. S. Smalley, The Christ-Christian Relationship in Paul and John, in: D. A. Hagner – M. J. Harris (hg.), Pauline Studies (FS F. F. Bruce), Grand Rapids 1980, 95-105; D. Zeller, Paulus und Johannes, BZ 27, 1983, 167-182; R. Schnackenburg, Paulinische und johanneische Christologie, in: ders., Das Johannesevangelium HThK IV/4, Freiburg u.a. 1984, 102-118; U. Schnelle, Paulus und Johannes, EvTh 47, 1987, 212-228; R. Scroggs, Christology in Paul and John, Philadelphia 1988.

Die *Auswahl* gerade dieser beiden Texte läßt sich so begründen: Innerhalb des Gal bildet der Abschnitt 3,1-5,12 den argumentativen Hauptteil des Briefes. Nicht zuletzt die rhetorische Analyse verleiht dieser Annahme Gewicht, wenn sie in ihm Analogien zur argumentatio entdeckt, den voranstehenden Abschnitt 1,10-2,21 jedoch mit der narratio vergleicht. Dabei mag es dahingestellt sein, wie präzise und ins einzelne gehend Paulus sich an rhetorische Regeln hält, ob er einem bestimmten Genus der Rede folgt oder Mischformen bildet: 3,1-5,12 sind die entscheidende Auseinandersetzung mit der Konkurrenz, in der Paulus sein Christentumsverständnis offenlegen muß. Innerhalb dieses Briefmittelstückes wird man 3,1-4,7 als einen ersten Durchgang diagnostizieren können, in dem im Prinzip alle wesentlichen Entscheide fallen. Das vierte Evangelium ist so angelegt, daß die erste Selbstoffenbarungsrede mit Dialogstruktur in Joh 3,1-21 und die letzte in 12,20-36 in der Welt des Textes szenisch nach „außen" gerichtete Reden mit konvergierendem Inhalt sind. Sie stehen eingangs und ausgangs des öffentlichen Wirkens Jesu. Darauf folgt jünger-, bzw. gemeindeorientiert die Abschiedssituation in 13,1-14,31. In ihr wird, nach innen zur Gemeinde gewendet, wiederholt und vertieft, was Joh 3,1ff.; 12,20ff. ausgeführt ist. Insbesondere 14,1-31 enthalten dabei das ganze theologische Selbstverständnis der nachösterlichen Gemeinde im Sinne des Evangelisten.[3]

Dabei setzte ich mein Modell der Entstehung des vierten Evangeliums voraus.[4] Insbesondere vermag mich der (erneute) Versuch von E. Ruckstuhl und P. Dschulnigg,[5] über stilistische Beobachtungen die Einheitlichkeit sowie die gleiche Verfasserschaft für Joh; 1-3 Joh zu begründen, nicht zu überzeugen, weil das statistische Vorgehen selbst und erst recht die daraus gezogenen Schlüsse problematisch sind. So klammern die Autoren z. B. „wichtige Sinnträger joh. Theologie" (S. 34) aus der statistischen Erhebung aus. Also entfällt die Sprache der Gesandtentheologie und des Dualismus als Unterscheidung zwischen der Semeiaquelle (bzw. einem Grundevangelium) und dem Evangelisten. Welche Methode erlaubt es, von einer sektoralen Auswahl Schlüsse aufs ganze zu ziehen? Auch die z. B. unter der wichtigsten Gruppe A gesammelten Stilmerkmale (S. 63ff.) sind der Art, daß sie sich leicht dem nacherzählenden Evangelisten zuweisen ließen, ohne daß die narratio oder theologische Substanz der Semeiaquelle überhaupt tangiert würden. Solche Einwände sind vermehrbar. Außerdem bleibt immer noch das Grundproblem: Was ist Idiolekt, was Soziolekt, und wie sind beide verwoben? Die Autoren kennen nur die viel zu einfache Gleichung: gleiche Sprache = individueller Verfasser und nehmen damit ihr Ergebnis vorweg. Wer endlich die Geschichtlichkeit der Sprache, ihre Nachahmungsmöglichkeit und ihre inhaltliche Veränderung bei formaler Gleichheit zugunsten einer statistisch-formalen Momentaufnahme ganz ausblendet, hat

---

3　Schon W. Heitmüller, Das Johannes-Evangelium, in: J. Weiß (hg.), Die Schriften des Neuen Testaments, Göttingen 1908, Bd. 2, 829, bemerkte: "Man kann 13,31-14,31 in gewissem Sinn das Herzstück des Evangeliums nennen."

4　J. Becker, Das Evangelium nach Johannes, ÖTK IV 1 und IV 2, [3]1991.

5　E. Ruckstuhl/P. Dschulnigg, Stilkritik und Verfasserfrage im Johannesevangelium, NTOA 17, 1991.

mit seinem Ansatz abermals das Ergebnis programmiert und liefert statt eines Beweises ein bestätigtes Vorurteil.[6]

Paulus formuliert im Gal so programmatisch, weil für ihn nichts weniger als das Fundament seines völkerchristlichen Glaubensverständnisses auf dem Spiel steht. Darum ist er herausgefordert, sein Christentumsverständnis offenzulegen. Der Apostel war indessen, eingeleitet durch seine Damaskuserfahrung, gefestigt durch seine antiochenischen Jahre, zum Protagonisten für die unmittelbare und endzeitliche Berufung der Völker durch das gesetzesfreie Evangelium geworden (1Thess). Diese Auffassung, zugespitzt in seiner theologia crucis (1-2Kor) und neu interpretiert in seiner Rechtfertigungsbotschaft (Gal; Röm), ist die Grundlage, mit der er ca. 55/56 n. Chr. den Galatern schreibt,[7] um sie vor der Rückkehr unter das Gesetz zu bewahren.

Der *vierte Evangelist* äußert sich etwa 40 Jahre später gegenüber Gemeinden, deren Geschichte im Erbe des Stephanuskreises stehend (Joh 4,31ff),[8] am Rande des Judentums, jedoch zunächst synagogal eingebunden, noch in der ersten urchristlichen Generation unter Führung des Lieblingsjüngers[9] begann. Diese bildete einen eigenen Kreis von Gemeinden mit einer eigenen Schule. Die johanneischen Gemeinden wurden dann aus der Synagoge (Joh 9,22; 12,42; 16,2) etwa zwischen 80 und 90 n. Chr. ausgestoßen. Diese aufgezwungene Verselbständigung stellte vor tiefgreifende Probleme: Viele Christen zogen sich ganz zurück (Rückschluß aus Joh 6,60-71; 9,21f.; 19,38). Religiöse und soziale Verbindungen zerbrachen. Das einst innersynagogale Selbstverständnis mußte neu formuliert werden. Auch das neue Außenverhältnis zum Judentum galt es zu bestimmen. Das war jedenfalls eine Problemsituation, die Analogien zu Antiochias selbstgewählter Verselbständigung besaß und z. T. im galatischen Streit einen Nachhall hatte. So orientierte man sich nach Lage der Dinge nun denn auch völkerchristlich.[10] In diesem gedehnten Prozeß der Neuorientierung greift der Evangelist zur Feder. Er will seinen Gemeinden ein Christentumsverständnis nahebringen, das, mit der prekären Gemeindegeschichte im Rücken,

---

6 Damit fällt natürlich auch ein Eckpfeiler des Gebäudes, das M. Hengel, Die johanneische Frage, WUNT 67, 1993, erstellt.

7 Vgl. ausführlicher J. Becker, Paulus. Apostel der Völker, Tübingen ²1992.

8 Diese These geht auf O. Cullmann, Der johanneische Kreis, Tübingen 1975, zurück.

9 Nach Joh 21,22f. lebt der Lieblingsjünger länger als Petrus, also länger als die Protagonisten der ersten Generation, die bis etwa eingangs der sechziger Jahre sterben. Allerdings hat die Gemeinde später mit dem vaticinium ex eventu 21,22 (strukturelle Analogie: Mk 9,1) Probleme. Diese löst die kirchliche Redaktion, die in Joh 21 zu Wort kommt (eine Wir-Gruppe = Schule redet zu Gemeinden, vgl. Joh 21,24f.), indem sie das vierte Evangelium als „Fortleben" des Lieblingsjüngers erklärt.

10 Dafür nur einige Hinweise: Man verhält sich abständig zum Gesetz (Joh 1,17; 7,19; 8,17; 10,34). Tempelkult und Reinheitstora gelten nicht mehr (4,23f.). Der Sabbat ist nur noch zurückliegendes Thema (5,15ff.). Das jüdische Volk wird generalisierend „die Juden" genannt (1,19; 2,6.13 usw.). Semitische Worte und jüdische Sitten müssen erklärt werden. Das geschieht zum Teil wenig glücklich (2,6; 11,49 usw.).

ihnen ein theologisches Selbstverständnis verschafft, das in der neuen Situation richtungsweisend wirken soll. So zeigt er den Gemeinden, daß die Christus-offenbarung nicht mehr innerhalb der bislang bewährten synagogalen Grund-fragen (Joh 4,20-26) zu erörtern ist, sondern in einer exklusiven Weise selbst die Bedingungen und die Basis abgibt, wie eine Gemeinde sich verstehen soll. Ist das nicht im Ansatz eine Art Wiederkehr paulinischer Thematik?

Das *argumentative Arrangement* beider Texte läßt sich so bestimmen: Paulus[11] spannt einen großen Bogen von der Erfahrung der Gemeinde mit Geist und Evangelium über die Deutung von Abrahams Gottesverhältnis samt der Verheißung an ihn und über ein neues Gesetzesverständnis bis hin zur geistlichen Selbständigkeit der Glaubenden und zur geistlichen Unmittelbarkeit zu Gott, womit für ihn die Abrahamverheißung erfüllt ist. Seine Gedanken-schritte sind durch die ergebnissichernden Abschlüsse in 3,5.9.14.18.22.29; 4,7 gut gegliedert. Der vierte Evangelist[12] nutzt eine Tradition (14,2f.), deren Reinterpretation in zwei Gedankengängen (Stichwort: fortgehen 14,5-17; Stich-wort: [wieder]kommen: 14,18-26) vorgenommen wird,[13] um im Abschluß 14,27-31 zu enden.[14] Dabei läßt der Evangelist Jesus in der Form des literarischen Testaments reden: Der scheidende Gesandte stellt zunächst die bisherige Offenbarungseinheit mit seinem Vater während seiner Gesandtschaft (14,5-11) und dann seine neue himmlische Tätigkeit anläßlich seiner Rückkehr

---

11 In J. Becker/ U. Luz, Die Briefe an die Galater, Epheser und Kolosser, NTD 8/1, [18]1998, 44-83, kann man meine Analyse des Textes nachlesen. Außerdem waren mir besonders hilfreich: H. D. Betz, Der Galaterbrief, München 1988; H.-J. Eckstein, Verheißung und Gesetz, WUNT 86, 1996; F. Mußner, Der Galaterbrief, HThK IX, [5]1988; H. Paulsen, Einheit und Freiheit der Söhne Gottes – Gal 3,26-29, ZNW 71, 1980, 74-95; J. Rohde, Der Brief des Paulus an die Galater, ThHK IX, 1989; U. Schnelle, Gerechtigkeit und Christusgegenwart, GTA 24, [2]1986; G. Sellin, Die religionsgeschichtlichen Hintergründe der paulinischen „Christusmystik", ThQ 176, 1996, 7-27.

12 Vgl. zum einzelnen meinen Kommentar (Anm. 4). Aus der Diskussion hebe ich hervor: R. Schnackenburg, Das Anliegen der Abschiedsrede in Joh 14, in: H. Feld/J. Nolte (hg.), Wort Gottes in der Zeit (FS K. H. Schelkle), Düsseldorf 1973, 95-110; F. F. Segovia, The Structure, Tendenz und Sitz im Leben of John 13,31-14,31, JBL 104, 1985, 471-493; besonders eindrücklich: A. Dettwiler, Die Gegen-wart des Erhöhten, FRLANT 169, 1995, 111-212. Zuletzt: Chr. Dietzfelbinger, Der Abschied des Kommenden, WUNT 95, 27-105.

13 Natürlich gehören 13,31-33.36-38 zur Abschiedsrede (Dettwiler [Anm. 12] 140). Aber Joh 14 wird nicht nur durch die Auslegung von 14,2f. zusammengehalten, sondern 13,31ff. blicken auch auf eine spezielle Zeit, nämlich auf den letzten irdischen Zeitabschnitt des Gesandten. Die Zeit der Gemeinde nach Ostern (so Joh 14) ist nicht im Blick.

14 Joh 14,12f.16f. erörtern zusammen die Folge des Fortgehens, stehen also sachlich bei 14,26.3a. Außerdem enden bei der vorgeschlagenen Gliederung beide exegeti-schen Wege mit einer Parakletaussage. Joh 14,13f.24 stelle ich zu den redaktionellen Vorbereitungen in 13,1b.12-15.34f., die zum Nachtrag 15,1-17 hinführen sollen.

heraus. Er kündigt weiter sein erneutes Kommen als Einheit von Ostern, Pfingsten und Parusie in Gestalt einer geistlichen Einwohnung im Gläubigen an (14,23b kehrt 14,3 um), so daß eine neue, nicht mehr überbietbare geistliche Unmittelbarkeit zu ihm und zu Gott der Gemeinde einen weltüberlegenen Heilsstand gewährt. Dieser ist zugleich inhaltlich mit der Selbstoffenbarung des Gesandten identisch (14,26). Dabei will der Evangelist, daß die Rezipienten die Verheißungen in 14,12f.16f.18ff. als bei ihnen bereits erfüllte Erfahrung lesen. Allein die Lebensverheißung (14,19c) ist auch für sie noch in der Weise Zukunft, als der Erhöhte erst in der jeweiligen Todesstunde die Gläubigen zu sich ziehen wird (12,31f.), indem er von seiner Seite aus das Glaubensverhältnis zu sich über den Tod hinüberrettet (11,25f.).

* * * * *

Eindrücklich ist sofort, daß beide Autoren ihr Problem gegenüber den Gemeinden so lösen, daß sie die der ganzen Gemeinde vertraute *Geisterfahrung* interpretieren. Die Selbstverständlichkeit, sich darauf berufen zu können, erwartet man wohl für die paulinische Zeit. Sie ist am Ende des 1. Jahrhunderts eher eine Seltenheit. Paulus setzt bei der allgemeinen urchristlichen Erfahrung ein (vgl. 1Thess 1,5-7; Röm 15,18f.), daß das Evangelium zur Geisterfahrung derjenigen führt, die es als Inhalt ihres Glaubens annehmen (Gal 3,1ff.; vgl. 1Thess 1). Diese Erfahrung deutet er in fünffacher Hinsicht: 1. Evangelium und Geist begründen allein und in vollkommener Weise das Gottesverhältnis (3,1-5). 2. Dieser Geist ist endzeitliche Gabe Gottes, mit der Gott die Verheißung an Abraham einlöst (3,6-14). 3. Die Abrahamzusage ist in Christus, dem Samen Abrahams, erfüllt, und somit ist der Geist auch der Geist des Gottessohnes (3,15f.; 4,6). Der Geist äußert sich darum als Kyriosbekenntnis (1Kor 12,3) und doch wohl auch in Gestalt autoritativer Herrenworte (etwa: 1Kor 11,23; 1Thess 4,15). 4. Darum bedarf es des Gesetzes nicht mehr, ja die Rückkehr zu ihm ist schädlich, weil sie den Gewinn des Geistes verspielt (3,15-22). 5. Der Geist nämlich gewährt eine nicht mehr überbietbare Unmittelbarkeit zu Gott, die einerseits als familia dei Wirklichkeit wird, andererseits in den „Heilsraum" Christi versetzt und zugleich sich als Geist Christi im Glaubenden realisiert (3,26; 4,5f.). So verwandelt das Werk des Geistes den Menschen zu einer „neuen Kreatur" (6,15).

Zu allen fünf Aussagen paulinischer Pneumatologie steuert Johannes seine Variationen bei: 1. Setzt man an die Stelle des paulinischen Evangeliums die Selbstoffenbarung des Gesandten, kann man formulieren: Ausschließlich die Selbstoffenbarung des Sohnes eröffnet die Erkenntnis des göttlichen Vaters (Joh 14,5-11). Dieser Sohn ist seit Ostern als Geist bei seiner Gemeinde gegenwärtig (14,18-26). Das Wirken des Sohnes als Gesandter seines Vaters und als Geistparaklet ist notwendige wie auch hinreichende Exklusivbedingung für das wahre Gottesverhältnis. 2. Das Kommen des Sohnes in die Welt, seine

Selbstoffenbarung als Bekundung der Einheit mit dem Vater (1,18; 5,26; 10,30; 14,6) und seine Rückkehr zum Vater (12,31f.; 13,31f.; 14,3) sind Endgericht (3,17f.: 5,19-27). Dieses Endzeitereignis hat Abraham prophetisch geschaut (8,56), ja die Schrift insgesamt redet davon (1,45; 5,36-47).[15] Allerdings dominiert beim Geist die Verheißung Christi (14,1.6f.25f.). Die alttestamentliche Ankündigung führt allenfalls ein Schattendasein (vgl. 7,38).[16] 3. Weil die christologischen Einwohnungsaussagen (14,21.23) und das Kommen des Geistes zwei Seiten desselben Vorgangs sind und der Geist außerdem sich in der Gemeinde als Aktualisierer der Selbstoffenbarung des Gesandten kundtut (14,26), ist der Paraklet die Weise, in der nachösterlich der Sohn selbst gegenwärtig ist. Im Unterschied zu Paulus äußert sich der Paraklet in der Ich-Rede des Gesandten, ja er konzentriert sich auf solche Aktualisierung von Tradition (14,26). Die auch von Paulus in die Schranken gewiesene ekstatische Geisterfahrung (1Kor 12-14) scheinen die johanneischen Gemeinden nicht zu kennen. Sie spielt wohl auch in Galatien keine Rolle. 4. Mit seinem Geistverständnis will der Evangelist seinen vom Judentum selbständig gewordenen Gemeinden zeigen, daß nicht nur die zurückliegende Selbstoffenbarung des Sohnes, sondern gerade auch die Geisterfahrung exklusiv ihren Heilsstand konstituiert, ja die bisher durch Mose normierte Gottesverehrung auf eine ganz neue Ebene stellt und hinter sich läßt (4,23f.). So werden das Gesetz und die Einbindung in den Synagogenverband soteriologisch nicht mehr benötigt. 5. Auch die Unüberbietbarkeit der Nähe Gottes im Geist kann Johannes zugespitzt beschreiben: Wie nämlich Vater und Sohn durch reziprokes Einwohnen vereint sind (14,11: „... ich im Vater und der Vater in mir ...") – und zwar dauerhaft (vgl. 1,1f.; 1,51; 5,19ff.; 10,30), so ist auch der Paraklet für immer als Christus praesens (14,18-21) bei seiner Gemeinde (14,16f.), so daß die Gläubigen in dem Auferstandenen sind und er in ihnen ist (14,20). Das reziproke Ursprungsverhältnis des Vaters und des Sohnes „wiederholt" sich also zwischen dem Sohn und der Gemeinde. Enger und endgültiger kann man nach johanneischem Christentum die Menschen nicht mit der himmlischen Welt verbinden.

Diese frappierende Übereinstimmung in der Wahl der Argumentationsbasis und in der inhaltlichen Qualifikation derselben ergibt sich nicht nur durch die Textauswahl, sie ist vielmehr für das theologische Gesamtverständnis beider Theologen repräsentativ. Für Paulus wird man diese geistbestimmte Wirklichkeit der Gemeinde angesichts von Texten wie 1Thess 1; 1Kor 1,4-9; 12f.; Röm 8 nicht abermals begründen müssen. Doch auch Johannes hat durch den Eingang des Nikodemusgesprächs (Joh 3,1-9) und den Abschluß des Hellenen-

---

15 Allerdings sagt Johannes nirgends: Der Sohn sei „Same Abrahams". So sicher Jesus genealogisch dem jüdischen Volk entstammt (6,42), ist allein seine himmlische Herkunft heilsrelevant.

16 Dies hat seine Analogie in der Auslegung der Bruderliebe in den johanneischen Gemeinden: Das Liebesgebot wird nicht in alttestamentliche Kontinuität gestellt, sondern als Christi Gebot begriffen.

dialogs (12,35f.) als Anfang und Ende öffentlicher Rede Jesu (18,20) angezeigt, daß die pneumatische Wirklichkeit der Gemeinde für ihn eine Fundamental-aussage ist.

* * * * *

Die *Christologie* hat bei Paulus und Johannes im Fundamentalen einen gleichen Ansatz. Beide begreifen den Sohn als endzeitliche Zentralgestalt mit alles bestimmender Macht, dessen Kommen in der Liebe Gottes gründet (Röm 5,8; Joh 3,16) und von dem her schlechterdings alles neu bewertet werden muß (Gal 3,25f.; 4,4f.; Joh14,6.26). Dies gilt für das Gesetz im besonderen Maße (Gal 3,19-25; Joh 4,23f.), darüber hinaus umfassend für alle Geschichte und für den ganzen Kosmos. So findet die paulinische Antithetik von Adam und Christus (Röm 5,12-21) bei Johannes darin ihre Entsprechung, daß hier der Kosmos ohne Christus ganz dem Tod verfallen ist und nur der Gesandte des Vaters es ermöglichen kann, daß Menschen Anteil am ewigen Leben erhalten (3,14-18; 5,21.24.26).

Für beide Theologen gibt es den Übergang von der Todeswelt zur lebendig machenden Gottesnähe nur so, daß sich dieser Christus im Wort, bzw. Evan-gelium selbst erschließt und der Mensch so zum *Glauben*[17] kommt (Gal 3,7.9.22.25f.; Joh 14,1.10f.). Ihm wird eröffnet, wer er war und nun sein darf. Dieses Erschließen wirkt der Geist als innere Kraft des Wortes (Gal 3,1-5; Joh 6,63; 14,26). Wer so zum Glauben kommt, vollzieht eine grundlegende Wende in seinem Leben vom Unheilszustand zum endgültigen Heil (Gal 3,14.23.25; 4,6f.; Joh 14,1.21.23). Alle müssen so zum Glauben kommen, wenn anders sie gerettet werden wollen, also auch die Juden (Röm 3,23; Joh 3; 12,36). Denn nur der Glaube vermag aus dem allgemeinen Unheil zu retten (Gal 3,23-29; Joh 3,15-18). Er führt zum Christusbekenntnis (Röm 10,9; Joh 4,42; 6,68f.; 11,27) und begründet die Hoffnung auf Leben (Gal 3,11; 4,7; Joh 11,25f.; 12,32).

Beide christologischen Konzepte sind also von einer *Polarisierung* bestimmt, die die Gläubigen nach außen abgrenzt und ihnen Heilsgewißheit allein in Christus zusichert. Dabei ist unstrittig, daß für Paulus erst das Evangelium von Jesus Christus diesen Kontrast aufreißt, insofern sind seine Polaritäten Funktionen der Christologie, die die soteriologische Valenz dersel-ben beschreiben helfen. Aber gilt das auch für Johannes? Jedenfalls ist der johanneische Dualismus doch von anderem Gewicht als vergleichbare Kontrast-formulierungen bei Paulus. Wenn etwa die Welt den Parakleten im Unterschied zur Gemeinde „nicht empfangen kann", weil sie zu seiner Wahrnehmung unfähig ist (Joh 14,17.19), dann entsteht ein Bogen zur ersten Rede, dem Nikodemusgespräch, nach dem Nikodemus „Fleisch" ist und den Übergang zum Geist nicht zuwege bringt, weil „der Geist weht, wo er will" (3,6-8).

---

17 Zur Einordnung vgl. E. Brandenburger, Pistis und Soteria, ZThK 85, 1988, 165-198.

Natürlich kann der Evangelist auf die Einheit von göttlichem „Ziehen" und Jesu Einladen zielen (6,35-40) als Ermöglichung für „alle", zum Glauben zu kommen (3,16). Jedoch sprechen Stellen wie 8,43-47; 12,39f. von vorgängiger Unfähigkeit zum Glauben. Diese beispielhaft genannten Stellen wird man aus zwei Gründen nicht verharmlosen dürfen: Sie fallen nicht nebenbei, sondern stehen an hervorgehobener Stelle. Und nach dem Evangelisten wird durch die kirchliche Redaktion diese Linie dominant betont (10,3f.15; 17,6-9), so daß die Dissonanz etwa zu 3,16 nicht mehr aufgelöst werden kann. Man wird also daran festhalten müssen, daß der Dualismus auch für den Evangelisten nicht erst als menschliche Entscheidung dem Gesandten gegenüber entsteht.[18]

Mit dem johanneischen Dualismus hängt es dann auch zusammen, ob man Paulus und Johannes eine in großen Zügen analoge *theologia crucis* zuschreiben kann oder auch hier unterscheiden muß.[19] Wiederum ist der Konsens der Experten bei Paulus imponierend. Paulus gilt mit Recht als der Theologe, der erstmals die Christologie als theologia crucis entwarf.[20] Für ihn gilt, daß das Evangelium ein Christusverständnis eröffnet, in dem das Kreuz bleibende Bedeutung besitzt (1Kor 1,18; Gal 3,1), weil es Gottes Verhältnis zur Welt (1Kor 1,18-31) und des Christen maßgebliche Einstellung zu sich und aller Wirklichkeit (1Kor 1,31; Gal 2,19f.; 3; Gal 6,14-16) definitiv beschreibt. Dies kommt in Gal 3,1-4,7 speziell in Gal 3,13f. zur Geltung. Doch will dies in etwa auch Johannes so sagen?

Zuletzt hat dies besonders eindrücklich im Gespräch mit meinem Kommentar[21] H. Merklein[22] positiv beantwortet. Seinen christologischen Aussagen wird man unter systematischen Gesichtspunkten viel abgewinnen können. Nur halten sie m. E. einer exegetischen Prüfung nicht stand. Wer bei Johannes auf einer theologia crucis insistiert, muß erklären, warum „Kreuz" und „kreuzigen" nur in Joh 19 und hier nur als untheologische Angabe zu Jesu Todesart begegnen. Er muß begründen, warum in der theologisch so zentralen Abschiedsrede (Joh 14) zwar der Fortgang und das Wiederkommen Jesu und auch der Kampf mit dem Teufel thematisiert sind, aber das Kreuz noch nicht einmal als Stichwort

---

18 Wie man die Spannung zwischen Aussagen wie Joh 6,35-40 und etwa 8,43-47 sachlich löst, ist ein anderes Problem. Vielleicht gibt 1Joh 2,19 eine Richtung an, in die man denken kann.

19 Zur Diskussion vergleiche U. B. Müller, Die Bedeutung des Kreuzestodes Jesu im Johannesevangelium, KuD 21, 1975, 49-71; H. Kohler, Kreuz und Menschwerdung im Johannesevangelium, AThANT 72, 1987; U. Schnelle, Paulus (Anm. 2) 215f.; Th. Knöppler, Die theologia crucis des Johannesevangeliums, WMANT 69, 1994; H. Merklein, Gott und Welt, in: Th. Söding (hg.), Der lebendige Gott (FS W. Thüsing) Münster 1996, 287-305.

20 Vgl. J. Becker, Paulus (Anm. 7) 209-229; 294f.

21 J. Becker, Johannes (Anm. 4) passim.

22 H. Merklein, Gott (Anm. 19). Die Argumentationskette von U. Schnelle, Paulus (Anm. 2) 215f., zugunsten einer johanneischen theologia crucis kommt gar nicht an das eigentliche Problem heran.

vorkommt. „Fortgehen" und „Wiederkommen" sind zudem dabei so in die Rede eingebunden, daß, wie der Gesandte vom Vater aus dem Himmel kam, so jetzt zu ihm zurückkehrt, und danach dann von oben den Geist als Weise seiner Einwohnung in den auf Erden lebenden Gläubigen senden läßt. Die Verben der Bewegung sind also einer räumlichen Anschauung zugeordnet, die an „oben" und „unten" orientiert ist.[23] Darum ist der Tod Jesu anfänglicher Teil der Rückkehr zum Vater. Und der Gesandte hat sein Werk erst dann vollendet, wenn er „aufgestiegen ist zum Vater" (20,17), auf dem Weg den „Herrscher der Welt" aus seiner tödlichen Herrschaft über die Menschheit geworfen hat (12,31; 8,44), von oben der irdischen Gemeinde den Parakleten gesandt werden läßt (14,16f.26) und endlich in der Todesstunde die Gläubigen zu sich in die Höhe zieht (12,32). Von der nachösterlichen Gemeinde her gesehen, ist darum der Status der Erhöhung Christi die Perspektive, unter der die Christologie entworfen ist, nicht aber das Kreuz (12,32; 14,1-17; 20,17).

Überhaupt gilt: Die räumlichen Aussagen im johanneischen Dualismus (oben – unten; Himmel – Erde) sind die Koordinaten, in die der Weg des Gesandten eingezeichnet ist; und die Verben der Bewegung sind eigentliche und konstitutive Aussagen, die innerhalb des räumlichen Denkens notwendige Funktionen wahrnehmen. Sie vielleicht als uneigentliche verobjektivierende Aussagen zum existentiellen Gehalt der Kreuzigung Jesu zu verstehen[24], ist darum verwehrt, weil Johannes sie als selbständige Aussagen formuliert und ihnen keine kreuzestheologische Konnotation gibt.[25] Man kann den Ansatz der johanneischen Erhöhungschristologie auch sehr gut bei der kirchlichen Redaktion weiterentwickelt sehen: Joh 15,1-17,26 reden (unabhängig von ihrer Aufgliederung in verschiedene Stücke) reichlich vom Weg des Gesandten zwischen Himmel und Erde, enthalten aber keine kreuzestheologischen Angaben.[26]

Paulus entfaltet in Gal 3,1-4,7 die christologischen Kernaussagen wie 3,13; 4,4f. nicht als selbständiges Thema, vielmehr als Inhalt desjenigen Evangeliums (3,1-5), das jetzt wirkt und zum Glauben führt, in dem in ihm der „Christus für uns" zu Gehör kommt. Das Evangelium macht mit seinem Wirken Christi Werk *zeitgleich*. So sind der Geistempfang und die Gabe der Sohnschaft (3,14; 4,5) als jetzige Bestimmung der Gemeinde unmittelbar mit Christi Sendung und seinem Tod gekoppelt. Das den Menschen verändernde Evangelium und das

---

23 Vgl. dazu U. B. Müller, Bedeutung (Anm. 19) 53-56.

24 Konsequenterweise definiert H. Merklein Gott, (Anm. 19) 303, auch die Teufelsgestalt als Selbstdefinition der Welt. Aber das scheitert schon daran, daß in 12,31; 14,30 gar keine Beziehung Welt – Teufel gezeichnet ist, geht es doch um eine von Menschen und Welt unabhängige Wechselbeziehung zwischen Jesus und dem Teufel, bei der Jesus Sieger bleibt.

25 Die einzige dafür diskutable Stelle wäre Joh 3,14. Vgl. dazu die Diskussion bei J. Becker, Johannes (Anm. 4) z. St. Es fällt auf, daß selbst im Passionsbericht die räumliche Anschauung des christologischen Weges (18,36f.; 19,11) begegnet, ohne daß das Stichwort 'Kreuz' sie interpretiert.

26 Ich verweise speziell auf 16,27f.30.33; 17,1.4.5.8.14.18.24f.

Werk Christi sind dabei nicht in Heute und Damals getrennt, sondern in der Gegenwart des verkündigten Evangeliums als Wirkeinheit tätig. Die Vielfalt, mit der Paulus das Werk Christi beschreiben kann, ist also nicht dadurch auf einen Nenner zu bringen, daß man zurückblickend und isoliert nach der paulinischen Deutung des Todes Jesu fragt, sondern erhält ihre einheitliche Richtung, wenn man sie als Grund für die verändernde Kraft des Evangeliums liest.[27]

Diese Zuordnung von Christi Werk und Evangelium ist in Joh 14,1-31 anders bestimmt. Dies kann nicht einfach nur daran liegen, daß Johannes ein Evangelium schreibt und darum der geschichtlichen Sendung des Sohnes mehr Eigengewicht geben muß. Vielmehr liegt ihm ausdrücklich theologisch daran, das zurückliegende Werk des Sohnes und den jetzigen Heilsstand der Gemeinde *zeitlich nacheinander* zu ordnen. Dies geschieht an Stellen wie 2,22 oder 7,39 oder 12,35a in mehr knapper Weise, jedoch in 14,1-31 programmatisch, wenn in dieser Rede das Werk des Gesandten als abgeschlossen und gänzlich erfüllt erörtert wird (14,5-17) und dann die Zeit der Gemeinde mit neuem Inhalt gefüllt erscheint (14,18-26). Die Zuordnung dieser Gegenwart zur vergangenen Zeit der Gesandtschaft des Sohnes wird über die Erinnerung geregelt (14,26). Die Unterscheidung der Zeit des Geistes von der Zeit Jesu mag mit dem Geschichtsbewußtsein der johanneischen Gemeinden zu tun haben, lebt sie doch im Unterschied zu Paulus nicht mehr in der ersten urchristlichen Generation. Doch die Differenz hat auch theologisches Gewicht. Erst muß sich im dualistischen Kosmos der Sohn in der Einheit mit dem Vater bekundet haben (14,6-12; vgl. 5,26) und damit überhaupt Gott und ewiges Leben geoffenbart sein (1,18; 5,37; 6,32f.46). Erst muß der Teufel als Lebensverneiner entmachtet (12,31; 8,44) und der Weg zum Erhöhten ermöglicht sein (12,32; vgl. 17,24). Erst wenn zu dem allen das „es ist vollbracht" (19,30) ebenso endgültig und unwiderruflich gilt, wie die Feststellung, daß Jesus die Offenbarung ganz und öffentlich vertreten hat (18,20), erst dann kann die Zeit des Parakleten beginnen. Ihr maßgebliches Stichwort des Erinnerns (14,26)[28] erfordert um der Heilsgewißheit willen eine absolute Qualität des Erinnerten.

Ein christologischer Vergleich wäre unvollständig ohne einen Blick auf die *„hohe" Christologie* des Johannes und die entsprechenden Aussagen bei Paulus. Das paulinische christologische Interesse ruht auf der Perspektive, wie Gott durch Christus auf die Menschheit zugeht (Gal 4,4). Dementsprechend geraten die christologischen Aussagen meist „subordinatianisch". Im Mittelpunkt steht das Geschick Jesu Christi (3,13; 4,4), nicht seine Präexistenz[29]

---

27 Vgl. näherhin J. Becker, Paulus (Anm. 7) 423-437.

28 Daß Johannes neben das Erinnern die Einwohnungsaussagen stellt, wurde schon bei der Erörterung der Geistaussagen festgehalten. Beides darf nicht gegeneinander ausgespielt werden.

29 Ausführlicher J. Becker, Das Urchristentum als gegliederte Epoche, SBS 155, 1993, 65-71.

(indirekt 4,4; vgl. 1Kor 8,6; Phil 2,6f. als aufgegriffene Traditionen). Auch als erhöhter Kyrios bleibt Christus von Gott abgestuft (1Kor 15,20-28). Das Innenverhältnis Gott – Christus als eigenständiges Thema außerhalb des göttlichen Weltbezuges ist kein paulinisches Thema. Die johanneischen Aussagen lassen sich recht gut als Fortschreibung dieses Ansatzes hin zur Gottgleichheit des Sohnes verstehen. So kann kein Zweifel aufkommen, daß auch Johannes die Christusoffenbarung als Nähe Gottes bei den Menschen erfaßt (14,5-17), also umgestaltet in die Aussageform der Selbstoffenbarung, die Linie Gott – Christus – Menschen favorisiert (vgl. 3,16). Auch die Aussagen der gehorsamen Abhängigkeit des Gesandten vom Vater lassen die dazu passende subordinatianische Komponente erkennen (5,19-31; 14,10). Das Geschick Jesu Christi, also sein Tod und seine Auferstehung, sind in den weiteren Rahmen der Gesandtenchristologie neu eingebracht. In ihr gewinnt dann allerdings die göttliche Herkunft des Gesandten (3,13; 6,33), seine Gottheit (1,1f.; 14,9; 20,28) und seine gottgleiche Ausstattung für sein Werk (5,26; 14,10f.) zugespitzte Bedeutung. Dieses Innenverhältnis von Vater und Sohn ist nun wichtiges Thema zur Sicherstellung, daß der Sohn Joh 11,25f. sagen kann – mitten in der dem Tod verfallenen Welt.

Endlich formulieren Joh 14,18-26 die Einheit von Ostern, Pfingsten und Parusie in einer Weise, wie sie Paulus nicht kennt.[30] Zwar sind auch für den Völkerapostel Ostern und Pfingsten ein Geschehen,[31] aber die Parusie bleibt Hoffnungsinhalt (1Thess 1,10; Röm 14,10). Diese Differenz läßt sich nicht durch die simple Plakatierung als futurische oder präsentische Eschatologie beschreiben. Denn bei beiden ist das Christusgeschehen als Urzeit der seither sich erstreckenden Endzeit qualifiziert. Es ist eben diese Zeitstrecke vom endzeitlichen Beginn bis zur Vollendung, die beide beim *Zeitmaß* und beim *Weltverhältnis des Erhöhten* unterschiedlich bewerten. Während für Paulus das Zeitmaß knapp ist (1Thess 4,17; Röm 13,11) – auch wenn es sich vom 1Thess bis zum Röm etwas dehnt –, schweigt sich Joh als Vertreter der dritten urchristlichen Generation über eine Begrenzung ganz aus.[32] Für Paulus gestaltet der Erhöhte sein Weltverhältnis als Herrschaft über die Mächte (1Kor 15,20-28; Phil 2,9-11); er wird die Welt noch richten (2Kor 5,10) und die Schöpfung in die Vollendung einbeziehen (Röm 8,18-23). Da für den Evangelisten Sendung und Parusie zusammenfallen (3,17f.; 5,24f.), vollzieht sich seither das mit der Parusie verbundene Gericht. Es ist ein Prozeß: Der Weltherrscher ist schon endgültig gerichtet (12,31). Auch wer sich der Offenbarung des Sohnes verweigert, ist bereits verloren (5,24). Die Trennung zwischen Gläubigen und

---

30 Der Evangelist erhält z. B. Gefolgschaft vom Verfasser von Joh 17. Im allgemeinen wird jedoch gelten, daß die traditionelle Parusieerwartung im johanneischen Kreis durch 1Joh repräsentiert wird.
31 Vgl. dazu J. Becker, Urchristentum (Anm. 29) 29-38.
32 Joh 21,22f. ist Zeuge für eine mit Paulus verwandte Naherwartung aus der Frühzeit des johanneischen Gemeindeverbandes.

Ungläubigen dauert an, indem Gläubige in ihrer Todesstunde von der Welt weg zum erhöhten Sohn gezogen werden (12,32). Ungläubige hingegen werden, da die Welt kein Leben in sich hat, vergehen (3,36; 6,49-51; 8,21.24). So kann nach seiner zurückliegenden Parusie und innerhalb der dualistischen Weltsicht der Erhöhte nur noch ein negatives Weltverhältnis haben: Er entzieht der Welt die Gläubigen und überläßt erstere ihrem Untergang. Vollendung geschieht jenseits der Welt als Schau des Sohnes in seiner Herrlichkeit (vgl. 17,24).

* * * * *

Die herausgestellten Gemeinsamkeiten im Grundsätzlichen, die über das Konzeptionelle hinaus zum Teil bis in Einzelaspekte von Pneumatologie und Christologie gingen, fordern zu der Frage heraus, wie man sich diese *Koinzidenzen erklären* soll. Dem „Zufall" mag man jedenfalls diese Dialektik von Gemeinsamkeit und Eigenständigkeit nicht anheimstellen. Bekundete dies doch nur die Offenlegung eines Erklärungsnotstandes.

Auch wer zugesteht, daß wir mit einer konstitutionellen Unfähigkeit fertig werden müssen, allenfalls begrenzt und nur perspektivisch Geschichte sehen zu können, dabei noch eingeengt sind durch das Sosein der Quellen und durch das, was trotz guter Quellenlage unwiederbringlich verloren ging, wird doch danach suchen, dieses Ergebnis etwas präziser zu bewerten.

Ein paar Johannesforscher neigen z. Z. wieder dazu, die Spätgeschichte oder gar die ganze Geschichte der johanneischen Gemeinden nach Ephesus zu verlegen.[33] Da man hier auch am besten eine Paulusschule anzusiedeln vermag,[34] kann man sich in dieser Metropole der Asia Johanneisches durch Paulinisches gut beeinflussen lassen.[35] Aber hier muß man doch noch einmal genau hinsehen. Nichts in den johanneischen Schriften selbst spricht für Ephesus. Die Zuweisung geschieht allein aufgrund altkirchlicher Überlieferung. Diese muß nicht von vornherein falsch sein, sollte aber genau geprüft werden. Diese Prüfung fällt negativ aus.

---

33 So mit besonders viel Aufwand, aber auch reichlichem Vermutungswissen M. Hengel (Anm. 6). Im übrigen vgl. die Anm. 35.

34 Die Argumente für eine ephesische Paulusschule sind recht stark, vgl. zuletzt J. Roloff, Art. Pastoralbriefe, TRE 26, 1996, 50-68: 55f. Der Konsens zu dieser These ist mit Recht seit langem groß.

35 So etwa U. Schnelle, Paulus (Anm. 2) 225ff.; auch R. Schnackenburg, Ephesus: Entwicklung einer Gemeinde von Paulus zu Johannes, BZ 35, 1991, 41-64; modifizierend: K. Wengst, Bedrängte Gemeinde und verherrlichter Christus, KT 114, ³1992, 157-160; dezidiert: M. Hengel, Frage (Anm. 6).

Dabei ist für diesen Fall entscheidend, was Papias mitteilt, weil er der Ausgangspunkt für eine dann bei Irenäus endgültig ausgebauten Tradition über Ort und Verfasserschaft der johanneischen Schriften ist. Wer nun Papias[36] (Euseb, KG III 39,2-7) betrachtet und dabei nicht gleich die Auslegung des Euseb übernimmt, erfährt, daß der Bischof von Hierapolis sich bei Durchreisenden nach zuverlässigen Nachrichten über Jesus erkundigte. Alle dann genannten Apostel und Presbyter, von denen die Durchreisenden Kenntnis besaßen, gelten als Garanten mündlicher Jesus-Tradition. Diese Tradition muß für Papias (im Unterschied zu schriftlich Fixiertem) durch eine die Generationen überspannende Wahrheitskette gesichert werden. Eben an solchem Aufweis liegt ihm. Darum verwundert es nicht, wenn Papias weder beim Apostel Johannes noch beim Presbyter gleichen Namens mitteilt, sie hätten irgendwie urchristliche Literatur hinterlassen. Man kann also von den Papiasangaben keine Brücke zur Verfasserfrage des Joh oder der Johannesbriefe schlagen. Das gelingt auch nicht über das Stichwort „Presbyter", denn einerseits verraten 2/3Joh den Namen ihres Presbyters nicht. Andererseits ist der Name „Johannes" ein beliebter jüdischer und christlicher Name. Personenidentität zwischen dem Autor der kleinen Briefe und dem Presbyter Johannes bei Papias ist also nur über eine reine Vermutung herzustellen. Bedenkt man dazu, daß die Alte Kirche nicht selten mit Sekundäridentifikationen von Personen gleichen Namens oder gleicher Bezeichnung gearbeitet hat,[37] wird man hier besondere Zurückhaltung üben.

Papias gibt weiter zu verstehen, daß für ihn die Apostel indessen gestorben sind, jedoch „die Jünger des Herrn" (Apostelschüler), also Aristion und der Presbyter Johannes, noch leben. Allerdings kennt er diese beiden nicht persönlich. Er erfährt von ihnen genau wie von den Aposteln über die Durchreisenden. Also leben sie – wo immer – deutlich entfernt vom Bischofssitz des Papias. Daß der Presbyter Johannes in Ephesus gelebt habe, ist im Papiaszitat nicht erwähnt. Ja, man darf annehmen, daß Ephesus als Wohnsitz des Presbyters wegen der Nähe zu Hierapolis eher ausscheidet. Der spätere Euseb kombiniert dann eine Zwei-Gräber-Tradition aus Ephesus mit den Angaben des Papias. Wie alt diese Tradition ist, ist nicht kalkulierbar. Das Ergebnis ist also dieses: Aus der Zeit der johanneischen Schriften und aus der Generation danach gibt es keine Zeugnisse, die zum Joh und zu den drei Briefen eine geographische Auskunft geben könnten.

Die altkirchliche Ephesustradition zu „Johannes" ist erstmals bei Justin[38] (Dial 81) belegt, der die Apk – nicht das Evangelium oder die Briefe – (fälschlicherweise) mit dem Apostel Johannes verbindet, also eine der mehrfach zu beobachtenden und schon

---

36 Eine Datierung seines Werkes ist nur sehr ungefähr auf die Zeit um 130 n. Chr. möglich, zuletzt: U. H. J. Körtner, Art. Papias von Hierapolis, TRE 25, 1995, 641-644: 641.644.

37 Vgl. nur die Identifikation des Hellenisten Philippus (Apg 6,5; 8; 21,8f.) mit dem Apostel Philippus bei Euseb KG III 39,4 und III 39,9. Daß man auch heute noch in exegetischen Dissertationen, bei deren Erstellung man Sorgfalt im Umgang mit der Geschichte eigentlich voraussetzen sollte, über Sekundäridentifikationen neue Biographien schaffen kann, zeigt P. N. Anderson, The Christology of the Fourth Gospel, WUNT 2/78, Tübingen 1996, 50f. Derselbe Fehler findet sich bei M. Hengel – A. M. Schwemer, Paul Between Damascus and Antioch, London 1997, 280.

38 Justin stirbt um 165 n. Chr., lebte die letzten Jahre in Rom und verfaßte wohl auch hier den Dialog mit dem Juden Tryphon, vgl. O. Skarsaune, Art. Justin der Märtyrer, TRE 17, 1988, 471-478.

erwähnten Identifikationen über denselben Namen vornimmt oder als traditionelle Vorgabe weitergibt. Wie kam es dazu? Der Apk kann jeder entnehmen, daß ihr Autor sich selbst „Johannes" nennt (1,1.4.9). Er war nach Patmos verbannt, also woanders zuhause und weilte nach der Vision in Apk 1,9ff. bald nicht mehr auf der Insel. Ebenso ist offenkundig, daß die Sendschreiben an Orte der Asia gerichtet sind – mit Ephesus an der Spitze (2,1ff.). Man brauchte jetzt nur das oft geübte Verfahren anzuwenden, über einen gleichen Namen oder eine gleiche Bezeichnung Personenidentität herzustellen, und hatte die Gleichung Seher Johannes = Apostel Johannes. Dieser Kunstgestalt gab man dann den Alterswohnsitz in der Stadt Ephesus als der Erstadressatin in der Sendschreibengruppe. Wenn „Johannes" nicht endgültig nach Patmos gehörte, wo anders als in Ephesus könnte man ihn besser lokalisieren?

Unabhängig von dem nachträglich zurechtgelegten apostolischen Ursprung der Apk läuft offenbar zunächst die Gewinnung apostolischer Würde für das Joh. Dazu hat jüngst M. Theobald[39] einen guten Vorschlag gemacht: Außerhalb der johanneischen Gemeinden, also dort wo die Interna der johanneischen Geschichte nicht mehr bekannt waren, bekommt der Joh, erstmals durch p66 und p75 belegt, die inscriptio „Evangelium nach Johannes". Das Entstehungsalter dieser Zuweisung ist kaum noch kalkulierbar. Doch läßt sich das Zustandekommen erklären. Der außerhalb der johanneischen Gemeinden unbekannte Lieblingsjünger (Joh 21,24), vom Nachtragkapitel Joh 21 als Autor des Joh reklamiert, forderte zur personalen Entschlüsselung geradezu heraus. Da er durchweg im Joh in enger Beziehung zu Petrus steht, konnte man sich dafür daran erinnern, daß in der Apg (1,13; 3,1-4.11; 4,13.19; 8,14) sehr oft Petrus und Johannes gemeinsam wirken (vgl. noch Gal 2,9). So entstand die Gleichung Lieblingsjünger = Apostel Johannes.

Nun mußte man nur noch die Daten von Joh und Apk verbinden. Hatten beide den Apostel Johannes zum Autor, konnte man die Ortstradition der Apk und die Altersangaben des Joh (21,22f.) gemeinsam verwerten: Jetzt lebte der Apostel Johannes bis ins hohe Alter in Ephesus. Die Ortstradition Ephesus für die johanneischen Gemeinden ist also ein altkirchliches Sekundärprodukt.

Scheidet Ephesus als Ort der Einflußnahme des Paulinismus auf die johanneischen Gemeinden aus, muß man ernsthaft damit rechnen, daß überhaupt keine unmittelbare Beeinflussung vom einen zum anderen stattfand. Außerdem gewinnen die Argumente einer Zuweisung des johanneischen Christentums nach Syrien damit wieder neues Gewicht.[40] In diesem geographischen Horizont wird man dann ernsthaft erwägen, ob nicht das *antiochenische Christentum,* von dem Paulus sich etwa 48/49 n. Chr. trennte, innerhalb seiner weiteren Geschichte auf die johanneischen Gemeinden einwirkte. Hier gibt es praktisch die gleichen Konvergenzen zum Geistverständnis und zur Christologie wie bei Paulus – bis hin zur formelhaften Wendung „in Christus".[41] Bei der Prüfung dieser Möglichkeit sollte man dann auch gleich

39 M. Theobald, Der Jünger, den Jesu liebte, in: H. Cancik u. a. (hg.), Geschichte – Tradition – Reflexion (FS M. Hengel) Bd. III, Tübingen 1996, 219-255: 251f.
40 Vgl. J. Becker, Johannes (Anm. 4), 64-66.
41 Vgl. J. Becker, Paulus (Anm. 7) 87-119. Außerdem A. Dauer, Paulus und die christliche Gemeinde im syrischen Antiochia, BBB 106, 1996. Zuletzt: D. Flusser, Art. Paulus II, TRE 26, 1996, 153-160: 153f.

noch z. B. an den 1Petr denken. Seine „Paulinismen" könnten sich als syrisch-antiochenischer Einfluß entpuppen.[42]

Nachtrag

Nach Abschluß des Manuskriptes erschien der die Argumentation zur johanneischen Christologie weiterführende Aufsatz von U. B. Müller, Zur Eigentümlichkeit des Johannesevangeliums. Das Problem des Todes Jesu, ZNW 88, 1997, 24-55.

---

42 Vgl. die komplexe Diskussion bei N. Brox, Der erste Petrusbrief, EKK XXI, [3]1989, 47-51; außerdem: J. Herzer, Petrus oder Paulus? WUNT 103, 1998.

Römer 7,2-3 im Kontext

von Christoph Burchard

Römer 7,2-3 geben für sich betrachtet ein klares Bild. Im Kontext gelesen sind die beiden Verse eine bekannte crux.[1]

I.

Die Verse handeln von Pflichten und Rechten der verheirateten Frau nach jüdischem Eherecht, das auf die Tora gegründet ist[2]. Die Ehefrau ist durch die Tora

---

1   Literatur außer den Kommentaren: N. Baumert, Antifeminismus bei Paulus?, fzb 68, 1992, 165-175; W. Bindemann, Theologie im Dialog. Ein traditionsgeschichtlicher Kommentar zu Römer 1-11, Leipzig 1992, 196-199; J.D.M. Derrett, Law in the New Testament, London 1970, 461-471; J.D. Earnshaw, Reconsidering Paul's Marriage Analogy in Romans 7.1-4, NTS 40, 1994, 68-88; D. Hellholm, Die argumentative Funktion von Römer 7.1-6, NTS 43, 1997, 385-411; H. Hommel, Das 7. Kapitel des Römerbriefs im Licht antiker Überlieferung, ThViat 8, 1961/62, 90-116 = in: Hommel, Sebasmata. Studien zur antiken Religionsgeschichte und zum frühen Christentum, II, WUNT 32, 1984, 141-173 (hiernach zitiert); F.S. Jones, „Freiheit" in den Briefen des Apostels Paulus. Eine historische, exegetische und religionsgeschichtliche Studie, GTA 34, 1987, 118-122.216-219; W.G. Kümmel, Römer 7 und die Bekehrung des Paulus, UNT 17, 1929 = in: Kümmel, Römer 7 und das Bild des Menschen im Neuen Testament, TB 53, 1974, IX-XX.1-160 (gleiche Seitenzahlen); J.A. Little, Paul's Use of Analogy: A Structural Analysis of Romans 7:1-6, CBQ 46, 1984, 82-90; H. Räisänen, Paul and the Law, WUNT 29, ²1987, 46f.61f.; E. Stegemann, Der eine Gott und die eine Menschheit. Israels Erwählung und die Erlösung von Juden und Heiden nach dem Römerbrief, Theologische Habilitationsschrift (masch.), Heidelberg 1981, 154-156; G. Theißen, Psychologische Aspekte paulinischer Theologie, FRLANT 131, 1983, ²1993, 249f.; W. Thüsing, Per Christum in Deum. Studien zum Verhältnis von Christozentrik und Theozentrik in den paulinischen Hauptbriefen, NTA N.F. 1, 1965, 93-101; S. Vollenweider, Freiheit als neue Schöpfung. Eine Untersuchung zur Eleutheria bei Paulus und in seiner Umwelt, FRLANT 147, 1989, 339-345. Nicht gesehen: H.M. Gale, The Use of Analogy in the Letters of Paul, Philadelphia, PA 1964, 189-198. - Dank für Hilfe beim Manuskript an Helga Wolf.

2   Die Mindermeinung, daß ὁ νόμος in V. 1-3 die Gattung oder ein Prinzip bezeichnet, die Tora und das auf sie gegründete Recht aber eingeschlossen (oder umgekehrt), vertreten z.B. E. Käsemann, An die Römer, HNT 8a, 1973, ⁴1980, 177; Baumert,

an ihren Ehemann[3] gebunden, solange er lebt; ist er gestorben, gilt die Tora ihr insoweit nicht mehr. Also macht sie sich des Ehebruchs schuldig, wenn sie einem anderen Mann zu eigen wird, solange ihr Ehemann lebt, nach seinem Tode nicht. Das ist widerspruchsfrei und trifft zu.[4] Nun fängt Paulus aber in V. 1 mit dem anerkannten Grundsatz an, daß die Tora für den Menschen nur zu Lebzeiten gilt, nach seinem Tod nicht, und läßt sich in V. 2f. von ihm mindestens dadurch leiten[5], daß er sich auf den Tod als Aufhebung einer Ehe beschränkt[6]; in V. 4 folgert er, daß auch die Adressaten durch den Leib des Christus der Tora insgesamt weggestorben sind, und zwar gewaltsam, um dem Auferweckten eigen zu werden. Beide Verse scheint zu stören, daß in V. 2f. die Frau nicht stirbt, sondern der Ehemann (von Tötung ist nichts gesagt) und sie daher durch die Tora nicht mehr gebunden ist, zudem nur durch den eherechtlichen Teil nicht mehr und auch das nur bis zu einer neuen Verbindung, jedenfalls wenn sie eine Ehe ist. Es ist selbstverständlich, daß die Frau dann wieder rechtlich gebunden ist, und durch μοιχαλίς auch angedeutet[7]. Dagegen sind die Adressaten nach Mehrheitsmeinung laut V. 4 von der Tora ganz und bleibend befreit. Geht man ins Einzelne, kann man beim ersten Blick noch mehr Unstimmigkeiten entdecken.

Schon die Alte Kirche versuchte sich zu helfen, indem sie V. 2f. als Allegorie nahm und sie in einen Klartext übersetzte, der die Schwierigkeiten vermeiden sollte.[8] Aber V. 2f. wirken nicht wie ein codierter Text. Die Allegoresen

---

Antifeminismus bei Paulus?, 170 Anm. 414; mehr bei Vollenweider, Freiheit, 339 Anm. 264. Nach J.D.G. Dunn, Romans 1-8, Word Biblical Commentary 38A, Dallas, Texas 1988, 360, trifft V. 2 jedenfalls das römische Recht nicht.

3 Manchmal ihr erster genannt. V. 2f. gelten aber auch für eine wiederverheiratete Frau. Im folgenden 'Ehemann' und 'anderer Mann'.

4 Quellen und Literatur zu Ehe und Ehescheidung bei J. Scharbert, Art. Ehe/Eherecht/ Ehescheidung, II. Altes Testament, TRE 9, 1982, 311-313; Z.W. Falk, a.a.O., III. Judentum, 313-318; Bo Reicke, a.a.O., IV: Neues Testament, 318-325; P.J. Tomson, Paul and the Jewish Law: Halakha in the Letters of the Apostle to the Gentiles, CRINT III 1, 1990, 103-124.

5 Gleichviel, ob das γάρ die Verse als Begründung, Erläuterung oder Weiterführung anknüpft.

6 Auch die Scheidung hebt eine Ehe auf und ermöglicht eine neue, auch ein Seitensprung macht die Ehefrau zur Ehebrecherin. - Nach Vollenweider, Freiheit, 341, sperren sich V. 2f. „gegen eine elegante rechtliche Verortung", weil „Paulus die Möglichkeit einer Scheidung gar nicht in Betracht zu ziehen scheint", obwohl das jüdische Recht sie erlaubt. Nach V. 1 gehört sie hier nicht her; V. 2f. sind ohne sie nicht falsch.

7 S. unten zu V. 3. Ehebruch bleibt auch in der neuen Verbindung verboten.

8 Hinweise in der Literatur, aber meist kurz. Eine ausführliche Untersuchung kenne ich nicht.

fallen denn auch wie meistens verschieden aus. So geht es offenbar nicht.[9]
Heute werden drei Wege versucht. Entweder nimmt man die Unstimmigkeiten
zur Kenntnis, schreibt sie Paulus' Ungeschick als Illustrator zu[10] oder erklärt sie
psychologisch durch seine schon zu V. 4-6 hindrängende Imagination[11] oder
unbewußten Zwang[12] und erdenkt vom Kontext aus, was Paulus nicht sagte[13].
Aber es bleibt ärgerlich, daß Paulus ausgerechnet an dieser Schaltstelle von
Röm (5) 6 zu 7 (8)[14], wo er sich rhetorische Mühe gegeben hat, nicht zurecht
gekommen sein soll. Daß ihm das angeblich öfter passiert, ist kein Trost. Oder
man faßt V. 2f. als partikulare Illustration anstelle eines allgemeinen Satzes und
bringt den im Kontext als Stütze für V. 1 unter.[15]

Eine Mittellösung gibt jetzt D. Hellholm, der auf Argumentationsforschung aufbaut.
Er stellt nicht nur fest, daß die Ehefrau nicht stirbt, sondern sucht eine Erklärung: Paulus
konnte in der Sache (V. 4) nach Röm 6 auf das 'mystische' Mitsterben mit Christus
nicht verzichten, wenn er Freiheit vom Gesetz dank Christus darlegen wollte; das juristi-
sche Bild von 7,2f. konnte dafür nichts vorgeben, wenn es stimmig und dadurch überzeugend sein sollte. „Daß die Beweisführung trotz allem vom Logischen her nicht vollständig gelingen konnte, hängt von der Inkompatibilität der abgestorbenen Größen im
Bild und in der Sache ab; als gemeinsames doppeltes *tertium comparationis* bleibt le-

---

9 Heute überwiegende Meinung. Doch vgl. J.C. O'Neill, Paul's Letter to the Romans,
   Penguin Books A 1810, Harmondsworth, Middlesex 1975, 120f. (hält aber V. 1-
   3.4b für nachpaulinisch); Derrett, Law (führt aber nicht aus und belastet den Text
   mit scharfsinnigen Überlegungen, die er m.E. nicht trägt).
10 Ein hergebrachter Topos, hart betont z.B. von Räisänen, Paul and the Law, 61f.
11 Little, Paul's Use of Analogy, 87-90, vergleicht andere paulinische Stellen. Ähnlich
   schon H. Schlier, Der Römerbrief, HThK 6, 1977, ³1987, 216.
12 Nach Theißen, Psychologische Aspekte, 249f., nimmt Paulus „ein völlig mißratenes
   Bild in Kauf", weil er den Wunsch, „der Gott des Gesetzes" (249) möge sterben,
   nicht denken wollte und Gott deshalb unbewußt durch sein traditionelles Bild (s.
   unten) ersetzte. Sollte Paulus dann nicht wenigstens andeuten, daß er von einer
   schlimmen Ehe spricht? Außerdem spielt der ursprüngliche Ehemann in V. 4-6 keine
   Rolle. Trotzdem hat Theißen ein Problem aufgedeckt (s. unten).
13 P. Stuhlmacher, Der Brief an die Römer, NTD 6, 1989, 95f., nennt die Schwierigkeiten gar nicht mehr.
14 Hellholm, Argumentative Funktion, zeigt, daß 7,1-6 Einleitung zum Folgenden ist.
15 Z.B. Kümmel, Römer 7, 37; C.H. Dodd, The Epistle of Paul to the Romans, MNTC,
   1932, 101; Käsemann, Römer, 177: „Das tertium comparationis liegt allein darin,
   daß Sterben sonst lebenslang gültige Bindungen aufhebt"; C.E.B. Cranfield, The
   Epistle to the Romans, ICC, Edinburgh, I 1975, Nachdruck 1987, 334f.; D. Zeller,
   Der Brief an die Römer, RNT, 1985, 132; W. Schmithals, Der Römerbrief. Ein
   Kommentar, Gütersloh 1988, 207; Vollenweider, Freiheit, 343; Baumert, Antifeminismus bei Paulus?, 175. Anders akzentuiert U. Wilckens, Der Brief an die Römer,
   II, EKK 6/2, 1980, ²1987, 66: V. 2f. und V. 4 sind inkommensurable „Anwen-
   dungsfälle" von V. 1, die aber in γενέσθαι ἑτέρῳ parallel laufen, das Paulus in V. 4
   übernimmt.

diglich: Die Aufhebung einer alten Bindung durch den Tod, die somit die Möglichkeit einer neuen Bindung eröffnet."[16]

Aber V. 4 greift zu stark auf V. 2f. zurück, als daß die bloß für eine Wahrheit stehen sollten, die V. 1 unterstützt; und hat V. 1 das nötig? Außerdem spricht der Aufbau von V. 1-3 dagegen.[17] Auch Hellholm erklärt die Unstimmigkeit zwar, beseitigt sie aber nicht; wäre die Argumentation löcherig, wenn Paulus V. 2f. unterlassen hätte?[18] Es bleibt drittens der Versuch, die Unstimmigkeiten aufzulösen, indem man den Text noch einmal genau untersucht. Das tun die andern beiden Neubearbeitungen, die ich aus den letzten Jahren kenne, aber m.E. nicht immer überzeugend.

J.D. Earnshaw vertritt „the thesis that Paul's marriage analogy is properly understood only when *the wife's first marriage is viewed as illustrating the believer's union with Christ in his death and her second marriage is viewed as illustrating the believer's union with Christ in his resurrection*"[19] und fächert das in 10 Vergleichspunkten auf (sie klingen nach Allegorese, sind aber keine, weil Earnshaw sich an den Text hält und nicht Seele, Sünde, Gesetz der Sünde in den Text quält). Die These kann im ersten Teil nicht stimmen; V. 2f. reden nicht von einer Eheschließung, bei der die Gatten getötet werden. Der zweite Teil ist zumindest fragwürdig formuliert; wären die Christgläubigen mit Christus in seiner Auferstehung vereint, müßten sie auferstanden sein. Und daß sie als Gläubige vom mosaischen Gesetz frei sind (7. Vergleichspunkt), mag richtig sein oder auch nicht, paßt aber nicht zu V. 3b.

N. Baumert beeinträchtigt seine sehr subtile Exegese von Anfang an dadurch, daß er die wohl zugunsten von Allegorese ersonnene Deutung von V. 1 ἐφ' ὅσον χρόνον ζῇ aufnimmt, die νόμος zum Subjekt macht und ζῇ als Metapher für „gültig ist" faßt,[20] und so auch auf die Freiheit vom Gesetz hinauskommt. Daß die Tora „gestorben" wäre oder „stürbe", ist m.E. nicht paulinisch.

Vielleicht kommt man weiter, wenn man nicht nur dem Text genauer nachspürt, sondern auch an die Lebenswirklichkeit hinter den juristischen Feststellungen V. 1-3 denkt, so wie Paulus sie nach eigenen Äußerungen sah und darüber hinaus, weil typisch, gesehen haben dürfte.

---

16 Argumentative Funktion, 402-406, hier 405.
17 S. unten unter II - III.
18 Zeller, Römer, 131: „Von hier [V. 1] könnte Paulus gleich zur Folgerung V. 4 springen"; vgl. Käsemann, Römer, 180.
19 Reconsidering Paul's Marriage Analogy, 72 (Kursive original).
20 Antifeminismus bei Paulus?, 165f.171. So auch Hommel, Das 7. Kapitel, 144f. (Parallelen aus Sophokles); als Alternative Hellholm, Argumentative Funktion, 400.

II.

V. 1 ist als Appell an das Wissen der Adressaten formuliert und mit der captatio γινώσκουσιν γὰρ νόμον λαλῶ beschwert.[21] Also ist unstreitig: Die Tora[22] verpflichtet den[23] Menschen (nicht nur: den Mann), solange er lebt[24]. κυριεύειν, wenn nicht schon νόμος, wird wegen Röm 6,9.14 und des Gesamtzusammenhangs von Röm 6f. gern negativ aufgefaßt, je nach Gesetzesverständnis nuanciert[25] (das färbt dann die Auslegung des Folgenden). Aber damit wären die angeredeten Gesetzeskenner kaum einverstanden. Außerdem gilt V. 2 nach 1Kor 7,39 auch für christliche Ehefrauen, ohne daß Paulus sie deswegen geknebelt oder verdammt sähe. Man kann bei V. 1 wohl mithören, daß die Tora den Menschen unabänderlich und überall bestimmt (nicht nur sein Handeln, sondern auch, wie er zu behandeln ist[26]) und sein ewiges Schicksal nach ihrem Maßstab beurteilt wird[27], aber mehr nicht.[28]

V. 1 ist keine Bestimmung der Tora, sondern eine hermeneutische Regel, die Paulus wohl mit Recht als bekannt oder evident voraussetzt. Sie ist zwar sonst nicht belegt, aber vorausgesetzt in Röm 6,7 und rabbinischen Begründungen, daß bestimmte Gebote gegenüber Toten nicht beachtet werden müssen, denn

---

21 Gleichviel, ob Paulus sich an christgläubige Juden und Gottesfürchtige wendet (z.B. Stuhlmacher, Römer, 95) oder an Heidenchristen (z.B. Zeller, Römer, 131). In diesem Fall wäre die captatio geschmeichelt, aber captationes dürfen so sein.
22 Zur Artikellosigkeit F. Blass - A. Debrunner - F. Rehkopf, Grammatik des neutestamentlichen Griechisch, Göttingen [14]1976, [17]1990, § 258,2. Sie wiederholt sich in V. 2a (wegen des Neueinsatzes?); danach steht der (anaphorische) Artikel.
23 Artikel hier generisch.
24 Vgl. oben unter I.
25 Z.B. Dunn, Romans 1-8, 359, nennt die Herrschaft der Tora „a mark of man's state of bondage within the present age" (ohne daß Paulus damit bestreiten wolle, daß die Gesellschaft Gesetze braucht); Stuhlmacher, Römer, 95, findet auch hier: „Das Gesetz führt zur Verurteilung und zum Tode". - In Röm 14,9 benutzt Paulus κυριεύειν für das Herrschen Christi, in 2Kor 1,24 negativ im Sinn von bevormunden, sonst nicht mehr.
26 Z.B. als μοιχαλίς (s. unten V. 3a).
27 Insofern ist es nicht zufällig, daß Paulus bald nach 6,9.14, wo Sünde und Tod den (verneint) negativen Sinn des Satzes tragen, nicht κυριεύειν, das Verb in 7,1 als Prädikat für νόμος gebraucht, wofür es nicht idiomatisch ist. Gesetz, Sünde und Tod bestimmen die menschliche Existenz, aber die Tora ist nicht eine Größe gleicher Ordnung wie die anderen beiden (auch nicht in 7,7-25, wo die negativen Aussagen über die Tora im übrigen durch die Bildfelder Sucht, Sklaverei, Krieg versinnlicht werden, nicht durch Herrschaft).
28 So auch Räisänen, Paul and the Law, 46f. Käsemann, Römer, 178: „rechtsgültig sein" ist wohl zu wenig. Th. Zahn, Der Brief des Paulus an die Römer, KNT 6, [1-2]1910, 329 Anm. 54, erinnert nicht zu Unrecht an Josephus, Ap II, [38], 277.

„sobald der Mensch gestorben ist, ist er von den Geboten frei (חבּשׁ)"[29]. Sie stützen die durchweg in V. 1 eingelesenen Verdeutlichungen „nur" und/oder „nach dem Tod nicht mehr", die auch der Kontext nahelegt. Sie zu legitimieren ist wichtig, denn aus ihnen ergibt sich, wo in V. 2f. der Ton liegt.

III.

V. 2 und 3 sind zwei Satzgruppen mit jeweils zwei Teilen. Der erste stellt eine Lage fest, in der sich die Ehefrau grundsätzlich befindet, solange ihr Ehemann lebt; der zweite gibt an, was sich geändert hat, wenn er stirbt oder gestorben ist[30]:

2a) ἡ γὰρ ὕπανδρος γυνὴ   b)
τῷ ζῶντι ἀνδρὶ   ἐὰν δὲ ἀποθάνῃ ὁ ἀνήρ,
δέδεται νόμῳ·   κατήργηται ἀπὸ τοῦ νόμου τοῦ ἀνδρός.
3a) ἄρα οὖν   b) ἐὰν δὲ ἀποθάνῃ ὁ ἀνήρ,
ζῶντος τοῦ ἀνδρὸς   ἐλευθέρα ἐστὶν ἀπὸ τοῦ νόμου,
μοιχαλὶς χρηματίσει   τοῦ μὴ εἶναι αὐτὴν μοιχαλίδα
ἐὰν γένηται ἀνδρὶ ἑτέρῳ.   γενομένην ἀνδρὶ ἑτέρῳ.

Logisch betrachtet handelt es sich m.E. um einen antithetisch-paarigen Syllogismus. V. 2a.b sind die Doppelprämisse; sie ist ihrerseits eine Implikation von V. 1[31]. V. 3a.b sind die Doppelkonklusion. Die nötige Zusatzprämisse ist in μοιχαλίς[32] enthalten: dies zu sein verbietet die Tora bei (theoretischer) Todesstrafe (Lev 20,10; Dtn 22,22; Joh 7,53-8,11), keine triviale Feststellung, denn Ehebruch ist nicht in allen Rechtsordnungen Straftatbestand. Bilden V. 2f. einen Syllogismus, dann folgt, daß Paulus mit V. 3 nicht V. 2 bekräftigt[33], sondern mit V. 2 auf V. 3 hinauswill. Das heißt, wenn nach dem unter II Gesagten der Ton auf V. 2b.3b liegt: V. 3b ist Paulus wichtiger als V. 2b. Nach dem Tod des Ehemanns, der sie auf die in V. 2b genannte Weise vom Eherecht der Tora freisetzte, ist die Ehefrau keine Ehebrecherin, wenn sie einem anderen Mann zu eigen wird.

---

29 bShab 151b zu Ps 88,6 (mehr bei H.-L. Strack - P. Billerbeck, Kommentar zum Neuen Testament aus Talmud und Midrasch, München, III, 1926, 232.234; Vollenweider, Freiheit, 162.340f.).

30 Ob ἐὰν δὲ ἀποθάνῃ V. 2b.3b vor- oder gleichzeitig ist, läßt sich nicht sicher entscheiden (vgl. Blass-Debrunner-Rehkopf, Grammatik, § 373).

31 Der universale V. 1 (ὁ νόμος, τοῦ ἀνθρώπου) gilt auch für Teilmengen der Gesetzesbestimmungen und der Menschen.

32 Das Wort (zuerst LXX, fehlt Philo, Josephus, Paulus nur hier, pagan spät und selten) bezeichnet die Frau als kriminell, nicht nur als unmoralisch. Der Verletzte ist primär Gott (doch s. unten Anm. 52).

33 So z.B. Zeller, Römer, 132: „kasuistische Wiederholung"; Dunn, Romans 1-8, 368.

Inhaltlich handeln V. 2f. von der Ehefrau und ihrem wechselnden Verhältnis zu bestimmten Toravorschriften. Sie ist Subjekt der Hauptsätze. Die Männer bilden Umstandsbestimmungen, der Ehemann unter der Alternative lebend oder tot, der andere Mann unter der Annahme, daß die Frau ihm zu eigen wird. Sein Verhältnis zur Tora ändert sich nicht. Das spricht dafür, daß die Frau und nur sie als Beispiel für einen Menschen, den nach V. 1 die Tora nur zu Lebzeiten verpflichtet, eingeführt ist. Weil schon V. 1 ζῆν gebrauchte, können τῷ ζῶντι ἀνδρί V. 2 und ζῶντος τοῦ ἀνδρός V. 3 Zweifel wecken, ob nicht der Ehemann auch so gesehen werden soll. Der Mensch aus V. 1 würde in V. 2f. dann an zwei Personen exemplifiziert[34] oder vielleicht besser an einem Paar (vgl. 1Kor 7,27)[35]. Da ist auch etwas dran, wie sich zeigen wird. Aber wenn der Ehemann als gleichgeordnetes Subjekt mitgemeint sein sollte, wäre ἐφ' ὅσον χρόνον ζῇ deutlicher gewesen; daß sein Tod auch ihn der Tora entzieht, hätte besser gesagt sein sollen.

V. 2 führt die Ehefrau denn auch als ὕπανδρος γυνή ein (eine umgekehrte Bezeichnung für den Mann gibt es nicht). Earnshaw besteht darauf, daß das Adjektiv nicht etymologisierend als „dem (einen) Mann unter(worfen)" gedeutet werden darf, sondern einfach verheiratet bedeutet[36] und hier nur steht, weil γυνή ohne Attribut die Ehefrau bezeichnen kann, aber nicht muß. Mag sein, aber rechtlich und praktisch stand eine verheiratete jüdische Frau unter ihrem Ehemann, wie liberal und liebevoll der auch immer war. Sie gehörte ihm, wenn auch anders als Sklaven, Tiere oder Sachen[37], ihr Körper eingeschlossen (V. 4f. erlauben, an ihn zu denken). Der Ehemann hat Anspruch auf ihre Arbeitskraft und Fruchtbarkeit. Natürlich hat er auch Pflichten und seine Frau Rechte, grade sexuell. Nach Paulus haben Ehemann und Ehefrau, nicht erst als Christgläubige, Vollmacht über den Körper der Gattin bzw. des Gatten (1Kor 7,4); sie werden

---

34 So z.B. Zeller, Römer, 132: „in zwei Subjekte auseinandergelegt".

35 Z.B. Zahn, Römer, 331; Earnshaw, Reconsidering Paul's Marriage Analogy, 81.

36 Reconsidering Paul's Marriage Analogy, 74-78 (er möchte die Gleichsetzung von Tora und Ehemann widerlegen: damit hat er recht). W. Bauer, Griechisch-deutsches Wörterbuch zu den Schriften des Neuen Testaments und der frühchristlichen Literatur, Berlin ⁶1988, Sp. 1669, gibt als allgemeine Bedeutung „unter der Gewalt des Mannes stehend" an, übersetzt in V. 2 aber „die verheiratete Frau". - Ὕπανδρος ist übrigens relativ selten (zuerst LXX, pagan seit dem 2. Jh. v. Chr., fehlt Philo und Josephus, frühchr. nur hier; G.W.H. Lampe, A Patristic Greek Lexicon, Oxford 1981, ¹⁰1991, hat es nicht aufgenommen, wozu aber S. vii zu beachten ist). - Baumert, Antifeminismus bei Paulus?, 171, denkt an eine Verlobte (die juristisch verheiratet ist), „weil die Frau, von der die Rede ist, ja zu einem anderen tendiert. Dies von einer Verheirateten zu sagen, wäre zumindest schwieriger." Vielleicht, aber wieso tendiert sie?

37 Durch Eheschließung erwirbt er sie (Qid 1,1).

auch ἕν σῶμα, weil nach Gen 2,24 εἰς σάρκα μίαν (1Kor 6,16[38]), und sollen es, weil die Ehe zur Schöpfungsordnung gehört. Paulus kann zudem von Gleichstellung der Geschlechter ἐν Χριστῷ oder ἐν κυρίῳ reden (Gal 3,28; 1Kor 11,11f.[39]), was auch von christlichen Eheleuten gelten muß. Aber um sie speziell geht es in Röm 7,2f. nicht. Es wird nicht nur Verdeutlichung sein, daß Paulus in V. 2 ὕπανδρος γυνή sagt, und kein Zufall, daß er in V. 3 die Frau einem anderen Mann zu eigen werden läßt, nicht ihn heiraten. Die Ehefrau, die der Tora verpflichtet ist, hat schöpfungsgemäßen Status und Rechte, aber sie steht unter dem Ehemann.[40] Wer sich als Gesetzeskenner (V. 1) auf V. 2 einläßt, weiß das.

Der Tod des Ehemanns ändert den Status der Frau: κατήργηται ἀπὸ τοῦ νόμου τοῦ ἀνδρός. Der Satz wird durchweg im Sinn einer Befreiung verstanden, offenbar weil ἀπό separativ aufgefaßt und καταργεῖσθαι zum Bedeutungsfeld 'trennen' gerechnet wird (vgl. V. 3b). Das erste ist plausibel[41], das zweite unsicher.

Καταργεῖσθαι bedeutet entweder „untätig (unwirksam, ungültig, bedeutungslos o.ä.) machen" oder „ungeschehen (unbearbeitet, hinfällig, zunichte o.ä.) machen", wohl entsprechend ἀργός aktiv und passiv.[42] In beiden Bedeutungsfeldern ist für das Objekt bzw. beim Passiv das Subjekt Schaden impliziert.[43] Nimmt man für die fünf in der Fachliteratur genannten Belege von καταργεῖσθαι ἀπό τινος (Paulusexegese nicht gerechnet) „aus der Verbindung mit jemandem oder mit etwas gelöst werden, nichts mehr zu schaffen haben mit" (Röm 7,2), „entbunden werden" (7,6), „abkommen von" (Gal 5,4)[44], „excommunicate"[45] o.ä. an, neutralisiert man das Verb bis auf ein Bedeu-

---

38 Dort von Beziehungen zu Prostituierten; wenn das da gilt, dann von ehelichen erst recht. Zur schwierigen Argumentation der Stelle R. Kirchhoff, Die Sünde gegen den eigenen Leib. Studien zu πόρνη und πορνεία in 1Kor 6,12-20 und dem soziokulturellen Kontext der paulinischen Adressaten, SUNT 18, 1994 (die christlichen Männer, die Paulus korrigieren will, handelten aus alter Gewohnheit, nicht christlichem Freiheitspathos; Paulus hält ihnen nicht Gebote vor, sondern ihren Status als Christus verpflichtetes σῶμα).

39 Freilich Korrektursätze, nachdem V. 3.7-9 gesagt sind und die Entscheidung V. 10 getroffen ist.

40 Daß wir nicht so denken können, ändert Paulus' Argumentation nicht.

41 Blass-Debrunner-Rehkopf, Grammatik, § 211,2.

42 Das Verb ist pagan und jüd.-gr. (nur 2Esra) selten. Von den 27 neutestamentlichen und 6 weiteren frühchristlichen Belegen haben Paulus 22, die Deuteropaulinen 3 (dazu im NT Lk 13,7; Hebr 2,14). Rechtsterminus ist es nicht, soweit ich sehe.

43 Wenn Objekt bzw. Subjekt negativ konnotiert sind, ergeben sich positive Aussagen (z.B. TBenj 3,8 καταργήσει Βελιάρ; Röm 6,6, dazu unten; Barn 9,4 ἀλλὰ καὶ ἡ περιτομή, ἐφ' ᾗ πεποίθασιν, κατήργηται; CH XIII,7 κατάργησον τοῦ σώματος τὰς αἰσθήσεις, καὶ ἔσται ἡ γένεσις τῆς θεότητος). Die Ehefrau ist aber keine negative Gestalt. Doch s. unten.

44 Bauer, Wörterbuch, Sp. 848f. (Original mit Abkürzungen und kursiv); vgl. G. Delling, Art. ἀργός κτλ. ThWNT 1, 1933, 452-455.

tungsmoment, das es allenfalls latent besitzt und eigentlich erst durch ἀπό erhält. Das sollte begründet werden. In vergleichbaren Fällen von separativem ἀπό bei negativen Verben ist es offenbar anders.[46] Man wird den 5 Stellen m.E. gerecht, wenn man in καταργεῖσθαι eine Schadensmeldung mithört. Daß sie dann kaum wörtlich zu übersetzen sind, spricht nicht dagegen (bei den in Anm. 46 genannten Stellen ist es auch so).

Ein Gegenargument wäre, wenn ὁ νόμος τοῦ ἀνδρός einen Schädling bezeichnete: dann könnte Inaktivierung der Frau getrennt von ihm vielleicht einen Gewinn bedeuten (nur hätte Paulus besser den νόμος zum Subjekt gemacht). Aber ὁ νόμος τοῦ ἀνδρός, was kein selbsttragender Fachausdruck ist, erklärt sich wohl einfach als Verdeutlichung von νόμῳ V. 2a, das neutral ist[47].

Philologie hin oder her, Witwe zu werden bedeutete in der Regel Abstieg.[48] Die Frau stand nicht mehr unter ihrem Mann[49], aber sie hatte auch keinen Vormund, Beschützer, Ernährer und Bettgenossen mehr, mit dem sie ἕν σῶμα war, konnte keine legitimen Kinder bekommen, falls jung genug, fand keinen Respekt und war auf Unterstützung angewiesen oder wurde ausgenommen. Sie hatte verloren, was ihr Stand und Wesen gab, und war zu einem Schattendasein

---

45 Lampe, Lexicon, 716: ActJoh 84 (Junod-Kaestli, 289f.) καταργήθητι ἀπὸ τῶν ἐλπιζόντων πρὸς τὸν κύριον ... ἀπὸ πάντων σε τούτων, ἀνοσιώτατε καὶ θεοῦ ἐχθρὲ Σατανᾶ, καταργήσει σε Ἰησοῦς Χριστός ... .

46 Z.B Röm 9,3 ἀνάθεμα εἶναι αὐτὸς ἐγὼ ἀπὸ τοῦ Χριστοῦ; 2Kor 11,3 μή πως ... φθαρῇ τὰ νοήματα ὑμῶν ἀπὸ τῆς ἁπλότητος καὶ τῆς ἁγνότητος τῆς εἰς τὸν Χριστόν; Kol 2,20; 2Thess 2,2; 1Klem 33,1 ἀργήσωμεν ἀπὸ τῆς ἀγαθοποιίας; Herm sim 4,7 οὐ γὰρ μὴ διαφθαρήσεται ἡ διάνοια αὐτοῦ ἀπὸ τοῦ κυρίου.

47 S. oben zu V. 1. Ὁ νόμος τοῦ ἀνδρός bedeutet nicht „die Vorschrift(en), die der Mann gibt" und wohl auch nicht „das Gesetz, das die Frau an den Mann bindet" (z.B. Einheitsübersetzung; Wilckens, Römer II, 64); würde das nicht besser τῆς γυναικός heißen? M.E. spricht nichts dagegen, den Ausdruck nach Analogie von Lev 14,2 ὁ νόμος τοῦ λεπροῦ; Num 5,29 ὁ νόμος τῆς ζηλοτυπίας; LibAnt 13,2 *lex thuribuli*; Philo, Sacr 139; Sobr 49; SpecLeg I,80 νόμοι ἱερέων; Josephus, Ant XVII, 241; 4Q266 (Damᵃ), Fr. 9 u.a., vielleicht auch Röm 3,27 (νόμος) τῶν ἔργων, πίστεως; Gal 6,2 τὸν νόμον τοῦ Χριστοῦ, zu verstehen als „die Tora, soweit sie etwas über den Ehemann bestimmt", d.h. ihn der Ehefrau überordnet. Pagan vgl. Aristoteles, Fr. 184 R. νόμοι ἀνδρὸς καὶ γαμετῆς; SIG 1198,14 [κα]τὰ τὸν νόμον τῶν ἐ[ρανισ]τῶν (anscheinend nicht häufig). Daß τοῦ ἀνδρός Apposition zu τοῦ νόμου (und in V. 2a νόμῳ zu τῷ ζῶντι ἀνδρί) ist, dient meist der Allegorese und liegt sprachlich nicht nahe (trotz Hommel, Das 7. Kapitel, 145).

48 G. Stählin, Art. χήρα, ThWNT 9, 1973, 428-454; J.-U. Krause, Witwen und Waisen im Römischen Reich, Heidelberger althistorische Studien und epigraphische Beiträge 16-19, Stuttgart 1994, 1994, 1995, 1995.

49 Die immer wieder zitierte Bestimmung Qid 1,1: „Sie erwirbt sich durch Scheidebrief oder durch den Tod ihres Ehemanns", bedeutet, daß sie eine neue Ehe eingehen kann, nicht daß sie jetzt alle Rechte und Pflichten eines Mannes hat.

452   Christoph Burchard

prädestiniert, das sie an den Rand des Todes brachte[50], jedenfalls wenn sie ehr-
bar blieb. Selbst wo das eine Erlösung war: die hatte ihren Preis. Κατήργηται
und ἀπὸ τοῦ νόμου τοῦ ἀνδρός enthalten also zwei Informationen. Man muß sie
in ein Verhältnis bringen. V. 2a und 3b sprechen dafür, daß die zweite den Ton
hat. Also etwa: die Frau ist vom Gesetz des Mannes nicht mehr betroffen, freilich auch zur Unperson geworden.[51]
    V. 3 zieht Schlüsse. Aus V. 2a folgt 3a. Zu Lebzeiten ihres Ehemannes
macht die Frau sich als Ehebrecherin strafbar[52], wenn sie mit einem anderen
Mann ein festes Verhältnis eingeht.[53]
    Aus V. 2b folgt 3b. Eine Witwe ist ἐλευθέρα ἀπὸ τοῦ νόμου, nicht der gan-
zen Tora, sondern sc. τοῦ ἀνδρός, hier wohl genauer, insofern dieser νόμος
Ehebruch verbietet. Dafür spricht der Infinitivsatz.[54] Die Freiheit der Witwe ist

---

50 Zu einfach A. Schlatter, Gottes Gerechtigkeit. Ein Kommentar zum Römerbrief,
    Stuttgart 1935, 226: „die Frau, die durch den Tod ihres Mannes für das Gesetz zur
    Toten gemacht worden ist, da sie nicht mehr als die Frau ihres Mannes weiter lebt".
51 Anderswo anders, z.B. Röm 9,3: „Ich wäre gern verflucht und fern von Christus";
    Gal 5,4: „Ihr habt euren Stand [die Freiheit] verloren durch Trennung von Christus";
    Kol 2,20: „Wenn ihr mit Christus gestorben seid und dadurch den Elementen der
    Welt entzogen".
52 Χρηματίζειν ist mehrdeutig, aber jedenfalls nicht gleich εἶναι (V. 3b). „Benannt
    werden, heißen" (Bauer, Wörterbuch, Sp. 1766) ist in diesem juristischen Text zu
    blaß. Gegen „von außen oder öffentlich bezeichnet werden als, gelten als" (vgl. Bo
    Reicke, Art. χρῆμα κτλ., ThWNT 9,1973, 468-471, hier 471) spricht, daß die Frau
    auch dann μοιχαλίς (LXX-Wort, fehlt Philo und Josephus, im Corpus Paulinum nur
    hier, pagan erst spätantik und selten, zeigt noch einmal, um welches Recht es geht)
    ist, wenn nur sie weiß, daß sie verheiratet ist. Sinn macht „amtlich bezeichnet wer-
    den", nämlich durch die Tora (so Wilckens, Römer II, 64 Anm. 244) oder gemäß der
    Tora in einem Verfahren (vgl. Sir 23,22-27; danach ist Ehebruch in erster Linie Un-
    gehorsam gegen Gottes Gesetz, erst in zweiter auch Mißachtung der Rechte des
    Ehemanns und schließlich in Tateinheit noch Unzucht).
53 Das mindestens muß γίνεσθαι (ἀνδρὶ) ἑτέρῳ (Aorist wohl ingressiv) meinen, weil
    es in V. 3b und 4 auch keine flüchtige Beziehung bezeichnet. Die Wendung kann
    aber auch das Verheiratetsein (Ton auf Vollzug oder eher Unterordnung?) bezeich-
    nen (z.B. Dtn 24,2 [Anklang?]; Ruth 1,12f. [?]; Hos 3,3). Legal kann eine Ehebre-
    cherin nicht heiraten, aber formlose Ehen zwischen entlaufenen Ehefrauen und ande-
    ren Männern dürfte es gegeben haben. Vermutlich vermeidet Paulus γαμεῖν bzw.
    γαμεῖσθαι (1Kor 7,39), weil er es in V. 4 kaum gebrauchen konnte.
54 Er heißt nicht: τοῦ γενέσθαι αὐτὴν ἀνδρὶ ἑτέρῳ μὴ οὖσαν μοιχαλίδα. - Anders und
    anders konstruiert 1Kor 7,39 ἐλευθέρα ἐστὶν ᾧ θέλει γαμηθῆναι: Hier hängt von
    ἐλευθέρα der bloße Infinitiv ab (geläufig, was Blass-Debrunner-Rehkopf, Gramma-
    tik, § 393 Anm. 4, nicht erkennen lassen). In Röm 7,3 ist ἐλευθέρα mit ἀπό kon-
    struiert (auch geläufig), der finale oder eher konsekutive Infinitiv mit τοῦ präzisiert
    zusätzlich.

also privativ bestimmt[55] und auf einen Punkt beschränkt: Sie ist nicht des Ehebruchs schuldig, sondern im Recht, wenn sie einem anderen Mann zu eigen wird (womit V. 2b in beiden Teilen rückgängig gemacht ist: sie ist wieder wer, aber auch wieder gebunden durch den νόμος τοῦ ἀνδρός). Wie gesagt, liegt hier der Ton.

Läßt sich das alles vertreten, ist es nur die halbe Wahrheit, daß die Frau nicht stirbt. Sie überlebt den Ehemann, aber durch seinen Tod gegen ihren Willen zur Unperson reduziert. Weil das Eherecht ihre ganze Existenz als Ehefrau wesentlich und vorrangig bestimmt[56], kann es als *pars pro toto* der Tora stehen, zumal auf dem Hintergrund der traditionellen Anwendung von Ehemetaphorik auf das Gottesverhältnis, die auch Paulus kennt.[57] Freilich, muß man dann beim Ehemann nicht doch an Gott denken, und wenn nicht[58], an wen? Ein Problem bleibt zudem, daß in der Verbindung mit einem anderen Mann das Eherecht wieder verpflichtend wird (und die Tora im übrigen gültig geblieben ist).[59] Schon deswegen muß man sehen, was Paulus in V. 4(-6) aus V. 2f. macht.

IV.

V. 4 zieht aus V. 1-3[60] einen Schluß (ὥστε) auf die Adressaten, weil sie vergleichbar sind (καὶ ὑμεῖς).[61] Man muß aber unterscheiden, was dem Vergleich dient und wo gefolgert wird. Ἐθανατώθητε erklärt sich durch das gewaltsame Mitsterben und -begrabenwerden mit Christus Röm 6,3-4a.[62] Im Verb, das frühchristlich in soteriologischen Aussagen nur noch 1Petr 3,18 vorkommt, klingt κατήργηται V. 2b nach. Die Christgläubigen gleichen der Ehefrau, indem sie gegen ihren Willen getötet wurden, ohne physisch ganz vernichtet zu sein (sonst

---

55 Nicht einmal als Wahlfreiheit wie in 1Kor 7,39. Vollenweider, Freiheit, und Jones, „Freiheit", werten zu Recht Röm 7,3 zurückhaltend für ihr Thema aus. Jones hört dennoch wohl zuviel heraus, wenn er aus dem Vergleich mit 1Kor 7,39 die Vermutung holt, wir könnten in V. 3 „das Entstehen der Wendung 'frei vom Gesetz' mitverfolgen" (122).

56 Nach rabbinischem Recht ist eine Frau nicht verpflichtet, Tora zu lernen. Eine Ehefrau braucht an bestimmte Zeiten geknüpfte Gebote nicht zu beachten, weil sie mit ihren Pflichten kollidieren (Strack-Billerbeck, Kommentar III, 559).

57 Z.B. Jes 57,7-13; 62,4; Jer 3,1-4,4; Ez 16,32; Hos 1-3; 4,12; Mekh zu Ex 15,2; Eph 5,22-33; Jak 4,4; Apk 19,7f.; IgnPol 5,1f. Zu Paulus s. unten unter V.

58 S. oben Anm. 12.

59 S. oben unter I.

60 V. 2f. sind ohne V. 1 nicht zu lesen; ἀδελφοί μου nimmt ἀδελφοί V. 1a auf (viele notieren, daß die Anrede und ἀδελφός überhaupt vorher nur in 1,13 vorkamen).

61 Folgerung und Vergleich sind keine Alternative (für die erste z.B. Cranfield, Romans I, 335; Wilckens, Römer II, 64 Anm. 248, für den zweiten Earnshaw, Reconsidering Paul's Marriage Analogy, 70f.).

62 Ob auf und bei Golgatha oder im Sakrament der Taufe, ist hier nicht wichtig.

lägen sie im Grab und warteten bestenfalls auf Auferweckung). Und zwar τῷ νόμῳ, was ein Dativ der Beziehung sein wird[63]: sie starben der Tora weg, die ihr Leben bestimmte wie das Eherecht die Existenz der Frau als Ehefrau. Hier ist ebenfalls V. 2b aufgenommen, aber als ein erster Ertrag der Schlußfolgerung. Trennung von der Tora durch den Tod mit Christus war in K. 6 allenfalls impliziert; dank 7,1-3 ergibt sie sich als Folge des Mitsterbens. Διὰ τοῦ σώματος τοῦ Χριστοῦ setzt den Vergleich fort mit einer Erläuterung, die wohl an 6,6 anknüpft: die Adressaten wurden getötet, ohne ganz unterzugehen, indem ὁ παλαιὸς ἡμῶν ἄνθρωπος als σῶμα τῆς ἁμαρτίας zusammen mit dem (sündlosen) Leib Christi[64] hingerichtet wurde. So erklärt sich m.E. die ganz ungewöhnliche Formulierung; σὺν τῷ Χριστῷ wäre zu pauschal[65]. Paulus wählt sie nicht, um nebenbei die Biologie des Mitsterbens zu erläutern oder um eucharistische und ekklesiologische Obertöne anklingen zu lassen[66], sondern weil in V. 2 die Ehefrau nicht ihren eigenen Tod starb, sondern durch den Tod des Ehemanns κατήργηται. Διὰ τοῦ σώματος τοῦ Χριστοῦ gibt an, woran er starb. Das bedeutet nicht, daß Paulus doch Christus (der als Person nicht genannt ist) oder sein σῶμα dem Ehemann vergliche[67]. Wohl aber das σῶμα τῆς ἁμαρτίας. Der Ehemann ist zwar in V. 2f. ein anderer Mensch als die Ehefrau, freilich mit ihr verpaart. Aber die Adressaten, die Paulus ihnen vergleicht, waren in ihrem vorchristlichen Leben Doppelmenschen, wenn man Röm 7 heranziehen darf[68]: gespalten, wenn auch nicht trennbar, in ein Ich, das auch ἔσω ἄνθρωπος heißt (V. 22), und ein keineswegs nur körperliches σῶμα τοῦ θανάτου τούτου (V. 24), das nach 6,6 zum παλαιὸς ἄνθρωπος gehört oder eine andere Bezeichnung für ihn ist und unter dem das Ich nach Befreiung seufzt. So stimmt der Ver-

---

63 Oder incommodi, wenn man in 7,1-6 allein Befreiung vom Gesetz findet (vgl. unten Anm. 74); instr. würde sich mit dem folgenden διά reiben.

64 Mehrheitsmeinung.

65 Christus starb ganz und wurde aus den Toten zum ewigen Leben auferweckt (vgl. 6,10 ἐφάπαξ). Den Christgläubigen widerfährt das als differenziertes und gestrecktes Geschehen. Zwischen Christwerden und Parusie (bzw. Tod) sind sie in bestimmter Hinsicht tot und in anderer neubelebt. Die Hinsichten (Baumert spricht von zwei Dimensionen, Bereichen, Wirklichkeiten im Menschen) begrifflich genau zu bestimmen ist hier nicht nötig (ein Neuansatz zu σῶμα bei Kirchhoff, Sünde, 130-145).

66 So Wilckens, Römer II, 64f. Das Brotwort 1Kor 11,24 bezeichnet in Paulus' Verstand m.E. das Brot auch nicht als in den Tod gegebenen Leib Jesu, sondern als Vermittler der Teilhabe an der Gemeinde als Leib.

67 Unpassend, weil kein Mensch je ein sündloses σῶμα hatte. Gott (vgl. oben Anm. 12) kann der Ehemann nicht sein, weil er nicht stirbt. Das gleiche gilt für die Tora (anders z.B. Baumert, s. oben unter I).

68 Ich nehme nicht an, daß Röm 7,7-25 vom (oder auch vom) Gläubigen redet, aber die Gegenstimmen scheinen stärker zu werden (zuletzt K. Berger, Theologiegeschichte des Urchristentums. Theologie des Neuen Testaments, Tübingen/Basel ²1995, 513).

gleich einigermaßen.[69] Hatte Paulus bisher V. 2b aufgenommen und mit τῷ νόμῳ ausgewertet, greift er jetzt mit der Zweckbestimmung εἰς τὸ γενέσθαι ὑμᾶς ἑτέρῳ, τῷ ἐκ νεκρῶν ἐγερθέντι V. 3b auf und führt den Vergleich weiter. Der Auferweckte ist der zu Ende geschaffene, ganze Mensch, wie Adam sein sollte, aber nicht wollte, und dessen Bild die Christgläubigen im ewigen Leben tragen, d.h. dem sie gleichgestaltet sein werden, auch leiblich (1Kor 15,44-49; Phil 3,20f.).[70] Dieses Letzte ist hier aber nicht gemeint (so daß das γενέσθαι künftig wäre), sondern die Zugehörigkeit zu Christus im Geist (V. 6), die ἐν καινότητι ζωῆς (6,4) wandeln läßt. Die kann Paulus in 1Kor 6,16f. mit demselben Verb wie das Einswerden von Mann und Frau als ἓν σῶμα bezeichnen (V. 17 ὁ δὲ κολλώμενος τῷ κυρίῳ ἓν πνεῦμά ἐστιν). Näher liegt aber 2Kor 11,2, wonach die gegenwärtige Verbindung mit Christus die (ehebegründende) Verlobung ist, der bei der Parusie die Hochzeit folgt.[71] Die traditionelle Ehemetaphorik ist also V. 2f. entsprechend da, aber man sollte sie nicht zu voll nehmen. Daß Paulus wirklich von der irdischen Existenz der Adressaten mit Christus redet, zeigt der Finalsatz[72]; καρποφορεῖν τῷ θεῷ ist Metapher für Handeln nach Gottes Willen, das ins ewige Leben führt (wie κ. τῷ θανάτῳ sündiges Handeln, das den Tod einbringt, vgl. 6,15-23). Gottes Willen bestimmt auch für die Christgläubigen m.E. die Tora, für Judenchristen die ganze, für Heidenchristen das, was für Heiden immer schon vorgesehen war.[73] Sie begegnet allerdings nach dem Mitsterben mit Christus anders als vorher (auch hier bleibt eine Unstimmigkeit), nicht als Buchstabe, sondern ἐν καινότητι πνεύματος (V. 6). Nach Paulus macht der Geist neben anderem Lust auf die Erfüllung der Tora (8,2-4). Wenn es richtig war, daß in V. 3b der Ton auf τοῦ μὴ εἶναι αὐτὴν μοιχαλίδα liegt, dann in V. 4 auf dem Finalsatz. Er ist neben (ἐθανατώθητε) τῷ νόμῳ der eigentliche Ertrag der Folgerung.

---

69 Er könnte nahelegen, nun doch das Paar als Subjekt von V. 2f. aufzufassen (s. oben unter I). Aber es geht Paulus auf beiden Seiten um das Schicksal der Ehefrau bzw. der Adressaten, nicht um das ihrer Partner. Unerwartet ist, daß von V. 4 aus rückblickend der Ehemann ein großer Sünder und die Ehe schlimm war. Das hatte V. 2 nicht ahnen lassen, aber auch nicht ausgeschlossen; die Geltung von V. 2a und 3a wird nicht berührt.

70 1 Korinther 15_{39-41}, ZNW 75, 1984, 233-258; O. Hofius, Die Adam-Christus-Antithese und das Gesetz. Erwägungen zu Röm 5,12-21, in: J.D.G. Dunn ed., Paul and the Mosaic Law, WUNT 89, 1996, 165-206, hier 182-184.

71 C. Wolff, Der zweite Brief des Paulus an die Korinther, ThHK 8, 1989, 210-212. Paulus spricht hier von der Gemeinde, in Röm 7,1-6 m.E. nicht. Er kann aber auch anderswo von ihr und den Einzelnen dasselbe sagen (z.B. 1Kor 3,16f.; 6,19).

72 Er gehört wohl zu ἐθανατώθητε (ausführlich Cranfield, Romans I, 336f.) oder vielleicht besser zu ganz V. 4 bisher (vgl. Röm 8,3f.), weniger gut zu γενέσθαι, nicht zu ἐγερθέντι (so Zahn, Römer, 333; Thüsing, Per Christum in Deum, 99).

73 K. Finsterbusch, Die Thora als Lebensweisung für Heidenchristen. Studien zur Bedeutung der Thora für die paulinische Ethik, SUNT 20, 1996.

V.

Wenn sich das alles einigermaßen halten läßt, sind Röm 7,2f. keine Allegorie, keine Bestätigung für V. 1, auch kein Bild oder Gleichnis. Paulus wendet die rechtshermeneutische Regel V. 1 in V. 2 auf eine Grundbestimmung des Rechtsgebiets der Ehe an, welches traditionell Metaphern für das Gottesverhältnis liefert, das durch die Tora auch ein rechtliches Verhältnis ist, und zieht in V. 3 einen Schluß daraus. V. 2 ist dem, was nach Paulus den Christgläubigen beim Mitsterben mit Christus in ihrem Verhältnis zur Tora geschieht, so hinreichend analog, daß ein Schluß analog V. 3 auch im Blick auf sie erlaubt ist: V. 4. Der Schluß ist plausibel, wenn das Gottesverhältnis wirklich einer Ehe vergleichbar ist und wenn Tod und Auferweckung Christi sinnvoll so gedeutet werden können, daß der Gläubige daran teilnimmt, wie Paulus es tut. Der Vergleich ist durch die Tradition gedeckt, die inkludierende Deutung von Karfreitag und Ostern muß sich vor der theologischen Vernunft bewähren.

Der Tenor von Röm 7,1-6 ist nicht Herrschaftswechsel von Gesetz zu Christus oder Befreiung vom Gesetz durch Christus[74], sondern Befreiung vom gescheiterten Toragehorsam des alten Menschen zum geistgewirkten des in Christus neugewordenen. Der Haftpunkt von 7,1-6 in K. 6 liegt wie allgemein angenommen in V. 14f., aber nicht in der Opposition οὐχ ὑπὸ νόμον, ἀλλὰ ὑπὸ χάριν, sondern in V. 14a und dem fragenden ἁμαρτήσωμεν am Anfang von V. 15. Wir sündigen nicht und brechen unser Gottesverhältnis nicht, wenn wir an Christus glauben, sondern sind im Recht.[75]

Röm 7,5f. und 7,7-8,11, die die beiden Verse ausführen, müßten das freilich bestätigen; das tun sie aber wohl.

---

74 Vgl. z.B. die Überschriften Wilckens, Römer II, 62: „Der Herrschaftswechsel"; Stuhlmacher, Römer, 94: „Das Ende der Herrschaft des Gesetzes"; Vollenweider, Freiheit, 339: „Bindung und Tod". Zutreffender z.B. Zeller, Römer, 130: „Dem Gesetz gestorben dienen wir in der Neuheit des Geistes".

75 Vgl. Schlatter, Gottes Gerechtigkeit, 224-231.

Christusbindung *oder* Weltbezug?
Sachkritische Erwägungen zur paulinischen Argumentation in 1Kor 7

von Wolfgang Harnisch

Die paulinische Stellungnahme zum Thema der sexuellen Kommunikation, die in 1Kor 7 vorliegt, wirkt bis heute insofern befremdlich, als sie bei aller Wertschätzung des ehelichen Standes doch deutlich eine Lebensform sexueller Kontinenz favorisiert. Immer wieder hat man versucht, den Stachel dieser Zumutung durch bestimmte exegetische Argumente zu entschärfen. So wird z.B. unterstellt, bei der anstößigen Äußerung von 7,1b, die ganz unverblümt der Sexuallaskese das Wort redet, handle es sich nicht um eine paulinische These, sondern um eine von Paulus zitierte Devise der Korinther[1], mit der sich der Apostel keineswegs vorbehaltlos identifiziere. Andererseits macht man für die auch bei Paulus nicht zu übersehende Bevorzugung der Ehelosigkeit pauschal den Rahmen der Naherwartung verantwortlich[2] und sieht im Blick auf den zeitbedingten Charakter dieser eschatologischen Vorstellung die Relevanz des promulgierten asketischen Ideals relativiert. Beide Optionen sind m.E. exegetisch fragwürdig und auch in hermeneutischer Hinsicht problematisch. Eine sachgemäße Wahrnehmung von 1Kor 7 hat vielmehr zwei Grundannahmen zu beherzigen: (1) Paulus *selbst* will bei der Maxime von 7,1b behaftet sein, freilich in Relation zu

---

1 So zuletzt wieder W. Deming, Paul on Marriage and Celibacy. The Hellenistic Background of 1 Corinthians 7, SNTS.MS 83, 1995, 110ff.; W. Schrage, Der erste Brief an die Korinther, Bd. II, KEK VII/2, 1995, 53f.; vgl. bereits ders., Zur Frontstellung der paulinischen Ehebewertung in 1Kor 7,1-7, ZNW 67, 1976, 214-234: 215; H. Merklein, „Es ist gut für den Menschen, eine Frau nicht anzufassen". Paulus und die Sexualität nach 1Kor 7, in: ders., Studien zu Jesus und Paulus, WUNT 43, 1987, 385-408: 389ff.; G.D. Fee, The First Epistle to the Corinthians, NIC, (1987) 1988, 273f.; H.-J. Klauck, 1. Korintherbrief, NEB 7, ²1987, 50, sowie die bei Schrage, 1 Kor, Bd. II, 53, Anm. 11, Genannten.

2 Vgl. z.B. H. Baltensweiler, Die Ehe im Neuen Testament. Exegetische Untersuchungen über Ehe, Ehelosigkeit und Ehescheidung, AThANT 52, 1967, 172; Merklein, „Es ist gut ...", 405f.; F. Froitzheim, Christologie und Eschatologie bei Paulus, FzB 35, ²1982, 18f. (im folgenden bemüht sich Froitzheim allerdings um eine christologische Präzisierung des Theologumenons [vgl. bes. 27f.]); S. Keil, Theologische Überlegungen zur Vielfalt der Geschlechterverhältnisse, BThZ 14, 1997, 14-29: 22; differenzierter Schrage, 1 Kor, Bd. II (s. Anm. 1), 61, Anm. 57; 175, Anm. 702.

der in 7,2ff. angefügten Konzession, und (2) was seine komparativisch entworfene Sexualethik begründet, sind Gesichtspunkte einer eschatologisch akzentuierten *Christologie*, die sich nicht als Relikt einer geschichtlich widerlegten und theologisch obsoleten Vorstellung abtun läßt. Die folgenden Überlegungen suchen zu zeigen, daß eben diese christologische Pointe der paulinischen Instruktion von 1Kor 7 zum Widerspruch reizt. Zunächst soll in Form einer knappen Skizze dargelegt werden, inwiefern sich der Text als eine von vornherein am Kanon des Besseren (Ehelosigkeit) orientierte Empfehlung des Guten (Ehe) zu verstehen gibt (I). Im Brennpunkt des Interesses steht indessen die anschließend erörterte Frage, was es mit der digressio in 7,29-35, die als Begründung des Ganzen fungiert, auf sich hat (II) und inwiefern diese Partie Sachkritik provoziert (III).

I.

Die exegetische Idee, 7,1b den Korinthern zuzuschreiben, kommt dem verständlichen Wunsch entgegen, Paulus von der Verantwortung für die dort zum Ausdruck gebrachte Reserve gegenüber der Sexualität zu entlasten. Doch scheint diese Hypothese schon aus syntaktischen Gründen kaum haltbar[3]. Sie ist im übrigen verstärkt durch den Umstand belastet, daß sie auf seiten der korinthischen Enthusiasten zwei derart gegensätzliche Verhaltensmuster wie Libertinismus (vgl. 1Kor 6,12ff.) und Askese voraussetzen und beide aus ein und derselben Wurzel, nämlich aus der in einer dualistischen Anthropologie begründeten Diskreditierung des Somatischen ableiten muß[4]. Von daher gesehen, erscheint es als zwingend geboten, die fragliche Äußerung als einen von Paulus selbst ins Spiel gebrachten Grundsatz zu verstehen[5] und den Auftakt der Briefpassage folgendermaßen zu paraphrasieren: 'Was aber euer Schreiben betrifft, [will ich euch meine Meinung nicht vorenthalten]: Es ist gut für den Menschen [= Mann], keine Frau zu berühren'. Bei 7,1b handelt es sich somit, wie J. Weiß zu Recht herausstellt, um „die das ganze Kapitel beherrschende These, auf die P[aulus] nicht nur an den Schlüssen V. 7.40, sondern auch im Verlauf immer

---

3 Wäre 7,1b auf eine in Korinth umlaufende Devise zu beziehen, hätte die Absicht der Zitation doch wohl durch ὅτι (nach ἐγράψατε) signalisiert werden müssen; außerdem wäre in diesem Fall das adversative δέ in 7,2 fehl am Platz (so zu Recht G. Sellin, Hauptprobleme des Ersten Korintherbriefes, ANRW II 25.4, 1987, 2940-3044: 3002, Anm. 321).

4 Vgl. z.B. Schrage, Frontstellung (s. Anm. 1), 217f.

5 So schon J. Weiß, Der erste Korintherbrief, KEK V, 1977 (= ⁹1910), 169f.; ebenso u.a. z.B. R. Bultmann, Theologie des Neuen Testaments, UTB 630, ⁹1984, 203; G. Bornkamm, Paulus, Urban-TB 119, ⁷1993, 213; K. Niederwimmer, Askese und Mysterium. Über Ehe, Ehescheidung und Eheverzicht in den Anfängen des christlichen Glaubens, FRLANT 113, 1975, 83f.; Sellin, Hauptprobleme (s. Anm. 3), 3002f.

wieder (V. 8.26.38) zurückkommt, und die als Grundstimmung alle Einzelaussagen durchklingt"[6]. Damit ist zugleich das entscheidende Argument für die
paulinische Handschrift der Formulierung von 7,1b genannt: Nur wenn es sich
bei der Äußerung um eine These des Briefschreibers handelt, erscheint die Aussagefolge von 7,1-40 insgesamt als kohärent.

Möglicherweise liegt der paulinischen Stellungnahme eine durch 1Kor
6,12ff. veranlaßte korinthische Rückfrage voraus[7]. Im Blick auf die dort behauptete Unvereinbarkeit der Liaison mit der Dirne und der mit Christus (6,16f.)
könnten die Korinther den Apostel zur Rede gestellt und sich nach der Reichweite der sexuellen Entsagung erkundigt haben: Gilt sie auch für die eheliche
Beziehung? Sollen Unverheiratete ehelos bleiben?[8] Paulus antwortet zunächst
rigoristisch im Sinne des früheren Votums: 'Es ist gut für den Mann, mit der
Frau geschlechtlichen Umgang zu meiden'[9] (7,1b). Wie J. Weiß anmerkt, liegt
in καλόν „etwas komparativisches"[10]: Die Tugend der Enthaltsamkeit empfiehlt
sich als der bessere Weg. Was 7,1b geltend macht, ist somit keineswegs ein

---

6 Weiß, 1 Kor (s. Anm. 5), 170; wie Weiß (169f.) konstatiert, ist die Formulierung von
   7,1 eine Form abgekürzter Redeweise (Brachylogie oder Ellipse [vgl. F. Blass/A.
   Debrunner, Grammatik des neutestamentlichen Griechisch, bearb. von F. Rehkopf,
   Göttingen [16]1984, § 483]): „ausgelassen ist [sc. nach 7,1a] ein: darauf antworte ich
   folgendes".

7 So m.E. zu Recht Sellin, Hauptprobleme (s. Anm. 3), 2970f.3003 (zu der damit
   verbundenen literarkritischen Hypothese [Zuweisung von 1Kor 6,12-20 zum sog.
   'Vorbrief'] vgl. a.a.O., 2968.2970f.; M. Pöttner, Realität als Kommunikation. Ansätze zur Beschreibung der Grammatik des paulinischen Sprechens in 1Kor 1,4-4,21
   im Blick auf literarische Problematik und Situationsbezug des 1. Korintherbriefes,
   Theologie 2, 1995, 108ff.120f.).

8 In diesem Zusammenhang ist von Interesse, daß Paulus im letzten Satz seiner Stellungnahme von 1Kor 7, gleichsam als 'Unterschrift' zum Ganzen (vgl. W. Schmithals, Die Gnosis in Korinth. Eine Untersuchung zu den Korintherbriefen, FRLANT
   66, [3]1969, 221), den Anspruch geltend macht, auch seinerseits den Geist Gottes zu
   besitzen: δοκῶ δὲ κἀγὼ πνεῦμα θεοῦ ἔχειν (7,40b). Zu dieser Feststellung sieht er
   sich offensichtlich durch den Umstand provoziert, daß es in Korinth Leute gibt, die
   sich selbst auf exklusive Weise als Pneumatiker ausgeben, kraft der Autorität des
   Geistes der Gemeinde Weisungen erteilen und im Widerspruch zu einem entsprechenden paulinischen Votum entschieden jede Beschränkung der sexuellen Freiheit
   bestreiten. Die Gemeinde ist irritiert und sucht, zwischen den konkurrierenden Autoritäten hin- und hergerissen, nach verbindlicher Orientierung. Die Lage hat sich insofern zugespitzt, als der paulinische 'Vorbrief', insbesondere die Ausführungen von
   6,12-20, der Gemeinde im Gegenzug gegen den Libertinismus der Pneumatiker den
   radikalen Verzicht auf Sexualität überhaupt nahezulegen scheint (zur Sache vgl.
   auch Niederwimmer, Askese [s. Anm. 5], 76f.79f.).

9 Zur sexuellen Konnotation von ἅπτεσθαι vgl. nur Gen 20,6LXX; Spr 6,29LXX
   sowie Schrage, 1 Kor, Bd. II (s. Anm. 1), 59, Anm. 43.

10 Weiß, 1 Kor (s. Anm. 5), 170.

Prinzip, sondern eine Maxime[11], die das im Zweifelsfall vorzuziehende Verhalten umschreibt, ohne die damit abgewertete Verhaltensalternative absolut disqualifizieren zu wollen. Wiewenig das letztere der Fall ist, zeigt sich an der Fortsetzung der Aussagefolge in 7,2. Ohne die Maxime von 7,1b zurückzunehmen, gibt Paulus nun zu erkennen, daß er auch die Möglichkeit der Ehe gelten läßt: 'Aber wegen der Unzuchtsvergehen mag jeder seine eigene Frau haben, und jede mag ihren eigenen Mann haben'. Freilich nimmt diese Rehabilitierung der in 7,1b implizit diskreditierten Option von vornherein den Charakter einer Konzession an: Nur διὰ τὰς πορνείας erscheint die eheliche Beziehung gerechtfertigt. Sie gilt als ein apotropäisches Mittel gegen die dämonische Macht der σάρξ, und in dieser Hinsicht wird sie zwar nicht als Regelfall befohlen, wohl aber als ein möglicher zweiter Weg eingeräumt. Man kann es drehen und wenden, wie man will, an der Einsicht in den permissiven Charakter der Imperative in 7,2[12] führt in Anbetracht der klar zum Ausdruck gebrachten Motivation der paulinischen Weisung kein Weg vorbei: „Um der Unzucht auszuweichen, darf man das Institut der Ehe benützen". Insofern gewinnt die eheliche Beziehung eindeutig den Charakter eines *remedium concupiscentiae* (bzw. *incontinentiae*): „Sie erweist sich als notwendig angesichts der Tatsache, daß die Ehemeidung noch nicht identisch sein muß mit der Freiheit von den libidinösen Affekten - wenigstens bei der Mehrheit nicht. Vielmehr ist zu fürchten, daß der Eheverzicht als generelles Gebot ... nur zur unbewältigten Unterdrückung der Libido führen würde und schließlich zur Unzucht. *Das* muß unbedingt vermieden werden. Um es zu vermeiden, ist die Ehe geraten ... Der eheliche Verkehr ist der einzige und ausschließliche Ort für die Unenthaltsamen, ihre Libido abzureagieren"[13] (vgl. 7,3f.). Am Schluß der Grundsatzerklärung von 7,1-7 thematisiert Paulus in einer metakommunikativen Äußerung explizit die regulativen Kriterien seiner Stellungnahme: Er empfiehlt die Ehe nicht als eine vorgeschriebene, sondern lediglich als eine zugestandene Lebensform (7,6). Wünschenswert wäre aus seiner Sicht eher der von ihm selbst praktizierte Status der Ehelosigkeit. Doch diesen zur Norm zu erheben, verbietet sich für ihn angesichts des Umstandes, daß die konkrete Gestaltung eschatologischer Existenz auf der Ebene der Geschlechterbeziehung charismatisch bedingt ist und daher unterschiedliche soziale Prägungen anzunehmen vermag (7,7).

Die beiden in der Präambel pointierten Leitgesichtspunkte ([1] Favorisierung der Sexualaskese, [2] Konzession der Ehe als *remedium concupiscentiae*)

---

11 Vgl. Niederwimmer, Askese (s. Anm. 5), 84.
12 Mit H. Conzelmann, Der erste Brief an die Korinther, KEK V, ²1981, 147 und ebd., Anm. 16; gegen Schrage, 1 Kor, Bd. II (s. Anm. 1), 61f.
13 Niederwimmer, Askese (s. Anm. 5), 88f.

behalten auch für die paränetischen Einzelweisungen (7,8-16.25-40[14]) grundlegende Bedeutung:

(1) So bietet sich aus paulinischer Sicht im Witwenstand[15] ebenso die Chance zur Realisierung des *asketischen Ideals* wie bei den Grenzfällen, daß sich ein
weibliches Gemeindeglied über das Scheidungsverbot des Herren hinwegsetzt
oder daß die Ehe aufzulösen ist, weil der ungläubige Partner dies verlangt (vgl.
7,8.11a.15ab). Explizit begegnet das die gesamte Stellungnahme bestimmende
Interesse an einer hierarchischen Verhältnisbestimmung von Ehe und Ehelosigkeit im Votum an die Verlobten. Dort findet sich die griffige Formel: 'Also, wer
seine Jungfrau [= Braut] heiratet, der handelt gut; und wer sie nicht heiratet,
handelt besser' (7,38). Auf den weiblichen Partner eines Verlöbnisses[16] bezogen, lautet die entsprechende Instruktion: Nach dem Tod ihres Verlobten ist
eine Frau 'frei, zu heiraten, wen sie will, nur [geschehe es] im Herrn. Seliger
aber ist sie, wenn sie so [= unverheiratet] bleibt, [jedenfalls] nach meiner Meinung' (7,39f.). Für Paulus stellt sich somit der Eheschluß von Verlobten eindeutig als gutes Handeln dar. Aber, und dieser Vorbehalt läßt sich nicht überhören, „gutes Handeln ist *steigerungsfähig*"[17]. Der Weg des Eheverzichts vermag
den der Ehe zu überbieten.

(2) Auch der oben genannte zweite Aspekt ist konstitutiv für das Ganze: Für
Paulus kommt das zugestandene Institut der Ehe primär als ein *Bollwerk gegen
die Unzucht* in Betracht (vgl. 7,2). Aus diesem Grund ist, wie es bereits in der
Grundsatzerklärung heißt (vgl. 7,5), sexuelle Abstinenz in der Ehe nur auf Ver-
abredung und in den engen Grenzen einer zeitlichen Befristung geraten. Andernfalls würde man anfällig für sexuelle Versuchungen und und geriete in die
Fänge dämonischer Mächte. Eben weil sich die Ehe, sofern sie dem natürlichen

---

14 Dabei handelt es sich im einzelnen um den paulinischen Rat an Verwitwete (7,8f.),
um das Herrengebot an Verheiratete (7,10f) und um die paulinische Empfehlung in
bezug auf gemischte Ehen (7,12-16) sowie im Blick auf Verlobte (7,25-40 [mit der
digressio 7,29-35]). - In Anbetracht der thematischen Diskrepanz zwischen 7,1-16
und 7,17-24 sowie hinsichtlich des nicht nur abrupten, sondern syntaktisch harten
Übergangs von 7,16 zu 7,17 halte ich es für geboten, das Stück 7,17-24 als eine
zwar auf Paulus zurückgehende, an dieser Stelle aber erst sekundär eingebrachte
Einlage zu betrachten, die dem Konto der nachpaulinischen Redaktion der Paulusbriefe zuzuschreiben ist (ebenso Pöttner, Realität [s. Anm. 7], 48, Anm. 5); schon
Weiß, 1 Kor (s. Anm. 5), 191, stellte (im Anschluß an Straatman, Baljon und Cle-
men) ähnliche Erwägungen an, ohne sich selbst zu der genannten naheliegenden literarkritischen Konsequenz durchringen zu können.
15 Die Partie 7,8f. läßt sich als ein Votum zum Witwenstand auffassen, wenn ἄγαμοι
als das männliche Pendant zu χῆραι gedeutet wird (so mit einleuchtender Begründung Fee, 1 Corinthians [s. Anm. 1], 287f.).
16 Daß 7,39f. „dem vorher behandelten Problemkreis der Verlobten zuzuordnen" und
auf den Fall einer durch Verlöbnis gebundenen Frau zu beziehen ist, stellt zu Recht
Schrage heraus (vgl. 1 Kor, Bd. II [s. Anm. 1], 204; vgl. 196.204ff.).
17 Pöttner, Realität (s. Anm. 7), 55.

sexuellen Verlangen Rechnung trägt, als ein Schutzinstrument gegen die absolut unzulässige Praxis der πορνεία darstellt, findet sich innerhalb der Einzelweisungen eine Direktive wie die von 7,9. Nach ihr empfiehlt sich eine eheliche Bindung für den Fall, daß Verwitweten[18] das Charisma der ἐγκράτεια versagt bleibt: 'Denn es ist besser zu heiraten, als vom Feuer der Leidenschaft verzehrt zu werden' (7,9b). Zutreffend urteilt K. Niederwimmer: „Die Ehe ist, was sie ist, immer nur gemessen an dem Ideal ..., nämlich gemessen an der Kontinenz. Sie ist schlechter als diese, aber immer noch besser als das, was ethisch unmöglich ist: die Unzucht, oder (wie es hier der Sache nach noch verschärfend heißt): das leidenschaftliche Ergriffensein von der sexuellen Begierde"[19].

II.

Fragt man nach der theologischen Begründung dieser Art von Sexualethik, ist man an die Partie 7,29-35 gewiesen. Dort finden sich grundsätzliche Erwägungen, die Paulus in der Form einer zweigeteilten Einlage wohl nicht zufällig in die Schlußpassage zur Lage der Verlobten eingeschoben hat.

1. Der erste Teil dieser digressio umfaßt die Partie 7,29-32a[20]. Gerahmt durch Wendungen, die sich in der Form der Anrede an die Adressaten richten (7,29a.32a), hebt er sich deutlich vom Kontext ab, sosehr er durch die Erwähnung der Verheirateten mit diesem zugleich verklammert bleibt. Was Paulus den Korinthern in der Art eines Offenbarungswortes[21] mitteilt, ist die Einsicht, daß sich der Weltbezug der Glaubenden in Anbetracht der zugespitzten Zeitlage im Medium eines ὡς μή zu vollziehen habe:

---

18 S. o. Anm. 15.

19 Niederwimmer, Askese (s. Anm. 5), 97; zur Sache vgl. a.a.O., 90 und bes. 123, wo die „für den Abschnitt charakteristische Abfolge von Möglichkeiten" zutreffend auf die Formel gebracht wird: „(a) das Wünschenswerte und eigentlich Angemessene (der Eheverzicht); (b) das in der Regel Nötige und innerhalb der Existenz als Christ immerhin Mögliche (nämlich die Ehe); (c) das auf jeden Fall Ausgeschlossene (nämlich die Unzucht)".

20 Für diese Abgrenzung, die eine Zäsur zwischen 7,32a und 7,32b voraussetzt (ebenso z.B. Weiß, 1 Kor [s. Anm. 5], 201; E. Kähler, Die Frau in den paulinischen Briefen unter besonderer Berücksichtigung des Begriffs der Unterordnung, Zürich/Frankfurt a. M. 1960, 35 mit Anm. 88), spricht die Korrespondenz von 7,32a mit 7,28fin.35: An allen drei Stellen begegnen metakommunikative Äußerungen, die bestimmte Sachaussagen (7,27f.29-31.32b-34) abschließen. Auch wenn zwischen 7,32a und 7,32bff. ein Stichwortzusammenhang besteht (ἀμέριμνος - μεριμνᾶν), übernimmt 7,32b die Funktion eines Neueinsatzes (anders z.B. Schrage, 1 Kor, Bd. II [s. Anm. 1], 167.169f.177).

21 Nach U.B. Müller (Prophetie und Predigt im Neuen Testament. Formgeschichtliche Untersuchungen zur urchristlichen Prophetie, StNT 10, 1975, 158ff.) handelt es sich um eine Form prophetischer Rede.

(29) Dies aber gebe ich euch kund, Brüder:
      Die Zeit ist 'komprimiert'.
      Also sollen die, die Frauen haben, so sein, als hätten sie keine,
(30) und die da weinen, als weinten sie nicht,
      und die sich freuen, als freuten sie sich nicht,
      und die kaufen, als behielten sie [es] nicht,
(31) und die von der Welt Gebrauch machen, als hätten sie nichts davon.
      Denn die Signatur dieser Welt vergeht [mit Macht].
(32a) Ich möchte aber, daß ihr ohne Sorge seid.

In der neueren Exegese scheint kaum noch strittig, daß sich eine derartige Passage weder vor dem Hintergrund stoischen noch vor dem gnostischen Denkens interpretieren läßt, wenn das paulinische Aussageinteresse zur Debatte steht[22]. Denn während sich der Stoiker von der Faktizität der Weltverhältnisse unterscheidet, indem er sich auf sein vernünftiges Ich zurücknimmt, das zwischen dem Verfügbaren und dem Unverfügbaren zu unterscheiden weiß, verwahrt sich der Gnostiker gegen das kosmische Gebundensein des Daseins, indem er sich als ein akosmisches Selbst behauptet. Mit beiden Positionen hat das paulinische Anliegen nichts gemein. Aber auch das apokalyptische Muster scheint als traditionsgeschichtliche Folie kaum in Betracht zu kommen, differenziert der Apokalyptiker doch zwischen der Welt als Geschick und der Welt als Raum des Thoragehorsams, in dem sein Ich als Wille beansprucht bleibt[23], und von einer derartigen Dialektik findet sich bei Paulus keine Spur. Die Analogie zwischen paulinischer und apokalyptischer Paränese scheint zunächst auf das Moment der eschatologischen Motivation reduziert (vgl. 7,31b mit 4Esr 4,26: *festinans festinat saeculum pertransire*[24]). Nun begegnet allerdings im Rahmen einer apokalyptisch geprägten Weissagung über die Drangsale der Endzeit eine Aussagereihe, die der paulinischen sehr nahekommt. Es handelt sich um die Partie 6Esr 2,42-45, auf die W. Schrage aufmerksam gemacht hat[25]. Die mit 1Kor 7,29ff. vergleichbaren Sätze gehören in eine als Völkerorakel stilisierte eschatologische Weissagung (6Esr 2,1ff.). Diese könnte auf die Be-

---

22 Anders freilich zuletzt Deming, der 1Kor 7 insgesamt zentral von stoischen sowie kynischen Denkmustern beherrscht sieht und für 7,29-31 speziell eine enge Verschränkung stoischer und apokalyptischer Motive behauptet (vgl. Paul on Marriage [s. Anm. 1], passim und bes. 177ff.), ohne eine in bestimmter Hinsicht zu konzedierende 'christliche Färbung' [!] der in 1Kor begegnenden stoischen Ideen leugnen zu wollen (vgl. a.a.O., 193).
23 Zur Sache vgl. W. Harnisch, Verhängnis und Verheißung der Geschichte. Untersuchungen zum Zeit- und Geschichtsverständnis im 4. Buch Esra und in der syr. Baruchapokalypse, FRLANT 97, 1969, 240ff.
24 Zur Interpretation d. St. vgl. a.a.O., 270ff.
25 Vgl. W. Schrage, Die Stellung zur Welt bei Paulus, Epiktet und in der Apokalyptik. Ein Beitrag zu 1Kor 7,29-31, ZThK 61, 1964, 125-154: 139ff.; zum folgenden vgl. auch W. Harnisch, Eschatologische Existenz. Ein exegetischer Beitrag zum Sachanliegen von 1. Thessalonicher 4,13-5,11, FRLANT 110, 1973, 71ff.

streitung eines Einwandes der Skepsis gemünzt sein, denn dem Verfasser liegt offenbar daran, die in Aussicht gestellte eschatologische Katastrophe als unausweichlich, das Kommen der Enddrangsal als unabwendbar zu erweisen (vgl. 6Esr 2,3-5.6-8.16.36-40). Pointiert ist die Zwangsläufigkeit eines Unheilsgeschehens, das die Frevler bedroht. In 6Esr 2,41ff. geht die Redeform der Prophezeiung unvermittelt in die der Paränese über:

(41)   Höret das Wort, ihr, mein Volk!
        Bereitet euch zum Kampf,
        und im Leiden benehmet euch wie Fremdlinge auf der Erde:
(42)   Wer verkauft, als sei er auf der Flucht,
        und wer kauft, als sei er im Begriff zu verlieren;
(43)   wer handelt, als werde er keinen Gewinn mehr einnehmen;
        wer baut, als werde er nicht mehr wohnen;
(44)   wer sät, als ob er nicht ernten werde;
        ebenso auch wer [seine Weinstöcke] beschneidet,
            als ob er nicht Lese halten werde;
(45)   die da heiraten, als ob sie keine Kinder erzeugen würden;
        und die nicht heiraten, als ob sie verwitwet wären[26].

Vergleicht man diese Aussagefolge mit der von 1Kor 7,29c-31a, zeigt sich eine überraschende Analogie in Form und Sache: „In beiden Fällen handelt es sich um eine Reihe von kurzen Mahnungen in antithetischem Parallelismus, wobei das zweite Glied des Parallelismus stets mit ώς μή bzw. quasi (non) eingeleitet und dem ersten Glied gegenübergestellt wird"[27]. Sachlich berühren sich die Handlung des Kaufens sowie das Motiv der ehelichen Bindung. Freilich lassen sich nun auch die Differenzen nicht übersehen: „Die paulinischen Mahnungen zeichnen sich z.T. durch größere Radikalität und Dialektik aus. Das zeigt sich schon äußerlich daran, daß Paulus in drei Fällen einfach dasselbe Verb, das er im Vorderglied des Parallelismus gebraucht, im hinteren Glied wieder negiert; im 6. Esra dagegen wird im zweiten Glied stets ein anderes Verb gewählt, so daß auf eine Negation in einzelnen Fällen auch verzichtet werden kann ... Außerdem gebraucht Paulus im hinteren Glied nicht das Futur, sondern das die Gleichzeitigkeit zu dem im Vorderglied umschriebenen Verhalten ausdrückende Partizip des Präsens"[28].

Welches Sachinteresse verfolgt die apokalyptische Parallele aus 6Esr? Aufschlußreich ist die Eingangsmahnung 6Esr 2,41. Die Adressaten werden aufgefordert, sich zum Kampf mit der Macht des Bösen zu rüsten. Sie sollen die anstehende Leidenszeit in dem Bewußtsein ins Auge fassen, 'Fremdlinge auf der

---

26 Übersetzung hier und im folgenden (mit geringfügigen Änderungen) nach H. Duensing, Das fünfte und sechste Buch Esra, in: E. Hennecke, Neutestamentliche Apokryphen, Bd. II, hgg. von W. Schneemelcher, Tübingen ³1964, 488-498: 493ff.
27 Schrage, Stellung (s. Anm. 25), 147.
28 A.a.O., 148.

Erde' zu sein. Entsprechend geben sich die Aussagen über das alltägliche Verhalten als eine „prophylaktische[n] Losung zur Vorbereitung auf das Weltende und seine Schrecken"[29] zu erkennen. Alle Handlungen sollen in der Einstellung vollzogen werden, daß keine Zeit bleibt, *den damit verbundenen Zweck auszukosten.* Wer damit rechnen muß, morgen aus seiner Heimat vertrieben zu werden, wird heute nicht mehr das Feld bestellen und die Saat ausstreuen. So ist das apokalyptische ὡς μή durch die Erwartung dirigiert, daß sich die alltäglichen Verrichtungen *nicht mehr lohnen,* weil eine Katastrophe unerhörten Ausmaßes bevorsteht, die den Sinn allen Tuns in Frage stellt und das Worum-willen gegenwärtiger Aktionen hintergeht. Daß die Aussageabsicht der Endzeitmahnung eben jenen bedrohlichen Einschnitt bewußt machen will, der den geläufigen Lebenszusammenhang unterbricht und alles planvolle Tun als absurd erscheinen läßt, zeigt deutlich die Fortsetzung der Partie in 6Esr 2,46-49: 'Deshalb arbeiten umsonst, die da arbeiten: Ihre Frucht werden Fremde ernten, und ihr Vermögen werden sie rauben, ihre Häuser zerstören, ihre Söhne in Gefangenschaft führen. Darum sollen, die da heiraten, wissen, daß sie ihre Kinder in Gefangenschaft und Hungersnot hervorbringen werden. Und die Handel treiben, tun es, wie man Beute macht'. Die apokalyptische Paränese hält die Gerechten also dazu an, auf den *Entzug aller Dinge* gefaßt zu sein, auf die sie normalerweise angewiesen sind, um ihr Dasein zu fristen. Gerade darin erweist sich die Zugehörigkeit zur Gerechtigkeit, daß man sich nicht an die Habe klammert, sondern alles fahren läßt. Umgekehrt zeigt sich der Frevler als der aufs Haben Versessene, dem Wahn verfallen, die Krise durch die Beraubung anderer meistern zu können (vgl. 6Esr 2,72f.). Doch das Leiden, das den Beraubten widerfährt, dient gerade als Beweis ihrer Treue, die sie durch die Drangsal der Endzeit hindurchzuretten vermag: 'Dann wird die Bewährung meiner Auserwählten an den Tag kommen, wie das Gold, das durch Feuer erprobt wird' (6Esr 2,74).

Nach allem Gesagten scheint der paulinische Text nun doch am ehesten mit apokalyptischer Denkweise vergleichbar. Dafür spricht die frappante Verwandtschaft in der Aussageintention, wie sie beim Vergleich zwischen 6Esr 2,41ff. und 1Kor 7,29bc-31 in die Augen springt. Was die Nähe der paulinischen Version des ὡς μή zur apokalyptischen Variante besonders augenfällig macht, ist die eschatologische Motivation der paulinischen Mahnung: 'Die Zeit ist komprimiert' (7,29b); 'denn die Signatur dieser Welt vergeht [mit Macht]' (7,31b). Berücksichtigt man, daß die Anredefloskel τοῦτο δέ φημι, ἀδελφοί auch an anderer Stelle (1Kor 15,50a) einen Aussagezusammenhang eröffnet, in dem apokalyptische Tradition verarbeitet scheint (vgl. 1Kor 15,51bc.52), und beachtet man die reflektierte Stilisierung des Stückes, könnte es sich bei den Versen 7,29bc-31 sogar um ein wörtlich übernommenes Überlieferungsstück apo-

---

29 Ebd.

kalyptischer Provenienz handeln[30]. Dann gäbe Paulus in apokalyptischer Sprache seiner Überzeugung Ausdruck, daß sich radikale Distanz zur Welt für die
Glaubenden deshalb empfiehlt, weil die Gegenwart bereits den Vorschein einer
eschatologischen Kehre bildet, welche die alltäglichen Lebensbedingungen
außer Kraft setzen wird: „Die Welt eilt bereits ihrem Ende entgegen. Der End-
kampf hat schon begonnen. Und darum bleibt nun keine Zeit mehr für die Vorbereitung, sondern nur noch für Gehorsam und Bewährung im hic et nunc des
zusammengedrängten καιρός (ἵνα!). Gerade darum gilt nun aber: Die da Frau-
en haben, sollen sein, als hätten sie (schon) keine (mehr); und die da weinen, als
weinten sie (schon) nicht (mehr); und die sich freuen, als freuten sie sich
(schon) nicht (mehr); und die da kaufen, als besäßen sie (es schon) nicht mehr;
und die da die Welt gebrauchen, als gebrauchten sie (sie schon) nicht (mehr)"[31].

Diese Lesart des Textes läßt sich nicht ohne weiteres von der Hand weisen.
Sie scheint religionsgeschichtlich fundiert und in sich schlüssig. Freilich sieht
man sich in diesem Fall unausweichlich zur Sachkritik provoziert. Denn wenn
die ὡς μή-Aussagen des Textes auf dem Motiv der Naheschatologie beruhten,
verlören sie infolge der ausgebliebenen Parusie ihre heutige Relevanz. Dies hat
schon J. Weiß richtig empfunden. Befremdet durch „die innerliche Unberührt-
heit von der Welt, die hier gefordert wird" und die „eine gewisse Kälte und
Teilnahmslosigkeit einschließt", stellt er im Blick auf 7,30c bezeichnenderweise
fest: „Hier macht sich der Unterschied der Zeiten mächtig geltend: die Nähe des
Weltendes muß den Unternehmungsgeist lähmen; wir aber betrachten die Welt
als auch nach uns weiter bestehend". Aus heutiger Sicht wirkt das ὡς μή selt-
sam: „jedenfalls deckt die paulinische Formulierung, so verständlich sie bei ihm
ist, unsere Empfindungsweise nicht mehr"[32].

Bevor man einen Text wie 1Kor 7,29bc-31 aus sachkritischen Gründen eli-
miniert, sollte man sich nun freilich vergewissern, ob die für ihn reklamierte
apokalyptische Deutung, welche die Sachkritik allererst auf den Plan ruft, tatsächlich über jeden Zweifel erhaben ist. Kommt es von ungefähr, daß die paulinischen Aussagen nichts von jener Katastrophenstimmung erkennen lassen,
welche das apokalyptische Monitum von 6Esr 2,41ff. begründet? Jedenfalls
findet sich kein Anhaltspunkt dafür, das Motiv einer *bedrohlichen* Zukunft für

---

30 Vgl. Schrage, Stellung (s. Anm. 25), 138, sowie ders., 1 Kor, Bd. II (s. Anm. 1),
   168; V.L. Wimbush nimmt an, daß Paulus in 7,29bc-31a von einem 'stereotypen
   Muster eschatologischer Prophetie' Gebrauch macht (vgl. Paul. The Worldly Ascetic. Response to the World and Self-Understanding according to 1Corinthians 7,
   Macon, GA 1987, 44ff.); nach Deming könnte Paulus in 7,29c-31a aus einem apokalyptischen Traditions- oder Quellenstück zitiert haben (vgl. Paul on Marriage [s.
   Anm. 1], 180f.).
31 Schrage, Stellung (s. Anm. 25), 148 (vgl. aber Schrages selbstkritischen Kommentar
   zu dieser Formulierung in: 1 Kor, Bd. II [s. Anm. 1], 173, Anm. 692); ähnlich Niederwimmer, Askese (s. Anm. 5), 110.
32 Weiß, 1 Kor (s. Anm. 5), 198.200.

das paulinische ὡς μή in Anschlag zu bringen[33]. Paulus verbindet seine Mahnung bezeichnenderweise nicht mit der Aufforderung zum Kampf, sondern mit dem Wunsch, die Adressaten in einer Lage zu wissen, die *frei von Sorge* ist (7,32a). Erscheint diese Äußerung nur dann als plausibel, wenn man sie auf die Erwartung einer anstehenden Schreckens- und Leidenszeit bezieht? Hätte Paulus in diesem Fall den Korinthern nicht eher Geduld und die Kraft des Ausharrens bis zum Ende (vgl. Mk 13,13b) wünschen sollen?

Damit stehen wir vor dem eigentlichen hermeneutischen Problem der Exegese der Partie. Es gilt nämlich, dem Sachverhalt Rechnung zu tragen, daß sich die paulinische Eschatologie keineswegs einfach als Fortschreibung der apokalyptischen charakterisieren läßt. Sie ist vielmehr durch und durch *christologisch* begründet[34]. Paulus zeichnet die Christologie nicht in das Zeitraster der apokalyptischen Zwei-Äonen-Lehre ein, sondern er gibt umgekehrt seine eigenständig akzentuierte Eschatologie als Funktion der Christologie zu verstehen. So nimmt er als die entscheidende Zeitzäsur das Ereignis des Kreuzestodes Jesu in Anspruch. Weil das Eschaton in diesem Ereignis bereits in Erscheinung trat, kann er im Anschluß an die Anspielung auf Jes 49,8LXX behaupten: 'Siehe, jetzt ist die willkommene Zeit, siehe, jetzt ist der Tag des Heils' (2Kor 6,2). Freilich gewinnt diese eschatologische Qualität der Gegenwart nur für diejenigen ihre Wahrheit, die der Zeitansage des Evangeliums Glauben schenken: 'Christus ist das Ende des Gesetzes zur Gerechtigkeit für jeden, der glaubt' (Röm 10,4; vgl.

---

33 Als Gegeninstanz wird gewöhnlich 7,26 (in Verbindung mit der θλῖψις-Aussage in 7,28) beschworen: Mit ἀνάγκη (7,26) werde ein Stichwort ins Spiel gebracht, das in der Apokalyptik die der Äonenwende vorausgehende Phase der Bedrängnis bezeichnet (vgl. z.B. Schrage, 1 Kor, Bd. II [s. Anm. 1], 156f. sowie Anm. 600.601); entsprechend beziehe sich θλῖψις (7,28) auf die apokalyptisch verstandene 'endzeitliche Not': „Drangsal und Schmerz, Leid und Sorge, Trauer und Furcht dieses zu Ende gehenden Äons können sich für Verheiratete nur potenzieren" (a.a.O., 159f.). Aber ist diese gängige apokalyptische Akzentuierung des Zusammenhangs wirklich über jeden Zweifel erhaben? Sollte als Sachparallele zu der fraglichen Wendung in 7,26 nicht viel eher die Kontextaussage 7,37 in Betracht gezogen und ἐνεστῶσα ἀνάγκη analog auf die 'bestehende sexuelle Zwangslage' gedeutet werden? Könnte θλῖψις in 7,28 dann nicht eben die daraus erwachsende sittliche Not meinen? Paulus bedenkt an dieser Stelle unter Berücksichtigung beider Geschlechter den Fall, daß seine Weisung von 7,27b nicht befolgt wird und es doch zu einem Eheschluß kommt. Unzweideutig gibt er den Korinthern zu verstehen, daß es abwegig wäre, darin etwas Frevelhaftes zu erblicken: Wer heiratet, sündigt nicht. Freilich unterläßt es der Apostel auch hier nicht, die Verheirateten auf den möglichen Nachteil ihrer Entscheidung aufmerksam zu machen: Sie handeln sich θλῖψις τῇ σαρκί ein, nämlich eine Bedrängnis durch die Dinge der Welt (vgl. 7,33.34c), und davor will er die Korinther bewahren.

34 Zur Sache vgl. die treffenden Ausführungen zum paulinischen Zeitverständnis bei J. Baumgarten, Paulus und die Apokalyptik. Die Auslegung apokalyptischer Überlieferungen in den echten Paulusbriefen, WMANT 44, 1975, 180ff., bes. 196.

Gal 4,4-7 in Verbindung mit 3,23). Gegenwärtig ist der Tag des Heils, wenn anders er als gegenwärtig angesagt und auf diese Zusage hin als gegenwärtig geglaubt wird. Die Konkurrenz zwischen alt und neu, zwischen der Zeit der Gesetzesgerechtigkeit und der Zeit der Glaubensgerechtigkeit, ist entschieden, sofern die durch Christus herbeigeführte Zäsur der Zeiten mit einer Kehre in der Existenz zusammenfällt[35]. Darum gilt: 'Ist jemand in Christus, so ist er [schon] eine neue Schöpfung; das Alte ist vergangen, Neues ist geworden' (2Kor 5,17; vgl. Gal 3,26-28; 1Thess 5,4f.). Paulinisch verstanden, zeichnet sich die christologisch eröffnete Gegenwart also dadurch aus, daß sie sich schon jetzt als die Möglichkeit einer neuen Zeit darstellt, welche die Wirklichkeit der alten Zeit überholt. Aber diese Möglichkeit bleibt eine Möglichkeit der Zusage, die auf Glauben wartet. Sie bewahrheitet sich erst in der Lebensbewegung des Glaubens und am Ort der dort erfahrbaren Freiheit. Der Glaube hat alles, aber eben: der Glaube! Ihm ist die Freiheit von den Mächten der Sünde, des Gesetzes und des Todes zugesprochen, und er wird ermutigt, von dieser eschatologischen Möglichkeit der Freiheit in der Gegenwart Gebrauch zu machen.

Hält man sich diesen Entwurf einer christologisch begründeten Eschatologie vor Augen, wirkt 1Kor 7,29bc-31 als ein Fremdkörper, wenn dieser Text tatsächlich apokalyptisch interpretiert werden muß. Es ist daher verständlich, wenn W. Schrage feststellt: „Hätte Paulus es bei seinem Einschub in 1Kor 7,29-31 bewenden lassen, so wäre der Unterschied zur Apokalyptik ... kaum deutlich geworden, und es könnte so scheinen, als ob das Vergehen der Welt das zentrale Motiv seiner Welthaltung gewesen wäre"[36]. Aber ist dem Apostel wirklich zuzutrauen, daß er sich einfach einen apokalyptischen Seitensprung leistet, ohne das damit verbundene Mißverständnis einzukalkulieren? Darf er es sich erlauben, die christologische Orientierung seiner Eschatologie für einen Augenblick zu suspendieren? Die Frage stellen heißt, sie verneinen. Wiewenig Paulus das christologische Kolorit der von ihm vermittelten Zeiteinstellung aus den Augen verliert, zeigt denn auch die Alternative von τὰ τοῦ κυρίου und τὰ τοῦ κόσμου (vgl. 7,32b-34)[37] im unmittelbaren Anschluß an den Auftakt der *digressio* in 7,29-32a sowie die in 7,35fin. erklärte Zielsetzung seiner Stellungnahme: Sie soll die Korinther in die Lage versetzen, 'ohne Ablenkung ehrenhaft und beharrlich dem Herrn dienen zu können'. So bleibt als hermeneutischer Ausweg nur die Annahme, daß sich der Apostel in 7,29bc-31 zwar ein Überlieferungsfragment apokalyptischer Herkunft aneignet, dabei aber *implizit eine christologische Umkodierung der eschatologischen Rahmenaussagen voraussetzt.* Dann gewinnt die Semantik der apokalyptischen Sprache eine neue Valenz: *Weil der Kreuzestod Christi die Zäsur der Zeiten herbeiführte, ist der Kairos nun kom-*

---

35 Zur Sache vgl. U. Luz, Das Geschichtsverständnis des Paulus, BEvTh 49, 1968, 146.155.156ff.

36 Schrage, Stellung (s. Anm. 25), 153.

37 Dies stellt am Ende auch Schrage gebührend heraus (vgl. a.a.O., 153f.).

primiert, d.h. eschatologisch 'aufgeladen' (7,29b)[38]*. Und erst aufgrund dieser durch den Gekreuzigten bereits inaugurierten Zeitzäsur kann behauptet werden, daß das Gepräge dieses Äons im Vergehen begriffen ist (7,31b):* Wo der Glaube an den Gekreuzigten zunimmt, verliert die Macht des Alten an Einfluß. Unter dieser Prämisse fordern die paulinischen ὡς μή-Aussagen die Glaubenden an, in der Welt zu leben, ohne sie zur Lebensbasis zu machen. Und das können sie, weil sie der Sorge um den Seinsgrund des eigenen Daseins ledig sind (vgl. 7,32a)[39].

2. Auch der zweite Teil der Einlage (7,32b-35) besitzt grundsätzlichen Charakter, ist aber viel stärker als der erste auf das Generalthema der gesamten Stellungnahme bezogen. Um sein Grundanliegen zu verdeutlichen, konfrontiert Paulus die Lage der Unverheirateten mit derjenigen der Verheirateten, und zwar unter dem Vorzeichen der für beide vorausgesetzten eschatologischen Existenz, wie sie in 7,29-32a thematisiert wurde:

(32b) Der Unverheiratete kümmert sich um die Sache des Herrn,
       wie er [nämlich] dem Herrn gefalle;
(33)   der Verheiratete indessen kümmert sich um die Dinge der Welt,
       wie er [nämlich] seiner Frau gefalle,
(34)   und ist [auf diese Weise] gespalten.
       Die unverheiratete Frau und die [ungebundene] Jungfrau kümmern
           sich um die Sache des Herrn,
       daß sie heilig seien an Leib und Seele [Geist].
       Die Verheiratete indessen kümmert sich um die Dinge der Welt,
       wie sie [nämlich] ihrem Mann gefalle.
(35)   Das sage ich zu eurem eigenen Nutzen,
       nicht um euch eine Schlinge überzuwerfen,
       sondern damit ihr ehrenhaft und beharrlich dem Herrn [dienen könnt],
       ohne euch ablenken zu lassen.

Die Gegenüberstellung erfolgt in zwei Doppelaussagen, die jeweils antithetisch gebaut sind. Die erste handelt vom Mann (7,32b-34a), der zweite von der Frau (7,34bc). Das Ganze scheint allgemein an der Situationsdifferenz der Unverheirateten und der Verheirateten interessiert. Doch signalisiert Paulus durch die Hinzufügung von καὶ ἡ παρθένος in 7,34, daß die Feststellung auch auf den Stand der Jungfrauen und damit implizit auf das den Zusammenhang bestimmende Problem der Verlöbnisbindung (vgl. 7,25ff.) bezogen sein will.

---

38 So zu Recht G. Klein, Apokalyptische Naherwartung bei Paulus, in: H.D. Betz/L. Schottroff (Hg.), Neues Testament und christliche Existenz (FS H. Braun), Tübingen 1973, 241-262: 258f. sowie 259, Anm. 85; vgl. auch Fee, 1 Corinthians (s. Anm. 1), 342.
39 Zur Sache vgl. E. Fuchs, Über die Selbstbeherrschung als Bedingung einer christlichen Existenz im Selbstverständnis des Apostels Paulus, in: ders., Glaube und Erfahrung (GA III), Tübingen 1965, 314-333: 324f.

In Hinsicht auf beide Geschlechter tritt der Unterschied zwischen Ehelosigkeit und Ehe für Paulus daran in Erscheinung, daß jeweils ein andersartiges Engagement leitend ist. Während sich die Unverheirateten durch die Sache des Kyrios beschlagnahmen lassen, sind die Verheirateten von den Dingen der Welt absorbiert. Bezeichnenderweise ist als Objekt des μεριμνᾶν auf seiten der Verheirateten von τὰ τοῦ κόσμου die Rede. Natürlich hat Paulus im Blick, daß in der Ehe die Belange des Kyrios durch die des Ehepartners verdrängt werden. Aber dieser Vorgang stellt sich für ihn eben als das Ergebnis einer Konkurrenz von Kyrios und Kosmos dar. Indem sich die Verheirateten von ihrem Partner berücken und fesseln lassen, verlieren sie sich an die Belange der Welt. Der Nachteil ihrer Bindung besteht darin, daß sie zu *ungeteilter Hingabe* an den Herrn nicht in der Lage sind. Entsprechend heißt es vom verheirateten Mann, er sei in sich gespalten (7,34a)[40].

Damit tritt das Zentralmotiv der paulinischen Stellungnahme in 1Kor 7 klar zutage. Mit K. Niederwimmer ist festzustellen: *„Der Vorzug des ehelosen Standes wird hier aus dem Zentrum des paulinischen Christusglaubens abgeleitet:* weil man Christus ganz gehören soll, ist die Ehelosigkeit vorzuziehen. Und umgekehrt: wer verheiratet ist, kann Christus ... nicht ganz angehören, er ist (in unserer Sprache gesprochen) kein 'ganzer' Christ"[41]. „Paulus rügt das nicht. Er will nicht kränken. Er stellt es nur bedauernd fest"[42]. Was den Stand der Verheirateten belastet, ist nach paulinischem Urteil somit der Sachverhalt, daß sich in ihm eschatologische Existenz *nur gebrochen* leben läßt. Bezieht man das in 7,29-32a Gesagte auf die christologisch begründete Seinsweise des Glaubens, wie ich das versucht habe, erscheint der Übergang von dieser Partie zu den Versen 7,32bff. als problemlos. Wir sind nicht wie K. Niederwimmer gezwungen, das unverbundene Nebeneinander eines christologischen Hauptmotivs und eines isolierten eschatologischen Nebenmotivs zu konstatieren und beide als 'sekundäre Rationalisierungen' eines zugrundeliegenden 'Sexual-Tabus' auszugeben[43]. Das eschatologische Moment ist vielmehr hier wie auch sonst bei Paulus christologisch qualifiziert: *Eschatologische Existenz vollzieht sich als ein Dasein, das vom Kyrios beschlagnahmt ist.* Wie sehr Paulus diese Christusbeziehung des Glaubenden in Analogie zur Ehe, fast möchte man sagen: als die der eschatologischen Existenz einzig zuträgliche eheliche Gemeinschaft, interpretiert, zeigt sich an dem Umstand, daß er sich nicht scheut, das auf der Ebene

---

40 Aus dieser Bemerkung läßt sich entnehmen, daß für Paulus „auch der verheiratete Christ nicht nur von Weltsorgen bewegt ist, weil auch er ein μεριμνᾶν τὰ τοῦ κυρίου und nicht nur ein μεριμνᾶν τὰ τοῦ κόσμου kennt" (Schrage, 1 Kor, Bd. II [s. Anm. 1], 179; ähnlich Deming, Paul on Marriage [s. Anm. 1], 122.197). Doch bleibt dieser Gesichtspunkt ganz unbetont; pointiert ist vielmehr das beim Verheirateten zu monierende Defizit ungeteilter Hingabe.

41 Niederwimmer, Askese (s. Anm. 5), 112f.

42 A.a.O., 114.

43 Vgl. a.a.O., 112.122f.; vgl. Deming, Paul on Marriage (s. Anm. 1), 19f.

der Partnerbeziehung mit erotischer Konnotation versehene Verb ἀρέσκειν auch auf derjenigen der Kyriosrelation zu verwenden[44]. Die Differenz der Situation entscheidet sich daran, ob man dem Kyrios oder dem ehelichen Partner zu gefallen sucht. Auch an dieser Stelle wird deutlich, daß sich eschatologische Existenz nach paulinischem Urteil tatsächlich nach Art einer 'Liaison' mit dem Kyrios vollzieht (vgl. 1Kor 6,17; 2Kor 11,2)[45]. Dem Ideal dieser „Totalhingabe an den Kyrios"[46] entspricht jene jungfräuliche Enkratie, die sich von jeder Befleckung an Leib und Seele (Geist) rein erhält, wie es 7,34b im Blick auf die weiblichen Unverheirateten heißt. Es ist nicht zu leugnen, daß sich hier eine asketische Tendenz Bahn bricht, die unausweichlich zu einer Zweistufen-Ethik führen muß[47]. Wie auch H. Conzelmann einräumt, schimmert an dieser Stelle „ein Verständnis von Heiligkeit durch, wonach diese eingeübt wird, um eine höhere Stufe im Gottesverhältnis zu erreichen"[48].

Das Schlußvotum (7,35), wieder eine metakommunikative Äußerung, sichert das Gesagte vor einem möglichen Mißverständnis. Die paulinische Empfehlung des Eheverzichts ist nicht darauf bedacht, die Korinther gesetzlich zu binden und ihnen damit eine Fessel anzulegen. Sie zielt vielmehr darauf ab, die Bedingung der Ganzhingabe an den Kyrios den Briefadressaten als eine Möglichkeit vor Augen zu stellen, die in ihrem eigenen Interesse liegt und ihnen zum Nutzen (πρὸς τὸ ὑμῶν αὐτῶν σύμφορον) gereicht. Es gilt, dem Herrn beständig und konzentriert zu dienen, wobei freilich die Grenze der εὐσχημοσύνη eingehalten werden muß. Wieder schwebt wohl der Gedanke an die drohende Gefahr der πορνεία vor, die sich nur durch die Praxis des zweiten Weges der ehelichen Bindung abfangen läßt.

III.

Die im Stil einer Beratungsrede gehaltene Stellungnahme von 1Kor gilt vielen Exegeten als ein Problemfall paulinischen Denkens. Sie provoziert Einwände und weckt ein theologisches Unbehagen. Doch bei näherem Zusehen erweisen sich die meisten der geltend gemachten Vorbehalte als unbegründet. Der Text taugt weder als Beleg für patriarchalisches Denken und die dadurch bedingte Diskriminierung der Frau[49] noch als Beweisstück für eine Sicht der geschlecht-

---

44 Vgl. Weiß, 1 Kor (s. Anm. 5), 202.
45 Zur Sache vgl. W. Harnisch, Freiheit als Selbstentzug. Zur Begründung der Ethik im Denken des Paulus (1. Korinther 6,12-20), in: S. Dimpker (Hg.), Freiräume leben - Ethik gestalten (FS S. Keil), Stuttgart 1994, 179-195, bes. 190f.
46 Niederwimmer, Askese (s. Anm. 5), 116.
47 Vgl. a.a.O., 90.123f.
48 Conzelmann, 1 Kor (s. Anm. 12), 167; vgl. Weiß, 1 Kor (s. Anm. 5), 204.
49 Vgl. die Darstellung der durch den Text geweckten Vorbehalte heutiger Leser bei Merklein, „Es ist gut ..." (s. Anm. 1), 388 in Verbindung mit 407.

lichen Beziehung, in welcher der Ehepartner verdinglicht und zum Objekt eines
Besitzstrebens herabgewürdigt wird[50]. Der erste Angriffspunkt wird schon durch
die fast pedantisch wirkende Symmetrie der auf Mann *und* Frau abgestimmten
Weisungen widerlegt[51], und der zweite läßt sich in Anbetracht des in 7,3f. Gesagten nicht aufrechterhalten. Denn dort wird der Gedanke an ein mögliches
Besitzrecht auf den Leib des Partners insofern unterlaufen, als der angeblich
Besitzende in der ehelichen Beziehung ja selbst der Verfügung über seinen
eigenen Leib verlustig geht[52]: 'Die Frau verfügt nicht über ihren eigenen Leib,
sondern der Mann; ebenso verfügt aber auch der Mann nicht über seinen eigenen Leib, sondern die Frau' (7,4). Weil beide Partner ihre Identität jeweils im
anderen gewinnen, fehlt ein Subjekt, das den Anspruch auf den Besitz des anderen realisieren könnte. Sosehr die Formulierung auf die Leiblichkeit als Medium
der Sexualbeziehung abzielt, sowenig erlaubt sie das Postulat eines vom Somatischen unterscheidbaren Ich-Zentrums. Insofern redet die Doppelaussage einem
wechselseitigen Selbstentzug das Wort, der dem jeweils anderen zugute kommt.
Für Paulus ist die eheliche Beziehung eben dadurch ausgezeichnet, daß beide
Partner um des anderen willen über sich verfügt sein lassen.

Für sich genommen, entspricht die Darstellung der ehelichen Gemeinschaft,
wie sie sich in 7,4 artikuliert, der paulinischen Auffassung der ἀγάπη[53]. Was die
Ehe zur Ehe macht, ist das Ereignis 'freier Hingabe'. Aber nun begegnet diese
Sicht der ehelichen Bindung eben in der Klammer einer Konzession, die dem
Gesichtspunkt der Kanalisierung des Sexualtriebs Rechnung trägt. Das Maß, an
dem sich der Rang der ehelichen Lebensform bemißt, ist und bleibt für Paulus
die Möglichkeit der Sexualaskese. Die Problematik von 1Kor 7 betrifft somit
den Sachverhalt, daß der dort geltend gemachte Ratschlag unübersehbar der
Entscheidung für die Ehelosigkeit das Wort redet, und das mit christologischer
Begründung. Zwar zeigt sich Paulus insofern als liberal, als er die Möglichkeit
der Ehe nicht nur freistellt, sondern ihr auch eine positive Seite abgewinnt, die
dem Plus der ἀγάπη entspricht. Doch geschieht dies im Rahmen einer Argumentation, die durch den übergeordneten Gesichtspunkt dirigiert ist, *daß sich
die Ehe primär als remedium concupiscentiae eignet.* Als der deutlich bessere
Weg erscheint der Verzicht auf die Ehe, weil auf diese Weise Aussicht besteht,
*daß die christologische Bindung eschatologischer Existenz zu ihrem Recht
kommt.* Im Blick auf diese Verklärung der Christus-Liaison, die keine Konkurrenz duldet, erheben sich die kritischen Rückfragen heutiger Exegese. Muß man

---

50 So Niederwimmer, Askese (s. Anm. 5), 92, Anm. 46.
51 Vgl. 7,2-4; 7,8f. (s. o. Anm. 15); 7,10f; 7,12-16; 7,27f. in Verbindung mit 7,36-38
und 7,39f. sowie 7,32b-34; zur Sache vgl. bes. Kähler, Frau (s. Anm. 20), 17ff.
52 Gegen Deming, der im Widerspruch zum Wortlaut d. St. als paulinische Aussageabsicht von 7,4 unterstellt, „that the wife *alone* does not rule over her own body, but
the husband does *also*, and vice versa for the husband" (Paul on Marriage [s. Anm.
1], 122).
53 So zu Recht Schrage, Frontstellung (s. Anm. 1), 231.

Paulus nicht vorhalten, die Christusbindung zumindest tendenziell derart über-steigert zu haben, daß infolgedessen die Weltbezüge nicht nur relativiert, son-dern als letztlich bedeutungslos nivelliert werden? Es hat den Anschein, als werde das ὡς μή im Fall der ehelichen Beziehung auf eine Pointe zugespitzt, an der die Dialektik der paulinischen Position zerbricht. Paulus leistet jedenfalls auf problematische Weise einer Auffassung Vorschub, die aus der Weisung von 7,29c die Forderung ableitet, verheiratete Männer sollten sich so verhalten, als gäbe es keine Frauen mehr. Diese von W. Schrage abgewiesene Auslegungs-möglichkeit der ὡς μή-Aussage[54] ist zwar weder durch die Formulierung noch durch den engeren Kontext der Partie 7,29-31 gedeckt, sie wird aber durch die Tendenz der paulinischen Ausführungen in 1Kor 7 insgesamt nahegelegt. In dieser Hinsicht also verfängt sich die paulinische Argumentation in schwerwie-gende Aporien, die gerade um des Lebensbezugs paulinischer Christologie und Eschatologie willen zur Sachkritik herausfordern.

---

54 Vgl. Schrage, Stellung (s. Anm. 25), 149; zu Recht hebt Schrage an anderer Stelle hervor, nach paulinischer Auffassung sei die Freiheit „*in* den Lebens- und Weltbe-zügen ... zu realisieren, nicht daneben" (1 Kor, Bd. II [s. Anm. 1], 173).

„Das Wort Gottes".
Der Name des Reiters auf weißem Pferd (Apk 19,13)

von Ulrich B. Müller

Der Visionsbericht Apk 19,11-21 zeigt in unverhüllter Weise die endzeitliche Gerichtsfunktion des Christus an der gottlosen Welt. Dabei ist dieses Parusiebild ohne wirkliche Parallele in frühchristlicher Tradition. Ehe man aber die allzu drastisch erscheinende Art der Schilderung kritisiert, sollte man bedenken, daß diese insofern Zurückhaltung übt, als eine detaillierte Vernichtungsaktion des Messias fehlt, da der Kampf entschieden scheint, ehe er überhaupt begonnen hat. Bevor nämlich ein wirklicher Krieg mit den Königen der Erde eingesetzt hat, lädt der Engel bereits zum Leichenschmaus ein (19,17f.). Eine wirkliche „Messiasschlacht" findet nicht statt. Seine nächsten Parallelen hat die Parusieschilderung in jüdischer Tradition, in der Darstellung des Menschensohnes in 4Esr 13,1-13 oder in Sib 5,414-421, wo der Messias-Menschensohn vom Himmelsgewölbe herabkommt, um auf seine Weise das verhaßte Rom als Ausdruck des Antichristen zu vernichten. Die Darstellung des 5.Buches der jüdischen Sibylle ist von der Erfahrung der deprimierenden Übermacht Roms geprägt. „Da die militärisch-destruktive Gewalttätigkeit des Antichristen ... in so einzigartiger Weise geschildert wird, mußte dieser gerade auch darin im Messias seinen Meister finden."[1] In gewissem Sinne gilt dies auch für Apk 19,11-21. Doch wird sich zeigen, daß sich hier eine gravierende Umdeutung vorgegebener Tradition vollzieht[2]. Nicht mehr die Militärmacht Roms ist das bedrängende Ge-

---

[1] M. Hengel, Messianische Hoffnung und politischer „Radikalismus" in der „jüdisch-hellenistischen Diaspora", in: ders., Judaica et Hellenistica. Kleine Schriften I, WUNT 90, 1996, 335.

[2] Auch in 4Esr 13,27ff. findet eine entsprechende Umdeutung der vorgegebenen Vision 4Esr 13,1-13 statt. Vgl. dazu U.B. Müller, Messias und Menschensohn in jüdischen Apokalypsen und in der Offenbarung des Johannes, StNT 6, 1972, 123-126. - Der ursprünglich kriegerische Charakter der Messiasdarstellung Apk 19,11ff. zeigt konnte sich daran, daß dieser entgegen der Überlieferung von Sach 9, 9 oder auch Ps Sal 17,33 auf einem Pferd reitet, das nach orientalischer Tradition als königliches Reittier gelten konnte (Est 6,8-11; Ez 23,6.12). Zu beachten ist jedoch noch das andere: Es ist wahrscheinlich, daß der Wortlaut von Apk 6,1ff. „die Gestaltung unseres Textes beeinflußt hat" (H. Kraft, Die Offenbarung des Johannes, HNT 16a, 1974, 247). Dann stellt sich aber die hier nicht näher zu diskutierende Frage, ob der erste apokalyptische Reiter nicht doch eine literarisch beabsichtigte Vorausbildung des

genüber, sondern seine Verführungskraft für die Christen, sich heidnischem Wesen anzupassen, was der Seher Johannes schon in den Sendschreiben anprangert; nicht militärische Waffen stellen dementsprechend die Macht des Christus dar, sondern „das Wort Gottes", das im Bild vom Schwert aus seinem Munde die Feinde vernichtet.

I.

Die Apk zeigt einen im Neuen Testament ungewöhnlichen Gebrauch christologischer Hoheitstitel[3]. Christus-Bezeichnung wie Menschensohn-Titel sind in einer im NT sonst nicht zu findenden Weise durch die alttestamentlich-jüdische Sprachtradition bestimmt, was sich im zweiten Fall an der apokalyptischen Umschreibung zeigt, die sich bewußt an Dan 7,13 anlehnt (Apk 1,13; 14,14). Auffällig ist auch, daß Johannes den urchristlichen κύριος-Titel in den eigentlichen Visionsschilderungen eher meidet, obwohl er ihn kennt und in vorgeprägten Wendungen auch gebraucht (11,8; 14,13; 22,20.21). Die Scheu, ihn auf Christus zu übertragen, könnte sich damit erklären, daß Johannes „κύριος als nur Gott zukommenden Namen empfunden hat."[4] Besonders erklärungsbedürftig ist die überdeutliche Zurückhaltung gegenüber dem Titel „Sohn Gottes", der nur in 2,18 anklingt - möglicherweise aber nur deshalb, weil der Verfasser im selben Sendschreiben Ps 2 ausdrücklich zitiert (2,27 mit Bezug auf Ps 2,8f.). Daß dem Verfasser der Gedanke der Gottessohnschaft Christi durchaus vertraut ist, verrät die Vater-Prädikation in Beziehung auf Christus (1,6; 2,28; 3,5.21; 14,1); daß er sie in titularer Form Christus (bis auf 2,18) vorenthält, läßt sich am ehesten aufgrund der jüdischen (und deshalb auch judenchristlichen) Problematisierung des Sohn-Gottes-Titels deuten[5], die aufgrund der Verwendung im hellenistisch-römischen Herrscherkult gerade für Johannes akut sein mußte. Einen signifikanten Hinweis gibt auch die Zurückhaltung des Johannes, die Christen als Söhne Gottes zu bezeichnen, die in paulinischer Tradition durchaus gang und gäbe ist (z.B. Gal 3,26; 4,6f.; Röm 8,14f.), für Johannes aber nur in einem einzigen Überwinderspruch als eschatologische Verheißung möglich ist (21,7 mit Bezug auf 2Sam 7,14). Es liegt nahe, in dieser Reserve eine Abgrenzung gegenüber enthusiastischen Tendenzen in den Adressatengemeinden zu

---

Christus sein könnte. Er unterscheidet sich durchaus von den folgenden drei Reitern: Ihm ist keine spezielle Plage zugeordnet; ihn charakterisiert der Sieg, wobei νικᾶν in der Apk ja positiv besetzt ist (vgl. nur 3,21). Vgl. M. Bachmann, Der erste apokalyptische Reiter und die Anlage des letzten Buches der Bibel, Bib 67, 1986, 240-275.
3 Vgl. T. Holtz, Die Christologie der Apokalypse des Johannes, TU 85, [2]1971, 5-26.
4 A.a.O., 14.
5 Vgl. U.B. Müller, „Sohn Gottes"- ein messianischer Hoheitstitel, ZNW 87, 1996, 1-7.

sehen, die in ihrem präsentischen Heilsbewußtsein wohl zu einer Radikalisie-
rung paulinischer Tradition neigten (vgl. die Schreiben nach Thyatira und Sar-
des).

Der Zurückhaltung gegenüber urchristlich gebräuchlichen Hoheitstiteln
korrespondiert nun die Schaffung eigener Christusbezeichnungen, wobei die
Nennung Jesu Christi als „Lamm" die größte Bedeutung für die Christologie der
Apk hat. Zwar nimmt der Ausdruck ἀρνίον die urchristliche Vorstellung Christi
als geopfertes Passalamm auf, dessen Tod sühnende Wirkung hat; doch ist die
Bezeichnung als solche wohl selbständige Schöpfung des Verfassers der Apk.
Die Frage stellt sich nun, ob letzteres auch für Apk 19,13 gilt, wenn der zur
Parusie erscheinende Reiter auf weißem Roß so beschrieben wird: „...und sein
Name heißt das Wort Gottes." Eine Antwort ist schwierig; denn 19,13 ist die
einzige Stelle in der Apk, an der dieser Name erscheint. Zudem bereitet seine
Erwähnung gerade im vorliegenden Zusammenhang Schwierigkeiten, weil unmittelbar davor von einem Namen die Rede ist, „den niemand kennt außer er
selbst." (19,12). „Daß hier der Name des Messias doch genannt wird, steht in
eigentümlichem Mißverhältnis zu der Betonung des unbekannten Namens vorher."[6] Eine Auflösung dieser Spannung ist wohl nur dann möglich, wenn sich
erweisen sollte, daß beide Namensnennungen nicht identisch sind.[7]

II.

Daß Christus in der Apk „das Wort Gottes" heißt, bleibt auffällig. Man hat
deshalb eine Beziehung zu johanneischer Theologie sehen wollen[8], obwohl klar
ist, daß zwischen dem absoluten Gebrauch von ὁ λόγος für Christus (Joh 1,1),
von dem gesagt werden kann, „Gott (von Art) war der Logos", und dem Namen
„das Wort Gottes" (Apk 19,13) ein großer Unterschied besteht. In der Tat wäre
die Person des Logos als selbständiger Offenbarungsträger (Joh 1) aufgegeben
„zugunsten einer stärkeren Betonung seiner Zuordnung zu Gott..."[9] Man hat
deshalb zu der Erklärungsmöglichkeit gegriffen, daß der Verfasser der Apk oder
ihr letzter Redaktor - sofern sie zum weiteren Kreis der johanneischen Gemeinde gehörten - auf die dort bekannte Logosprädikation angespielt haben. Dies sei
anzunehmen, „weil ... nicht erkennbar ist, wie der Apk-Verfasser (oder auch ein
Glossator) von anderen Apk-Äußerungen über das Wort Gottes her selbständig
zu dieser Prädikation gefunden haben sollte ..."[10]. Einem entsprechenden Votum

---

6   W. Bousset, Die Offenbarung Johannis, KEK, [6]1906 = Nachdruck 1966, 431.
7   Ansonsten bliebe nur die Möglichkeit einer literarkritischen Lösung, so in der Tat
    Bousset, a.a.O.; U.B. Müller, Die Offenbarung des Johannes, ÖTK 19, [2]1995, 323f.
8   Vgl. Holtz, Christologie, 176f.; O. Böcher, Johanneisches in der Apokalypse des
    Johannes, in: ders., Kirche in Zeit und Endzeit, Neukirchen-Vluyn 1983, 1-12.
9   Holtz, Christologie, 176.
10 J.-W. Taeger, Johannesapokalypse und johanneischer Kreis, BZNW 51, 1989, 208.

hat man allerdings längst widersprochen mit dem Hinweis, daß ein Zusammen-hang bestehe zwischen der nicht-titularen Bezeichnung „das Wort Gottes" (Apk 19,13) und dem wiederholten Doppelausdruck „das Wort Gottes und das Zeug-nis Jesu" (Apk 1,2.9; 6,9; 20,4)[11]. In Verbindung mit dem Schwert aus dem Munde erfüllt sich in der Erscheinung der Person, deren Name „das Wort Got-tes" ist, das eschatologische Wirksamwerden der „Macht des richtenden Wortes Gottes"[12]. Sonderlich geglückt wirkt dieser Versuch, „das Wort Gottes" (19,13) aus der Sprachtradition der Apk abzuleiten, bisher allerdings nicht, weil man darüber hinaus noch des Rekurses auf die weisheitliche Tradition des vom kö-niglichen Thron im Himmel herabspringenden Wortes Gottes bedarf (Weish 18,15f.), um der angenommenen Konzeption wirkliche Kontur zu verleihen[13]. Dabei hilft der Hinweis auf Weish 18,15f. nur wenig, um die besondere Be-schreibung des eschatologischen Reiters auf weißem Roß, genannt „das Wort Gottes", zu erklären. Neben einigen inhaltlichen Beziehungspunkten fallen doch die Unterschiede der Gestalt aus Weish 18 auf, die eine wirkliche Beziehung zu Apk 19,11ff. kaum zulassen. Gerade die konstitutiven Traditionselemente des vom Himmel herabspringenden Wortes Gottes fehlen in Apk 19: einmal die weisheitliche Tradition, wonach die Gestalt eine Hypostasierung des Wortes Gottes, parallel zur „Weisheit" in Weish 6-9, darstellt - zum anderen der ange-lologische Zug, der in der Identifikation der „Weisheit" bzw. „des Wortes Got-tes" mit dem Pestengel aus 1Chr 21,16 liegt, der, das Schwert tragend, zwischen Himmel und Erde steht[14]. Die hypostasierte Gestalt des „Wortes Gottes" nimmt in Weish 18 geradezu kosmische Züge an, was man in Apk 19 gänzlich vermißt.

Mißlingt die innerjohanneische Ableitung der messianischen Gestalt aus Apk 19, weil die Andersartigkeit der präexistenten Person des ewigen Logos, der schon als Schöpfungsmittler gewirkt hat (Joh 1), zu offenkundig ist und ist dasselbe im Blick auf den engelhaften Krieger in Weish 18 zu sagen, so ist jener Spur konsequenter als bisher nachzugehen, die in der engeren Verbindung zwi-schen dem Namen „das Wort Gottes" (Apk 19,13) und dem Doppelausdruck „das Wort Gottes und das Zeugnis Jesu" (Apk 1,2.9; 6,9; 20,4) zu bestehen scheint[15]. Letzterer bildet als ganzer einen „plerophorische(n) Ausdruck für

11 J. Frey, Erwägungen zum Verhältnis der Johannesapokalypse zu den übrigen Schriften des Corpus Johanneum, in: M.Hengel, Die johanneische Frage, WUNT 67, 1993, 405f.
12 J. Roloff, Die Offenbarung des Johannes, ZBK NT 18, [2]1987, 186; J.Frey, Erwä-gungen, 405f.
13 J. Frey, Erwägungen, 406-409 mit Verweis auf ähnliche Versuche, die Gestalt in Apk 19,11ff. von Weish 18 herzuleiten: J. Roloff, Offenbarung, 186; J. Jeremias, Zum Logos-Problem, ZNW 59, 1968, 82-85; zu früheren Versuchen vgl. nur E. Lohmeyer, Die Offenbarung des Johannes, HNT 16, [2]1953, 159; jetzt wieder H. Gie-sen, Die Offenbarung des Johannes, RNT 1997, 423.
14 U.B. Müller, Offenbarung (s. Anm. 7), 329.
15 Vgl. Holtz, Christologie, 177; Frey, Verhältnis, 405f.

christliche Offenbarung überhaupt"[16], wobei zwischen beiden Begriffen nicht streng geschieden werden darf. Man wird im Blick auf Apk 1,1f. noch präzisieren können: „Die Botschaft des Verfassers beansprucht, 'Wort Gottes' zu sein, weil sie in Gott ihren Ursprung hat, und sie ist 'Zeugnis Jesu Christi', weil Christus selbst sie bezeugt (22,20)."[17] Beide Begriffe sind also tendenziell identisch, weil für beide gilt - wie der Zusammenhang von Apk 1,1 und 1,2 zeigt -, daß sie die „Offenbarung Jesu Christi" darstellen (Genitivus subjectivus), die aber in Gott selbst ihren Ursprung hat. Ist dieser Sachverhalt zureichend bedacht, so liegt die doppelte Schlußfolgerung nahe. Mit dem Namen „das Wort Gottes" (19,13) ist gleichzeitig „das Zeugnis Jesu" im Blick. Damit aber deutet sich ein Zusammenhang dieses Namens mit der Betonung des „Zeugnisses Jesu" im unmittelbar vorhergehenden Abschnitt an (19,10). Das Besondere der Redeweise in 19,13 ist wohl nur darin zu sehen, daß die Wendung „das Wort Gottes" insofern geradezu personifiziert erscheint, als sie zu einem Namen des zur Parusie erscheinenden himmlischen Reiters wird. Dies scheint eine Eigentümlichkeit des in 19,11 beginnenden Visionstextes zu sein. Schon in V.11 begegnet als Bezeichnung des Christus („treu und wahrhaftig wird er genannt" - wie 3,14), was in 19,9; besonders aber 21,5; 22,6 als Charakterisierung der göttlichen Botschaft dient. Der wiederkommende Christus offenbart sich somit mit Würdeprädikaten („treu und wahrhaftig" - „das Wort Gottes"), die ihn als personhafte Macht des göttlichen Richterwortes bestimmen. Die spezifische Aussagetendenz des Visionstextes ist aber erst dann erkannt, wenn klar ist, wem gegenüber Christus als Richter agiert. Die verbreitete These einer einheitlichen Front gottfeindlicher Völker[18] ist jedenfalls erheblich zu modifizieren, wenn man die exegetische Stoßrichtung des Textes finden will.

---

16 Bousset, Offenbarung, 183; abwegig ist die Einschätzung bei A. Satake (Christologie in der Johannesapokalypse im Zusammenhang mit dem Problem des Leidens der Christen, in: Anfänge der Christologie, FS f. Ferd. Hahn, Göttingen 1991, 310), wonach der Doppelausdruck für Johannes nicht mehr charakteristisch sei und nur noch traditionell vorgegeben.

17 U.B. Müller, Offenbarung, 67.

18 Z.B. G. Bornkamm, Die Komposition der apokalyptischen Visionen in der Offenbarung Johannis, in: ders., Studien zu Antike und Urchristentum, Ges. Aufs. Bd.2, ²1963, 213f.; ähnlich U.B. Müller, Offenbarung, 326f.; J. Roloff, Offenbarung, 184 ff.; H. Giesen, Offenbarung, 425; anders Holtz, Christologie, 170, der zwei Verhaltensweisen des wiederkommenden Christus annimmt, eine gnadenvolle der Gemeinde gegenüber - eine vernichtende den Gottesfeinden gegenüber; ähnlich M. Rissi, Die Zukunft der Welt. Eine exegetische Studie über Johannesoffenbarung 19,11 bis 22,15, Basel o.J., 15ff.24ff.

III.

Doch zunächst ist der Frage nach der Häufung der Namen des wiederkommenden Christus nachzugehen, die eine Eigentümlichkeit der Parusieschilderung
darstellt. Vorausgesetzt ist der antike Namenglaube, der im Namen etwas Wirk-
liches, ein Stück des Wesens der genannten Person sieht[19]: „Der Name ist nicht
eine Bezeichnung, sondern eine auf ein Wort gebrachte Wesenhaftigkeit."[20]
Besonders die Vielnamigkeit der Gottheit ist von Bedeutung; sie hat den Zweck,
den verehrten Gott besonders zu preisen und sich seiner Macht zu vergewissern[21]. In der Apk kontrastieren dabei die „Lästernamen" des „Tieres" (13,1)
bzw. der großen Hure (17,3) denen des Christus in 19,11ff., besonders wenn
man in der Charakterisierung des Namens der großen Hure als μυστήριον
(17,5) einen antithetischen Hinweis auf den Namen des Christus findet, „den
keiner kennt außer er selbst" (19,12)[22]. Das Phänomen der Vielnamigkeit des
Christus wird in 19,11ff. jedoch zum Problem, weil auf die Betonung, daß niemand außer Christus selbst seinen Namen kennt, alsbald der Name „das Wort
Gottes" erscheint (19,13). Will man nicht zu einer literarkritischen Lösung greifen und V.13b als sekundär ausscheiden[23], was sich als unbegründet erweist, so
ist das merkwürdige Nebeneinander des unbekannten und dann doch genannten
Namens zu erklären.

Anscheinend hat der Verfasser schon deshalb keinen Widerspruch empfunden, weil er nicht nur in V.13 einen Namen nennt, sondern auch in V.16, wobei
das dortige ὄνομα nicht als Titel abzuwerten ist, der dann nicht im Gegensatz
zu V.12 stünde[24]. Dabei ist in Frage zu stellen, ob Johannes bei seinen „Namen"
zwischen Name und Titel unterscheidet. Vor allem aber ist an die Erkenntnis zu
erinnern, daß die Prädizierung des Christus als „treu und wahrhaftig" in V.11
der Namensnennung „Wort Gottes" zuzuordnen ist, weil ja ansonsten die Worte
Gottes die Charakterisierung als „treu und wahrhaftig" erfahren (21,5; 22,6;
19,9). Die Namen in V.11 und 13 gehören somit zusammen und rahmen den
ersten Teil der Parusieschilderung geradezu ein (V.11-13). Was aber soll der
unbekannte Name dazwischen in V.12 besagen?

Bei dem Versuch einer Antwort ist davon auszugehen, daß die Apk auch
sonst zwischen bekannten und einem unbekannten Namen Christi unterscheidet.
In 3,8 empfängt die Gemeinde Lob, weil sie den (bekannten) Namen Christi

19 W. Bauer, Griechisch-deutsches Wörterbuch zu den Schriften des Neuen Testaments
    und der frühchristlichen Literatur, hg.v. K. Aland und B. Aland, Berlin/ New York
    [6]1988, 1158.
20 G. van der Leeuw, Phänomenologie der Religion, Tübingen [3]1970, 155.
21 Vgl. H. Bietenhard, Art. ὄνομα κτλ., ThWNT 5, 248f., als Beispiel sei nur die „viel-
    namige" Isis erwähnt, Apuleius, Met XI 5.
22 Vgl. Lohmeyer, Offenbarung, 141; Bietenhard, a.a.O., 280.
23 Vgl. oben Anm. 7.
24 So aber Bousset, Offenbarung (s. Anm.6), 431.

nicht verleugnet hat. Der Überwinderspruch desselben Sendschreibens verheißt
dem Sieger für die eschatologische Heilszeit, daß er Träger des neuen Namens
Christi sein wird (3,12), der offenbar jetzt noch unbekannt ist. Gleiches gilt für
2,17. In 2,13 wird die Gemeinde wieder gerühmt, daß sie am Namen Christi
festhält. In 2,17 erlangt der Überwinder in der Heilszeit einen wirkkräftigen
weißen Stein, auf dem „ein neuer Name geschrieben ist, den niemand kennt als
der, der ihn empfängt." Wie in 3,12 resultiert wohl aus dem Empfang des neuen
Namens eine im Eschaton vollzogene Statusveränderung des Christen. Deshalb
spricht manches dafür, hinter dem „neuen Namen" von 2,17 wiederum den
Namen Christi aus 3,12 zu sehen[25]. Die Apk differenziert also zwischen dem
dem Eschaton vorbehaltenen neuen Namen Christi und der Vielzahl bereits jetzt
den christlichen Gemeinden geläufigen Bezeichnungen. Dahinter scheint tatsächlich die Überzeugung zu stehen, „daß keiner der gegebenen Namen und
Titel das Wesen Jesu wirklich zu erfassen vermag und daß der wahre, dem Wesen des Heilbringers angemessene Name erst am Ende offenbar werden wird...
Die verschiedenen in V.11.13b. und 16 genannten Namen können nur die jetzt
dem Glauben sichtbaren Teilaspekte des Handelns Jesu umschreiben...“[26]. Dies

---

25 Vgl. U.B. Müller, Offenbarung (s. Anm. 7), 115.
26 Roloff, Offenbarung, 185. Zu fragen ist freilich, ob der Seher Johannes mit dem
    Namen, „den niemand kennt als er selbst" (19,12), nur den eschatologischen Vorbe-
    halt gegenwärtiger Glaubenserkenntnis betonen will oder selbst einen besonders her-
    ausragenden Namen des Christus im Auge hat, etwa den Gottesnamen selbst, den
    Christus erhalten wird. Immerhin verleiht der Hymnus Phil 2,6-11 mit dem Namen,
    „der über jedem Namen ist", nämlich dem κύριος-Namen, dem erhöhten Christus
    Gottes eigenen Namen. Wichtiger noch scheint zu sein, daß in ParJer 6,9 als Gottes-
    prädikat die Bezeichnung auftaucht „großer Name, den keiner kennen kann"
    (τὸ μέγα ὄνομα ὃ οὐδεὶς δύναται γνῶναι). Diese Formulierung steht jener in
    Apk 19,12 jedenfalls sehr nahe. Hinter ParJer 6,9 liegt eine Auslegung von Ex
    3,13ff., wie sie etwa bei Philo, Vit Mos 1,74f. zu finden ist, wonach Mose nicht in
    der Lage ist, Gottes Namen zu nennen, weil es für Gott keinen sein Wesen treffenden
    Namen gibt (vgl. dazu J. Herzer, Die Paralipomena Jeremiae, Texte und Studien zum
    Antiken Judentum 43, 1994, 173-175.). - Ob Apk 19,12 möglicherweise den Gottes-
    namen im Blick hat, hängt davon ab, ob sich dies mit der sonstigen Christologie des
    Buches verträgt. Einerseits bleibt Christus Gott gegenüber untergeordnet, insofern
    die höchsten Prädikate Gott selbst vorbehalten bleiben (1,8: „der ist und der war und
    der kommt", „der Allherrscher"), andererseits werden Gottesaussagen, die die Prä-
    existenz betreffen, auf Christus übertragen (1,17; 22,13). Zudem verschmelzen Chri-
    stus und Gott zu einer Funktionseinheit, wenn in 22,3 von dem einen Thron, auf
    dem Gott und Christus im Neuen Jerusalem sitzen werden, die Rede ist. Es ist also
    nicht auszuschließen, daß der unbekannte Name von 19,12 der Gottesname selbst ist.
    Zu anderen Konsequenzen würde man kommen, wenn man O. Hofius, Das Zeugnis
    der Johannesoffenbarung von der Gottheit Jesu Christi, in: Geschichte-Tradition-
    Reflexion, FS f. M. Hengel, Bd. 3, Frühes Christentum, hg. v. H. Lichtenberger, Tü-
    bingen 1996, 511-528 folgt.

gilt auch für die Bezeichnung „das Wort Gottes", die die Macht des göttlichen Gerichtswortes anvisiert, die Christus repräsentiert.

IV.

An dieser Stelle ist endgültig zu klären, gegen welche Front sich der wiederkommende Christus wendet. Dabei erkennt eine konsequent rezeptionsorientierte Fragestellung, die nicht nur die Sendschreiben berücksichtigt und die dort ausdrücklich angesprochenen Gemeinden, daß auch der apokalyptische Hauptteil der Apk die Situation der kleinasiatischen Gemeinden im Blick behält[27]. Das gilt gerade auch für die Parusieschilderung 19,11-21, insofern die wiederholte Wiederaufnahme von Motiven aus den Sendschreiben die Annahme nahelegt, daß die dortige Aussagetendenz und damit auch die dortige Frontstellung weiterhin Gültigkeit haben[28]. Sicherlich wendet sich der Parusiechristus gegen die gottfeindlichen Völker (V.15 und V.17ff.), zugleich aber wohl auch gegen Christen, die in der Sicht des Johannes mit ihrer „Hurerei" und dem Essen von Götzenopferfleisch heidnischem Götzendienst verfallen sind (2,14f.; 2,20f.). Zu beachten ist ja, daß das Verhalten der gegnerischen Nikolaiten und der Prophetin Isebel in derselben Weise charakterisiert wird wie die Hure Babylon (vgl. den Vorwurf der Hurerei: 2,14.20 und 17,2.4; 18.3.9; 19,2). Für den Seher Johannes ergibt sich eine einheitliche Front, wonach auch die Irrlehrer in den Gemeinden auf die Seite des gottlosen Heidentums gehören, was er schon dadurch markiert, daß er die jetzigen Gegner in den Gemeinden mit alttestamentlich vorgegebenen Prototypen von Götzendienst in Verbindung bringt (Bileam und Isebel). Die Protagonistin gegenwärtiger Götzenverführung, die Prophetin „Isebel", bewirkt innerhalb der christlichen Gemeinde dasselbe, was im umfassenden Horizont der damaligen Welt das zweite Tier tut, das bezeichnenderweise im allmählichen Aufbau der apokalyptischen Visionen immer mehr als der „Pseudoprophet" entlarvt wird (13,11ff. im Vergleich mit 16,13; 19,20; 20,10). Beide verführen die Menschen - einmal innerhalb der Gemeinde, dann in der ganzen Welt - zum Götzendienst (wiederholtes Stichwort πλανᾶν). Gegen beide - letztlich als eine einheitliche Front - wendet sich der Parusiechristus, was sich hinsichtlich der innergemeindlichen „Götzendiener" in der Wiederaufnahme einzelner Züge aus den Sendschreiben zeigt:

---

27 Vgl. die wichtige Arbeit von M. Karrer, Die Johannesoffenbarung als Brief, FRLANT 140, 1986, die die durchgängige Leser- und Hörerorientierung der Apk (auch Apk 4-22) untersucht, jedoch 19,11ff. nur kurz streift (242f.).

28 Das hat H. Roose, „Das Zeugnis Jesu". Seine Bedeutung für die Christologie, Eschatologie und Prophetie in der Offb, phil. Dissertation Saarbrücken 1997, 218f., überzeugend herausgestellt. Sie folgt dabei wesentlichen Ansätzen, die P.G.R. Villiers, The Second Beast as False Prophet in Revelation 13,11-18 (Vortrag gehalten auf dem SNTS-Kongreß Straßburg 1996) entfaltet hat.

„Seine Augen sind wie Feuerflamme" (19,12) nimmt auf die entsprechende Charakterisierung Christi in der Botenformel in 2,18 Bezug; schon dort zielt dieses Motiv auf den durchdringenden Richterblick, der gerade gegenüber der heidnischem Wesen anfälligen Gemeinde zu Thyatira gilt. Wenn Christus Krieg führt (19,11) und aus seinem Munde ein scharfes Schwert hervorkommt (19,15), so steht dies im Zusammenhang mit der Gerichtsankündigung Christi an die Nikolaiten, gegen sie mit dem Schwert seines Mundes Krieg zu führen (2,16; vgl. 2,12). „Er wird sie (die Völker) mit eisernem Stabe weiden" (19,15) weist zurück auf die Verheißung im Überwinderspruch desjenigen Sendschreibens, das die schärfsten Anklagen gegen die dem Heidentum gegenüber anpassungsbereite Irrlehre (die Lehre der „Isebel") enthält (2,27 mit jeweiligem Bezug auf Ps 2,9). Der Überwinder wird Anteil haben an der Herrschaftsdurchsetzung Christi (2,27), die schon in 12,5, besonders aber 19,15 geschildert wird.

Berücksichtigt man die in 19,11ff. erfolgte Bezugnahme auf solche Motive aus den Sendschreiben, die dort die Gerichtsaussage gegenüber den heidnischem Wesen zugetanen Irrlehrern in den Gemeinden veranschaulichen, so wird man diese Tendenz auch in der Parusieschilderung 19,11ff. nicht übersehen dürfen. Beachtet man ferner, daß die Protagonistin der Verführung zum Götzendienst, die sogenannte Prophetin Isebel (2,20-23), mit denselben Vorwürfen bedacht wird wie dann in ganz umfassender Weise die exemplarische Verführungsgestalt des Römischen Reiches, das zweite „Tier" (13,12-14.16), das schließlich als der „Pseudoprophet" erscheint (16,13; 19,20; 20,10), wird man eine bewußt hergestellte Beziehung zwischen der Prophetin Isebel und dem Pseudopropheten erkennen müssen. Zu beachten ist wohl: „Derselbe Christus, der der Prophetin Isebel in dem Sendschreiben mit scharfer Kritik gegenübertritt, kämpft in 19,11ff. gegen den falschen Propheten und damit auch gegen sie."[29] Prominentes Opfer des endzeitlichen Krieges, das Christus, der den Namen „das Wort Gottes" trägt, mit den widergöttlichen Mächten führt, ist ja der Pseudoprophet, der als die zentrale Verführungsmacht charakterisiert wird (19,20). Dabei ist die folgende Entsprechung deutlich: Wie der Seher Johannes den Konflikt mit der Prophetin Isebel (2,20ff.) und den Nikolaiten (2,16) in den Sendschreiben als Konflikt mit Christus selbst beschreibt, die dieser mit seinem Wort bzw. seinem Zeugnis austrägt (vgl. die Ich-Rede in den Sendschreiben), so schildert die Gerichtsvision 19,11-21 den endzeitlichen Krieg als Kampf zwischen Christus als dem „Wort Gottes" und dem Pseudopropheten als der in besonderer Weise gefährlichen Symbolmacht des gottlosen Heidentums.

---

29 H. Roose, Zeugnis Jesu, 219.

V.

In der Tat: „19,11ff. liest sich ... wie eine apokalyptische Dramatisierung des Konflikts zwischen Christus und Isebel..."[30]. Darin verrät diese Visionsschilderung nur dieselbe Art der Problemverarbeitung wie das ganze sonstige Buch auch. Angesichts der Propagierung des Kaiserkults im gesellschaftlichen Umfeld der kleinasiatischen Gemeinden, die Johannes nur als Verführung zum Götzendienst verstehen kann, hat sich seine Gegenwartssicht total verfinstert. „Sie vermag im Wirken des römischen Imperiums...nur noch die Agitation des Satans selbst zu erkennen, der nach seinem Sturz aus dem Himmel auf Erden sein Unwesen treibt (12,12ff; 13)."[31] Sie vermag aber auch in der theologischen Lehre der Prophetin Isebel, die eine Anpassung an einen „weichen Kaiserkult"[32] wahrscheinlich mit ihrer Erkenntnis der „Tiefen Gottes" rechtfertigt (vgl. 1Kor 2,10), was für Johannes sofort als satanische Erkenntnis erscheint (2,24), letztlich nur eine Agitation des Pseudopropheten zu sehen, der seinerseits als eine Gestalt der satanischen Trias fungiert. Die apokalyptische Dramatisierung des Konflikts zwischen Christus und Isebel übersteigert die realen Erfahrungen der Gegenwart auf mythisch-dämonische Weise[33]. Es kommt zu einer „mythischen Projektion", die das Treiben der Isebel als Teil der Propagierung des götzendienerischen Kaiserkults verobjektiviert und deshalb nur noch in satanischer Zuspitzung sieht: der Pseudoprophet als mythische Kontrastfigur wahrer Prophetie[34], dem der messianische Reiter auf weißem Pferd den Garaus macht.

Von dieser Tendenz zu apokalyptischer Verdichtung gegenwärtigen Geschehens ist auch die Gestalt des wiederkommenden Christus nicht auszunehmen. Wenn er „treu und wahrhaftig" genannt wird (19,11), so hat er damit die

---

30 A.a.O.

31 U.B. Müller, Apokalyptik im Neuen Testament, in: F.W. Horn (Hg.), Bilanz und Perspektiven gegenwärtiger Auslegung des Neuen Testaments, BZNW 75, 1995, 160.

32 Vgl. H.-J. Klauck, Das Sendschreiben nach Pergamon und der Kaiserkult in der Johannesoffenbarung, Bib 73, 1992, 181f.

33 Vgl. N. Walter, Die Botschaft des Sehers Johannes zwischen apokalyptischer Tradition und urchristlichem Osterglauben, WZ (J).GS 39, 1990, 399f.

34 Das Bild des zweiten Tieres, das später Pseudoprophet heißt, ist in 13,11-18 nach dem Parodieverfahren entworfen, insofern es in gegensätzlicher Entsprechung zu den zwei Zeugen bzw. Propheten in 11,3-13 gezeichnet ist: Beide Male ist von einer fremden, verliehenen ἐξουσία die Rede, in 11,3 derjenigen Christi, in 13,12 derjenigen des ersten Tieres (13,2). Beide Male geschehen Zeichen (Feuer vom Himmel). Die beiden Zeugen schützen sich durch das herabfallende Feuer (11,5 vgl. die Eliatradition 2Kön 1,10-12); das zweite Tier benutzt die Fähigkeit, Feuer vom Himmel zu holen, um durch diese Zeichen die Menschen zur Anbetung des ersten Tieres zu verführen (13,13f.). Die beiden Zeugen üben ihre Prophetentätigkeit 1260 Tage aus (11,3); dem entspricht die Wirkungszeit des ersten und damit auch des zweiten Tieres (13,5).

Eigenschaft der Worte Gottes selbst, die in der Gegenwart dem Seher offenbart werden (19,9; 21,5; 22,6). In der Gegenwart agiert Christus als „der treue und wahrhaftige Zeuge", wenn er zur Gemeinde in Laodizea spricht (3,14). Als der Wiederkommende heißt er nicht nur „das Wort Gottes" (19,13), sondern übt seine Gerichtsfunktion mit dem aus seinem Munde kommenden scharfen Schwert aus (19,15), ohne daß es zu einer eigentlichen Kampfesschilderung überhaupt kommt, denn in 19,17f. wird bereits zum großen Mahle Gottes geladen, das als Leichenschmaus das Gegenbild zum „Hochzeitsmahl des Lammes" darstellt (19,9). Im Bild des Schwertes, das aus dem Mund des Reiters fährt, ist die Macht des Wortes Gottes symbolisiert, so daß es die widergöttlichen Mächte samt Pseudoprophet ohne eigentliche Kampfesschilderung vernichtet. Der Seher Johannes hat damit aus seiner gegenwärtigen Überzeugung von der Kraft der Worte Christi, die für ihn in Gott selbst ihren Ursprung haben, eine visionäre Schau der eschatologischen Wirkmächtigkeit des Gerichtswortes Christi extrapoliert. Da dieser Christus den Namen „das Wort Gottes" trägt, handelt er mit der Kraft und dem Anspruch Gottes selbst. Im Zuge der apokalyptischen Visionsschilderung 19,11ff. gelingt geradezu eine Personifizierung des Wortes Gottes als der allein getreuen und wahrhaftigen Offenbarung (19,11), die in der Personifizierung der falschen Prophetie im Pseudopropheten ihr negatives Pendant besitzt.

Der Verfasser hat dieses Thema schon im Rahmen der Schalenvision vorbereitet (16,12-16). Die sechste Schalenvision sieht zunächst Könige aus dem Osten heranziehen, und zwar gegen das Reich des Tieres, wie man zunächst meint (V.12). V.13f. bringen jedoch eine völlige Wende. Aufgrund der Aktivität der satanischen Trias, Drache, Tier und falscher Prophet, kommt es zu einer weltumfassenden Propagandaagitation, die alle Könige des Erdkreises zum Krieg mit Gott versammeln soll. Denn die satanischen Drei lassen Dämonengeister wirken, die ihre Agitation mit „Zeichen" beglaubigen, d.h. durch pseudoreligiöse Machtdemonstrationen, die die Könige der Erde für das satanische Imperium gewinnen sollen. Diese „Geister" vollbringen nichts anderes, als was das zweite Tier, hier Pseudoprophet genannt, schon in 13,13-15 getan hat. Daß sie als „Dämonengeister" charakterisiert werden, zeigt sie in einem beabsichtigten Gegensatz zum einzig wahren „Geist", der in Christus spricht. Denn in 16,15 erklingt sofort sein Wort (Ich-Rede Christi), das sein baldiges Kommen ankündigt und die Gemeinde anhält, gerüstet zu sein, d.h. nicht der Verführung des Imperiums, besonders ausgeübt durch den Pseudopropheten, zu verfallen. Es zeigt sich also ein Doppeltes:

a) Schon in der sechsten Schalenvision 16,12-16 schaut der Seher Johannes im Ansatz den endzeitlichen Krieg mit den Mächten des römischen Imperiums, der dann in der Parusieschilderung 19,11-21 seine Ausführung findet.

b) Bereits in 16,12-16 geht es letztlich um den Kampf zwischen den verführerischen Mächten des Heidentums, die sich in „Dämonengeistern" äußern (wie wohl auch die götzendienerische Prophetin Isebel mit ihrer satanischen Erkenntnis), und dem kommenden Christus, der in 16,15 mit seinem Wort eingreift.

VI.

Das bisherige Ergebnis läßt sich dadurch absichern, daß man den unmittelbar vorangehenden Kontext (19,9f.) in die Überlegungen einbezieht. Er zeigt, daß der Gegensatz wahre und falsche Prophetie die eigentliche Problematik des Sehers darstellt, die ihn in 19,11ff. zu dieser apokalyptischen Übersteigerung des Konflikts zwischen Christus und falscher Prophetie motiviert. Zu beachten ist ja, daß schon in 19,10 das Thema Prophetie entscheidende Bedeutung hat. Denn der letzte Satz der Legitimationsaussage 19,9f., die sich an das hymnische Finale über den eschatologischen Sieg Gottes anschließt, betont: „...das Zeugnis Jesu ist der Geist der Prophetie." Die Funktion dieses umstrittenen Satzes[35] ist im Rahmen der direkten Kommunikation mit den Adressaten, d.h. den Lesern der Apk (vgl. die Aufforderung „schreibe!" 19,9), näher zu bestimmen. Eines legt sich dabei nahe: Der Vordersatz definiert die wahren Gläubigen, die „Brüder" des Sehers Johannes (1,9), dadurch daß sie „das Zeugnis Jesu" haben (19,10; so auch 6,9; 12,17; 20,4); der Schlußsatz dürfte diese Tendenz weiterführen und im „Zeugnis Jesu" das Wesen, ja das Kriterium wahrer Prophetie sehen[36]. Läßt sich diese These unter Berücksichtigung des unmittelbaren Kontextes verifizieren, so würde dies die vorhin herausgestellte Annahme über die adressatenorientierte Intention der besonderen Parusieschilderung in 19,11ff. bestätigen. Die apokalyptische Dramatisierung des Gegensatzes zwischen Christus und Isebel als Verkörperung falscher Prophetie hätte in 19,9f. eine spezifisch leserorientierte Vorbereitung.

Die Frage nach einem bewußt gestalteten Zusammenhang zwischen 19,9f. und 19,11ff., der den Leser aufmerken läßt, ist bereits dadurch provoziert, daß die beiden Begriffe, die schon in der einleitenden Überschrift des ganzen Buches (1,1-3) einen herausragenden Ausdruck für die vom Verfasser vertretene christliche Offenbarung abgeben, „das Wort Gottes und das Zeugnis Jesu Christi" (1,2), gerade in diesem Kontext begegnen. Dieser Zusammenhang wurde bisher nur deshalb nicht gewürdigt, weil die beiden Begriffe scheinbar getrennt voneinander auftauchen: „das Zeugnis Jesu" in markanter Wiederholung innerhalb von 19,10 - „das Wort Gottes" als Name des Christus in 19,13. Doch legt sich folgende Deutung nahe: Wenn der Verfasser in V.10 „das Zeugnis Jesu" als Bestimmung seiner Brüder, der wahren Christen, nennt, anschließend wohl

---

35 Vgl. etwa die literarkritische Ausscheidung des Versteiles bei Bousset, Offenbarung, 430; U.B. Müller, Offenbarung, 320.

36 Das ist ein wichtiges Ergebnis der Arbeit von H. Roose, Zeugnis Jesu (s. Anm. 28), 201-207.231. Vgl. aber schon F.D. Mazzaferri, The Genre of the Book of Revelation from a Source-critical Perspective, BZNW 54, 1989, 309-313.

sogar als Bestimmung wahrer Prophetie, so ist darin nur der eine Aspekt der plerophorischen Wendung zu sehen, der aber in V.13 mit apokalyptischer Zuspitzung in der Nennung des „Wortes Gottes" seine Ergänzung findet.

Gleichwohl ist noch im einzelnen nachzuweisen, daß „das Zeugnis Jesu" von Johannes als Inhalt wahrer Prophetie definiert wird (19,10)[37], d.h. letztlich als die Norm, die in der anschließenden apokalyptischen Visionsschilderung in Gestalt des Christus, der betont „das Wort Gottes" heißt (19,13), ihre eschatologisch-machtvolle Durchsetzung erfährt. In 19,9 bekräftigt der Offenbarungsengel, daß „diese Worte wahrhaftige (Worte) Gottes" sind, daß also die zum Hochzeitsmahl des Lammes Geladenen sich auf die Verheißungen Gottes verlassen dürfen. Er verbürgt also die Gültigkeit des zuvor Geoffenbarten (vgl. die Visionsschilderungen ab Kap.12). Daraufhin fällt der Seher Johannes vor dem Engel nieder, um ihn anzubeten. Wenn der Engel dies mit den Worten zurückweist: „Gott bete an!", so geschieht dies mit der Klarstellung, daß er nur Bote seines göttlichen Auftraggebers ist, gleichzeitig aber Mitknecht des Sehers Johannes und aller seiner Brüder, eben der Mitchristen (vgl. συγκοινωνός 1,9), die dadurch gekennzeichnet sind, daß sie „das Zeugnis Jesu" haben (vgl. 12,17)[38]. Die Aufforderung „Gott bete an" heißt in diesem Zusammenhang: Die Anbetung darf sich nur auf Gott beziehen; denn nur die göttliche Botschaft besitzt Autorität, nicht jene Gestalten, die sie vermitteln[39]. In der Tat geht es zentral um die wahre göttliche Botschaft, gerade nicht um jede beliebige Lehre, die sich als göttlich ausgibt, sondern um die, die in diesem Buch der „Offenbarung Jesu Christi" aufgeschrieben ist (1,1). Deshalb kann es später lauten: „Selig, wer an den Worten der Prophetie *dieses* Buches festhält." (22,7; vgl. 22,9). Dementsprechend bezeichnet sich der Offenbarungsengel, der die „wahrhaftigen Worte Gottes" enthüllt (19,9), anschließend als der „Mitknecht" aller derer, die das „Zeugnis Jesu" haben (19,10). Letztlich sind beide Größen, die „Worte Gottes" aus V.9 wie das „Zeugnis Jesu" (V.10) identisch. Und allein deswegen

---

37 Dies ist ein Gedanke, der bei Paulus seine Parallele hat, wenn er von der Prophetie als Gabe inspirierter Predigt fordert, daß sie „in Entsprechung zum Glauben" zur Wirkung kommen soll, so daß also die fides quae creditur als Glaubenstradition die Norm darstellt (Röm 12,6; vgl. schon V.3 „das Glaubensmaß").

38 Der Ausdruck „Brüder" in Apk 19,10 ist nicht von der Parallelstelle 22,9 her auf „Propheten" zu deuten, da anders als 19,10 dort ausdrücklich zwischen Propheten und den übrigen Mitchristen unterschieden wird.

39 U.B. Müller, Offenbarung, 320 im Anschluß an A. Satake, Die Gemeindeordnung in der Johannesapokalypse, WMANT 21, 1966, 59. Eine Abwehr von Engelverehrung liegt in 19,10; 22,8f. nicht vor, wie H. Roose, Zeugnis Jesu (s. Anm. 28), 202-204 ausführlich begründet (gegen Karrer, Johannesoffenbarung [s. Anm. 27], 174-177, und besonders L.T. Stuckenbruck, Angel Veneration and Christology, WUNT 2.Reihe 70, 1995, 245-265).

vermag der Seher Johannes dann fortzufahren: „Das Zeugnis Jesu" ist ja[40] der Geist, d.h. in diesem Zusammenhang Inhalt und damit auch Norm jeder Prophetie. Diese Aussage entspricht völlig der Konzeption der sieben Sendschreiben, wenn die dortige Rede Christi selbst (vgl. die einleitende Botenformel), d.h. sein Zeugnis, nachgeordnet als das erscheint, „was der Geist den Gemeinden sagt". Der wahre „Geist" verkündet eben nur das, was dem „Zeugnis Jesu" entspricht.

VII.

Als Ergebnis der bisherigen Überlegungen ist festzuhalten, daß „das Wort Gottes" als Name des Parusiechristus sich ganz und gar der Konzeption des Sehers Johannes verdankt. Er vollzieht damit eine apokalyptisch-visionäre Zuspitzung des Kampfes zwischen wahrem Christuszeugnis, wie er es versteht, und gegenwärtiger Verführung zum Götzendienst durch christliche Falschprophetie und heidnische Propaganda. Er schildert diesen Kampf als endzeitlichen Krieg gegen alles Heidentum, das in der Gestalt des Pseudopropheten seine gefährlichste Artikulation besitzt. Im Namen „das Wort Gottes" findet eine entscheidende Funktion dieses Wortes ihre apokalyptische Personifikation in Christus. In der Tat scheint ja der Seher Johannes funktionale Bezeichnungen Christi im Rahmen seiner Christologie vorzuziehen, während er tendenziell wesensmäßige Aussagen, die die Göttlichkeit zum Inhalt haben, weitgehend vermeidet („Sohn Gottes" nur 2,18). Auch der zentrale Titel „das Lamm" hat ja in seinem semantischen Profil primär funktionale Aspekte. „Das Lamm", das geschlachtet ist, hat durch seinen Tod sich als würdig erwiesen, den endzeitlichen Geschichtsplan Gottes in Gang zu setzen (Apk 5); es hat durch sein Blut Menschen losgekauft, die dadurch zur Heilsgemeinde gehören.

---

40 Die Partikel γάρ hat hier anknüpfende bzw. fortführende Funktion und ist mit „ja", „freilich" bzw. „allerdings" zu übersetzen, vgl. Bauer, Wörterbuch (s. Anm. 19), 304f.

Phil 2,6-11 und gnostische Christushymnen aus Nag Hammadi

von Gerd Lüdemann und Martina Janßen

I.

Vor einem halben Jahrhundert hat Ernst Lohmeyer in seinem Werk ‚Kyrios Jesus - Eine Untersuchung zu Phil 2,5-11'[1] festgestellt, daß Phil 2,6-11 ursprünglich ein vorpaulinischer ‚urchristlicher Psalm' oder ‚Choral'[2] gewesen ist, der die Erniedrigung und anschließende Erhöhung eines präexistenten Gottwesens beschreibt.

Viel Zeit ist seitdem vergangen, und der Philipperhymnus ist stets Gegenstand exegetischer Betrachtung gewesen. Über Form[3], Gliederung[4], religionsgeschichtliche Herkunft[5], paulinische Redaktion[6] und theologischen Gehalt ist

---

1   E. Lohmeyer, Kyrios Jesus - Eine Untersuchung zu Phil 2,5-11, SHAW.PH 4, 1927/1928.

2   Die formgeschichtliche Bestimmung schwankt bei Lohmeyer: Manchmal spricht er von Psalm bzw. Psalmdichtung (a.a.O., 7.9), dann von Choral (a.a.O., 8), dann von Hymnus (a.a.O., 11), dann von Lied oder Gedicht (a.a.O., 9).

3   K. Wengst, Christologische Formeln und Lieder des Urchristentums, StUNT 7, 1972, 144ff, sieht z.B. in Phil 2,5-11 ein gnostisches Weglied. Lohmeyers Einordnung schwankt (s.o).

4   Vgl. vor allem die Gliederungsmodelle von Lohmeyer, Kyrios Jesus (s. Anm. 1), 4-13, und J. Jeremias, Zur Gedankenführung in den paulinischen Briefen, in: Studia Paulina. FS J. de Zwaan, Haarlem 1953, 146-154 (= ders., Abba. Studien zur neutestamentlichen Theologie und Zeitgeschichte, Göttingen 1966, 269-276). Die meisten weiteren Gliederungsversuche der Forschung stellen Modifikationen der Arbeiten Lohmeyers und Jeremias' dar.

5   Auch in bezug auf die religionsgeschichtliche Herkunft von Phil 2,5-11 liegen keine allgemein anerkannten Ergebnisse vor. So reicht die religionsgeschichtliche Einordnung von der Verwandtschaft zum (vermeintlichen) gnostischen Anthroposmythos (neben Wengst [a.a.O.] vgl. z.B. W. Kramer, Christos-Kyrios-Gottessohn. Untersuchungen zu Gebrauch und Bedeutung der christologischen Bezeichnungen bei Paulus und den vorpaulinischen Gemeinden, AThANT 44, 1963) über alttestamentlich-semitische Beeinflussung (z.B. O. Hofius, Der Christushymnus Philipper 2,6-11, WUNT 17, 1976; O. Michel, Zur Exegese von Phil 2,5-11, in: ders., Dienst am

immer kontrovers diskutiert worden. Fast nie ging man jedoch hinter die grundlegende Erkenntnis Lohmeyers zu Phil 2,(5)6-11 als älterem und von Paulus in den paränetischen Kontext eingebundenem Traditionsstück ernsthaft zurück[7].

In bezug auf die neutestamentlichen und frühchristlichen Schriften ist die Aussonderung einzelner Traditionsstücke (christologische Bekenntnisformeln; neutestamentliche Lieder etc.) weiter vorangetrieben worden[8], auch wenn die genaue Abgrenzung und formale Bestimmung dieser Vorlagen mit nicht geringen Schwierigkeiten belastet ist. In der Regel verfügen sie nicht über eine etwa der griechischen Poesie vergleichbare Metrik oder Strophik, sondern die Grenzen zwischen einer literarischen Form (z.B. Hymnus) und einem mit einer gewissen hymnischen Struktur versehenen Prosatext verlaufen fließend. Diese Problematik wird auch am formgeschichtlichen Umgang mit dem Stück Phil 2,6-11 deutlich: Abgesehen davon, daß die zahlreichen voneinander abweichenden Gliederungsvorschläge für sich sprechen, bleibt die vorsichtige Bestimmung durch Lohmeyer als ,Choral' bzw. ,urchristlicher Psalm' oder ,Hymnus' notwendig und ist den formgeschichtlichen ,Präzisierungen' der späteren Forschung vorzuziehen[9].

Wort. Gesammelte Aufsätze, hg. v. K. Haacker, Neukirchen-Vluyn 1986, 123-134) bis hin zu zahlreichen religionsgeschichtlichen Kombinationshypothesen.

6   Vgl. hier vor allem G. Strecker, Redaktion und Tradition im Christushymnus Phil 2,6-11, ZNW 55, 1964, 63-78 (= ders., Eschaton und Historie. Aufsätze, Göttingen 1979, 142-157). So stellen V 8 und V 11c paulinische Zusätze dar.

7   Ausnahmen sind z.B. W.G. Kümmel, Einleitung ins Neue Testament, Heidelberg [21]1983, 294; R.P. Martin, Carmen Christi. Philippians II: 5-11 in Recent Interpretation and in the Setting of Early Christian Worship, MSSNTS 4, [2]1983; R. Brucker, ,Christushymnen' oder ,epideiktische' Passagen? Studien zum Stilwechsel im Neuen Testament und seiner Umwelt, FRLANT 176, 1997 (bes. 310ff). Hier wird Paulus als Verfasser des Hymnus angenommen.

8   Vgl. neben Wengst, Christologische Formeln (s. Anm. 3) z.B. R. Deichgräber, Gotteshymnus und Christushymnus in der frühen Christenheit. Untersuchungen zu Form, Sprache und Stil der frühchristlichen Hymnen, STUNT 5, 1967; Ph. Vielhauer, Geschichte der urchristlichen Literatur, Berlin/New York 1975, 9-57; M. Hengel, Das Christuslied im frühesten Gottesdienst, in: W. Baier u.a. (Hg.), Weisheit Gottes - Weisheit der Welt (FS J. Ratzinger) Bd. 1, St. Ottilien 1987, 357-404; G. Kennel, Frühchristliche Hymnen? Gattungskritische Studien zur Frage nach den Liedern der frühen Christenheit, WMANT 71, 1995.

9   Vgl. nur die Bestimmung von Wengst als ,gnostisches Weglied' (s. Anm. 3). Abgesehen von der Tatsache, daß es keine klar umrissene Gattung für das Motiv des göttlichen Erlösers gibt, der sich erniedrigt, indem er Mensch wird, und nach seiner Mission wieder in die göttliche Würdestellung gelangt (s. z.B. das Perlenlied aus den Thomasakten 108ff), beruht die formgeschichtliche Einordnung von Wengst ganz auf seiner zweifelhaften religionsgeschichtlichen Interpretation von Phil 2,6-11.

II.

Die Aufgabe, selbständige Traditionsstücke sowie überhaupt Lieder und Hymnen von ihrer Einbindung in den Kontext zu isolieren, stellt sich in verstärktem Maß für die Nag-Hammadi-Bibliothek. Hier liegt noch vieles im Dunkeln, und ein weitgreifender Forschungskonsens - wie etwa in bezug auf Phil 2,6-11 - ist selten zu verzeichnen[10]. Bei vielen Textsequenzen ist jedoch eine ursprünglich selbständige Entstehung und (kultische) Verwendung denkbar und wahrscheinlich. Angeführt seien die Weckrufformeln[11], die Fragenkataloge[12] oder die gnostischen Katechismen, welche die Seele des Menschen für einen reibungslosen Aufstieg an den Archonten vorbei rüsten wollen[13]. Zu nennen ist hier auch das Sterbegebet des Jakobus am Ende der zweiten Apokalypse des Jakobus (NHC V 4) 62,16ff, das ebenso wie die gnostischen Katechismen und weitere Traditionsstücke[14] seinen Sitz im Leben im gnostischen Sterbesakrament gehabt haben könnte[15]. Auch die zahlreichen Du-bist-Prädikationen an mythologische Größen[16] oder an den Unbekannten Vater[17] dürften als Traditionsstücke in die Texte

---

10 Eine Ausnahme stellt der Pronoiahymnus im Apokryphon des Johannes (NHC II 1) 30,11ff dar, der in der Forschung weitgehend als ursprünglich selbständiger Hymnus angesehen wird; vgl. R. v. d. Broek, Von der jüdischen Weisheit zum gnostischen Erlöser. Zum Schlußhymnus des Apokryphon des Johannes, in: ders., Studies in Gnosticism and Alexandrian Christianity, NHMS 39, 1996, 86-116.
11 Vgl. z.B. Der Gedanke unserer großen Kraft (NHC VI 4) 39,33ff; Zostrianos (NHC VIII 1) 130,16ff.
12 Vgl. z.B. Apokryphon des Johannes (NHC II 1) 1,21ff; Testimonium Veritatis (NHC IX 3) 41,22ff; Thomasbuch (NHC II 7) 138,8ff; vgl. auch Ex.Theod. 78,2.
13 Vgl. z.B. Apokalypse des Paulus (NHC V 2) 23,1ff; erste Apokalypse des Jakobus (NHC V 3) 33,11ff; Thomasevangelium (NHC II 2) 41,31ff. Gerade bei dem Katechismus in der ersten Apokalypse des Jakobus stellt sich die Frage nach der ursprünglichen Selbständigkeit. So ist bei Irenäus in seinem Referat über das Sterbesakrament der Markosier ein Katechismus überliefert, der äußerst enge Entsprechungen zu dem in der ersten Apokalypse des Jakobus hat. Eventuell gehen beide Katechismen auf eine gemeinsame Vorlage zurück, die ihren Sitz im Leben im Kult (Sterbesakrament) gehabt haben könnte (Iren., Haer I,21,5).
14 Vgl. z.B. die Zeugnisformel in der Paraphrase des Seem (NHC VII 1) 45,34ff oder das Aufstiegsritual in der Dreigestaltigen Protennoia (NHC XIII 1) 45,12ff; 48,12ff.
15 Vgl. hierzu W.P. Funk, Die zweite Apokalypse des Jakobus aus Nag-Hammadi-Codex V, TU 119, 1976, 211-220: Funk stellt Gemeinsamkeiten in Form und Inhalt zwischen dem Sterbegebet des Jakobus, dem Sterbegebet des Thomas, manichäischen Jesuspsalmen und Psalmen der Pistis Sophia fest. Im Zentrum dieser Gebete stehe die Bitte um den reibungslosen Seelenaufstieg. Eventuell sei auch das Gebet des Apostels Paulus (NHC I 1) zu dieser Gattung zu zählen. Das dort in Zeile 18 stehende „Gib mir Macht ... (†ⲚⲎⲈⲒ Ⲛ̄ⲦⲈⲔⲎⲞⲨⲤⲒⲀ)" könnte sich auf die Befähigung zum Passieren der Archonten beziehen.
16 Vgl. Zostrianos (NHC VIII 1) 86,13ff; 88,10ff; Allogenes (NHC XI 3) 54,1ff; vgl. insgesamt die Drei Stelen des Seth (NHC VII 5).

aufgenommen sein, eine Einsicht, die auch für die Ich-bin-Offenbarungen der Erlöserfiguren gelten dürfte[18]. Ebenso ist für einige der zahlreichen Gebete (z.B. Dialog des Erlösers [NHC III 5] 121,5ff; Melchisedek [NHC IX 1] 14,23ff; 16,16ff; die Taufgebete im Ägypterevangelium [NHC III 2] 66,8ff; 66,22ff; etc.) eine selbständige Entstehung möglich. Vieles mehr wäre anzufügen[19]. Doch mögen diese Hinweise hier genügen.

Bei den Schriften der Nag-Hammadi-Bibliothek ist die Aufgabe, Traditionsstücke aus ihrem redaktionellen Kontext auszusondern, mit noch größeren Schwierigkeiten belastet als bei den neutestamentlichen Schriften. Auf drei grundsätzliche Hindernisse sei hingewiesen: a) Zahlreiche Texte haben von sich aus eine hymnische Struktur. Dies macht die Abgrenzung von poetischen Traditionsstücken sehr schwierig (vgl. z.B. den Dreiteiligen Traktat [NHC I 5]; die zweite Apokalypse des Jakobus [NHC V 4]; Bronte [NHC VI 2]; die Dreigestaltige Protennoia [NHC XIII 1]). b) Viele Schriften sind nicht sehr gut erhalten, was zuweilen an der Möglichkeit der Abgrenzung, Gliederung und Auslegung der Traditionsstücke zweifeln läßt (vgl. z.B. die Interpretation der Erkenntnis [NHC XI 1]). c) Viele der Gebete sind keine eigenständigen Traditionsstücke, sondern dienen als ‚Schriftgebete' lediglich dem Erzählzusammenhang (vgl. z.B. die Gebete im Brief des Petrus an Philippus [NHC VIII 2] 133,21ff). Aus diesen Gründen und angesichts der Tatsache, daß klar konstruierte Formen mit festumrissenen Gattungsgesetzen in bezug auf die christlich(-gnostische) Frömmigkeit eher die Ausnahme als die Regel sind, wird auf eine genaue formgeschichtliche Bestimmung verzichtet; wenn im folgenden von ‚Hymnus' die Rede ist, so ist damit kein Urteil über eine etwaige Gattungszuge-

---

17 Vgl. z.B. die hymnischen Abschnitte am Anfang des Dreiteiligen Traktats (NHC I 5); Apokryphon des Johannes (NHC II 2) 2,26ff; Eugnostosbrief (NHC III 3) 71,14ff; Zostrianos (NHC VIII 1) 65,10ff; Allogenes (NHC XI 3) 47,9ff; 62,1ff.

18 Diese Ich-bin-Offenbarungen als religiöse Redeform sind in der gesamten religiösen Literatur der Antike weit verbreitet gewesen (vgl. nur die Isisaretalogie von Kyme) und finden sich in großem Maße auch in den Nag-Hammadi-Schriften. So stellen der Text Bronte (NHC VI 2) wie auch die Dreigestaltige Protennoia (NHC XIII 1) weitgehend eine Ich-bin-Offenbarung dar. Möglicherweise sind einige dieser Ich-bin-Offenbarungen bzw. Ausschnitte daraus selbständige Traditionsstücke. Zu erwägen wäre dies für Bronte (NHC VI 2) 13,16ff. Dieser Passus findet sich ähnlich in der Schrift ohne Titel (NHC II 5) 114,7ff und ähnlich in dem Wesen der Archonten (NHC II 4) 89,14ff; vgl. auch Hippol., Ref VI,17,3. Eventuell hat ein solcher Hymnus einer Allmuttergöttin in gnostischen Kreisen existiert.

19 Vgl. z.B. die ‚Verspottung der alttestamentlichen Größen' im Zweiten Logos des großen Seth (NHC VII 2) 62,27ff; siehe auch M. Lattke, Hymnus. Materialien zu einer Geschichte der antiken Hymnologie, NTOA 19, 1991, 147ff. Die Übersetzung der Nag-Hammadi-Texte von Gerd Lüdemann und Martina Janßen (Bibel der Häretiker. Die gnostischen Schriften aus Nag Hammadi, Stuttgart 1997) hat versucht, durch das Druckbild diese möglichen Traditionsstücke hervorzuheben.

hörigkeit getroffen, sondern lediglich darauf hingewiesen, daß der Text eine ihn vom Kontext unterscheidende hymnische bzw. rhythmische Struktur aufweist.

III.

Ein Großteil der hymnischen Abschnitte in der Nag-Hammadi-Bibliothek hat das Wesen, Schicksal und Wirken des gnostischen Erlösers zum Thema. Dieser wird oft mit Christus gleichgesetzt. Viele - wenn auch nicht alle - dieser Abschnitte mögen ursprünglich selbständige (gnostisch-)christliche Lieder bzw. kultische Gebrauchstexte gewesen sein und werfen zweifellos ein neues Licht auf das frühe Christentum[20]. Generell kann man diese Christushymnen in fünf Gruppen unterteilen:

1. Ich-bin-Hymnen: Viele Christushymnen gehören der literarischen Form an, mittels derer eine Gottheit wie z.B. Isis, die Weisheit (vgl. Sir 24) oder eine Erlösergestalt (Bronte [NHC VI 2]; Dreigestaltige Protennoia [NHC XIII 1]; Pronoia [Apokryphon des Johannes [NHC II 1] 30,11ff]) sich selbst und ihr Wirken offenbart. Zu nennen sind hier die Passagen in der zweiten Apokalypse des Jakobus (NHC V 4) 48,1ff und vor allem das Sondergut[21] in der Sophia Jesu Christi (NHC III 4) 107,11ff; BG 121,13ff; man vgl. aber auch den doketischen Hymnus im Zweiten Logos des großen Seth (NHC VII 2) 55,9ff.

2. Du-bist-Hymnen: Auch diese Hymnen, mit denen der Erlöser Christus gepriesen wird, erscheinen gelegentlich in den Nag-Hammadi-Schriften (vgl. z.B. die erste Apokalypse des Jakobus [NHC V 3] 28,7ff).

---

20 Dies ist freilich nicht auf die Nag-Hammadi-Bibliothek beschränkt, sondern gilt auch für weitere gnostische und apokryphe Schriften (vgl. nur die Hymnen an den Unbekannten Vater im Unbekannten Altgnostischen Buch [Kodex Brucianus 3] Kap. 7; Kap. 17; Kap. 20; Kap. 22 oder die Fragmente der gnostischen Hymnen aus den Jeu-Büchern [Kodex Brucianus 1+2] S.35ff; S.87). Als Beispiel sei auch auf den Hymnus in den Johannesakten 94ff verwiesen, der in Auszügen auch bei Augustin überliefert ist. (Ep 237,5-9). Vgl. zu weiterem Material auch Lattke, Hymnus [s. Anm. 19)], 243ff); siehe auch Anm. 74.
21 Die Sophia Jesu Christi (NHC III 4) stellt die Umwandlung des Eugnostosbriefes (NHC III 3) dar. Dieser heidnische Brief ist durch die Dialogisierung und das Einfügen von Christus und seinen Jüngern als Dialogpartnern in einen christlichen Offenbarungsdialog umgewandelt worden. Die Sophia Jesu Christi hat neben dem Eugnostosbrief Sondergut verarbeitet, das vor allem das Wesen und die Herkunft des gnostischen Erlösers betrifft. Dazu gehören die Ich-bin-Hymnen. Es ist denkbar, daß dem Redaktor der Sophia Jesu Christi neben dem Eugnostosbrief eine weitere Quelle vorgelegen hat, die Ich-bin-Aussagen einer Erlöserfigur – ähnlich wie Bronte – zum Inhalt hatte.

3. Hymnen, die das Wirken Jesu zum Inhalt haben: Zahlreich sind die hymnischen Aufzählungen der Taten Christi, die keine Ich-bin-Rede darstellen, sondern im Er-Stil gehalten sind (man vgl. z.B. außer den hier behandelten Hymnen den Lobpreis in der zweiten Apokalypse des Jakobus [NHC V 4] 58,2ff).

4. Hymnische Christusprädikationen: Häufig sind auch die Abschnitte, die Christus mit Titeln und göttlichen Attributen versehen. Meist sind sie in der Form von parallel konstruierten Er-Prädikationen abgefaßt. Beispiele sind die Abschnitte aus den Lehren des Silvanus (NHC VII 4) 106,21ff; 112,33ff. Auch die hymnische Aufzählung im Dreiteiligen Traktat (NHC I 5) 66,13ff könnte ursprünglich unabhängig in einem liturgischen Kontext entstanden sein (vgl. auch 87,6ff).

5. Weitere Christushymnen: Zusätzlich zu den obengenannten Gruppen finden sich in den Nag-Hammadi-Schriften zahlreiche hymnische Abschnitte, die Christus zum Thema haben, sich aber nicht in Gruppen zusammenfassen lassen. Als Beispiel sei auf den ‚Hymnus auf das Wort' im Evangelium Veritatis (NHC I 3) 23,19ff verwiesen: In diesem sich durch die hymnische Struktur klar vom Kontext unterscheidenden Abschnitt werden das Wesen und die Wirkung des Wortes entfaltet, welches mit Christus gleichgesetzt wird (vgl. Joh 1).

IV.

An zwei Beispielen soll die Abgrenzung möglicher Traditionsstücke verdeutlicht werden, *erstens* an der ‚Interpretation der Erkenntnis' (NHC XI 1) 10,27-38(?) und *zweitens* an den ‚Lehren des Silvanus' (NHC VII 4) [110,14-19a] 110,19b-111,20. Diese beiden Textabschnitte fallen durch ihre hymnische Struktur aus dem Kontext heraus. Der Hymnus in der ‚Interpretation der Erkenntnis' ist eine Ich-bin-Rede Christi, der Hymnus in den Lehren des Silvanus stellt im wesentlichen eine Schilderung der Taten Christi dar. Neben der hymnischen Struktur haben beide Christushymnen die Aufnahme und Weiterinterpretation von Phil 2,6-11 gemeinsam und stellen so Dokumente der Wirkungsgeschichte dieses vorpaulinischen Hymnus dar[22].

---

22 Für alle folgenden Übersetzungen der Nag-Hammadi-Texte liegen die jeweiligen Editionen der Nag Hammadi Studies (NHS) bzw. Nag Hammadi and Manichaean Studies (NHMS) zugrunde.

1. Die ‚Interpretation der Erkenntnis' 10,27-38(?)

1.1. Redaktioneller Kontext des hymnischen Traditionsstückes

Die ‚Interpretation der Erkenntnis' (NHC XI 1)[23] ist leider nur sehr fragmenta-
risch erhalten, so daß über weite Strecken des Textes keine genauen Aussagen
gemacht werden können. Dieser weist in seinen erkennbaren Partien eindeutig
gnostische (valentinianische) Einflüsse auf (die Konsubstantialität der Seele mit
dem Erlöser: 2,33ff; die Fremdheit in der Welt: 10,18ff; die gefangene Seele:
6,30ff; die Weltverachtung: 1,36ff; der Erlöser als Lehrer: 9,15ff usw.). Der
Traktat gehört zu den Nag-Hammadi-Schriften, die paulinisches und deutero-
paulinisches Gedankengut aufnehmen und weiterverarbeiten[24]. Hier ist besonders auf die Rezeption der ekklesiologischen Vorstellungen aus dem ersten
Korintherbrief sowie aus dem Epheser- und Kolosserbrief hinzuweisen, die für
den zweiten Teil der Schrift (Seiten 15-21) bestimmend sind[25]. Überhaupt ist
die Rolle der Kirche als Objekt der Erlösung generell betont: Sie hat ihren Ursprung im Himmel, ist aber durch ihren Fall in die Materie verstrickt. Ihre Erlösung ereignet sich durch die Erinnerung an den Ursprung (9,17ff), welche ihr
durch ihren Lehrer und ihr Haupt Christus vermittelt wird (13,33ff). Die Funktion Christi ist jedoch nicht auf die Belehrung beschränkt; auch sein Leiden bringt
Erlösung. Der Form nach stellt die ‚Interpretation der Erkenntnis' eine Homilie
dar, die sich weitgehend an die 2. Pers. sg. fem. (=ΤЄΚΚΛΗϹΙΛ) richtet. Die
Schrift zeigt Merkmale des Diatribenstils. Der Autor arbeitet neben dem Hym-

---

23 Vgl. zur maßgeblichen Literatur zur ‚Interpretation der Erkenntnis' z.B. K. Ko-
    schorke, Eine neugefundene gnostische Gemeindeordnung, ZThK 76, 1979, 30-60;
    ders.; Gnostic Instructions on the Organization of the Congregation: *The Tractate
    Interpretation of Knowledge from CG XI*, in: B. Layton, (ed.), The Rediscovery of
    Gnosticism. Vol. II. Sethian Gnosticism, SHR 41, 1981, 757-769; U.-K. Plisch, Die
    Auslegung der Erkenntnis (NHC XI 1), herausgegeben, übersetzt und erklärt, theol.
    Diss. Berlin 1994; E. H. Pagels/J.D. Turner, NHC XI 1: The Interpretation of
    Knowledge, in: Ch.W. Hedrick, (ed.), The Coptic Gnostic Library: Nag Hammadi
    Codices XI, XII, XIII, NHS 28, 1990, 21-88.

24 Vgl. hier den Rheginusbrief (NHC I 4): Aufnahme und Weiterentwicklung der Auf-
    erstehungsvorstellungen des Epheser- und Kolosserbriefes; Testimonium Veritatis
    (NHC IX 3): Weiterentwicklung des paulinischen Antinomismus; vgl. die formale,
    weniger inhaltlich bestimmte Anknüpfung an die Person des Paulus im Gebet des
    Apostels Paulus (NHC I 1) und in der Apokalypse des Paulus (NHC V 2).

25 Dies hat dazu geführt, die Interpretation der Erkenntnis als Gemeindeordnung zu
    bezeichnen (vgl. Koschorke, Gemeindeordnung [s. Anm. 23]). Obwohl hier - wie
    sonst für gnostische Texte ungewöhnlich - der Ekklesiologie auch in ihrer prakti-
    schen Entfaltung (Gemeindeorganisation) ein hoher Stellenwert zugemessen wird,
    kann wohl nicht von einer Gemeindeordnung im herkömmlichen, formgeschichtli-
    chen Sinn gesprochen werden.

nus in 10,27-38 etwa auch Bibelzitate, die er als Worte des Lehrers Christus ausgibt, in seine Schrift ein (9,28ff).

1.2. Abgrenzung des hymnischen Traditionsstückes

Die Abgrenzung des Hymnus ist relativ eindeutig. Der Ich-bin-Hymnus zeichnet sich vom Kontext dadurch ab, daß er als Zitat des Lehrers Christus klar von der Ermahnung des Autors der Homilie unterschieden ist[26]. Ab 9,16 ist ‚Christus als Lehrer' das Thema der Schrift. Der Autor referiert die Lehre Christi in der Wiedergabe von Zitaten; vgl. 9,27: „Dieses ist seine Lehre: (...)"; 10,17f: „Denn er sagte: (...) ". Von 10,20 ab ermahnt der Autor, die Lehre Christi aufzunehmen, indem er den Leser in der 2. Pers. sg. fem. (= Kirche) anspricht. Ab 10,27 folgt der Hymnus als Ich-bin-Rede. Das Ende des Hymnus ist im Gegensatz zu seinem Anfang nicht mehr eindeutig zu ermitteln, da der Text ab 11,1 wegen des schlechten Erhaltungszustands des Kodex abbricht. Erst ab 11,15 ist er als Fortsetzung der Homilie wieder lesbar.

Neben der Kennzeichnung als Zitat spricht für die Selbständigkeit des Hymnus die andere, von der Homilie unterschiedene Terminologie. Dies wird besonders an der Bezeichnung für den leidenden Christus deutlich: In der Homilie erscheint vor allem das Motiv des ‚Verspotteten' (z.B. 10,21: [ⲡⲉⲉⲓ ⲛ̄ⲧⲁϩ]ⲟⲩⲛϭⲛⲟⲩ[ϭϥ̄]; 12, 30: ⲡⲉⲛⲧⲁⲩⲛϭⲛⲟⲩϭ[ϥ] von ⲛⲁϭⲛ̄ϭ [ⲛⲟϭⲛⲉϭ]), wohingegen der Hymnus den sonst in der ‚Interpretation der Erkenntnis' nicht gebräuchlichen Terminus ‚Demut/Erniedrigung' (ⲑ̄ⲃ̄ⲉⲓⲟ [ⲑⲃⲃⲓⲟ]) verwendet.

Einwenden könnte man gegen die Abgrenzung von 10,27-38 als Traditionsstück lediglich, daß die Bezugsperson, der Christus im Hymnus Erlösung zusichert, ebenso wie die Adressatin des Verfassers der ‚Interpretation der Erkenntnis' (hier: ⲧⲉⲕⲕⲗⲏⲥⲓⲁ) feminin ist, was für einen gleichen Urheber sprechen könnte[27]. Wenn man von der Möglichkeit einer bewußten Angleichung des Redaktors absehen will, löst sich das Problem durch den Verweis auf die ‚Seelenschriften' aus Nag Hammadi, in denen die Seele von Christus erlöst wird

26 So auch Plisch, Auslegung (s. Anm. 23), 109f. Nach Plisch handelt es sich jedoch nicht um einen Hymnus, sondern um eine *Abfolge* von mehreren Zitaten, welche dann auf einer Ebene mit den Zitaten aus 9,28ff und 10,18ff stehen würden. Wegen der inhaltlichen Geschlossenheit von 10,27-38 ist es jedoch sinnvoller, eher mit einem geschlossenen Traditionsstück als mit einer Aneinanderreihung von Einzelzitaten zu rechnen. Von den Zitaten aus 9,28ff und 10,18ff unterscheidet sich 10,27-38 außerdem in bezug auf das Genus der angeredeten Person. In 10,27-38 ist der Adressat feminin und konkret mit der Seele zu identifizieren; 9,28ff und 10,18ff sind an die 2. Pers. sg. masc. gerichtet (9,33: ⲉⲕϣⲁⲛ; 10,18: ⲡⲱⲕ) und wohl als allgemeine Anrede zu verstehen.

27 Meist ist die Bezugsperson in Hymnen, die sich nicht an einen bestimmten Adressaten richten, sondern allgemein gehalten sind, maskulin (vgl. die Lehren des Silvanus [NHC VII 4] 103, 33ff [104,10ff]; 110,14-111,20).

(s.u.). Interpretiert man demzufolge den Hymnus als Heilszusage Christi an die Seele (ⲧⲯⲩⲭⲏ: fem.), ergibt sich zwangsläufig das feminine Genus der angeredeten Bezugsperson.

1.3. Übersetzung des hymnischen Traditionsstückes

„(1) Gleichsam bin ich äußerst gering geworden,
damit ich dich durch meine Demut hinaufnehme in die große Höhe,
den Ort, von dem du gefallen bist.
Du wurdest in diese Grube gebracht.
(2) Wenn du aber an mich glaubst, -
ich bin ich es, der dich nach oben nehmen wird durch diese Gestalt,
die du siehst.
Ich bin es, der dich auf meinen Schultern tragen wird.
Tritt ein durch die Seite,
den Ort, von dem du stammst.
(3) Und verbirg dich vor den wilden Tieren.
Die Last, die du nun trägst, deine ist sie nicht (mehr).
Wenn du gehst [...].“

1.4. Analyse des hymnischen Traditionsstückes

Formale Analyse. Der Hymnus wechselt formal zwischen Ich-bin-Aussagen und Anreden bzw. Aufforderungen, die an die 2. Pers. sg. fem. gerichtet sind. Eine durchstrukturierte Gliederung ist nicht zu ermitteln (vgl. allenfalls die Wiederholung des ⲁⲛⲁⲕ ⲡⲉ ⲉⲧⲁ in 10,32+34, des ⲡⲙⲁ ⲛ̅ⲧⲁ2ⲁ in 10,29f+35, der Konditionalkonstruktionen in 10,31+38, der Imperative in 10,34+36).
Der Einfluß von Phil 2,6-11. Jesus beschreibt in diesem Hymnus seine Erniedrigung, wobei terminologisch stark an Phil 2,6-11 angeknüpft wird[28]. Im Gegensatz zum Philipperhymnus, wo Jesus selbst bzw. sein Name erhöht wird, dient die Erniedrigung des Erlösers im vorliegenden Christushymnus dazu, die Seele wieder in die Höhe zu nehmen, aus der sie stammt, und sie so zu erlösen. Dieser Gedanke findet sich - auch hier in enger Anlehnung an Phil 2,6-11 -

---

28 So wird der Hymnus mit ⲍⲟⲙⲟⲓⲱⲥ eingeleitet; hier könnte man an eine Aufnahme des ἐν ὁμοιώματι aus Phil 2,7 denken. Anders Plisch, Auslegung (s. Anm. 23), 109f: Ihm zufolge dient ⲍⲟⲙⲟⲓⲱⲥ in 10,27 als Einleitung der Zitate („Ebenso [sagte der Lehrer]: Ich wurde ...“). Weiter wird der Terminus ⲥⲭⲏⲙⲁ in 10,33 durch Phil 2,7 motiviert sein. Der Terminus, der die Erniedrigung/Demut (ⲑ̄ⲃⲉⲓⲟ) des Erlösers zum Ausdruck bringt, entspricht dem griechischen ταπεινόω in Phil 2,8 (vgl. W.E. Crum, A Coptic Dictionary, Oxford 1939, 457f). Ähnlich kann ⲭⲓⲥⲉ (10,29) eine Anspielung auf das in Phil 2,9 die Erhöhung Jesu bezeichnende ὑπερυψόω sein (vgl. a.a.O., 788ff).

etwas später vom Verfasser der ‚Interpretation der Erkenntnis' explizit ausgeführt. Vgl. 12,15ff:

> *„ [Der, der] zum Gegenstand des Spottes wurde, wechselte den Namen und [neben dem, der sein wird] wie der Spott, [offenbarte] er (sich) als Fleisch. Und [der Verachtete hat keine] Befehlsgewalt, und er hat [keinen] Bedarf an der [Herrlichkeit, die nicht seine] ist; er hat seine eigene [Herrlichkeit] bei dem [Namen], welcher ist ‚der [Sohn]'. Aber er kam, damit wir in den Besitz von Herrlichkeit gelangen würden [durch den] Verachteten, [der] wohnt in den [Orten der] Verachtung. Und durch den, der zum Gegenstand des Spottes wurde, empfangen wir [die Vergebung] der Sünden. Und durch den, [der] verspottet wurde, und (durch) den, der [erlöst] wurde, empfangen wir die Gnade.* "[29]

Der Prozeß der Erlösung. Im Prinzip ist in dem ersten Satz des Hymnus die gesamte Lehre der gnostischen Erlösung zusammengefaßt: Die Seele des Menschen ist in die materielle Welt gefallen und in ihr gefangen. Durch das Kommen des Erlösers in die Welt wird die Seele wieder in ihre ursprüngliche Heimat hinaufgenommen. Auffällig für gnostisches Denken ist, daß der *leidende* Jesus der Erlöser ist, was der Status seiner Erniedrigung (ⲐⲂⲈⲓⲟ) ja impliziert und sich dem Leser der ‚Interpretation der Erkenntnis' durch den Terminus ⲤⲬⲘⲀ, der in der Homilie mit dem leidenden, verspotteten Christus verbunden ist[30], ohnehin aufdrängt.

Wichtig am Hymnus ist ferner die Rolle des Glaubens: Durch die Anerkennung des (erniedrigten) Erlösers im Glauben ist Erlösung zugesichert. Betont wird hier also die aktive Rolle der erlösungsbedürftigen Seele, ein für die Gnosis vertrauter Gedanke[31].

---

29 Vgl. zum Einfluß von Phil 2,6ff an dieser Stelle auch Plisch, Auslegung (s. Anm. 23), 114ff.

30 Vgl. 10,20ff unmittelbar vor Beginn des Hymnus: *„ Empfange nun die [Lehre dessen, der] verspottet wurde – ein Vorteil und [ein Nutzen] für die Seele – [und] empfange [seine Gestalt (ⲤⲬⲘⲀ) – die] Gestalt (ⲤⲬⲘⲀ), [die] im Angesicht [des Vaters] existiert, das Wort und die Höhe, die (sc. Gestalt) dich ihn erkennen läßt, (wie du ihn erkannt hast), bevor du in die Irre gegangen bist, wobei du im Fleisch der Verurteilung warst."*

31 Vgl. hier die Vorstellung vom Weckruf, den die Seele hören und realisieren muß (Evangelium Veritatis [NHC I 3] 22,2ff). Auch die Reue der Seele, wie sie beispielsweise in der Exegese der Seele (NHC II 6) 135,4ff (ursprünglich selbständiges Reuegebet?) vorkommt, ist ein aktiver Vorgang, der auf die Erlösung abzielt. Vgl. auch die vorbereitenden asketischen Praktiken in den sethianischen Aufstiegsberichten Allogenes (NHC XI 3) und Zostrianos (NHC VIII 1) sowie in der Paraphrase des Seem (NHC VII 1), die dem zur Vergöttlichung führenden Aufstieg bzw. der erlösenden Offenbarung vorausgehen.

Der Erlösungsvorgang wird durch zwei Metaphern verdeutlicht: Der Erlöser
- immer in seiner sichtbaren Gestalt (10,33)[32] - nimmt den Glaubenden auf seine
Schultern und trägt ihn. Dieses in der religiösen Literatur der Antike weit-
verbreitete Bild ist wahrscheinlich biblisch motiviert[33] und in der valentinianischen Gnosis als Metapher für die Rückführung der (Licht-)Samen in das
Pleroma gebräuchlich[34]. Zentral für das gnostische Verständnis des Erlösungs-
vorgangs ist auch das Bild von dem Eintreten in die Seitenwunde Christi (vgl.
Joh 19,34), welche mit der Wunde Adams, die ihm durch die Entfernung der
Rippe zugefügt wurde (vgl. Gen 2,21), gleichgesetzt wird[35]. Durch die Trennung Evas von Adam ist das Verderben entstanden: Diese Trennung wird durch
Christus aufgehoben[36]. Der ‚paradiesische Zustand' ist wiederhergestellt und
wird in der (valentinianischen) Gnosis im Brautsakrament symbolisiert und
realisiert[37]. Neben der Analogie Seitenwunde = Wunde Adams und dem damit

---

32 Die Unterscheidung zwischen dem sichtbaren Jesus und Christus ist in gnostischen
    Texten geläufig; vgl. z.B. Evangelium des Philippus (NHC I 3) 56,3ff; 62,6ff; Apo-
    kalypse des Petrus (NHC VII 3) 81,15ff; 82,4ff; Ex.Theod. 42,2; 26,1-2; 59,3.
33 Zur weiten Verbreitung dieser Metapher vgl. J. Ernst, Das Evangelium nach Lukas,
    RNT 3, 1977, 453. In dem Hymnus könnte auf das Gleichnis vom verlorenen Schaf
    bei Lk 15,5 angespielt sein. Das Gleichnis vom verlorenen Schaf ist auch sonst in
    der Gnosis Metapher für die Erlösung: vgl. Evangelium Veritatis (NHC I 3) 31.35ff;
    siehe auch die Zahlenspekulation des Gnostikers Markus (Iren., Haer I,16,2); vgl.
    ferner das Evangelium des Thomas (NHC II 2) 50,22ff und Iren., Haer I,8,4; I,23,2;
    II,5,2; vgl. auch den Seelenhymnus in MPB 181,19ff. Plisch, Auslegung (s. Anm.
    23), 109f, sieht hingegen in dem Bild des ‚Auf-den-Schultern-tragen' eine Verbin-
    dung zu Joh 10,1-10: „Der Erlöser trägt die ψυχή/ἐκκλησία auf seinen Schultern
    durch das Zwischenreich der Archonten in die himmlische Heimat – also verstanden
    im Sinne der Hirtenparabel Joh 10,1-10, die ja tatsächlich eine gnostische Heimho-
    lungserzählung ist."
34 Vgl. z.B. Ex.Theod. 42,2: „Darum trägt auch Jesus die Samen durch das Zeichen
    (sc. des Kreuzes) auf seinen Schultern und führt sie in das Pleroma hinein. Denn Je-
    sus wird genannt ‚die Schulter des Samens', Christus aber ‚das Haupt'."
35 Vgl. zur Seitenwunde Jesu in der Gnosis auch Ex.Theod. 61,3; vgl. dazu insgesamt
    auch Plisch, Auslegung (s. Anm. 23), 110f.
36 So das Evangelium des Philippus (NHC II 3) 70,9ff: „Hätte sich die Frau (= Eva)
    nicht vom Mann (= Adam) getrennt, würde sie nicht mit dem Mann sterben. Seine
    Trennung (sc. die Trennung von ihm) wurde zum Anfang des Todes. Deswegen ist
    Christus gekommen, damit er die Trennung, die von Anfang an bestand, wieder be-
    seitige und sie beide vereinige und denjenigen, die in der Trennung gestorben sind,
    Leben gebe und sie vereinige."
37 Vgl. das Evangelium des Philippus (NHC II 3) 70,17ff: „Die Frau aber vereinigt
    sich mit ihrem Ehemann im Brautgemach. Die sich aber im Brautgemach vereinigt
    haben, werden sich nicht mehr trennen. Deswegen trennte sich Eva von Adam, denn
    sie hatte sich nicht mit ihm vereinigt im Brautgemach." Vgl. weiter 65,1ff; 81,34ff;
    86,4ff. Vgl. auch die Exegese der Seele (NHC II 6) 133,3ff: „Denn sie waren am

verbundenen Konzept des Wiedereintritts in die ‚paradiesische Vollkommenheit'[38] drückt die Metapher die enge Verbundenheit zwischen Seele und Erlöser aus. Solche Synousie-Vorstellungen sind häufig in den Nag-Hammadi-Texten anzutreffen[39].

Erlösung wird also verstanden als Aufhebung der Trennung zwischen Erlöser und Seele[40]. Hier fühlt man sich an die Nag-Hammadi-Schriften erinnert, die das Schicksal der Seele schildern (Exegese der Seele [NHC II 6] sowie Authentikos Logos [NHC VI 3]): Die Seele hat ihren Bräutigam (= Christus) verlassen und leidet unter den Folgen ihrer Hurerei in der Welt. Sie wird aufgefordert, sich wieder mit ihrem wahren Bräutigam zu vereinen und dadurch ihre Erlösung zu erlangen. Diese Beziehung zwischen der Seele und ihrem Retter Christus ist innerhalb gnostischen Denkens unterschiedlichster Provenienz ein beliebtes literarisches Motiv. Es hat eine große Anzahl von Hymnen oder anderen poetischen Stücken gegeben, in denen die Seele und Christus agieren. Zu nennen ist hier in erster Linie der Naassenerpsalm (Hippol., Ref V,10,2), welcher das Schicksal der Seele in der Welt und das Handeln des sie retten wollenden Erlösers zum Ausdruck bringt. Aber auch die hymnische Aufzählung am Ende des Authentikos Logos könnte ein ursprünglich selbständiger Seelenhymnus gewesen sein, der im ersten Teil das Streben der Seele nach Erlösung und im zweiten Teil die eingetroffene Rettung schildert:

(1) „Die verständige Seele aber, die sich abmühte, indem sie suchte, empfing Erkenntnis über Gott:
Sie plagte sich,
indem sie forschte,
indem sie in ihrem Körper litt,
indem sie sich ihre Füße wundlief nach den Evangelisten,
indem sie Erkenntnis über den Unerforschlichen empfing.

Anfang beim Vater miteinander vereinigt, bevor die Frau den Mann verlor, der ihr Bruder ist. Diese (pneumatische) Hochzeit hat sie wieder miteinander verbunden. "

38 Vgl. zu dieser Vorstellung in späterer Zeit P. Nagel, Das Triadon. Ein sahidisches Lehrgedicht des 14. Jahrhunderts, Wissenschaftliche Beiträge der Martin-Luther-Universität Halle-Wittenberg 23, 1983; ders., Der Lanzenstich Joh 19,34 im Triadon (Vers 487), Journal of Coptic Studies 1, 1990, 29-35; Plisch, Auslegung (s. Anm. 23), 110f.

39 Vgl. hier vor allem den Zweiten Logos des großen Seth (NHC VII 2) und die Apokalypse des Petrus (NHC VII 3); vgl. auch die Dreigestaltige Protennoia (NHC XIII 1). Zu dieser Vorstellung in der Interpretation der Erkenntnis (NHC XI 1) vgl. 2,33ff: *„ [Er kannte sie (sc. seine Glieder)], bevor sie gezeugt wurden, [und sie werden] ihn [erkennen]. Und derjenige, der [jeden] einzelnen seit [Anbeginn gezeugt hat, wird in] ihnen [wohnen]. "*

40 Die Trennung des weiblichen Prinzips vom Männlichen ist ein zentrales Motiv in der Gnosis und wird in vielen Bildern ausgedrückt (vgl. nur die Trennung der Pistis Sophia von ihrem Paargenossen in den Pistis-Sophia-Büchern).

(2) Sie fand ihren Aufstieg.
Sie kam zur Ruhe in dem, der ruht.
Sie ließ sich nieder im Brautgemach.
Sie aß von der Nahrung, nach der sie Verlangen hatte.
Sie empfing von der unsterblichen Speise.
Sie fand das, wonach sie gesucht hatte.
Sie empfing Ruhe von ihren Mühen, indem das Licht, das auf sie scheint, nicht untergeht." (NHC VI 3, 34,32-35,18)

Besonders im manichäischen Schrifttum sind Seelenpsalmen verbreitet gewesen, die die Gefangenschaft der Seele in der Welt und ihre Erlösungsmöglichkeiten (z.B. Askese) thematisieren (z.B. MPB 54,8ff; 146,14ff; 148,21ff; 181,19ff; 182,20ff)[41]. Ihren Höhepunkt findet die gnostische Seelendichtung schließlich in der mandäischen Religion. Hier gibt es viele Seelen-Lieder und Gebete, die zum größten Teil in der Totenmesse (Masiqta) ihren Sitz im Leben haben. Die meisten dieser poetischen Stücke sind Lobpreisungen auf die im Erlösungsprozeß befindliche Seele (z.B. ML 94), aber auch Klagen der Seele über ihre Lage in Welt (z.B. RG XV 9; LG III 32; 40; 42, u. ö.) oder Dialoge der Seele mit ihrem Bildner etc. (z.B. ML 68; 69) sind reichlich bezeugt.

Die erlöste Seele. Das abschließende Thema des Hymnus ist das Sich-Verbergen vor den wilden Tieren, zu dem die Seele aufgerufen und durch die Vereinigung mit Christus auch befähigt ist[42]. Mit den wilden Tieren sind die Leidenschaften und Täuschungen der Archonten gemeint, welche die Seele verführen und in die Materie verstricken[43], ja die materielle Welt an sich: *„Denn [die Welt] ist aus [wilden Tieren] und sie ist ein [wildes Tier]."* (Interpretation der Erkenntnis [NHC XI 1] 11,23f). Die Seele vermag durch die Vereinigung

---

41 Diese sind oft als Dialog zwischen Seele und Erlöser abgefaßt; wie in der Interpretation der Erkenntnis (NHC XI 1) 10,27-38 spricht der manichäische Erlöser die Seele in der 2. Pers. sg. fem. an; vgl. allgemein dazu P. Nagel, Der Dialog im manichäischen Psalter, in: G. Wießner/H.-J- Klimkeit, Studia Manichaica. II. Internationaler Kongreß zum Manichäismus, StOR 23, 1992, 220-238: 230ff.
42 Vgl. das Evangelium des Philippus (NHC II 3) 86,4ff; vgl. Authentikos Logos (NHC VI 3) 28,10ff: *„So verhält es sich mit der Seele , indem sie [...] einen Logos allezeit, um ihn dann wie ein Heilmittel auf ihre Augen zu legen, damit sie sehend werde, damit ihr Licht die Kämpfe verberge, die gegen sie kämpfen, und sie sie blende mit ihrem Licht und sie sie einschließe durch ihre Anwesenheit und sie sie zu Fall bringe durch eine Unermüdlichkeit und sie freimütig rede kraft ihrer Macht und ihres Zepters. Während ihre Feinde ihr beschämt nachblicken, eilt sie nach oben in ihre Schatzkammer (...)."*
43 Die Tierheit ist ein geläufiges Motiv in den Nag-Hammadi-Texten, um die Mächte zu illustrieren, welche die Seele versklaven und verführen, bzw. um den Zustand zu beschreiben, in dem die gefallene Seele sich befindet: vgl. dazu neben der Interpretation der Erkenntnis (NHC XI 1) 11,1ff die Lehren des Silvanus (NHC VII 4) 86,1ff; 108,6ff u.ö.; Thomasbuch (NHC II 7) 140,30ff; 141,25ff; Authentikos Logos (NHC VI 3) 24,22ff; Evangelium des Philippus (NHC II 3) 71,22ff.

mit Christus nicht nur, den Angriffen der ‚wilden Tiere' zu widerstehen[44]. Vielmehr ist ihre ganze Existenz eine andere geworden. Dies kommt im letzten Satz des Hymnus zum Ausdruck: Die Seele wurde von ihrer Last, dem Körper bzw. dem ‚Fleisch der Verurteilung' (10,26f), befreit. Hier klingt zweifelsohne die Vorstellung einer präsentischen Eschatologie an, wie sie in der Gnosis verbreitet gewesen ist (vgl. den Rheginusbrief [NHC I 4][45]).

Nach diesem Gedanken bricht der lesbare Teil des Hymnus ab. Das noch erhaltene „Wenn du gehst..." ([ⲉⲣⲉ]ⲱⲁⲛⲃⲱⲕ) könnte sich auf das Eintreten in die Seite Jesu beziehen[46] oder analog zu dem ⲉⲣⲉⲱⲁⲛⲡⲓⲥⲧⲉⲩⲉ einen neuen Sinnabschnitt/Vers einleiten.

1.5. Redaktionelle Einbindung des hymnischen Traditionsstückes in den Kontext

Der Hymnus unterstreicht die christologischen Aussagen des Redaktors und wird deswegen von ihm in die Homilie eingearbeitet worden sein. Christus als Leidender ist ein zentrales Motiv in der ‚Interpretation der Erkenntnis' (5,30ff; 10,21ff; 12,15ff; 13,25ff) ebenso wie der Bezug auf Phil 2,6ff (s.o.). Auch die im Hymnus betonte soteriologische Funktion der Erniedrigung Christi findet sich in der Homilie (vgl. nur 5,30ff: *„Und er wurde gekreuzigt und er starb - nicht seinen eigenen [Tod, denn] er verdiente es [ganz und gar nicht] zu sterben, (sondern er starb) [wegen] der Kirche der Sterblichen.";* vgl. auch 13,36ff). Bezüglich weiterer Analogien s.o.

2. Die Lehren des Silvanus [110,14-19a] 110,19b-111,20

2.1.Redaktioneller Kontext des hymnischen Traditionsstückes

Die Lehren des Silvanus (NHC VII 4) gehören zu den Nag-Hammadi-Schriften, die nicht ausdrücklich gnostisch sind[47]. Die Ausrichtung der Schrift ist zum

---

44 Vgl. die ‚Negativformulierung' in den Lehren des Silvanus (NHC VII 4) 110,12f: *„Denn jeder Mensch, der fern (von Christus) ist, fällt in die Klauen der wilden Tiere."* Vgl. auch 109,11ff; vgl. zu einem ähnlichen Gedanken in bezug auf das Brautgemach das Evangelium des Philippus (NHC II 3) 65,23ff: *„So verhält es sich (auch), wenn das Abbild und der Engel sich mit einander vereinigen. Niemand wird es wagen können, zu dem Mann oder zu der Frau zu gehen."*

45 Die Vorstellung von der Auferstehung, die im Rheginusbrief entwickelt wird, ist präsentisch (vgl. hier besonders 48,4ff: „ (...) - warum siehst du nicht (auf) dich selbst, indem du (schon) auferstanden bist?").

46 So Plisch, Auslegung (s. Anm. 23), 111.

47 In den Lehren des Silvanus verlaufen die Grenzen zwischen kirchlicher und gnostischer Theologie fließend: So findet sich zum einen antignostische Polemik (116,5ff),

einen weisheitlich und gleicht hier (christlich-)sapientialen Schriften wie z.B. den Sentenzen des Sextus (NHC XII 1)[48], zum anderen steht sie ganz im Kontext der alexandrinischen Theologie[49] und damit im Einflußbereich des Platonismus des zweiten und dritten nachchristlichen Jahrhunderts. Auch die Nähe zur monastischen Literatur ist durch die Betonung der Askese gegeben[50]. Es wird reichlich Gebrauch gemacht von biblischen Zitaten und Anspielungen. Formal stellt der Text die typisch weisheitliche Ermahnung eines Lehrers an seinen Schüler und ‚geistigen Sohn' dar. Zentrale Themen des Textes sind die Anleitung zum richtigen Leben, das sich durch den Gebrauch des Verstandes und durch das Streben nach Gottähnlichkeit auszeichnet, ferner die Gegenüberstellung von richtigem und falschem Leben, von weisem und törichtem Verhalten. Daneben entfaltet der Traktat anthropologische, theologische und christologische Gedanken; in diesen Zusammenhang fügen sich auch die Christushymnen ein. Neben dem Hymnus in 110,14ff finden sich in der Schrift mehrere hymnische Abschnitte - wohl ursprünglich selbständige Christushymnen -, die von dem Verfasser der Lehren des Silvanus in seine Belehrung eingearbeitet worden sind (z.B. 103,34ff; 106,21ff; 112,27ff; 112,33ff; 114,30ff).

2.2. Abgrenzung des hymnischen Traditionsstückes

In 110,14ff beginnt ein neuer thematischer Absatz[51], eingeleitet durch eine Aufforderung zur Christuserkenntnis (ⲚⲓⲘ ⲡⲉ ⲡⲉⲭ̅ⲥ̅ ⲥⲟⲩⲱⲛ̅ϥ̅)[52]. Daß hymnische Ab-

---

zum anderen weisen die Erwähnung des Brautgemachs (94,25ff), die pneumatische Christologie und die asketisch-dualistischen Äußerungen enge Entsprechungen zur gnostischen Frömmigkeit auf. Vgl. zur Literatur M. Peel/J. Zandee, NHC VII 4: The Teachings of Silvanus, in: B.A. Pearson (ed.), The Coptic Gnostic Library: Nag Hammadi Codex VII, NHMS 30, 1996, 249-369: 274ff.

48 Vgl. z. B. R. v.d. Broek, The Teachings of Silvanus and the Greek Gnomic Tradition, in: ders., Studies in Gnosticism (s. Anm. 10), 259-283. Die weisheitliche Prägung der Lehren des Silvanus ist synkretistisch; ägyptische, alttestamentliche, neutestamentliche und jüdische Einflüsse sind greifbar.

49 Vgl. z.B. R. v. Broek, The Theology of the Teachings of Silvanus, in: ders., Studies in Gnosticism (s. Anm. 10), 235-258; J. Zandee, „The Teachings of Silvanus" and Clement of Alexandria. A New Document of Alexandrian Theology, 1977.

50 Zur vermeintlichen Autorenschaft des Antonius in bezug auf 97,3-98,22 auf einem koptischen Palimpsest (Or. 6003, des Britischen Museums) vgl. W.-P. Funk, Ein doppelt überliefertes Stück spätägyptischer Weisheit, ZÄS 103, 1976, 8-21.

51 Vgl. zur Abgrenzung dieses Traditionsstückes auch W.P. Funk, Die Lehren des Silvanus, ThLZ 100, 1975, 7-23: 20 (durch den Druck hervorgehoben); vgl. auch a.a.O., 9: Hier spricht Funk von dem Traditionsstück als „Erlöserhymnus (p.110,19-111,13), der sich vor allem (aber nicht nur) durch die strenge Form von seiner Umgebung abhebt." Funk rechnet also die Einleitung 110,14ff und die hymnische Zusammenstellung von Christusprädikaten nicht mehr zu dem Traditionsstück. Vgl. zur

schnitte mit einer Aufforderung oder einer Anrede an den Adressaten der Weisheitsschrift eingeleitet werden, erscheint auch sonst in den Lehren des Silvanus[53]. Der Hymnus schließt mit einer liturgischen Anrufung. Der auf den Hymnus folgende Abschnitt ist klar durch eine Gliederungspartikel vom ihm abgetrennt (111,20: ΠΑΛΙΝ) und bringt ein neues Thema zur Sprache (Warnung vor der menschlichen Klugheit). Auch sonst hebt sich 110,14-111,20 vom Kontext durch seine hymnische Struktur ab (s.u.).

Einzig fraglich ist die Zugehörigkeit des Abschnitts 110,14-19a, der zur Christuserkenntnis auffordert. Abgesehen von der Schwierigkeit, diesen Passus in die Gliederung einzubeziehen, weist die Terminologie und Konstruktion enge Entsprechungen zu der Belehrung des Verfassers der Lehren des Silvanus auf, so daß dieses Stück doch eher redaktionell als Vorspann zu bezeichnen ist und nicht zum selbständigen Traditionsstück gehört. So erscheint die Aufforderung nach Christuserkenntnis (ⲥⲟⲟⲩⲛ/ⲥⲟⲩⲱⲛ) an vielen Stellen der Schrift (z.B. 100,21ff; 102,6ff), ebenso wie das Motiv der Freundschaft und Christus als wahrem Freund (ϣⲃⲏⲣ) (z.B. 98,10; 90,33f) und Lehrer (ⲥⲁ2). Die terminologische und stilistische Verwandtschaft zwischen 110,14f und 90,33f (*"[Empfange] Christus, [diesen wahren Freund], als guten Lehrer!"*: 90,33f) fällt auf, so daß für beide Abschnitte der gleiche Verfasser angenommen werden kann. Geht man davon aus, daß der Abschnitt 110,14-19a eine Art ‚Vorspann' des Redaktors ist, so ist er Phil 2,5 vergleichbar, wo ebenfalls der Ertrag des folgenden Traditionsstückes in paränetischer Anwendung vorgestellt wird. Der Vorspann 110,14-19a wird im folgenden gesperrt gedruckt.

2.3. Übersetzung des hymnischen Traditionsstückes

„(1) Erkenne, wer Christus ist, und mache ihn dir zum Freund!
Denn dieser ist der Freund, der vertrauenswürdig ist.
Ebenso ist er der Gott und der Lehrer.
Dieser, obwohl er Gott ist, wurde deinetwegen zum Menschen.

Abgrenzung auch Peel/Zandee, Teachings of Silvanus [s. Anm. 47], 347: Anm. zu 110,14-18).
52 Vgl. auch den Hymnus in der Interpretation der Erkenntnis (NHC XI 1) 10,27-38: Der Abschnitt, der dem Hymnus vorausgeht, handelt von Christus als Lehrer (9,15ff). Nach der Wiedergabe einiger Zitate des Lehrers Christus durch den Verfasser der Homilie fordert dieser den Leser dazu, auf ‚seine (sc. Christi) Gestalt zu empfangen' (vgl. 10,20ff; Anm. 30). Wenn hier an ein Empfangen im Verstand = erkennen gedacht ist, so ist eine Parallele zu dem Hymnus in den Lehren des Silvanus zu ziehen.
53 Vgl. 103,28ff: Auf drei rhetorische Fragen bzw. Aufforderungen folgt ein hymnischer Christusabschnitt; vgl. 106,18ff: Auf zwei Aufforderungen folgt eine Er-ist-Prädikation, die insgesamt zehn Christustitel enthält.

(2a) Dieser ist es, der die eisernen Riegel der Unterwelt und die bronzenen Bolzen zerbrochen hat.
Dieser ist es, der alle hochnäsigen Tyrannen angegriffen (und)[54] *niedergeworfen hat,*
er, der[55] *von sich die Fesseln gelöst hat, mit denen er gebunden war.*
Er hat die Armen aus der Tiefe und die Betrübten aus der Unterwelt gebracht[56]*,*
er, der die hochnäsigen Kräfte gedemütigt hat,
er, der den Hochmütigen durch die Demut beschämt hat,
er, der niedergeworfen hat den Starken und den Überheblichen durch die Schwachheit,
(2b) er, der in seiner Schmach das verschmäht hat, was für Ehre erachtet wird,
damit die Demut um Gottes willen sehr hoch werde,
er, der den Menschen (sc. die Menschheit) angezogen hat, und (doch) ist er Gott, das göttliche Wort,
er, der allezeit den Menschen trägt.
Und er wollte die Demut in dem Hochmütigen hervorbringen[57]*.*
Er, der den Menschen erhöht hat, er wurde Gott ähnlich,
nicht damit er Gott zu dem Menschen hinunter bringe,
sondern auf daß der Mensch Gott ähnlich werde.
(3) Oh diese große Güte Gottes!
Oh Christus, König,
der (du) die große Göttlichkeit[58] *den Menschen offenbart hast,*
König aller Tugend und König des Lebens,
König der Äonen und Größter der Himmel,
höre meine Worte und vergib mir!"

---

54 Hier wird die Relativkonstruktion mit Perfekt I fortgeschrieben, da mit ΠΑΙ ΠΕ ΝΤΑϥΖΙ ΤΟΟΤϥ ΑϥΤΑΥΟ ΕΠΕϹΗΤ *ein* Gedanke ausgedrückt ist (vgl. auch die Übersetzung von Funk, Lehren des Silvanus (s. Anm. 51), 20: „der gewaltsam (...) niederwarf").

55 In 110,24 beginnt die Aneinanderreihung der substantivierten Relativsätze (ΠΕΝΤΑϥ). Wegen dieses hymnischen Charakters wird mit ‚Er, der (...) hat' übersetzt.

56 Mit ΑϥΕΙΝΕ (110,27) wird entweder der vorausgehende substantivierte Relativsatz fortgeschrieben ähnlich wie in 110,22f (so Funk, Lehren des Silvanus [s. Anm. 51], 20: „und (...) heraufbrachte"), oder ein neuer Hauptsatz setzt ein wie in 111,7. Für letzteres spricht, daß ein neuer Gedanke eingeführt wird. Eventuell könnte auch ein Fehler bzw. eine ‚Nachlässigkeit' des Schreibers vorliegen (Αϥ statt ΠΕΝΤΑϥ).

57 Dieser Satz ist unklar: „ΑΥΩ ΑϥΟΥΩϢ ΑΕΙΡΕ ΜΠΘΒΒΙΟ ΖΜ ΠΕΤΧΟϹΕ": wörtlich: „Und er wollte die Demut in/durch den/das Hohe/Erhöhte bewirken." Gemeint ist wahrscheinlich, daß durch die Beschämung der Hochmütige/Hochnäsige (ΧΟϹΕ ΝΖΗΤ: 110,30; ΠΧΑϹΙΖΗΤ: 110,31) demütig werde. Dieses Demütig-Werden ist dann die Voraussetzung für die Gottähnlichkeit (111,2ff). Eventuell hat hier der koptische Übersetzer seine Vorlage nicht richtig wiedergegeben.

58 Oder: ‚Frömmigkeit' (ΜΝΤΝΟΥΤΕ).

2.4. Analyse des hymnischen Traditionsstückes

Formale Analyse. Der Hymnus läßt sich in drei Teile gliedern. Der erste, wahrscheinlich redaktionelle Teil ist gleichsam das inhaltliche Programm der folgenden christologischen Entfaltung: die Erkenntnis des menschgewordenen Gottes, auf den man sein Vertrauen richten kann und muß. Im zweiten, ausführlichsten Teil werden die Taten Christi aufgezählt, wobei weitgehend eine parallele Konstruktion vorliegt: Die ersten beiden Taten werden jeweils in einem gleich konstruierten Satz wiedergegeben (ⲡⲁⲓ ⲡⲉ ⲛ̄ⲧⲁϥ), die folgenden sieben Taten Christi sind als substantivierte Relativsätze des Perfekts (ⲡⲉⲛⲧⲁϥ) konstruiert[59]. Der dritte Teil stellt eine abschließende hymnische Zusammenstellung von Christusprädikaten im Kontext einer Anrufung um Vergebung dar.

Der Einfluß von Phil 2,6-11. Neben der auch schon in der ‚Interpretation der Erkenntnis' 10,27ff anzutreffenden spezifischen Terminologie[60] wird der Kerngedanke der Erniedrigung Christi in Phil 2,6f. explizit zum Ausdruck gebracht: So zum Ende des redaktionellen Vorspanns: *„Dieser, obwohl er Gott war, wurde deinetwegen zum Menschen."* (110,18f). Deutlich erscheint die Rezeption von Phil 2,6ff auch in der Aufzählung der Taten Christi (110,35ff; vgl. besonders 111,3 *„damit die Demut um Gottes willen sehr hoch werde"* mit Phil 2,9): Christus besiegt die hochmütigen Archonten durch die Demut, durch die Schwachheit, in der (ihm zuteil werdenden) Verachtung (110,32: ⲍ̄ⲓⲧⲛ̄ ⲡ̄ⲑ̄ⲃⲃ̄ⲓⲟ; 110,34f: ⲍ̄ⲓⲧⲛ̄ ⲧⲙ̄ⲛⲧ̄ⲥ̄ⲱ̄ⲃ; 111,2: ⲍ̄ⲣⲁⲓ ⲍ̄ⲙ̄ⲡⲉϥϫⲱⲥ). Die Demutshaltung Christi hat nahezu eine Vorbildfunktion für den Menschen (111,7ff) und führt den Menschen zur Gottähnlichkeit (s. Anm. 57).

Auffällig ist jedoch, daß die Göttlichkeit Christi nie aufgegeben scheint (vgl. 110,18f). Am deutlichsten kommt dies in 111,4ff zum Ausdruck, wenn es heißt: *„Er, der die Menschheit angezogen hat[61], und (doch) ist er Gott, das göttliche*

---

59 Ausnahmen sind 111,6 (keine Vergangenheit) und 111,7 (Hauptsatz im Perfekt I). Bereits W.R. Schoedel hat in seinem Aufsatz ‚Jewish Wisdom and the Formation of Christian Ascetic', in: R.L. Wilken, Aspects of Wisdom in Judaism and Early Christianity, Notre Dame. University of Notre Dame, 1975, 169-199 (bes. 190-193) den hymnischen Charakter einiger Passagen aus den Lehren des Silvanus [NHC VII 4] festgestellt. 110,14-111,4 hat er mit den ‚Hellenistic Hymns' in Verbindung gebracht.

60 Vgl. nur den häufigen Gebrauch von ⲑⲃⲃⲓⲟ (110,29.32; 111,3); vgl. auch ⲧⲟⲛⲧⲛ (111,9f.13), das durchaus Übersetzung von ὁμοῖος sein kann (vgl. Crum, Dictionary [s. Anm. 28], 420). Inhaltlich vgl. auch die konstrastierende Gegenüberstellung von Gott und Mensch in 110,18f + 111,8ff (Phil 2,6f).

61 Allein der Terminus ⲥⲱⲗⲉ = ἐνδύω in Bezug auf die Menschheit weist darauf hin, daß die Göttlichkeit nicht ganz aufgegeben ist. Vgl. ähnlich wie 111,4ff auch die Erlöserfigur in der Dreigestaltigen Protennoia (NHC XIII 1) 50,13ff: *„Ich, ich habe Jesus angezogen. Ich trug ihn von dem verfluchten Holz weg und ich hob ihn in die Wohnorte seines Vaters. Und die, die über ihre Wohnorte wachen, erkannten mich nicht. Denn ich, ich bin unergreifbar zusammen mit meinem Samen. Und meinen*

Wort. "[62] Die Göttlichkeit Christi kann geradezu zur Bedingung für die Erlösung des Menschen werden (vgl. 111,8ff[63]). Diese Spannung zwischen Menschheit und Göttlichkeit findet sich auch außerhalb des Hymnus in den Lehren des Silvanus (101,35) und generell im gnostischen Schrifttum (Melchisedek [NHC IX 1] 5,2ff; Johannesakten 101). Wie nun kann die Menschwerdung Christi in unserem Hymnus verstanden werden?

Das Erlösungswirken Christi. Bereits in einem vorausgehenden Abschnitt in den Lehren des Silvanus (103,34-104,14) wird die Thematik der Menschwerdung Christi (angelehnt an Phil 2,7) mit der Auflistung seiner Krafttaten und speziell mit seinem Gang in die (Unter-)Welt verbunden. Auch dieser Passus hat eine hymnische Struktur: Auf die ‚Programmformel' (103,34f) folgen vier Hauptsätze im Perfekt I (ⲁϥ), von denen die beiden mittleren eine Erläuterung erfahren[64]. Wahrscheinlich gehen 110,14-111,20 und 103,34-104,14 aufgrund der inhaltlichen und stilistischen Entsprechungen auf eine gemeinsame Tradition zurück[65].

Samen, der meiner ist, - ich werde ihn in das heilige Licht in einem unfaßbaren Schweigen setzen. Amen"

62 Christus als göttliches Wort (Logos) (Joh 1) ist häufig in gnostischen Texten bezeugt (vgl. nur Evangelium Veritatis [NHC I 3] 23,19ff).

63 Eventuell liegt hier ein Fehler des koptischen Übersetzers vor: Sinnvoller wäre - gerade angesichts des Einflusses von Phil 2,6ff - folgende Übersetzung: *„Er, der den Menschen erhöht hat, er wurde dem Menschen ähnlich* (ⲉϥⲧ̄ⲛ̄ⲧⲱⲛ ⲉⲡⲣⲱⲙⲉ statt wie im Text: ⲉϥⲧ̄ⲛ̄ⲧⲱⲛ ⲉⲡⲛⲟⲩⲧⲉ), *nicht damit er Gott zu dem Menschen hinunterbringe, sondern auf daß der Mensch Gott ähnlich werde* (ⲉϥⲧ̄ⲛ̄ⲧⲱⲛ ⲉⲡⲛⲟⲩⲧⲉ)." Der Übersetzer könnte das ⲉϥⲧ̄ⲛ̄ⲧⲱⲛ ⲉⲡⲛⲟⲩⲧⲉ aus Zeile 111,13 versehentlich auf 111,9f übertragen haben. Eine andere Übersetzungsmöglichkeit ist: „Er, der den Menschen erhöht hat - (und) er (sc. der Mensch) wurde Gott ähnlich (...)." Hier würde sich das Gott-Ähnlich-Werden auf den Menschen beziehen und damit wäre die Spannung der christologischen Aussagen an dieser Stelle beseitigt. Allerdings bleiben dann die Aussagen in 110,18f; 111,4ff und somit das Problem bestehen.

64 Dieser Abschnitt wird weder bei Peel/Zandee, Teachings of Silvanus (s. Anm. 47), 327f, noch bei Funk, Lehren des Silvanus (s. Anm. 51), 17, hervorgehoben. Für die Eigenständigkeit dieses Traditionsstückes spricht u.a., daß die Anrede innerhalb des Hymnus an die 2. Pers. sg. masc. erfolgt (z.B. 104,10: ⲛⲧⲟⲕ), die rhetorischen Fragen, die den Hymnus einleiten, jedoch aus dem Kontext heraus die Seele (= 2. Pers. sg. fem.) ansprechen (vgl. 103,28ff. *„Oh trotzige Seele, in was für einer Unwissenheit existierst du? Denn wer ist dein (ⲥ2ⲏⲧⲉ) Führer in der Dunkelheit? Wie viele Gestalten hat Christus angenommen um deinetwillen (ⲉⲧⲃⲏⲧⲉ)?)".*

65 Vgl. dazu grundlegend M.L. Peel, The ‚Decensus (sic!) ad Inferos' in the ‚The Teachings of Silvanus' (CG VII,4), Numen 26, 1979, 23-49. Beide Hymnen bedienen sich z.B. bei der Schilderung der Krafttaten Christi und seines Abstiegs in die (Unter-)Welt biblischer Anspielungen und Zitate, wobei besonders Psalm 107 (106),10-16 für die Schilderung der (Unter-)Welt in Anspruch genommen wird.

„Obwohl er Gott war, [wurde] er [gefunden] unter den Menschen als Mensch.
Er stieg in die Unterwelt hinab.
Er löste die Kinder des Todes aus.
Sie waren in Schmerzen, wie die Schrift Gottes sagte, und er versiegelte ihr (sc. der Unterwelt) Herz.
Er zerbrach ihre starken Bogen vollständig.
Und als alle Kräfte ihn sahen, flohen sie, damit er dich, Erbarmungswürdiger, aus der Tiefe hinaufbringen werde und sterbe für dich als Lösegeld für deine Sünden.
Er rettete dich aus der starken Hand der Unterwelt." (NHC VII 4, 103,34-104,14)

Ähnliche Beschreibungen des Wirkens Jesu finden sich häufiger in der Nag-Hammadi-Bibliothek. Als ein weiteres Beispiel sei hier ein ‚Hymnus' aus dem Testimonium Veritatis (NHC IX 3) 32,22-33,14 vorgeführt; diese Aufzählung ist wie die in den Lehren des Silvanus parallel konstruiert (auch hier: Perfekt I).

„Denn der Sohn des Menschen kleidete sich mit ihren Erstlingsfrüchten.
Er ging hinab in die Unterwelt.
Und er vollbrachte viele kraftvolle Taten.
Er erweckte die Toten in ihr (sc. der Unterwelt). Und die Weltherrscher der Finsternis brannten (vor Zorn) seinetwegen, denn sie fanden keine Sünde an ihm.
Vielmehr löste er auch ihre Werke unter den Menschen auf.
Gleichsam die Lahmen, die Blinden, die Paralytischen, die von Dämonen Besessenen – er schenkte ihnen Heilung.
Und er wandelte auf den Wassern der Meere.
Deswegen [zerstörte] er sein (eigenes) Fleisch in [...] und er wurde [...] Rettung [...] sein Tod [...]." (NHC IX 3, 32,22-33,14(?))

Solche Aufzählungen der Taten Christi knüpfen zum einen an Summarien wie Lk 7,21.22 an[66], zum anderen an die ‚Abstiegsberichte' von Erlöserfiguren[67]. Im Zentrum des Wirkens Jesu – oder generell des Erlösers - steht sein Gang in die Unterwelt (ⲀⲘⲚⲦⲈ), welche in gnostischen Texten oft mit der Welt gleichgesetzt wird. Ziel dieses Abstiegs ist die Erlösung des Menschen, meist

---

66 W. Bauer, Das Leben Jesu im Zeitalter der neutestamentlichen Apokryphen, Tübingen 1909, 363f (dort Stellenangaben). Solche Summarien finden sich auch in gnostischen Texten wie z.B. in den Thomasakten 47 oder der Pistis Sophia 110. Sie sind in unterschiedliche literarische Formen eingebunden (Thomasakten 47: Bestandteil eines Gebets an Jesus; Pistis Sophia 110: Bestandteil einer Rede Jesu an seine Jünger).
67 Der Abstieg in die Unterwelt (vgl. Eph 4,7-11; 1Petr 3,19f) ist ein zentrales Motiv in der Literatur des frühen Christentums, welches zuweilen phantasievoll ausgeschmückt wurde (Bartholomäusevangelium; das Buch der Auferstehung Jesu von Bartholomäus etc.). Für Nag Hammadi siehe beispielsweise das Apokryphon des Johannes (NHC II 1) 30,11ff; die Paraphrase des Seem (NHC VII 1) oder die Dreigestaltige Protennoia (NHC XIII 1): In diesen Texten kommt es zum mehrfachen, meist dreifachen Abstieg. Vgl. zu Beispielen aus der gnostischen, patristischen, jüdischen und weiteren apokryphen Literatur Peel, ‚Decensus' (s. Anm. 65), 32ff, und insgesamt J. Kroll, Gott und Hölle: der Mythos von Descensuskampfe, Leipzig/Berlin 1932.

durch die Bekanntmachung des Weckrufes (z.B. Apokryphon des Johannes [NHC II 1] 31,4ff) und die Bezwingung der Archonten. Dabei spielt der Kampf des Erlösers mit den Archonten, den Herrschern der Unterwelt, eine entscheidende Rolle: Um seine Mission zu erfüllen, muß der Erlöser an den Archonten vorbei (vgl. auch 1Kor 2,8); dies ereignet sich oft durch das Motiv der Assimilation[68]: So heißt es in der Dreigestaltigen Protennoia (NHC XIII 1) 49,15ff: *„Und unter den Engeln offenbarte ich mich in ihrer Gestalt und bei den Kräften, als ob ich eine von ihnen wäre, aber bei den Söhnen des Menschen, als ob ich ein Sohn des Menschen wäre. "* Eventuell ist die Menschwerdung im Hymnus der Lehren des Silvanus auch so zu interpretieren[69]: Um seine Mission zu erfüllen, wird Christus (scheinbar) Mensch und bleibt doch Gott, die Menschwerdung hat also nur ihre Funktion in der Täuschung der Archonten. Hier würde sich dann auch das Motiv der Beschämung des Hochmütigen einfügen (110,29ff), welcher Christus nicht seinem eigentlichen Wesen nach erkennt[70].

Die hymnische Anrufung. Der Hymnus schließt mit einer gebetsartigen Anrufung Christi. Der zentrale Christustitel ist hier ‚König (ⲡⲣ̅ⲣⲟ)' (vgl. Offb. 17,24); der erniedrigte Christus scheint aus den Augen verloren zu sein, Christus ist vielmehr der göttliche Herrscher, der ‚Größte der Himmel' (ⲡⲛⲟϭ ⲛ̅ⲛ̅ⲙ̅ⲡⲏⲩⲉ). Man ist versucht, eine Analogie zu der Zweiteilung des Philipperhymnus zu ziehen: Wie dort der erste Teil (Phil 2,6-8) die Erniedrigung beschreibt und der zweite Teil (Phil 2,9-11) die Erhöhung thematisiert, so widmet sich im Hymnus die parallel konstruierte Aufzählung der Taten Christi seinem Erlösungswerk, das seinen Ausgangspunkt in der (scheinbaren) Menschwerdung bzw. Erniedrigung Christi hat, während der abschließende Teil ihm als Erhöhten und Herrscher huldigt[71]. Die Anrufung schließt mit einer Bitte um Vergebung, was auf einen liturgischen Kontext hinweisen dürfte[72].

---

68 Vgl. die Paraphrase des Seem (NHC VII 1); das Apokryphon des Johannes (NHC II 1), 30,20ff; den Zweiten Logos des großen Seth (NHC VII 2), 55,9ff; die Dreigestaltige Protennoia (NHC XIII 1) 50,13ff u.ö.; das Evangelium des Philippus (NHC II 3) 57,28ff; die Epistula Apostolorum 13(24).

69 Vgl. nur 103,32f: *„Wieviele Gestalten hat Christus angenommen um deinetwillen?"* Diese rhetorische Frage kann sehr gut im Sinne der gnostischen Assimilation interpretiert werden und bezeugt so die doketische Christologie für den Redaktor.

70 Dieses Motiv findet sich häufig in Nag-Hammadi-Texten. Im Zweiten Logos des Seth (NHC VII 2) lacht Jesus beispielsweise über die Unwissenheit der Archonten angesichts der scheinbaren Kreuzigung: *„Ich aber jubelte in der Höhe über den ganzen (scheinbaren) Reichtum der Archonten und den Samen ihrer Täuschung, ihrer eitlen Herrlichkeit. Und ich lachte über ihre Unwissenheit. Und alle ihre Kräfte unterwarf ich. Denn als ich herabkam, sah mich niemand. Denn ich wechselte meine Gestalten, indem ich von einem zu einem (anderen) Aussehen wechselte. "* (56,14ff).

71 Freilich fehlt hier die für den Philipperhymnus so kennzeichnende Verbindung zwischen der Erniedrigung als Grund für die Erhöhung.

72 Vgl. zu solchen Bußgebeten etwa die Exegese der Seele (NHC II 6) 135,4ff; 137,23ff; Apokalypse des Adam (NHC V 5) 83,24ff.

2.5. Redaktionelle Einbindung des hymnischen Traditionsstückes in den Kontext

Ähnlich wie der Hymnus in der ‚Interpretation der Erkenntnis' spiegelt (110,14-19a) 110,19b-111,20 ganz die Christologie des Redaktors wider. Zentrale Motive wie die vom Platonismus beeinflußte (Plato, Theaet 176ab) Aufgabe des Menschen, Gottähnlichkeit zu erlangen (vgl. z.B. 108,25ff; 115,23ff), oder der Tod Christi um der Menschen willen (z.B. 103,34ff; 107,9ff[73]) wie auch der Christustitel ‚König' (z.B. 96,25ff) finden sich sowohl im Hymnus als auch in einigen übrigen Teilen der Schrift. Der Verfasser der Lehren des Silvanus scheint sich im übrigen nicht nur an dieser Stelle eines Christushymnus' zu bedienen, um seiner Theologie Ausdruck zu verleihen (s.o.).

V.

Die exemplarische Betrachtung zweier hymnischer Abschnitte aus Nag Hammadi hat zu folgenden Einsichten geführt:

1) Christliche Gnostiker waren noch produktiver als bisher angenommen in der Komposition von christologischen Liedern. Wenn man von manichäischen, hermetischen und mandäischen Zeugnissen sowie den Oden Salomos absieht, waren vor dem Nag Hammadi-Fund verhältnismäßig wenige gnostische Lieder und Gebete bekannt, von denen neben Inschriften vor allem der Naassenerhymnus (Hippol., Ref V,10,2), der Psalm Valentins (Hippol., Ref VI,37,7) und hymnische Passagen aus den Schriften des Kodex Askewianus und Brucianus bzw. aus den Thomas- und Johannesakten zu nennen sind[74].

Bei den zahlreichen Liedern und Hymnen aus Nag Hammadi treten unterschiedliche Gattungen bzw. Textgruppen zutage. So kann der Hymnus aus der ‚Interpretation der Erkenntnis' zu den Liedern gehören, die das Schicksal der Seele und ihre Rettung durch den Erlöser illustrieren. Der Hymnus aus den Lehren des Silvanus gehört hingegen zu den zahlreichen Beschreibungen des Wirkens Jesu (vgl. auch 1Tim 3,16). Weiter hat er Analogien zu den gnosti-

---

73 107,9ff: *„Die Weisheit Gottes wurde zu einer törichten Gestalt deinetwegen, damit sie dich hinaufnehme, Unwissender, und dich zu einem weisen Menschen mache* (1Kor 1,21ff). *Und das Leben ist deinetwegen gestorben, als er (sc. Christus) kraftlos war, damit er durch seinen Tod dir, der du gestorben bist, das Leben verleihe."*

74 Vgl. zum Material z.B. Hengel, Christuslied (s. Anm. 8), 366ff. Bei der Zusammenstellung Hengels verwundert die Tatsache, daß er bei seiner Quellensammlung die Nag-Hammadi-Texte weitgehend unberücksichtigt läßt. Eine Sammlung gnostischer Hymnen und Gebete findet sich in dem Band von G. Lüdemann/M. Janßen, Unterdrückte Gebete. Gnostische Spiritualität im frühen Christentum, Stuttgart 1997 (= dies., Suppressed Prayers. Gnostic Spirituality in Early Christianity, London 1998, with substantial expansions and corrections by the authors).

schen Texten, die den Abstieg des gnostischen Erlösers in die (Unter-)Welt darstellen.

So unterschiedlich beide Hymnen formal und inhaltlich auch sind, so belegen sie doch, daß das Erlösungswirken Christi in seiner jeweiligen Interpretation fester Bestandteil gnostischer Frömmigkeit und Poesie gewesen ist, ein Umstand, der freilich bei ‚rechtgläubigen' Christen auf Ablehnung gestoßen ist[75] und als Gegenreaktion eine Zeitlang den alttestamentlichen Psalter als einzig legitime Sammlung von Christusliedern etabliert hat: „*Uns stehen in dieser Hinsicht auch die Psalmen bei, nicht etwa die des Apostaten, Häretikers und Platonikers Valentin, sondern die heiligsten und allgemein anerkannten des Propheten David. Jener singt uns von Christus, durch ihn hat Christus selbst von sich gesungen.*" (Tert., De Carne 20,3f.).

2) Der vorpaulinische Christushymnus Phil 2,6-11 hat einen großen Einfluß auf die apokryphe und gnostische Literatur ausgeübt[76]. In bezug auf unsere beiden Hymnen haben sich folgende Einsichten herausgeschält, die zum Teil allgemein für die gnostische Interpretation von Phil 2,6-11 geltend zu machen sind:

a) Phil 2, 6-11 wird in der Gestalt, wie er im Philipperbrief vorliegt, in den gnostischen Hymnen rezipiert. Dies ergibt sich aus dem starken terminologischen Bezug auf V. 8 (ⲑⲃⲃⲓⲟ), der weitgehend als paulinischer Zusatz anerkannt ist[77]. Der Bezug auf Phil 2,6-11 ereignet sich also nicht unabhängig von der paulinischen Redaktion.

b) Auffällig ist, daß nur der erste Teil des Hymnus – die Erniedrigung und Menschwerdung – rezipiert wird, während die Erhöhung Christi allenfalls nur indirekt in der hymnischen Anrufung im Hymnus aus den Lehren des Silvanus zu greifen ist. Im Gegensatz zur Erhöhung Christi in Phil 2,6-11 steht in der Gnosis die Erhöhung des Menschen bzw. der menschlichen Seele durch die Erniedrigung des Erlösers im Vordergrund. Das Interesse der gnostischen Hym-

---

75 Vgl. Hengel, Christuslied (s. Anm. 8), 368ff.

76 Die Vorstellung von der Menschwerdung Christi und die spezifische Terminologie haben – abgesehen von den hier vorgeführten Texten – auch ansonsten in die gnostische Literatur Eingang gefunden. Vgl. Ex.Theod. 35,1: „*Jesus, unser Licht, wie der Apostel sagt, ‚entäußerte sich selbst', das heißt nach Theodot, er ging aus dem Horos (Grenze) heraus, und da er ein Engel des Pleroma war, brachte die Engel des besonderen Samens mit sich heraus.*" Dreiteiliger Traktat (NHC I 5), 114,31ff: „*(...) (115,4ff) Denn nicht nur hat er auf sich genommen den Tod derer, die er zu retten gedachte, sondern er nahm auch ihre Kleinheit (ⲙⲛⲧϭⲱϩⲙ) an, in die sie hinabgingen, als sie <geboren >wurden in Körper und Seele. (...).*"

77 Vgl. Strecker, Redaktion (s. Anm. 6), 71. Vers 8 sträubt sich gegen alle Gliederungsversuche und fügt sich inhaltlich in die Kreuzestheologie des Paulus ein. Anders dagegen Hofius, Christushymnus (s. Anm. 5), 3-12 (V 8c als Anadiplosis; inhaltliches Schema von Präexistenz-Inkarnation-(Kreuzes-)Tod-Erhöhung, wobei der Kreuzestod das Ziel der Inkarnation darstellt: 12-17+63f).

nen richtet sich also ganz auf die *soteriologische Funktion Christi*, ein Interesse, das in dem vorpaulinischen Hymnus nicht explizit zur Sprache kommt[78]. Der Hymnus aus der ‚Interpretation der Erkenntnis' ermöglicht der Seele durch den Glauben an den erniedrigten Jesus die Vereinigung mit ihm, welche der Erlösung gleichkommt und vor den Verführungen der Welt schützt; in dem in den Lehren des Silvanus überlieferten Hymnus ist die Menschwerdung Christi im Kontext der Täuschung der Archonten bzw. als Vorbild der Demut zu interpretieren - zwei Vorgänge, die den Menschen der Gottähnlichkeit nahebringen.

c) Beiden Hymnen fehlt die Radikalität der Inkarnation, wie sie in Phil 2,6-11 zum Ausdruck kommt. Der Erniedrigte, Menschgewordene ist in ihnen immer zugleich der Erhöhte, Göttliche. Besonders deutlich kommt dies in den Lehren des Silvanus zum Ausdruck, teils in sich widersprechenden christologischen Konzepten: Hier ist die Menschwerdung des göttlichen Erlösers rein funktional im Kontext der Bezwingung der Archonten gedacht, welche Grundlage für das Erlösungswirken Christi ist. Aber auch in dem Hymnus aus der ‚Interpretation der Erkenntnis' ist der Erniedrigte lediglich die *sichtbare* Gestalt des Erlösers, dessen wahres, göttliches Wesen verborgen bleibt.

---

78 Die Dimension der Erlösung des Menschen scheint dort nahezu ausgeblendet zu sein: Es geht um das Schicksal eines präexistenten Gottwesens, das sich erniedrigt und dafür (wieder) erhöht wird. Der soteriologische Grund für dieses Ereignis ist nicht offensichtlich. So fragt W. Schmithals, Vom Ursprung der synoptischen Tradition, ZThK 94, 1997, 288-316: 297 „Warum fehlt dem so gewichtigen Lied ersichtlich eine Soteriologie (...)?"(vgl. ähnlich Hengel, Christuslied, 402). Vgl. dagegen G. Strecker Theologie des Neuen Testaments, Berlin/New York 1996, 78: „Die Frage nach der Soteriologie des vorpaulinischen Hymnus ist aus dem Zusammenhang mit der Christologie und ihrer apokalyptischen Ausrichtung zu beantworten (...). Die Verbindung zwischen dem Soter und denen, die von ihm gerettet werden, besteht darin, daß der Erlöser den Weg vorangeht, den die Erlösten noch beschreiten werden."

Jesaja 5,1-7

Predigt am Sonntag Reminiscere, 27. Februar 1994,
in der Neustädter (Universitäts-) Kirche in Erlangen

von Otto Merk

Gnade sei mit euch und Friede von Gott unserem Vater, und dem Herrn Jesus Christus, der sich selbst für unsere Sünden gegeben hat.

Jesaja 5,1-7

Wohlan, ich will meinem lieben Freunde singen, ein Lied von meinem Freund und seinem Weinberg. Mein Freund hatte einen Weinberg auf einer fetten Höhe. Und er grub ihn um und entsteinte ihn und pflanzte darin edle Reben. Er baute auch einen Turm darin und grub eine Kelter und wartete darauf, daß er gute Trauben brächte; aber er brachte schlechte. Nun richtet, ihr Bürger Jerusalems und ihr Männer Judas, zwischen mir und meinem Weinberg! Was sollte man noch mehr tun an meinem Weinberg, das ich nicht getan habe an ihm? Warum hat er denn schlechte Trauben gebracht, während ich darauf wartete, daß er gute brächte? Wohlan, ich will euch zeigen, was ich mit meinem Weinberg tun will! Seine Hecke soll weggenommen werden, daß er verwüstet werde, und seine Mauer soll eingerissen werden, daß er zertreten werde. Ich will ihn wüst liegen lassen, daß er nicht beschnitten noch behackt werde, sondern Disteln und Dornen darauf wachsen, und will den Wolken gebieten, daß sie nicht darauf regnen. Des Herrn Zebaoth Weinberg aber ist das Haus Israel und die Männer Judas seine Pflanzung, an der sein Herz hing. Er wartete auf Rechtsspruch, siehe, da war Rechtsbruch, er wartete auf Gerechtigkeit, siehe, da war Geschrei über Schlechtigkeit.

Herr, hilf uns, dein Wort recht zu hören, daß wir uns unter dein Gericht beugen und unsere Hoffnung auf dein Erbarmen setzen. Amen.

Liebe Gemeinde!

Weinberge sind eine schöne Sache. Was wäre die fränkische Landschaft ohne ihre Weinberge. Selbst in Erlangen hat es, wie alte Bilder ausweisen, solche in großer Zahl gegeben zu jener Zeit, als der Burgberg noch voller Rebstöcke stand. Auch bei aller Arbeit, die damit verbunden ist: Weinberge und Wein gehören der heiteren Seite des Lebens zu.

I.

Auch in dem soeben verlesenen Lied vom Weinberg fängt es eigentlich ganz unbeschwert an. Ein Sänger verschafft sich offenbar bei einem Fest, vielleicht einem Ernte- oder Weinlesefest bei den Umstehenden Gehör. Er stimmt ein Lied vom Weinberg seines Freundes an. Dieser Weinberg hat eine bevorzugte Lage mit gutem, fruchtbarem Boden, wohl an einem geschützten Berghang gelegen. Das ist keine Selbstverständlichkeit im kargen Lande Juda. Doch diese Lage entspricht der Pflege, die der Weingärtner seinem Weinberg zuteil werden ließ. Alle Voraussetzungen für gutes Wachstum hat er geschaffen: Der Boden ist gründlich umgegraben und gehackt worden, das Unkraut wurde beseitigt, die Steine gesammelt und zu einem Mauerwall um das Grundstück verwendet, die Pflanzlinge der vorzüglichsten Rebsorte wurden angepflanzt. Und dieser Weinberg war nicht nur für einen Sommer und eine Ernte gedacht: Der Winzer baut einen festen Turm darein, nicht eine leichte Lehmhütte zum Übernachten der Landarbeiter, und schließlich eine auch Witterungseinflüssen widerstandsfähige Kelter. Alles ist bestens bereitet, die begründete Erwartung auf eine gute Ernte ist gegeben.

So weit so gut. Doch nun kommt es: Am fröhlichen Erntefest muß der Sänger auch das Ergebnis preisgeben: Die völlige Mißernte. Statt köstlicher Trauben für edlen Wein werden saure, mißgebildete, stinkende Beeren geerntet, die zu essen sogar gesundheitliche Schäden, besonders für die Zähne brachten.

Mit dem glücklichen Lied ist es aus. Mit dem Sänger gilt es innezuhalten: Mögen die Hörer und vielleicht auch wir neugierig sein und fragen, wer sich hinter dem Freund des Sängers verbirgt, wir erfahren es nicht - noch nicht. Auch wir müssen warten, wie der Weinbergbesitzer auf die Ernte wartet. Und wir erfahren es nur, wenn wir uns auf die Fortsetzung des im Lied Berichteten mit all seinen Konsequenzen einlassen. Auffällig ist es schon: Im weiteren spricht nicht mehr der Sänger von seinem Freunde, vielmehr identifiziert er sich mit dem Eigentümer des Weinbergs, ja der Weinbergbesitzer tritt selbst auf den Plan. ‚Und nun, ihr Bewohner Jerusalems, und ihr Männer von Juda: Richtet doch zwischen mir und meinem Weinberg' (V.3). Nicht der Rat eines vielleicht ebenfalls erfahrenen anderen Weinbauern wird eingeholt, nein: Eine Gerichtsszene steht an, und keiner der Gefragten kann sich entziehen. Unversehens sind die vielleicht neugierigen Hörer eines Liedes einbezogen in das Geschehen: "Was blieb für meinen Weinberg zu

tun und ich hätte es nicht getan?" Die große, durchbohrende Frage hebt an, und
keiner vermag zu antworten. Die Gefragten verharren stumm. Sie ahnen wohl, daß
die gestellte Frage sie selbst angehen könnte. Aber mehr noch nicht. Dem Weinbergbesitzer trifft keine Schuld, er hat alles Erdenkliche getan. Er ist darum auch
der, der nun die Konsequenzen ziehen kann: Er wird die vor dem Wind Schutz
bietende Hecke beseitigen, er wird die die Tiere zurückhaltende Mauer einreißen.
Der Weinbergbesitzer zerstört das persönliche Werk seiner Fürsorge. Er wird dem
Weinberg jegliche Pflege entziehen: Dornen und Disteln werden die Pflanzen
rasch ersticken lassen. Was bleibt sind Öde und Verwüstung. Der Weinberg ist
sich selbst und damit eigenzerstörender Kraft überlassen. Mögen Hecken- und
Mauern-Einreißen auch Menschen in wild entschlossener Zerstörungswut, aus
Ärger und Enttäuschung zuwege bringen, und mögen einzelne Rebpflanzen sich
dennoch im Weinberg gehalten haben, so gilt hier eine letzte, vernichtende Maß-
nahme, in der sich der Weinbergbesitzer untrüglich selbst zu erkennen gibt: "Und
über die Wolken befehle ich, nicht mehr über ihn zu regnen" (V.6). "Wer bisher
unter den Hörern den Ernst der Lage noch nicht begriffen hat, erkennt" ihn jetzt
(H. Breit). Denn hier entschlüsselt es sich. Hier werden die Bilder des Weinbergliedes transparent, sie werden zur schaurigen Wirklichkeit gelebten Lebens. Damit
ist es zur Gewißheit geworden: Der Weinberg gehört Jahwe, dem Herrn der Heer-
scharen, dem alleinigen Gott. Der Weinberg aber ist das Volk Israel, und die Bewohner Judas sind seine Lieblingspflanzung. "Mein Weinberg" = "Gottes Weinberg", "mein Volk" = "Gottes Volk", der Weinberg ist und bleibt Gottes Eigen-
tum.

Und dieser Weinbergbesitzer, Gott selbst wartet und hofft vergebens auf
Frucht. Er ist tief enttäuscht. Er wartete auf Rechtsspruch und Gerechtigkeit, und
er erfuhr Rechtsbruch, statt guter Tat Bluttat und Schlechtigkeit. Sein Volk ist am
Recht schuldig geworden. Im alten Israel gab es keine beamteten Richter, jeder
konnte angerufen werden, Recht zu sprechen. Und so konnten alle schuldig werden und sind alle am Recht schuldig geworden. Gott aber hat das Wehgeschrei der
durch vermeintliches Recht Vergewaltigten gehört. Das ist der nicht wegzudeuten-
de Zustand. Der Religionsphilosoph Martin Buber hat es so gedeutet: Gott wartete
"auf gut Gericht, und da: ein Blutgezücht. Auf treu Bewährnis, und da: Ein Schrei
der Beschwernis".

Was ist das für ein Lied, das wie ein Liebeslied anfängt und in seinem Verlauf
zur unübersehbaren Gerichtsklage umschlägt und wie ein Leichenlied endet? Es ist
ein Lied, das selbst im Nacherzählen seines Inhalts zum Gleichnis wird für Gottes
enttäuschte Erwartung. Das Lied ist in seinem Verlauf zum Gleichnis geworden
für das gestörte Verhältnis, für das zerbrochene Zueinander von Gott und seinem
Volk. Deuten wir das Lied, dann bleiben auch wir nicht einfach unbeteiligte Hörer.
Wo vom Weinberg Gottes die Rede ist, da geht es auch um die Frucht, den Ertrag
des Weinberges, da geht es offenbar auch um uns.

II.

Ja, hier bricht es erst eigentlich auf. Wir selbst sind ja nicht das Israel zu Jesajas Gegenwart und Zeit. Wir sind nicht das Israel von damals und doch Gottes Volk. Im verstehenden Deuten des Weinbergliedes erfahren wir dies. Unter zwei Gesichtspunkten wollen wir es bedenken: Gottes Warten auf uns und Gottes Frage an uns.

Zum einen:

Gott wartet. Zu wiederholtem Male wird es in unserem Weinberglied ausgesprochen: Gott wartet, und: Er wartet nicht ohne Grund. Gott hat sich seinem Volk zugewandt. Die Geschichte Israels ist die Geschichte der Zuwendung Gottes zu seinem Volk. Ihm gab er verläßliche Verheißungen, ihm wies er sorgend und fürsorgend den Weg, ihm gab er die 'Zehn Gebote' als Lebensordnung, ihm gab er unzählig oft Anlaß zu Lob und Dank. Aber genau gegenüber diesem auf Frucht wartenden Gott hat sein Volk versagt, nicht am Gesetz, sondern an der Zuwendung Gottes. Darauf erst folgt die "schmerzhafte Diagnose" (G. Voigt) des anklagenden und richtenden Gottes, die er durch seinen Propheten aussprechen läßt. Gott läßt sich nicht spotten. Auf das Weinberglied im Buche des Propheten Jesaja folgen schlimme Weherufe. Wo der wartende Gott keine Antwort findet, da ist die Beziehung zwischen ihm und seinem Volk zutiefst zerbrochen, da steht das Gericht Gottes ins Haus. Wir sind nicht das Israel zur Zeit Jesajas, aber wir sind Gottes Volk, und darum geht uns Gottes Warten sehr genau und in unser Leben greifend an. Verdeutlichen wir uns dies am Verständnis unseres Predigtabschnitts im Ablauf des Kirchenjahres: Über viele Jahrzehnte hinweg ist Jes 5,1-7 atl. Lesung und Predigttext für den Buß- und Bettag gewesen. Erst seit wenigen Jahren ist diese Perikope dem Sonntag 'Reminiscere' zugeordnet, dem 2. Sonntag der Passionszeit, der unter dem Leitwort des Psalmisten steht: "Gedenke, Herr, an deine Barmherzigkeit" (Ps. 25,6). Der wartende Gott bleibt der handelnde Gott. Seine Barmherzigkeit ist nicht schwächliches Durchgehenlassen untragbarer Verschuldungen und Verhältnisse, sondern dies: Gott gibt nicht auf. Aus völlig freien Stücken ist er noch einmal als Weinbergbesitzer in Aktion getreten. Im Evangelium zum heutigen Sonntag wird es ausgeführt: Zuletzt sandte der Weinbergbesitzer seinem eigenen Sohn, und diesen töteten die Arbeiter im Weinberg (Mk. 12,1 ff.). Im Kreuz Jesu Christi, in Tod und Auferweckung seines geliebten Sohnes hat sich unser Gott letztgültig dieser unserer Welt zugewandt. Der richtende Gott hat sich dafür entschieden, daß SEIN Weinberg bleibt und wir sein Volk sein dürfen. Gott hat sich ein für alle mal dafür entschieden, daß ER der auf uns wartende Gott bleibt. Im Kreuz von Golgatha hat er das Zeichen seines Wartens aufgerichtet. Nur: Warten wir eigentlich auf Gott? Sicher und zum Glück gibt es Menschen, die auch heute meist unausgesprochen und in der Stille nach Gott fragen und auch in ihrem Suchen und Zweifeln auf Gott warten. Doch unser tägliches Dasein und Leben, unser Christsein verbindet sich kaum noch mit bewußtem Warten auf Gott, so gewiß wir in der gottesdienstlich versammelten Gemeinde den Namen Gottes

anrufen und uns immer noch recht leicht das zur Grußformel erstarrte "Grüß Gott"
über die Lippen geht. Anders gesagt: Rechnen wir eigentlich noch mit Gott bei
unserem normalhin Tun und Lassen? Gerade bei denen, die nicht gleich "Gott ist
tot" sagen, ist lähmendes äußeres und inneres Schweigen, Gott im Gestalten unseres Lebens Raum zu gewähren. Der wartende Gott ist auch nach Golgatha der
handelnde Gott, er ist nicht der ferne, sondern der gegenwärtige. Er gewährt uns,
im täglichen Miteinander und Füreinander auf sein Wort hin Barmherzigkeit,
Gerechtigkeit und Guttat in tätiger Nächstenliebe weiterzutragen und nach seinem
Gebot und nach seinem uns gegebenen Verheißungen zu leben. Darin bleiben wir
Gottes Volk.

Und nun zu dem anderen Gesichtspunkt, zu Gottes Frage:

Der wartende Gott bohrt weiter. Er fragt uns wie im Gleichnis des Weinbergliedes. Wie steht es mit der Frucht? Wie steht es mit unserem Gottesverhältnis?
Das Verstummen hält an wie bei jener Gerichtsszene im Weinberglied. Auf den
ersten Blick sieht es ja auch sehr anders aus: Wir sind geradezu beredt, mit Klagen
und Urteilen Fragen an Gott zu richten: Wie konnte Gott das oder jenes zulassen,
Fragen, die von eigenen, betroffenmachenden Lebensschicksalen bis hin zu Kriegen und Unfrieden, Hungersnöten und Elend in aller Welt reichen. Die Intention
solcher Fragen ist klar: Einen ursächlich Schuldigen für untragbare Zustände im
eigenen Leben wie in der Welt zu suchen und zu finden. Daß wir uns in unserer
Not mit allem, was uns belastet, an unseren Gott wenden dürfen, steht dabei meist
auf einem ganz anderen Blatt. Nach unserem Schriftwort fragt Gott uns, wie wir es
mit seinem Warten halten, was ja nur heißen kann, wie es mit unserer Frucht steht.
Gilt für uns schon oder demnächst die Realität eines verödeten Weinbergs? Bilder
wie im Weinberglied in unsere Wirklichkeit umzusetzen, empfinden wir gewiß als
unangemessene Schwarzmalerei. Und doch ist es notwendig, sich einmal auch
dieses beispielsweise vor Augen zu stellen: Es könnte eine Zeit kommen, in der
unsere Verstorbenen und gar wir selbst nicht mehr im Namen des dreieinigen
Gottes bestattet werden. Es könnte eine Zeit kommen, in der die Neustädter Kirche
als Auto-Parkhaus zur Erleichterung des innerstädtischen Verkehrs dient, so wie
eine auf Gott verzichtende Regierung vor rund 25 Jahren die unzerstörte Leipziger
Universitäts- und Gemeindekirche binnen weniger Tage niederreißen ließ. Eine
sich selbst überlassene Menschheit ist unberechenbar, auch in ihren zerstörenden
Tätigkeiten. Gott läßt sich nicht spotten auch nach dem Geschehen von Golgatha.

Gott fragt unerbittlich nach unserem Verhältnis zu ihm. In diese Frage ist eingeschlossen, warum wir schleichend, aber doch auffallend ihn in immer stärkerem
Maße vernachlässigen, warum ER uns immer gleichgültiger wird. Auch hier müssen wenige Hinweise genügen: Da stellen Politiker den Gottesbezug in der Präambel unseres Grundgesetzes ebenso zur Disposition wie sie mit kirchlichen Fei-
ertagen jonglieren und manipulieren. Und Christen in unseren Parlamenten sind
ebenso hilflos, dagegen ihre Stimme zu erheben, wie unsere Kirchenleitungen
weithin dazu schweigen. Grundaussagen des biblischen Zeugnisses werden nicht
mehr ausgelegt, sondern bis in kirchliche Gremien hinein, teils als erledigt, teils als

nicht mehr zeitgemäß erklärt und so der Beliebigkeit ihrer Verwendung preisgegeben. Die Schriftauslegung in Theologie und Kirche ist teilweise schon selbst zur Disposition gestellt. Daß überall dort Gott selbst tangiert ist, der uns in der biblischen Botschaft sein letztes Wort in Jesus Christus zu Gnade und Gericht angeboten und gegeben hat zum Geleit durch die Zeiten, das wird gar zu oft leichtfertig übersehen oder gar nicht gesehen. Auch das gehört zur Frucht, die Gott von uns erwartet: Nüchtern und klaren Blickes Richtungen und Strömungen unserer Zeit kritisch zu prüfen, und Gottes Gottsein auch darin in der Welt zu bezeugen im Eintreten dafür, daß SEINE Orientierungsmarken bleiben, auch für den, der dem Christentum und der Kirche fernsteht, auch für den, der meint, sich alles zutrauen zu können ohne Gott.

Gott richtet auch heute seine Frage an uns, aber er hat sie gleichsam weitergeschrieben vom Damals zum Heute, von Jesajas Zeit in unsere Gegenwart: Seine Frage will uns aufrütteln, aus dem Stummsein und IHN-Vernachlässigen herauszufinden und wieder zu einem lebendigen Verhältnis zu ihm zu gelangen. Das ist die Frucht, auf die Gott wartet. Darin liegen Geschenk und Aufruf zugleich, es auch heute mit unserem Gott richtungsweisend in unserem Dasein, in unserem Alltag, in unserer Gegenwart zu wagen. Seine Frage an uns ist seit Golgatha unsere Chance zu neuer und bleibender Offenheit ihm gegenüber im Leben und im Sterben und in Gottes Ewigkeit hinein.

Herr, unser Gott, Dein ist die Gnade, Dein ist das Gericht, Dein ist die Welt. Erbarme Dich unser! Amen.

Und der Friede Gottes, der höher ist als alle Vernunft, bewahre eure Herzen und Sinne in Christus Jesus, unserem Herrn. Amen.

Nachbemerkung

Es soll für die voranstehende Predigt ihr geistiger Ort nicht verschwiegen werden, denn sie ist von jenem Ansatz geprägt, der vom gegenwärtigen Verständnis homiletischer Aufgabe als rückständig und überholt angesehen wird: Es ist jener im 'Alten Marburg' (und nicht nur dort) historisch-kritischer Arbeit verpflichtete Ansatz auch für die Predigt, den Ernst Fuchs im Sinne Rudolf Bultmanns und anderer 'Alter Marburger' so zusammenfaßte: "Die historisch-kritische Methode der Auslegung neutestamentlicher Texte hat ihren Dienst dann getan, wenn sich aus dem Text die Nötigung zur Predigt ergibt".[1] Selbstredend gilt diese Feststellung ebenso für die Bearbeitung alttestamentlicher Texte/Perikopen.

---

1   So E. Fuchs, Die der Theologie durch die historisch-kritische Methode auferlegte Besinnung, In ders., Zur Frage nach dem historischen Jesus (Ges. Aufs. Bd. 2), Tü-

In diesem Sinne verdankt vorliegende Predigt ihre exegetische Grundlegung
älteren und neueren Kommentaren zu Jesaja 5,1-7 [2], und sie ist meditativ eingebunden in das Gespräch mit jenen, die sich einst und gegenwärtig in die Bewegung dieses Predigtabschnitts hineinnehmen ließen und lassen.[3]

---

bingen 1960, 219ff. Zitat: 226 (im Orig. Sperrdruck); ders., Die Aufgabe der neutestamentlichen Wissenschaft für die kirchliche Verkündigung heute, ebd., 55ff.

2   Den Kommentaren von O. Procksch (1930); O. Kaiser (1960, [5]1981); H. Wildberger
    ([2]1980) und der Untersuchung von P. Höffken, ZThK 79, 1982, 392-410.

3   H. Breit, CPh 2, 1963, 234-245; K. Böhler-Ehmann, CPh, Reihe IV/1, 1993, 164-
    170; A. Köberle, Gemeinschaft mit Christus, 1967, 152-157; I. v. Loewenclau, GPM
    24, 1969/70, 449-457; E. Lohse, Das Ärgernis des Kreuzes, 1968, 72-77; L. Mar-
    kert, NCPh 4/1, 1981, 186-195; W.H. Schmidt, PTh 76 = GPM 42, 1987/88, 146-
    153; G. Voigt, Der zerrissene Vorhang, [2]1975, 451-455; H. Wildberger, hören und
    fragen IV/2, 1976, 263-269. Zur Übersetzung vgl. auch H. Breit, O. Kaiser, E. Lohse
    (vgl. Anm. 2 u. 3). - Zur 'Nachbemerkung' vgl. jetzt O. Merk, 1Thess 5,1-11 ..., in:
    ΕΠΙΤΟΑΥΤΟ. Studies in honour of Petr Pokorný on his sixty-fifth birthday, Mlýn,
    Praha 1998, 257ff., hier 262f.

Bibliographie von Prof. Dr. Dr. Hartmut Stegemann 1956-1998

zusammengestellt von Alexander Maurer

1956

Kuhn, Karl Georg: Beiträge zum Verständnis der Kriegsrolle von Qumran, aus der Qumran-Arbeitsgemeinschaft (Der gegenwärtige Stand der Erforschung der in Palästina neu gefundenen hebräischen Handschriften 30), in: Theologische Literaturzeitung 81, 1956, Sp. 25-30, mit zwei Zeichnungen von Hartmut Stegemann in Sp. 30.

Die Risse in der Kriegsrolle von Qumran (aus der Heidelberger Qumran-Arbeitsgemeinschaft von K. G. Kuhn) (Der gegenwärtige Stand der Erforschung der in Palästina neu gefundenen hebräischen Handschriften 32), in: Theologische Literaturzeitung 81, 1956, Sp. 205-210.

1957

Kuhn, Karl Georg (Hg.): Phylakterien aus Höhle 4 von Qumran (Abhandlungen der Heidelberger Akademie der Wissenschaften, Philosophisch-Historische Klasse, Jahrgang 1957, 1. Abhandlung), Heidelberg 1957, 31 Seiten + 25 Abbildungen, unter Mitarbeit von Hartmut Stegemann (cf. S. 5, Anm. 1a).

1958

Rückläufiges Hebräisches Wörterbuch, unter Mitarbeit von Hartmut Stegemann und Georg Klinzing herausgegeben von Kuhn, Karl Georg, Göttingen 1958, 15 + 144 Seiten.

1961

Stegemann, Hartmut, Becker, Jürgen: Zum Text von Fragment 5 aus Wadi Murabba'at, in: Revue de Qumran 3, 1961-62 (Nr. 11, November 1961), S. 443-448.

1962

Kuhn, Karl Georg, Stegemann, Hartmut: Artikel "Proselyten", in: Paulys Realencyclopädie der Classischen Altertumswissenschaft, Supplement-Band IX, Stuttgart 1962, Sp. 1248-1283.

Rezension zu: Prigent, Pierre, Les Testimonia dans le Christianisme primitif: L'épître de Barnabé I-XVI et ses sources (Études Bibliques), Paris 1961, in: Zeitschrift für Kirchengeschichte 73, 1962, S. 142-153.

1963

Rekonstruktion der Hodajot. Ursprüngliche Gestalt und kritisch bearbeiteter Text der Hymnenrolle aus Höhle 1 von Qumran, Phil. Dissertation Heidelberg 1963 (ungedruckt), V + 81 Seiten (Text) + 46 Seiten (Anmerkungen und Fragmentenliste) + 1 Rekonstruktionszeichnung.

Müller, Ulrich, Schmücker, Wolfgang, Stegemann, Hartmut: Nachträge zur "Konkordanz zu den Qumrantexten", hrsg. v. Kuhn, Karl Georg, in: Revue de Qumran 4, 1963-64 (Nr. 14, Mai 1963), S. 163-234.

Der Pešer Psalm 37 aus Höhle 4 von Qumran (4 Q p Ps 37), in: Revue de Qumran 4, 1963-64 (Nr. 14, Mai 1963), S. 235-270.

1965

Die Entstehung der Qumrangemeinde, Theol. Dissertation Bonn 1965, gedruckt von der Rheinischen Friedrich-Wilhelms-Universität Bonn 1971, IV + 254 Seiten (Text) + 150 Seiten (Anmerkungen, Literaturverzeichnis und Abkürzungsverzeichnis).

1966

Gaffron, Hans-Georg, Stegemann, Hartmut, Systematisches Verzeichnis der wichtigsten Fachliteratur für das Theologiestudium. Vorausdruck für das Einzelfach Neues Testament, gemäß dem Stand im Frühjahr 1966, Bonn 1966, 65 Seiten (mehr nicht erschienen).

1967

Stegemann, Hartmut: Weitere Stücke von 4 Q p Psalm 37, von 4 Q Patriarchal Blessings und Hinweis auf eine unedierte Handschrift aus Höhle 4 Q mit Exzerpten aus dem Deuteronomium, in: Revue de Qumran 6, 1967-69 (Nr. 22, September 1967), S. 193-227.

Rezension zu: Hempel, Johannes, Weitere Mitteilungen über Text und Auslegung der am Nordwestende des Toten Meeres gefundenen hebräischen Handschriften. Nachrichten der Akademie der Wissenschaften in Göttingen, I.

Philologisch-historische Klasse, Jahrgang 1961, Nr. 10, S. 281-374, als Sonderdruck: Die Texte von Qumran in der heutigen Forschung, Göttingen 1962, in: Zeitschrift des Deutschen Palästina-Vereins 83, 1967, S. 91-101.

Rezension zu: Siedl, Suitbert H., Qumran - Eine Mönchsgemeinde im Alten Bund. Studie über SEREK HA-YAHAD. Bibliotheca Carmelitica, cura Facultatis Theologicae O. C. D. edita, Series II: Studia, Vol. 2, Rom, Paris, Tournai, New York 1963, in: Zeitschrift des Deutschen Palästina-Vereins 83, 1967, S. 101-104.

Rezension zu: Abraham unser Vater. Juden und Christen im Gespräch über die Bibel. Festschrift für Otto Michel zum 60. Geburtstag [am 28.8.1963], hrsg. von O. Betz, M. Hengel, P. Schmidt, Arbeiten zur Geschichte des Spätjudentums und Urchristentums, Bd. V, Leiden, Köln 1963, in: Zeitschrift des Deutschen Palästina-Vereins 83, 1967, S. 104-106.

1969

ΚΥΡΙΟΣ Ο ΘΕΟΣ und ΚΥΡΙΟΣ ΙΗΣΟΥΣ. Aufkommen und Ausbreitung des religiösen Gebrauchs von ΚΥΡΙΟΣ und seine Verwendung im Neuen Testament, Theol. Habilitationsschrift Bonn 1969 (ungedruckt), V + 433 Seiten (Text) + 264 Seiten (Anmerkungen).

«Rasse» und Volk in biblischer Sicht, in: Beckmann, Klaus-Martin (Hg.): Rasse, Kirche und Humanum. Ein Beitrag zur Friedensforschung (Veröffentlichungen des Sozialwissenschaftlichen Instituts der Evangelischen Kirche in Deutschland), Gütersloh 1969, S. 233-256.

1971

Die des Uria. Zur Bedeutung der Frauennamen in der Genealogie von Matthäus 1,1-17, in: Jeremias, Gert, Kuhn, Heinz-Wolfgang, Stegemann, Hartmut (Hg.): Tradition und Glaube. Das frühe Christentum und seine Umwelt: Festgabe für Karl Georg Kuhn zum 65. Geburtstag, Göttingen 1971, S. 246-276.

1974

Robinson, W. C. jr.: Der theologische Interpretationszusammenhang des lukanischen Reiseberichts. Aus dem Amerikanischen übersetzt von Hartmut Stegemann, in: Braumann, Georg (Hg.): Das Lukas-Evangelium. Die redaktions- und kompositionsgeschichtliche Forschung (Wege der Forschung CCLXXX), Darmstadt 1974, S. 115-134.

Minear, Paul S.: Die Funktion der Kindheitsgeschichten im Werk des Lukas. Aus dem Amerikanischen übersetzt von Hartmut Stegemann, ebenda, S. 204-235.

Tolbert, Malcolm: Die Hauptinteressen des Evangelisten Lukas. Aus dem Amerikanischen übersetzt von Hartmut Stegemann, ebenda, S. 337-353.

Talbert, Charles H.: Die antidoketische Frontstellung der lukanischen Theologie. Aus dem Amerikanischen übersetzt von Hartmut Stegemann, ebenda, S. 354-377.

1975

Stegemann, Hartmut, Jeremias, Gert: Die Qumranforschungsstelle Heidelberg 1957-1973, in: Universitäts-Gesellschaft Heidelberg (Hg.): Heidelberger Jahrbücher 19, Berlin, Heidelberg, New York 1975, S. 83-99.

1976

Bultmanns Entmythologisierung: Verstehenshilfe für Theologen. Ein Lebensweg voll Güte und Weisheit hat sein Ende erreicht (Nachruf auf Rudolf Bultmann), in: Oberhessische Presse, 111. Jahrgang, 1976, Nr. 175 vom 3. August 1976, S. 6.

1977

Der Kanon und die Kriterien der Theologie, in: Ratschow, Carl Heinz (Hg.): Sola Scriptura: Ringvorlesung der theologischen Fakultät der Philipps-Universität, Marburg 1977, S. 96-123.

1978

Die Qumranforschungsstelle Marburg und ihre Aufgabenstellung. Ein Bericht, in: Delcor, Mathias (Hg.): Qumrân: Sa piété, sa théologie et son milieu (Bibliotheca ephemeridum theologicarum Lovaniensium XLVI), Paris, Gembloux, Leuven 1978, S. 47-54.

Religionsgeschichtliche Erwägungen zu den Gottesbezeichnungen in den Qumrantexten, in: Delcor, Mathias (Hg.): Qumrân: Sa piété, sa théologie et son milieu (Bibliotheca ephemeridum theologicarum Lovaniensium XLVI), Paris, Gembloux, Leuven 1978, S. 195-217.

1982

Der lehrende Jesus. Der sogenannte biblische Christus und die geschichtliche Botschaft Jesu von der Gottesherrschaft, in: Neue Zeitschrift für Systematische Theologie und Religionsphilosophie 24, 1982, S. 3-20.

1983

Die Bedeutung der Qumranfunde für die Erforschung der Apokalyptik, in: Hellholm, David (Hg.): Apocalypticism in the Mediterranean World and the Near East. Proceedings of the International Colloquium on Apocalypticism Uppsala, August 12-17, 1979, Tübingen 1983, S. 495-530.

"Das Land" in der Tempelrolle und in anderen Texten aus den Qumranfunden, in: Strecker, Georg (Hg.): Das Land Israel in biblischer Zeit. Jerusalem-Symposium 1981 der Hebräischen Universität und der Georg-August-Universität (Göttinger Theologische Arbeiten 25), Göttingen 1983, S. 154-171.

Die Qumrantexte und ihre Bedeutung für das Neue Testament, in: Georgia Augusta. Nachrichten aus der Universität Göttingen 38, 1983, S. 17-29.

1984

»Alles palletti« - hebräisch? Beiträge zur *Sprachdienst*-Preisaufgabe I, in: Der Sprachdienst 28, 1984, S. 143-144.

1985

Some Aspects of Eschatology in Texts from the Qumran Community and in the Teaching of Jesus, in: Amitai, Janet (Hg.): Biblical Archaeology Today. Proceedings of the International Congress on Biblical Archaeology Jerusalem, April 1984, Jerusalem 1985, S. 408-426.

1987

Die "Mitte der Schrift" aus der Sicht der Gemeinde von Qumran, in: Klopfenstein, Martin, Luz, Ulrich, Talmon, Shemaryahu, Tov, Emanuel (Hg.): Mitte der Schrift? Ein jüdisch-christliches Gespräch. Texte des Berner Symposions vom 6.-12. Januar 1985 (Judaica et Christiana 11), Bern, Frankfurt am Main, New York, Paris 1987, S. 149-184.

Is the Temple Scroll a Sixth Book of the Torah - Lost for 2,500 Years?, in: Biblical Archaeology Review 13/6, November/Dezember 1987, S. 28-35 (= Shanks, Hershel, Cole, Dan P. [Hg.]: Archaeology and the Bible. The Best of BAR, Band 2, Washington 1990, S. 178-185, und Shanks, Hershel [Hg.]: Understanding the Dead Sea Scrolls, New York 1992, S. 126-136.297-299, französische Übersetzung in: Shanks, Hershel [Hg.]: L'aventure des manuscrits de la Mer morte, Paris 1996 [mir nicht zugänglich], spanische Übersetzung: ¿Es e *Rollo Templo* un sexto libro de la torah perdido durante 2.500 años?, in: Shanks, Hershel [Hg.]: Los manuscritos del Mar Muerto, Barcelona 1998, S. 189-202).

1988

How to connect the Dead Sea Scroll Fragments, in: Bible Review 4/1, Februar 1988, S. 24-29.43 (= Shanks, Hershel [Hg.]: Understanding the Dead Sea Scrolls, New York 1992, S. 245-255.309-310, französische Übersetzung in: Shanks, Hershel [Hg.]: L'aventure des manuscrits de la Mer morte, Paris 1996 [mir nicht zugänglich], spanische Übersetzung: Cómo reunir los fragmentos de manuscritos del Mar Muerto?, in: Shanks, Hershel [Hg.]: Los manuscritos del Mar Muerto, Barcelona 1998, S. 327-338).

The Origins of the Temple Scroll, in: Emerton, John Adney (Hg.): Congress Volume Jerusalem 1986 (Vetus Testamentum, Supplement XL), Leiden, New York, København, Köln 1988, S. 235-256.

Zu Textbestand und Grundgedanken von 1QS III,13-IV,16, in: Mémorial Jean Carmignac, Revue de Qumran 13, 1988 (Nr. 49-52, Oktober 1988), S. 95-131.

1989

The Literary Composition of the Temple Scroll and its Status at Qumran, in: Brooke, George J. (Hg.): Temple Scroll Studies. Papers presented at the International Symposium on the Temple Scroll Manchester, December 1987 (Journal for the Study of the Pseudepigrapha, Supplement Series 7), Sheffield 1989, S. 123-148.

Stegemann, Hartmut: Jesucristo y el Maestro de Justicia de Qumrán, in: Communio 22, 1989, S. 343-354.

1990

Das Gesetzeskorpus der «Damaskusschrift» (CD IX-XVI), in: Revue de Qumran 14, 1989-90 (Nr. 55, Januar 1990), S. 409-434.

Methods for the Reconstruction of Scrolls from Scattered Fragments, in: Schiffman, Lawrence H. (Hg.): Archaeology and History in the Dead Sea Scrolls. The New York University Conference in Memory of Yigael Yadin (1985) (Journal for the Study of the Pseudepigrapha, Supplement Series 8; Journal for the study of the Old Testament/American Schools of Oriental Research, Monograph Series 2), Sheffield 1990, S. 189-220.

1991

The 'Teacher of Righteousness' and Jesus: Two Types of Religious Leadership in Judaism at the Turn of the Era, in: Talmon, Shemaryahu (Hg.): Jewish Civilisation in the Hellenistic-Roman Period (Journal for the Study of the Pseudepigrapha, Supplement Series 10), Sheffield 1991, S. 196-213.

1992

Ein neues Bild des Judentums zur Zeit Jesu. Zum gegenwärtigen Stand der Qumran- und Essener-Forschung, in: Herder Korrespondenz 46, 1992, S. 175-180 (= Religionsunterricht an höheren Schulen 35, 1992, S. 297-304, italienische Übersetzung: Una nuova immagine del Giudaismo al tempo di Gesù: Sulla situazione attuale della ricerca intorno a Qumran e agli Esseni, in: Humanitas 1/1993, S. 70-84).

The Institutions of Israel in the Temple Scroll, in: Dimant, Devorah, Rappaport, Uriel (Hg.): The Dead Sea Scrolls. Forty Years of Research (Studies on the Texts of the Desert of Judah X), Leiden, New York, Köln, Jerusalem 1992, S. 156-185.

The Qumran Essenes - Local Members of the Main Jewish Union in Late Second Temple Times, in: Trebolle Barrera, Julio César, Vegas Montaner, Luis (Hg.): The Madrid Qumran Congress. Proceedings of the International Congress on the Dead Sea Scrolls Madrid, 18-21 March, 1991, 2 Bände (Studies on the Texts of the Desert of Judah XI), Leiden, New York, Köln, Madrid 1992, Band I, S. 83-166.

1993

Die Essener, Qumran, Johannes der Täufer und Jesus. Ein Sachbuch (Herder Spektrum 4128), Freiburg, Basel, Wien 1993, 4., überarbeitete Auflage 1994, 7. Auflage 1998, 381 Seiten mit 5 Skizzen von Alexander Maurer.
Italienische Ausgabe: Gli Esseni, Qumran, Giovanni Battista e Gesù. Una monografia (Collana di studi religiosi), übersetzt von Romeo Fabbri, mit einem Vorwort von Bernardo Gianluigi Boschi, Bologna 1996, 2. Auflage 1997, XI + 403 Seiten.
Spanische Ausgabe: Los esenios, Qumrán, Juan Bautista y Jesús (Colección Estructuras y Procesos, Serie Religión), übersetzt von Rufino Godoy, Madrid 1996, 315 Seiten.
Amerikanische Ausgabe: The Library of Qumran. On the Essenes, Qumran, John the Baptist, and Jesus, ohne Übersetzerangabe, Grand Rapids/Michigan, Cambridge/U.K., Leiden, New York, Köln 1998, IX ı 290 Seiten.

Die Bedeutung der Qumranfunde für das Verständnis Jesu und des frühen Christentums, in: Bibel und Kirche 48, 1993, S. 10-19 (ungarische Übersetzung: A kumráni leletek jelentösége Jézus és a korai kereszténység megértése szempontjából, in: Mérleg 1/1995, S. 25-39, gekürzte amerikanische Übersetzung: Qumran, Jesus and early Christianity, in: Theology Digest 40, 1993, S. 203-210).

1994

Qumran und das Judentum zur Zeit Jesu, in: Theologie und Glaube 84, 1994, S. 175-194.

Jesus and the Teacher of Righteousness, similarities and differences, in: Bible Review 10/1, Februar 1994, S. 42-47.63.

1996

Some Remarks to 1QSa, to 1QSb, and to Qumran Messianism, in: Hommage à Józef T. Milik, Revue de Qumran 17, 1996 (Nr. 65-68, Dezember 1996), S. 479-505.

1997

Die Schriftrollen von Qumran: Entdeckung und Interpretation, in: zur debatte. Themen der Katholischen Akademie in Bayern, 27. Jahrgang, Nr. 3, Mai/Juni 1997, S. 5-6.

Gedanken zum Johannesprolog (Joh 1,1-18), in: Barth, Hans-Martin, Elsas, Christoph (Hg.): Hermeneutik in Islam und Christentum. Beiträge zum interreligiösen Dialog. Rudolf-Otto-Symposion 1996, Hamburg 1997, S. 174-179.

1998

Die Schriftrollen von Qumran. Geschichte ihrer Entdeckung, Erforschung und Auslegung, in: Talmon, Shemaryahu (Hg.): Die Schriftrollen von Qumran, Zur aufregenden Geschichte ihrer Erforschung und Deutung, Regensburg 1998, S. 11-26.

Ein halbes Jahrhundert Qumranforschung, in: Welt und Umwelt der Bibel, 3. Jahrgang, Nr. 3, 3. Quartal 1998, S. 36-38.

Qumran - Founded for Scripture. The Background and Significance of the Dead Sea Scrolls. A Special Lecture (on 5 November 1997), in: Proceedings of the British Academy 97, 1998, S. 1-14.

Sammelrezension zu Literatur aus dem Bereich der Qumranforschung, in: Theologische Revue 94, 1998 (im Druck).

More Identified Fragments of 4QD[d] (4Q269), in: Revue de Qumran 18, 1997-1998 (im Druck).

Autorenverzeichnis

Prof. Dr. JÜRGEN BECKER, Institut für Neutestamentliche Wissenschaft und Judaistik, Christian-Albrechts-Universität, Olshausenstr. 40, D-24098 Kiel

Prof. Dr. GEORGE J. BROOKE, Department of Religions and Theology, The University of Manchester, Oxford Road, GB-Manchester M13 9PL

Dr. MAGEN BROSHI, Israel Museum, IL-Jerusalem

Prof. Dr. CHRISTOPH BURCHARD, Wissenschaftlich-Theologisches Seminar, Kisselgasse 1, D-69117 Heidelberg

Prof. Dr. JEAN-MARIE VAN CANGH, o.p., Université catholique de Louvain, Collège Albert Descamps, Grand-Place 45, B-1348 Louvain-la-Neuve

Prof. Dr. JOHN J. COLLINS and DEBORAH A. GREEN, The University of Chicago, The Divinity School, 1025 E. 58th St., USA-Chicago, Ill. 60637

Prof. Dr. JOSEF ERNST, Husener Str. 20, D-33098 Paderborn

Prof. Dr. HEINZ-JOSEF FABRY, Alttestamentliches Seminar, Katholisch-Theologische Fakultät der Universität Bonn, Regina-Pacis-Weg 1A, D-53113 Bonn

Prof. Dr. WOLFGANG HARNISCH, Am Vogelherd 16, D-35043 Marburg/Lahn

Prof. Dr. HANS HÜBNER, Theologische Fakultät der Georg-August-Universität, Platz der Göttinger Sieben 2, D-37073 Göttingen

Prof. Dr. JEAN-BAPTISTE HUMBERT, o.p., École Biblique et Archéologique Française, POB 19053, IL-Jerusalem 91190

Prof. Dr. OTTO KAISER, Am Krappen 29, D-35037 Marburg/Lahn

Prof. Dr. KLAUS KOCH und PD Dr. UWE GLEßMER, Universität Hamburg, Fachbereich Evangelische Theologie, Sedanstr. 19, D-20146 Hamburg

Prof. Dr. HEINZ-WOLFGANG KUHN, Muxelstr. 3, D-81479 München

Prof. Dr. GERD LÜDEMANN und MARTINA JANßEN, Theologische Fakultät der Georg-August-Universität, Platz der Göttinger Sieben 2, D-37073 Göttingen

Prof. Dr. Dr. JOHANN MAIER, Johann Baur-Str. 13, D-82362 Weilheim/Obb.

Prof. Dr. OTTO MERK, Rühlstr. 3a, D-91054 Erlangen

Prof. Dr. ULRICH B. MÜLLER, Universität des Saarlandes, Fachrichtung Evangelische
Theologie, Postfach 151150, D-66041 Saarbrücken

Prof. Dr. GEORGE W. NICKELSBURG, The University of Iowa, School of Religion, 314
Gilmore Hall, USA-Iowa City, Iowa 52242-1376

Prof. Dr. Dr. ÉMILE PUECH, CNRS, École Biblique et Archéologique Française, POB
19053, IL-Jerusalem 91190

Prof. Dr. Dr. KURT RUDOLPH, Philipps-Universität, Fachgebiet Religionsgeschichte im
FB 05, Am Plan 3, D-35037 Marburg/Lahn

Prof. Dr. BERNDT SCHALLER, Ludwig-Beck-Str. 11, D-37075 Göttingen

Prof. Dr. HANS-CHRISTOPH SCHMITT, Institut für Altes Testament der Universität
Erlangen-Nürnberg, Kochstr. 6, D-91054 Erlangen

Prof. Dr. EILEEN SCHULLER, McMaster University, Department of Religious Studies,
1280 Main Street West, CND-Hamilton, Ont. L8S 4K1

Prof. Dr. GERD SCHUNACK, Schwalbenweg 21, D-35043 Marburg/Lahn

Prof. Dr. ODIL HANNES STECK, Theologisches Seminar, Kirchgasse 9, CH-8001 Zürich

Prof. Dr. GÜNTER STEMBERGER, Institut für Judaistik der Universität Wien, Ferstelgasse
6/12, A-1090 Wien

Prof. JOHN STRUGNELL, Harvard University, The Divinity School, 45 Francis Avenue,
USA-Cambridge, Mass. 02138

Prof. Dr. GERD THEIßEN, Max-Josef-Str. 54/1, D-69126 Heidelberg

Prof. Dr. EMANUEL TOV, The Hebrew University of Jerusalem, Faculty of Humanities,
Mount Scopus, IL-Jerusalem 91905

Prof. Dr. EUGENE ULRICH and Dr. SARIANNA METSO, University of Notre Dame, Department of Theology, USA-Notre Dame, Ind. 46556

Prof. Dr. JAMES C. VANDERKAM, University of Notre Dame, Department of Theology,
USA-Notre Dame, Ind. 46556

PD Dr. REINHARD WEBER, Blaue-Kuppe-Str. 37, D-37287 Wehretal

DATE DUE

			Printed in USA

HIGHSMITH #45230